新資料與先秦秦漢荆楚地區的空間整合研究

鄭威　魯家亮　主編

武漢大學人文社科青年學者學術團隊「新資料與先秦秦漢荆楚地區的空間整合」成果

「古文字與中華文明傳承發展工程」規劃項目「新資料與先秦秦漢荆楚地區的空間整合研究」（G3613）成果

國家社科基金冷門絕學研究專項「出土東周秦漢荆楚地理資料整理與地域空間整合研究」（20VJXG017）成果

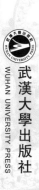

武漢大學出版社

WUHAN UNIVERSITY PRESS

圖書在版編目(CIP)數據

新資料與先秦秦漢荊楚地區的空間整合研究/鄭威,魯家亮主編.—武漢:武漢大學出版社,2023.12
ISBN 978-7-307-24226-5

Ⅰ.新… Ⅱ.①鄭… ②魯… Ⅲ.中國歷史—研究—先秦時代-漢代 Ⅳ.K220.7

中國國家版本館 CIP 數據核字(2023)第 252938 號

責任編輯:李 程　　責任校對:汪欣怡　　版式設計:馬 佳

出版發行:**武漢大學出版社** (430072 武昌 珞珈山)
(電子郵箱:cbs22@whu.edu.cn 網址:www.wdp.com.cn)
印刷:武漢精一佳印刷有限公司
開本:787×1092 1/16 印張:28 字數:572 千字 插頁:2
版次:2023 年 12 月第 1 版 2023 年 12 月第 1 次印刷
ISBN 978-7-307-24226-5 定價:148.00 元

目　録

下編　先秦秦漢時期的國家與社會研究

上編

新資料研究

史密簋銘軍事地理問題研究*

朱繼平　徐倩媛

西周中期的史密簋，因對一次周夷衝突記載甚詳而備受矚目。① 經前輩學者數十年努力，銘文所涉一般史實已相對明晰，然周夷雙方行軍路線及戰略意圖等深層次軍事地理問題尚未釐清。而全面考察史密簋戰爭地理，對深入理解西周王朝經略東國的歷史進程，揭示部分東夷古國的發展流變，以及探討相關區域的政治地理格局，具有突出的學術價值。此前，我們曾對商周東土"㷉""虘"二族地望等問題予以初步分析。② 在此基礎上，本文再探史密簋銘軍事地理問題。不足之處，祈請方家賜正。

一、"東國"與"齊鄙"釋義

先將史密簋銘文釋讀如下（釋文用寬式）：

---

* 本文爲"古文字與中華文明傳承發展工程"資助項目"商周青銅器銘文族群分類史征"（G2212）、國家社科基金一般項目"西周器銘所見族地名群組研究"（22BZS007）階段性成果。研究過程中，參考臺灣"中研院"歷史語言研究所"殷周金文暨青銅器資料庫"（http://app.sinica.edu.tw/bronze/qry_bronze.php）。

① 李啓良：《陝西安康市出土西周史密簋》，《考古與文物》1989 年第 3 期；張懋鎔：《史密簋發現始末》，《文物天地》1989 年第 5 期。史密簋年代有恭懿、宣王、孝王、懿王諸説。恭懿説參見李啓良：《陝西安康市出土西周史密簋》，《考古與文物》1989 年第 3 期；吳鎮烽：《史密簋銘文考釋》，《考古與文物》1989 年第 3 期。宣王説參見張懋鎔、趙榮、鄒東濤：《安康出土的史密簋及其意義》，《文物》1989 年第 7 期。孝王説參見李學勤：《史密簋銘所記西周重要史實考》，《中國社會科學院研究生學報》1991 年第 2 期。懿王説參見張永山：《史密簋銘與周史研究》，吳榮曾主編：《盡心集——張政烺先生八十年慶壽論文集》，北京：中國社會科學出版社，1996 年，第 197~198 頁；楊寬：《西周史》，上海：上海人民出版社，2003 年，第 562 頁。按：史密簋口沿下竊曲紋帶呈現出夔龍紋向竊曲紋轉化的較早形態，可知宣王説過晚。今綜合各家論説，宜將史密簋年代定在西周中期懿孝前後。

② 拙文《史密簋所見㷉國地望新探》，山東省文物考古研究院、曲阜市文物局、曲阜師範大學歷史文化學院編：《保護與傳承視野下的魯文化學術研討會論文集》，上海：上海古籍出版社，2018 年，第 350~363 頁；《商周東土吾族地望新證》，《東嶽論叢》2019 年第 11 期。

唯十又二月①，王令師俗、史密曰：東征。合南夷膚（莒）、虎（吾）會杞夷、舟（州）夷，雚（讙）不所（质）②，廣伐東國，齊師、族徒、遂人乃執鄙寬亞。師俗率齊師、遂人左，［周（敦）］伐長必③。史密右，率族人、釐（萊）伯、僰（專）屄（殿）④，周（敦）伐長必，獲百人。對揚天子休，用作朕文考乙伯尊簋，子子孫孫其永寶用。

大意是説，某年十二月，夷人“廣伐東國”，王令師俗、史密“東征”。師俗率齊師、遂人，史密率族人、萊伯、僰，分左右兩路攻伐長必，俘獲百人。史密因以頌揚天子，並爲先父乙伯作器。從中可知當時周夷最後交戰於長必，故這次戰事可稱“長必之戰”。

在敍事內容上，該銘結構可分三層。開篇記周王“東征”之命，再敍亂夷“廣伐東國”，以説明東征之因，是爲第一層。其中“齊師、族徒、遂人乃執鄙寬亞”一句對理解銘文極爲關鍵。在語法上，該句主語爲“齊師、族徒、遂人”，“執”是謂語，“鄙寬亞”是賓語，“乃”則表順承，説明此句是承前亂夷“廣伐東國”而來。這正符合邊地戰火突起，在地守軍隨即緊急戒備的一般情形。因此，張懋鎔將該句“執鄙寬亞”理解成周王發佈東征命令之

① “二月”或釋爲“一月”，誤。參見李學勤：《寑孳方鼎與肆簋》，《中原文物》1998 年第 4 期。

② 各家對“雚不所”句解説紛紜。雚，初釋爲“鸛”，作軍陣名。參見張懋鎔、趙榮、鄒東濤：《安康出土的史密簋及其意義》，《文物》1989 年第 7 期；陳全方、尚志儒：《史密簋銘文的幾個問題》，《考古與文物》1993 年第 3 期。或讀爲“觀”，指故地在今魯西觀城鎮的古觀國。參見孫敬明：《史密簋銘箋釋》，臺灣《故宮學術季刊》第 9 卷第 4 期，1992 年；張永山：《史密簋銘與周史研究》，吳榮曾主編：《盡心集——張政烺先生八十年慶壽論文集》，北京：中國社會科學出版社，1996 年，第 188～189 頁。或讀若“讙”，意指喧亂。參見李學勤：《史密簋銘所記西周重要史實考》，《中國社會科學院研究生學報》1991 年第 2 期；王輝：《史密簋釋文考地》，《人文論叢》1991 年第 4 期。還有解爲觀兵之“觀”。參見劉雨：《近出殷周金文綜述》，《古文字研究》第 24 輯，北京：中華書局，2002 年，第 154～155 頁。

不，除個別學者解爲國名，多數以爲作否定詞而與後一字連讀。所，初讀爲“墜”，後多隸爲從阝、斤的“折”，通“悊”，“不悊”意爲不服或不敬。然從構形分析，其字當隸爲“所”，讀爲“質”，在古書中多意指質地、本性，銘中“不質”概指夷人不安分，猶言不老實。參見陳劍：《説慎》，《甲骨金文考釋論集》，北京：綫裝書局，2007 年，第 45 頁。寇佔民從其説，並以“雚”爲觀兵説爲是。參見寇佔民：《金文釋詞二則》，《中原文物》2008 年第 6 期。

今按：陳劍隸“所”讀“質”説與史密簋銘意相合，可信。解“雚”爲觀兵，卻有不符。文獻多見“觀兵”事，指通過炫耀武力，以達到不戰而屈人之兵的目的。在使用情境上，行觀兵者往往實力較強，如《國語·周語》穆王觀兵於犬戎，《左傳》齊桓公觀兵於東夷，楚王觀兵於周疆等，莫不如此。就史密簋所見戰事年代而言，當時周人對東國經略已較深入，亂夷勢力明顯弱於周人，將其叛亂理解成向周人炫耀武力，與“觀兵”語境不符。可見，李先生讀“雚”爲“讙”指喧亂説，應更合於銘意。

③ “周”訓“敦”，參見董珊：《翼城大河口誓盂銘文的理解》，陝西省考古研究院、上海博物館編：《兩周封國論衡——陝西韓城出土芮國文物暨周代封國考古學研究國際學術研討會論文集》，上海：上海古籍出版社，2014 年，第 415 頁注 19。

④ 劉釗：《談史密簋銘文中的“屄”字》，《考古》1995 年第 5 期。

前，齊地師旅針對亂夷侵擾所採取的戰前戒備，① 是非常合理的。這當是分析長必戰爭史實的一個重要前提。第二層級從"師俗率齊師"至"獲百人"，描述東征的具體過程。其後部分屬第三層，記作器緣由。由這三個敘事層級，可獲悉考察長必之戰軍事地理問題的最初兩個基點。

先來看第一個。周人針對諸夷"廣伐東國"發起"東征"，這已將銘文所涉戰爭空間基本限定在周之東國。"齊師、族徒、遂人乃執鄙寬亞"句中的"齊師""鄙"兩個關鍵字，則可提供進一步線索。

金文中的"齊師"，有多種含義。② 近年有學者從諸侯轄區與金文"某師"均有護衛周王朝之軍事功能的現象出發，以理解同一地名的"侯""師"並見關係，繼而指出：從引簋銘所見引繼承先祖職事掌管"齊師"來看，將"齊師"視爲齊國軍隊最合理。③ 這種理解可能亦適合史密簋銘之"齊師"。不過，由金文人物"師俗"政治活動多與王廷事務相涉的史實來看，④ 可知長必戰事當是在王臣指揮下進行的。無論如何，"齊師"一語可證長必戰事應與齊地直接關聯，這與諸夷"廣伐東國"的方位是一致的。

至於商周時期的"鄙"，本指邊鄙，其内涵是與中心城市聚落相對的邊境農村聚落。⑤史密簋銘中，面對夷人侵擾，齊師等"執鄙寬亞"，故"鄙"在此最可能指齊國邊鄙。⑥ 可見，長必一戰是由諸夷侵擾齊地邊鄙而起。這是考察長必之戰軍事地理的第一個基本出發點。

再來看第二個基點。史密簋銘中一共出現了七個國族名和地名——"齊師""釐伯""棘"和"膚""虎""杞夷""舟夷"。它們分屬周、夷兩大敵對陣營。由於這七個族、地名出現在同一次戰爭中，且兩大陣營在"長必"短兵相接，因而整體上可將之視爲一個相互牽連

---

① 張懋鎔：《史密簋與西周鄉遂制度——附論"周禮在齊"》，《文物》1991 年第 1 期。

② 李學勤：《高青陳莊引簋及其歷史背景》，《文史哲》2011 年第 3 期。

③ ［韓］李裕杓：《西周王朝對畿外諸侯的軍事領導機制》，朱鳳瀚主編：《青銅器與金文》第 2 輯，上海：上海古籍出版社，2018 年，第 149~153 頁。引簋資料，參見鄭同修：《山東高青陳莊西周城址發掘》，國家文物局主編：《2009 中國重要考古新發現》，北京：文物出版社，2010 年，第 42 頁。

④ 一般認爲，師西鼎、師晨鼎"師俗"與史密簋"師俗"是同一人，又稱"伯俗父""師俗父"，見於五祀衛鼎、永盂和庚（南）季鼎。參見陳夢家：《西周銅器斷代》，北京：中華書局，2004 年，第 244、283 頁；李學勤：《史密簋銘所記西周重要史實考》，《中國社會科學院研究生學報》1991 年第 2 期；張永山：《史密簋銘與周史研究》，吳榮曾主編：《盡心集——張政烺先生八十年慶壽論文集》，北京：中國社會科學出版社，1996 年，第 198 頁；朱鳳瀚：《師西鼎與師西簋》，《中國歷史文物》2004 年第 1 期。

⑤ 相關研究，參見陳絜：《周代農村基層聚落初探——以金文資料爲中心的考察》，朱鳳瀚主編：《新出金文與西周歷史》，上海：上海古籍出版社，2011 年，第 106~110 頁。

⑥ 張懋鎔：《史密簋與西周鄉遂制度——附論"周禮在齊"》，《文物》1991 年第 1 期；李學勤：《史密簋銘所記西周重要史實考》，《中國社會科學院研究生學報》1991 年第 2 期。

的地名體系，其所涵蓋的地域範圍當相對有限，而不可能如現代大兵團作戰那樣覆蓋十分廣袤的地理空間。這是考察長必之戰軍事地理的第二個基本出發點。

此外，結合出土文獻所見相關字形的音、義與用法，還可確定長必戰事的另外三個地理基點。對此我們過去雖有論述，但角度各異，且未納入史密簋銘軍事地理進行全面考察，故有必要稍作回顧。

二、"棘"與"長必"地望

目前，學界對"釐"即"萊"指萊國，認識較統一，並循前人之説以其故地在今昌邑、平度間。① 或是。但對侵擾東國的亂夷——"南夷膚、虎""杞夷、舟夷"，協從周師的"棘"，以及交戰地"長必"，則分歧甚重。

棘之地望，諸家或以爲即魯南偪陽國②，或指臨淄西境的春秋棘邑③。按：這兩種説法皆由東漢時人對棘字的兩種讀音——音棘與音偪——而來。音棘説見於《説文》："棘，犅爲蠻夷，從人，棘聲。"④《禮記・王制》"西方曰棘，東方曰寄"下，鄭玄注："棘，當爲棘。棘之言偪，使之偪寄於夷狄"，⑤ 進一步强化了棘、棘間的讀音關聯。音偪説出自《吕氏春秋》高誘注，其在"棘人、野人"下云："棘讀如'匍匐'之匐。"⑥

然由晉侯墓地所見"晉侯棘馬"即晉屬侯福、金文賞賜物"牙棘"對應文獻"邪幅"來看，⑦ 西周金文"棘"字古音當讀如"福""幅"諸字。進一步結合史密簋"齊師""鄣""萊伯"等指示方位的關鍵字判斷，古音讀如福、幅的"棘"當可釋作"專"，通"博"，指故地在今泰安東南三十里邱家店鎮舊縣村的漢博縣故城。戰國齊璽有"坿師鉨""里"⑧，鄒地陶文亦見地名""⑨，證齊魯之境確有邑名曰"鄣"，可與"棘""專（博）"

---

① 王獻唐：《山東古國考》，濟南：齊魯書社，1983 年，第 162~175 頁。相關研究前史，參見趙慶淼：《齊國"遷萊于鄣"與卜辭兒地考》，《歷史地理》第 34 輯，上海：上海人民出版社，2017 年，第 31~37 頁。

② 李學勤：《史密簋銘所記西周重要史實考》，《中國社會科學院研究生學報》1991 年第 2 期。

③ 王輝：《史密簋釋文考地》，《人文論叢》1991 年第 4 期。

④ 《説文解字》卷八上。

⑤ （漢）鄭玄注，（唐）孔穎達正義：《禮記正義》卷一三《王制》，阮元校刻：《十三經注疏》，收入《四部精要》第 1 册，上海：上海古籍出版社，1992 年，第 1342 頁中欄。

⑥ 陳奇猷校釋：《吕氏春秋校釋》卷二〇《恃君》，上海：學林出版社，1984 年，第 1329 頁。

⑦ 李伯謙：《棘馬盤銘文考釋》，《古代文明研究通訊》第 34 期，2007 年，第 31~35 頁；陳劍：《西周金文"牙棘"小考》，《甲骨金文考釋論叢》，北京：綫裝書局，2007 年，第 54~58 頁。

⑧ 故宫博物院編：《古璽匯編》0152、3122，北京：文物出版社，1982 年，第 26、294 頁。

⑨ 王恩田編著：《陶文圖録》3.263.1-2，濟南：齊魯書社，2006 年，第 1115 頁。

音近通假相印證①。

史密簋銘中周夷決戰地"長必"在何處，學界爭議較大。李學勤將"必"讀爲"柲"，推測長必在魯南。② 王輝以"必"通"密"，認爲長必得名於古密水，並推測其地或與春秋高密邑關聯。③ 陳秉新則將長必與今昌邑東南的古密城相連。④ 餘者，或以"長必"指萊蕪東北的"長勺"⑤，或謂在沂水流域⑥。

按：長勺說在字形、讀音上無據。沂水說多由戰爭形勢推得，可信度亦有限。魯南說以棫指偪陽爲前提，與"棫"爲"尃"對應春秋博邑不符，亦不可從。比較而言，高密說論證較充分⑦，且與西周魯北地區周夷文化大致以今瀰河—濰河爲界的考古發現相符⑧。不僅如此，我們還補充指出，"長必"在讀音上可讀爲"上密"，當與史籍所載韓信殺楚將龍且之地"上假密"相對應。"上假密"又名"高密"，位於濰水上游古密水東岸，故地在今高密西南四十里。今高密縣井溝鎮城後劉家莊村東南 2 千米有戰國秦漢城址，即此戰國秦漢高密故城。位於濰水上游的高密，西、南兩面緊鄰沂、淄、濰三水分水嶺，在連接臨淄、城陽、博陽和膠東諸城邑上，極富戰略意義。因此，以之對應史密簋銘中周夷決戰地"長必"是合適的。⑨

不過，史密簋銘中地處今大汶河流域的"尃"畢竟距"萊伯""長必"所在的濰水沿線有相當路程。過去我們曾結合春秋博邑扼守齊魯交通隘道的戰略位置，推測"尃"在長必之戰中或起着爲周人扼守泰萊盆地南部邊緣的戰略意義。然在史密簋及年代稍晚的師寰簋（《集成》04313）二銘中，⑩ 尃皆排於周方參戰勢力之末，其戰鬥力似有限。這說明，僅從尃之戰略位置加以解釋，距離全面解析史密簋銘軍事地理仍是明顯不夠的。

---

① 詳見拙文《史密簋所見棫國地望新探》，山東省文物考古研究院、曲阜市文物局、曲阜師範大學歷史文化學院編：《保護與傳承視野下的魯文化學術研討會論文集》，上海：上海古籍出版社，2018 年，第 350~363 頁。

② 李學勤：《史密簋銘所記西周重要史實考》，《中國社會科學院研究生學報》1991 年第 2 期。

③ 王輝：《史密簋釋文考地》，《人文論叢》1991 年第 4 期。

④ 陳秉新、李立芳：《出土夷族史料輯考》，合肥：安徽大學出版社，2005 年，第 197 頁。

⑤ 李仲操：《史密簋銘文補釋》，《西北大學學報》1990 年第 1 期。

⑥ 張永山：《史密簋銘與周史研究》，吳榮曾主編：《盡心集——張政烺先生八十年慶壽論文集》，北京：中國社會科學出版社，1996 年，第 195~196 頁。

⑦ 密邑說雖與"必"讀"密"關係相合，但"長必"爲二字地名，"高密"說顯然更合宜。

⑧ 王青：《海岱地區周代墓葬研究》，濟南：山東大學出版社，2002 年，第 137 頁圖 50。

⑨ 詳見拙文《史密簋所見棫國地望新探》，山東省文物考古研究院、曲阜市文物局、曲阜師範大學歷史文化學院編：《保護與傳承視野下的魯文化學術研討會論文集》，上海：上海古籍出版社，2018 年，第 350~363 頁。

⑩ 中國社會科學院考古研究所編：《殷周金文集成（修訂增補本）》，北京：中華書局，2007 年。以下簡稱《集成》。

三、“膚”“虎”“杞”“舟”四夷地望

史密簋銘在敘述衆夷侵擾東國時云：“合南夷膚、虎會杞夷、舟夷。”“虎”在銘中寫作“🐯”，屬“南夷”之一。過去多釋“南夷”後之“膚”爲“盧”，“🐯”爲“虎”，以“盧”與“虎”皆處周之南國。張永山論之尤詳。① 關於其中“虎夷”的淵源，各家説法亦多爭訟。有以“虎”夷即昭王南征之“虎方”，推測或在江淮，或在漢水。② 也有人認爲“虎”夷在今滕州一帶。③ 或將之對應《左傳》“夷虎”，在今鳳台附近。④ 更有將其置於伊洛流域與荆楚間的説法。⑤ 然諸家將此“虎”夷比附爲“虎方”或“夷虎”，所據僅爲“虎”這一字面關聯，並未提供任何中間佐證環節，可信度有限。⑥

對此我們曾指出，從較清晰的史密簋銘文拓片來看，“🐯”從人從虍，⑦ 隸寫爲“虎”當更確切。由卜辭、金文、簡牘和璽印等多種出土材料分析，“虎”“吾”同聲相假的現象十分常見，故史密簋銘“虎”夷可讀爲“吾”夷。進一步結合相關卜辭與傳世文獻考察，此西周“吾”夷向上當可追溯至晚商卜辭、金文所見重要東土族地名——“🐚”和“上🐚”，向下則與春秋戰國齊國“郚邑”相關聯，故地應在今濰坊安丘李家西部村東齊郚故城遺址。⑧ 這也爲進一步尋求史密簋銘中同爲“南夷”之屬的“膚”提供了重要線索。

史密簋“膚”寫作“🖼”，諸家隸爲“盧”或“膚”，其實於字形皆有所據。⑨ 究竟哪一種

① 張永山：《史密簋銘與周史研究》，吳榮曾主編：《盡心集——張政烺先生八十年慶壽論文集》，北京：中國社會科學出版社，1996 年，第 192~193 頁。

② 李啓良：《陝西安康市出土西周史密簋》，《考古與文物》1989 年第 3 期；李仲操：《史密簋銘文補釋》，《西北大學學報》1990 年第 1 期；張懋鎔：《盧方·虎方考》，《文博》1992 年第 2 期；王輝：《史密簋釋文考地》，《人文論叢》1991 年第 4 期。

③ 孫敬明：《史密簋銘箋釋》，臺灣《故宮學術季刊》第 9 卷第 4 期，1992 年。

④ 李學勤：《史密簋銘所記西周重要史實考》，《中國社會科學院研究生學報》1991 年第 2 期；張永山：《史密簋銘與周史研究》，吳榮曾主編：《盡心集——張政烺先生八十年慶壽論文集》，北京：中國社會科學出版社，1996 年，第 194~195 頁。

⑤ 沈長雲：《由史密簋銘文論及西周時期的華夷之辨》，《河北師院學報》(社會科學版)1994 年第 3 期。

⑥ 近來相關新資料也爲舊釋金文“虎方”説提出了新挑戰。參見曹錦炎：《新見戜卣銘文及相關問題》，《半部學術史一位李先生：李學勤先生學術成就與學術思想國際研討會論文集》，北京：清華大學出版社，2021 年。

⑦ 張天恩主編：《陝西金文集成》15.1784，西安：三秦出版社，2016 年，第 251~253 頁。

⑧ 詳見拙文《商周東土吾族地望新證》，《東嶽論叢》2019 年第 11 期。

⑨ 參見王國維：《觀堂集林(外二種)》，石家莊：河北教育出版社，2001 年，第 558~559 頁；郭沫若：《兩周金文辭大系圖録考釋》録187、考173 引徐中舒説，上海：上海書店出版社，1999 年；楊樹達：《積微居金文説(增訂本)》，北京：中華書局，1997 年，第 221、238~239 頁；于省吾主編：《甲骨文字詁林》，北京：中華書局，1996 年，第 1640~1641 頁；于省吾：《甲骨文字釋林》，北京：中華書局，2009 年，第 30~31 頁。

釋讀合理，顯然要結合史密簋銘具體情景來確定。史密簋銘中，"虎""膚"發動聯合叛亂，可知二夷應有較密切的地緣關聯，否則難以聯合起事，亦不會被周人並稱爲"南夷"。然受該銘"東征""東國"等詞限定，以"膚"爲南國之"盧"並不夠妥當，故有學者讀如東方之"莒"。[①] 進一步結合上文虎夷故地可對應齊國部邑，以及晚商卜辭中"蠱""膚"二地同版地近（《合集》36893）的關係分析，[②] 可知讀史密簋銘"膚"爲東國之"莒"更合理。不過，關於西周莒地地望，目前又有莒縣、膠州二説之分歧。

《漢書·地理志》琅邪郡"計斤"縣下，班固自注："莒子始起此，後徙莒。"顏師古注："即《春秋左氏傳》所謂介根也。"[③]《春秋》隱公二年"莒人入向"下，孔穎達《正義》引杜預《世族譜》亦云：莒"初都計，後徙莒，今城陽莒縣是也"。按："計"即"計斤"，見於《左傳》襄公二十四年，莒邑，爲齊所侵，故地在今膠州西南。[④] 何浩據《世族譜》認爲莒族曾有遷徙，即春秋前莒都於膠州，後遷於莒縣。[⑤] 由於計斤説出自漢晉文獻，且內容簡略，有考古學者或謂之不足爲憑。[⑥] 其實不然。

考古發現表明，今膠州市西南鋪集鎮西皇姑庵、逄家溝等地已發現具有較強本地文化特色的商周遺址和西周貴族墓葬，[⑦] 顯示晚商至西周早中期，這裏應是一處非常重要的高等級聚落。與之相對，以今莒縣爲中心的沂沭流域不僅商代遺存較少，且聚落規模較小，等級較低。[⑧] 同時，周代遺存年代也多集中於西周晚期及以後。[⑨] 兩相對照，高密、諸城一帶的商周遺存，其年代、規模與地望上正與前引傳世文獻相關記載相合。可證，漢晉時

① 李仲操：《史密簋銘文補釋》，《西北大學學報》1990 年第 1 期；孫敬明：《史密簋銘箋釋》，臺灣《故宮學術季刊》第 9 卷第 4 期，1992 年；陳秉新、李立芳：《出土夷族史料輯考》，合肥：安徽大學出版社，2005 年，第 195~196 頁。

② 郭沫若主編：《甲骨文合集》，北京：中華書局，1979—1982 年。以下簡稱《合集》。相關研究，參見李學勤：《論商王廿祀在上蠱》，《夏商周年代學札記》，瀋陽：遼寧大學出版社，1999 年，第 59~60 頁。相關補充論證，參見拙文《商周東土吾族地望新證》，《東嶽論叢》2019 年第 11 期。

③ 《漢書》卷二八上《地理志上》。

④ （清）穆彰阿、潘錫恩等纂修：《大清一統志》卷一七四，第 4 册，上海：上海古籍出版社，2008 年，第 480 頁上、下欄。

⑤ 何浩：《楚滅國研究》，武漢：武漢出版社，1989 年，第 275~276 頁。

⑥ 張學海：《莒史新探》，中國先秦史學會、政協莒縣委員會編：《莒文化研究文集》，濟南：山東人民出版社，2002 年，第 114 頁。

⑦ 山東昌濰地區文物管理組：《膠縣西庵遺址試掘簡報》，《文物》1977 年第 4 期；國家文物局主編：《中國文物地圖集·山東分冊（下冊）》，北京：中國地圖出版社，2007 年，第 91 頁。

⑧ 劉延常、趙國靖、劉桂峰：《魯東南地區商代文化遺存調查與研究》，《東方考古》第 11 集，北京：科學出版社，2014 年，第 487 頁。

⑨ 王青：《海岱地區周代墓葬研究》，濟南：山東大學出版社，2002 年，第 168 頁；禚柏紅：《莒文化研究》，《東方考古》第 6 集，北京：科學出版社，2009 年，第 215 頁；畢經緯：《海岱地區出土東周銅容器研究》，《考古學報》2012 年第 4 期。

人以計斤爲莒族早期活動地的説法當有所本，不可輕易否定。

史密簋開篇云："合南夷膚、會杞夷、舟夷，謹不質，廣伐東國"，從所敘叛夷先後順序分析，靠前的"南夷膚、虎"當是叛亂主體，排後的"杞夷""舟夷"爲從屬。從"擒賊先擒王"的一般性戰術考量，周人當更可能採取先挫敗主事者膚、虎，以迅速瓦解其同盟杞、舟的作戰方略。以此分析，周人在選擇決戰地時，應更傾向於考慮可以重點打擊膚、虎的地點。從這個角度分析，"長必"在位置上當更靠近膚、虎，或位於他們侵擾齊南鄙所經路線之上。而前文已指出，"長必"可讀爲"上密"，指濰水上游支流古密水沿線的漢晉高密故城，故地在今高密城後劉家莊村東南 2000 米。此地東南至上述西皇姑庵、逢家溝一帶直線距離約 3 万米，其間地勢平坦，往來交通便利，① 正符合莒夷北上侵擾、周人南下攔截的交戰形勢。

如此，南夷所屬的"膚""虎"二夷地望都得到確定，又使進一步落實"杞夷""舟夷"所在成爲可能。

在文字釋讀上，各家對"杞"字均無異議，皆以其指文獻所載夏後裔杞國。由於銘稱"杞夷"，多數學者認爲其可對應《左傳》襄公二十九年"即東夷"之杞，也就是杜預所謂"行夷禮"的"杞子"國。至於"舟"，各家説法中，李學勤、王輝訓"舟"爲"州"，指《春秋》經傳所見"淳于"，於古書多有所徵，當可信。② 不過，其説將州夷故地置於漢淳于故城今安丘東北三十里，恐有未安。這是因爲，若州在安丘東北，處濰水上中游，雖乍看與周夷戰於濰水上游長必的戰爭形勢相吻合，但將之納入史密簋銘作深入分析，便知並不合理。

史密簋銘對侵擾東國夷族的正面描述僅見於"合南夷膚、虎會杞夷、舟夷，謹不質，廣伐東國"這一句，從中可知周人從兩個層級對這四個亂夷進行了區分和界定。具體而言，第一層級是用"夷"來統屬"南夷""杞夷"和"舟夷"。第二層級則將"膚""虎"納入"南夷"之屬。這種區分和界定説明，在"膚""虎""杞""舟"四夷中，唯"膚、虎"可稱"南夷"，並在"夷"之層級上與"杞""舟"並列。可見在周人的政治地理視野中，"膚、虎"與"杞、舟"在能否冠以"南夷"之號上是有差別的。這暗示，由於可聯合襲擾齊南鄙，並成爲周人東征對象，因此這四個夷族在分佈上，當彼此相距不會太遠。但在具體位置上，他們又似可區分爲至少兩個不同的區域，即同屬"南夷"的"膚"和"虎"，以及被並列敘述的"杞夷"和"舟夷"。如此，"杞夷"和"舟夷"之間的地望關聯當較緊密。對此，文獻、考古資料確有體現。

---

① 國家文物局主編：《中國文物地圖集·山東分册(上册)》，北京：中國地圖出版社，2007 年，第 208~227 頁。

② 王輝編著：《古文字通假字典》，北京：中華書局，2010 年，第 200 頁。

《春秋》桓公五年："州公如曹"，《左傳》云："淳于公如曹。度其國危，遂不復。"此即"州夷"亦稱"淳于"之證。州公大去其國，知春秋早期州已滅亡。然《左傳》襄公二十九年載晉人率同盟"城杞"，其事在昭公元年晉祁午追述中作"城淳于"。可見"城杞"與"城淳于"同指一事。杜預釋曰："襄二十九年城杞之淳于，杞遷都。"結合《左傳》桓公五年杜注"淳于，州國所都城陽淳于縣也"句分析，杜預所謂"杞遷都"是指杞國由故地雍丘輾轉東遷至城陽淳于。換言之，在杜預的解釋體系中，河南之杞與山東之杞一脈相承，兩周杞有三遷，自今杞縣終遷至安丘。① 此説歷來被奉爲圭臬，晉人"城杞"之杞也被理解成東遷後的杞國居地——州國故都淳于城。②

以地緣關係論，由於淳于被置於安丘東北，地當近齊，故晉人率同盟城杞事理當較多觸犯齊國利益。以常理分析，利益受損的齊國應有所反應。然在《左傳》襄公二十九年相關記述中，齊人僅作爲同盟國參與其中，事後即再不見蹤影。倒是魯國多次相涉其間，利益也屢屢受損。③ 相關記載表明，城杞及後續范獻子來聘、女叔侯治杞田、杞文公來盟及爲杞國取成邑一系列事件，皆僅涉晉、杞、魯三國，核心內容是盟主晉國多次介入杞、魯領地之爭。但這顯然與淳于地近齊國的地緣關係不符。

正是注意到該矛盾，王恩田指出襄公二十九年所城之杞當近魯而非近齊。他進一步結合新泰出土的杞伯器，認爲這裏的杞國故地應在今新泰西境，是商人所封，亦即戰國早期楚"廣地至泗上"時所滅之杞，從而提出了兩周時期雍丘與新泰二杞並存的觀點。④ 何浩進一步辨析文獻，指出春秋山東境內並存有兩個政治依附關係不同的杞國，一個是親齊的緣陵之杞，乃是自雍丘東遷的周杞；另一個是近魯、親晉的新泰之杞，爲殷人所封，並斷言《左傳》襄公二十九年"城淳于"，"只會是近魯、親晉的殷杞淳于，不會是附庸於齊的周杞

---

① 《春秋》隱公四年"莒人伐杞，取牟婁"，杜預注："杞國本都陳留雍丘縣。推尋事跡，桓六年淳于公亡國，杞似并之，遷都淳于。僖十四年又遷緣陵。襄二十九年晉人城之淳于，杞又遷都淳于。"

② 如(清)顧祖禹撰，賀次君、施和金點校：《讀史方輿紀要》卷三五，北京：中華書局，2005年，第1645頁；(清)穆彰阿、潘錫恩等纂修：《大清一統志》卷一七一，第4冊，上海：上海古籍出版社，2008年，第398頁下欄；陳槃：《春秋大事表列國爵姓存滅表譔異(三訂本)》，上海：上海古籍出版社，2009年，第374頁；楊伯峻編著：《春秋左傳注(修訂本)》，北京：中華書局，1990年，第103、108、1201頁；黃盛璋：《燕、齊兵器研究》，《古文字研究》第19輯，北京：中華書局，1992年，第47~49頁；楊善群：《杞國都城遷徙與出土銅器考辨》，王尹成主編：《杞文化與新泰——全國首屆杞文化研討會文集》，北京：中國文聯出版社，2000年，第9~20頁。

③ 首先，晉"范獻子來聘，拜成杞也"。接着晉侯派司馬女叔侯來治杞田，因未"盡歸"而遭杞女晉悼夫人埋怨。對此，女叔侯提醒晉平公："杞，夏餘也……魯，周公之後也，而睦於晉。以杞封魯猶可……何必瘠魯以肥杞?"即不該爲異姓杞國損害同姓魯國利益。然後，杞文公至魯結盟。杜預注："魯歸其田，故來盟"，以謝魯歸還侵奪之地。直至昭公七年(前535年)，晉人還在爲杞向魯索還侵地，最終"爲杞取成"。

④ 王恩田：《從考古材料看楚滅杞國》，《江漢考古》1988年第2期。

緣陵以東的淳于"。①

今按：新泰杞伯器在清道、咸年間出土，乃杞伯每亡爲夫人邿曹所作，清人許瀚及郭沫若、王國維、王獻唐等學者多有關注，對此上引王恩田文已有詳論。茲不贅述。這批器物的年代，早先多被定在西周晚期，王先生認爲當在春秋中期（後又調整爲春秋早中期之際）。② 從現存器形分析，杞伯每亡器在形制、紋飾與銘文書體上表現出西周晚期至春秋早期的時代特徵，③ 將其年代大致定爲兩周之際較穩妥。這是目前僅見出土地相對明確且年代接近西周史密簋的杞器，可證兩周前後今新泰一帶確有一杞國存在。因此，從考古資料看，以上王、何二先生基於文獻解讀所得周杞、殷杞並存之說是可信的。④ 從中可確定有關新泰殷杞的兩點認識：

首先，商王征夷方所經杞地，杞婦卣銘中與蘇埠屯亞醜（當釋爲"酌"）氏聯姻的杞族，⑤ 皆指殷杞。此外，膠州西庵遺址曾出土一件有銘方彝，年代爲商末周初。⑥ 目驗過該器的方輝認爲，此器當屬"舉""杞"聯署，並將其與杞婦卣合觀，敏銳地指出"商代杞地所在當不出魯北地區"⑦。若此釋讀不誤，當可進一步證明，至少在晚商階段，魯北一帶已多見杞人身影。這與杜注謂杞人長期與東夷雜處而染夷風一說頗相吻合。新泰杞器的出土則爲進一步確定杞之地望提供了物證。因此，史密簋銘中與周人爲敵的"杞夷"，應是此長期活動在魯北附近的殷杞。

其次，由祁午追述可知殷杞又稱"淳于"，若淳于果爲當時殷杞都邑，由於考古發現可

---

① 何浩：《楚滅國研究》，武漢：武漢出版社，1989 年，第 269~274 頁。

② 王恩田：《山東商代考古與商史諸問題》，《中原文物》2000 年第 4 期。

③ 據臺灣"中央研究院"歷史語言研究所"殷周金文暨青銅器資料庫"整理，清道光、咸豐年間出土的新泰杞伯器，部分可見器形現藏於北京故宮博物院、中國國家博物館、上海博物館及日本等處。20 世紀以來，武漢文物商店、滕州東臺村及私人手中，也徵集、出土、收藏過杞伯每亡器。網址參見 http://bronze.asdc.sinica.edu.tw/dore/listm.php。

④ 學者或認爲新泰杞國相關史料與考古發現年代皆在春秋中期之後，晚於魯襄公二十九年（前 544 年）晉人爲杞國新修都邑，故認爲新泰杞國上限當不超過此年，此前杞應在諸城、安丘、昌樂一帶。參見張廣志：《"東杞"、"西杞"說》，王尹成主編：《杞文化與新泰——全國首屆杞文化研討會文集》，北京：中國文聯出版社，2000 年，第 1~8 頁。按：《左傳》關於新泰杞國的記載，早在隱公、桓公時已有體現。且由《左傳》昭公七年及杜注可知，晉人最後爲杞討還被魯侵佔的寧陽成邑，若"城杞"之前杞在濰水流域，以杞之國力，何以能跨地擁有位於今寧陽的成邑？"西杞"說對這兩點皆無合理解說，不確。

⑤ 酌字釋讀，參見董珊：《釋蘇埠屯墓地的族氏銘文"亞醜"》，《古文字與古代史》第 4 輯，臺北："中央研究院"歷史語言研究所，2015 年，第 337~368 頁。嚴志斌：《商代金文的婦名問題》，《古文字研究》第 26 輯，北京：中華書局，2006 年，第 144~145 頁。

⑥ 膠州市志編纂委員會：《膠州市志》，北京：新華出版社，1992 年，第 877 頁。

⑦ 方輝：《從考古發現談商代末年的征夷方》，《海岱地區青銅時代考古》，濟南：山東大學出版社，2007 年，第 364 頁。

證殷杞在今新泰，則淳于邑亦在附近。據《春秋》桓公五年經傳記載州又稱淳于，可推知州國故地亦應在此。換言之，州與殷杞相鄰。由於"州""舟"互訓，故文獻所見杞、州地域相鄰，與史密簋銘中"杞夷""舟夷"聯合叛亂而被周人並置的記載，恰相一致。對此，考古發現又有旁證。

20世紀70年代，新泰博物館徵集到1件戰國"淳于之左觟（造）"戈；90年代新泰、泰安又先後出土戰國"淳于公之御戈""淳于之右觟（造）"戈。[①] 此外，北京故宮博物院藏有2件淳于公戈（《集成》11124、11125），出土地不明。其中《集成》11125為于省吾舊藏，何琳儀釋其銘為："淳于公之高豫觟"，年代略當春秋戰國之際，並疑《集成》11124為仿品。[②] 從概率上說，這三件出土地點明確的淳于戈皆集中發現在新泰、泰安一帶，當可提示新泰及附近確與周代"淳于"地相關。還有學者指出《集成》11125及新泰、泰安淳于戈銘所用"觟"字，乃魯、邾、滕諸地"造"之專用字，不用或少用於齊、莒等地。[③] 故"觟"字所見地域特徵，亦可為淳于地近今泰安、新泰提供旁證。因此，王先生論淳于地近殷杞，[④] 何先生以祈午所言"淳于"為殷杞淳于，皆當可信。[⑤]

四、"南夷"內涵

史密簋銘在敘述眾夷侵擾東國時云："合南夷膚、虎會杞夷、州夷。"其中"南夷"一詞歷來是各家解釋史密簋銘所涉戰爭地理時遭遇的最大難點。這是因為，西周晚期伐淮夷金

[①] 魏國：《山東新泰發現淳于戈》，《中國文物報》，1990年3月1日，第3版；王麗娟：《泰安市博物館收藏的一件"淳于右造"銅戈》，《文物》2005年第9期。

[②] 何琳儀：《淳于公戈跋》，王尹成主編：《杞文化與新泰——全國首屆杞文化研討會文集》，北京：中國文聯出版社，2000年，第98~103頁。

[③] 張振謙：《〈說文〉古文"觟"字考》，《中國文字學報》2014年第5期。此文還認為魯桓公五年州公如曹後，被魯人置於今泰安、新泰附近。有學者從其說。參見魏國、馬天成：《從考古材料看淳于地望》，山東省文物考古研究所、北京大學震旦古代文明研究中心、莒縣人民政府編：《青銅器與山東古國學術研討會論文集》，上海：上海古籍出版社，2017年，第224頁。今按：結合《左傳》襄公二十年晉人城杞及後續調停魯、杞邊地之爭分析，新泰至寧陽一境皆屬杞地，後為魯人所侵佔，可知魯桓公五年前後這裏仍為杞國所有。若魯人欲遷州，依常理當遷入魯境（至少是魯控制之地），又怎會將州置於與己爭地的杞境？據此當知，新泰淳于並非州公亡國後所遷之地。

[④] 王恩田：《人方位置與征人方路線新證》，張永山主編：《胡厚宣先生紀念文集》，北京：科學出版社，1998年，第106頁。相關論說，亦見氏著《山東商代考古與商史諸問題》，《中原文物》2000年第4期。

[⑤] 周杞淳于即漢北海郡淳于縣舊治，《水經注》之《汶水》《濰水》二篇皆有記載，地在濰水與其支流濰汶水交匯處，酈道元謂為周王所封，漢唐及後世文獻所載皆指此淳于，其與新泰淳于何干，尚待進一步研究。王恩田《山東商代考古與商史諸問題》一文推測周代亦有二淳于，也還可討論。

文中多見"南夷"，其内涵與同時期的"南淮夷""淮南夷"等稱謂可相對應，① 證明當時確有"南夷"爲患於南國淮水上中游一帶。學界遂有將"南夷"作爲專名理解的議論。② 然而，若拘泥於此，將史密簋銘"南夷"亦理解爲南國之夷，卻與銘中亂夷"廣伐東國"，且有周人"東征"明顯齟齬。加上，杞夷之"杞"於傳世文獻多有所徵，明確在東國無疑。而參與東征的"齊師""萊伯"等勢力亦地屬魯北淄、濰流域，也是可以確認的。這表明，僅據"南夷"一稱而逕將"膚""虎"置於南國，與銘中"東征""東國"及部分參戰國族地處東方的語境是有衝突的。

對此，早有學者注意到，並試圖提出解決方案。或將"南夷"與"盧、虎"斷讀，③ 以爲無方位限定詞的"盧、虎"便可與"杞夷、舟夷"並列。或索性將"盧、虎"理解爲周之與國，④ 以避開"東國"與"南夷"間的矛盾。然"南夷""杞夷""舟夷"前後行文對仗工整，它們同屬亂夷當無可疑，可見試圖通過調整句讀以規避方位衝突的相關作法並不可取。

誠然，若將"盧、虎"讀爲傳世文獻中所見活動在南國的盧方或夷虎，在字形上雖可通，但將之帶入史密簋銘中，則勢必造成一個問題，即須將當時南夷侵擾東國理解爲"勞師遠襲"之舉。也就是說，南國"南夷"從今鄂、豫、皖三省間的淮水上中游一線，要向東北長途行軍兩千餘里後，才能襲擾齊地南鄙。這顯然頗有些違背常理。當然，在班簋(《集成》04341)、晉侯蘇鐘等西周中、晚期銘文中，⑤ 的確可見"勞師遠襲"之例。但須注意，相關戰例中實施遠征的一方，都是居統治地位的周人。這提醒我們，在分析史密簋銘"南夷"可否遠征時，還要充分考慮周夷雙方的實力對比。

研究表明，西周王朝除在宗周、成周建立以西六師、殷八師爲代表的王師外，還建有如"齊師""牧師"一類的外服武裝，有學者稱這樣的"某師"爲"軍事功能區"。⑥ 金文顯示，周王及王臣可率王師征討叛亂，也可令某師、邦伯、貴族私卒協從參戰，並兼供作戰給養。⑦ 不難推知，只有在諸多條件共同加持下，王師方可進行有效的長途行軍。反觀時之叛夷，實力無法與周室匹敵，也不易突破外服諸侯邦伯構建的屏周藩籬，即使從國與國間

---

① 朱鳳瀚：《由伯䟒父簋再論周厲王征淮夷》，《古文字研究》第 27 輯，北京：中華書局，2008 年，第 192~199 頁。李學勤：《談西周厲王時器伯䟒父簋》，《文物中的古文明》，北京：商務印書館，2008 年，第 299~302 頁。相關詳情，參見拙著《從淮夷族群到編户齊民：周代淮水流域族群衝突的地理學觀察》，北京：人民出版社，2011 年，第 81~87、98~115 頁。

② 朱鳳瀚：《論西周時期的"南國"》，《歷史研究》2013 年第 4 期。

③ 張懋鎔：《史密簋與西周鄉遂制度——附論"周禮在齊"》，《文物》1991 年第 1 期。

④ 陳全方、尚志儒：《史密簋銘文的幾個問題》，《考古與文物》1993 年第 3 期。

⑤ 馬承源：《晉侯穌編鐘》，《上海博物館集刊》第 7 集，上海：上海書畫出版社，1996 年，第 1~17 頁。

⑥ 于凱：《西周金文中的"𠂤"和西周的軍事功能區》，《史學集刊》2004 年第 3 期。

⑦ 商艷濤：《西周軍事銘文研究》，廣州：華南理工大學出版社，2013 年，第 49~58 頁。

的隙地穿過，① 沿途給養也難以爲繼。在此現實下，“南夷”實施長途侵擾的可能性有多大，頗值得懷疑。②

其實，南夷之“南”作爲方位限定詞，在使用語境上具有突出的相對性。“南”這一方位屬性，是由觀察者與被觀察者之間的相對位置關係決定的。因此，“南夷”一稱在使用上具有天然的不確定性。這意味着，針對史密簋銘，確實可基於銘中所見關鍵信息——齊國邊鄙——來理解“南夷”。換言之，凡是位於齊鄙以南的夷族，皆可被視爲“南夷”。如此，通過一定程度擴大“南夷”所涉地域範圍，其實是可以較好地解決簋銘“東國”“東征”與“南夷”之間的方位衝突的。如此一來，簋銘所見數個國族與地名，便不能被排除位在周之東國境内的可能。

而上文綜合卜辭、金文與傳世文獻，通過對史密簋銘中所涉亂夷——“膚”“虎”“杞”“州”四族，協從討伐亂夷的“專”國，以及周夷雙方交戰地“長必”的地望進行細緻考訂，可以發現長必之戰的衆多國族、地名，確可一一落實到商周時期東國地名系統之中。特別是南夷所屬的膚、虎二族，不僅能在稍晚的春秋戰國東國地名中找到對應者，亦能在甲骨卜辭中找到同版地名及考古發現以相印證。可見，這些認識一方面是合於史密簋銘所見文本邏輯的，另一方面也能在古文字、文獻與考古三重資料上找到相對完整且閉合的證據鏈。即使西周晚期金文中確實大量存在爲禍於南國的“南夷”，也不妨礙我們將史密簋長必一戰的地理空間置於東國。

更何況，我們還能在後世文獻中找到一個與長必戰略形勢高度相似的戰爭案例，即楚漢之際的濰水之戰。作爲楚漢相爭過程中的轉折性戰事，濰水之戰發生於漢高祖三年（前208年），《史記》《漢書》相關篇章有詳細記載。關於濰水一戰的歷史地理考察，目前最深

---

① 王玉哲：《殷商疆域史中的一個重要問題——“點”和“面”的概念》，《鄭州大學學報》（哲學社會科學版）1982年第2期。

② 或謂鄂侯馭方鼎銘所載鄂侯率南夷、東夷侵至“歷内”，可稱得上是“南夷”長途遠襲之證。按：該銘年代一般認爲在夷王前後，安居羊子山出土西周早期鄂國銅器可證，此時鄂國仍在今隨州境内，故鄂侯馭方率南夷、東夷叛亂當是從隨棗走廊越南陽盆地、桐柏山地北上侵擾以成周洛邑爲中心的周人核心區。過去有學者將“歷内”與黄河以北的芮國關聯。參見沈建華：《卜辭金文中的伾地及其相關地理問題初探》，《初學集：沈建華甲骨學論文選》，北京：文物出版社，2008年，第103頁。其説恐失之過遠，還是將之置於今禹州一帶爲好。參見拙著《從淮夷族群到編户齊民：周代淮水流域族群衝突的地理學觀察》，北京：人民出版社，2011年，第102~103頁。結合經汝、潁二水從黄淮平原西部進入伊洛盆地的河谷通道和交通里程分析，當時鄂侯率南夷、東夷從隨棗走廊、淮水上中游等地入侵成周並不十分遥遠。據嚴耕望整理，從南陽盆地以北的今葉縣、魯山、舞陽、漯河、臨潁一線，沿汝、潁上游，經“洛南三關”至洛陽的里程，由唐宋各類地理志書記載可知約五百里，即便自南陽盆地南部今襄鄉一帶至洛陽，也不過八百里上下。且這一路行道十分便利，到今天仍是洛陽與江漢平原間的通衢幹道。參見嚴耕望遺著，李啓良整理：《唐代交通圖考（六）》，臺北：“中央研究院”歷史語言研究所，2003年，第1485~1847頁。顯然，這與“南夷”從漢淮至魯北兩千多里的征程相比，可行性要大得多。

入的研究當屬辛德勇所撰《韓信平齊之役地理新考》一文，從中可知此戰相關重要軍事地理節點有六個：臨淄、即墨、博陽、嬴縣、城陽和商密。① 除嬴縣一處，其餘五個節點在地望上皆可在史密簋銘中找到對應的國族、地名。表 1 的比較表明，西周時期的長必之役與楚漢之際的濰水一戰頗可比擬，故兩次戰事在軍事地理上是完全可相互參證的。這也可爲我們所復原的史密簋銘戰爭地理，提供一個較堅實的佐證。

表 1　濰水、長必二戰主要地名及其地望對照

濰水之戰	長必之戰	地望
齊都臨淄	齊師	臨淄(及其周邊)
即墨	萊伯	濰水東岸今平度、昌邑一帶
博陽	㝬(専)	今泰安東南漢博縣故城
城陽	杞、州、莒、吾(及其聯合侵擾所涉地域)	淄、沂、濰三水上源今萊蕪、沂源、沂水、臨朐諸縣交界地帶
商密	長必	今高密東南商密故城

　　行文至此，史密簋銘中侵擾齊鄙的四個夷族地望已大致明晰：膚、虎故地分別在今膠州西南鋪集鎮和安丘西南紅沙溝一帶，位於濰水上游東、西兩岸；杞夷、州夷則處今新泰、泰安境內，在今大汶河上游支流柴汶河一線。不過，就與以臨淄爲中心的兩周齊國相對位置關係而言，膚、虎、杞、州四夷似皆可被認爲是分佈在齊南部邊境的夷族(唯杞、州略偏西)，何以僅前兩者被稱作“南夷”呢？對此，《左傳》僖公四年一條記載或可提供線索：

　　　　……管仲對曰：“昔召康公命我先君大公曰：‘五侯九伯，女實征之，以夾輔周室！’賜我先君履，東至于海，西至于河，南至于穆陵，北至于無棣。爾貢包[苞]茅不入，王祭不共，無以縮酒，寡人是征。昭王南征而不復，寡人是問。”對曰：“貢之不入，寡君之罪也，敢不共給？昭王之不復，君其問諸水濱！”②

---

① 辛德勇：《韓信平齊之役地理新考》，《歷史的空間與空間的歷史——中國歷史地理與地理學史研究》，北京：北京師範大學出版社，2006 年，第 136~152 頁。

② (晉)杜預注，(唐)孔穎達正義：《春秋左傳正義》卷一一，阮元校刻：《十三經注疏》，收入《四部精要》第 2 冊，上海：上海古籍出版社，1992 年，第 1792 頁下欄~1793 頁上欄。

其事亦見《史記·齊太公世家》。① 由《齊太公世家》可知，所謂"東至于海，西至于河，南至于穆陵，北至于無棣"，是指周初東國震蕩，成王因以召康公命太公享有征伐大權所涵蓋的區域。可見，"南至于穆陵"句可成爲考察西周齊國南部勢力範圍的重要線索。

那麼接下來要追問，穆陵在何處？杜注："穆陵、無棣，皆齊竟也。"即以穆陵在齊國境內。然司馬貞《索隱》："舊説穆陵在會稽，非也。按，今淮南有故穆陵門，是楚之境。"表明到唐初，關於穆陵的地望又出現了"會稽""淮南"等異説。此後，古今學者關於穆陵地望的認識，逐漸形成齊境、楚境與越境三説，其中尤以前兩説之爭爲劇。② 具體而言，支持楚境説者依據的關鍵一點是：管仲之語是在向楚人強調齊國有用兵楚地的權力，穆陵屬楚則是堅實依據。然由周初東征史實分析，周人面對的是東夷大叛亂，太公受命征伐之區域當指東國，距楚人所屬南國江漢之地可謂遠矣。且管仲之語重在強調齊人享有周天子賦予的對"五侯九伯"的征伐大權，楚人在此"五侯九伯"之列，故桓公有充足理由興兵於楚。爲達到這個效果，穆陵屬楚自然更充分，卻不是必要條件。且從楚使應對之辭看，他承認自己不貢苞茅有錯，也否定與"昭王南征不復"牽連，唯獨對第一點没有任何應對。可知，在當時的對話語境中，齊、楚雙方都知第一條不過是興兵的由頭，當不得真。可見，穆陵在何處並非桓公伐楚因由的重點。更重要的是，楚王早已言明："君處北海，寡人處南海，是風馬牛不相及也，不虞君之涉吾地也，何故？"若穆陵在楚境，那楚人此語又從何説起？因此，杜注以"穆陵"屬齊地説與周初東國政治地理形勢更符，當可信。換言之，穆陵當是西周齊國南部疆域（勢力範圍）的地理界標。

確定了穆陵歸屬，再來看其具體位置。《隋書·地理志》載北海郡臨朐縣有"穆陵山"，亦見《元和志》。③ 後有"穆陵關"彰顯於世，史書形容它"崖阪峭曲，石徑幽危"，乃一險峻難行之隘道，劉宋高祖北伐由此入關，故能奇襲慕容超。④ 其關址，後世地理志書謂在今臨朐南。⑤ 考古調查表明，穆陵關舊址在今沂水縣馬站鎮關頂村，戰國齊長城沂水段即

---

① 《史記》卷三二《齊太公世家》。
② 參見傅根清：《"穆陵"考證》，《山東社會科學》2002 年第 6 期。此外，今人主張越地説者，參見高文輝：《〈左傳〉"穆陵"辨釋》，《古籍整理研究學刊》2010 年第 6 期。
③ 《隋書》卷三〇《地理志中》；（唐）李吉甫：《元和郡縣圖志》卷一一，北京：中華書局，1983 年，第 305 頁。
④ （宋）樂史：《太平寰宇記》卷二三，北京：中華書局，2007 年，第 480 頁。
⑤ （元）于欽撰，劉敦願等校釋：《齊乘校釋》卷一，北京：中華書局，2012 年，第 16 頁；（清）顧祖禹撰，賀次君、施和金點校：《讀史方輿紀要》卷三〇，北京：中華書局，2005 年，第 1454~1455 頁；（清）穆彰阿、潘錫恩等纂修：《大清一統志》卷一七一，第 4 冊，上海：上海古籍出版社，2008 年，第 402 頁上欄。

經其而過。[①]

　　按：從位置上看，穆陵關所在山地乃沂、濰二水分水嶺。史密簋銘中位於濰水上游東西兩岸的膚、虎二族皆與之相距不遠。由此相對位置關係分析，或許正是由於膚、虎二地近於西周齊國"穆陵"之南境界標，故被稱爲"南夷"。相對而言，偏在泰萊盆地的杞、州受泰魯沂山地所阻，且更靠近時之魯國勢力範圍，當不具備作爲齊南境之夷的政治地理屬性，[②] 故被歸入與"南夷"並列的夷族之屬。

五、結　論

　　史密簋銘所載戰事中的 7 個國族、地名，共同組成了一個具有内在地緣關聯且相互牽制的地名體系。就叛夷"南夷膚、虎"和"杞夷、舟夷"而言，"膚""虎"指濰水上游東西兩岸的"莒""吾"二族，故地分別在今膠州西南和安丘西南。"舟"即"州"，亦即"淳于"。與"莒""吾"聯合的"杞""州"二族地域相鄰，皆在今新泰、泰安一帶，屬大汶水上游支流柴汶水一線。協助齊師、族徒、遂人征伐的"萊伯"，故地約在今昌邑、平度之間。"僰"讀爲"專"，對應故地在泰安東南的春秋博邑、漢博縣。如此，"萊""專"分別與"莒、吾"和"杞""州"相鄰。最後，周夷雙方決戰地"長必"指故地在今高密西南的漢晉高密故城。

　　基於以上分析，長必一役大致過程可復原如下：莒、吾與杞、州分別在濰水上游、柴汶水一線發起叛亂，又聯合侵擾齊國南部邊鄙。負責齊地守備的齊師等力量緊急戒備，一面加強對遭受侵擾的南部邊鄙聚邑的監管，一面徵召萊、專二族協從參戰。緊接着，師俗、史密二人受王命，組織左、右二軍戡亂，最後與叛夷決戰於濰水上游的長必，取得勝利（參見圖 1）。[③] 在戰略地理上，長必之役與楚漢之際的濰水一戰可相比擬。

　　最後要指出，長必之戰雖可歸入西周王朝經略東國衆多戰事中的一環，但也表現出一定的時代特徵。經過西周前期歷次東征與封建後，到西周中期，周人對東國的控制已基本

---

① 國家文物局主編：《中國文物地圖集·山東分册(下册)》，北京：中國地圖出版社，2007 年，第726 頁。

② 杞、州所處泰萊盆地雖長期作爲齊、魯二國邊境，但泰萊盆地本身(尤其是南部)則多屬魯國勢力範圍。前文已述，在晉國調停魯、杞爭地一事中，齊國基本不涉其間，可證直到春秋中期齊國對泰萊盆地的輻射力度仍有限。考古研究也表明，西周至春秋，齊、魯墓葬遺存的分界線始終維持在泰萊盆地北部，戰國早期才南移到泰萊盆地以南今泗水一線。參見王青：《海岱地區周代墓葬研究》，濟南：山東大學出版社，2002 年，第 137~138 頁圖 50、51。以此來看，史密簋銘所見西周中期杞、州二族在當時確不能被視爲劃歸齊南部邊鄙所轄之夷族。

③ 師俗、史密所率左、右二軍具體行軍路線已無從考察。考慮周方戡亂勢力中，作爲右軍協從參戰的專距長必較遠，並參考楚漢之際的濰水之戰地理形勢，推測專在被徵召後，可能經大汶水上游、淄水上游一線與齊師等主力部隊匯合，再圍攻長必。謹慎起見，圖 1 中未體現專的具體行軍路線。

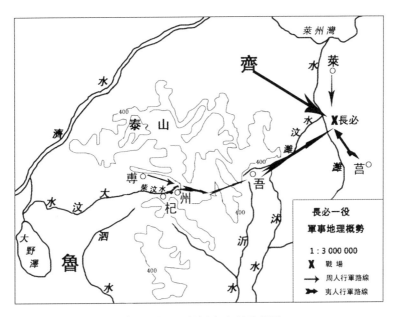

圖1　長必一役軍事地理示意圖

穩定。但被懸置在齊、魯等諸侯邊境的衆多夷族，仍不時有叛亂之舉，因而成爲東國境內的不安定因素。史密簋銘所見莒、吾、杞、州四夷，當屬此類。由五年師旋簋（《集成》04279-04282）和引簋銘知，西周中期後段周王朝在齊地曾多次用兵。相關用兵對象，學界或推測爲齊地亂夷①，或謂因齊哀公被烹事而與王室交惡的齊人②。史密簋銘所涉軍事地理問題的釐清，可證西周中期周人對齊地的用兵對象當更可能是身處其邊鄙聚落的被征服夷族。不過由傳世文獻所載周、齊、紀三者間的複雜政治糾葛來看，西周中期齊地屢生戰亂，可能確與周、齊關係惡化導致齊國勢力衰退而無法有效震攝東國政局的大背景相關。

2014 年 5 月初稿

2021 年 6 月定稿

（朱繼平，上海大學文學院；徐倩媛，上海大學文學院）

---

①　陳夢家：《西周銅器斷代》，北京：中華書局，2004 年，第 206 頁。

②　李學勤、朱鳳瀚、王恩田等：《山東高青縣陳莊西周遺址筆談》，《考古》2011 年第 2 期。亦見李學勤：《高青陳莊引簋及其歷史背景》，《文史哲》2011 年第 3 期；王恩田：《高青陳莊重大考古發現補正與答疑——高青新出申簋釋讀商榷》，《管子學刊》2015 年第 3 期。

加嬭編鐘銘文疏補[*]

田成方　　羅佳怡

　　加嬭編鐘於 2019 年 5 月在湖北隨州棗樹林墓地 M169(曾侯寶夫人嬭加墓)發掘出土，是近年發現的鑄有長篇銘文的又一曾國重器。發掘者很快就整理、刊佈了其中 4 枚鈕鐘的照片、銘文摹本及初步釋文(簡稱《初釋》)，同時介紹了棗樹林墓地發掘的基本情況及主要收穫。① 器主在銘文中自稱"加嬭"，若據銅器命名的常例，這套編鐘應名作加嬭編鐘。② 整理者及一些研究者稱之爲嬭加編鐘，不甚確切。

　　這套編鐘原來擺放在棗樹林 M169(曾侯寶夫人嬭加墓)槨室的北部及東部，存四組 19 件。由於該墓曾經被盜，因而 19 件編鐘大概不是下葬時候的完數。根據發掘者判斷，第一組 4 件鈕鐘(M169：9、12、7、10)、第四組 9 件銅鐘(M169：23、15、21、22、17、18、16、40、41)銘文首尾完備，應是完整的兩組，第三組可能缺 1 件銅鐘，第二組至少缺 1 件。當然，也存在下葬時候已有銅鐘逸失的可能。發掘者以第一組 4 件鈕鐘的完整銘文爲基礎，結合其他組的鐘銘書寫，給出了初步的隸定和釋讀。此後，又有不少學者就這篇銘文的文字隸定、字詞詁釋、句讀文義等提出了意見，但對某些字、詞、句的解釋分歧還頗爲顯著，也就直接造成對整篇銘文旨意、作器者身份、銘文製作背景等方面的巨大爭議。爲更全面理解銘文內容、揭示文本內涵，在盡可能全面搜集已有研究成果的基礎上，我們就一些字、句作進一步疏解，對銘文結構加以梳理和剖析，以求能揭示這篇銘文的旨意及其背後蘊藏的歷史文化內涵。不足之處，祈方家賜正。

　　爲行文方便，先將鐘銘迻録如下：

---

　　* 本文係"古文字與中華文明傳承發展工程"資助項目"商周青銅器銘文族群分類史徵"(G2212)、河南文物局文物保護專項研究項目"夏代族群、方國資料的系統整理與研究"(豫文物保〔2022〕174)階段性成果。

　　① 郭長江、李曉楊、凡國棟、陳虎：《嬭加編鐘銘文的初步釋讀》，《江漢考古》2019 年第 3 期；湖北省文物考古研究所等：《湖北隨州棗樹林墓地 2019 年發掘收穫》，《江漢考古》2019 年第 3 期。

　　② 小文寫成後，讀到程浩新作也有此論，參程浩：《加嬭編鐘與楚莊王服曾》，《北方論叢》2021 年第 4 期。

佳(唯)王正月初吉乙亥，曰：白(伯)昏(括)受命，帥禹之啙(緒)，有此南洍。余文王之孫＝(孫子)、穆之元子，之(出)邦于曾。余非敢乍(作)瑰(恥)，楚既爲代(迭)，膚(吾)述(仇)匹之。宨(密)臧(莊)我憨(猷)，大命毋改。余諄(浼昧)小子加嬭(芈)曰："嗚呼！禦(襄)公纍(早)陟，余訇(保)其疆啚(鄙)，行相曾邦，台(以)長辝夏。余典册厥德，殿民之氏(柢)巨，攸＝(悠悠)駾(洋洋)，余[爲婦]爲夫，余滅(滅-蠠)頸(没-勉)下屖(遟)，禦(恭)畏僐(儔)，諸公及我大夫，饠＝(遝遝)豫政，作辝邦家。"余擇辝吉金玄鏐黄鎛，用自作宗彝穌鐘，台(以)樂好賓嘉客，父兄及我大夫，用孝用享，受福無疆，屖其平穌，休淑孔盟(煌)。大夫庶士，嫧＝(齊齊)趬[＝](趬趬)，酭(酬)獻謍(歌)舞，匽(宴)喜(饎)飲食，易(賜)我霝冬(終)黄耇，用受璚(胡)福，其萬年毋改，至於孫子，石(庶)保用之。①

1. 佳(唯)王正月初吉乙亥，曰：白(伯)昏(括)受命，帥禹之啙(緒)，有此南洍

王：應指周王。曾(隨)爲南宫括之後、姬姓封國，曆法使用周正。② 曾國有紀時者，主要見於曾侯、曾伯、曾仲等高等級貴族鑄器。如春秋早期曾伯從寵鼎(《集成》02550)"唯王十月既吉"，傳世春秋早期曾伯霖簠(《集成》04631、04632)"唯王九月初吉庚午"、京山蘇家壟 M79、M88 曾伯霖壺"唯王八月初吉庚午"③，春秋中期曾公畋鐘"唯王五月吉日丁亥"④，春秋中期曾侯寶鼎"唯王五月吉日庚申"，春秋晚期曾侯與鐘"唯王正月吉日甲午""唯王十月吉日庚午"⑤，春秋晚期曾仲塦簠(《銘圖》05029-05031)"唯王正月吉日庚申"，均行周正。"既吉""初吉"等月相詞的大量使用，亦證曾人採用周曆系統。目前僅一例較特殊，即隨州文峰塔墓地 M33 出土的媵盤，銘作"唯曾八月，吉日唯亥"⑥，或據此

---

① 銘文隸定主要參考了夏立秋(郭理遠)：《嬭加編鐘銘文補釋》，復旦大學出土文獻與古文字研究中心網站(http://www.gwz.fudan.edu.cn/Web/Show/4453)，2019 年 8 月 9 日。該文修訂稿發表於《中國文字》2019 年冬季號(總第二期)。下文所引郭氏論文，如未加注釋，均出自該文，不再贅注。

② 崔恒昇：《安徽出土金文訂補》，合肥：黄山書社，1998 年，第 71 頁。不過崔氏説曾姬無卹壺(《集成》09710、09711)"唯王廿又六年"是周顯王二十六年(前 343 年)，是不可信的。

③ 壺有四，其中一蓋銘作"唯八月"，省略"王"字，參方勤、胡長春、席奇峰、李曉楊、王玉傑：《湖北京山蘇家壟遺址考古收穫》，《江漢考古》2017 年第 6 期。

④ 郭長江、凡國棟、陳虎、李曉楊：《曾公畋編鐘銘文初步釋讀》，《江漢考古》2020 年第 1 期。

⑤ 湖北省文物考古研究所、隨州市博物館：《隨州文峰塔 M1(曾侯與墓)、M2 發掘簡報》，《江漢考古》2014 年第 4 期。

⑥ 湖北省文物考古研究所、隨州市博物館：《湖北隨州市文峰塔東周墓地》，《考古》2014 年第 7 期。

認爲春秋晚期"出現了以曾國紀年的曆法"①。該盤器主即文峰塔 M33 墓主，是春秋晚期嫁到曾國的楚國女子。② 單從這件盤銘，似不能證明曾國有自成系統的曆法文化。我們認爲，此"唯曾八月"僅是相對楚曆而言，約等同于"唯王八月"。此外，近來有學者認爲曾國可能使用夏曆，③ 理據尚欠充分。

受命：《初釋》解爲"廪受上天之命"。隨州文峰塔 M1 曾侯與鐘銘亦云"伯括上庸……王遣命南公，營宅汭土"，説明伯括分封、營宅汭土是膺受周王之命。周人所講的天命，通常就周人得天下而言，如《初釋》所舉《尚書·召誥》"惟王受命"，毛公鼎（《集成》02841）"丕顯文武……膺受大命"等。而諸侯受封建邦，實因周王之命。兩者當有區別。此處"伯括受命"，應指伯括廪受周王册命。

帥禹之啫：帥，《初釋》"讀作率，表率之意"，不確。帥，應釋爲循行、繼承。《國語·周語下》："帥象禹之功，度之於軌儀。"韋昭注："帥，循也。"《禮記·文王世子》："武王帥而行之。"鄭玄注："帥，循也。"

啫，《初釋》讀爲"堵"，認爲"禹之堵"即禹跡、九州。"禹之堵"又見於叔尸鐘（《集成》00272-00284）、鎛（《集成》00285），郭沫若讀"堵"爲土，後多從之。④ 今按：該字當如陳民鎮等隸作啫，⑤ 讀爲緒，訓爲事、業。《爾雅·釋詁上》："緒，事也。"《廣雅·釋詁四》："緒，業也。"《詩·大雅·常武》："三事就緒。"鄭箋："緒，業也。"《詩·魯頌·閟宫》："纘禹之緒。"毛傳："緒，業也。"《周禮·天官·宫正》："稽其功緒。"鄭注："緒，其志業。"顧炎武謂："已成者謂之功，未竟者謂之緒。"⑥帥禹之啫，類于《閟宫》"纘禹之緒"，意爲循行、繼承大禹未竟的事業、功業。⑦

以上整句話是説，伯括受周王之命，繼承大禹治水拓土的事業，據有了這片南方多水的土地。

---

① 黄尚明、關曉武：《試論曾國銅器銘文的紀年法》，《江漢考古》2021 年第 2 期。

② 趙平安：《嬭盤及其"邡君"考》，《中國史研究》2016 年第 3 期。

③ 湖北省文物考古研究所、隨州市博物館：《隨州文峰塔 M1（曾侯與墓）、M2 發掘簡報》，《江漢考古》2014 年第 4 期；趙平安：《嬭盤及其"邡君"考》，《中國史研究》2016 年第 3 期。

④ 郭沫若：《兩周金文辭大系考釋》，《郭沫若全集考古編 8》，北京：科學出版社，2002 年，第 432 頁；上海博物館商周青銅器銘文選編寫組：《商周青銅器銘文選（四）》，北京：文物出版社，1990 年，第 542 頁；黄德寬主編：《古文字譜系疏證（二）》，北京：商務印書館，2007 年，第 1459 頁。

⑤ 陳民鎮：《新出芈加編鐘所見"禹"與"夏"》，《中華讀書報》，2019 年 9 月 25 日，第 15 版。

⑥ （清）顧炎武著，（清）黄汝成集釋，欒保群、吕宗力校點：《日知録集釋》卷 5，上海：上海古籍出版社，2006 年，第 277 頁。

⑦ 陳民鎮也有這個意見，惜未展開論述，參氏文《新出芈加編鐘所見"禹"與"夏"》，《中華讀書報》，2019 年 9 月 25 日，第 15 版。

2. 余文王之孫₌(孫子)、穆之元子，之(出)邦于曾

余：第一人稱代詞，《初釋》未明言所指，不過同時發表的《發掘收穫》說："'余文王之孫、穆侯元子，出邦于曾'等内容，説明曾國應是文王之後而非武王之後……爲確認曾爲姬姓及研究曾國始封等問題提供了更直接的考古材料。"[1]表明發掘者認爲此"余"代指曾侯。《初釋》在解釋"穆"字的時候説："穆，應與曾大工尹季怡戈'穆侯之子，西宫之孫'相關。穆之元子，即這位穆侯的大兒子。"亦認爲此"余"指代曾侯。程浩認爲指楚莊王，莊王是楚穆王的繼任者，是穆王的元子。[2] 付振起最先提出指代加嬭，她是楚莊王的長姐，[3] 是正確的。此"余"與後文的七個人稱代詞"余"，均係器主加嬭自稱。[4]

孫子：一、三組"孫"下有短横，二、四組失鑄。短横，當是合文符號。孫₌即"孫子"的合文，即孫之子，曾孫。據此可知，器主加嬭是楚文王的曾孫女、楚穆王的女兒。按《左傳》《史記》等記載，楚穆王是楚文王之孫、楚成王之子，則穆王的女兒，也即文王的孫子(曾孫)。此處泛泛讀爲孫、孫孫、子孫等，[5] 於人物關係不審。

元子：《初釋》解爲"大兒子"，不確。如上條所云，此"元子"應指加嬭。"元子(女)"一詞，傳世文獻和銅器銘文常見。《尚書·顧命》："用敬保元子釗，弘濟於艱難。"《儀禮·士冠禮·記》："天子之元子猶士也。"《左傳》襄公二十五年："庸以元女大姬配胡公。"山東淄博白兔丘村出土的□可忌豆(《新收》1074)："唯王正九月，辰在丁亥，□可忌乍厥元子中(仲)姞縢鐘(敦)。"番匊生壺(《集成》09705)是西周中期番國貴族爲女兒出嫁作的縢器，銘文爲："隹廿又六年十月初吉己卯，番匊生鑄縢壺，用縢厥元子孟改𦊱，子子孫孫永寶用。"關於"元子"，有嫡子、首(長)子、善(好)孩子等解釋。[6] □可忌豆所縢對象

---

① 湖北省文物考古研究所等：《湖北隨州棗樹林墓地 2019 年發掘收穫》，《江漢考古》2019 年第 3 期。

② 程浩：《試論加嬭鐘所見王爲楚莊王》，《李學勤先生學術成就與學術思想國際研討會論文集》，北京：清華大學，2019 年，第 267~270 頁；《加嬭編鐘與楚莊王服曾》，《北方論叢》2021 年第 4 期。

③ 付振起：《加嬭編鐘銘文初議》，先秦史研究室網站(http://www.xianqin.org/blog/archives/12288.html)，2019 年 10 月 20 日。按：下文引用付氏觀點均出自該文，不再贅注。

④ 吳毅强、蔣偉男、韓宇嬌等又從多個角度指出這個"余"指代加嬭。參吳毅强：《嬭加編鐘銘文新釋及相關問題考辨》，《北方論叢》2021 年第 4 期；蔣偉男：《嬭加編鐘器主身份補說》，《第 23 屆中國古文字年會論文集》，河南大學，2019 年；韓宇嬌：《嬭加編鐘銘文叙述主體再論》，轉引自蔣氏文後"附記"。

⑤ 吳毅强：《嬭加編鐘銘文新釋及相關問題考辨》，《北方論叢》2021 年第 4 期。

⑥ 嫡子説，參孫剛：《展可忌豆"元子"解》，《中國國家博物館館刊》2017 年第 5 期。長子、首子説，參劉麗：《"元子"問題補説》，《出土文獻》第 13 輯，上海：中西書局，2018 年。元子之"元"訓爲"善"，參張桂光：《金文詞語考釋二則》，張光裕、黃德寬主編：《古文字學論稿》，合肥：安徽大學出版社，2008 年，第 127~131 頁。

爲“元子仲姞”，與加嬭自稱“元子”、媵器稱“隨仲嬭加”相類，可見“元子”之“元”並非指行輩。而番匊生壺“元子孟改”之例，證“元”又與嫡庶無關。上舉三例銅銘“元子”之“元”，均應釋作善、好。《左傳》文公十八年：“高辛氏有才子八人……天下之民，謂之八元。”杜預注：“元，善也。”□可忌豆、番匊生壺均爲父親陪送女兒的媵器。婚姻本爲嘉好之事，嫁女者以“元子”稱呼待嫁的女兒，猶如説“爲我的好閨女作了件銅器”，讚美之意與不捨之切溢於言表。加嬭編鐘器主自稱“穆之元子”，大概也與追敘婚嫁的嘉好場景有關。

之(出)邦于曾：《初釋》：“第一、三、四組均寫作‘之’，第二組寫作‘出’……之，往也。即前往曾地建邦。我們認爲這裏更可能以‘出’字爲是。‘之’‘出’二字形近，很容易寫錯。出邦于曾，即離開周人的中心區，到遠在千里之外，處於南澨之地的曾國建邦。”此句將賓語“邦”前置，原序應爲“之(出)于曾邦”，適押韻之需。① 同樣句式，見《左傳》隱公元年經前文“故仲子歸於我”。“之(出)”，訓爲往、適、歸，指女子嫁往夫家。②《爾雅·釋詁上》：“之，往也。”《詩經·周南·桃夭》：“之子于歸，宜其室家。”毛傳：“之子，嫁子也。于，往也。”古代姊妹之子稱“出”，如典籍習見的蔡出、申出等，③ 或可能與女子出嫁稱“出”有關。

此句是以加嬭的口吻説：我是楚文王的曾孫、穆王的好女兒，嫁到了曾邦。

3. 余非敢乍瑰(恥)，楚既爲伐(达)，虘(吾)迖(仇)匹之

乍瑰：《初釋》：“作，疑讀作怍，羞慚……瑰，從鬼從耳，讀爲恥。怍、恥應該是同義連用。”蘇建洲讀爲“作恥”，認爲：“‘余非敢乍瑰’，當讀爲‘余非敢作恥’，也就是見於《左傳·哀公二年》‘無作三祖羞’、《襄公十八年》‘無作神羞’、《清華大學藏戰國竹簡(壹)·皇門》簡13‘母(毋)夏(作)俎(祖)考頗(羞)才(哉)’的‘作羞’。亦即楚簡常見的‘詁羞’。銘文爲配合押之韻，遂改‘羞’爲同義詞‘恥’。”④非敢乍瑰(恥)，意爲不敢給先人丟臉。作瑰，陳斯鵬讀爲“作伂(貳)”，指懷貳心，⑤ 吳冬明讀爲“作威”，句意爲“我本

---

① 蔣偉男：《嬭加編鐘器主身份補説》，《第23屆中國古文字年會論文集》，開封：河南大學，2019年，第120頁。

② 吳毅强：《嬭加編鐘銘文新釋及相關問題考辨》，《北方論叢》2021年第4期。

③ 宗福邦、陳世鐃、蕭海波主編：《故訓匯纂》“出”條60-67，北京：商務印書館，2003年，第216頁。

④ 此條意見是蘇先生在第九屆“出土文獻青年學者國際論壇”(2021年3月19—21日)時告知筆者的，參簡帛網之“簡帛論壇”，“關於嬭加編鐘銘文的一些看法”第2樓(http://www.bsm.org.cn/forum/forum. php？mod＝viewthread&tid＝12350)，2019年8月10日。

⑤ 陳斯鵬：《曾、楚、周關係的新認識——隨州棗樹林墓地M169出土編鐘銘文的初步研究》，《出土文獻》2020年第2期。本文引用陳氏觀點均出自該文，下不贅注。

不敢行使權威",① 小新解作"詐詭"或"詐僞",指欺詐作假,② 都不可信。

代:《初釋》:"讀作'忒',差錯。"賈連翔讀爲"代",認爲有承繼之意,"楚既爲代"當指曾國成爲楚國附庸之事,③ 陳斯鵬解釋爲"代興",指"楚爲南方代興之大國"。郭理遠讀爲"式",法也,"説楚國已經成爲榜樣了,我們曾國可以比得上他"。付振起讀爲"迖",解爲行,"楚既爲代(迖)"意爲後來楚國與曾國達成婚姻之行。"代"或讀爲貳,意爲匹敵、匹配。《左傳》哀公七年:"且魯賦八百乘,君之貳也。"杜注:"貳,敵也。"楚既爲貳,或指楚國將嬭加許配曾侯。但就上述幾種詁解而言,"代"解釋爲成行,或更符合上下語境。

述:《初釋》原隸作"徕",未釋義。陳民鎮根據陳劍對金文"述匹"的研究,指出此字應爲"述",讀爲仇,仇、匹同義,理解爲曾人事奉楚國。④ 釋爲述可從,但此處仇、匹應指婚配之事。⑤《左傳》桓公二年:"嘉偶曰妃,怨偶曰仇。"《禮記·緇衣》:"詩云:'君子好仇。'"鄭玄注:"仇,匹也。"

此句意爲:我不敢給祖先丟臉,(然)楚國既將我許配曾侯,我則耦合之。

4. 宓(密)臧(莊)我憨(猷),大命毋改

宓臧:《初釋》認爲宓"即密字,寧静、安定","臧,成功"。郭理遠釋宓爲"毖",意爲慎,臧讀爲"莊",訓爲莊武。吳冬明釋宓爲"祕",意爲宣揚,臧釋作"善"。小新讀宓爲"畢",憨(猷)訓爲"道","畢莊我猷"意爲"恭敬莊嚴地秉持我治國的法則規劃"。⑥ 付振起讀作"密藏",認爲"是説心中暗藏謀略,受天應命而不改"。今按:宓,當如整理者所釋,即安静、寧静。"密"也有細緻、周嚴之義。《周禮·考工記·廬人》:"刺兵同强,舉圍欲重,重欲傅人,傅人則密。"鄭玄注:"密,審也,正也。"三國曹丕《典論·論文》:"劉楨壯而不密。"臧,應讀爲"莊",但此處形容加嬭,宜訓爲端莊。《玉篇·艸部》:"莊,敬也。"《集韻·陽韻》:"莊,恭也。"密、莊,是説加嬭嫁到曾國後,做事有教養,從容而

① 吳冬明:《嬭加編鐘銘文補釋並試論金文所見曾楚交往的政治辭令》,《江漢考古》2020 年第 3 期。本文引用吳氏觀點均出自該文,下不贅注。

② 小新:《新見嬭加編鐘銘文補説》,復旦大學出土文獻與古文字研究中心網站(http://www.gwz.fudan.edu.cn/Web/Show/4454),2019 年 8 月 9 日。

③ 轉引自陳民鎮:《嬭加編鐘銘文賸義》,清華大學出土文獻研究與保護中心網站(https://www.ctwx.tsinghua.edu.cn/info/1080/2264.htm),2019 年 8 月 7 日。

④ 陳民鎮:《嬭加編鐘銘文賸義》,清華大學出土文獻研究與保護中心網站(https://www.ctwx.tsinghua.edu.cn/info/1080/2264.htm),2019 年 8 月 7 日。

⑤ 另參吳毅强:《嬭加編鐘銘文新釋及相關問題考辨》,《北方論叢》2021 年第 4 期。

⑥ 小新:《新見嬭加編鐘銘文補説》,復旦大學出土文獻與古文字研究中心網站(http://www.gwz.fudan.edu.cn/Web/Show/4454),2019 年 8 月 9 日。

端莊，這是對上句“非敢作恥”的具體展開和回應。

憨：《初釋》釋爲“謀略”“謀劃”。憨通爲“猷”，或指言、談。《爾雅·釋詁下》：“話、猷、載、行、訛，言也。”郭璞注：“猷者，道，道亦言也。”邢昺疏：“話、猷，至言也。”①當然，“宓(密)臧(莊)我憨(猷)”，此不專指言談。

大命：此指楚、曾聯姻的政治使命，與曾之立國、楚人服曾均無涉，不能理解爲“周王朝所受之大命”②，亦非“告誡曾人只要服從楚國，便可保國存祀”③。

此句意爲：(嫁到曾國後)我言行從容、端莊，不改婚姻的使命。

5. 余㜪(浼-昧)小子加嫚曰：嗚呼！覊(冀)公㷍(早)陟，余匋(保)其疆啚(鄙)，行相曾邦，台(以)長辝夏

余㜪小子加嫚：余、浼小子、加嫚，主語語素疊加。“余”下一字⿰，《初釋》隸作“虢”，當非。金文“虢”字寫作⿰(毛公鼎，《集成》02841)，⿰(秦公鎛，《集成》00267)，⿰(秦公簋，《集成》04315)，⿰(叔尸鐘，《集成》00275)。而鐘銘的這個字，郭理遠認爲從水從子從免，隸作㜪，讀作勉，指出“之後的一段應該是曾侯勉勵加嫚的話”。付振起認爲即浼字，讀爲昧，“謙稱愚昧”。羅小華讀爲“晚子”，認爲即晚輩、末子的意思。④ 石小力、程浩、李春桃等學者將該字隸作“乳”，主要根據曾公畎鐘中的乳字⿰。⑤ 比較而言，我們暫傾向於隸作㜪，訓爲昧。“余浼(昧)小子”意同“余沖(童)人”，係器主加嫚的自謙辭。加嫚，器主自稱，又見於該墓出土的銅匕(參《初釋》)、盜自該墓的加嫚鼎1、簋3、簠2等行器。⑥ 而該墓出土的楚王媵隨仲嫚加缶1、盤1、匜1(參《初釋》)，以及可能盜自該墓的2件楚王媵隨仲嫚加鼎，均作“隨仲嫚加”。⑦

① （晉）郭璞注，（宋）邢昺疏：《爾雅注疏》卷二，阮元校刻：《十三經注疏》，北京：中華書局，1980年，第2575頁。

② 陳斯鵬：《曾、楚、周關係的新認識——隨州棗樹林墓地M169出土編鐘銘文的初步研究》，《出土文獻》2020年第2期。

③ 程浩：《加嫚編鐘與楚莊王服曾》，《北方論叢》2021年第4期。

④ 承羅小華教授告知。

⑤ 石小力、程浩的意見，參程浩：《加嫚編鐘與楚莊王服曾》，《北方論叢》2021年第4期。李春桃的看法，據他在2021年7月14日上海博物館舉辦的“中國古代青銅文化學術研討會”上的發言。李氏觀點，又參李春桃、凡國棟：《嫚加編鐘的定名、釋讀及時代》，《江漢考古》2022年第6期。

⑥ 隨州市博物館、隨州市公安局主編：《追回的寶藏——隨州市打擊文物犯罪成果薈萃Ⅰ》器16、17、26，武漢：武漢大學出版社，2019年。

⑦ 曹錦炎：《“曾”、“隨”二國的證據——論新發現的隨仲嫚加鼎》，《江漢考古》2011年第4期；張昌平：《隨仲嫚加鼎的時代特徵及其他》，《江漢考古》2011年第4期；高成林：《隨仲嫚加鼎淺議》，《江漢考古》2012年第1期；黃錦前：《隨仲嫚加鼎補說》，《江漢考古》2012年第2期。

靦(龏)公暴(早)陟:《初釋》解釋爲"加嬭的丈夫曾侯寶去世的較早",當是。"靦(龏)"是曾侯寶的諡稱。曾國爲侯爵,因任職王室,故國君又稱公。2011 年隨州義地崗 M6 出土了一批銅器,包括鼎 2、簠 2、甗 1、壺 2、缶 1、匜 1、斗 1,以及兵器、車馬器、玉器等,多數銅容器都鑄有曾公子棄疾的銘文,故墓主當是曾公子棄疾。① 由於這批銅器的年代爲春秋晚期偏晚,我們曾推測這個"曾公"稱謂有兩種可能:"一是吴師入郢以後,因隨(曾)人救楚,隨(曾)國在楚系附庸體系中擢升爲'公',曾公之子即曾侯之子;二是此曾公可能與曾地設縣有關,曾國即曾縣縣公,非曾侯。"②現在看來,這兩個推論都是不對的。曾侯又稱曾公,情況當與晉、魯、齊、衛、應等周代重要封國類似,取決於曾國在周王朝的政治地位及國君在王室的任職情況。《史記·楚世家》記載楚武王讓隨人到周"尊吾號",一個重要的背景即曾國是周人統治南土的戰略中心,在周王朝的南土事務中有較大發言權。2020 年公佈的棗樹林 M190 出土的曾公畍編鐘,講到周昭王曾賜命曾國"用政南方"③,亦可爲證。郭理遠認爲"龏公應該是曾侯的上一代曾侯('早陟'很可能只是一種委婉説法,不一定實指很早就去世)",于文不通。

6. 余典册厥德,殿民之氐(柢)巨,攸_(悠悠)駸_(洋洋)

典册厥德:《初釋》認爲"指將其德行載入典册"。根據周人以德、刑治國的理念,此處可能是説加嬭將德政寫入國家法典。周人統治,强調明德慎罰,在《康誥》等周人文獻中有詳細詮釋。

殿:今從陳民鎮等下讀,④ 但他讀作"抑或伊"。此處"殿"僅表語氣的進一步發展,用法大概近於"亦""也"等。

攸_駸_:金文中常見,當如郭理遠讀作"悠悠洋洋",解爲寬舒自在。

7. 余[爲婦]爲夫,余濈(減-盅)頴(没-勉)下(舒)犀(遲),靦(恭)畏儐(儔,諸)公及我大夫,龓_(遷遷)豫政,作辥邦家

余[爲婦]爲夫:較難理解,可能是説加嬭(既與曾侯寶)結爲夫婦。

---

① 湖北省文物考古研究所等:《湖北隨州義地崗曾公子去疾墓發掘簡報》,《江漢考古》2012 年第 3 期。

② 田成方:《銅器銘文所見曾國公族及其宗支(題要)》,《曾國考古發現與研究暨紀念蘇家壟出土曾國青銅器五十周年會議論文集》,湖北京山,2016 年,第 148 頁。

③ 郭長江、凡國棟、陳虎、李曉楊:《曾公畍編鐘銘文初步釋讀》,《江漢考古》2020 年第 1 期;田成方:《曾公畍鐘銘初讀》,《江漢考古》2020 年第 4 期。

④ 陳民鎮:《嬭加編鐘銘文賸義》,清華大學出土文獻研究與保護中心網站(https://www.ctwx.tsinghua.edu.cn/info/1080/2264.htm),2019 年 8 月 7 日。

淺顯下犀：當如郭理遠讀爲黽勉舒遲。

龖=(遝遝)豫政：即蔡侯申鐘(《集成》00210)的“隹隹豫政”。

以上第5~7条是該篇銘文的核心，是説加孎將德治寫入國家法典，也就成爲人民的根本規矩，(故施政)威儀且從容。自與曾侯寶結爲夫婦，勤勉嫺雅，敬畏歷代先公及諸大夫，謹慎處理政事，治理邦家。

通過以上對加孎編鐘關鍵字、詞、句的疏解，我們贊同部分學者提出的該篇銘文都是以加孎口吻敘述的觀點，並由此得出以下結論：

(1)這篇銘文大體由三部分組成。開端至“大命毋改”，從曾國封于南土談起，引出加孎出嫁曾邦及嫁後的情況。“余孥小子加孎曰……作辪邦家”，講述加孎在丈夫曾侯寶早逝後，行相聽政，實施寬柔的德政，保全了曾國疆土及國家穩定。這一段可能轉録自執政者加孎在曾國宗廟的祭告禱辭。“余擇辪吉金玄繆黄鏄”句至文末，習見的套辭，與王孫誥鐘、叔尸鐘、邾公乇鐘等可比照。

(2)加孎編鐘自稱“宗彝龢鐘”，説明這套編鐘是在曾國宗廟使用的禮樂用器。過去所見鑄有銘文的宗廟禮器，鑄器者絶大多數都是男性貴族。而加孎編鐘的特殊之處在于，作器者是一位執政曾邦多年的曾侯夫人。只有正視這一點，才可能解釋這套編鐘爲何葬入加孎墓中，也才可能正確理解銘文旨意之所在。

(3)器主加孎是楚文王的曾孫、楚穆王的女兒，也即一代霸主楚莊王(前613—前591在位)的姊妹。器主身份的明確，對於探討加孎銅器的鑄造背景、曾侯寶夫婦的下葬時間、曾楚的互動關係等，具有十分關鍵的意義。由於相關發掘簡報尚未刊佈，上述問題的解決尚俟時日。

(田成方，鄭州大學考古與文化遺産學院；羅佳怡，鄭州大學考古與文化遺産學院)

説上博簡《容成氏》的"冥"及其相關諸字[*]

説上博簡《容成氏》的"冥"及其相關諸字[*]

周　波

上博簡《容成氏》有兩處關於廢疾(或痼疾)者的文字。其中《容成氏》簡 36-37 云：

　　民乃宜肙(怨)，虖(痼)疾旨(始)生。① 於是虖(乎)又(有)諂(喑)、聾、皮(跛)、
A、瘻(瘻)、✳(痀)妻(僂)旨(始)记(起)。②

《容成氏》簡 2-3 云：

　　於是虖(乎)唫(喑)聾執燭，臩(矇)戉(工)鼓瑟(瑟)，庱(跛)垦(躄)獸(守)門，
粜(休)需(儒)爲矢，長者酥(縣)斤(鐸)，妻(僂)者坟(事)壨(數-壿)，③ 瘻(瘻)者
煮盧(鹽){尾}，蛗(憂-疣/胅)者鮫(漁)澤……

———————

* 本文寫作得到國家社科基金冷門"絶學"和國別史等研究專項"戰國至秦漢時代雜項類銘文的整理
與研究"(2018VJX006)、國家社科基金後期資助項目"張家山漢簡《二年律令》文本整理與相關問題研究"
(18FZS029)支持。原載黄人二等編：《出土文獻與中國經學、古史研究國際學術研討會論文集》，臺中：
高文出版社，2019 年。

① "虖"字原整理者讀爲"虐"，此從顧史考先生説。參顧史考：《楚文"唬"字之雙重用法：説"競
公'痼'"及苗民"五'號'之刑"》，《古文字研究》第 27 輯，北京：中華書局，2008 年，第 389~390 頁。

② ✳字多見於古文字，從此聲之字多讀爲"沐"。安徽大學藏楚簡《詩經·柏舟》有"髧彼兩髦"之
"髦"作🔸、🔹，從鳥從上字爲聲，徐在國先生以爲"鶩"字異體(徐在國：《試説古文字中的"矛"及從
"矛"的一些字》，《簡帛》第 17 輯，上海：上海古籍出版社，2018 年，第 1~6 頁)，應是。《容成氏》此字
應讀爲與"孜""沐"聲近之"痀"。《説文》："痀，俛病也。从疒，付聲。""痀僂"，即"痀瘻"，連綿詞。又
作"僂附"(《素問·脈要精微論》)、"苟蔞"(《爾雅·釋木》)。"痀僂""僂附"均用指人戚施之疾，"苟
蔞"則用爲木侂僂臃腫之病。參拙文《楚地出土文獻與《説文》合證(三題)》，(韓國)《漢字研究》2020 年
第 1 期。

③ "僂者事壿"，指讓有駝背、戚施之疾者從事於平整土地的工作。"僂者事壿"，與《淮南子·齊
俗》"偏者使之塗(除)"、《劉子·適才》"偏僂者使之塗(除)地"類同。參拙文《楚地出土文獻與〈説文〉合
證(三題)》，(韓國)《漢字研究》2020 年第 1 期。

29

前一處簡文述夏末桀時橫徵暴斂，百姓廢疾(或痼疾)滋生之事。時逢亂世，民多疾癘。《吕氏春秋·明理》即云：“夫亂世之民，長短頡啎，百疾，民多疾癘，道多褓繈，盲秃傴尪，萬怪皆生。”後一處簡文載商湯代夏後，太平之世，百姓罷病者皆有所養之事。孔子亦曾言及於此。《禮記·禮運》：“孔子曰：‘昔大道之行與三代之英，吾未之逮也，而有記焉。大道之行也，天下爲公。選賢與能，講賢修睦，故人不獨親其親，不獨子其子，使老有所終，壯有所用，幼有所長，矜寡孤獨、廢疾者皆有所養……是謂大同。’”“廢疾者皆有所養”，《管子·入國》謂之“養疾”。《管子·入國》：“入國四旬，五行九惠之教一曰老老、二曰慈幼、三曰恤孤、四曰養疾……所謂養疾者，凡國都皆有掌疾，聾盲、喑啞、跛躄、偏枯、握遞，不耐自生者，上收而養之。疾，官而衣食之，殊身而後止，此之謂養疾。”這兩處簡文，雖所述時代背景不同，但簡文中有關廢疾(或痼疾)的文字或相同，或義近，故可以相互比較，以資發明。

上述文字中有部分“奇字”，雖經諸家多方考證，似仍難達一間，A字即是一例。本文準備在學者們相關研究的基礎上，綜合梳理相關字形及文獻，對簡文中的A字及與之相關的幾個字的釋讀問題再作討論。

上博簡《容成氏》簡37的A字，圖版作🔲。關於此字釋讀，主要有釋“眇”、釋“瞑”兩種意見。

劉釗先生將之釋爲“眇”。其謂：“此字是個會意字，即‘眇’字的本字，本象目一邊明亮一邊暗昧形，‘眇’則爲後起的形聲字……《易·履》：‘眇能視，跛能履。’……《穀梁傳·成公元年》：‘季孫行父秃，晉郤克眇，衛孫良夫跛，曹公子手僂，同時而聘于齊。’以上兩例‘眇’字都用爲‘一目失明’之意。得注意的是上引兩段典籍中‘眇’都與‘跛’相連提及，這與《容成氏》簡文中‘🔲’與‘跛’相連提及相一致。……”①

黃德寬先生認爲A字是以增填黑色而造出的“杳”字異體，簡文中讀爲“眇”。其云：“《説文·木部》：‘杳，冥也，從日在木下。’……考諸漢字系統，這個字最大可能就是‘杳’……《容成氏》37號簡🔲字，有的學者以爲是A字(引者按：即🔲的省簡，可從。如此，則🔲字也就是‘杳’的簡省……如果我們釋‘杳’成立的話，那麼‘杳’就可以讀作‘眇’。二字古音同屬宵部，聲紐通轉，形音均較妥貼。”②

邱德修先生據上博簡《周易》簡15“冥豫”之“冥”書作🔲，認爲：“知🔲……係‘瞑’之

---

① 劉釗：《〈容成氏〉釋讀一則(二)》，簡帛研究網，2003年4月6日。

② 黃德寬：《楚簡〈周易〉“🔲”字說》、黃德寬、何琳儀、徐在國：《新出楚簡文字考》，合肥：安徽大學出版社，2007年，第184~191頁。

象形……瞑，即可引申爲'瞑眩'，又可引申爲'瞎子'，今客語名'瞎子'爲'青瞑'是也。"①

以上讀"眇""瞑"兩説皆有不少學者表示讚同。如孫飛燕、單育辰等學者均從劉説。②其中單育辰先生云："▲是個會意字，從與典籍相對照看，劉釗 B(引者按：即《容成氏釋讀一則(二)》一文)釋爲'眇'略有可能。"③季旭昇、徐在國、范常喜等學者均從邱説。④如范常喜先生謂："'▲'的構字意圖當是在表示眼睛的圓圈中有意塗黑兩筆來表示目盲、眚目之義，是用象意的方法造出來的'瞑'字。……《説文·目部》：'瞑，翕目也。''瞑'可以表示閉上眼睛，也可以用來表示'目盲'，字或作'冥'。……"⑤

按：與上引簡文類似的説法也見於《國語》《吕氏春秋》《禮記·王制》等傳世古書。如《國語·晉語四》："蘧蒢不可使俯，戚施不可使仰，僬僥不可使舉，侏儒不可使援，蒙瞍不可使視，囂喑不可使言，聾聵不可使聽，童昏不可使謀。……官師之所材也，戚施直鎛，蘧蒢蒙璆，侏儒扶盧，蒙瞍修聲，聾聵司火。"《吕氏春秋·季春紀·盡數》："形不動則精不流，精不流則氣鬱。鬱處頭則爲腫爲風，處耳則爲挶爲聾，處目則爲曚爲盲……處腹則爲張爲疛……輕水所多禿與癭人……苦水所多尪與傴人。"《禮記·王制》："瘖聾、跛躃、斷者、侏儒、百工各以其器食之。"又《韓詩外傳》卷三："太平之時，無喑、癃、跛、眇、尪、蹇、侏儒、折短……"《抱樸子·塞難》："而或焞陋尪弱，或目黑且醜，或聾盲頑囂，或枝離劬蹇……"上述文獻皆可以相互參看。

比較可知，《容成氏》A 字相當於簡 2 的"曚"、《國語》的"蒙(曚)"、《吕氏春秋》《抱樸子》的"盲"、《韓詩外傳》的"眇"。其中"曚"字，《周禮·春官·序官》"瞽曚"下鄭玄注引鄭司農曰："有目眹而無見謂之曚。"可見這幾個字都是瞎眼、目盲之義。僅從文義來看，將 A 釋爲"眇"或"瞑"都很合適。不過，聯繫古文字字形，A 似只能釋爲"瞑"。

諸家多將《容成氏》A 字與楚簡讀爲"冥"之字相聯繫，説是。上舉上博簡《周易》簡 15 讀爲"冥"之字，楚文字大多寫作"果"。如信陽簡 1-23"冥冥"之"冥"作▨，上博簡《三德》簡 19"冥冥"之"冥"作▨。楚冰立果戈(《通鑒》16855)"果"字作▨。望山二號墓簡 2 讀爲

---

① 參單育辰：《新出楚簡〈容成氏〉研究》，北京：中華書局，2016 年，第 237~238 頁。
② 孫飛燕：《上博簡〈容成氏〉文本整理及研究》，北京：中國社會科學出版社，2014 年，第 104 頁。
③ 單育辰：《新出楚簡〈容成氏〉研究》，北京：中華書局，2016 年，第 240 頁。
④ 季旭昇：《説文新證》，福州：福建人民出版社，2010 年，第 561 頁；徐在國：《上博竹書(三)〈周易〉釋文補正》，簡帛研究網，2004 年 4 月 18 日。
⑤ 范常喜：《楚簡"▲"及相關之字述議》，《簡帛探微》，上海：中西書局，2016 年，第 104~105 頁。

"緅(褖)"之字作🔲，簡 14 作🔲，後者圈形右部亦加有墨點。清華簡《祝辭》簡 2"緅(褖)"之"冥"作🔲，圈形中間爲一向左的弧筆。清華簡《子産》簡 15"冥冥"之"冥"作🔲，上加"宀"或"冖"旁。

關於楚文字"杲"字，學界相關討論亦不少。目前主要有釋"槑"、釋"冥"兩説。

李零先生最早將上舉信陽簡 1-23 之字讀爲"冥"。指出："'冥冥'，亦合文，是昏暗的意思。'冥'，像有實在木上，應即'槑'字。'槑'即'槑櫨'之'槑'，見《玉篇》《廣韻》《集韻》。槑櫨是木瓜類植物(參《本草綱目》)，其字正像瓜在木上。"①

徐在國先生認爲上博簡《周易》簡 15 之字當釋爲"槑"，指出"木"上所從並非"日"，右部有一小部分塗黑，當是有意爲之；上博簡《容成氏》簡 37 的 A 字，一半明一半黑，與此字上半所從同，當釋爲"冥"；簡文"槑"當讀爲"冥"。②

季旭昇先生《説文新證》將"杲"釋爲"槑"，將 A 釋爲"瞑"。其云：《上二·容》37 有'喑、聾、跛、🔲(瞑)、瘻、疛、瘻始起'，又《曾》201 🔲(郊)，《上三·易》15 🔲(槑)，所從'🔲'與'冥'當有關(疑爲'瞑'之初文，《説文》釋'翕目也')。"③

徐在國先生主編的《上博楚簡文字聲系(一~八)》改易舊説，認爲上舉上博簡《周易》簡 15、上博簡《三德》簡 19 之字當是從"木""瞑"，"槑"字異體；《容成氏》簡 37 的 A 字，一半明一半黑，當是"瞑"的本字，以塗黑一邊表示目瞑看不清楚的意思。④

范常喜先生之説與《説文新證》《上博楚簡文字聲系(一~八)》相同。其謂："總體來看，🔲、🔲、🔲、🔲四種字形上部圓圈中的筆畫雖然稍有不同，但都是爲了將眼睛塗黑以構意，所以這些字上部所從與《上博二·容成氏》中的'🔲(瞑)'實爲一字。字形均當分析爲從'木'、'瞑'聲，整個字可直接釋作'槑'。正如李零先生所説，'槑'似即'槑櫨'之'槑'。"⑤

清華簡《祝辭》簡 2 之"杲"，整理者釋爲"冥"。其注云："'冥'字楚文字屢見，字形暫不能分析。"清華簡《子産》簡 15 從"宀(或冖)"之字，整理者直接釋爲"冥"。

從楚簡"杲"字大多讀爲"冥冥"之"冥"來看，與"杲"形聯繫緊密的 A 顯然也應是一個

---

①　李零：《讀〈楚系簡帛文字編〉》，《出土文獻研究》第 5 輯，北京：科學出版社，1999 年，第 147 頁。

②　徐在國：《上博竹書(三)〈周易〉釋文補正》，簡帛研究網，2004 年 4 月 24 日。

③　季旭昇：《説文新證》，福州：福建人民出版社，2010 年，第 561 頁。

④　徐在國：《上博楚簡文字聲系(一~八)》，合肥：安徽大學出版社，2013 年，第 1987 頁。

⑤　范常喜：《楚簡"🔲"及相關之字述議》，《簡帛探微》，上海：中西書局，2016 年，第 107~108 頁。

從“冥”得聲的字。我們認爲諸家將 A 讀爲“瞑”應可信。不過，上引意見認爲 A 爲表意字，是“瞑”之本字；“杲”當分析爲從“木”、“瞑”聲，是“榠”字異體的説法，恐怕都是有疑問的。

范常喜先生認爲 A 所從圓圈形當可視爲“目”之外框，因而可用有意塗黑兩筆來表示目盲、眚目之義，① 恐不可從。楚文字“目”多書作 🔶 或 🔶 形，與 A 字外框形體差異較大。郭店簡《唐虞之道》簡 26“目”書作 🔶，雖與 A 所從接近，但這類寫法屬齊魯文字特點的寫法，② 與典型楚文字有別，將之與楚文字 A 作比，並不妥當。從上舉楚文字“杲”字形體來看，“杲”很可能是一個整體表意字，將之分析爲形聲結構證據不足。

我們認爲，上舉諸説中清華簡整理者將《祝辭》簡 2、《子產》簡 15 讀爲“冥”之字直接釋爲“冥”，頗有道理。

《説文》：“冥，幽也。從日、從六、冖聲。日數十，十六日而月始虧幽也。”唐蘭先生已經指出，《説文》篆文作 🔶，其形有誤；其説解亦“穿鑿可笑”。説是。不過他將甲骨卜辭 🔶 字釋爲“冥”，③ 亦有問題。甲骨卜辭 🔶 字，趙平安先生從夏淥之説釋爲“娩”，並以爲即楚文字 🔶 字之來源。④ 其説可供參考。

目前能確認的“冥”字時代最早者不超過戰國。除上舉楚文字讀爲“冥”“瞑”諸字外，尚見於戰國秦刻石《詛楚文》《汗簡》《古文四聲韻》。不過這類文字，係經多次翻刻或輾轉傳抄，其中錯譌亦不少。

季旭昇先生據戰國秦刻石《詛楚文·湫淵》“冥”字作 🔶 等形，馬王堆帛書《五十二病方》“冥”作 🔶 等形，認爲“冥”字從冖、從日，可能會日在下，暮色昏冥之意，下從大。⑤ 此説亦有疑問。

《詛楚文·湫淵》“冥”字中間所從看上去近似傳抄古文“日”字寫法。不過，秦文字“日”字寫法多見，與古文“日”寫法明顯不同。《詛楚文·湫淵》“昔”字作 🔶，所從“日”旁寫法亦與“冥”字中間形體有別。《詛楚文·巫咸》“冥”字作 🔶，《詛楚文·亞駝》“冥”字作 🔶。這兩個字形中間爲“白”形，並不從“日”。看來《詛楚文·湫淵》“冥”字中間也應是“白”形，其上部本作尖頭。此形中部作點畫而非橫筆，大概屬傳抄翻刻之譌。也可能當時

① 范常喜：《楚簡“🔶”及相關之字述議》，《簡帛探微》，上海：中西書局，2016 年，第 104~105 頁。
② 參馮勝君：《郭店簡與上博簡對比研究》，北京：綫裝書局，2007 年，第 261~262 頁。
③ 唐蘭：《天壤閣甲骨文存考釋》，輔仁大學，1939 年，第 60 頁。
④ 趙平安：《從楚簡“娩”的釋讀談到甲骨文的“娩妫”——附釋古文字中的“冥”》，《文字·文獻·古史——趙平安自選集》，上海：中西書局，2017 年，第 20~24 頁。
⑤ 季旭昇：《説文新證》，福州：福建人民出版社，2010 年，第 561 頁。

有這種古文寫法(參下文)。馬王堆三號墓簽牌簡48"白"作 ，即其例。①

《里耶秦簡(壹)》簡 8-1221 有从"冥"之"蒐"字，書作 。"冥"旁除掉"宀"後，人面部形體作"白"形，其寫法仍與《詛楚文·巫咸》《詛楚文·亞駝》"冥"字所从相合。總之，從上舉秦文字來看，"冥"字本不从"日"。漢初馬王堆帛書"冥"字中間已變作"日"形。秦篆文"白"字上部多作尖頭狀，與"日"形區別尚明顯。在秦至漢初隸書中"白""日"兩形則多已混同。② 看來，"冥"字从"日"形大概就是在秦漢時代隸書階段"白""日"相混的情況下才出現的。

《詛楚文·巫咸》《詛楚文·亞駝》這一形體"宀"下的部分像正面人形附帶畫出人的面部，似應看作一整體表意字。從整體構形來看，這部分形體與甲骨、金文"黑"字寫法非常接近。③

甲骨文黑字作 木、 木、 木 等形。④ 金文"黑"字作 木、 木、 木、 木、 木、 木 等形。⑤ 唐蘭先生據金文字形，認爲"黑"本像正面人形(即大字)而面部被墨刑的人。⑥ 説是。古文字"黑"多加横豎筆畫、點畫以指示在人面上(一般爲額部)刻紋、填墨。上舉《詛楚文·巫咸》、《詛楚文·亞駝》、里耶秦簡"冥"从"白"形，中間作横筆，似也可如此理解。

納西東巴象形文中常用塗黑方法表示與"黑""冥"等意義密切相關的字。如：、夜也，从月倒形無光。暗也，無光也，从光黑。天地之際昏黑也，从天黑。獄也，關仇人之黑房也，从屋从黑。⑦ 范常喜先生注意到，東巴文中用於塗黑表意時，筆畫較爲隨便，無論是將外部輪廓全部塗黑，還是部分塗黑，甚至簡化爲一短横或者黑點，其構字意圖及表意效果不變。⑧ 上舉甲骨金文"黑"字及秦文字"冥"字寫法正可與所列東巴文相比較。

---

① 馬王堆簡帛也保留有部分古文遺迹，"白"字也可能如三號墓遺册個別文字一樣，都是受到了舊有書寫習慣的影響而使用古文。參周波：《戰國時代各系文字間的用字差異現象研究》，北京：綫裝書局，2012 年，第 316~324 頁。

② 王輝主編：《秦文字編》，北京：中華書局，2015 年，第 1026~1041、1259~1261 頁。

③ 范常喜先生已經指出，古文字中"黑"的構形與 A 相似。參范常喜：《楚簡""及相關之字述議》，《簡帛探微》，上海：中西書局，2016 年，第 120~121 頁。

④ 劉釗主編：《新甲骨文編(增訂本)》，福州：福建人民出版社，2014 年，第 597 頁。

⑤ 董蓮池：《新金文編》，北京：作家出版社，2011 年，第 1423~1424 頁。

⑥ 唐蘭：《陝西省岐山縣董家村新出西周重要銅器銘辭的譯文和注釋》，《文物》1976 年第 5 期。

⑦ 黃德寬先生、范常喜先生均已指出此點。參黃德寬：《楚〈周易〉""字説》、黃德寬、何琳儀、徐在國：《新出楚簡文字考》，合肥：安徽大學出版社，2007 年，第 188~190 頁；范常喜：《楚簡""及相關之字述議》，《簡帛探微》，上海：中西書局，2016 年，第 118~119 頁。

⑧ 范常喜：《楚簡""及相關之字述議》，《簡帛探微》，上海：中西書局，2016 年，第 119 頁。

高鴻縉曾指出"（白）即貌之初文，像人面及束髮之形"①。其説可供參考。又《説文》："兒，頌儀也。从儿，白象面形。"上舉秦文字"冥"所從"白"形亦像人面之形，或即甲骨、金文"黑"字上部形體之簡省。也可能"冥"所從這部分形體後來受到"白"形類化而致謡。

上博簡《三德》簡1"晦"字書作㊟。此字從"月"，"黑"省聲，當是"晦"字異體。② 又上博簡《用曰》簡3"墨"字作㊟。兩字"黑"旁寫法與A及"果"上部形體很近。尤其值得注意的是，這兩形除多加兩點外，中間一筆亦爲弧筆，與清華簡《祝辭》簡2"果"上部寫法相合。

從上舉古文字字形看，古文字"冥"或與"黑（或墨）"有關。"冥""墨"二字音義并近。"墨"古音在明紐職部，"冥"古音在明紐耕部，聲爲一系，韻部爲旁對轉，可以相通。"冥""蒙""冒""墨"諸字皆有混暗不明的意思。王力先生曾據此指出，這幾個字應有同源關係。③ 我們認爲"冥"字"冖"下的形體應與"黑"相關，或即"黑"字，或與"黑"爲一字之分化。《説文》謂"冥"從"冖"聲，可信。《説文・冖部》："冖，覆也。从一下垂也。"又"鼏，以木橫貫鼎耳而舉之。从鼎、冖聲。"又"蠠，蠭甘飴也。一曰：蟆子。从蚰、鼏聲。蜜，蠠或从宓"。《玉篇・冖部》："冖……以巾覆物，今爲幕。""冥""鼏""蠠"諸字皆從"冖"聲，亦常通用。從詛楚文來看，古文字"冥"應看作從"冖"聲之形聲字。"冖"旁下部形體應與"黑"有關，爲義符，兼表音。

我們認爲，將楚文字"果""某"徑釋爲"冥"，是很合適的。

楚文字"果"字或"果"旁上部寫法與上舉古文字"黑"上部寫法相合，均像人面部之形；其中間或作弧筆或部分填黑，均像人面部刻紋、填墨。其下部"木"形則應看作《詛楚文》"冥"這類寫法下方"大"形之變。

清華簡《子産》簡15讀爲"冥"的字，上所從偏旁或可看作"冖"旁，爲"冥"字之聲符。若此説不誤，那麽《子產》簡15之字就與詛楚文、秦漢文字"冥"構形一致。也可能上所從偏旁即"宀"旁。《汗簡》引"冥"字古文或作㊟，即從"宀"旁。總之，《子產》簡15此字可隸定作"某"，即"冥"字之變體。

上博簡《三德》簡12云："監（臨）川之都，B 閒（澗）之邑，百輚（乘）之豢（家），十室之佶（聚），宮室汙（洿）沱（池），各慇（慎）丌（其）乇（度），母（毋）遊（失）丌（其）道。"其

---

① 季旭昇：《説文新證》，福州：福建人民出版社，2010年，第646~647頁。

② "晦"字釋讀參晏昌貴：《〈三德〉四札》，簡帛網（http://www.bsm.org.cn/? chujian/4491.html），2006年3月7日；劉雲：《戰國文字考釋三則》，復旦大學出土文獻與古文字研究中心編：《戰國文字研究的回顧與展望》，上海：中西書局，2017年，第142~144頁。

③ 王力：《同源字典》，北京：商務印書館，1982年，第245~248頁。

中 B 字作🔲。整理者注云："🔲，從字形分析，是一从网从果的字，果字見於上博楚竹書《周易·豫卦》上六，今本作'冥'，疑即古書'槑'字（"槑"是木瓜）。這裏疑讀爲'凭'。"

王晨曦《上海博物館藏戰國竹書〈三德〉研究》將 B 字隸定作"罧"，讀爲"密"。其云："我們以爲，此字釋爲'冥'，讀作'密'。在上古音中，'冥'是明紐耕部，'密'是明紐質部……'冥''密'讀音輾轉可通。……'密'有'靠近'之意，多與'邇'近義連用。'密邇'：貼近；靠近。《書·太甲上》：'予弗狎于弗順，營于桐宮，密邇先王其訓，無俾世迷。'《尚書·畢命》：'惟周公左右先王，綏定厥家，毖殷頑民，遷于洛邑，密邇王室。'《左傳》、《國語》等'密邇'多見。如《左傳》定公四年：'辭吳曰：以隨之辟小，而密邇于楚，楚實存之。''罧（密）𤅷（澗）之邑'就是靠近山澗的城邑。"①

劉信芳先生認爲 B 字即"幎"字異構。其謂《廣雅·釋詁一》："幎，覆也。"幎或作幦、羃。《吳都賦》"羃歷江海之流"，注："分佈覆被皃。""幎澗之邑"蓋爲沿水澗分佈之邑。②

按：王文將 B 字讀爲"密"，從字形及文意來看，當可信；認爲 B 字當釋爲"冥"，則恐有問題。劉説將 B 字釋爲"幎"，應可信；將之讀爲"羃"，則不可從。

上博簡《三德》簡 19 云："母（毋）曰果﹦（果果—冥冥），上天又（有）下政。"其中"冥"字書作🔲，與上舉楚文字"冥"寫法一致，而與 B 字構形有別。B、"冥"二字既並見一篇，用法又有別，則 B 別爲一字的可能性似較大。

我們認爲，B 字當隸定作"罠"。此字又見於馬王堆帛書《五十二病方》。《五十二病方》"罠"字屢見，或讀爲"冥"，或讀爲"羃"。如《五十二病方》66 行："如巢者：疾（候）天旬（電）而兩手相靡（摩），鄉（嚮）旬（電）祝之曰：'東方之王，西方【□□□】主罠﹦（冥冥）人星。'二七而【□】。"又 92 行："……盛以新瓦甕，罠（羃）口以布三【□】……"又 129 行："……罠（羃）以布，蓋以鬲（？），縣（懸）之陰燥所。"以上三"罠"字帛書分別作🔲、🔲、🔲。其中前兩形下部作"木"，後一形下部作"大"。

《五十二病方》所見"罠"字，原釋文均釋作"冥"。趙平安先生從之。並且進一步指出："整理小組把它們隸作冥，理解爲羃的通假字，是完全正確的。《五十二病方》抄寫年代'大約在秦漢之際'，字體近篆，多有古意，我們有理由相信這種寫法的冥字較多地體現了早期的某些特點。後世从'冖'可能是从'网'省簡而來的。……"③

不過，《五十二病方》另有"冥"字。如目錄"冥（螟）"字作🔲，134 行"冥（螟）者"之

①　王晨曦：《上海博物館藏戰國竹書〈三德〉研究》，復旦大學碩士學位論文，2008 年，第 73 頁。

②　劉信芳：《楚簡帛通假彙釋》，北京：高等教育出版社，2011 年，第 396 頁。

③　趙平安：《從楚簡"娩"的釋讀談到甲骨文的"娩妫"——附釋古文字中的"冥"》，《文字·文獻·古史——趙平安自選集》，上海：中西書局，2017 年，第 25 頁。

"冥"作▨，下部亦作"大"，但上部从"冖"，寫法與"冥"區別明顯。根據上面的討論，這個與"冥"並見的"冥"，不大可能也是"冥"字。又秦文字"冥"多見，上部皆从"冖"，並不从"网"。"冖"爲"冥"之聲符，从"网"則取義不明。因此，趙先生所謂"冥"字"後世从'冖'可能是从'网'省簡而來的"觀點亦值得商榷。

范常喜先生認爲《五十二病方》92 行的▨，整理者直接釋作"冥"與形不合，當改隸作"冥"，可分析爲从网，冥省聲；又因爲"冥"字在簡文中用作"幂"，疑"冥"即"幎"或"幂"字異構，意爲覆蓋。① 其説可從。不過，范先生由於從舊説將楚文字"枈"看作"椻"字異體，將 B 字分析爲从"网""椻"聲，並未將 B 字與《五十二病方》的"冥"字完全溝通。我們認爲，上博簡《三德》簡 12 的 B 字、馬王堆帛書《五十二病方》所見"冥"字，均當分析爲从"网"，"冥"聲(或"冥"省聲)，也許就是"幂(幂)"字異體。

《戰國策·楚策四》："伯樂遭之，下車攀而哭之，解紵衣以冪之。"《列女傳·鄒孟軻母》："夫婦人之禮，精五飯，冪酒漿，養舅姑，縫衣裳而已矣。"《集韻·錫韻》："冖，《説文》：'覆也。'或作冪、冪。""冪"多訓爲罩、覆，故以"网"爲義符。"冪"或从"冥"聲。《禮記·禮器》："犧尊疏布幎。"《釋文》："幎，本又作冪，又作冪。"從上引文獻來看，上博簡《三德》、馬王堆帛書《五十二病方》的"冥"字，可能就是"幂(幂)"字異體。

"幂""密"古書常通用。如《儀禮·士喪禮》："幂用疏布。"鄭玄注："古文幂皆作密。"又《儀禮·少牢饋食禮》："皆設扃幂。"鄭玄注："古文幂皆爲密。"又《儀禮·士喪禮》："取冪。"鄭玄注："古文冪爲密。"《儀禮·特牲饋食禮》："有冪。"鄭注："古文冪爲密。"故上博簡《三德》簡 12 的"冥(幂)"沒有問題可讀爲"密"。

《三德》簡 12"監(臨)川之都，冥(幂-密)▨(澗)之邑"，"密""臨"義近，皆指靠近、接近。古書除上文提到的"密邇"連用之外，"密近"亦常連用。如《吳越春秋·闔閭內傳第四》："隨君卜昭王與吳王不吉，乃辭吳王曰：'今隨之僻小，密近于楚，楚實存我，有盟，至今未改。'"《晏子春秋·外篇上十四》："夫何密近，不爲大利變，而務與君至義者也？此難得其知也。"曹操《拒王芬辭》："昌邑即位日淺，未有貴寵，朝乏謤臣，議出密近；故計行如轉圜，事成如摧朽。""密邇""密近"義近，指物則爲靠近、接近；指人則爲親近。古人營都建邑多據山河形勝之險以守之。《逸周書·武紀解》："國有三守：卑辭重幣以服之，弱國之守也；修備以待戰，敵國之守也；循山川之險而國之，僻國之守也。"②

---

① 范常喜：《楚簡"▨"及相關之字述議》，《簡帛探微》，上海：中西書局，2016 年，第 113～114 頁。

② 此例參何有祖：《上博五〈三德〉試讀(二)》，簡帛網(http://www.bsm.org.cn/? chujian/4436.html)，2006 年 2 月 21 日。

《史記・太史公自序》："爲秦開地益衆，北靡匈奴，據河爲塞，因山爲固，建榆中。"《後漢書・郎顗傳》："昔盤庚遷殷，去奢即儉。"李賢注引《帝王紀》曰："殷庚以耿在河北，迫近山川，自祖辛以來，奢淫不絶，殷庚乃南度河，徙都於亳。"《後漢書・耿弇傳》："恭以疏勒城傍有澗水可固"，又"匈奴遂於城下擁絶澗水"。① 上博簡《三德》簡 12 的"監(臨)川之都，冪(冪-密)𨶑(澗)之邑"正可與上引文獻相參看。

上文已指出，從《詛楚文・巫咸》《詛楚文・亞駝》來看，古文字"冥"字除掉"宀"旁的形體與"黑"密切相關，像正面人形(即大字)而附帶畫出面部。《里耶秦簡(壹)》簡 8-1221"蒦"所从"冥"旁除掉"宀"後，人面部形體仍作"白"形，與《詛楚文・巫咸》《詛楚文・亞駝》相合；其下部則由"大"形變爲"木"形。前舉馬王堆帛書《五十二病方》"冥"字或"冥"旁，人面部之形已類化爲"日"，失其象形；其下部或作"大"形，或作"木"形，當分別承續自秦《詛楚文》、里耶秦簡這類寫法。楚文字"冥"字上部人面或人面著墨之形依舊保留，其下部"大"形則多變作"木"形。從古文字字形演變規律來看，字形下方"大"形譌變作"火"形或"木"形、"木"形並非特例。

上舉金文、楚簡"黑"字或"黑"旁就有下部"大"形變作"火"形的例子。又如包山簡 173"異"字作 ，下从"大"形。曾侯乙墓簡 149"冀"字作 ，簡 84"翼"字作 ，下部均變作"火"形。郭店簡《語叢三》簡 3、簡 53"異"字分別作 、 ，《汗簡》"異"字古文作 (見目録，正文脱)，石經"異"字古文作 ，下部皆變作"木"形。中山王器 字屢見，均用作紀年。朱德熙先生據碧落碑"有唐五十二祀"之"祀"字从"異"，認爲此中山文字可能是"異"字簡體，假借爲"祀"。② 若此説可信，則是"大"形變作"木"形之例。曾侯乙簡 80"鞅"字作 ，"央"旁下部作"大"形。曾侯乙墓簡 84、簡 89"鞅"字分別作 、 ，"央"旁下部亦變作"木"形。③ 又如古文字"樂"下部本作"木"形，東周文字"樂"下部往往變作"大"形或"火"形。如王孫誥鐘"樂"作 ，信陽簡 2-18"樂"作 ，下部變作"大"形。子璋鐘"樂"作 ，望山簡 1-176"樂"作 ，下部變作"火"形。此皆"大""火""木""木"諸形混同之例。這類形體變化，"大"形變作"火"形屬加飾筆增繁，"大"形變作"木"或"木"則是出於筆畫延伸或移位。④

《汗簡》引"冥"字古文或作 。"宀"下部分可能即《詛楚文》"冥"字、楚文字"冥"字之

---

① 此例參范常喜：《楚簡" "及相關之字述議》，《簡帛探微》，上海：中西書局，2016 年，第 115 頁。

② 朱德熙：《中山王器的祀字》，《朱德熙文集》第 5 卷，北京：商務印書館，1999 年，第 172 頁。

③ 參魏宜輝：《楚系簡帛文字形體譌變分析》，南京大學博士學位論文，2003 年，第 18 頁。

④ 參魏宜輝：《楚系簡帛文字形體譌變分析》，南京大學博士學位論文，2003 年，第 18~24 頁。

變體。古文"冥"所從"目"形當是"白"形(人面之形)形譌。古文"白"形常譌作"目"形。如石經古文"白"作⊙，《説文》古文"白"作⊖。《古文四聲韻》引石經古文"隙"作⿰。"崇"字中部"目"形即《説文》古文"白"之變。皆是其例。此字"目"形下部可看作✦形再加短飾筆。此古文"冥"字下方✦旁寫法類似"巾"形，正與《汗簡》、石經"異"字下方寫法相合。郭店簡《語叢二》簡50"矣(疑)"作⿰，下作"大"形。郭店簡《語叢一》簡50"疑"字作⿰，所從"矣"旁下部作✦形上綴點畫。古文字短橫筆與點畫作爲飾筆常通用，因此《汗簡》"冥"字古文下部寫法與《語叢一》簡50"矣"旁下部寫法可看作同一類變化。天星觀簡3620"央"字作⿰，上博簡《子羔》簡11"央"字作⿰，① 下部寫法可分別與上引"冥"字古文、《語叢一》"疑"所從"矣"旁下部形體相參看。

上博簡《容成氏》的 A 字，黄德寬先生指出，此字是上博簡《周易》簡15⿰字的省簡。② 從上舉楚文字"冥"上部本有加黑點的寫法來看，此説當可信。A字宜看成"杲"字截除性簡化字。上舉上博簡《三德》簡1"晦"字所從"黑"旁將下部省略，僅保留頭部形體，其變化就與"冥"字如出一轍。

《古文四聲韻》卷二引《古老子》"冥"字古文作⿰。《古文四聲韻》引《汗簡》"白"作⊙，又引《古孝經》"伯"作⊙。古文"冥"字下部與"日"形有别而與古文"白"形相合。這部分形體當即《詛楚文》、里耶秦簡"冥"字所從"白"形，楚文字"杲"字頭部。此形與上博簡《容成氏》A字構形寫法肖似，或即A字，亦應看作"杲"字之簡省。

綜上所論，楚文字"杲""罙"當徑釋爲"冥"。從《詛楚文·巫咸》《詛楚文·亞駞》"冥"字字形來看，古文字"冥"字除掉"宀"旁的部分像正面人形附帶畫出人的面部，應看作一整體表意字，這一形體與古文字"黑"密切相關。上博簡《容成氏》的 A 字當看作"杲(冥)"字之省體。簡文 A 當讀爲"瞑"，相當於出土及傳世文獻中的"矇""盲""眇"。上博簡《三德》的 B 字、馬王堆帛書《五十二病方》舊釋"冥"之字，當隸定作"冪"，分析爲從"网"，"冥"聲，或即"冪(幂)"字異體。古文字"冥"下方"大"形或變作✦形，或變作"木"形，或截去下方筆畫僅保留頭部形體，這在傳抄古文中也保留有部分例證。

附記：新出安徽大學藏戰國竹簡《詩經》簡9有"葛藟冥(縈)之"。整理者已引《儀禮·士喪禮》"幎目用緇"鄭注"幎，讀若《詩》云'葛藟縈之'之縈"，毛傳"縈，旋也"，證"冥"

---

① 參魏宜輝：《楚系簡帛文字形體訛變分析》，南京大學博士學位論文，2003年，第24頁。

② 黄德寬：《楚簡〈周易〉⿰字説》，黄德寬、何琳儀、徐在國：《新出楚簡文字考》，合肥：安徽大學出版社，2007年，第191頁。

當讀爲"縈"。根據楚簡用例，筆者認爲上博簡《三德》簡 12 的"B(冪)澗之邑"的 B 應讀爲同是熒省聲之"營"。"營"謂環繞而居。"臨川之都，營澗之邑"，泛指循山川之險而營建之都邑。

　　補記： 清華簡《五紀》簡 18 三"黑"字分別作 、、，是用作單字之"黑"可截除下部，僅保留頭部形體之例。這一簡化方式與本文所論楚文字"采(冥)"可截除性簡化作 完全一致。

　　(周波，復旦大學出土文獻與古文字研究中心、"古文字與中華文明傳承發展工程"協同攻關創新平臺)

略談清華簡歷史故事敘事的物質屬性*

Rens Krijgsman(武致知)著，吳渭譯

一、導　語

《清華簡(柒)》包含兩篇描寫晉文公流亡事迹的文獻：《子犯子餘》及《晉文公入於晉》。這兩篇文獻在物質性上關係緊密，它們均被書寫在長度約 45 釐米的竹簡上，由三道編繩編聯。鑒於兩者十分相似的字體風格與標識符號使用習慣，它們很可能是被同一工坊(workshop)的抄手製造的。① 此外，《晉文公入於晉》一篇還顯示出校勘的痕迹(儘管不是特別嚴謹)，該篇簡 1 添寫了"公"字，但卻忽視了簡 4 中重復的"之間"二字。② 僅《子犯子餘》篇顯書於其簡 1 簡背，兩篇文獻簡背均無編號。兩篇文獻簡文抄寫清晰，結尾都以一個標識符號加上其後的留白表示。儘管這兩組文本有可能最初被編聯在一起成爲一篇，此種推論尚不能確定。

從文學視角來看，這兩組文本在體裁與組織形式上具有廣泛的相似性，但其語氣、風格和聚焦點(focalization)卻有所不同。儘管兩者都以晉文公爲主體，在第一個文本中，他作爲秦穆公與其左右的對話主題只被間接地提及，且在最後與蹇叔的問答中被當成一個謙卑的詢問者；後一文本中，晉文公本身擁有唯一發言權，這似乎是爲了強調他已經取得了

＊ 本文爲"古文字與中華文明傳承發展工程"資助項目"中國出土文獻的西方傳播與研究"(G1817)階段性成果。

① 詳 Rens Krijgsman, Punctuation and Text Division in TWO Early Narratives: The Tsinghua University Jin Wen Gong Ru Yu Jin 晉文公入於晉 and Zi Fan Zi Yu 子犯子餘 Manuscripts, *Journal of the American Oriental Society*, 2023, 143(1), pp. 109-124.

② 這些竹簡長約 45 釐米，寬約 0.5 釐米，見於李學勤主編：《清華大學藏戰國竹簡(柒)》，上海：中西書局，2017 年，第 37~40、100~105 頁。《子犯子餘》與《晉文公入於晉》的相似性，且後者爲前者續篇，見於李學勤：《在〈清華大學藏戰國竹簡(柒)〉成果發布會上的講話》，《出土文獻》第 11 輯，上海：中西書局，2017 年，第 1~2 頁。

晉國統治者的合法地位，他被描繪成一位統帥，向屬邦耆老發佈命令。兩個文本的語言習慣也相當不同，後一文本没有使用前者那樣形象化、詩意化的語言。

這些在語氣、聚焦點和風格上的決定性差異，與兩者上下文的差異相符合。前一文本以晉文公流亡的最後幾年爲重點，爲了在晉國重獲王位，他在秦國凝聚決心、召集盟友；而後一文本以晉文公入晉，行使其權力爲開端。兩篇故事都掩蓋了先前的事件，即晉文公入秦之前的流亡經歷與使他重返王位的爭鬥都被省略了。在每篇故事中，觀衆看到的都是一個簡單的敘事框架，它將故事（一段情節，episode）置於更大的敘事循環（narrative cycle）中。兩篇故事均由簡短文本單位（"段落"）依次排列，又以分段標識符號標識爲獨特的單元，充分體現出公式化表达（formulae）的特徵。其中，前一文本的絶大部分是由一些短小對話與起連接作用的描寫性敘事穿插而成，後者則以簡明的法令爲特點，並且在以一系列重要勝利與成就作結之前，記敘了一連串戰用旗物的製作。

所有這些差異表明，雖然這些文本有可能共用書寫載體，並且很可能由同一工坊的抄手所製造，但它們或許並非爲了成爲某個長篇故事的一部分而被特意創作，且很可能本已在單獨流傳。兩組文本所見結構相似，它們都以一個簡短的描寫性開場框架爲特點，繼以幾組簡短的文本模塊（對話或命令），並以重復的公式化表达爲關鍵。這種結構是書寫"一代明君"短篇故事時相當常見的公式，也是中國早期文學中許多軼事（anecdotes）的共同特徵。①

二、標識符號的一致性

釋文②

晉文公自秦入於晉③，端冕□□□□□□□□【王】母④，毋察於好臧媚斐皆

---

①　Rens Krijgsman, Cultural Memory and Excavated Anecdotes in "Documentary" 書 Narrative：Mediating Generic Tensions in the *Baoxun* Manuscript, in Paul van Els and Sarah Queen eds., *Between History and Philosophy*：*Anecdotes in Early China*, New York：SUNY, 2017, pp. 301-330. 文章中譯見武致知、劉倩：《文化記憶和出土"書體"文本中的軼事：論清華簡〈保訓〉對文類張力的調和》，《出土文獻》2021 年第 2 期。

②　釋文參考石小力、王挺斌、馮勝君、滕勝霖、程浩、馬楠、原雅玲等先生的意見，具體參考文獻詳見後文所引。

③　句中的"公"字在書寫完成後添寫，字體較小。

④　句中第二字从王挺斌、滕勝霖意見讀爲"冕"。王挺斌：《〈晉文公入於晉〉的"冕"字小考》，清華大學網（https://www.tsinghua.edu.cn/publish/cetrp/6842/2017/20170424221641251174134/201704242216 41251174134_.html），2017 年 4 月 24 日；滕勝霖：《〈晉文公入於晉〉"冕"字續考》，復旦大學出土文獻與古文字研究中心網站（http://www.gwz.fudan.edu.cn/lunwen/1829），2017 年 9 月 24 日。

見①。明日朝，屬邦耆老，命曰："以孤之久不 1 得由二三大夫以修晉邦之政━②，

命訟獄拘執釋，迨(滯)責毋有貫(賽)，③ 四封之內皆然━。"

或明日朝，命曰："以孤之久不得由二 2 三大夫以修晉邦之祀，命肥芻羊牛、豢犬豕，具黍稷酒醴以祀，四封之內皆然━。"

或明日朝，命曰："爲稼嗇，故命淪舊 3 溝、增舊防，四封之內皆然━。"

或明日朝，命曰："以吾晉邦〈之間〉處仇讎之間④，蒐修先君之乘，⑤ 式車甲，四封之內 4 皆然━。"

乃作爲旗物，爲升龍之旗，師以進，爲降龍之旗，師以退━，

爲左□□□□□□□□□□□□□□□□ 5 爲角龍之旗師以戰⑥，爲交龍之旗師以豫⑦，爲日月之旗師以久，爲熊旗大夫出，爲豹旗士出，爲薨採之旗侵糧者 6 出⑧。乃爲三旗以成：至遠旗死⑨，中旗刑，近旗罰。成之以象于郊三⑩，因以大

---

① "斐"亦有讀爲"娞"，訓爲對婦女的一種貶稱。清華大學出土文獻讀書會、石小力整理：《清華七整理報告補正》，清華大學網(http://www.tsinghua.edu.cn/publish/cetrp/6831/2017/20170423065227407873210/20170423065227407873210_.html)，2017 年 4 月 23 日。

② "易泉"在簡帛網討論"清華(七)《晉文公入於晉》初讀"中將"由"讀爲"猷"，使语法更爲通順。《清華(七)〈晉文公入於晉〉初讀》，簡帛網(http://www.bsm.org.cn/bbs/read.php？tid＝3457)，2017 年 4 月 24 日。

③ 從馮勝君説，在"釋"後斷讀，爲"迨(滯)責(責)母(毋)有貫(塞/賽)"，意爲積壓已久的舊債就不用再償還了。馮勝君：《清華七〈晉文公入於晉〉釋讀剳記一則》，復旦大學出土文獻與古文字研究中心網站(http://www.gwz.fudan.edu.cn/Web/Show/3008)，2017 年 4 月 25 日。

④ "之間"重復導致語法上的錯誤，其第一處出現或許是因爲抄寫失誤(向後文多看了一段)，若是如此，簡 1 添寫"公"的校勘者則没有注意到此處的錯誤。"紫竹道人"在簡帛網討論《清華(七)〈晉文公入於晉〉初讀》中同樣注意到這點。《清華(七)〈晉文公入於晉〉初讀》，簡帛網(http://www.bsm.org.cn/bbs/read.php？tid＝3457)，2017 年 4 月 24 日。

⑤ 斷讀從"ee"在簡帛網討論《清華(七)〈晉文公入於晉〉初讀》中意見，基於相似句子的對比，他將此句下一"式"字讀爲"飭"，意爲擺放整齊，也用於戰車，見於《詩經·小雅·六月》："六月栖栖，戎車既飭。"《清華(七)《晉文公入於晉》初讀》，簡帛網(http://www.bsm.org.cn/bbs/read.php？tid＝3457)，2017 年 4 月 24 日。

⑥ "角龍"從馬楠説，似爲二龍遭遇角鬥。馬楠：《〈晉文公入於晉〉述略》，《文物》2017 年第 3 期。

⑦ "豫"亦有讀爲"舍"，停止、結束之義。程浩：《清華簡第七輯整理報告拾遺》，《出土文獻》第 10 輯，上海：中西書局，2017 年，第 130~137 頁。

⑧ 從整理者斷讀。

⑨ "乃爲三旗以成至遠旗死"一句，在"至"之前斷讀，先秦文學中未見"以成至"短語。

⑩ 亦有將"象"讀爲"抶"，鞭打義。程浩：《清華簡第七輯整理報告拾遺》，《出土文獻》第 10 輯，上海：中西書局，2017 年，第 130~137 頁。

作▬①。

元年克原▬②，

五年啟東道，克曹、五鹿，**7** 敗楚師於城濮▬，

建衛，成宋，圍許，反鄭之陣▬，

九年大得河東之諸侯▬。③ **8**

　　先前我已討論過《子犯子餘》標識符號的使用。④ 我認爲該文本使用標識符號以强調文本的特定部分及參加談話者的變化等。與此同時，隨着讀者對文本公式化表達性質的逐步理解，標識符號的使用也逐漸減少。儘管這也是《晉文公入於晉》標識符號使用的一個重要面向，但兩者仍有幾處不同。首先，《晉文公入於晉》的八支竹簡明顯少於《子犯子餘》的十五支，因此其標識符號的總數也相對較少（11 處對 23 處）。雖然兩篇文獻的標識符號數量與竹簡數量的比例相似，但因爲前者篇幅較短，導致文本段落間相似内容的重復少，因而其標識符號的像類使用也難以證明。

　　更重要的是，兩篇文獻在語言使用與内容上存在諸多差異。雖然《晉文公入於晉》同樣重復出現公式化文本，但這些公式的篇幅絕不如《子犯子餘》那樣長且占據主導地位。此

①　將一整句理解爲每次軍事行動前"去蕪存菁"的三次檢閲，以獲得多次軍事勝利。亦見於《韓非子·外出説·右上》，在文中晉文公亦用懲罰手段（懲罰他最親近也是最高等級的心腹之一），以向軍隊灌輸戰鬥意志，使其準備好取得軍事成功，與本文有相聯繫性。晉文公問於狐偃曰："寡人甘肥周於堂，厄酒豆肉集於宫，壺酒不清，生肉不布，殺一牛遍於國中，一歲之功盡以衣士卒，其足以戰民乎？"狐子曰："不足。"文公曰："吾弛關市之征而緩刑罰，其足以戰民乎？"狐子曰："不足。"文公曰："吾民之有喪資者，寡人親使郎中視事；有罪者赦之；貧窮不足者與之；其足以戰民乎？"狐子對曰："不足。此皆所以慎産也。而戰之者，殺之也。民之從公也，爲慎産也，公因而迎殺之，失所以爲從公矣"。曰："然則何如足以戰民乎？"狐子對曰："令無得不戰。"公曰："無得不戰奈何？"狐子對曰："信賞必罰，其足以戰。"公曰："刑罰之極安至？"對曰："不辟親貴，法行所愛。"文公曰："善。"明日令田於圃陸，期以日中爲期，後期者行軍法焉。於是公有所愛者曰顛頡後期，吏請其罪，文公隕涕而憂。吏曰："請用事焉。"遂斬顛頡之脊，以徇百姓，以明法之信也。而後百姓皆懼曰："君於顛頡之貴重如彼甚也，而君猶行法焉，況於我則何有矣？"文公見民之可戰也，於是遂興兵伐原，克之。伐衛，東其畝，取五鹿。攻陽，勝虢，伐曹。南圍鄭，反之陣。罷宋圍，還與荆人戰城濮，大敗荆人，返爲踐土之盟，遂成衡雍之義。一舉而八有功。所以然者，無他故異物，從狐偃之謀，假顛頡之脊也。

②　《左傳》將"克原"列於二年，勝利名單的不同順序見於李學勤主編：《清華大學藏戰國竹簡（柒）》，上海：中西書局，2017 年，第 103 頁注釋第 16。

③　據《春秋》，同年，晉文公卒。

④　Rens Krijgsman, Narrative Text Division as seen in the Tsinghua Manuscripts（武致知：《清華簡所見敘事文本劃分》），International Conference on Volumes 6 and 7 of the Tsinghua Bamboo Manuscripts, Hong Kong Baptist University Jao Tsung-I Academy of Sinology, the Department of Chinese Language and Literature University of Macau, 25-29 October 2017.

外，其文本整體的變化性較弱。《子犯子餘》由對話及故事性描述穿插成文，突出了時間、場景與談話者的變化——所有的這些都有標識符號作爲提示，而《晉文公入於晉》只有一個說話主體，且沒有場景的變化。尤其是該文的前半部分幾乎只有對重復出現的日常朝廷命令進行標識，如"或明日朝，命曰：⋯⋯四封之内皆然▬"。只有第一次出現日常命令時有一個額外的標識符號，以强調"禮貌套語"（politeness formula）的首次出現，表達晉文公所受代理國家的屬邦耆老的恩惠："以孤之久不得由二三大夫以修晉邦之政▬，命⋯⋯"該套語第二次出現時沒有使用標識符號，且在這之後被徹底省略。這正好可以與《子犯子餘》作類比理解，該文獻慢慢地移除了明顯句讀處的標識符號，預計讀者能理解公式化文本的重復性特徵，因而不再需要標識符號來闡明文本句法。相似的模式或許也發生在《晉文公入於晉》的下一大段（segment），該部分介紹了晉文公旗物方面的軍事創新，第一組軍旗（以進、以退）用標識符號進行標識。儘管簡5的損毀部分可能原本存在另一個標識符號，但很明顯，該段落接下來除了用以結束整個節（section）的標識符號之外，不再進行標識。語法的重復性十分清晰，讀者應當不會弄混成對的旗物。

文本中最後一段標識符號使用的背後原理較難把握，該段列舉了晉文公直至最後取得霸主地位（文本中並未提及此點）的一系列成就。初看事件是按年份進行標識的，分别爲元年、五年與九年。但其中五年的列舉内容顯著較長，中間部分還有一處標識符號，正標識在城濮之戰後。這或許是因爲該戰役在晉文公霸主確立地位上具有關鍵性質，又或許僅僅是因爲這一年的成就列舉内容實在太長，並不能確定。

我已指出在《子犯子餘》中標識符號的大小與其分段性質之間或有潛在的關聯性。大段的分段與重要事件似乎用較大的鈎狀符號進行標識，中間部分的標識符號則往往較小。此種關聯性在當前的《晉文公入於晉》寫本中較難找到。誠然，如在簡7中關於旗物制度一節之後那樣，大節的結尾往往會標識更明顯、更清晰的鈎狀符號；又例如同節出現的第一個標識符號，節中的符號顯然更小。但總的來看，這種差別可以忽略不計，如第一節的公式化命令就不規則地使用了較大或較小的標識符號。其大小和形狀的差異很有可能是不同謹慎程度與執行速度的産物，而非在語義層面上表達更多意義。同樣，也無法明確這些標識符號是在書寫過程中還是後來的校勘甚至於閱讀過程中添加的，因爲字和符號都間隔得十分規律，且均沒有避開編繩的位置。

除開寫本的殘缺部分，該文獻存在多處本可添加標識符號卻沒有的情況。類比與之相似的文獻，旗物制度一節的開場框架與節中亦可有更多的標識符號，其他可能出現的地方還有簡1，在"明日朝"之前的部分均可進行標識。

因此，我們可以看到，標識符號被用以標識明顯句讀處。前文已展示標識符號被用來將文本分爲幾大節，且其大量添加或許還能被理解爲標識文本中公式化句法的首次出現，但就算沒有這些標識符號，文本同樣很容易作句法分析，因此，這方面的具體功能或許充其量只能是輔助性的。儘管初看，預設之處標識符號的缺失或許可以被理解爲標識者的不一致，但同樣應該指出，該文獻的所有主要文本分割均進行了標識。

三、結　　論

總而言之，我初步認爲該寫本中標識符號的主要功能是標識主要的文本組成，這些組成類似於現代意義上的段落。而對於像旗物制度一節，以及像我在《子犯子餘》最後一段對話中所指出的那樣，某些部分的標識符號似乎還是用以標識組成模塊化文本（modular texts）的構件（building blocks）。

結合其他較長的、有明顯"段落"的文獻，如郭店簡《老子》、清華簡《繫年》等，這些寫本表明，我們對早期中國文本模塊化、甚至可以説是復合性質的理解，或許不僅是一個現代的、抽象的理論，而很有可能是早期標識者已經注意到的東西。通過這一點，我們也可以在某種程度上關注到早期文本的讀者。而如果暫時擱置在文本分節中尋找標識符號應用的絕對一致性的願望，轉而關注其使用的主要模式（無論是否被嚴格保持），我們會注意到標識符號除了標識文本模式和公式化表達的首次出現之外，還起着分割主要文本內容的作用，這是一種對早期文本，尤其是故事分節——或者説劃分"段落"的嘗試。當然，並非所有的故事類寫本都有這樣的標識符號使用特徵，許多文本，尤其是較長的文本往往是按照較長的內容——或者説"章"進行分割，最多只有一兩個中間部分的標識符號，例如同卷的《趙簡子》與《越公其事》。

此種對文本的劃分，加上對重要事件與故事內容的標識，體現出文本分割的敏感性，以及進一步的塑造故事時的步伐與節奏變化。這反過來又提供了重要綫索，讓我們得以了解戰國時期的人們如何欣賞故事的結構，以及這些故事應當如何去閱讀。

[Rens Krijgsman（武致知），清華大學出土文獻研究與保護中心；吳渭，武漢大學簡帛研究中心、"古文字與中華文明傳承發展工程"協同攻關創新平臺]

楚簡"大事紀歲"補議[*]

薛夢瀟

筆者曾在拙稿《早期中國的紀時法與時間大一統》中涉及楚簡、楚器上大事紀年之法。① 2019 年 5 月，荆州棗林鋪戰國楚墓群墓葬中出土了少量卜筮祭禱簡。其中，唐維寺 M126 所出 8 枚竹簡均以大事紀年，熊家灣 M43 出土竹簡雖已斷折，字迹模糊，但依然可以判斷所用的應是大事紀年法。因此，本文擬結合新材料，對先前已有結論略作補充。

一、先秦大事紀年舉例

西周銅器銘文已可見大事紀年的紀時法，此後，戰國時期的銅器與簡牘上仍有所見。茲舉例如下：

1. 西周時期

大事紀年的例子集中於西周早期，爲數并不多，主要有以下幾條：

> (1)旅鼎：唯公大保來伐反(叛)夷年《殷周金文集成》(以下簡稱《集成》)2728
> (2)父辛鼎：唯王來各于成周年《集成》2730
> (3)中方鼎：唯王令南宫伐叛虎方之年《集成》2751
> (4)作册䰧卣：唯明保殷成周年《集成》5400
> (5)作册魅卣：唯公大史見殷于宗周年《集成》5432

數序紀年(祀)在殷商晚期即已出現，甲骨文與銘文都有例證。如"甲午王卜……十月二，

---

　* 本文在拙稿《早期中國的紀時法與時間大一統》基礎上有删節增補。

　① 薛夢瀟：《早期中國的紀時法與時間大一統》，《社會科學戰綫》2018 年第 2 期。

唯十祀彡"(《甲骨文合集》41757)、"唯王六祀，彡日，在四月"(《集成》9249)、"在四月，唯王六祀翌日"(《集成》5413)，等等。西周早期以來的大事紀年，則以"唯王+事件+年"的表述，代替"唯王+數序+年(祀)"的格式。傳世文獻中也有這種紀時法。《尚書・金縢》與清華簡《金縢》有云"既克商二年""周公居東二年"①，亦以滅商之類的大事作爲紀年參考系。後人需要考證事件發生的時間，才有可能知曉具體年份。

已有學者指出，西周金文還有一些紀年方式，雖是明顯的數序紀年，但其後附筆的周王活動卻與銘文本身所記主要內容無關。例如，西周早期的作册䰧卣所載"唯王十又九年，王在斥"(《集成》5407)，以及西周中期裘衛盉上的"唯三年三月既生霸壬寅，王爯旂于豐"(《集成》9456)，都是此類情況。之所以採用王年與王事聯寫的格式，或許說明西周時人較爲關注周王起居，"春秋"類編年體史書的記載形式已醞釀其中。②

2. 東周時期

西周中期以降，紀時法漸趨穩定，以君主在位年數爲序的紀年方式幾乎一枝獨秀。引人注目的是，西周早期一時流行的大事紀年，在戰國時期的銅器和竹簡上又有復生之勢。銘文中的相關例子有：

(1)陳璋方壺：唯王五年，鄭昜、陳得再立事歲，孟冬戊辰《集成》9703
(2)陳喜壺：陳喜再立事歲《集成》9700B
(3)子禾子釜：□□立事歲《集成》10374
(4)燕客銅量：燕客臧嘉問王于蕆郢之歲
(5)大府鎬：秦客王子齊之歲
(6)襄城公戈：向壽之歲
(7)鄂君啟節：大司馬昭陽敗晉師于襄陵之歲
(8)商鞅量：十八年，齊遣卿大夫眾來聘《集成》10372

以上，(1)和(8)都是在君年之後另添"再立事"和"來聘"的事件記錄，形式與西周的裘衛盉等器相似，尚屬王位紀年與大事紀年並舉的情況。除此之外的五件銅器，則根本不提王年，直以大事紀歲。

---

①　(漢)孔安國傳，(唐)孔穎達等正義：《尚書正義》卷一三，阮元校刻：《十三經注疏》，北京：中華書局，1980年，第196、197頁；李學勤主編：《清華大學藏戰國竹簡(壹)》，上海：中西書局，2010年。
②　王暉：《論西周金文記時語詞及大事系"年"的史學意義——史書編年體探源》，收入氏著《古文字與中國早期文化論集》，北京：科學出版社，2017年，第311頁。

目前所見更多“大事紀歲”的例子，幾乎都集中於楚簡。包山、望山、葛陵出土的大事紀歲簡數量多達 70 餘條。2019 年，荊州唐維寺 M126 和熊家灣 M43 出土楚簡，又增補了幾條大事紀歲材料。以下從各批楚簡中分別挑揀一二條列舉：

（1）包山簡《集著》：齊客陳豫賀王之歲

（2）包山簡《案卷》：周客監臣迱楚之歲

（3）望山二號楚墓遣册：……周之歲

（4）葛陵一號楚墓卜筮祭禱簡：……大莫囂陽爲戰於長城之［歲］

（5）葛陵簡《簿書》：王徙于鄩郢之歲

（6）夕陽坡二號墓楚簡：越涌君嬴將其眾以歸楚之歲①

（7）唐維寺 M126 楚簡：燕客臧賔問于於葴郢之歲

（8）唐維寺 M126 楚簡：秦客……疾……至冬栾之月

（9）熊家灣 M43 楚簡：魏客南公□迱楚之歲②

據發掘判斷，唐維寺 M126 與熊家灣 M43 所出土竹簡，俱屬於卜筮祭禱性質。唐維寺 M126 的時代爲戰國中期晚段，墓主爲男性，可能是士級中身份較高者。熊家灣 M43 的時代相當於戰國晚期前段，墓主應是一位女性，社會階層亦屬士級。③

從目前掌握信息來看，第一，西周早期的大事紀“年”發展至戰國，出現了大事紀“歲”的形式。第二，這種紀時法在銅器和內容涉及法律、卜筮祭禱的竹簡上均有體現。第三，隨葬有大事紀歲竹簡的墓主有男有女，身份涵蓋高低貴族。換言之，使用大事紀歲者的身份似無侷限性。第四，以上羅列的大事紀歲條目幾乎都有重復性發現，并非全是孤證。

二、關於“錯位紀年”的思考

這些以事件代替王年的時間標識，引發學者考證大事發生年代的興趣。學者們的研究

---

① 陳偉等：《楚地出土戰國簡册［十四種］》，北京：經濟科學出版社，2009 年，第 3、53、287、395、446、477 頁。

② 趙曉斌：《荊州棗林鋪楚墓出土卜筮祭禱簡》，《簡帛》第 19 輯，上海：上海古籍出版社，2019 年，第 22~25 頁。

③ 趙曉斌：《荊州棗林鋪楚墓出土卜筮祭禱簡》，《簡帛》第 19 輯，上海：上海古籍出版社，2019 年，第 26 頁。

路徑是由事件逆推王年。① 迄今，斷代成果非常豐富，但因文字釋讀意見不一，並涉及歷史地理諸問題，很多材料上的大事，即使作爲時間坐標多次出現，目前仍然無法確定其所相應的公元紀年。

於是，我們將目光轉向另一個問題：戰國出土文獻上的大事紀歲，是否取代了王位紀年？

包山楚簡《集箸》《案卷》是司法文獻，它們採用大事紀歲，是否意味着楚國現實行政中就有這種紀時方式？正如學者指出的那樣，不同批次的楚簡，不同來源的銅器，同年不同月卻都以同一事件紀年，説明楚國等諸侯用以紀歲的事件是經過統一發佈的，發佈者應該就是諸侯統治者。那麼一年中哪個事件最具代表性，想必只有到了年底才能確定。② 而大事頒布之前，國家上下如何紀年，尤其是行政文書如何書寫紀時的部分？

對此，有一種廣爲接受的主流意見，即楚國實行"錯位"紀年：年底頒佈的當年大事，用以作爲事件發生翌年的時間標記。例如，鄂君啟節上所書"大司馬昭陽敗晉師于襄陵"一事，發生在公元前 323 年，但"大司馬昭陽敗晉師襄陵之歲"表示的卻是公元前 322 年。持此觀點者還舉出包山楚簡 103-109 案例中"期至屈柰之月賽金"一句，認爲"屈柰之月"是指次年的屈柰，月名之前沒有寫明何年何歲，就是因爲當時未到年終，還沒有頒佈用以標示次年的大事。③

錯位紀年的設想，當然有一定道理，但可以想象的是，錯位紀年的最大弊端，是在缺乏王年參考系的情況下，經隔數年甚至數代之後，很容易造成記憶混亂，也不便於文書記錄、歸檔、整理、調閱。在日常行政和生活中，時間更多體現的是工具性意義，紀時是爲

---

① 相關研究成果有：馬承源：《陳喜壺》，《文物》1961 年第 2 期；于省吾、黃盛璋、石志廉等關於陳喜壺的討論文章均見《文物》1961 年第 10 期；安志敏：《陳喜壺商榷》，《文物》1962 年第 6 期；張頷：《陳喜壺辨》，《文物》1964 年第 9 期；周世榮：《楚邘客銅量銘文試釋》，《江漢考古》1987 年第 2 期；李零：《楚燕客銅量銘文補正》，《江漢考古》1988 年第 4 期；周曉陸、紀達凱：《江蘇連雲港市出土襄城楚境尹戈讀考》，《考古》1993 年第 1 期；黃盛璋：《連雲港楚墓出土襄城公競尹戈銘文考釋及其歷史地理問題》，《考古》1998 年第 3 期；董珊：《向壽戈考》，《考古》2006 年第 3 期；陳隆文：《向壽戈再考》，《考古》2008 年第 3 期；王紅星：《包山簡牘所反映的楚國曆法問題——兼論楚曆沿革》，劉彬徽：《從包山楚簡紀時材料論及楚國紀年與楚曆》，二文均見湖北省荆沙鐵路考古隊：《包山楚墓》附錄，北京：文物出版社，1991 年，等等。

② 王紅星：《包山簡牘所反映的楚國曆法問題——兼論楚曆沿革》，湖北省荆沙鐵路考古隊：《包山楚墓》，北京：文物出版社，1991 年，第 527~528 頁；夏含夷：《紀年形式與史書之起源》，收入陳致主編：《簡帛·經典·古史》，上海：上海古籍出版社，2013 年，第 43 頁。

③ 王紅星：《包山簡牘所反映的楚國曆法問題——兼論楚曆沿革》，湖北省荆沙鐵路考古隊：《包山楚墓》，北京：文物出版社，1991 年，第 528 頁；劉彬徽：《從包山楚簡紀時材料論及楚國紀年與楚曆》，湖北省荆沙鐵路考古隊：《包山楚墓》，北京：文物出版社，1991 年，第 535 頁；黃尚明：《大事紀年法並非始于楚人》，《江漢考古》2015 年第 6 期，第 72 頁。

了繫事，是爲了讓人更清晰、更直接地定位事情展開的時間序列。從這一人之常情來看，採用王年數序紀時，應是最佳之選。相反，若現實中使用錯位紀年，則每當回憶某一往事（非用以紀歲的大事）發生的時間，還需要進行一番加減換算。

正是因爲意識到錯位紀年的不合理之處，遂有學者提出第二種解釋，即楚國用歲首月初發生的大事來紀年。依據是：楚簡中的紀歲大事可分爲聘問、軍事兩類，《春秋》多次記載諸侯在年初開展外交聘問之事，而紀歲所用戰争事件“所指實爲戰争結束後，戰敗國於下一年楚曆歲首年初至楚媾和，或他國爲此至楚朝聘慶賀”①。然而，聘問之事發生於年中、年末的情況並不少見，以戰後慶賀解釋紀歲所用戰争行爲也頗牽强。

第三種觀點是筆者認爲相對最合理的解釋，即戰國出土文獻上的大事紀歲，屬於事後追記。李零先生直截了當地指出，“（以事記年的）歲名是後來清抄時補加的”，但並未展開論證。② 李學勤先生等學者考證得出，包山 M2《集箸》“魯陽公以楚師後城鄭之歲”一條必爲追記③，而“大司馬昭陽敗晉師于襄陵”一事本就發生在公元前 322 年，因此不存在“錯位紀年”的情況④。

以上，李學勤通過對大事的考證來認定大事紀歲的“追記”性質。另一些學者對包山楚簡文本結構的考察，又從側面支援了“追記”説。工藤元男教授認爲，包山卜筮祭禱簡是“將貞人卜筮祭禱的原始記録轉抄以作爲隨葬”。晏昌貴先生也指出包山卜筮簡是抄録、合成的。⑤ 新發現的大事紀歲楚簡也有類似情況。發掘項目負責人提到，唐維寺 M126 的第 1、2 簡爲同一人書寫，3 號與 8 號爲同一人書寫，4 號由另人書寫，5、6 號簡書寫者相同，7 號簡又由另一人書寫。其中，1、2 與 4 號簡所見貞人都是繇失，但簡文卻不是同一種筆迹，可見卜筮記録不一定由貞人親筆書寫，或由助手代筆。⑥ 總之，僅唐維寺 M126 的 8 支竹簡，就由五人書寫合成。設身處地考慮，多人合作書寫的這種場景，可能發生在

① 林素清：《從包山楚簡紀年材料論楚曆》，《中國考古學與歷史學之整合研究》，臺北：“中央研究院”歷史語言研究所會議論文集之四，1997 年，第 1104 頁。

② 李零：《中國方術正考》，北京：中華書局，2006 年，第 221 頁。

③ 李學勤：《論包山楚簡魯陽公城鄭》，《清華大學學報》（哲學社會科學版）2004 年第 3 期，第 32 頁；另參鄭伊凡：《再論包山簡“魯陽公以楚師後城鄭之歲”——兼論楚簡大事紀年的性質》，《江漢考古》2015 年第 2 期。

④ 參看李學勤：《有紀年楚簡年代的研究》，收入氏著《文物中的古文明》，北京：商務印書館，2013 年，第 445~447 頁。

⑤ 工藤元男：《包山楚簡“卜筮祭禱簡”的構造與系統》，《人文論叢》2001 年卷，武漢：武漢大學出版社，2002 年，第 85~86 頁；晏昌貴：《巫鬼與淫祀——楚簡所見方術宗教考》，武漢：武漢大學出版社，2010 年，第 39 頁。

⑥ 趙曉斌：《荆州棗林鋪楚墓出土卜筮祭禱簡》，《簡帛》第 19 輯，上海：上海古籍出版社，2019 年，第 27 頁。

墓主臨終前或初死之際。從 3 號與 8 號簡來推測，兩支簡由同一人寫成，但竹簡中出現的"燕客臧賓問于於蔵郢之歲"與"秦客……"必定不是同一年。因此，唐維寺 M126 的這批楚簡用以紀歲的大事，很有可能也是"追記"性質。

近年，湖南益陽兔子山遺址八號井中發現了一枚六面體觚，上有"張楚之歲"字樣。① 學者基本一致認爲此條亦屬"大事紀歲"，按錯位紀年規則，對應的是陳涉起事張大楚國的第二年，即秦二世二年(前 208 年)。② 可惜這枚觚上僅此四字，且無紀月和日干支，其實并無確鑿證據可證"張楚之歲"是錯位紀年，并不排除追記的可能。

以上論述又引發我們的下一步思考：爲何以上楚簡要使用大事紀歲？

這個問題關乎書寫載體的性質。帶有大事紀歲的楚簡幾乎全部出土於墓葬。雖然内容涉及司法、祭禱多方面，但本質終究是隨葬物品。隨葬物品至少有兩種情況：一是以生時用器隨葬，二是爲喪葬特意製作的"明器"。有學者提出，包山簡行政司法文書之所以出現在左尹昭佗墓葬中，可能是由於昭佗將公文帶回家中處理，當他發病去世之後，文書並未送回官署，而是作爲遺物隨葬。③ 然而，將政府公文隨葬或不合常理。冨谷至、邢義田等學者的研究表明，諸如張家山漢簡《二年律令》等墓葬所出簡牘，很有可能是爲喪葬特意抄寫的複製本，性質就是"明器"。④ "明器"的特徵在於"貌而不用"，⑤ 外形與生器基本相仿，但細節粗糙簡易，以示有別於生器。就上引以大事紀歲的楚簡而言，除文本結構有合成痕跡之外，是否還有其他證據將它們指向"明器"呢？

唐維寺 M126 的發掘者觀察到，該墓所出八枚竹簡，僅在 1、2 號簡上發現各有兩個契口，8 號簡用一條絲帶呈約 45 度斜向緊緊纏裹，在其他幾枚簡上也有同樣跡象。發掘者還指出，"這種現象爲考古首次發現，應是當時出於宗教信仰而對神聖物件的一種

---

① 　湖南省文物考古研究所：《二十年風雲激蕩，兩千年沉寂後顯真容》，《中國文物報》，2013 年 12 月 6 日，第 6 版；周西璧：《洞庭湖濱兔子山遺址考古：古井中發現的益陽》，《大衆考古》2014 年第 6 期。

② 　參看湖南省文物考古研究所：《二十年風雲激蕩，兩千年沉寂後顯真容》，《中國文物報》，2013 年 12 月 6 日，第 6 版。最近，有學者以這枚"張楚之歲觚"爲依據，推論"張楚"并非國號，陳涉所立政權應是楚，而非"張楚"，張楚只是用以標記的一件大事。參看尹弘兵、謝曉來：《"張楚"新解》，《長江大學學報》(社會科學版)2022 年第 1 期。

③ 　陳偉：《包山楚簡初探》，武漢：武漢大學出版社，1996 年，第 66 頁。

④ 　冨谷至：《江陵張家山二四七號墓出土竹簡——特別是關於〈二年律令〉》，卜憲群、楊振紅編：《簡帛研究二〇〇八》，桂林：廣西師範大學出版社，2010 年，第 296~310 頁；邢義田：《從出土資料看秦漢聚落形態和鄉里行政》，收入氏著《治國安邦》，北京：中華書局，2011 年，第 317~318 頁。

⑤ 　王先謙：《荀子集解》卷一三，國學整理社：《諸子集成(二)》，北京：中華書局，2006 年，第 245 頁。

保存手法"①。由此推測，這八枚簡可能屬于"明器"性質。

我們注意到，葛陵楚簡在大量使用大事紀歲的同時，保留了一支寫有"……王元年……"的竹簡。② 北大藏竹書《揅輿》後半部録有戰國時期楚國的九個占例，占例前後出現了"楚十三年""十年八月癸亥"與"楚五年"三條紀時。按陳侃理研究，"楚十三年"與"楚五年"當爲楚悼王紀年，"十年八月"爲悼王紀年的可能性也很大。③ 北大簡從何處出土我們已無從得知，但可以理解，生人世界的制度完全有可能被複製到黄泉下的明器上，然而，明器絶不可能被生人使用。除了"張楚之歲"瓴是出土於益陽兔子山遺址的古井，此外我們至今尚未在非墓葬出土的戰國官文書原件上看到無王年而獨以大事紀歲的實例。葛陵楚簡雖亦是隨葬文獻，且"王元年"亦屬孤證，但或許表明，在現實制度中，楚人並未停用王位數序紀年法。

又，戰國銅器楚王熊章作曾侯乙鐘的紀時銘文曰"唯王五十又六祀"（楚惠王五十六年，前 433 年）。結合陳璋壺與商鞅量兩種紀年法並舉的情況，以及漢簡《揅輿》的紀時文字，可知王位紀年仍應是戰國時期的主流紀年法。喪葬期間，之前幾年的大事皆已頒佈，故在製作隨葬文本"明器"時，將真實文書中的王位紀年轉換爲對應的大事，以區别於現實中行用的紀年法。總之，大事紀歲或許是文本明器"貌而不用"的表現之一。

三、鄂君啟節上的大事紀歲

使用大事紀歲的大府鎬、襄城公戈同樣出土於楚墓④，而最富盛名的鄂君啟節，殷滌非的報告稱"與'金節'同出土的既然尚有鐵錘、郢爰和陶片，應爲墓葬遺物"⑤。這對檢視鄂君啟節的性質及紀時法提供了參考。鄂君啟節不同於其他已發現的符節之處有二：第一，銘文篇幅很長，非常罕見；第二，金節上寫明了持有者的名字"啟"。

節，作爲常見的通關憑信，除鄂君啟節之外，戰國秦漢時期的有銘符節没有一件鑄刻持節者的名字。例如：

---

① 趙曉斌：《荆州棗林鋪楚墓出土卜筮祭禱簡》，《簡帛》第 19 輯，上海：上海古籍出版社，2019年，第 27 頁。

② 陳偉等：《楚地出土戰國簡册[十四種]》，北京：經濟科學出版社，2009 年，第 460 頁。

③ 陳侃理：《漢簡〈揅輿〉中的楚國紀年》，北京大學出土文獻研究所編：《北京大學藏西漢竹書(伍)》附録，上海：上海古籍出版社，2014 年，第 235~237 頁。

④ 殷滌非：《關於壽縣楚器》，《考古通訊》1955 年第 2 期；周曉陸、紀達凱：《江蘇連雲港市出土襄城楚境尹戈讀考》，《考古》1993 年第 1 期。

⑤ 殷滌非、羅長銘：《壽縣出土的"鄂君啟金節"》，《文物參考資料》1958 年第 4 期，第 8 頁。

（1）貴將軍信節

（2）辟大夫信節

（3）楚傳賃龍節：王命命傳賃

（4）秦國杜虎符：兵甲之符，右在君，左在杜，凡興士被甲，用兵五十人以上，必會君符，乃敢行之①

（5）漢杜陽銀錯虎符：與杜陽太守爲虎符②

據李家浩考證，戰國貴將軍信節與辟大夫信節，持有者分別爲掌管銳兵的"貴（銳）將軍"和主管壁壘的"辟（壁）大夫"；傳賃龍節銘文的意思是"楚王之命所任命的傳賃"，其中"傳賃"亦作職官解，非人名。③第（4）（5）條是與"節"性質相近的"符"，銘文亦不書持有者姓名。總之，節、符的特徵之一即對事、對職、不對人。由此，鄂君啟節標明持有者名字的做法，令人懷疑它可能不是楚王頒發的原物。

再從長篇銘文觀察，一方面，金節銘文開篇曰：

> 大司馬昭陽敗晉師于襄陵之歲，夏㞷之月乙亥之日，王處於葴郢之游宮。大工尹脽以王命，命集尹悼糙，織尹逆，織令阢爲鄂君啟之府造鑄金節。

這一段書寫，與西周册命、封賞金文的格式十分相似。換言之，作器者是將册賞過程、周王之令迻録於銅器之上，作爲敘述吉金製作緣由的"文本構件"，而並非由周王直接將詔令鑄於銅器之上，頒發給受封賞的人。

另一方面，鄂君啟舟節、車節銘文的篇末均稱：

> 見其金節則毋征……不見其金節則征。

這句話的閱讀對象，是負責徵稅的守關官吏。試想，如果楚王頒發給鄂君的金節原件上就有"不見其金節"之文，那麼，鄂君的運輸車船若持節以交守關者檢查，"不見其金節"云

---

① 黑光：《西安市郊發現了秦國杜虎符》，《文物》1979 年第 9 期，第 93 頁。羅福頤判斷杜虎符爲僞作，但有學者經過現場調查確定此器不僞。參看戴應新：《秦杜虎符的真僞及其有關問題》，《考古》1983 年第 11 期。

② 王敏之：《杜陽虎符與錯金銅豹》，《文物》1981 年第 9 期，第 91 頁。

③ 李家浩：《貴將軍虎節與辟大夫虎節——戰國符節銘文研究之一》，《中國歷史博物館館刊》1993 年第 2 期；《傳賃龍節銘文考釋——戰國符節銘文研究之三》，《考古學報》1998 年第 1 期。

云就形同贅語；而若没有攜帶金節，則守關官吏根本不知道金節銘文的所有内容，也就無從知曉徵税免税的標準。又，《墨子·雜問》提到的"驗節"之法，給出了一條線索：

> 守節出入，使主節必疏書，署其情、令若其事。①

若，即連詞"或""與"之義，可見持節者在通關時須附帶一份條陳出入情由、詔令的文件。在著名的竊符救趙故事中，信陵君竊得兵符後，還要"矯魏王令代晉鄙"②。由是，無論持符、持節，都須同時攜帶"王令"。

據此，鄂君啓節上長篇銘文的初態，應是楚王隨金節一同頒發給鄂君的詔令。詔令中關於車船數量、免税條件等内容，即《墨子》所謂"署其情、令若其事"。鄂君啓的車隊、船隊在通行時，不僅要持節，也需帶上王令。查驗者根據王令提示，核驗是否有金節（"見其金節"或"不見其金節"）。

以上繁複的考述，是爲尋找金節上的大事紀歲屬於"追記"的依據。簡言之，楚王頒發的金節原件，可能並無如此長篇的文字。鄂君的舟車運輸結束後，或鄂君臨終時，金節原件交回楚王，於是鄂君或家屬仿照原物形制，用錯金之法及藝術化的草葉篆體，將受節緣由、詔令内容一併鑄於節上，最終作爲"明器"隨葬墓中，既紀念生前特權，又於現實行政無妨。在仿製金節時，鑄造者早已知曉鄂君受節之年的大事即"大司馬昭陽敗晉師于襄陵"。

戰國時期的大事紀歲法可能與歲星紀年與太歲紀年的興起相關。當認識到木星十二年一周天的規律，就産生了歲星紀年的方法，並很快在此基礎上又出現了太歲（歲陰）紀年。③ 歲星紀年與太歲紀年的形式，在目前掌握的史書、官文書尚未得見，而往往見諸星占、日書、天官書之類的文獻中。有意思的是，楚簡大事紀歲之後的月名即前文提到的享月、獻馬之類，這套特殊的月名系統組合狀地出現在九店楚簡《大歲》一篇，後又完整地出現於睡虎地秦簡《日書·歲》。以此度之，採用大事紀歲的文獻未必具有官方性質。④

---

① 孫詒讓：《墨子閒詁》卷一五，國學整理社：《諸子集成（四）》，北京：中華書局，2006 年，第371 頁。

② 《史記》卷七七《魏公子列傳》，北京：中華書局，1959 年，第 2381 頁。

③ 陳遵嬀：《中國天文學史》（中），第六編第一章，上海：上海人民出版社，2006 年，第 977~979 頁。

④ 湖南益陽兔子山遺址九號井出土簡牘文獻，其中有"事卒凡五十四人，遠枼之月乙亥之日，□□□□不□將卒"（J9⑦簡七·一）。發掘者認爲可能是一種簿籍，發掘者同時指出簡文未記載年名。據此，尚不敢推斷這是一份正式文書。參看湖南省文物考古研究所、益陽市文物處：《湖南益陽兔子山遺址九號井發掘簡報》，《文物》2016 年第 5 期，第 43 頁。

　　總之，今所見僅有大事紀歲的簡牘、銅器，很可能是墓葬"明器"，其紀年法並非現實時間制度的無差別呈現。然而新的問題是，不同墓葬簡牘使用同一大事紀歲，可知大事必由政府統一頒佈。如果現實行政中並不使用大事紀歲，那麽政府頒佈大事的意圖何在呢？

　　政府頒佈大事的初衷，可能不是用以紀年。睡虎地秦簡整理者提到，摻有墓主生平事蹟的那篇簡文，與《史記·秦本紀》《六國年表》多有重合，而後者依據的是秦國史《秦記》。① 司馬遷謂《秦記》"不載日月，其文略不具"②。我們看到的秦簡確爲"一年一事"的形式，如"廿九年，攻安陸"，這也是整理者起初將簡文命名爲"編年記"的緣由。從《秦記》"一年一事"的面貌推想，楚國可能也有一份類似的"楚記"，每年選擇一件最具代表性的大事記録下來，格式或如"王七年，大司馬昭陽敗晉師于襄陵"。

　　人們在鑄刻銅器紀年或製作"明器"文書時，查閱本國之"記"，找到與王位紀年對應的大事，將其轉化爲時間符號。我們至今没有在真正的、非墓葬出土的戰國行政文書原件上看到大事紀歲的案例，説明大事紀歲可能不是與王位紀年並行的主流紀時法，而更像是銅器與明器製作中一股對西周早期大事紀年傳統的復古潮流。

　　大事紀歲雖未必是現實行政中的紀時法，但它畢竟被當作一個"時間符號"，或同王年一起、或單獨書於器物之上。這些大事多爲值得紀念與記録的戰争、外交事件。相較於"唯王七年"的工具性紀時，"大司馬昭陽敗晉師于襄陵之歲"更具紀念碑性的"政治時間"意義。

　　從這一點來看，當歷史進入秦王政二十七年（前 220 年），諸侯的王年紀年自然告終，值得紀念的大事也喪失了時間符號的意義。睡虎地 11 號秦墓出土有一份記録秦昭王元年至始皇二十八年之間歷史的大事記。之後，印臺、松柏漢墓也都出土了性質相同的竹簡，名爲"葉書"。印臺漢簡《葉書》分兩欄書寫秦昭王至漢文帝期間的大事記，松柏漢簡《葉書》記載的是秦昭王至漢初的歷代帝王在位年數。③ 三份《葉書》記載的時間起點均爲秦昭王世，而且大部分内容相似。這説明三者必有一個共同的祖本。睡虎地秦簡整理者已發現，《葉書》與《史記·六國年表》可以互證，④ 而後者所據爲《秦記》。

　　荆州胡家草場漢墓出土《歲紀》160 餘枚，按形制分爲兩組：第一組記録秦昭王元年至

---

　　① 睡虎地秦墓竹簡整理小組編：《睡虎地秦墓竹簡》，北京：文物出版社，1990 年，釋文注釋第 3 頁。

　　② 《史記》卷一五《六國年表》，北京：中華書局，1959 年，第 686 頁。

　　③ 鄭忠華：《印臺墓地出土大批西漢簡牘》，荆州博物館編：《荆州重要考古發現》，北京：文物出版社，2009 年，第 207 頁；荆州博物館：《湖北荆州紀南松柏漢墓發掘簡報》，《文物》2008 年第 4 期，第 29 頁。

　　④ 睡虎地秦墓竹簡整理小組編：《睡虎地秦墓竹簡》，北京：文物出版社，1990 年，釋文注釋第 3 頁；另參黄盛璋：《雲夢秦簡〈編年記〉初步研究》，《考古學報》1977 年第 1 期，第 16 頁。

秦始皇時大事；第二組記録秦二世至漢文帝時大事。① 從以上竹簡的出土地點，以及《葉書》《歲紀》内容的起迄時間來看，秦的大事記很可能就是以秦昭襄王元年爲起點的，而且秦朝建立以來，這樣一份相似的秦史大事記已在楚國故地流傳，這未必不是秦朝統治者着力要求的結果。《葉書》與《歲紀》關於秦的部分，絶大多數文字記載的是秦人攻城滅國的事件。可以想見，借助基層官吏在六國故地推廣、宣揚秦人的輝煌戰績，有助於用秦的歷史來覆蓋六國的記憶。久而久之，諸如楚國"大司馬昭陽敗晉師于襄陵"之類的六國大事，便逐漸在遺民的記憶中淡化。相反，秦人"十七年攻韓""十八年攻趙"等繫年大事，將隨着被反復宣揚、重復抄録而令人印象深刻，只要提到紀年，當年發生的秦國大事就會聯動地與之對應。從這個角度來看，秦朝紀年統一的背後，或許蘊含着"亡其國而滅其史"的意圖。

（薛夢瀟，武漢大學歷史學院暨中國傳統文化研究中心）

---

① 荆州博物館、武漢大學簡帛研究中心編著：《荆州胡家草場西漢簡牘選粹》，北京：文物出版社，2021年，第2~10頁。

安徽六安出土"廿三年東陽"戈考

李龍俊　秦讓平

2007 年至 2008 年，爲配合六安市雙龍機床廠的建設，安徽省文物考古研究所在雙龍機床廠墓地發掘戰國到漢代墓葬 800 餘座。其中 M687 出土銅劍、銅戈各一件。M687：2 銅戈(參見圖 1、圖 2)，長胡三穿，直内三面有刃，内上一穿孔。銘文鑄在内上，單面陰文，筆畫圓頓，佈局工整。銘文分三列，每列四字，凡 12 字：

廿三年東陽上庫工市(師)厷冶戌①

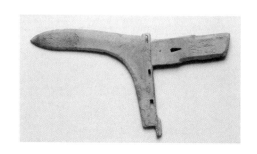

圖 1　"廿三年東陽"戈照片

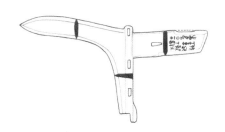

圖 2　"廿三年東陽"戈線圖

一、趙 國 銅 兵

銅戈的銘文顯示(參見圖 3、圖 4)，此戈是東陽上庫鑄造的兵器，製作地點爲"東陽"。對東陽地望的考證，自然涉及此戈的國别問題。考之史籍，東周時期的"東陽"計有四處：

其一爲齊之東陽。《左傳》襄公二年："齊侯使諸姜、宗婦來送葬，召萊子。萊子不

---

① 安徽省文物考古研究所等編：《安徽六安雙龍墓地》，上海：上海古籍出版社，2016 年，第 1323~1324 頁。

圖3　"廿三年東陽"戈銘文拓片　　　　　圖4　"廿三年東陽"戈銘文照片

會，故晏弱城東陽以偪之。""東陽"，杜預注爲"齊之上邑"，楊伯峻注："疑在今臨朐縣。"①襄公六年，晏弱再次"城東陽"，當亦爲此地。

其二爲晉趙之東陽。《左傳》襄公二十三年："齊侯遂伐晉，取朝歌……乃還。趙勝帥東陽之師以追之，獲晏氂。"又昭公二十二年"荀吴略東陽"之"東陽"，亦當爲此。此東陽後爲趙國所承襲，《戰國策·齊三》："兼魏之河南，絶趙之東陽。"②《史記·秦始皇本紀》："十九年，王翦、羌瘣盡定取趙地東陽，得趙王。"③

其三爲魯之東陽。《左傳》哀公八年："三月，吴伐我……吴師克東陽而進，舍於五梧"，楊伯峻注："東陽，《彙纂》及顧祖禹《讀史方輿紀要》俱謂即今之關陽鎮，則在近費縣西南八十里，清時曾設巡司於此，此説可疑。今費縣西北平邑縣南數里有東陽鎮，不知是否即此，待考。"④無論此東陽在今費縣西北或西南，魯有東陽一地當無疑。

---

① 楊伯峻編著：《春秋左傳注(修訂本)》，北京：中華書局，2009年，第921頁。

② (漢)劉向集録，范祥雍箋證，范邦瑾協校：《戰國策箋證》，上海：上海古籍出版社，2006年，第615頁。

③ 春秋時期，"東陽"曾一度輾轉於晉、衛、趙氏、荀氏之手，到春秋晚期才歸於趙氏。戰國時期又爲趙國所繼承。參看朱愛茹：《邢令戈與兩周邢邑》，《中國歷史文物》2008年第5期。

④ 楊伯峻編著：《春秋左傳注(修訂本)》，北京：中華書局，2009年，第1648頁。

其四爲楚之東陽。《國語·楚語上》有一段對話提到東陽："子木愀然曰：'夫子何如，召之其來乎?'對曰：'亡人得生，又何不來爲?'子木曰：'不來，則若之何?'對曰：'夫子不居矣，春秋相事，以還軫于諸侯。若資東陽之盜使殺之，其可乎? 不然，不來矣。'"徐元誥注："東陽，楚北邑。"①故楚亦有名爲東陽之地。

安徽六安，戰國時爲楚地，故此戈似當爲楚國所産。但是，楚國有銘兵器是以"物勒主名"形式爲主，②而且就已有資料看，楚國兵器尚無紀年辭例，③因此也基本可排除此戈爲楚國所鑄。

齊系(含魯)兵器銘文的特徵之一是少見物勒工名，内容主要爲標明鑄造兵器之地或標明兵器器主。④齊國銅兵器中，除戰國晚期偏晚的齊王建"廿四年莒陽斧"外，其他83件(其中年代明確者7件，不明確者76件)皆未有紀年銘文；而"廿四年莒陽斧"雖有紀年，但銘文顯示該斧由莒陽承監造，庫吏主造，佐平具體負責鑄造，此與"廿三年東陽"戈銘文所反映的造器制度有異；12件魯國兵器也没有任何的紀年銘文。⑤因此，六安的這件"廿三年東陽"戈似不屬於齊、魯。

排除了楚、齊、魯，則此戈很有可能屬春秋的晉或戰國的趙。

黃盛璋先生曾總結三晉銘文辭例的共同點有三條：(1)由造器之地的掌政者爲監造；(2)鑄造兵器之處多記明爲某庫；(3)主持鑄造兵器的有工師、冶尹，直接鑄造兵器的工人叫冶。第(1)、(3)兩條最爲重要，凡有(1)者必有(3)不一定有(2)，但有(2)、(3)者不一定有(1)。凡三條皆備，或具有其中兩條，可以定爲三晉兵器。又認爲"三晉這類銘刻是戰國中期以後才大量發展起來的"⑥。

"廿三年東陽"戈的銘文包括紀年、監造者、武庫名稱、工師和冶人的名字，均可對應黃勝璋先生所列的三點，故可定其爲戰國時期的三晉兵器。結合上文中對"東陽"地望的考訂，可據此認爲"廿三年東陽"戈當爲戰國銅兵器，屬趙國。

---

① 徐元誥：《國語集解·楚語上》，北京：中華書局，2002年，第493頁。
② 參看鄒芙都：《楚系銘文綜合研究》，成都：巴蜀書社，2007年，第272頁；黃萍：《新出兵器銘文的整理與研究》，安徽大學碩士學位論文，2013年，第96~97頁。
③ 據統計，楚國兵器中，年代確定者17件，從共王到考列王歷時三百餘年；年代不確定者41件；凡此共58件兵器，無一有紀年銘文。參看周翔：《戰國兵器銘文分域編年研究》，浙江師範大學碩士學位論文，2013年。
④ 參看黃萍：《新出兵器銘文的整理與研究》，安徽大學碩士學位論文，2013年，第59頁。
⑤ 參看周翔：《戰國兵器銘文分域編年研究》，浙江師範大學碩士學位論文，2013年。
⑥ 黃盛璋：《試論三晉兵器的國別和年代及相關問題》，《考古學報》1974年第1期。

二、惠 文 之 世

確定了銅戈的國屬，再進一步研究銘文"廿三年"所對應的王世，則可判定此器的鑄造年代。考之文獻，趙國在位超過二十三年的國君有四位：成侯（在位 25 年）、肅侯（在位 24 年）、武靈王（在位 28 年）和惠文王（在位 32 年）。

與此戈形制相似者，年代較早的有湖北荆門左塚 M1S：23 銅戈，據吳良寶先生考訂，此戈鑄於魏惠王二十四年，即公元前 346 年。① 較晚的是河南郾城甯平出土的"廿二年邦戈"，董越先生考訂此戈鑄造年代當在韓釐王二十二年（前 274 年）或韓桓惠王二十二年（前 251 年）。② 年代跨度基本涵蓋上述四位趙君的後三位，且與成侯時期相去不遠。因此，僅據器物類型難以判斷具體年代。從銘文辭例入手或許是一條途徑。據已知趙國兵器材料，我們有以下兩點認識：

其一，未發現早於趙惠文王的趙國紀年兵器。董珊先生曾指出，"二年主父攻正"戈是目前已知年代最早的紀年趙兵。③ 蘇輝先生《趙國兵器編年表》中有 7 件銅器置於趙武靈王時期，④ 對此我們有不同的看法。這 7 件銅器中，"十七年"蓋弓帽，經董珊先生考證，地名"曲陽"原屬中山，武靈王二十一年攻中山，合軍曲陽，此器當在武靈王二十一年以後，⑤ 故此器當非武靈王時期。"三年"杖首，定在武靈王時期，蘇輝先生沒有給出具體理由，此屬推測。其餘 5 件所謂"得工"器，據董珊先生有關"得工"的考訂，可知也不會早到武靈王時期。⑥ 因此，迄今爲止，在趙國紀年銅兵中，還未見早於趙惠文王者。其原因，推測可能與趙惠文王以前趙君並未稱王有關。

其二，據蘇輝先生《趙國兵器編年表》所列趙國兵器，能夠明確年代爲惠文王時期者，惠文王二十年以前的兵器多爲二級辭銘，且格式並不統一；二十八年以後的兵器則爲三級辭銘，且格式統一。"辭銘格式的轉變與定型就發生在惠文王二十年到二十八年之間。"⑦

---

① 吳良寶：《湖北荆門左塚所出銅戈新考》，《湖南博物館館刊》第四輯，長沙：嶽麓書社，2007 年。蘇輝認爲此戈的製作年代上限是前 286 年，並將該戈年代定在安釐王二十四年（前 253 年），見蘇輝：《秦、三晉紀年兵器研究》，上海：上海古籍出版社，2013 年，第 89~90、123 頁。我們認爲這恐怕忽略了左塚 M1 時代必在白起拔郢前的這一事實。具體理由，參看原報告對墓葬年代及相關器物年代的判斷，亦可參見張昌平：《也論郭店 M1 年代問題》，《江漢考古》2012 年第 1 期。

② 董越：《廿二年邦戈考》，《中原文物》2014 年第 5 期。

③ 董珊：《戰國題銘與工官制度》，北京大學博士學位論文，2002 年，第 70 頁。

④ 蘇輝：《秦、三晉紀年兵器研究》，上海：上海古籍出版社，2013 年，第 76 頁。

⑤ 董珊：《戰國題銘與工官制度》，北京大學博士學位論文，2002 年，第 41 頁。

⑥ 董珊：《戰國題銘與工官制度》，北京大學博士學位論文，2002 年，第 69~71 頁。

⑦ 蘇輝：《秦、三晉紀年兵器研究》，上海：上海古籍出版社，2013 年，第 61 頁。

"廿三年東陽"戈屬三級辭銘的銅兵，"東陽"是東陽守令的省寫，爲監造者，"上庫"爲武庫名；"工師"爲主造官職，"𢼸"是人名；"冶"爲具體負責鑄造者，"戉"是人名。根據辭例由簡到繁的規律，則知其當在趙惠文王二十年之後。

綜上，我們認爲趙"廿三年東陽"戈的鑄造時間爲趙惠文王二十三年，即公元前276年。

三、相關問題探討

(一)齒突與魏器之再思

吳良寶先生在考訂左塚 M1S：23 屬於魏器時提到一條論據，即"該戈的闌側有缺，這是戰國時期魏國兵器的一個特徵"[1]。所謂"闌側有缺"即指有齒突。該説法已爲部分學者所接受，然也有人提出異議。[2] 趙"廿三年東陽"銅戈，有齒突，這是趙國兵器帶齒突者的又一例。加之上文提到的韓器"廿二年邦戈"和傳世的秦"王二年相邦義戈"，[3] 可知三晉和秦均有帶齒突的銅戈，齒突與魏器並無絕對關聯。不過，從現有材料看，韓、秦、趙等國帶齒突的銅戈均相對晚於魏國，或許這種帶齒突的戈起源於魏國，並爲其他國家所學習和模仿。

(二)趙國造器制度演變時間之推論

前引蘇輝先生的觀點，認爲趙國辭銘格式的轉變與定型發生在趙惠文王二十年到二十八年之間，此次"廿三年東陽"戈的發現，則爲我們進一步認識這一問題提供了條件。"廿三年東陽"戈銘文監造、主造、鑄造三者皆備，只是監造者姓名被省去，文末也没有定型後的趙國兵器辭銘常見的"執劑"二字，屬於趙國三級辭銘中的"不成熟"者，這種不成熟，當是辭銘格式初變所致，因此我們認爲趙國辭銘格式的轉變與定型當發生在趙惠文王二十三年前後。黄盛璋先生曾指出："兵器銘刻既然是社會制度和生產情況的反映，它之所以不斷發展、變化，其根本是在於制度和生產的發展"[4]，因此，我們認爲在趙惠文王二十

---

① 吳良寶：《湖北荆門左塚所出銅戈新考》，《湖南博物館館刊》第四輯，長沙：嶽麓書社，2007年。該文注 7 云此説法源自蘇輝：《秦、三晉紀年兵器研究》，中國社會科學院研究生院碩士學位論文，2002 年，第 46 頁。然筆者從知網下載該碩士學位論文，仔細閱讀並未找到相關提法；根據該論文寫成的《秦、三晉紀年兵器研究》一書也無相關説法，可見蘇輝先生已放棄此説。

② 蘇輝：《秦、三晉紀年兵器研究》，上海：上海古籍出版社，2013 年，第 18 頁。

③ 參看劉餘力：《王二年相邦義戈銘考》，《文物》2012 年第 8 期。

④ 黄盛璋：《試論三晉兵器的國別和年代及相關問題》，《考古學報》1974 年第 1 期。

三年前後，趙國的兵器生産制度有了一個較大的轉變，爲史籍所缺載。還可以看到的是，同期的魏、韓兵器的三級辭銘已成定式，因此我們有理由相信趙國兵器生産制度的這種轉變，當是受到韓魏影響所致。

（三）東陽建置探微

根據《漢書·地理志》可知趙地東陽在漢代已置縣，屬清河郡。① 然對於東陽建置之始則各家説法不一。后曉榮認爲"秦置東陽縣，漢因之"②，清代學者顧觀光則認爲"楚漢之間始置東陽郡，漢置東陽縣"③，錢穆先生則認爲"漢始置東陽縣"④。諸説雖異，然均未提供確證。今據"廿三年東陽"戈，則知至遲在趙惠文王二十三年已有東陽之建置，此誠足以補史籍之缺，亦可證各家之誤也。至於趙置東陽爲縣還是郡，則有待更多的出土材料證明之。

（李龍俊，武漢大學歷史學院；秦讓平，安徽省文物考古研究所）

① 《漢書》，北京：中華書局，1962 年，第 1577 頁。
② 后曉榮：《秦代政區地理》，北京：社會科學文獻出版社，2009 年，第 360 頁。
③ 顧祖光：《七國地理考》，《周秦漢唐歷史地理研究彙編》，北京：國家圖書館出版社，2011 年，第 263 頁。
④ 錢穆：《史記地名考（上）》，北京：九州出版社，2011 年，第 680 頁。

里耶秦簡牘所見"計"及相關問題研究

黄浩波

里耶秦簡牘所見"計"名目繁多。《里耶秦簡(壹)》所見即有以下多種:

司空曹計録	贖計	凡五計
船計	訾責計	史尚主 第三欄
器計 第一欄	徒計 第二欄	8-480
倉曹計録	器計	馬計
禾稼計	錢計	羊計
貸計	徒計	田官計
畜計 第一欄	畜官牛計 第二欄	凡十計
		史尚主 第三欄 8-481
户曹計録	田提封計	
鄉户計	絭計	
繇(徭)計	鞫計	
器計	・凡七計 第二欄	
租質計 第一欄		8-488
金布計録	工用計	【金】錢計
庫兵計	工用器計	凡六計 第三欄
車計 第一欄	少内器計 第二欄	8-493 ①

---

① 本文所引《里耶秦簡(壹)》簡文,均據陳偉主編,何有祖、魯家亮、凡國棟撰著:《里耶秦簡牘校釋(第一卷)》,武漢:武漢大學出版社,2012年。後文不再一一出注。

目前學界對里耶秦簡牘所見"計"之所指的討論已多，雖然諸説各有不同，但是"計"作爲與統計相關的文書似已成爲共識①；對"計"與秦代考績制度、行政運行的關係，亦有所涉及②。在此基礎上，結合新公佈的資料，對於"計"，仍有頗多可以探討的空間。以下不揣淺陋，試就"計"的結構、格式、術語、形成途徑及相關的問題進行討論，欲以就正於大方之家。

一、"計"作爲年度統計文書

秦簡牘所見與"計"相關的簡文表明，"計"是一種年度統計文書，具有固定的結構與格式，並有專門的術語。

(一)"計"的結構與格式

《里耶秦簡(壹)》所見即有"計"的自名簡：

廿八年，遷陵田車計付鴈(雁)門泰守府☒
革□二。　金釪鐶四。　□□別□□☒　　　**8-410**

《里耶秦簡牘校釋(第一卷)》認爲："車，人名。"③朱紅林先生認爲："此處'田車'也許指的就是車輛的一種，因爲接下來的'[革]□二。金釪鐶四'都屬於車輛的配件。'田車計'就是有關田車數量的記載。"並以8-493簡所見"車計"爲佐證。④"田車"作爲車輛的一種，確實屢見於古代典籍。《詩經·小雅·車攻》與《詩經·小雅·吉日》皆有"田車既好，

---

① 馬怡：《里耶秦簡選校》(連載二)，簡帛網(http://www.bsm.org.cn/？qinjian/4322.html)，2005年11月18日，刊《中國社會科學院歷史研究所學刊》(第四集)，北京：商務印書館，2007年，第133~186頁；陳治國：《從里耶秦簡看秦的公文制度》，《中國歷史文物》2007年第1期；陳偉主編，何有祖、魯家亮、凡國棟撰著：《里耶秦簡牘校釋(第一卷)》，武漢：武漢大學出版社，2012年，第20、45、50頁；李均明：《里耶秦簡的"計録"與"課志"解》，《簡帛》第8輯，上海：上海古籍出版社，2013年，第151頁。

② 沈剛：《〈里耶秦簡〉【壹】中的"課"與"計"——兼談戰國秦漢時期考績制度的流變》，《魯東大學學報》(哲學社會科學版)2013年第1期；陳偉：《里耶秦簡所見秦代行政與算術》，簡帛網(http://www.bsm.org.cn/？qinjian/6164.html)，2014年1月24日。

③ 陳偉主編，何有祖、魯家亮、凡國棟撰著：《里耶秦簡牘校釋(第一卷)》，武漢：武漢大學出版社，2012年，第144頁。

④ 朱紅林：《讀里耶秦簡札記》，《出土文獻研究》第11輯，上海：中西書局，2012年，第137頁。

四牡孔阜"之句。① 朱熹《詩集傳》曰："田車，田獵之車。"②《墨子·明鬼下》有"周宣王合諸侯而田於圃，田車數百乘"③。《周禮·考工記序》亦有"故兵車之輪六尺有六寸，田車之輪六尺有三寸"④。然而，8-493 簡所見爲"車計"而非"田車計"，不能成爲"'田車計'就是有關田車數量記載"的堅實證據。此處"田"應屬上讀，與"遷陵"連讀爲"遷陵田"。"遷陵田"屢見於《里耶秦簡（壹）》，"遷陵田"之外，與之相同的"縣名+田"格式，還有"零陽田"，陳偉先生認爲此處"田"應指"田官"。⑤ 其說可信。因此，"遷陵田"即遷陵縣田官。故而，8-410 簡應是秦始皇二十八年遷陵縣田官的車計。其首行簡文應點斷爲"廿八年遷陵田車計：付鴈（雁）門泰守府"。"廿八年遷陵田車計"爲文書標題，其中"廿八年"爲年度，據此可見"車計"是年度統計文書；"車計"則是"計"的具體名稱。"付雁門泰守府"，當是對所統計物資支出及其去向的說明。《說文解字·人部》有"付，予也"⑥、"革□二。金釪鐶四"是殘見的正文部分，"革□""金釪鐶"是殘見的統計項目，"二""四"則是統計數量。因此，雖名曰"車計"，但實際上並非車輛，而是相關的配件。

　　《里耶秦簡（貳）》中亦多有"計"的自名簡，⑦ 可舉一例如下：

　　　　卅七年遷陵庫工用計：受充工用計。
　　　　桼（漆）卅斗，斗歙（飲）水十四斗，乾重十。　　　　　　**9-1124+9-2064**

　　此簡簡文亦可分爲三部分。第一部分"卅七年遷陵庫工用計"，是文書標題。其中"卅七年"爲年度，可見"工用計"亦是年度統計文書；"遷陵"爲縣名；"庫"即遷陵縣庫，與 8-410 簡所見"田"同爲縣下諸官之一；⑧ "工用計"則是"計"的具體名稱，亦可見於 8-493 簡。第二部分"受充工用計"，是對所統計物資收入及其來源的說明。《說文解字·受部》

　　① 《毛詩正義》卷一〇《小雅·車攻》《小雅·吉日》。
　　② （宋）朱熹注，趙長征點校：《詩集傳》卷一〇《小雅·車攻》，北京：中華書局，2011 年，第 154 頁。
　　③ （清）孫詒讓撰，孫啓治點校：《墨子閒詁》卷八《明鬼下》，北京：中華書局，2001 年，第 224 頁。
　　④ 《周禮注疏》卷三九《冬官考工記》。
　　⑤ 陳偉：《里耶秦簡所見的"田"與"田官"》，《中國典籍與文化》2013 年第 4 期。
　　⑥ （漢）許慎撰，（清）段玉裁注：《說文解字注》，上海：上海古籍出版社，1981 年，第 373 頁。
　　⑦ 本文所引《里耶秦簡（貳）》簡文，均據陳偉主編，魯家亮、何有祖、凡國棟撰著：《里耶秦簡牘校釋（第二卷）》，武漢：武漢大學出版社，2018 年。後文不再一一出注。
　　⑧ 孫聞博：《秦縣的列曹與諸官》，簡帛網（http://www.bsm.org.cn/？qinjian/6255.html），2014 年 9 月 17 日；郭洪伯：《稗官與諸曹》，《簡帛研究二〇一三》，桂林：廣西師範大學出版社，2014 年，第 101~127 頁。

有"受，相付也"①。第三部分"桼(漆)卅斗，斗歈(飲)水十四斗，乾重十"，是"工用計"的正文，統計項目包括"漆""歈(飲)水""乾重"，"卅斗""十四斗""十"則是統計數量。

合觀兩簡：標題部分，8-410 簡"廿八年遷陵田車計"與 9-1124+9-2064 簡"卅七年遷陵庫工用計"，内容均能一一對應，其格式可概括爲"年度+縣名+某官+具體名稱(某計)"。說明部分，"受"與"付"意思正好相對，"受"當是"計"用以說明統計對象收入及其來源的術語，"付"當是"計"用以說明統計對象支出及其去向的術語。8-410 簡"付雁門泰守府"，僅説付給雁門泰守府；9-1124+9-2064 簡"受充工用計"，明確受自充縣工用計。不知原因何在。考察已刊里耶秦簡牘，則可以見到形如後者更爲常見。8-1023 簡有"付郪少内金錢計。錢萬六千七百九十七"，9-122 簡殘見"工用計：受其司空器計"，9-1136 簡有"卅七年遷陵庫工用計：受其貳春鄉絫"，其中 9-1136 簡"貳春鄉絫"當是"貳春鄉絫計"殘文，"絫計"可見於 8-488 簡"户曹計録"之下。8-1023 簡"付郪少内金錢計"與 9-1124+9-2064 簡"受充工用計"明確縣名，當是跨縣之故。9-122 簡、9-1136 簡皆言"受其"而未有縣名，當是遷陵縣内。因而，説明部分的格式或可歸納爲"受或付+縣名+某官+具體名稱(某計)"，縣内付受則可省略縣名。正文部分，兩簡的書寫格式亦較爲一致，其格式可歸納爲"統計項目+數量"。

至此，可以對"計"結構與格式初步小結："計"至少由標題、説明、正文三部分構成；標題部分的格式爲"年度+縣名+某官+具體名稱(某計)"，説明部分的格式爲"受或付+縣名+某官+具體名稱(某計)"，正文部分的格式爲"統計項目+數量"。同時，根據標題格式還可明確："計"是年度統計文書。

(二)"計"作爲年度統計文書的律令依據

《睡虎地秦墓竹簡》所見還有數條律文可以作爲"計"是年度統計文書的證據：

《秦律十八種·倉律》有"縣上食者籍及它費大(太)倉，與計偕"，《秦律十八種·金布律》亦有"已稟衣，有餘褐十以上，輸大内，與計偕"。所謂"與計偕"，整理小組注釋説："即與地方每年上呈計簿同時上報。"②其中的"計"顯然是年度的統計文書。

《秦律十八種·金布律》："官相輸者，以書告其出計之年，受者以入計之。八月、九月中其有輸，計其輸所遠近，不能逮其輸所之計，□□□□□□□移計其後年，計毋相繆。工獻輸官者，皆深以其年計之。"其中"計毋相繆"一句，整理小組翻譯爲"雙方賬目不要矛盾"③，

---

① （漢）許慎撰，（清）段玉裁注：《説文解字注》，上海：上海古籍出版社，1981 年，第 160 頁。
② 睡虎地秦墓竹簡整理小組編：《睡虎地秦墓竹簡》，北京：文物出版社，1990 年，釋文注釋第 29 頁。
③ 睡虎地秦墓竹簡整理小組編：《睡虎地秦墓竹簡》，北京：文物出版社，1990 年，釋文注釋第 37 頁。

將"計"翻譯爲"賬目"。然而結合前後簡文"出計之年""移計其後年"以及"以其年計之"等與年度密切相關語句，則此處"計"亦是指年度的統計文書。

（三）計與計簿、集簿

《説文解字·言部》曰："計，會也。筭也。"①《玉篇》則曰："會，歲計也。"②《周禮·天官·小宰》有"聽出入以要會。"鄭玄注引鄭司農曰："要會，謂計最之簿書，月計曰要，歲計曰會。"③以上解説皆與里耶秦簡牘所見"計"文書爲年度統計文書相合。《左傳》昭公二十五年有"計於季氏"，杜預注曰："送計簿於季氏。"④《漢書·武帝紀》有"受計於甘泉宫"，顏師古注曰："受郡國所上計簿，若今諸州計帳也。"⑤《漢書·景武昭宣元成功臣表》有"上計謾"，顏師古注曰："上財物之計簿而欺謾不實。"⑥由此可見，杜預、顏師古均將"計"解爲"計簿"。"計簿"一詞，可見於《漢書·宣帝紀》。《漢書·宣帝紀》載黃龍元年詔書有"上計簿，具文而已，務爲欺謾，以避其課。三公不以爲意，朕將何任？諸請詔省卒徒自給者皆止。御史察計簿，疑非實者，按之，使真偽毋相亂"⑦。此處"上計簿，具文而已，務爲欺謾"可與前引"上計謾"齊觀。楊樹達先生曰："《功臣表》：'眾利侯郝賢元狩二年坐爲上谷太守，入戍卒財物計謾，免。'是此事武帝時已先行之，特彼事爲偶發，此著爲令耳。"⑧由此可見，楊樹達先生亦將"計"解作"計簿"。

同爲年度統計文書，漢代簡牘所見則有"集簿"。尹灣漢墓所出有一枚自名"集簿"的木牘，還有一枚自名"武庫永始四年兵車器集簿"的木牘。朝鮮平壤貞柏洞364號漢墓所出亦有自名"樂浪郡初元四年縣別戶口集簿"的三枚木牘。⑨ 關於"武庫永始四年兵車器集簿"，謝桂華先生已有論述："所記分乘輿兵、車器和庫兵、車器兩大部分，逐項記載成帝永始四年（前13年）所收藏的兵、車器的名稱和數量。兩部分之末均有兵、車器種類和物件的統計數字，最後還有總的統計數字，當爲年度報簿。"⑩"樂浪郡初元四年縣別戶口集簿"的內容則是"西漢元帝初元四年，樂浪郡將所屬25縣按照縣別統計的戶數、口數的總

① （漢）許慎撰，（清）段玉裁注：《説文解字注》，上海：上海古籍出版社，1981年，第93頁。

② （南朝梁）顧野王：《宋本玉篇》卷一五，北京：中國書店，1983年，第296頁。

③ 《周禮注疏》卷三《小宰》。

④ 《春秋左傳正義》卷五一。

⑤ 《漢書》卷六《武帝紀》。

⑥ 《漢書》卷一七《景武昭宣元成功臣表》。

⑦ 《漢書》卷八《宣帝紀》。

⑧ 楊樹達：《漢書窺管》，上海：上海古籍出版社，1984年，第77頁。

⑨ 楊振紅、［韓］尹在碩：《韓半島出土簡牘與韓國慶州、扶餘木簡釋文補正》，《簡帛研究二〇〇七》，桂林：廣西師範大學出版社，2010年，第281~287頁。

⑩ 謝桂華：《尹灣漢墓簡牘和西漢地方行政制度》，《文物》1997年第1期。

計户口簿"①。"武庫永始四年兵車器集簿"與"樂浪郡初元四年縣別户口集簿"的標題格式與里耶秦簡牘所見"計"文書的標題格式頗爲相近。三份"集簿"的正文部分,亦皆是"統計項目+數量"的格式。"集簿"一名,傳世文獻記載僅見於《續漢書·百官志》劉昭注引胡廣《漢官解詁》"秋冬歲盡,各計縣户口墾田,錢穀入出,盜賊多少,上其集簿"②。謝桂華先生認爲"其中所云集簿,乃是指縣、邑、道、侯國於每年秋冬歲盡向所屬郡國呈報的上計簿,而尹灣六號漢墓發掘出土的《集簿》,則是我國迄今首次發現的郡國上計簿"③。高恒先生則認爲"計簿亦名集簿"④。

綜上所述,里耶秦簡牘所見"計"即後世所謂"計簿",尹灣漢墓簡牘所見"集簿"亦即"計簿"。因此,"計""集簿""計簿"當是同一類文書在秦漢不同時期的不同叫法。"計"與"集簿"的格式大致相同,又因處在不同時代而在細部上呈現出些許差異,正所謂"漢承秦制,有所損益"。

二、從簿到計:"計"的形成途徑之一

陳偉先生指出:"簿是原始檔案,計是根據原始檔案整理、綜合而成的統計資料。"⑤循此思路,下面將根據里耶秦簡牘所見的"原始檔案",嘗試以"徒計"爲例,揭示"計"的一種形成途徑。

司空與倉是刑徒的管理官署。⑥ 與此相應,司空曹計録所見有"徒計",倉曹計録所見亦有"徒計"。里耶秦簡牘所見内容與"徒""司空""倉"有關且與"計"使用相同術語的"原始檔案"便是作徒簿。⑦ 根據游逸飛、陳弘音兩位先生的研究,遷陵縣官署使用刑徒勞作

---

① 楊振紅、[韓]尹在碩:《韓半島出土簡牘與韓國慶州、扶餘木簡釋文補正》,《簡帛研究二〇〇七》,桂林:廣西師範大學出版社,2010年,第286頁。

② 《續漢書》志第二八《百官志五》。

③ 謝桂華:《尹灣漢墓所見東海郡行政文書考述》,連雲港市博物館、中國文物研究所編:《尹灣漢墓簡牘綜論》,北京:科學出版社,1999年,第30頁。

④ 高恒:《漢代上計制度論考——兼評尹灣漢墓木牘〈集簿〉》,《東南文化》1999年第1期;連雲港市博物館、中國文物研究所編:《尹灣漢墓簡牘綜論》,北京:科學出版社,1999年,第129頁。

⑤ 陳偉:《里耶秦簡所見秦代行政與算術》,簡帛網(http://www.bsm.org.cn/? qinjian/6164.html),2014年1月24日。

⑥ 高震寰:《從〈里耶秦簡(壹)〉"作徒簿"管窺秦代刑徒制度》,《出土文獻研究》第12輯,上海:中西書局,2013年,第136頁;賈麗英:《里耶秦簡牘所見"徒隸"身份及監管官署》,《簡帛研究二〇一三》,桂林:廣西師範大學出版社,2014年,第68~81頁;沈剛:《〈里耶秦簡(壹)〉所見作徒管理問題探討》,《史學月刊》2015年第2期。

⑦ "作徒簿"亦稱"徒簿"或"徒作簿",參見張春龍:《里耶秦簡中遷陵縣之刑徒》,《古文字與古代史》第三輯,臺北:"中央研究院"歷史語言研究所,2012年,第454頁。

且製作作徒簿者有：司空、倉、庫、田官、畜官、少内、都鄉、啓陵鄉、貳春鄉等。①

（一）日作徒簿

1. 日作徒簿的格式、内容、術語

《里耶秦簡（壹）》所見作徒簿，可以下簡爲例：

> 廿九年八月乙酉，庫守悍作徒薄（簿）：受司空城旦四人、丈城旦一人、舂五人、
> 受倉隸臣一人。・凡十一人。
> 城旦二人繕甲□□
> 城旦一人治輸□□
> 城旦一人約車：登　第一欄
> 丈城旦一人約車：缶
> 隸臣一人門：負劇
> 舂三人級：姱、□、娃　第二欄
> 廿廿年上之☑　第三欄　　正
> 八月乙酉，庫守悍敢言之：疏書作徒薄（簿）牒北（背）上，敢言之。逐手。
> 乙酉旦，隸臣負解行廷。背　　　　　　　　　8-686+8-973

　　此簡正面首行所見“廿九年八月乙酉，庫守悍作徒薄（簿）”應即該簿的標題部分，格式爲“年、月、日+官嗇夫名+作徒簿”。據此可知，此作徒簿爲日簿。“受司空城旦四人、丈城旦一人、舂五人，受倉隸臣一人。・凡十一人”是該簿的説明部分，以“受司空”和“受倉”説明刑徒的來源，其後是對各來源的刑徒類型、各刑徒類型數量的説明，最後是刑徒總數的説明。其後，第一欄第二行起至第二欄末尾是作徒簿的正文部分，正文内容包含：刑徒類型、人數、勞作内容、刑徒名，格式一致。第三欄内容與作徒簿内容無關。②背面則是作徒簿的呈報文書及發文記録。

　　未見相關呈報文書的作徒簿亦不乏其例，試舉一例以概其全：

---

① 游逸飛、陳弘音：《里耶秦簡博物館藏第九層簡牘釋文校釋》，簡帛網（http://www.bsm.org.cn/?qinjian/6146.html），2013 年 12 月 23 日。

② 陳偉主編，何有祖、魯家亮、凡國棟撰著：《里耶秦簡牘校釋（第一卷）》，武漢：武漢大學出版社，2012 年，第 205 頁。

　　卅年十一月丁亥，貳春鄉守朝作徒薄（簿）：受司空城旦、鬼薪五人，舂、白粲二人。凡七人。

　　其五人爲甄廥取菆：賀、何、成、臧、晘。一人病：央芻。 第一欄

　　一人徒養：骨。 第二欄 　正

　　田手。 背 　　　　　　　　　　　　　9-18

　　此簡正面首行所見"卅年十一月丁亥，貳春鄉守朝作徒薄（簿）"即標題部分，格式爲"年、月、日+官嗇夫名+作徒簿"。"受司空城旦、鬼薪五人，舂、白粲二人。凡七人"則是該簿的説明部分，以"受司空"説明刑徒的來源，其後是對各刑徒類型及數量的説明，最後是刑徒總數的説明。第一欄第二行起至第二欄末尾則是正文部分，正文内容包含刑徒類型、人數、勞作内容、刑徒名。背面僅有書手，而未見呈報文書及相關發文或收文記録。簿書的結構與各部分格式與8-686+8-973簡所見相同。

　　通過對以上兩個作徒簿的考察，可以發現作徒簿有其較爲固定的結構和格式，應該至少包括三部分内容：標題、説明、正文。在説明和正文部分的書寫上，一般體現出先司空後倉、先男後女的順序。説明部分以術語"受"説明所接受刑徒的來源，其用法正與"計"術語相同。此外，根據8-686+8-973簡呈報文書内容，作徒簿或被視爲呈報文書的附件。因而，呈報文書及相關發文或收文記録並非作徒簿的組成部分。

　　司空和倉作爲刑徒的管理官署，亦各有作徒簿。完整的司空徒作簿有：

　　卅二年十月己酉朔乙亥，司空守圂徒作簿：城旦司寇一人。鬼薪廿人。城旦八十七人。仗（丈）城旦九人。隸臣繫（繫）城旦三人。隸臣居貲五人。·凡百廿五人。其五人付貳春。一人付少内。四人有逮。二人付庫。二人作園：平、□。二人付畜官。二人徒養：臣、益。 第一欄

　　二人作務：驚、亥。四人與吏上事守府。五人除道沅陵。三人作廟。廿三人付田官。三人削廷：央、閒、赫。一人學車西陽。五人繕官：宵、金、癃、椑、鯉。三人付叚（假）倉信。二人付倉。六人治邸。一人取蒸（蒸）：廄。二人伐槧：强、童。 第二欄

　　二人伐材：剛、聚。二人付都鄉。三人付尉。一人治觀。一人付啟陵。二人爲笥：移、昭。八人捕羽：操、寬、未、衷、丁、圂、辰、郤。七人市工用。八人與吏上計。一人爲炭：劇。九人上省。二人病：復、卯。一人傳送西陽。 第三欄

　　□□【八】人。□□十三人。隸妾繫（繫）舂八人。隸妾居貲十一人。受倉隸妾七人。·凡八十七人。其二人付畜官。四人付貳春。廿四人付田官。二人除道沅陵。四

人徒養：枽、痤、蔡、復。第四欄

二人取芒：阮、道。一人守船：遏。三人司寇：茋、類、款。二人付都鄉。三人付尉。一人付田。二人付少内。七人取篜（蒸）：□、林、嬈、粲、鮮、夜、吳。六人捕羽：刻、嬋、卑、鸎、娃、變。二人付啓陵。三人付倉。二人付庫。第五欄

二人傳送酉陽。一人爲笥：齊。一人爲席：娉。三人治枲：梜、茲、緣。五人毄（繫）：嬋、般、橐、南、儋。二人上眚（省）。一人作廟。一人作務：青。一人作園：夕。第六欄

·小城旦九人：其一人付少内。六人付田官。一人捕羽：强。一人與吏上計。·小舂五人。其三人付田官。一人徒養：姊。一人病：談。第七欄　　正

【卅】二年十月己酉朔乙亥，司空守園敢言之：寫上，敢言之。／痤手。

十月乙亥水十一刻刻下二，佐痤以來。背　　8-145+9-2289　①

此簡所見自名爲“徒作簿”，然而標題格式與前見作徒簿相應部分格式一致。唯有説明和正文部分，與前述作徒簿略有差異。從書寫格式和内容看，第一欄第二行至第八行、第四欄第一行至第六行、第六欄第一行和第六行皆爲説明部分，内容多爲刑徒類型、數量、刑徒總數；唯有第四欄第五行有一條“受”的説明——“受倉隸妾七人”，表明司空並無“隸妾”類型的刑徒，因而接受來自倉的“隸妾”。

説明部分之下便是正文，正文的内容大致還可再分爲三部分：一部分則是“若干人＋付＋某官”的記録。此處“付”字的含義當與“計”説明部分所用的術語“付”字相同，所“付”的官署有貳春鄉、少内、庫、畜官、田官、倉、都鄉、尉、啓陵鄉。如此情形，根據“付”“受”二字的含義，可以明確：對於司空而言，是“付”；對於其他官署而言，則是“受”。因此，司空作徒簿中正文部分“若干人＋付＋某官”的記録即與前見其他官署作徒簿中説明部分“受司空＋刑徒類型＋若干人”的内容形成對應記録。一部分則是與庫、貳春鄉作徒簿相同的刑徒勞作的記録，包括刑徒人數、勞作内容，以及刑徒名。還有一部分是若干人“有逮”“與吏上事守府”等事務，所見事務多爲臨時而具體的事務，由此推測，此部分與“付”某官署的部分不同，亦與直接在司空監管之下勞作的部分不同，或可稱爲“參與臨時事務”。

此簡説明部分與正文部分錯雜記録，看似混亂，實則自有規律。第一欄第二行至第八行説明部分所見皆是男性刑徒，其後的正文部分是男性刑徒的“付”記録、勞作記録和參與臨時事務的記録；第四欄第一行至第六行説明部分所見皆爲女性刑徒，其後的正文部分則

---

① 本簡過長，爲節省版面，採用整欄聯排形式，具體分欄分行見陳偉主編，魯家亮、何有祖、凡國棟撰著：《里耶秦簡牘校釋（第二卷）》，武漢：武漢大學出版社 2018 年版。

是女性刑徒的"付"記録、勞作記録和參與臨時事務的記録;第六欄第一行和第六行的説明部分則分別是未成年的男性刑徒和未成年的女性刑徒,之後的正文亦是未成年男女刑徒的"付"記録、勞作記録和參與臨時事務的記録。可見其書寫亦體現出先男後女,先大後小的順序,與前述作徒簿的書寫順序相同。

此外,司空與倉皆自有刑徒,由此可以斷定:若有刑徒"付倉"的記録,則必定來自司空,必定屬司空作徒簿簡文;若有刑徒"付司空"的記録,則必定來自倉,屬倉作徒簿簡文。據此,可以判定以下一簡即是倉作徒簿:

二人付□□□

一人付田官。

一人付司空:枚。

一人作務:臣。

一人求白翰羽:章。

一人廷守府:快。 第一欄

其廿六人付田官。

一人守園:壹孫。

二人司寇守:囚、婢。

二人付庫:恬、擾。

二人市工用:餽、亥。

二人付尉□□。☑ 第二欄　正

五月甲寅倉是敢言之:寫上,敢言之。☑　背　8-663

此簡殘見内容包括作徒簿正文與呈報文書。正文可分爲兩部分内容,一部分是刑徒勞作記録,一部分是"若干人+付+某官"的記録。根據前文提及作徒簿所見可推知,倉作徒簿正文中的"若干人+付+某官"記録即與其他官署作徒簿説明部分中的"受倉+刑徒類型+若干人"内容相對應。此外,此簡第一欄已有"一人付田官",第二欄又有"其廿六人付田官"。根據司空作徒簿所見"其"皆是説明部分之下正文第一行的起首字,則可以推斷:8-663簡第一欄和第二欄所記當是不同類型的刑徒,其上當各有説明部分,其説明部分與正文部分錯雜並行的書寫形式亦與司空作徒簿相同。因此,根據殘見内容推測,倉作徒簿與司空作徒簿在各部分結構和格式上並無區別。

通過對上述司空作徒簿、倉作徒簿的考察,可以發現:第一,司空和倉的作徒簿與其他官署的作徒簿在各部分的結構和格式上並無二致,在正文内容上則多有"付"刑徒與其官署的記録，而其所"付"官署與使用刑徒勞作且製作作徒簿的官署相吻合；第二，倉和司空作爲刑徒管理官署，同時亦是使用刑徒勞作的官署，故在其作徒簿中相應的既有"若干人+付+某官"的記録和參與臨時事務的記録，又有刑徒的勞作記録；第三，司空與倉管理的刑徒類型不同，司空的刑徒類型有城旦、丈城旦、鬼薪、白粲、春、城旦司寇、隸臣繫城旦、隸妾繫春、隸臣居貲、隸妾居貲、小城旦、小春等，倉的刑徒類型只有隸臣、小隸臣和隸妾、小隸妾。由司空與倉的刑徒類型不同，亦可推知司空曹計録所見"徒計"與倉曹計録所見"徒計"應是對各自所管理的刑徒的年度統計，内容必定有所差別。此外，作徒簿説明部分以術語"受""付"二字分別説明刑徒的來源、去向，其用法與"計"相同；説明部分和正文部分分門別類，按照一定順序書寫的原則亦與"計"的書寫原則相似。

2. 日作徒簿的呈報

以上所舉作徒簿中，8-686+8-973 簡"廿九年八月乙酉，庫守悍作徒薄（簿）"、8-145+9-2289 簡"卅二年十月己酉朔乙亥，司空守園徒作簿"、8-663 簡倉作徒簿殘簡皆見有呈報文書，其中 8-686+8-973 簡還有當日的發文記録，8-145+9-2289 簡則有縣廷的收文記録，表明庫與都鄉的作徒簿皆是當日呈報縣廷。9-18 簡"卅年十一月丁亥，貳春鄉守朝作徒薄（簿）"則未見呈報文書。此中的差異，可在《嶽麓書院藏秦簡（伍）》所收令文得到解答。該令文具體内容如下：

> ·令曰：縣官□□官（?）作徒隸及徒隸免復屬官作□□徒隸者自一以上及居隱除者，黔首居☑及諸作官府者，皆日斳薄（簿）之，上其廷，廷日校案次編，月盡爲冣（最），固臧（藏），令可案殹（也）。不從令，丞、令、令史、官嗇夫吏主者，貲各一甲。稗官去其廷過廿里到百里者，日薄（簿）之，而月壹上廷，恒會朔日。過百里者，上居所縣廷，縣廷案之。薄（簿）有不以實者而弗得，坐如其稗官令。·内史倉曹令甲卅 **251-254**①

此條令文正與作徒簿的製作與呈報相關，規定官署使用徒隸等勞作，須每日製作相關簿書並呈報縣廷。若是稗官距離縣廷二十里以上，則每日製作簿書，每月呈報縣廷一次。8-686+8-973 簡所見庫、8-145+9-2289 簡所見都鄉、8-663 簡所見倉，與縣廷皆在都鄉，其作徒簿自需每日呈報。9-18 簡所見貳春鄉則爲遷陵縣離鄉，遠離縣廷，故而貳春鄉每日製作的作徒簿只需每月呈報一次。9-2341 簡"卅□年□月癸未朔丙午，啓陵鄉守逐作徒簿

---

① 陳松長主編：《嶽麓書院藏秦簡（伍）》，上海：上海辭書出版社，2017 年，第 184~185 頁。

(簿)"是一個完整的作徒簿，亦無呈報文書。究其原因當是啓陵鄉作爲離鄉，同樣遠離縣廷，故而其作徒簿與貳春鄉一樣只需每月呈報一次。

3. "日作徒簿非當日真實勞作記録"説補證

從字面上看，"作徒簿"或曰"作徒日簿"即刑徒的每日勞作記録簿。[1] 從標題格式上看，亦可見前述作徒簿皆爲日簿，且其呈報文書便自稱"作徒日簿"。然而，高震寰先生根據簡上日期，指出"作徒簿不是事後記録，而是在晨間安排好今日工作後，就要上繳"[2]。其説可從。試補證如下：

其一是作徒簿的發文或收文日期時刻。前述作徒簿中，有發文記録者爲8-686+8-973簡，發文日期時刻是"乙酉旦"；有收文記録者爲8-145+9-2289簡，其收文日期時刻記爲"十月己酉朔乙亥水十一刻刻下二"。8-686+8-973簡"旦"應是秦漢紀時中"平旦"的省寫，相當於如今二十四小時制的3~5時。[3] 根據胡平生先生的研究，8-145+9-2289簡所見"水十一刻刻下二"相當於現在時間的7：05~8：10。[4] 因此，作徒簿發文或收文之時，刑徒或許方才開始當天的勞作，況且日作徒簿的書寫時刻還要略早於發文或收文時刻。如此便意味着作徒簿上所見刑徒的勞作内容在日作徒簿書寫時實際上尚未完成，甚至於尚未開始。因此，日作徒簿所見並非刑徒當天實際完成勞作的真實記録，而更像是刑徒當天的勞作任務分配記録。

其二是在司空與倉之外各官署勞作的刑徒短期内相對固定。目前已公佈的作徒簿中可見數組日期接近的同一官署作徒簿。第一組是8-196+8-1521簡"卅一年五月壬子朔丁巳都鄉作徒簿"與8-2011簡"卅一年五月壬子朔壬戌都鄉守是徒薄"。兩簡日期相隔四天，説明部分所見都是"受司空城旦一人、倉隸妾二人"，應該是同一群人。[5] 第二組是8-1278+8-1757簡與8-1759簡。8-1278+8-1757簡是"卅一年四月癸未朔癸卯啓陵鄉守逐作徒簿"，8-1759簡標題殘見"卅一年四月癸未朔乙未啓陵"，兩簡説明部分皆有"受倉大隸妾三人"。

① 張春龍：《里耶秦簡中遷陵縣之刑徒》，《古文字與古代史》第三輯，臺北："中央研究院"歷史語言研究所，2012年，第455頁；陳偉主編，何有祖、魯家亮、凡國棟撰著：《里耶秦簡牘校釋（第一卷）》，武漢：武漢大學出版社，2012年，第20、111頁。

② 高震寰：《從〈里耶秦簡（壹）〉"作徒簿"管窺秦代刑徒制度》，《出土文獻研究》第12輯，上海：中西書局，2013年，第135頁。

③ 李天虹：《分段紀時與秦漢社會生活舉隅》，《出土文獻研究》第10輯，北京：中華書局，2011年，第150頁。

④ 胡平生、李天虹：《長江流域出土簡牘與研究》，武漢：湖北教育出版社，2004年，第310頁。

⑤ 唐俊峰：《里耶秦簡所示秦代的"見户"與"積户"》，簡帛網（http://www.bsm.org.cn/? qinjian/6165.html），2014年2月8日。

第三組是 8-1146 簡、8-787+8-1327 簡、8-1370+9-516+9-564 簡、9-18 簡。8-1146 簡殘見標題"廿九年九月戊午，貳春"；8-787+8-1327 簡是"卅年十月癸卯貳春鄉守綽作徒簿"；8-1370+9-516+9-564 簡是"卅年十一月癸未，貳春鄉徹作徒簿"；9-18 簡則是"卅年十一月丁亥，貳春鄉守朝作徒簿"。此四簡時間跨度長達兩個多月，然而所見刑徒名字多有重合，尤其是 8-1370+9-516+9-564 簡與 9-18 簡相隔四天，然而所見刑徒名幾乎全同，當是同一批刑徒無疑。此外，本組簡牘所見刑徒亦見於 8-779 簡、8-780 簡、8-1707 簡，而且勞作内容無外乎"治土""負土""運土""學甄""爲甄"等。另外，還有一組三簡内容相同：8-1207+8-1255+8-1323 簡、8-1340 簡、8-1742+8-1956 簡。① 從簡文格式和内容上便可輕易判斷，此三簡皆是貳春鄉守吾作徒簿，説明部分皆爲"受司空白粲一人，病"；而且 8-1742+8-1956 簡日期殘見"子"字，顯然與 8-1207+8-1255+8-1323 簡日期有别。前兩組作徒簿所見固然可以用官署每日接受司空和倉的刑徒類型和數量有其固定性來解釋，只是以此來解釋後兩組作徒簿所見則説不通。因此，更爲合理的解釋應是其他官署作徒簿説明部分所見"受司空（或倉）"只是説明其來源而已，刑徒並非一定在當日才接受，而且刑徒在一定時期内都在固定的官署勞作。正因如此，在勞作開始之前，分配勞作任務並寫上刑徒名字便成爲可能。

綜此，雖然名曰"作徒簿"或"作徒日簿"，但是實際上並非每日刑徒實際完成勞作的真實記録，而更像是刑徒的勞作任務分配記録。作徒簿説明部分的刑徒付受記録並不一定是當日的實際付受記録，而更有可能只是對刑徒來源或去向的説明。

4. 日作徒簿的查驗

都鄉及諸官作徒簿呈報之後，縣廷會對各官署每日所呈報的作徒簿進行清點查驗。若是缺交，縣廷便會下令追繳。以下兩簡便清晰顯示縣廷的查驗和追繳：

> 六月都鄉不上乙丑作徒薄（簿）☐☐
> 卅五年六月戊午朔癸未令☐☐
> 六月戊午朔癸☐　　　　　　　　　　　8-1425
> 卅四年十二月癸丑司空不上作徒簿☐
> ……☐刻，奏遷陵☐☐日移☐☐當☐☐　10-688 ②

---

① 8-1207+8-1255+8-1323 簡"五月"從趙岩改釋，參閲趙岩：《里耶秦紀日簡牘劄記》，《簡帛》第 8 輯，上海：上海古籍出版社，2013 年，第 246 頁。

② 湖南省文物考古研究所：《龍山里耶秦簡之"作徒簿"》，《出土文獻研究》第 12 輯，上海：中西書局，2013 年，第 108 頁。

學者認爲此兩簡"可以有兩種解釋: 一是司空名'不'者和都鄉嗇夫名'不'者('不上'不作人名理解)向縣廷呈送('上')作徒簿, 但是作徒簿前標明'上'者僅此二例; 二是司空未呈送('不上')'卅四年十二月癸丑'作徒簿, 都鄉未呈送'六月乙丑'作徒簿, 相關機構具文追查"①。當以第二種解釋爲是。因爲前述作徒簿 8-686+8-973 簡、8-145+9-2289 簡、8-663 簡在呈報文書中均以"上"字表"呈送、呈報"之意, 而且在目前已經公佈的里耶秦簡牘中並未見有司空名"不"者和都鄉嗇夫名"不"者。②

另外, 根據 8-1425 簡, 六月戊午朔, 則乙丑是初八日, 癸未是二十六日, 間隔十八天, 表明雖然都鄉及諸官的作徒簿是當日呈報, 但是縣廷並未當即查驗, 而可能是在月底清點查驗時才發現都鄉漏報, 進而下文追繳。③ 此與前揭《嶽麓書院藏秦簡(伍)》令文所謂"廷日校案次編", 或有一定差距。10-688 簡首行格式與 8-1425 簡類似, 次行殘缺太甚已難知其意, 然而可以確定的是此兩簡與縣廷對都鄉及諸官所呈報作徒簿的清點查驗和追繳有關。

(二) 月作徒簿及其相關問題

1. 月作徒簿的結構、內容及其形成

在每日作徒簿的基礎上, 各官署每月還要將作徒簿累積匯總而成爲"月作徒簿", 直接證據有以下兩簡。其一是:

卅年八月貳春鄉作徒薄(簿)。

城旦、鬼薪積九十人。

伐城旦積卅人。

春、白粲積六十人。

隸妾積百一十二人。 第一欄

・凡積二百九十二人。☐

---

① 湖南省文物考古研究所:《龍山里耶秦簡之"作徒簿"》,《出土文獻研究》第 12 輯, 上海: 中西書局, 2013 年, 第 129~130 頁。

② 目前可見司空嗇夫的名字與任職時間、都鄉嗇夫的名字與任職時間, 參見[加]葉山:《解讀里耶秦簡》,《簡帛》第 8 輯, 上海: 上海古籍出版社, 2013 年, 第 131、135~136 頁。

③ 高震寰:《從〈里耶秦簡(壹)〉"作徒簿"管窺秦代刑徒制度》,《出土文獻研究》第 12 輯, 上海: 中西書局, 2013 年, 第 139~140 頁。

卅人甀。☒

六人佐甀。☒

廿二人負土。☒

二人☐瓦。☒ 第二欄　　8-1143+8-1631

此簡首行"卅年八月貳春鄉作徒簿"即其標題，其格式是"年、月＋某官＋作徒簿"，因此可稱之爲"月作徒簿"。月作徒簿的標題較之日作徒簿少有嗇夫一項內容。標題之下亦是說明部分，與日作徒簿相比，不再出現"受"刑徒的記錄，因爲刑徒類型已經足以表明其來源；在各刑徒類型和人數之間、刑徒總數"凡"之後皆有"積"字，表明此處人數乃是一個月內累積的人數。① 至於"隸妾積百一十二人"一句，自然亦是工作日數的累積。王偉、孫兆華兩位先生認爲"隸妾的累積人數不能被30整除，可能存在以下兩種情況：情況一，原有 3 名隸妾，另有 1 名隸妾中途被調來，此人當月僅工作了 22 天；情況二，原有 4 名隸妾，其中 1 名隸妾工作了 22 天後被調走"②。此外可能還有一種情況是"百一十二人"爲隸妾四人三十日的工作日數累積，只是扣除了八人（日），扣除的原因極有可能是日作徒簿中屢見的"病"記錄。睡虎地秦墓竹簡《秦律十八種·倉律》中對刑徒稟食有規定"其病者，稱議食之，令吏主"③。生病的刑徒的口糧只能酌情給予。究其原因，無非因爲生病者不能勞作。準此推測，日作徒簿中記爲"病"的刑徒，便是當日因病不能勞作的刑徒，④ 在勞作人數的累積中自然要扣除。漢簡所見邊塞吏卒作簿中亦有勞作、病、休的記錄，在統計吏員功勞時生病的天數不能記入功勞，其例有居延新簡 EPT50：10 簡"其十五日河平元年陽朔元年病不爲勞"⑤、肩水金關漢簡 73EJT26：88 簡"其六日五鳳三年九月戊戌病盡癸卯不爲勞"⑥。綜合秦漢簡牘所見情況判斷，日作徒簿中記錄爲"病"的人數要在月作徒簿的累積人數中扣除。

說明部分之後便是正文部分，包括人數、勞作內容，其格式與日作徒簿正文部分的格式相似，只是此人數乃是一個月內某項勞作內容的累積勞作人數。

---

① 游逸飛、陳弘音：《里耶秦簡博物館藏第九層簡牘釋文校釋》，簡帛網（http://www.bsm.org.cn/? qinjian/6146.html），2013 年 12 月 23 日。

② 王偉、孫兆華：《"積戶"與"見戶"：里耶秦簡所見遷陵編戶數量》，《四川文物》2014 年第 2 期。

③ 睡虎地秦墓竹簡整理小組編：《睡虎地秦墓竹簡》，北京：文物出版社，1990 年，釋文注釋第 71 頁。

④ 湖南省文物考古研究所：《龍山里耶秦簡之"作徒簿"》，《出土文獻研究》第 12 輯，上海：中西書局，2013 年，第 130 頁。

⑤ 楊眉：《居延新簡集釋（二）》，蘭州：甘肅文化出版社，2016 年，第 241 頁。

⑥ 甘肅簡牘博物館等編：《肩水金關漢簡（叁）》下冊，上海：中西書局，2013 年，第 54 頁。

其二是：

卅四年十二月倉徒薄(簿)冣：

大隸臣積九百九十人，小隸臣積五百一十人，大隸妾積二千八百七十六，凡積四千三百七十六。其男四百廿六人吏養，男廿六人與庫武上省。第一欄

男七十二人牢司寇，男卅人輸或(鐵)官未報，男十六人與吏上計，男四人守囚，男十人養牛，男卅人廷守府，男卅人會逮它縣，男卅人與吏男(勇)具獄。第二欄

男百五十人居貲司空，男九十人穀(繫)城旦，男卅人爲除道通食，男十八人行書守府，男卅四人庫工。·小男三百卅人吏走，男卅人廷走，男九十人亡。第三欄

男卅人付司空，男卅人與史謝具獄。·女五百一十人付田官，女六百六十人助門淺，女卌四人助田官穫，女百卌五人穀(繫)春，女三百六十人付司空，女二百七十人居貲司空。第四欄

女六十人行書廷，女九十人求菌，女六十人會逮它縣，女六十人□人它縣，女九十人居貲臨沅，女十六人輸服(箙)弓，女卅四人市工用，女卅三人作務。第五欄

女卅四人付貳春，女六人取薪，女廿九人與少内段買徒衣，女卅人與庫佐午取泰，女卅六人付畜官，女卅九人與史武輸烏，女六十人付啓陵。第六欄

女卅人牧鴈，女卌人爲除道通食，女卌人居貲無陽，女廿三人與吏上計，女七人行書酉陽，女卅人守船，女卅人付庫。第七欄　　10-1170 ①

此簡標題較 8-1143+8-1631 簡標題多有"冣"字。《説文解字·宀部》曰"冣，積也"②，與説明部分的"積"字正相呼應，亦與前揭《嶽麓書院藏秦簡(伍)》令文"月盡爲冣(最)"相互印證。與司空日作徒簿、倉日作徒簿相對應，其正文部分的内容亦大致可再分爲三部分：一部分是在本官署——倉直接監管之下勞作的人數累積，勞作内容諸如吏養、守司馬、守囚、養牛、除道、行書、求菌、市工用、輸服弓、作務、取薪、牧鴈等亦見於司空日作徒簿和倉日作徒簿。一部分是付與其他官署的人數累積，"付"的人數累積記録格式"性別+人數+付+某官"正與 8-1143+8-1631 簡所見貳春鄉月作徒簿説明部分的"刑徒類型+積+人數"相對應。還有一部分是"與""助""穀""居貲"，四者則是臨時而具體的事務。試簡要分析如下："與"所見有"與庫武上省""與吏上計""與吏謝具獄""與少内段買徒衣"

---

① 里耶秦簡博物館、出土文獻與中國古代文明研究協同創新中心中國人民大學中心編著：《里耶秦簡博物館藏秦簡》，上海：中西書局，2016 年，第 197～198 頁。本簡過長，爲節省版面，採用整欄聯排形式。

② (漢)許慎撰，(清)段玉裁注：《説文解字注》，上海：上海古籍出版社，1981 年，第 353 頁。

"與庫佐午取枲""與史武輸鳥"，皆是臨時性工作。"助"有"助田官穫"，《説文解字·禾部》曰"穫，刈穀也"①，具有季節性，亦是臨時性的工作，還有"助門淺"，門淺是縣名，並非遷陵縣内官署，自然是非常態化付與。"穀"或寫作"墼""擊"，實即"繫"，張金光先生認爲"秦簡律文中凡言'繫'，尚含臨時附繫的意思。凡言'繫城旦舂'者或'繫作'者，皆爲本非城旦舂或應作，而是由於某種原因，臨時附繫拘作於城旦之列或他役"②。日作徒簿所見繫城旦舂皆來自司空可爲其證。"居貲"，前揭 8-145+9-2289 簡見有"隸妾居貲"，亦有"隸臣居貲"，可證隸臣居貲和隸妾居貲亦歸司空管理。睡虎地秦墓竹簡《秦律十八種·金布律》有"及隸臣妾有亡公器、畜生者，以其日月減其衣食，毋過三分取一，其所亡眾，計之，終歲衣食不踐以稍賞(償)，令居之"③，此簡所見"居貲"當與"令居之"的規定有關。除"居貲"遷陵縣司空之外，還有"居貲臨沅""居貲無陽"，以日作徒簿所見推測，當是"居貲"臨沅司空和無陽司空。

綜合上述，月作徒簿由標題、説明、正文三部分構成。

2. 月作徒簿的呈報

各官署日作徒簿彙編成爲月作徒簿的時間在當月月末，並且在晦日呈報縣廷。《里耶秦簡(壹)》所見相關簡牘即有：

> 作徒薄(簿)及最卅一☐　　　　　　　　　　　8-815
> 卅一年五月壬子朔辛巳，將捕爰叚(假)倉兹敢言之：上五月作徒薄及最(最)卅牒。敢言之。**正**
> 五月辛巳旦，佐居以來。氣發。　　居手。**背**　8-1559

對此兩簡，梁煒傑先生認爲："'卅牒'及'卅一(牒)'指的乃按月編制'作徒薄'及每日記録'作日徒薄'牒數的總和。……'最'即所有'作日徒薄'的統稱。"④對此説法，胡平生先生已詳引孫詒讓《周禮正義》指出其不足之處，並且認爲："這裏的'最'，不是牒數的

---

①　(漢)許慎撰，(清)段玉裁注：《説文解字注》，上海：上海古籍出版社，1981 年，第 325 頁。

②　張金光：《秦制研究》，上海：上海古籍出版社，2004 年，第 536 頁。

③　睡虎地秦墓竹簡整理小組編：《睡虎地秦墓竹簡》，北京：文物出版社，1990 年，釋文注釋第 38 頁。

④　梁煒傑：《讀〈里耶秦簡(壹)〉札記——"作徒薄"類型反映的秦"最"意義》，簡帛網(http://www.bsm.org.cn/? qinjian/6127.html)，2013 年 11 月 9 日。

總計，應當是作徒人數、分工數據的總計。"①

根據簡文内容與格式分析，8-1559 簡正面是將捕爰叚倉兹的呈報文書，背面則是收文和啓封記録；五月壬子朔，則辛巳即是晦日。此簡清楚表明，將捕爰叚倉兹在晦日將月内每日的作徒簿與由每日的作徒簿彙編成爲"冣"一併呈報。之所以如此，當是因爲將捕爰叚（假）倉兹勞作之所遠離縣廷。

根據前揭《嶽麓書院藏秦簡（伍）》令文"月盡爲冣（最）"，以及 10-1170 簡標題後綴有"冣"字來看，8-815 簡和 8-1559 簡所言的"冣"的具體形態當即"月作徒簿"，甚至可以認爲"月作徒簿"的完整名稱應爲"月作徒簿冣"，"月作徒簿"和"冣"只是其省稱。

因爲月作徒簿在晦日與月内每日的日作徒簿一併呈報，所以 8-815 簡、8-1559 簡即其呈報文書部分與送達、啓封記録。此亦是"冣"即指月作徒簿的另一證據；由此亦可理解月作徒簿何以只有標題、説明和正文三部分内容，而無類似日作徒簿的呈報文書。

此外，還有以下一簡亦與月作徒簿的呈報與保存有關：

廿八年十月司空曹徒薄（簿）已盡　　**8-1428**

《里耶秦簡牘校釋（第一卷）》認爲此簡屬簽牌②，亦即《里耶發掘報告》中所説的笥牌③。簡文"廿八年十月司空曹徒薄（簿）"與月作徒簿的標題格式相似。

某山先生推測："大部分的行政單位將檔案存放於不同的竹笥，或者是兩個或者是更多的單位共同使用一個笥。"④《里耶秦簡（壹）·前言》提到出土器物中有"竹編的籃、筐"，⑤ 所謂"籃、筐"當即含有簡文屢見的"笥"。從穿孔形制推測，笥牌即繫在笥邊緣外或側面，⑥ 分門別類，以方便存放、查驗、核校所存文書。結合前述都鄉及諸官每日呈報日作徒簿，晦日呈報月作徒簿，而且縣廷查驗、核校的事實，可以推測，在縣廷中均有相應的笥用以存放各官署呈報的文書。⑦

---

① 胡平生：《也説"作徒簿及最"》，簡帛網（http://www.bsm.org.cn/？qinjian/6204.html），2014 年 5 月 31 日。

② 陳偉主編，何有祖、魯家亮、凡國棟撰著：《里耶秦簡牘校釋（第一卷）》，武漢：武漢大學出版社，2012 年，第 323 頁。

③ 湖南省文物考古研究所編著：《里耶發掘報告》，長沙：嶽麓書社，2006 年，第 180 頁。

④ ［加］葉山：《解讀里耶秦簡》，《簡帛》第 8 輯，上海：上海古籍出版社，2013 年，第 91 頁。

⑤ 湖南省文物考古研究所編著：《里耶秦簡（壹）》，北京：文物出版社，2012 年，前言第 1 頁。

⑥ 徐世虹：《秦"課"芻議》，《簡帛》第 8 輯，上海：上海古籍出版社，2013 年，第 258 頁。

⑦ 藤田勝久：《里耶秦簡の記録簡と實務》，《愛媛大学法文学部論集·人文学科編》第 25 號。此部分内容由韋智浩同學翻譯，謹致謝忱。

"廿八年十月司空曹徒薄(簿)"的時限爲"十月"，表明該笥是用以存放司空曹廿八年十月每日收到的日作徒簿。此外，"已盡"二字明顯是後書，或許十月晦日之後查驗無誤，方能在"廿八年十月司空曹徒薄(簿)"笥牌之後標上"已盡"，表示司空曹十月應當收到的官署作徒簿已經呈報完畢，清點無誤。

3. 月作徒簿的核校

月作徒簿呈報之後須要接受核校，以下一簡或即反映對月作徒簿的核校：

> 城旦瑣以三月乙酉有遷。今隸妾益行書守府，因之令益治邸【代】處。謁令倉司空薄(簿)瑣以三月乙酉不治邸。敢言之。/五月丙子朔甲午，遷陵守丞色告倉司空主，以律令從事，傳書。/圂手。　8-904+8-1343

根據簡文推知，原先在司空呈報的三月乙酉作徒簿中當有"一人治邸：瑣"的勞作安排記録，只是當天城旦瑣有遷，實際並未完成"治邸"的勞作任務；而隸妾益在五月甲午的倉作徒簿中只有"行書守府"一項勞作内容，而實際上當日還額外完成"治邸"的任務。"謁令倉司空"一句，梁煒傑先生已懷疑應斷爲"謁令倉、司空"；[1] 結合前面的分析，此疑可以得到證實。此外，"司空"與"簿"之間亦應該點斷，"簿"當爲動詞，是"登記"的意思。因爲此事涉及的刑徒還有隸妾益，隸妾益屬倉，所以守丞在命令司空登記城旦瑣爲"三月乙酉不治邸"，同時還要告知倉隸妾益"五月甲午治邸代處"一事。此外，發生在城旦瑣與隸妾益身上的情況，亦是此前判斷日作徒簿"並非刑徒的每日真實勞作記録"的有力佐證。之所以會出現如此情況，就是因爲當日作徒簿在刑徒開始勞作之前已經書寫完成，城旦瑣或是在司空日作徒簿發文之後才因有遷而不能完成當日的勞作，隸妾益在倉五月甲午上呈的作徒簿中亦當只安排有"行書守府"一項勞作任務。

至此，此簡看似僅是對三月乙酉司空作徒簿的核校，然而五月甲午距三月乙酉已經一月有餘，三月的每日作徒簿已經在三月晦日彙編成三月作徒簿，對三月内任何一日的日作徒簿的核校、更改實際上都會變成對三月作徒簿的核校、更改。另外，結合庫、都鄉等官署日作徒簿説明部分中"受"的記録和司空、倉日作徒簿説明部分中"付"的記録相對應的情形，還可以推測縣廷之所以知道城旦瑣"三月乙酉不治邸"，是因爲對照其他官署的作徒簿或是相關記録。由此推測，日作徒簿呈報的目的之一應當在於查驗和核校；日作徒正文

---

[1] 梁煒傑：《讀〈里耶秦簡(壹)〉札記——"作徒簿"類型反映的秦"取"意義》，簡帛網(http://www.bsm.org.cn/? qinjian/6127.html)，2013年11月9日。

部分中各官署直接監管之下的勞作内容之後多記刑徒名字的寫法或許正是出於方便核校的目的。

張家山漢簡《奏讞書》中記有兩個與刑徒勞作相關的僞書案件：

> 蜀守瀫(讞)：佐啓主徒。令史冰私使城旦環爲家作，告啓，啓詐(詐)簿曰治官府，疑罪。·廷報：啓爲僞書也。
>
> 蜀守瀫(讞)：采鐵長山私使城旦田、舂女爲薑，令内作，解書廷，佐恬等詐簿爲徒養，疑罪。·廷報：恬爲僞書也。①

兩個案例中，皆明確記錄刑徒類型、刑徒名、真實與僞造的勞作内容。其中前者僞造的勞作内容"治官府"與里耶秦簡牘所見"繕官府"含義相近，後者僞造的"徒養"更是屢見於司空和倉的作徒簿。此雖屬漢初案例，然而其時去秦未遠，仍能反映出作徒簿核校的事實，甚至可以由此窺見漢初文書行政制度對秦代的繼承。

(三) 徒計的形成

目前公佈的里耶秦簡牘中並未見到名爲"年作徒簿"的文書存在。《里耶秦簡(壹)·前言》中提及的《卅四年倉徒簿》與《卅二年司空作徒簿》，所引簡文有"女五百一十人付田官""女四十四人助田官穫""廿三人付田官"。② 根據所引簡文判斷，所謂《卅四年倉徒簿》當是指前揭 10-1170 簡，而所謂《卅二年司空作徒簿》當是指前揭 8-145+9-2289 簡；實際上，10-1170 簡的完整標題是"卅四年十二月倉徒簿冣"，而 8-145+9-2289 簡的完整標題是"卅二年十月己酉朔乙亥司空守圂徒作簿"，前者是月作徒簿，後者是日作徒簿，皆非"年度作徒簿"。

梁煒傑先生根據《里耶秦簡(壹)》中"'作徒簿'見有'按月編製''按日記錄'的實物簡，推測亦有'按年編製'的習慣"，而且認爲"按年'作徒簿'暫不見實物，但從 8-16 '廿九年盡歲田官徒薄'簽牌看來，包含全年作徒詳情的記錄應是存在的"③。前述已指出"計"爲年度統計文書。因此，倉曹計録和司空曹計録之下的"徒計"應當便是按年編製的"作徒簿"。

各官署可能在月作徒簿基礎上編製"年度作徒簿"——徒計的證據同樣來自笥牌，與此

---

① 彭浩、陳偉、[日]工藤元男主編：《二年律令與奏讞書——張家山二四七號漢墓出土法律文獻釋讀》，上海：上海古籍出版社，2007 年，釋文第 347~348 頁。

② 湖南省文物考古研究所編著：《里耶秦簡(壹)》，北京：文物出版社，2012 年，前言第 4 頁。

③ 梁煒傑：《讀〈里耶秦簡(壹)〉札記——"作徒簿"類型反映的秦"冣"意義》，簡帛網(http://www.bsm.org.cn/？qinjian/6127.html)，2013 年 11 月 9 日。

相關的笥牌有：

廿九年盡歲田官徒薄(簿)廷。　　　　　　8-16

畜官、田官作徒薄(簿)，□及貳春

廿八年　　　　　　　　　　　　　　8-285

高震寰先生認爲 8-16 簡"既標明是田官一整年的徒簿，説明每一年的作徒簿最後要集成建檔，以備查驗"，8-285 簡"也許本來只蒐集了畜官、田官廿八年的作徒簿，後來才加入倉及貳春鄉的資料"。①

前述已經指出，8-1428 簡"廿八年十月司空曹徒薄(簿)"以"十月"爲時限，是用以保存司空曹十月月内每日所收到的日作徒簿。因此，8-16 簡、8-285 簡以"年"爲時限的笥中所存應該便是核校之後的月作徒簿。保存有整年中每月的月作徒簿，則在月作徒簿的基礎上進行統計彙編，年度作徒簿——徒計便可輕易得出。即使笥中所存並非月作徒簿，而是一年中每一日的作徒簿，在日作徒簿的基礎上統計，其結果亦是年度作徒簿——徒計。根據前述"計"的標題格式推斷，諸官"徒計"的標題格式應爲"年度+某官+徒計"。

倉與司空分別以各自官署所管理的刑徒付與本官署之外的其他官署，倉曹計録和司空曹計録之下亦分別有"徒計"。因此，倉與司空之外的各官署應當是分別統計年度内所受來自倉與司空的刑徒，然後根據刑徒類型，分別向倉曹和司空曹呈交相應的"徒計"。根據前述"計"的格式，呈交倉曹的"徒計"的説明部分格式爲"受倉"，正文部分的"統計項目"則是倉所管理的各類刑徒，"數量"則爲各刑徒類型的年度累積人數；呈交司空曹的"徒計"的説明部分格式爲"受司空"，正文部分"統計項目"則是司空所管理的各類刑徒，"數量"則爲各刑徒類型的年度累積人數。與倉、司空的作徒簿、月作徒簿相對應，倉與司空的"徒計"中亦至少有三部分内容，一部分内容爲年度"付"其他官署的刑徒類型及其累積人數統計；一部分内容爲年度本官署使用勞作的各刑徒類型及其累積人數統計；還有一部分爲年度參與臨時性事務的各刑徒類型及其累積人數統計。

前述指出，倉和司空的日作徒簿和月作徒簿與其他官署的日作徒簿、月作徒簿均有相互對應的記録。因此，倉和司空付與其他官署的刑徒類型、累積人數亦應與其他官署的"徒計"所記形成對應關係。倉和司空徒計中，倉和司空付與其他官署的刑徒類型、累積人數即可與其他官署的年度作徒簿核校，倉和司空相互付、受的刑徒類型、數量則可根據兩

---

① 高震寰：《從〈里耶秦簡(壹)〉"作徒簿"管窺秦代刑徒制度》，《出土文獻研究》第 12 輯，上海：中西書局，2013 年，第 138 頁。

官署的"徒計"相互核校。

里耶秦簡牘所見的由日作徒簿到月作徒簿,再到徒計(年作徒簿)的形成途徑,在《周禮》中可以找到相近的記載。《周禮·天官·宰夫》有"歲終則令群吏正歲會,月終則令正月要,旬終則令正日成"。賈公彥疏曰:"'正歲會',正猶定也,謂一年會計文書,總旬考之。歲計曰會也。'月終則令正月要'者,謂每月終,則令群吏正其月要。月要,謂'月計曰要'也。'旬終',謂每旬終則令群吏正其日成。日成,謂日計曰成也。"①《周禮·天官·宰夫》又有"八曰聽出入以要會",賈公彥疏曰:"要會,謂計最之簿書,月計曰要,歲計曰會,故《宰夫職》曰'歲終,則令群吏正歲會;月終,則令正月要'。"②日作徒簿、月作徒簿、徒計的形成途徑與日成、月要、歲會的形成途徑類似。只是《周禮》的記載相對簡略,遠不及里耶秦簡牘所見細膩鮮活。里耶秦簡牘中各官署日作徒簿、月作徒簿中的"付""受"記錄之間相互照應,便於核對校驗,從中則可窺見秦代制度設計的細緻綿密。

三、從券到計:"計"的形成途徑之二

"徒計"之外,諸曹計錄所見還有頗多涉及錢糧器物的"計",如金錢計、禾稼計、器計、畜計等,然而《里耶秦簡(壹)》中並未見有與之內容相關的簿。《里耶秦簡(壹)·前言》在介紹簡牘形制時提道:"券書(校券):記載錢糧物的數量,其上有與數量相符的刻齒。"③因此,就內容而言,與錢糧器物相關的"原始檔案"應該便是券。

(一) 券的製作與術語

學者根據里耶秦簡牘"空白校券中,有一枚正反面的切割基本完成、但下端2釐米左右還沒有完全切割開的簡",推斷券的製作過程為"首先,將木材加工為具有一定厚度的契券,通常厚1.1~1.2釐米,與簡寬大致相當。製作者將其正反兩面切割開,但下端不切割到底。在記錄完成並刻上刻齒後,再切開下端剩下的部分。這樣可以保證刻齒的同一性和工作的效率"④。與所謂"正反面的切割基本完成、但下端2釐米左右還沒有完全切割開的

① 《周禮注疏》卷三《宰夫》。
② 《周禮注疏》卷三《小宰》。
③ 湖南省文物考古研究所編著:《里耶秦簡(壹)》,北京:文物出版社,2012年,前言第2頁。按:"券"與"校券"應當有所區別,實不可一概而論。
④ 張春龍、[日]大川俊隆、[日]籾山明:《里耶秦簡刻齒簡研究——兼論嶽麓秦簡〈數〉中的未解讀簡》,《文物》2015年第3期。

簡"相類，敦煌懸泉置出土漢簡中見有以下數簡：

　　出粟　　元始元年正月　　縣泉置嗇夫就付　　**A**
　　入粟　　元始元年正月　　　　　　　　　　**B**　　　　　**Ⅰ T0114①：26**
　　入糒麥小石一石五斗　甘露元年十月戊寅遮要御孫定國……　　右齒　　**A**
　　出糒麥小一石五斗　甘露元年十月戊寅縣泉廄嗇夫弘付遮要御孫定國　**B**
Ⅱ T0115④：41
　　☐神爵三年十一月丁酉朔己酉縣泉廄佐禹付廚嗇夫時　　中剖未分離　**A**
　　☐神爵三年十一月丁酉朔己酉廚嗇夫時受縣泉廄佐禹　**B**　　**Ⅴ T1813③：1**

　　張俊民先生指出"以上三簡均保留了漢代剖符合券的原始狀態，文字兩面書寫，一面是'出'，一面是'入'"①。此外，Ⅰ T0114①：26 簡 A 面和 Ⅱ T0115④：41 簡 B 面與"出"相應的字眼正是"付"，依據 Ⅴ T1813③：1 簡文例及 Ⅱ T0115④：41 簡 B 面簡文，可以補足 Ⅱ T0115④：41 簡 A 面簡文爲"入糒麥小石一石五斗甘露元年十月戊寅遮要御孫定國受縣泉廄嗇夫弘"。Ⅴ T1813③：1 簡附注"中剖未分離"的狀態應當便是里耶秦簡牘中"正反面的切割基本完成、但下端 2 釐米左右還没有完全切割開"的狀態了。敦煌懸泉置出土漢簡三枚券書中"出""付"與"入""受"正好形成對應關係。券以"出""付""入""受"説明物資的支出及其去向、收入和來源，用法與"計"的術語"付""受"相同。

　　《里耶秦簡(壹)》中亦有大量與懸泉置出土漢簡所見券形制、格式和術語相近的券。由此推測，從簿到計絶非計形成的唯一途徑，在從簿到計之外，至少還有從券到計的途徑。以下試以禾稼計、金錢計爲例，探討從券到計的形成途徑。

(二) 禾稼計的形成途徑

　　"禾稼計"在倉曹計録之下。"禾稼"一詞所指，《里耶秦簡牘校釋(第一卷)》已據《墨子》指出其爲"穀類作物的統稱"，又指出睡虎地秦簡《秦律十八種·倉律》和《法律答問》"所云'禾稼'皆指收藏在倉中的穀實"。② 因此，"禾稼計"當是關於倉所管理的糧食的年度統計文書。《里耶秦簡(壹)》所見倉管理的糧食主要有粟和稻，與倉及糧食出付入受有關的券則頗爲多見。

　　一類是倉的稟食記録的券。稟食記録之下還可細分爲出稟記録和出貸記録，其中又以

① 張俊民：《懸泉置出土刻齒簡牘概説》，《簡帛》第 7 輯，上海：上海古籍出版社，2012 年，第 236~237 頁。

② 陳偉主編，何有祖、魯家亮、凡國棟撰著：《里耶秦簡牘校釋(第一卷)》，武漢：武漢大學出版社，2012 年，第 164~165 頁。

出稟記録最爲多見。① 以下試舉一條出稟記録，以概其全：

> 粟米一石二斗半斗。·卅一年三月癸丑，倉守武、史感、稟人援出稟大隸妾并。
> 令史犴視平。感手。　8-763

此券是倉出稟大隸妾并的記録，簡文内容包括：糧食種類、數量、日期、嗇夫、史、稟人、支出及去向、用途、領受對象、視平人、書手。② 出稟券的簡文内容格式大致如此，偶爾還有倉名，將史換成佐、視平人換成監者等。在領受對象方面，除刑徒之外，倉出稟的領受對象還包括居作、戍卒、縣丞、吏佐、鄉佐等。在糧食種類上，出稟刑徒、居作、戍卒的糧食種類是粟米，出稟縣丞、吏佐、鄉佐的糧食種類則爲稻米。

此外，出貸記録則有：

> 粟米二石。卅三年九月戊辰乙酉，倉是、佐襄、稟人藍出貸更☒
> ☒令☒　　　　8-1660+8-1827

此券出貸的領受對象僅殘見"更"字，根據文例，可補足爲"更戍"。從殘存簡文推測，出貸記録與出稟記録的簡文内容格式相同。出稟記録和出貸記録皆以術語"出"説明糧食支出及其去向。

另一類是倉與其他官署之間糧食付受的券。倉付司空的券有：

> 粟米十二石二斗少半斗。卅五年八月丁巳朔辛酉，倉守擇付司空守俱☒　8-1544

此券字面所見是倉守擇付司空守俱粟米，實際上"倉守擇"和"司空守俱"分別代表各自所掌官署，是倉付與司空粟米，是官署之間的行爲，而非個人與個人之間的行爲。

司空受倉的券有：

> ☒ 七石。　　元年端月癸卯朔☒☒，司空☒☒受倉☒☒　　6-3

---

① 關於稟食記録的相關問題，參看黃浩波：《〈里耶秦簡（壹）〉所見稟食記録》，《簡帛》第 11 輯，上海：上海古籍出版社，2015 年，第 117~139 頁。

② 學者對券的格式已有類似的解析，本文有所借鑒，但側重點不同。詳見張春龍、［日］大川俊隆、［日］籾山明：《里耶秦簡刻齒簡研究——兼論嶽麓秦簡〈數〉中的未解讀簡》，《文物》2015 年第 3 期。

此簡上下兩端均有殘斷，上端殘見重文符號"＝"，其後是數量"七石"。鑒於《里耶秦簡(壹)》中所見"粟米"皆寫作"粟＝"，可以推測"七石"之前當是"粟＝"。雖然簡文殘缺甚多，但是仍見"司空""受倉"等關鍵信息，據此可知其爲司空受倉粟米七石的券。

以上兩簡一"付"一"受"，而且均在倉和司空之間，恰好形成對應的記録；與前述作徒簿中司空、倉與其他官署之間的刑徒付受記録形成對應相同。此類涉及官署之間付受的券，其簡文内容包括：物品名稱、數量、日期、官嗇夫、付或受、官嗇夫，與前述懸泉置出土漢簡所見的券内容相比，僅少有起首的"出"或"入"字。

對比倉關乎糧食的兩類券，還可以發現：稟食記録的券，是倉對個人的記録，可稱爲"對私券"，其術語用"出"，除了以"出"說明支出及去向之外，還有"稟"或"貸"以說明用途；倉與其他官署之間糧食付受的券，則可稱爲"對公券"，其術語用"付"或"受"以說明支出或收入，之外再無用途的說明。

此外，還有倉和各官署之間與券相關的往來文書：

> 卅四年七月甲子朔癸酉，啓陵鄉守意敢言之：廷下倉守慶書言令佐贛載粟啓陵鄉。今已載粟六十二石，爲付券一上。謁令倉守。敢言之。·七月甲子朔乙亥，遷陵守丞巸告倉主：下券，以律令從事。/壬手。/七月乙亥旦，守府印行。　正
> 七月乙亥旦，□□以來。/壬發。　恬手。　背　　8-1525

對此文書，中日學者已有研究，認爲"所謂'付券'，是由啓陵鄉守、倉佐之間在授受粟米時製作的券，應爲有表示'六十二石'的刻齒的簡牘。由倉佐到調運粟米現場的啓陵鄉直接運輸到倉，'付券'首先送交縣廷，再轉送到倉"，並且根據此簡指出"校券應是最終由縣廷保存的檔案"。①

> 廿六年十二月癸丑朔己卯，倉守敬敢言之：出西麔稻五十□石六斗少半斗輸；粲粟二石以稟乘城卒夷陵士五(伍)陽□□□□。今上出中辨券廿九。敢言之。□手。　正
> □申水十一刻刻下三，令走屈行。　操手。　背　　8-1452

此文書由倉守敬上呈，事由是倉出付兩批糧食，而將"出中辨券"上呈。《里耶秦簡牘

---

① 張春龍、[日]大川俊隆、[日]籾山明：《里耶秦簡刻齒簡研究——兼論嶽麓秦簡〈數〉中的未解讀簡》，《文物》2015年第3期。

校釋(第一卷)》已經指出"中辨券,三辨券中間的一份"①。學者推測"三辨券"的製作方式"首先將木材加工成可以切割成三片的、具有足夠厚度的木條,然後將其切割爲正面、中間、反面三片,但下端不切割到底,正面和背面的記録完成後刻入刻齒,再將剩餘部分切割到底。中間的一片的一面削平,謄寫好簡文即可完成"②。關於"中辨券",秦漢律令中均有相關的條文,嶽麓書院藏秦簡《金布律》中有"月壹輸鈕錢及上券中辨其縣廷",張家山漢簡《金布律》亦有"官爲作務、市及受租、質錢,皆爲鈕,封以令、丞印而入,與參辨券之,輒入錢鈕中,上中辨其廷"。③ 兩條律文雖皆關乎錢而與倉的糧食管理無涉,但是均有上中辨券縣廷的規定。由此推測,8-1452 簡提及的"出中辨券"亦是上呈縣廷。

關於券的存放,《商君書·定分》有"即以左券予吏之問法令者,主法令之吏謹藏其右券,木押(柙)以室藏之,封以法令之長印"④。即以木柙存放。然而,《里耶秦簡(壹)》所見用以存放券的容器仍是笥,《里耶秦簡(壹)》中即有頗多與倉曹及券有關的笥牌:

> 卅七年,廷倉曹當計出券□一 　　　　　8-500
> 卅年四月盡九月,倉曹當計禾稼出入券。已計及縣相付受廷。䇂甲　8-776
> 倉曹廿九年當計出入券甲笥 　　　　　8-1201

《里耶秦簡牘校釋(第一卷)》指出 8-776 簡"'相付記'三字較小,插寫'已計及縣'和'廷'之間。或當讀爲'已計及縣廷相付受'"⑤。結合前述所見笥牌可以發現,"廷"爲笥牌中常見末字,或用以表明該笥所在爲縣廷,⑥ 因此當以"已計及縣相付受"爲是。所謂"縣相付受",當是縣與縣之間的糧食付受。8-1618 簡即有"□□沅陵輸遷陵粟二千石書",9-53 簡、9-1479 簡亦有"載粟沅陵""載粟門淺"的記録。而"禾稼出入券"當即前述所及的稟食記録的券和倉與其他官署之間糧食付受的券。

---

① 陳偉主編,何有祖、魯家亮、凡國棟撰著:《里耶秦簡牘校釋(第一卷)》,武漢:武漢大學出版社,2012 年,第 331 頁。

② 張春龍、[日]大川俊隆、[日]籾山明:《里耶秦簡刻齒簡研究——兼論嶽麓秦簡〈數〉中的未解讀簡》,《文物》2015 年第 3 期。

③ 陳偉:《關於秦與漢初"入錢鈕中"律的幾個問題》,《考古》2012 年第 8 期。

④ 蔣禮鴻:《商君書錐指》,北京:中華書局,1986 年,第 141 頁。

⑤ 陳偉主編,何有祖、魯家亮、凡國棟撰著:《里耶秦簡牘校釋(第一卷)》,武漢:武漢大學出版社,2012 年,第 225 頁。

⑥ 高震寰:《從〈里耶秦簡(壹)〉"作徒簿"管窺秦代刑徒制度》,《出土文獻研究》第 12 輯,上海:中西書局,2013 年,第 138 頁。

以上笥牌表明，券亦是按年度、分官署存放在笥中。① 此外，以上笥牌皆有"當計"二字。8-434 簡有"三月壹上發黔首有治爲不當計者守府上薄(簿)式"，其中"不當計"與"當計"正好相對。陳偉先生將 8-434 簡的"不當計"理解爲"不在正常上計範圍之内"。② 如此則"當計"意即"在正常上計範圍之内"，表明笥中之券皆在"計"需要統計的範圍之内。笥牌上"計""券"同見，亦足以表明"計"與"券"有直接的關聯。沈剛先生即據此認爲"計的具體内容是'券'，或者他們是以'券'爲基礎編製而成"③。

倉曹的券既按年度存放，又兼有出入券，而且券上記録糧食的種類、數量、出付入受、經手人員等信息。因而，年底時對笥中所存放的出入券進行統計，其結果便是倉一年之内各類糧食出付入受的具體統計結果。根據前述，"計"是"年度統計文書"，則統計結果便是倉的"禾稼計"了。

(三) 金錢計的形成途徑

金錢計在金布計録之下，《里耶秦簡(壹)》中與金錢及金布皆相關的券亦是所見頗多：

> 錢三百五十。卅五年八月丁巳朔癸亥，少内沈出以購吏養城父士五(伍)得。得告戍卒贖耐罪惡。
> 令史華監。　瘳手。　　**8-811+8-1572**
> 錢二千一百五十二。卅五年六月戊午朔丙子，少内沈受市工用叚(假)少内唐。
> 瘳手。　　**8-888+8-936+8-2202**
> 錢百六十。　　卅五年八月丁巳朔戊寅，少内沈出以稟□☑　**8-1214**

以上諸券，根據其内容格式亦可分爲對私券和對公券兩種，而且其書寫格式亦與倉的對私券、對公券的格式、術語皆相同。此外，以上與金錢相關的券皆由少内經手。聯繫 10-1170 簡第三欄第六行有"小男"，而之後均省寫爲"男"的情況，還可認爲倉曹計録之下"畜官牛計"之後的"馬計""羊計"，是"畜官馬計""畜官羊計"的省寫；金布計録之下"少内器計"之後的"金錢計"，是"少内金錢計"的省寫；即"金錢計"的全稱應是"少

---

① 陳偉主編，何有祖、魯家亮、凡國棟撰著：《里耶秦簡牘校釋(第一卷)》，武漢：武漢大學出版社，2012 年，前言第 10 頁。
② 陳偉：《里耶秦簡所見秦代行政與算術》，簡帛網(http://www.bsm.org.cn/? qinjian/6164.html)，2014 年 1 月 24 日。
③ 沈剛：《〈里耶秦簡〉【壹】中的"課"與"計"——兼談戰國秦漢時期考績制度的流變》，《魯東大學學報》(哲學社會科學版) 2013 年第 1 期。

内金錢計"。

《里耶秦簡(壹)》中亦有少内和各官署之間與金錢及券相關的往來文書：

卅年九月庚申，少内守增出錢六千七百廿，環(還)令佐朝、義、佐盍貲各一甲，史狂二甲。

九月丙辰朔庚申，少内守增敢言之：上出券一。敢言之。/欣手。九月庚申日中時，佐欣行。　8-890+8-1583

根據前述對8-1452簡倉上呈出券文書的分析，此次接收少内出券的亦是縣廷，即少内涉及金錢的券亦是保存在縣廷。根據前揭出錢券的内容與格式，可以推測文書中提及的"出券"當有"錢六千七百廿。卅年九月庚申，少内守增出以環令佐朝、義、佐盍貲各一甲，史狂二甲"等信息，即文書第一行的内容便是券所記録的主要信息。

此外，還有涉及"少内金錢計"的文書：

廿八年十二月癸未，遷陵守丞膽之以此追如少内書。/犯手。☑

甲申水下七刻，高里士五(伍)□行。☑

七月辛亥，少内守公敢言之：計不得敢(?)膽隤有令，今遷陵已定，以付郪少内金錢計，計廿☑

□年。謁告郪司佐：□雖有物故，後計上校以應(應)遷陵，毋令校繆，繆任不在遷陵，丞印一□☑　　正

弗用，不來報，敢言之。/氣手。/□水下八刻，佐氣以來。/敝□☑

七月壬子，遷陵守丞膽之敢告郪丞以寫□，敢告之。/尚手。/□水☑

□佐氣行旁☑

□□水下□刻□□以來。/犯手。☑　背　　8-75+8-166+8-485

付郪少内金錢計。錢萬六千七百九十七　　8-1023

朱紅林先生認爲，此兩簡所見"金錢計"是"同級縣政府之間有關金錢往來的文書"，進而認爲"計簿不僅僅是用於上計考課的簿册，同級或上下級機構之間有關人員、物資調撥及核算的文書簿籍亦可稱爲'計'"，並以8-410簡爲證。[1] 然而，首先，8-75+8-166+8-485簡並非"金錢計"文書，從結構上看，此文書並不符合前述對於"計"格式的分析；從内

① 朱紅林：《讀里耶秦簡札記》，《出土文獻研究》第11輯，上海：中西書局，2012年，第137頁。

容上看，首行有"追如少内書"的詞句，此文書中的"追"字在《里耶秦簡(壹)》的文書中習見，表明其爲追書。其次，根據前述的考察，官署之間無論是同級還是上下級之間物資調撥所用的文書皆是券，而附有移券文書，並非用"計"。再次，前述已指出 8-410 簡實爲秦始皇二十八年遷陵縣田官的車計，"付雁門泰守府"只是説明"車計"中所載物資的去向，而非將"車計"交付雁門泰守府。同理，8-1023 簡的"付郪少内金錢計"亦只是説明後文"錢萬六千七百九十七"的去向，而此"少内金錢計"並非付與郪縣的文書。此外，8-1023 簡還有兩點值得注意，其一，簡文"付郪少内"符合"計"説明部分"付+某官"的格式，"錢萬六千七百九十七"亦符合"計"正文"統計項目+數量"的格式；其二是從圖版上仍可見簡文之後還有豎線符號"┃"，[1] 同樣的豎線符號亦見於 8-410 簡等"計"殘簡，此或是"計"的書寫特徵之一。因此，從書寫格式和書寫内容判斷，8-1023 簡應是"少内金錢計"的殘簡。

與少内、金錢相關的筍牌有：

元年少内金錢日治筍　　　9-27

游逸飛、陳弘音兩位先生認爲："此簡爲楬，頭作半圓形，楬首塗黑，原應置於少内儲藏金錢之筍。"[2]然而，根據前揭嶽麓書院藏秦簡及張家山漢簡，儲藏金錢有專門的"錢䛐"。[3] 因此，該筍牌當與前揭倉曹的筍牌類似，或是繫在用來存放少内金錢日常出入相關券書的筍上。此外，筍牌以"元年"來限制，若是僅僅用以儲藏金錢似乎並不需要限定年份。如此限定年份表明其亦是以年度爲單位存放，而以年度爲單位存放的目的可能還是方便年度統計。雖然並不能十分肯定此筍牌或與"少内金錢計"有直接關聯，但是從少内金錢出付入受券與倉糧食出付入受券的書寫格式相近，以及少内以年度爲單位存放券書推斷，"少内金錢計"與"禾稼計"的形成途徑應當相同。

(四) 幾種與"計"内容相關的券

《里耶秦簡(壹)》中，還有幾種與"計"内容相關的券：

錢十七。卅四年八月癸巳朔丙申，倉□、佐卻出買白翰羽九□長□□□□之□十七分，□□陽里小女子胡傷。

---

① 湖南省文物考古研究所編著：《里耶秦簡(壹)》，北京：文物出版社，2012 年，圖版第 138 頁。

② 游逸飛、陳弘音：《里耶秦簡博物館藏第九層簡牘釋文校釋》，簡帛網(http://www.bsm.org.cn/?qinjian/6146.html)，2013 年 12 月 23 日。

③ 陳偉：《關於秦與漢初"入錢䛐中"律的幾個問題》，《考古》2012 年第 8 期。

□。　　　　令佐敬監□□□□。　　昍手。**8-1549**

此券的書寫格式與出稟記録的書寫格式相近，術語用"出"，因此亦屬"對私券"。倉曹計録之下有"錢計"，此券與倉及錢相關，應是編製"錢計"的"原始檔案"。

牝豚一。　　卅三年二月壬寅朔庚戌，少内守履付倉是。☑　　**8-561**

此券涉及少内與倉兩個官署，術語用"付"，其格式亦符合前述"對公券"的格式。牝豚，即母豬，爲六畜之一。倉曹計録之下有"畜計"，此券與倉和豚皆有關，應是編製"畜計"的"原始檔案"。

此外，8-893 簡還提及"少内器券"，可對應於"少内器計"。

綜上所述，"券"記録的内容與"計"統計的内容相關，其術語"出""付""入""受"亦與"計"的術語"付""受"含義相同；縣廷分官署按年度保存各官署的"券"，最終以年度爲單位進行統計，其結果便是各官署錢糧的年度出付、入受的記録，即爲各官署的與錢糧相關的"計"。從名稱上判斷，諸曹計録所見的"計"多與錢糧器物相關，此類"計"都應是在相關的券的基礎上編製而成的。因此，從"券"到"計"應是多數"計"共同的形成途徑。

四、"計"的校驗：律令與實踐

"計"的原始檔案——簿與券，在製作時皆有便於校驗的形式和内容設計。從"簿"到"計"的形成途徑的各個環節亦都存在嚴格的校驗。在"計"形成之後，乃至"計"呈交上一級官署之後，同樣仍須要校驗。對此，秦漢律令皆有明確的規定。

睡虎地秦墓竹簡《效律》中有關"計"的核驗的條文有：

計校相繆(謬)殹(也)，自二百廿錢以下，誶官嗇夫；過二百廿錢以到二千二百錢，貲一盾；過二千二百錢以上，貲一甲。人户、馬牛一，貲一盾；自二以上，貲一甲。

計脱實及出實多於律程，及不當出而出之，直(值)其賈(價)，不盈廿二錢，除；廿二錢以到六百六十錢，貲官嗇夫一盾；過六百六十錢以上，貲官嗇夫一甲，而復責其出殹(也)。人户、馬牛一以上爲大誤。誤自重殹(也)，減罪一等。①

① 睡虎地秦墓竹簡整理小組編：《睡虎地秦墓竹簡》，北京：文物出版社，1990 年，釋文注釋第 76 頁。

汪桂海先生認爲，此兩條律文"都是有關核校下級官府上交來的籍簿，對其中的錯誤如何處理的具體規定"①。"計校相繆(謬)殹(也)"一句，整理小組翻譯爲"會計經過核對發現差誤"②；孫曉春、陳維禮兩位先生認爲："計，賬目。……計、校相謬，即賬目與錢物不符"③。"計"指"賬目"；其實此句與《金布律》"計毋相繆"一句意思相對，此處"計"亦當解爲"計簿"。"計脫實及出實多於律程"一句，整理小組翻譯爲"會計賬目不足或多過實有數超出了法律規定的限度"④。"計"譯爲"會計賬目"，亦可解爲"計簿"。

因此，兩簡皆詳細規定在"計"的校驗過程中若有出入時將如何進行處罰，以及針對具體出入數額的具體處罰辦法。律文具有極强的可操作性，其中"人户、馬牛"正可對應户曹計録之下的"鄉户計"和倉曹計録之下的"馬計""畜官牛計"；與"錢"直接相關的"計"則有司空曹計録之下的"貨責計""贖計"、倉曹計録之下的"錢計"、金布計録之下的"金錢計"；其他諸如"禾稼計""器計"等涉及的穀物、器物亦可通過"直(值)其賈(價)"轉換成錢數，從而與律文對應。⑤

張家山漢簡《二年律令·行書律》中亦有與"計"的校驗有關的律文：

諸獄辟書五百里以上，及郡縣官相付受財物當校計者書，皆以郵行。⑥

所謂"郡縣官相付受財物當校計者書"，彭浩先生認爲大致包括"郡縣官員管理財物的審校報告"與"上計文書"。⑦ 于振波先生認爲是與"郡縣之間在財物調撥交接過程中，要對相關財物的明細賬目進行核對與檢驗"有關的文書。⑧ 蔡萬進先生認爲"是指官府間有關財物交接各類文書的統稱"⑨。連劭名先生則認爲："指郡縣官延交接領受財物而須統計、

---

① 汪桂海：《漢代的校計與計偕簿籍》，《簡帛研究二〇〇八》，桂林：廣西師範大學出版社，2010年，第 202 頁。
② 睡虎地秦墓竹簡整理小組編：《睡虎地秦墓竹簡》，北京：文物出版社，1990 年，釋文注釋第 76頁。
③ 孫曉春、陳維禮：《〈睡虎地秦墓竹簡〉譯注商兌》，《史學集刊》1985 年第 2 期。
④ 睡虎地秦墓竹簡整理小組編：《睡虎地秦墓竹簡》，北京：文物出版社，1990 年，釋文注釋第 76頁。
⑤ 可參看 8-63 簡的事例。
⑥ 張家山二四七號漢墓竹簡整理小組編著：《張家山漢墓竹簡〔二四七號墓〕(釋文修訂本)》，北京：文物出版社，2006 年，第 47 頁。
⑦ 彭浩：《讀張家山漢簡〈行書律〉》，《文物》2002 年第 9 期。
⑧ 于振波：《里耶秦簡中的"除郵人"簡》，《湖南大學學報》(社會科學版)2003 年第 3 期。
⑨ 蔡萬進：《〈奏讞書〉與漢代奏讞制度》，《出土文獻研究》第 6 輯，上海：上海古籍出版社，2004年，第 104 頁。

核對的賬目。"①就語法而言,"郡縣官相付受財物當校計者書"是定語後置句,"郡縣官相付受財物"實指各郡縣之間相互付受的財物,"當校計者"即"計"所記各郡縣相互付受財物中須要核校的部分,"郡縣官相付受財物當校計者書"整句當是說:須要核校計文書所記各郡縣相互付受的財物的相關文書。因此,結合前述對"計"格式、術語的考察,此律校驗的對象是"郡縣",是中央政府對郡縣上呈"計"的校驗規定。此類文書得以"以郵行",是因爲計文書的重要性和核校計文書的時效性。由此律亦可窺見,郡的"計"上呈中央之後,中央仍對其進行校驗,而且亦是通過對照各郡縣的付受記録來實現的。

黄今言先生和汪桂海先生通過對漢代西北漢簡所見"校計"的研究,發現漢代西北邊塞對計的"拘校"是分層級進行的,既有基層單位的"自校",又有上級官署對下級財物的"拘校";而且均認爲漢代的校計制度、拘校政策乃是繼承秦代而來。②

在《里耶秦簡(壹)》中,亦可見到官署在"計"形成之後,乃至呈交之後對其校驗的實例:

> 卅五年八月丁巳朔,貳春鄉茲敢言之:受酉陽盈夷鄉户隸計大女子一人,今上其校一牒,謁以從事。敢言之。正
> 如意手。背　　8-1565

此文書由貳春鄉八月上呈縣廷,上呈具體日期不詳;文書內容是貳春鄉接受來自酉陽縣盈夷鄉的户隸計,接受遷徙而來的大女子一人,因而上呈校牒。此文書在八月上呈,與從秦到東漢一直實行的"八月算民"而"計斷九月"的制度有關。③ 此前學者根據張家山漢簡《二年律令·田律》推測"外地縣道上計郡府的時間當早於八月"④。在《里耶秦簡(壹)》中還見有貳春鄉八月上呈當年各種年度報告的文書,8-487+8-2004 簡卅四年八月癸巳朔癸卯,户曹令史雜上呈"廿八年以盡卅三年見户數";8-1527 簡卅四年八月癸巳朔丙申,貳春鄉守平上報"貳春鄉樹枝枸卅四年不實";8-731 簡殘見"八月""春鄉户計"等內容。據此推測,八月時貳春鄉與人口相關的隸户計亦應當上呈縣廷。因而,8-1565 簡的文書或是在

① 連劭名:《〈二年律令〉所見漢初的行書制度》,《文物春秋》2010 年第 3 期。

② 黄今言:《居延漢簡所見西北邊塞的財物"拘校"》,《史學月刊》2006 年第 10 期;汪桂海:《漢代的校計與計偕簿籍》,《簡帛研究二〇〇八》,桂林:廣西師範大學出版社,2010 年,第 202 頁。

③ 邢義田:《漢代案比在縣或在鄉?》,《治國安邦:法制、行政與軍事》,北京:中華書局,2011 年,第 225 頁;張榮強:《漢唐籍帳制度研究》,北京:商務印書館,2010 年,第 189~192 頁;[加]葉山:《解讀里耶秦簡》,《簡帛》第 8 輯,上海:上海古籍出版社,2013 年,第 99 頁。

④ 張榮強:《漢唐籍帳制度研究》,北京:商務印書館,2010 年,第 197 頁。

貳春鄉當年的鄉户計上呈之後追加上呈，以校驗此前上呈的鄉户計，仍屬貳春鄉的“自校”。根據前述“付”“受”記録的相互對應關係，參照 8-410 簡的内容與格式，可以推測西陽盈夷鄉在上呈鄉户計時亦必有“付遷陵貳春鄉户隸計：大女子一人”的記録。若是貳春鄉不上校牒，則“計校相謬”的責任便在貳春鄉。由此亦不難理解前揭 8-75＋8-166＋8-485 簡遷陵少内謁告郪縣司佐所謂的“後計上校以應（應）遷陵，毋令校繆，繆任不在遷陵”。

此外，還有以下一簡：

> □□年後九月辛酉朔丁亥，少内武敢言之：上計□
> □□而後論者獄校廿一牒，謁告遷陵將計丞□
> 上校。敢言之。□　　正
> □九月丁亥水十一刻刻下三，佐欣行廷。欣手。□ 背　　**8-164＋8-1475**

此簡簡文殘缺頗多，從簡文格式和發文記録上可知，此爲秦始皇二十九年後九月丁亥少内武上呈縣廷的文書。從内容上判斷，該文書是上呈“後論者獄校廿一牒”的呈報文書。根據文書中“後九月”“上計”“將計丞”等信息，可以推測，“而後論者獄校廿一牒”亦是對此前已上呈的“計”的校驗，亦屬“自校”。因爲“而後論者”從字面意思判斷乃是官署上計之後才定讞的案件。

此外，秦代以十月爲歲首，閏月置於年終，稱爲“後九月”。① 此簡從另一個側面還反映出所謂“計斷九月”，在置閏而有“後九月”的情況下，“計斷九月”便順延爲“計斷後九月”。

五、“已計某年餘”解

前述指出，“計”中以術語“付”字説明物資的支出及其去向，以術語“受”説明物資的收入及其來源。若是年度當中所“受”的物資多於所“付”的物資，則年度内便有結餘物資，因而必定在“計”中有相應的記録。

《里耶秦簡（壹）》中便有對年度結餘物資的記録，其簡文如下：

> 遷陵已計卅四年餘見弩臂百六十九

---

① 相關研究可參李忠林：《試論秦漢初曆法的置閏規則》，《四川大學學報》（哲學社會科學版）2009年第 6 期。

·凡百六十九

出弩臂四輸益陽

出弩臂三輸臨沅

·凡出七

今九月見弩臂百六十二　　**8-151**

對於此簡，李均明先生已有精彩分析："簡文所見'卅四年'乃本賬之前一年，故此例所見當爲秦始皇卅五年兵器備件的綜合賬。……賬本體現三柱結算的會計方法：'卅四年餘見弩臂百六十九'爲卅四年的餘數額，在没有其他新入專項的情況下，它便是該賬卅五年的入數，故下云'凡百六十九'；其下'出弩臂四輸益陽''出弩臂三輸臨沅'爲支出項目，支出項目相加，即其下所云'凡出七'。故'出七'爲支出數。入出之差便是該賬卅五年八月的合計數，即簡文所云'今八月見弩臂百六十二'"①。據此可知，8-151 簡的書寫時間當爲卅五年九月，可以視爲卅五年遷陵縣庫關於弩的"計"。"已計卅四年餘"之後的記録是卅五年"計"中對卅四年剩餘物資的追記，而"今九月見"之後的記録則是卅五年九月見有的物資。因爲"計斷九月"，所以可以想見"今九月見弩臂百六十二"，在卅六年的"計"中將被記爲"已計卅五年餘見弩臂百六十二"。

《里耶秦簡(貳)》中亦見有兩簡：

☐元年餘甲三百卌九，宪廿一，札五石，鞻瞀卅九，胄十八，弩二百五十一，臂九十七，幾(機)百一十七，弦千八百一，矢四萬九百九十。

☐銅四兩，敝緯四斤二兩。　　·凡四萬四千二百八十四物，同劵齒。
9-29+9-1164

二年十月己巳朔朔日，洞庭叚守宩爰書：遷陵庫兵已計元年餘，甲三百卌九，宪廿一，札五石，鞻瞀……五十一，臂九十七，幾(機)百一十七，弦千八百一，矢四萬九百九十八，輚(戟)二百五十一，敦一，符一，緯二百六十三，注弦卅二，簡卅，銅四兩，敝緯四斤二兩。　　·凡四萬四千……齒。　　**9-1547+9-2041+9-2149**

此兩簡内容幾乎相同。9-1547+9-2041+9-2149 簡自名"爰書"，然而當與"庫兵計"相

---

① 李均明：《里耶秦簡"真見兵"解》，《出土文獻研究》第 11 輯，上海：中西書局，2012 年，第 131 頁。

關。"庫兵"一詞，典籍屢見。《韓詩外傳》有"家給人足，鑄庫兵以爲農器"①。《史記·酈生陸賈列傳》有"沛公舍陳留南城門上，因其庫兵，食積粟，留出入三月，從兵以萬數，遂入破秦"②。《史記·酷吏列傳》亦有"大群至數千人，擅自號，攻城邑，取庫兵，釋死罪，縛辱郡太守、都尉，杀二千石，爲檄告縣趣具食"③。《漢書》中亦多有各地"盜庫兵""取庫兵"作亂的記載。④ "庫兵"一詞亦見於漢代簡牘。尹灣漢墓木牘《武庫永始四年兵車器集簿》結尾有"右庫兵、車：種百八十二，物二千三百一十五萬三千七百九十四"⑤，敦煌馬圈灣漢簡亦有"假敦德庫兵奴矢五萬枚"⑥。李均明先生認爲："秦時倉、庫已分立，倉儲糧，庫存錢、物。遷陵庫爲縣級庫，物品中包括兵器，可見没有單獨設立武庫。"⑦睡虎地秦墓竹簡《爲吏之道》"除害興利"一節之下亦有"倉庫禾粟，甲兵工用"⑧。禾粟屬糧，儲於倉，因而"禾稼計"列於倉曹計録之下；"甲兵"與"工用"則歸屬於庫，故而金布計録之下有"庫兵計"和"工用計"。此簡爲秦二世元年十月朔日的爰書，可見"已計元年餘"之後的記録是對元年所餘物資的記録。其記録格式與"計"的正文格式相當。

　　具有"已計某年餘"格式的簡文還見以下一簡：

廿八年遷陵隸臣妾及黔首居貲贖責作官府課。

已計廿七年餘隸臣妾百一十六人。

廿八年新·入卅五人。

·凡百五十一人，其廿八死亡。·黔道(首)居貲贖責作官卅八人，其一人死。

·泰(大)凡百八十九人。死亡·衛(率)之，六人六十三分人五而死亡一人。 正

令拔、丞昌、守丞膻之、倉武、令史上、上逐除，倉佐尚、司空長、史卻當坐。

背 　7-304 ⑨

---

① （漢）韓嬰撰，許維遹校釋：《韓詩外傳集釋》卷九，北京：中華書局，1980 年，第 321 頁。

② 《史記》卷九七《酈生陸賈列傳》。

③ 《史記》卷一二二《酷吏列傳》。

④ 《漢書》卷一〇《成帝紀》、卷一二《平帝紀》。

⑤ 連雲港市博物館等編：《尹灣漢墓簡牘》，北京：中華書局，1997 年，圖版第 17 頁，釋文第 118 頁。

⑥ 張德芳：《敦煌馬圈灣漢簡集釋》，蘭州：甘肅文化出版社，2013 年，第 194 頁。

⑦ 李均明：《里耶秦簡"真見兵"解》，《出土文獻研究》第 11 輯，上海：中西書局，2012 年，第 130 頁。

⑧ 睡虎地秦墓竹簡整理小組編：《睡虎地秦墓竹簡》，北京：文物出版社，1990 年，釋文注釋第 170 頁。

⑨ 里耶秦簡博物館、出土文獻與中國古代文明研究協同創新中心中國人民大學中心編著：《里耶秦簡博物館藏秦簡》，上海：中西書局，2016 年，第 164 頁。釋文順序調整，參看謝坤：《里耶秦簡牘校讀札記(六則)》，《出土文獻研究》第 16 輯，上海：中西書局，2017 年，第 143～144 頁。

此文書自名"廿八年遷陵隸臣妾及黔首居貲贖責作官府課",並非"計",然而其中亦涉及隸臣妾和黔首居貲贖責人數的年度統計。文書首行"已計廿七年餘隸臣妾百一十六人"表明隸臣妾百一十六人是廿八年承繼廿七年而來。"泰凡百八十九人"是廿八年"隸臣妾及黔首居貲贖責作官府"的總數,是"已計廿七年餘隸臣妾百一十六人"和"廿八年新·入卅五人"以及"黔道(首)居貲贖責作官卅八人"的總和。此簡爲廿八年文書,亦是先用"已計廿七年餘"以追記廿七年剩餘的隸臣妾人數。

里耶秦簡牘寫作"已計某年餘",西北漢簡則常見寫作"某年計餘"。漢簡所見有以下數簡:

> · 肩水候官地節　四年計餘兵穀　財物簿毋餘舩毋餘茭　　14.1
> 永光五年計餘六石弩糸弦六百八十八完　　毋出入　　158.15①
> 始建國三年餘計緹紺胡二十三　　建國三年毋出入　EPT4：8
> 永始三年計餘鹽五千四百一石四斗三龠　　EPT50：29
> 建昭三年計餘蘭三百二　完　　EPT51：110
> 永光四年計餘具斤十二完　　EPT51：376
> 新始建國天鳳上戊六年計餘䖝矢服　　EPT65：438
> 建武三年計餘三石弩糸承弦十四　　建武四年毋定入　EPF22：442②
> 永光五年計餘漆擣☐　　73EJT14：10③
> 建始四年計餘虎文矛柲卅七　　毋出入　　可繕　73EJD：11④

以上諸簡,紀年跨度從西漢地節四年至東漢建武四年,中經新莽,大多寫作"某年計餘",僅有EPT4：8簡寫作"某年餘計"。除14.1簡較爲特別,涉及"兵穀財物",其餘諸簡亦如8-151簡,僅記一種物資。根據EPT4：8簡和EPF22：442簡,可知上年剩餘物資亦轉入翌年賬目,與8-151簡、7-304簡、9-1547+9-2041+9-2149簡所見相同;還可知"某年計餘",與里耶秦簡牘所見"計某年餘"一樣,應是翌年所書,乃是對上年剩餘物資的

①　簡牘整理小組:《居延漢簡(壹)》,臺北:"中央研究院"歷史語言研究所,2014年,第45頁;《居延漢簡(貳)》,臺北:"中央研究院"歷史語言研究所,2015年,第146頁。
②　孫占宇:《居延新簡集釋(一)》,蘭州:甘肅文化出版社,2016年,第128頁;楊眉:《居延新簡集釋(二)》,蘭州:甘肅文化出版社,2016年,第245頁;李迎春:《居延新簡集釋(三)》,蘭州:甘肅文化出版社,2016年,第219、274頁;張德芳、韓華:《居延新簡集釋(六)》,蘭州:甘肅文化出版社,2016年,第171頁;張德芳:《居延新簡集釋(七)》,蘭州:甘肅文化出版社,2016年,第292頁。
③　甘肅簡牘保護研究中心等編:《肩水金關漢簡(貳)》下册,上海:中西書局,2012年,第4頁。
④　甘肅簡牘博物館等編:《肩水金關漢簡(伍)》下册,上海:中西書局,2016年,第53頁。

追記。

　　若某種物資在上年的"計"中收支平衡，無所結餘，則如 14.1 簡所見，在翌年的"計"中寫明上年"計毋餘某物"。相關記録可見於以下諸簡：

元康三年計毋餘完車	10.20
五年計毋餘	156.28
元六年計毋餘口錢	274.22
計毋餘四石弩	403.24
元鳳元年計毋餘蘭席	511.39①
建昭二年計毋餘☒	EPT51：548②
五鳳二年計毋餘布復絝☒	73EJT28：86③

　　此類記録亦只涉及某一種物資。

　　就字面含義而言，"計某年餘"與"某年計餘"相去無幾；就使用語境而言，二者均是用以表明翌年繼承上年剩餘物資的情況，用法相同。因此，"計某年餘"與"某年計餘"應是秦漢期間不同時期的不同寫法，皆是用以説明承繼上年剩餘物資的術語。此術語中"年"與"計"密切關聯，亦可表明"計"爲年度統計文書。

六、"何縣官計付/受署年名"解

　　先於《里耶秦簡（壹）》公佈的 9-1 簡至 9-12 簡，其中九簡有"問何縣官計付署計年爲報"的文句，另有 9-1 簡和 9-10 簡作"問何縣官計年爲報"，9-3 簡作"問何縣官計付署計年名爲報"。諸位學者對此句的點斷和理解各不相同。④《里耶秦簡（壹）》所見文書中亦有類似結構的語句：

　　　　廿六年三月壬午朔癸卯，左公田丁敢言之：佐州里煩故爲公田吏，徙屬。事荅不

　　① 簡牘整理小組：《居延漢簡（壹）》，臺北："中央研究院"歷史語言研究所，2014 年，第 34 頁；《居延漢簡（貳）》，臺北："中央研究院"歷史語言研究所，2015 年，第 134 頁；《居延漢簡（叁）》，臺北："中央研究院"歷史語言研究所，2016 年，第 191 頁；《居延漢簡（肆）》，臺北："中央研究院"歷史語言研究所，2017 年，第 71、176 頁。

　　② 李迎春：《居延新簡集釋（三）》，蘭州：甘肅文化出版社，2016 年，第 295 頁。

　　③ 甘肅簡牘博物館等編：《肩水金關漢簡（叁）》下册，上海：中西書局，2013 年，第 86 頁。

　　④ 相關釋文及學者意見詳見朱紅林：《里耶秦簡債務文書研究》，《古代文明》2012 年第 3 期。

備，分負各十五石少半斗，直錢三百一十四。煩冗佐署遷陵。今上責校券二，謁告遷陵令官計者定，以錢三百一十四受旬陽左公田錢計，問可（何）計付，署計年爲報。敢言之。

三月辛亥，旬陽丞滂敢告遷陵丞主：寫移，移券，可爲報。敢告主。/兼手。

廿七年十月庚子，遷陵守丞敬告司空主，以律令從事言。/應手。即走申行司空。正

十月辛卯旦，胸忍索秦士五（伍）狀以來。/慶半。　兵手。　背　　8-63

卅三年三月辛未朔丙戌，尉廣敢言之：□□

自言：謁徙遷陵陽里，謁告襄城□□

何計受？署計年名爲報。署□　　　正　　　8-1141+8-1477

三月丙戌旦，守府交以來。/履發。□　背　　8-1477①

8-63 簡有"問可（何）計付署計年爲報"，8-1141+8-1477 簡有"何計受署計年名爲報"，兩句格式相同，只是一爲"受"，一爲"付"，恰好相對。至此可見，以上所舉簡文中"何計受付/受署計年名爲報"應是文書中的固定句式，根據文書語境或有省略。

在釐清"計"的含義、格式、術語、形成途徑以及校驗之後，以下試以"何縣官計付署計年名"爲例，對此進行解説。

"何縣官計"，9-1 簡至 9-12 簡所見皆如此，8-63 簡與 8-1141+8-1477 簡則寫作"何計"。根據"計"的標題格式"年度+縣名+某官+具體名稱（某計）"，可見在縣級及縣級以下各官署的"計"中"縣名"一項不可或缺。9-1 簡至 9-12 簡是陽陵縣司空發往洞庭郡的文書，其中均言"戍洞庭郡，不智（知）何縣署"，並未知在何縣，故而要求洞庭郡告知是"何縣官計"。8-63 簡則是旬陽縣與遷陵縣之間的往來文書，旬陽縣已經明確"煩冗佐署遷陵"，因而在文書中無需要求告知縣名。8-1141+8-1477 簡亦有"自言：謁徙遷陵陽里，謁告襄城"，即已知雙方縣名分別爲遷陵和襄城，故而亦不需要求告知縣名。因此，8-63 簡、8-1141+8-1477 簡均未言及"縣名"。

"付"及與之相對的"受"。"計"中説明部分的格式爲"受或付+某官"。"計"中必然寫明"付"或者"受"，以及"付"或"受"的具體官署，以説明物資、錢物的支出及其去向或收入和來源。前述已經指出，如此是爲了便於核驗。在 9-1 簡至 9-12 簡中陽陵要求洞庭郡協助追索欠款，然後授予陽陵司空。8-63 簡中則是旬陽要求遷陵裁定，將三百一十四錢授予

---

① 何有祖：《里耶秦簡牘綴合（八則）》，簡帛網（http://www.bsm.org.cn/？qinjian/6033.html），2013年5月17日。

"旬陽左公田錢計"。以 8-63 簡爲例，旬陽發出文書之時，並未知曉錢款將由遷陵縣的哪一官署撥付，然而，根據"計"的格式要求，旬陽在收到錢款之後，年末編製"計"之時一定要寫明錢款"受"自遷陵縣的哪一官署，故而文書中要求遷陵將"付"錢的官署告知。8-1141+8-1477 簡從殘文判斷應與人口遷徙有關，簡文"徙遷陵陽里"，似已知"付"遷陵，然而前面還有"自言"，似乎只是遷徙者的說法，並無正式的官署文書，故而正式發文，要求遷陵告知。

　　"署……爲報"，是里耶秦簡牘文書中發文方要求收文方回報相關信息的用語。8-746+8-1588 簡枳鄉要求遷陵"具署居反灊爲非日爲報"，與此最爲相近。8-769 簡遷陵縣廷要求啓陵鄉"問智此魚者，具署物色，以書言"，與此相當。此外，發文方要求收文方回報時往往還有"……爲報，署某發"的語句。《里耶秦簡牘校釋(第一卷)》將"署某發"之"署"，解作"寫明"。① "署……爲報"之"署"，亦當作如是解。

　　"計年名"，"年"即年度，"名"即名目。② 根據"計"的標題格式"年度+縣名+某官+具體名稱(某計)"，年度和具體名稱兩項亦不可或缺。先說年度，睡虎地秦簡《秦律十八種·金布律》有"官相輸者，以書告其出計之年，受者以入計之。八月、九月中其有輸，計其輸所遠近，不能逮其輸所之計，□□□□□□□移計其後年，計毋相繆。工獻輸官者，皆深以其年計之"③。此律明確規定：官府間財物往來，"付"者要告知"出計之年"，而"受者以入計之"。之所以如此便是要確保出付官署記錄的年度與入受官署記錄的年度一致。前述已經指出，"計"形成之後還有核驗的環節，在核驗中"付""受"的一致性必定是一項重要的内容，因此出付官署所記的年度與入受官署所記的年度一定要吻合，否則將不可避免地出現誤差。正因如此，無論是 9-1 簡至 9-12 簡的陽陵，還是 8-63 簡的旬陽、8-1141+8-1477 簡的襄城，皆在文書中問清"計年"。此外，《里耶秦簡(壹)》所見文書中亦常見有"計某年"的文句，8-60+8-656+8-665+8-748 簡遷陵縣要求燹道協助追索罰款，就有追書明確告知"計廿八年"，前揭 8-75+8-166+8-485 簡遷陵少内付與郪少内金錢，亦明確告知"計廿七(或"八")年"。④其次說"名"，"名"即"計"的具體名稱。具體名稱記錄財物所屬種類。一般而言，具體名稱與統計項目、内容直接相關，然而並非一一對應，以金錢爲

---

① 陳偉主編，何有祖、魯家亮、凡國棟撰著：《里耶秦簡牘校釋(第一卷)》，武漢：武漢大學出版社，2012 年，第 47 頁。

② 陳偉主編，何有祖、魯家亮、凡國棟撰著：《里耶秦簡牘校釋(第一卷)》，武漢：武漢大學出版社，2012 年，第 283 頁。

③ 睡虎地秦墓竹簡整理小組編：《睡虎地秦墓竹簡》，北京：文物出版社，1990 年，釋文注釋第 35 頁。

④ 陳偉主編，何有祖、魯家亮、凡國棟撰著：《里耶秦簡牘校釋(第一卷)》，武漢：武漢大學出版社，2012 年，第 56 頁注 8。

例，與之相關的"計"即有"司空曹計録"之下的"貲責計""贖計"，"倉曹計録"之下的"錢計"，"金布計録"之下的"金錢計"。9-1簡至9-12簡雖然涉及"貲錢""貲餘錢""贖錢"，但是"問何縣官計付署計年爲報"之前均已有"司空不名計"，因而，便只有9-3簡還提及"名"。8-63簡則已經明確爲"錢計"，因此只有"問何計付署計年爲報"，便不再涉及"名"。"名"的重要性與"年"的重要性類似，因爲出付的官署在編製"計"的時候，必定寫明財物以何名目支出，入受的官署必須有相應的名目記録，否則在校驗時將會出現差錯。

至此，可以明確"問何縣官計付署計年名爲報"一句當斷爲"問何縣官計付，署計年名爲報"，此句字面含義與"計"的標題、説明的格式息息相關，包含"計"的標題、説明部分的主要内容，其背景則與"計"的形成途徑以及核驗關聯。

明乎此，則可發現前揭8-75+8-166+8-485簡中"今遷陵已定，以付郪少内金錢計，計廿七（八）年"一句，便是對"問何縣官計付署計年名爲報"的具體説明。其中"遷陵"便是"縣官"，"付郪少内金錢計"已經明確所"付"之"名"，"計廿七（八）年"即"計年"。

七、"計"與秦代文書行政

里耶秦簡牘是"秦代洞庭郡遷陵縣的政府公文檔案"[1]。因此，上述的"計"只是縣以下各官署的"計"，其形成途徑亦只是從縣下各個官署到縣一級的形成途徑。然而，由此便可窺見秦帝國基層行政的具體運行機制：在上計制度的統轄之下，縣下各個官署的日常行政細節，包括各官署刑徒的每日勞作任務分配、稟食發放、官署及官署之間的錢糧器物往來，等等，被作徒簿、券等具有相互對應性的各類文書事無巨細地記録下來，最終一一呈送縣廷。縣廷則以笥分門別類保存各個官署呈送的文書，並且根據文書之間的相互對應記録對簿籍進行核驗。年末，各個官署彙編日常行政記録，形成本官署的各類"計"，然後向縣廷上計。縣廷在各官署"計"的基礎上整理形成本縣的"計"。縣廷亦根據年内的日常行政記録以及記録之間的相互對應性核驗各官署的"計"，以此實現對縣下各官署的掌控。

高恒先生指出："縣令長於年終將該縣户口、墾田、錢穀、刑獄狀況等，編製爲計簿（亦名'集簿'），呈送郡國。根據屬縣的計簿，郡守國相再編製郡的計簿，上報朝廷。"[2]永田英正先生亦曰："郡在各縣簿籍的基礎上作成郡的計簿，提交給中央。"[3]因此，從縣

---

① 湖南省文物考古研究所編著：《里耶秦簡（壹）》，北京：文物出版社，2012年，前言第4頁。

② 高恒：《漢代上計制度論考——兼評尹灣漢墓木牘〈集簿〉》，《東南文化》1999年第1期；連雲港市博物館、中國文物研究所編：《尹灣漢墓簡牘綜論》，北京：科學出版社，1999年，第129頁。

③ ［日］永田英正著，張學鋒譯：《居延漢簡研究》上册，桂林：廣西師範大學出版社，2007年，第320頁。

下官署到縣的"計"的形成途徑與從縣到郡的"計"的形成途徑應有相似性。因而，就此意義而言，從遷陵一縣的文書行政便可窺見整個秦帝國的文書行政的基本樣貌。

透過從"作徒簿"到"徒計"的形成途徑，可以窺見秦代文書行政制度的運作細節，並且由此增進對秦代文書行政的認識。

里耶秦簡牘所見，凡是使用刑徒勞作的官署，包括刑徒的管理官署在内，每日均製作"日作徒簿"，而且呈報縣廷，縣廷以笥按月分官署存放；然後縣廷會對官署所呈報的作徒簿進行清點查驗，若有缺繳，便會下文追繳。各官署還要將當月每日的"日作徒簿"彙編成"月作徒簿"（或曰"月作徒簿冣"）上呈縣廷，縣廷以笥按年度分官署保存各官署的"月作徒簿冣"，再次根據各官署之間相互對應的記録，對月作徒簿進行核校。年末，官署在月作徒簿或日作徒簿的基礎之上再編製官署的"徒計"，呈送倉和司空。"徒計"上呈縣廷，乃至縣廷上呈郡之後，仍可能有對"計"的核驗。從作徒簿到徒計的形成過程中，始終存在着嚴格的審核程序，審核主要是通過對照各官署之間相互對應的記録而實現，而且對於審核結果的處置有着明確的律令依據。

永田英正先生曾經通過居延漢簡的簿籍制度，還原了西漢邊郡軍政系統文書行政的諸多細節。不過，永田英正先生認爲"雖説漢代繼承了秦的制度，但最多只是一些制度的大框框而已，因爲秦統一天下後僅十五年就崩潰了，很多制度都還没有得到完善"[1]。只需簡單對比秦漢兩代的文書行政的"實施的細部"，便可以發現二者從文書的製作與處理方式到文書的核驗程序與方法，皆有諸多驚人的相同或相近之處。而如此之多的相同或相近之處足以表明，秦代的文書行政已經十分成熟，漢代文書行政"實施的細部"幾乎完全是對秦代文書行政的繼承，絕非如永田英正先生之前所認爲的"最多只是繼承了秦代一些制度的大框框而已"。

附記：本文曾以"里耶秦簡牘所見'計'文書及相關問題研究"爲題發表於《簡帛研究二〇一六春夏卷》（桂林：廣西師範大學出版社，2016 年）。此次略作修訂，替換部分例證、調整文章結構、删除已被新材料證僞的説法。

（黄浩波，武漢大學簡帛研究中心、"古文字與中華文明傳承發展工程"協同攻關創新平臺）

---

① ［日］永田英正著，張學鋒譯：《居延漢簡研究》上册，桂林：廣西師範大學出版社，2007 年，第255～322 頁。

嶽麓秦簡相關歷史地理問題讀札

武漢高校讀簡會(李青青整理)

2007年湖南大學嶽麓書院從香港搶救性入藏了一批秦簡，次年8月，又得到香港收藏家捐贈的76枚同批出土的秦簡，此即嶽麓書院藏秦簡。① 依據質日簡文中涉及始皇二十七年、三十四年、三十五年事主居住地以及奏讞書類文獻大量集中在南郡等信息，學者推測嶽麓秦簡應出土於今湖北省江陵一帶，主要年代是秦統一之後。②

2018年至2022年1月，武漢高校讀簡會研讀了《嶽麓書院藏秦簡(伍)》《嶽麓書院藏秦簡(陸)》《嶽麓書院藏秦簡(叁)》及張家山漢簡《二年律令·奏讞書》的部分內容，嘗試進一步對簡文進行疏解，以下是涉及歷史地理問題的觀點摘要。③

一、秦漢奏讞類文書研讀札記

(一)單

居二歲，沛告宗人、里人大夫快、臣、走馬拳、上造嘉、頡曰：沛有子婉所四人，不取(娶)妻矣。欲令婉入宗，出里單賦，與里人通飲(飲)食。快等曰：可。婉即入宗，里人不幸死者出單賦，如它人妻。《嶽麓書院藏秦簡(叁)》113-115④

---

① 陳松長：《嶽麓書院所藏秦簡綜述》，《文物》2009年第3期。

② 陳偉主編，彭浩、劉樂賢等撰著：《秦簡牘合集：釋文注釋修訂本(壹)》，武漢：武漢大學出版社，2016年，序言第6頁。

③ 武漢高校讀簡會係由華中師範大學、華中科技大學、加州伯克利大學、湖北省社會科學院與武漢大學相關專業的師生發起，本文涉及的有郭濤、葉秋菊、尹弘兵、王准、晏昌貴、毋有江、夏增民等諸位學者。

④ 朱漢民、陳松長主編：《嶽麓書院藏秦簡(叁)》，上海：上海辭書出版社，2013年，第154~155頁。

"單""僤""彈"等字所指的漢代基層互助組織在學界研究衆多，籾山明先生在《漢代結僤習俗考》中總結出學者主要關心的三個問題：僤的起源與沿革；僤與基層社會的關係；僤與國家支配的關係。① 俞偉超先生的著作《中國古代公社組織的考察——論先秦兩漢的"單-僤-彈"》提出"僤"即"自古以來的公社組織的殘留"，就是在討論僤的起源與沿革；邢義田與杜正勝先生等人強調"僤"爲私人結社，就僤與基層社會的關係進行分析；針對僤與國家支配的關係相關問題進行討論的有山田勝芳、東晋次、渡邊義浩、渡邊信一郎先生等日本學者；林甘泉和張金光先生綜合上述多個方面也對"僤"進行過論述。②

早期學界的討論材料集中在漢印和《侍廷里父老僤約束石券》《後漢書·黨錮列傳》上，嶽麓秦簡出土後又爲這一話題增添了新的資料，因此我們可以將秦漢時期不同的史料相互聯繫。例如《識劫婉案》中的"單"，下倉涉先生於《一位女性的告發：嶽麓書院藏秦簡"識劫婉案"所見奴隸及"舍人""里單"》中認爲"單"是一種以援助葬禮爲目的的地緣性互助組織，可與籾山明先生主張"僤"是"基於需要而結成的人際結合關係，來源於上古時代的盟誓習俗"相關聯。③

在討論中，我們還關注到"單"與宗族的關係。正如王彥輝先生結合《識劫婉案》認爲"'單'這種組織最晚從春秋以後，就是以里爲依託，以宗親爲核心，以社祭爲文化符號的自發組織"④。王彥輝先生還强調這種"單"是以互助爲目的，尚未擺脱國家的行政管理而成爲"自治共同體"。⑤

王准："單"作爲基層的民間組織，與鄉不同，鄉代表着國家認同，而"單"或爲地域認同的産物。

(二) 去疢

　　　觸等以智治鐡(纖)微，謙(廉)求得。五年，觸與史去疢謁(?)為(?)【□□□□】□之(?)。今獄史觸、彭沮、衷得微難獄，磔辠(罪)一人。為奏十六牒，上。

---

①　[日]籾山明撰，趙晶改譯：《漢代結僤習俗考》，《法律文化研究》第 10 輯，北京：社會科學文獻出版社，2017 年，第 3 頁。

②　[日]籾山明撰，趙晶改譯：《漢代結僤習俗考》，《法律文化研究》第 10 輯，北京：社會科學文獻出版社，2017 年，第 3~4 頁。

③　[日]籾山明撰，趙晶改譯：《漢代結僤習俗考》，《法律文化研究》第 10 輯，北京：社會科學文獻出版社，2017 年，第 3~25 頁；[日]下倉涉著，陳鳴譯：《一位女性的告發：嶽麓書院藏秦簡"識劫婉案"所見奴隸及"舍人""里單"》，《法律史譯評》第 5 卷，上海：中西書局，2017 年，第 62 頁。

④　王彥輝：《從秦漢"單"的性質看國家與社會權力結構的失衡》，《中國史研究》2015 年第 1 期。

⑤　王彥輝：《從秦漢"單"的性質看國家與社會權力結構的失衡》，《中國史研究》2015 年第 1 期。

《嶽麓書院藏秦簡(叁)》168-169①

  "去疢"的"疢"有"熱病"之意，這一人名意爲去除熱病。② 簡牘材料還可以見到一些與驅除疾病相關的人名，如"去疾""毋害"等。③ 正如田煒先生論述這一現象時所説："古人以疾病名爲人名的原因是複雜的，總結起來大概有以下幾種因素：（1）大部分的疾病人名當如何琳儀、焦智勤、劉釗等先生所言，是古人驅病心理的體現，以某病爲名即欲驅某病之意。戰國到秦漢時代'去疾''疾已'等人名與疾病人名并存，可謂殊途同歸。通過對比我們還發現，秦漢雖仍有以疾病名爲人名之例，但已遠不如戰國時常見，可以窺見民俗文化嬗變的情況。（2）如'童頁''羊鼻''青肩'等一類人名，則應該是以體貌特徵爲人名。這一類人名在傳世文獻中往往可以找到類似的例子相印證。此外，如孫臏因受臏刑而以'臏'爲名，也可以歸入這一類。（3）陳偉武先生曾經根據文獻材料指出，戰國、秦漢時期國家對殘疾人有一些優待政策，同時還有奇人有奇相的説法，可能也是戰國、秦漢時人不避惡名的重要原因。"④

  晏昌貴："去疢"作爲人名於本案中出現，且時間是秦王政五年。此外我們發現《二年律令·奏讞書》簡 197-198 中有："即令獄史順、去疢、忠、文華、固追求賊。"同樣出現作爲獄史的"去疢"這一人名，且時間與其工作地區對應簡 227："六年八月丙子朔壬辰，咸陽丞敨、禮敢言之。"是秦王政六年的咸陽，一年之隔所出現的這一人名若爲同一人，則可推斷《觸盜殺安、宜等案》也發生在咸陽。⑤

  經過整理，我們發現秦漢簡牘中"去疢"這一人名主要見於《嶽麓書院藏秦簡(叁)》的《觸盜殺安、宜等案》與《二年律令·奏讞書》的《不知何人刺女子婢寂里中》案中，漢印材料有"司馬去疢"與"韓去疢印"這兩方印文。⑥ 可爲上述觀點提供支持。也有同學對此同名現象提出質疑，認爲證明不夠充分。是否爲同人或不同人重名的現象可能還需要更多的資料論證。

---

① 朱漢民、陳松長主編：《嶽麓書院藏秦簡(叁)》，上海：上海辭書出版社，2013 年，第 191 頁。
② （漢）許慎：《説文解字》，北京：中華書局，1963 年，第 155 頁。
③ 李世持：《秦簡人名整理與命名研究》，西南大學博士學位論文，2017 年，第 169~179 頁。
④ 田煒：《古璽探研》，上海：華東師範大學出版社，2010 年，第 185 頁。
⑤ ［德］陶安、陳劍：《〈奏讞書〉校讀札記》，《出土文獻與古文字研究》第 4 輯，上海：上海古籍出版社，2011 年，第 408 頁；張家山二四七號漢墓竹簡整理小組編著：《張家山漢墓竹簡〔二四七號墓〕(釋文修訂本)》，北京：文物出版社，2006 年，第 110~111 頁。
⑥ 李世持：《秦簡人名整理與命名研究》，西南大學博士學位論文，2017 年，第 171 頁。

（三）公列地

公列地之"列"在睡虎地秦簡《秦律十八種》68 號簡即由整理者釋爲市肆，"賈市居列者及官府之吏，毋敢擇行錢、布；擇行錢、布者，列伍長弗告，吏循之不謹，皆有罪"①。《嶽麓書院藏秦簡(叁)》中的《芮盜賣公列地案》則涉及公列地等一系列秦的土地制度及商業發展問題。針對此案的研究并不少，如朱德貴先生綜合傳世文獻與出土材料，對秦的一系列商業問題進行了討論，其中涉及本案的詳細案情分析。② 肖燦、唐夢甜先生基於本案撰文《從嶽麓秦簡"芮盜賣公列地案"論秦代市肆建築》，分別界定了秦代的市、肆、列、市亭的概念，并給出了示意圖。③

沈剛先生在《新出秦簡所見秦代市場與商人探討》中系統論述了《芮盜賣公列地案》，并總結："秦時市場土地的所有權歸屬國家，擁有出讓、分配、規劃的權力，并制訂這類土地的收受規則。商户從政府接受土地，擁有贈予等部分處置權力。政府將市場秩序置於其管控之下。市場可以爲政府提供穩定的租稅收入，政府也直接參與到商品買賣當中，包括購買特産和出賣剩餘物資等。遏制商人是秦代國家一貫的政策取向。"④

尹弘兵：依據史料，戰國各國中的秦素來以耕戰爲主，以前的材料多見與農業用地有關的土地制度。而此案涉及商業用地的土地制度，尤其是土地所有權與使用權問題。其中"盜賣"和有地價即表明土地可以轉讓，也代表商業用地可以進行買賣。

王准：結合《識劫婉案》，推測"列"爲劃分好的商業土地，"肆"即商業用地上建造的商鋪。其中"肆"可以作爲遺産繼承，"列"也可以進行買賣。此外傳統觀念多認爲秦有較强的重農抑商思潮，但考慮到戰國時期商業發展繁榮的大背景，秦國的商業發展水準也不當過低。從秦簡律令中也可以看出，在秦王政時期，關於"市"的法律條文已經相當系統且細緻。但此案卻沒有見到土地確權的契約登記痕迹，實爲一個矛盾之處，值得進一步深入研究。

（四）山材

● 士五(伍)瑣、渠、樂曰：與士 五 (伍)得、潘、沛戌。之山材，見治等，共

---

① 睡虎地秦墓竹簡整理小組編：《睡虎地秦墓竹簡》，北京：文物出版社，1990 年，釋文注釋第 36 頁。

② 朱德貴：《嶽麓秦簡奏讞文書商業問題新證》，《社會科學》2014 年第 11 期。

③ 肖燦、唐夢甜：《從嶽麓秦簡"芮盜賣公列地案"論秦代市肆建築》，《湖南大學學報》(社會科學版)2017 年第 5 期。

④ 沈剛：《新出秦簡所見秦代市場與商人探討》，《中國社會經濟史研究》2016 年第 1 期。

捕。治等四人言秦人，邦亡，其他人不言所坐。嶽麓書院藏秦簡（叁）008-009①

　　學界對"山材"的爭論較多，主要有伐木説、巡邏説和地名説。其中鄔勛先生同意整理者所注"材"是"伐木取材之義"②，指出"西北漢簡中多有邊塞戍卒伐取、儲存、出納'材'即竹木材的記録，用途有作爲建材（居延46·29）、製箭（居延95·5）、燃料（居延136·38）等，伐取竹木材顯然是戍卒經常要執行的任務之一"③。

　　勞武利先生主張"山材"是指沙羨縣的徵兵（"戍卒"）在山區巡邏。④ 陳偉先生則認爲："'之山材'疑屬上讀。山材，地名。9-10 號簡説：'得、潘、沛令瑣等將詣沙羨。沛等居亭，約得購分購錢。''山材'或即沛等所居之亭名。"⑤

　　張韶光先生認同勞武利先生主張的巡邏説，并且利用睡虎地秦簡《秦律十八種·田律》簡 4-5："春二月，毋敢伐材木山林及雍（壅）隄水。不夏月，毋敢夜草爲灰，取生荔、麝轂（卵）鷇，毋□□□□□毒魚鱉，置穽罔（網），到七月而縱之"⑥，結合工藤元男先生的觀點："這條田律是按照楚曆制定的秦律。因此田律開頭'春二月'當是'春三月'之誤，在南郡楚曆的春三月（四月、五月、六月）間，爲了資源保護，禁止山林藪澤動植物的狩獵采集"，反駁了整理小組的伐木説。⑦

　　毋有江：上山不一定是伐木，也可能是參加拾取木材等勞役活動，或是爲戍卒搜集燃燒資源的行爲。

　　尹弘兵：依據自然環境考慮，金山附近有山地地形，那麽沙羨一地應當有山，以供在山間進行"山材"活動。

　　王准：士伍六人去"山材"，由人數推測此事當爲公務，"山材"爲山中巡邏和地名均有可能。

① 朱漢民、陳松長主編：《嶽麓書院藏秦簡（叁）》，上海：上海辭書出版社，2013 年，第 97 頁。
② 朱漢民、陳松長主編：《嶽麓書院藏秦簡（叁）》，上海：上海辭書出版社，2013 年，第 108 頁。
③ 鄔勛：《秦地方司法諸問題研究——以新出土文獻爲中心》，華東政法大學博士學位論文，2014 年，第 51 頁。
④ ［德］勞武利著，李婧嶸譯：《張家山漢簡〈奏讞書〉與嶽麓書院秦簡〈爲獄等狀四種〉的初步比較》，《湖南大學學報》（社會科學版）2013 年第 3 期。
⑤ 陳偉：《〈嶽麓書院藏秦簡（叁）〉識小》，簡帛網（http://www.bsm.org.cn/? qinjian/6074.html），2013 年 9 月 10 日。
⑥ 睡虎地秦墓竹簡整理小組編：《睡虎地秦墓竹簡》，北京：文物出版社，1990 年，釋文注釋第 20 頁。
⑦ 張韶光：《〈嶽麓書院藏秦簡（叁）〉集釋》，吉林大學碩士學位論文，2017 年，第 47 頁；［日］工藤元男著，［日］廣瀬薰雄、曹峰譯：《睡虎地秦簡所見秦代國家與社會》，上海：上海古籍出版社，2010 年，第 344 頁。

經過討論，我們傾向於認爲此處"山材"指在山區爲國家服役的形式之一，尚待更多資料和研究的出現。

二、讀《嶽麓書院藏秦簡(伍)》札記①

● 捕以城邑反及非從興毆(也)，而捕道故塞徼外蠻夷來爲閒，賞毋律∟。今爲令∟：謀以城邑反及道故塞徼外蠻夷來欲反城邑者，皆爲以城邑反。智(知)其請(情)而舍之，與同辜。弗智(知)，完爲城旦舂∟。以城邑反及舍者之室人存者，智(知)請(情)，與同辜，弗智(知)，贖城旦舂∟。典、老、伍人智(知)弗告，完爲城旦舂，弗智(知)，貲二甲。·廷卒乙廿一 170-172②

● 能捕以城邑反及智(知)而舍者一人，撰(拜)爵二級，賜錢五萬，調吏，吏捕得之，購錢五萬。諸已反及與吏卒戰而(缺簡)受爵者毋過大夫∟，所□雖多□□□□□□□□□□及不欲受爵，予購級萬錢，當賜者，有(又)行其賜。·廷卒乙廿一 173-175③

● 吏捕告道徼外來爲閒及來盜略人、謀反及舍者，皆毋賞。·隸臣捕道徼外來爲閒者一人，免爲司寇，司寇爲庶人。道故塞徼外蠻夷來盜略人而得者，黥剠(劓)斬其左止(趾)以爲城旦。前令獄未報者，以此令論之∟。斬爲城旦者，過百日而不死，乃行捕者賞。縣道人不用此令。·廷卒乙廿一 176-178④

● 隸臣捕道徼外來誘而舍者一人，免爲司寇，司寇爲庶人。其捕數人者，以□☑

● 數人共捕道塞徼外蠻夷來爲閒及來盜略人∟、以城邑反及舍者若調告，皆共其賞∟。欲相移，許之。179-180⑤

● 告道故塞徼外蠻來爲閒及來盜略人∟、以城邑反及舍者，令、丞必身聽其告辤(辭)，善求請(情)，毋令史(缺簡) 1 治道故塞徼外蠻夷來爲閒及來盜略人∟、以城邑反及舍者，死辜不審，耐爲司寇；城旦舂辜不審，貲(缺簡)鬼薪白粲辜、耐若耎(遷)□□□耎(遷)辜不審論。·廷卒乙廿一 181-184⑥

---

① 此部分曾由劉聰、魏德偉、劉楚煜、但昌武、高欣媛執筆，以"讀《嶽麓書院藏秦簡(伍)》札記"爲題發表於《華中國學》2018 年第 2 期。
② 陳松長主編：《嶽麓書院藏秦簡(伍)》，上海：上海辭書出版社，2017 年，第 124～125 頁。
③ 陳松長主編：《嶽麓書院藏秦簡(伍)》，上海：上海辭書出版社，2017 年，第 125～126 頁。
④ 陳松長主編：《嶽麓書院藏秦簡(伍)》，上海：上海辭書出版社，2017 年，第 127 頁。
⑤ 陳松長主編：《嶽麓書院藏秦簡(伍)》，上海：上海辭書出版社，2017 年，第 128 頁。
⑥ 陳松長主編：《嶽麓書院藏秦簡(伍)》，上海：上海辭書出版社，2017 年，第 128～129 頁。

此段内容是關於緝捕"以城邑反"的令文，編號均爲"廷卒乙廿一"，可分爲五個部分。

第一部分，論述了此令頒佈之緣起與此令實施的對象。指出對於抓捕"以城邑反"及相關罪行之人的捕者，無對應的律文進行賞賜。此處的"賞毋律"有兩種情況：①捕"以城邑反"；②没有參與政府徵發的抓捕行動，但是也抓捕了"道故塞徼外來爲閒"的人。從而引出"今爲令"，以下就是對此抓捕爲所頒佈的令文，可見"令"對"律"的補充作用。那麼句首"捕以城邑反及非從興殿（也），而捕道故塞徼外蠻夷來爲閒，賞毋律"意思是，那些參與抓捕"以城邑反"的人，但無律文確定賞賜標準；只是，雖都以"以城邑反"爲主題，但前者所言是賞，令文所言是罰，賞罰之間存在一定的轉換和匹配關係。令文具體劃分"以城邑反"犯罪相關的各類人員及其處罰，以爲賞的參照。將有罪者分爲三類人：一是以城邑反直接犯罪者（强調以城邑反的適用對象）；二是舍者及室人；三是里中管理者。處罰不同，賞賜也有所區別。

第二部分，賞罰相配，解釋在抓捕"以城邑反"及相關罪人中，有功庶人應當如何行賞。"能捕以城邑反及智（知）而舍者一人，捼（拜）爵二級，賜錢五萬，詗吏，吏捕得之，購錢五萬。"即可以看作對抓捕第一類及第二類中知情舍者同等罪刑的詳細解釋。功勞也分爲兩種：①親自抓到了；②提供信息給吏，而且吏因此抓到了他們。賞賜有拜爵和賞錢兩種，後面還有附加的規定。

第三部分，在抓捕"以城邑反"及相關罪人中，有功之吏的賞賜安排。令文規定，吏有功皆無賞；隸臣、司寇有功應當行賞。能捕一人的隸臣可免爲司寇，司寇免爲庶人。相對於庶人，隸臣、司寇作爲捕者獲得獎賞的附加條件是，如果被捕者被斬爲城旦舂且能百日不死才能行賞。

第四部分，區分了捕一人、捕數人、數人共捕幾種情況下的賞賜。如果是共同抓到的，就共其賞。這些賞賜也可以相互讓渡。

第五部分，官吏在抓捕與審理"以城邑反"及相關罪人中的責任。從殘存簡文來看，其責任有二：①一定要親自去聽告辭，并且認真分析；②對於相關罪行的審理一定要謹慎而認真。

從目前所見簡文來看，秦廷對於"以城邑反"及緝捕"以城邑反"的規定可謂系統而詳細，考慮到各種人在其中的角色和可能出現的行爲，體現了秦法的嚴密與細緻。其他意見如下。

（一）以城邑反

里耶秦簡牘中簡 12-10 載有審判"以城邑反"的案件如下。

廿六年六月癸丑，遷陵拔訊棟、蠻、衿☒

☒鞫之：越人以城邑反，蠻、衿害弗智(知)☒

“越人”，整理者注爲“當時生活在此地的濮越等少數民族”。① 今結合嶽麓秦簡(伍)的記載“謀以城邑反及道故塞徼外蠻夷來欲反城邑者”的語境來看，以城邑反者針對的是個人犯罪，且律文具有普遍性，“越人”更可能是人名，而非族群名。里耶秦簡牘 9-8 中的“越人”就是陽陵逆都士五(伍)之名。

卅三年四月辛丑朔丙午，司空騰敢言之：陽陵逆都士五(伍)越人有貲錢千三百卅四。越人戍洞庭郡，不智(知)何縣署。·今爲錢校券一上，謁令洞庭尉，令越人署所縣責，以受陽陵司空——司空不名計，問何縣官計付，署計年爲報。已訾其家，家貧弗能入，乃移戍所。報署主責發。敢言之。

四月戊申，陽陵守丞廚敢言之：寫上，謁報，署金布發。敢言之。/儋手……9-8②

里士五(伍)越人☒日☒，隸妾孫行。☒ 9-1044③

這兩處“越人”均爲具體人名。可以補充説明的是，湖北雲夢睡虎地 77 號西漢墓的墓主人也叫“越人”，越人爲人名的情況較爲普遍，可能取的是“超越人”的意思。④

張家山漢簡《二年律令·賊律》對“以城邑反”亦有相關記載：

以城邑亭障反，降諸侯，及守乘城亭障，諸侯人來攻盜，不堅守而棄去之若降之，及謀反者，皆要(腰)斬。其父母、妻子、同産，無少長皆棄市。其坐謀反者，能偏(徧)捕，若先告吏，皆除坐者罪。⑤

由簡文可知，秦漢時期的城邑有不少是小規模的聚族而居的聚落，“以城邑反”的犯罪

① 湖南省文物考古研究所編著：《里耶發掘報告》，長沙：嶽麓書社，2007 年，第 191 頁。

② 陳偉主編，魯家亮、何有祖、凡國棟撰著：《里耶秦簡牘校釋(第二卷)》，武漢：武漢大學出版社，2018 年，第 16 頁。

③ 陳偉主編，魯家亮、何有祖、凡國棟撰著：《里耶秦簡牘校釋(第二卷)》，武漢：武漢大學出版社，2018 年，第 246 頁。

④ 熊北生、陳偉、蔡丹：《湖北雲夢睡虎地 77 號西漢墓出土簡牘概述》，《文物》2018 年第 3 期。

⑤ 彭浩、陳偉、[日]工藤元男主編：《二年律令與奏讞書——張家山二四七號漢墓出土法律文獻釋讀》，上海：上海古籍出版社，2007 年，第 88 頁。

成本比較小。且漢帝國建立之初，曾有每縣一城廣泛建城的行爲。秦漢文獻中的城有時等同於縣，可互換，這在《漢書·地理志》和《續漢書·郡國志》中表現最爲明顯。但也有不少城并不是縣，而是軍事性質的城鄣之城，見北大秦簡《水陸里程簡册》《續漢書·郡國志》等。另外值得注意的是，簡牘封泥中見有"某某縣新城"，説明此縣并不只有一座城。而且結合文獻和考古資料來看，戰國秦漢之際存在一種造新城的運動。

(二) 道

"道"可通"導"，有引導的意思。陳偉先生《〈嶽麓書院藏秦簡(伍)〉校讀(續三)》釋045-047 號簡中"送導"似猶"導送"，送行、引導義；武漢大學簡帛研究中心秦漢簡讀書會《〈嶽麓書院藏秦簡〉(伍)讀札(二)》釋045-047 簡按，此處"道"當讀爲"導"，即引導之意。① "道故塞徼外蠻夷"釋爲"引導過去塞徼外的蠻夷"。結合下句"今爲令：謀以城邑反及道故塞徼外蠻夷來欲反城邑者，皆爲以城邑反"來看，"及"爲并列連詞，前後成分結構應相同(動詞+名詞)，"謀"爲動詞，所以"道"應該同爲動詞。故可認爲"道"是"引導"。②

今按：將"導"解釋爲"引導"和"誘導"難以很好地解釋其他簡文，尤其是"隸臣捕道故徼外來誘而舍者一人"，出現了語義重復。"捕道故塞徼外蠻夷來爲閒"之"道"字應理解爲"經由"之義，與後來"從"同義。該句可翻譯爲："逮捕從故塞徼外蠻夷地區進來爲非的人。"嶽麓秦簡(肆)中的"道徼中蠻夷來誘者"(0187 簡)等其他"道故塞徼/道徼"句式也可以這樣理解。如"道徼中蠻夷來誘者"應該理解爲"從徼中蠻夷地區中進來誘導臣民"。

"道"作"經由"義在秦漢出土文獻中多見。如《二年律令·户律》簡 339 有"道外取其子財"，整理者釋"道"爲"由"，意思是："婦女經由外面的管道奪取兒子的財産。"③如何有祖先生指出，里耶秦簡 8-547+8-1068"道臨沅歸"中的"道"也該作"經過"理解。④ 嶽麓秦簡(壹)《三十四年質日》十月丁巳日記載"騰之安陸"(0636 簡)，到十一月己卯日"騰道安陸來"(0501 簡)，中間没有記載其他事情。⑤ 顯然"之"與"道……來"是表示去向的字眼。

① 張家山二四七號漢墓竹簡整理小組編著：《張家山漢墓竹簡〔二四七號墓〕(釋文修訂本)》，北京：文物出版社，2006 年，第 7 頁。
② 陳偉：《〈嶽麓書院藏秦簡(伍)〉校讀(續三)》，簡帛網(http://www.bsm.org.cn/？qinjian/7763.html)，2018 年 3 月 21 日；武漢大學簡帛研究中心秦漢簡讀書會：《〈嶽麓書院藏秦簡〉(伍)讀札(二)》，簡帛網(http://www.bsm.org.cn/？qinjian/7762.html)，2018 年 3 月 21 日。
③ 張家山二四七號漢墓竹簡整理小組編著：《張家山漢墓竹簡〔二四七號墓〕(釋文修訂本)》，北京：文物出版社，2006 年，第 55 頁。
④ 何有祖：《讀里耶秦簡札記(二)》，簡帛網(http://www.bsm.org.cn/？qinjian/6435.html)，2015 年 6 月 23 日。
⑤ 朱漢民、陳松長主編：《嶽麓書院藏秦簡(壹)》，上海：上海辭書出版社，2010 年，第 73、82 頁。

睡虎地漢簡質日中也有不少例子。如"越人道休來""越人道江陵來"等。① 北京大學藏秦簡《魯久次問數於陳起》簡 04-136 有"道(導)頭到足,百體(體)各有笥(司)殹(也)"一句。② 韓巍先生訓"道"爲"導",但是直接解釋爲"從頭到腳"也符合秦人的語言習慣。

"道"與漢律的"從"同義。如《二年律令》簡 3:"【從諸侯】來誘及爲間者,磔。亡之【諸侯】……"③"從諸侯"幾字據《奏讞書》簡 21-22 補:"律所以禁從諸侯來誘者,令它國毋得取(娶)它國人也。闌雖不故來【誘】,而實誘漢民之齊國,即從諸侯來誘也。"④葉山等在新近出版的英譯本中把"從諸侯來誘者"翻譯爲"coming from〔the territories of〕the Regional Lords to lure",增"the territories of"幾詞以全其意,此甚確。⑤ 如今嶽麓秦間(伍)"捕道故塞徼外蠻夷來爲間"的結構與此完全相同,也可以認爲"道故塞徼外蠻夷"的意思是"從故塞徼外蠻夷地區"。

(三) 蠻夷與故塞徼

在漢律中有"蠻夷律"(見於《奏讞書》簡 3),專門管轄"蠻夷"(雖然涉及的内容似乎是類似於"徼中蠻夷"的情況)。此外,嶽麓秦簡(叁)"尸等捕盜疑購案"簡 36-37 有秦律:"它邦人……盜,非吏所興,毋(無)什伍將長者捕之,購金二兩。"⑥律文涉及秦吏民的懸賞,但是整個案子涉及一個重要的現象,即"歸義"問題。在秦看來,邊界的人隨時可以變成秦黔首,所以在法律上會有特別的照顧。與此相關的是《里耶秦簡(貳)》9-557:"☐首皆變(蠻)夷,時來盜黔首、徒隸田薗者,毋吏卒☐。"⑦雖然比較殘缺,但似乎是説某種人或者某地方的人爲"蠻夷時來盜"會有什麼不一樣的對待。對照秦漢律令,這一時期的蠻夷歸義,可能與"它邦"民歸義没有什麼區别,所以統一前指向"它邦",統一後指向蠻夷,漢

---

① 蔡丹、陳偉、熊北生:《睡虎地漢簡中的質日簡册》,《文物》2018 年第 3 期。

② 韓巍:《北大藏秦簡〈魯久次問數於陳起〉初讀》,《北京大學學報》(哲學社會科學版)2015 年第 2 期。

③ 張家山二四七號漢墓竹簡整理小組編著:《張家山漢墓竹簡〔二四七號墓〕(釋文修訂本)》,北京:文物出版社,2006 年,第 8 頁。

④ 張家山二四七號漢墓竹簡整理小組編著:《張家山漢墓竹簡〔二四七號墓〕(釋文修訂本)》,北京:文物出版社,2006 年,第 93 頁。

⑤ Anthony Barbieri-Low and Robin D. S. Yates, *Law, State, and Society in Early Imperial China: A Study with Critical Edition and Translation of the Legal Texts from Zhangjiashan Tomb No.* 247, Brill, 2015, p. 1199。

⑥ 朱漢民、陳松長主編:《嶽麓書院藏秦簡(叁)》,上海:上海辭書出版社,2013 年,第 114~115 頁。

⑦ 陳偉主編,魯家亮、何有祖、凡國棟撰著:《里耶秦簡牘校釋(第二卷)》,武漢:武漢大學出版社,2018 年,第 155 頁。

初指向諸侯國，"外"的對象改變了而已。

簡文中多次出現了"故塞徼"，塞與徼都是邊境的意思，里耶秦簡牘更名方載："邊塞曰故塞，毋塞者曰故徼。"①顯然徼與塞是有區別的。從字義來看，"故塞徼"當作"以前的塞徼"。但問題顯然不是這麼簡單，如更名方所載，秦在統一天下後，將天下的"塞徼"全部更名爲"故塞徼"。這一點可以得到嶽麓簡令文的支持。在簡文中，"故塞徼外""故徼外""塞徼外""徼外"是相互混用的，可能後面兩種皆爲前二者的省稱。這種混用現象即表明，"故塞徼"與"塞徼"應該是一個意思，否則在如此嚴格的秦律令中，兩個意涵相距甚遠的名詞被弄混恐怕會導致很嚴重的後果。

《嶽麓書院藏秦簡（肆）》簡101-103中亦有類似的記載：

> 誘隸臣、隸臣從誘以亡故塞徼外蠻夷，皆黥爲城旦舂；亡徼中蠻夷，黥其誘者，以爲城旦舂；亡縣道，耐其誘者，以爲隸臣。道徼中蠻夷來誘者，黥爲城旦舂。其從誘者，年自十四歲以上耐爲隸臣妾╚，奴婢黥顔（顏）頯，畀其主。（缺簡）顔（顏）頯，其得故徼外，城旦黥之，皆畀主②

此簡明確將"故塞徼外"與"徼中"對舉，應當是表明，"故塞徼外"即"塞徼外"。根據此簡可繪出"故塞徼"內外的示意圖：

```
      蠻            蠻
甲縣  夷     乙縣   夷    丙道
 ●          ●            ●
              徼中
────────────────────────── 故塞徼/徼
              徼外
  蠻                夷
```

三、讀《嶽麓書院藏秦簡（陸）》札記

（一）去其家毋下三百里

● 諸吏有治它官者，皆去其家毋下三百里乃治焉。有覆治者，非其所都治殹（也），去其家雖不 盈三百里 ……□□ 皆 ……貲二甲，廢╚。其家居咸陽中及去咸陽

---

① 陳偉主編，魯家亮、何有祖、凡國棟撰著：《里耶秦簡牘校釋（第二卷）》，武漢：武漢大學出版社，2018年，第157頁。

② 陳松長主編：《嶽麓書院藏秦簡（肆）》，上海：上海辭書出版社，2015年，第72~73頁。

不盈三百里者，其所當治咸陽中。咸陽中都官殹（也），得治咸陽中。前令治居縣及旁縣去家不盈三百里者，令到以從事。御史、丞相、執【灋】☐治它縣官，必先調護之。・卅一——— **054-058** ①

此簡涉及異地審理案件的要求。

毋有江：爲了避免審理案件時出現包庇現象，規定官員如果需要審理其他官員的案件，審理者必須是在距離其家三百里開外的地方才有審理的資格。按照方圓百里爲縣來看，三百里可以理解成負責審理的 A 縣官吏必須是直綫隔着 B 縣和 C 縣、家在 D 縣的人。縣會因人口多寡而在幅員上有所出入，故行政交通距離三百里就成爲可以現實執行的律令標準。此處的三百里當爲行政交通往來的里程。其後缺文"盈三百里……☐☐皆……"結合上文推斷此處可能爲二次審理的情況，在二次審理時，不是官吏的管治區域，遠離其居所即使不滿三百里也可以審理案件。

(二) 後恒以户時復申令縣鄉部吏治前及里，治所

☐輒言除其牒，而以當令者☐。・今上丞相，鄉部嗇夫、令史、里即爲讀令，布令不謹，吏主【者貲二甲】令、丞一甲，已布令後 ∟，吏、典、伍謙（廉）問不善當此令者，輒捕論。後恒以户時復申令縣鄉部吏治前及里治所 **189-190** ②

簡 190 内容又見於《嶽麓書院藏秦簡（伍）》202 號簡："☐善當此令者，輒執論。・後恒以户時復申令縣鄉吏治前及里治所☐" ③

郭濤："治所"在簡牘中少與"里"連用，且"里"中没有"治所"一類行政機構。簡 190 可能指此令在縣、鄉政府前以及里中重復頒佈，"治所"或與後面殘缺的部分相連。斷句當爲"後恒以户時復申令縣鄉部吏治前及里，治所"，可以和上文"・今上丞相，鄉部嗇夫、令史、里即爲讀令，布令不謹，吏主"對應，讀令需要涉及"里"這一層級。④

與"治所"相關的部分簡牘材料可見《嶽麓書院藏秦簡（肆）》228 號簡："● 具律曰：諸使有傳者，其有發徵、辟問具殹（也）及它縣官事，當以書而毋☐欲（？）☐☐者，治所吏"、

---

① 陳松長主編：《嶽麓書院藏秦簡（陸）》，上海：上海辭書出版社，2020 年，第 65~66 頁。
② 陳松長主編：《嶽麓書院藏秦簡（陸）》，上海：上海辭書出版社，2020 年，第 147 頁。
③ 陳松長主編：《嶽麓書院藏秦簡（伍）》，上海：上海辭書出版社，2017 年，第 135 頁。
④ 陳松長主編：《嶽麓書院藏秦簡（陸）》，上海：上海辭書出版社，2020 年，第 147 頁。

《嶽麓書院藏秦簡(伍)》079 號簡："論之，而上其奏夬(決)。·其都吏及諸它吏所自受詔治而當先決論者，各令其治所縣官以灋決論。"[1]

(三)江東、江南

● 廿七年十二月己丑以來，縣官田田徒有論毄(繫)及諸它缺不備獲時，其縣官求助徒獲者，各言屬所執灋，執灋□為調發，書到執灋而留弗發，留盈一日，執灋、執灋丞、吏主者，貲各一甲；過一日到二日，貲各二甲；過二日【到三】日，贖耐；過三日，耐 └。執灋發書到縣官，縣官留弗下，其官遣徒者不坐其留如執灋 └。書下官，官當遣徒而留弗遣，留盈一日，官嗇夫、吏主者，貲各一甲，丞、令、令史貲各一盾；過一日到二日，官嗇夫、吏貲各□令、令史貲各一甲；過二日到三日，官嗇夫、吏贖耐，丞、令、令史貲各二甲；過三日，官嗇夫、吏耐，丞、令、令史為江東、江南郡吏四歲。智(知)官留弗遣而弗趣追，與同辠，丞、令當為新地吏四歲以上者輒執灋、【執】灋□丞、主者坐之，貲各二甲。執灋令吏有事縣官者，謹以發助徒□

如律令 ·曰：可。·縣官田□□令【甲】九　　228-235[2]

學界對"江東、江南"是否為秦郡的爭議較大，陳松長先生認為"江東江南郡吏"指的是"長江以東和長江以南各郡的郡吏"。[3] 孫慰祖和楊先雲先生主張江東本為楚郡，秦滅楚後承襲。[4]

郭濤：此處江東、江南當為秦國較晚占領之新地，是懲罰官吏發配的邊地，為泛稱概念。

毋有江：江東、江南的地理概念可能依託於楚人，寫在律令中其範圍當明確，應當包括幾個郡縣。

張亞偉：江東、江南可能原為楚人統轄長江中游與下游區域之稱，後秦人所襲承。

① 陳松長主編：《嶽麓書院藏秦簡(肆)》，上海：上海辭書出版社，2015 年，第 143 頁；陳松長主編：《嶽麓書院藏秦簡(伍)》，上海：上海辭書出版社，2017 年，第 65 頁。
② 陳松長主編：《嶽麓書院藏秦簡(陸)》，上海：上海辭書出版社，2020 年，第 171~174 頁。
③ 陳松長：《嶽麓書院藏秦簡中的郡名考略》，《湖南大學學報》(社會科學版)2009 年第 2 期。
④ 張忠影：《秦簡地名集釋》，吉林大學碩士學位論文，2019 年，第 41 頁；楊先雲：《〈里耶秦簡(貳)〉地名補說》，《晉邦尋盟：侯馬盟書古文字暨書法藝術學術研討會論文集》，太原：北岳文藝出版社，2020 年，第 210~211 頁。

東漢臨湘縣外郡"貨主"名籍集成研究

馬增榮

一、前　言

　　長沙五一廣場一號窖出土簡牘，自 2010 年發現以來，受到極大的關注。究其原因，除了這批資料有無可比擬的價值外，配合其餘五種在五一廣場附近範圍出土的簡牘，可以復原自西漢武帝至三國孫吳三百多年間，長沙地區"長時段"的歷史。① 五一廣場出土竹木簡牘達 6862 枚，數量是目前附近一帶出土東漢簡牘的遺址之冠。《長沙五一廣場東漢簡牘》（簡稱《簡牘》）目前已出版至第陸卷，連同最初發表的《湖南長沙五一廣場東漢簡牘發掘簡報》（簡稱《簡報》）和《長沙五一廣場東漢簡牘選釋》（簡稱《選釋》），已經公布的簡牘有 2600 多枚，占總數超過 1/3。② 我們已有足夠的基礎進行一些初步而具説服力的研究。

　　始於森鹿三，經魯惟一（Michael Loewe）繼承和發展，由永田英正發揚光大的簿籍集成研究，按出土地點對書寫格式和内容進行歸納，提煉有用的數據和資料；而集成工作亦可隨例子的累增而深化。③ 雖然，目前出版的五一廣場簡牘以司法文書爲主，但《簡牘》卷貳

---

　　①　Tsang Wing Ma, Qin and Han Evidence: Excavated Texts, in *Handbook of Ancient Afro-Eurasian Economies Volume I: Contexts*, edited by Sitta von Reden, Berlin and Boston: de Gruyter Press, 2020, pp. 548-550。可以比較的，是西北邊地如居延和敦煌等障塞遺址的出土簡牘，直接反映了西北邊地從西漢中期至東漢早期的制度與社會變遷。此外，目前只有少量簡牘公布的益陽兔子山井窖群出土簡牘，涵蓋時間更長，有助復原益陽從戰國至孫吳的長時段歷史。

　　②　長沙市文物考古研究所編著：《湖南長沙五一廣場東漢簡牘發掘簡報》，《文物》2013 年第 6 期，第 4~26 頁；長沙市文物考古研究所、清華大學出土文獻研究與保護中心、中國文化遺産研究院、湖南大學嶽麓書院編著：《長沙五一廣場東漢簡牘選釋》，上海：中西書局，2015 年；《長沙五一廣場東漢簡牘（壹）至（陸）》，上海：中西書局，2018—2021 年。

　　③　參森鹿三：《東洋学研究：居延漢簡篇》，京都：同朋舍，1975 年；Michael Loewe, *Records of Han Administration*, Cambridge: Cambridge University Press, 1967；永田英正：《居延漢簡の研究》，京都：同朋舍，1989 年，中譯據永田英正著，張學鋒譯：《居延漢簡研究》，桂林：廣西師範大學出版社，2007 年。其他的研究，還有李天虹：《居延漢簡簿籍分類研究》，北京：科學出版社，2003 年，等等。近年，研究吴簡的學者亦陸續採用此方法。參侯旭東：《長沙走馬樓吴簡"嘉禾六年（廣成鄉）弦里吏民人名年紀口食簿"集成研究：三世紀初江南鄉里管理一瞥》，氏著《近觀中古史：侯旭東自選集》，上海：中西書局，2015 年，第 108~142 頁。

至卷肆同時收録了 22 枚完整或殘缺的臨湘縣外郡"貨主"竹簡名籍。集成研究非常適用於分析這些内容零散但格式相類的竹簡名籍。通過集成、歸納，以及與西北出土的名籍比較，我們可以提煉不少有用信息，不獨對了解東漢臨湘縣的流動人口有所裨益，亦有助弄清漢帝國文書行政在各時代、地區的執行情況。

由於五一廣場出土竹簡的保存狀態較差，目前的研究多關注狀態較好的木兩行或木牘。相應地，册書復原的工作均注目於内容可以連讀的木牘或木兩行，對於未能連讀的簿籍類竹簡關注較少。上述"貨主"名籍均書於狹長的竹簡之上，本文的討論或可補充現行研究中較少人注意的部分。

本文首先檢討簡牘在一號窖三個堆積層的分佈情況，指出超過九成的簡牘均是從第③層出土。以目前公佈情況估計，該窖出土竹簡的數量或超過早先的預期，不下於木質簡牘的數量。其次，通過改訂"貨主"一詞的釋文，本文推測這 22 枚竹簡應爲從外郡至長沙郡臨湘縣販賣絲織品的商販名籍。分析竹簡的文字内容和物質形態，這 22 枚竹簡應屬於同一份册書。它們藏於臨湘縣，一方面反映政府對臨湘縣商販活動的控制，另一方面正好説明商販活動之興盛，未必符合統治者所憧憬的農業社會之理想。

二、簡 牘 分 布

本文集成的 22 枚名籍收録於《簡牘》卷貳至卷肆，這與竹木簡牘在一號窖的分佈情況和整理者的公佈順序有直接關係。一號窖位於長沙市五一廣場 T1 探方的第 15 層下，第 15 層據稱屬東漢中晚期至魏晉時期，其上的 14 層由下至上是從南北朝到現代的土層。一號窖呈不規則圓形，直徑 3.6 米，深 1.5 米。按土層和遺物，考古學家把一號窖分成三層。① 整理者目前未有具體説明簡牘在一號窖的出土狀況，亦沒有提供揭剥圖等資料。② 然而，整理者給予各簡的原始出土編號，仔細紀録了各簡所屬的土層和文物提取編號，③ 可爲我

① 《湖南長沙五一廣場東漢簡牘發掘簡報》，《文物》2013 年第 6 期，第 4~6 頁。

② 《湖南長沙五一廣場東漢簡牘發掘簡報》(《文物》2013 年第 6 期，第 6 頁)謂第①層"出土大量陶瓦殘片以及少量木構件及簡牘等，該層簡牘以木簡爲主"；第②層"出土青磚碎塊、陶瓦片、銅錢以及簡牘等"；第③層"出土板瓦、筒瓦殘片、青磚以及竹木殘片等，該層出土簡牘較多"。《長沙五一廣場東漢簡牘選釋》(上海：中西書局，2015 年，第 4~5 頁)對第②和③層的描述有所修正和補充，稱第②層"出土青磚碎塊、陶瓦片以及銅錢等，該層簡牘除木簡外，另有少量竹簡出土"，第③層"出土筒瓦、青磚以及竹木殘片等，該層堆積中出土簡牘較多，有木質簡牘和竹簡"。《長沙五一廣場東漢簡牘(壹)》(上海：中西書局，2018 年，第 2 頁)的描述與《選釋》相同，另稱"簡牘在井窖内堆積中分佈不均，大多散亂無序"，但未有進一步説明其分佈情況。此外，《簡牘》各卷在其《凡例》中稱遺址發掘概況將編入《長沙五一廣場東漢簡牘基礎研究》一書中發表。

③ 參《長沙五一廣場東漢簡牘(壹)》，上海：中西書局，2018 年，凡例第 1 頁。

們提供不少重要信息。通過統計《簡牘》卷壹至卷陸收錄的材料，我們可以大致掌握簡牘在這三層中的分佈情況（參見圖 1 及表 1）。

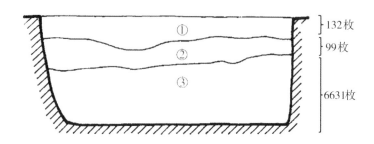

　　　　132枚
　　　　99枚
　　　　6631枚

圖 1　五一廣場一號窖剖面圖（右側數字爲本文統計各堆積層的簡牘數量）

表 1　五一廣場一號窖第①至③層出土各類簡牘統計表①

	木兩行	木牘	木簡	竹簡	竹牘	封檢	函封	合檄	楬	削衣	木勺	木構件	總數
①	43	56	0	14	0	9	1	0	9	0	0	0	132
②	32	44	0	4	0	15	0	0	4	0	0	0	99
③	+450	+197	+5	+1604	+7	+22	+0	+3	+62	+16	+1	+2	6631
總計	+525	+297	+5	+1622	+7	+46	+1	+3	+75	+16	+1	+2	6862

表 2　《簡牘》卷壹至卷陸收錄各類簡牘統計表

	木兩行	木牘	木簡	竹簡	竹牘	封檢	函封	合檄	楬	削衣	木勺	木構件	總數
卷壹	137	165	2	34	0	27	1	0	21	13	0	0	400
卷貳	151	47	0	171	0	13	0	0	18	0	0	0	400
卷叁	60	13	0	312	5	1	0	0	8	0	1	0	400
卷肆	64	13	0	410	2	0	0	1	10	0	0	0	500
卷伍	53	19	0	368	0	0	0	1	8	1	0	0	450
卷陸	60	40	3	327	0	5	0	1	10	2	0	2	450
總計	525	297	5	1622	7	46	1	3	75	16	1	2	2600

---

　　①　此表根據《簡牘》卷壹至卷陸《附錄二：簡牘編號及尺寸對照表》提供的出土號資料統計而成。一號窖出土不少素簡或被重新利用作其他用途的簡牘（如木勺），《簡牘》僅記録其出土和整理號，未有收録這些簡牘的圖版。另外，符號 + 表示實際數字或多於所列的數字。

《簡牘》卷壹至卷陸順序公佈了三層堆積中共 2600 個整理號的簡牘，占總數超過三分之一。簡牘在三個堆積中的分佈極不平均，自整理號 232 開始的簡牘均是從第③層出土。減去 231 個整理號，一號窖中應有 6631 枚完整或殘缺的簡牘從第③層出土，即超過九成的簡牘均是從該層出土。根據整理者的簡牘分類，第①和②層均以木兩行和木牘爲主，第③層以目前公佈的內容看，竹簡占壓倒性多數。整理《簡牘》卷壹至卷陸各種竹木簡牘的收錄情況，卷叁至卷陸收錄竹簡的數量明顯占多數，與卷壹至卷貳以木兩行和木牘爲主的情況截然有別（參見表二）。可以估計，第③層的簡牘群應以竹簡爲主。這種堆積情況應能爲我們透露不少有用的信息，如能配合井內其他遺物的考古資料，或可有助我們探討竹木簡牘被棄置前的狀態。①

三、名籍集成

本文集成 22 枚名籍均出土自第③層，收錄在卷貳至肆，全屬竹簡。以目前公布的趨勢看，以後各卷或會收錄更多同類的竹簡，目前的集成工作將可繼續深化。根據整理者釋文，下文按整理號把 22 枚竹簡順序羅列如下：

零陵湘鄉南陽鄉新亭里男子伍次年卅一長七尺黑色持櫟船一艘絹三束矛一隻☑ 709 竹簡 2010CWJ1③：263-59 ②

☑同里男子胡佐年卅一長七尺黑 持絹一束矛一字伯成　711 竹簡 2010CWJ1③：263-61

貨主汝南吳房都鄉市里男子王奉年卅三長七尺赤色持䌨一□☑　712 竹簡 2010CWJ1③：263-62

☑　同里男子張得年卅六長七尺黑……☑　713 竹簡 2010CWJ1③：263-63

同里男子陳孟年卅長□☑　714 竹簡 2010CWJ1③：263-64

☑□里男子師文年卅五長七尺黑色持絮三百斤矛☑　715 竹簡 2010CWJ1③：263-65

同里男子師陵年廿長七尺白色持絮一百斤刀矛☑　716 竹簡 2010CWJ1③：263-66

同里男子彭宗年廿五長七尺□☑　717 竹簡 2010CWJ1③：263-67

---

① 最近，郭偉濤就通過分析里耶一號井和走馬樓二十二號井內的堆積情況，爲古井窖遺址的出土簡牘研究，提出不少有意義的想法。參郭偉濤：《論古井簡的棄置與性質》，《文史》2021 年第 2 輯，第 27～44、78 頁。

② 依次爲：整理號/分類/出土號。

貸主潁川昆陽都鄉倉里男子陳次年廿五長七尺白色⋯⋯☒　　740 竹簡 2010CWJ1
③：263-90

☒男子召熊年卅長七尺黑色繒一篋刀矛各一字仲平　　750 竹簡 2010CWJ1③：
263-100

貸主潁川舞陽都鄉□☒　　761 竹簡 2010CWJ1③：263-111

☒□篋刀各一字長仲　　762 竹簡 2010CWJ1③：263-112

☒　　同里男子范第年廿四長七尺白色☒　　787 竹簡 2010CWJ1③：263-137

☒矛各一　字叔明　　791 竹簡 2010CWJ1③：263-141

☒□四長七尺黑色持繒一束矛一隻字伯度　　798 竹簡 2010CWJ1③：263-148

☒持絮二百斤繅□☒　　803 竹簡 2010CWJ1③：263-153

☒□各一　字☒　　827 竹簡 2010CWJ1③：263-177

貸主零陵湘鄉宜貴里男子陳迫　年廿四長七尺黑色持□□☒　　838 竹簡 2010
CWJ1③：263-188

武陵臨沅都鄉□西里男子何當　年卅長七尺黑色持□☒　　839 竹簡 2010CWJ1③：
263-189

☒□□關(?)矛一隻　字 伯 陵　　842 竹簡 2010CWJ1③：263-192

☒篋刀各一　字次仲　　843 竹簡 2010CWJ1③：263-193

仲平少者南海男子 李 主年□　　五長六尺五寸黑 色 ⋯⋯　　1553 竹簡 2010CWJ1
③：265-299

以上 22 枚竹簡，除整理號 1553 外，其餘均殘缺不全（1553 末則有難以釋讀的文字）。22
枚竹簡的寬度頗爲一致，大部分介乎 0.8 厘米至 1 厘米之間，只有整理號 843 寬 1.2 厘米。
長度如以整理號 1553 的 22.3 厘米作標準，接近漢一尺。[1] 值得注意，以上 22 枚簡，除整
理號 1553 外，全部均出自第③層 263 號提取物。《簡牘》中《凡例》曾解釋出土號的組成。
按照其解釋，263 號應是指“文物被提取時的原始出土編號”，其後數字爲由此細分出來的
簡牘編號。[2] 根據《簡牘》卷貳至卷叁《附錄二：簡牘編號及尺寸對照表》，263 號提取物可
分出 196 枚竹木簡牘，當中就有 145 枚屬竹簡。文物的提取應是按考古現場的狀況決定，
具有偶然的因素，但以上 22 枚竹簡中，有 21 枚均屬於 263 號提取物，至少可説明它們在
窖中原來處於相對接近的位置。這些竹簡的性質爲何？是否屬於同一册書？在一號窖簡牘
群中出土，有何意義？這些均是以下嘗試解答的問題。

---

① 　以上尺寸均據《簡牘》卷貳至肆《附錄二：簡牘編號及尺寸對照表》。

② 　如《長沙五一廣場東漢簡牘(壹)》，上海：中西書局，2018 年，凡例第 1 頁。《簡牘》卷伍和卷
陸的《凡例》略去對這些數字的解釋。

四、"貸主"? 抑或"貨主"?

第一個需要解決的問題是，這些竹簡名籍究竟屬於何種性質？根據整理者的釋文，"貸主"一詞見於上引整理號 712、740、761 和 838 這 4 枚竹簡。整理號 761 曾收録於 2015 年出版的《選釋》，注釋謂："貸主，債權人。"①當時，由於簡牘公佈的數量有限，加上五一廣場出土不少與債務相關的司法文書，這個解釋看來有一定道理。然而，隨着更多資料的公佈，筆者對此釋漸漸産生懷疑（下文暫以"○"指稱此字）。第一，"貸主"一詞，即使從字面上能讀得通，兩漢的傳世文獻中未見此詞在任何脈絡中出現。第二，隨着《簡牘》卷壹至卷陸的公佈，我們得以收集更多"貸"字的例子，"○主"中的"○"字與廣泛見於五一廣場簡牘的"貸"字，明顯有别；字形反而更接近漢簡和碑刻所見的"貨"字。第三，若考察另外 18 枚格式一致的名籍簡，"貸主"即債權人的解釋似乎未能適用於此脈絡。"○主"一詞對斷定上引竹簡的性質相當重要，必須加以澄清，以下先從字形説起。

表 3 收録上引 4 枚簡中的"○"字，整理者把此字釋爲"貸"。細審圖版，4 枚簡中以整理號 761 的"○"字最爲清晰，可以清楚看見其構形；其餘 3 枚簡只有"○"字中的"貝"部較爲明顯，似難以單據圖版釋爲"貸"字。值得注意，《簡牘》壹至陸各卷均有附録《異體字表》，整理者稱該表"僅收其墨迹清晰者，草書及字迹模糊者基本不收"。然而，4 枚簡中只有整理號 761 收入《簡牘（貳）》附録《異體字表》中，或可説明整理者對其餘 3 枚簡中"○"字的釋讀没有絶對把握。4 枚簡格式一致，全部書寫於狹長的竹簡上，整理者很可能是根據整理號 761 的文例，推斷其餘 3 枚簡"○"字的釋讀。然而，若與五一廣場簡牘中其他"貸"字的例子比較，整理號 761 的"○"字，顯然有别（參見表 4）。

表 3　五一廣場簡牘中的"○"字（原釋爲"貸"字）

	712	740	761	838
○				

---

① 長沙市文物考古研究所、清華大學出土文獻研究與保護中心、中國文化遺産研究院、湖南大學嶽麓書院編著：《長沙五一廣場東漢簡牘選釋》，上海：中西書局，2015 年，第 179 頁。

表 4　五一廣場簡牘中的"貸"字

	227	352	491	659
貸				

《簡牘》卷壹至卷陸所收的"貸"字，其中的"弋"（或作"戈"）寫得相當清晰，與整理號761的"○"字，區別頗大。若再與其他貝字偏旁的字比對，整理號761"○"的上部更似"貨"字中的"匕"或其異體，而非"貸"字中的"弋"。另外，縱使字迹較模糊，整理號712"○"字上部的"匕"仍隱約可辨。表 5 和表 6 列出漢代簡牘和石刻中的一些字例，以見兩字的差別。①

表 5　漢代簡牘和石刻中的"貨"字

	《居延》16.11	《新簡》E. P. T11：6	《隸辨》卷 4 頁 61	《隸辨》卷 4 頁 62
貨				

表 6　漢代簡牘和石刻中的"貸"字

	《居延》4.12	《居延》145.10	《居延》182.38	《隸辨》卷 4 頁 38
貸				

"○"是否可釋爲"貨"呢？單是字形近似，説服力或許仍嫌不足。前文提及"貸主"一

① 以上字例引録自簡牘整理小組編著：《居延漢簡（壹）至（肆）》，臺北："中央研究院"歷史語言研究所，2014—2017 年，簡稱《居延》；張德芳主編：《居延新簡集釋（一）至（七）》，蘭州：甘肅文化出版社，2016 年，簡稱《新簡》；顧藹吉，《隸辨》，北京：中華書局，1986 年。

詞未見於兩漢的傳世文獻。地不愛寶，出土簡牘中屢見未載於傳世文獻的資料，並不稀奇。然而，當一個字的釋讀有兩種可能時，一種釋讀有傳世文獻作依據，另一種則否。這個時候，我們就不能不把傳世文獻的因素考慮在內。東漢王充《論衡・量知》恰巧有一段內容提及"貨主"：

> 手中無錢，之市使〔貨〕，貨主問曰："錢何在?"對曰："無錢。"貨主必不與也。①

"貨主"就是貨物的擁有者，相當清楚。再參看五一廣場簡牘原文的脈絡，拙見認爲把"○主"釋作"貨主"，比"貸主"更爲合理。

上引4枚"○主"簡和另外18枚竹簡大多殘缺不全，但格式相當一致，而且全部書寫於狹長竹簡上。參考永田英正的簿籍集成方法，② 我們可以推測各簡的殘缺部分，應屬於何種內容，僅把22枚竹簡的格式整理成表7。

表7 "○主"名籍整理表(灰底顯示該簡殘、缺或字迹模糊的部分)

整理號	身份	籍貫	性別	姓名	年齡	身高	膚色	持物	字
709		零陵湘鄉南陽鄉新亭里	男子	伍次	卅一	七尺	黑色	檔船一楼絹三束矛一隻	
711		同里	男子	胡佐	卅一	七尺	黑[色]	絹一束矛一	伯成
712	○主	汝南吳房都鄉市里	男子	王奉	卅三	七尺	赤色	纏一	
713		同里	男子	張得	卅六	七尺	黑[色]		
714		同里	男子	陳孟	卅				
715		□里	男子	師文	卅五	七尺	黑色	絮三百斤矛	
716		同里	男子	師陵	廿	七尺	白色	絮一百斤刀矛	
717		同里	男子	彭宗	廿五	七尺			
740	○主	潁川昆陽都鄉倉里	男子	陳次	廿五	七尺	白色		

① 劉盼遂：《論衡校釋》，北京：中華書局，1990年，第553頁。
② 永田英正《居延漢簡研究》仔細解釋了這種研究方法(桂林：廣西師範大學出版社，2007年，第33~39頁)。

续表

整理號	身份	籍貫	性別	姓名	年齡	身高	膚色	持物	字
750			男子	召熊	卅	七尺	黑色	繒一簏刀矛各一	仲平
761	○主	潁川舞陽都鄉□							
762								簏刀各一	長仲
787		同里	男子	范第	廿四	七尺	白色		
791								矛各一	叔明
798					□四	七尺	黑色	繒一束矛一隻	
803								絮二百斤繲□	
827								□各一	
838	○主	零陵湘鄉宜貴里	男子	陳迫	廿四	七尺	黑色	□□	
839		武陵臨沅都鄉□西里	男子	何當	卅	七尺	黑色	□	
842								□□關（?）矛一隻	伯陵
843								簏刀各一	次仲
1553	仲平少者	南海	男子	李主	□五	六尺五寸	黑色		

　　以上内容應屬於名籍一類的紀録。通過集成，對格式和内容進行歸納後，可知一枚完整的名籍按序應具備以下九項要素：

$$\boxed{身份}+\boxed{籍貫}+\boxed{性別}+\boxed{姓名}+\boxed{年齡}+\boxed{身高}+\boxed{膚色}+\boxed{持物}+\boxed{字}$$

就其具備的要素而言，非常類似西北出土的出入名籍或致籍（或僅稱"致"）。[1] 隨着肩水

---

　　① 西北出土的出入名籍或致籍，參裘錫圭：《漢簡零拾》，氏著《裘錫圭學術文集 2：簡牘帛書卷》，上海：復旦大學出版社，2015 年，第 79～81 頁；大庭脩著，徐世虹譯：《漢代的符與致》，氏著《漢簡研究》，桂林：廣西師範大學出版社，2001 年，第 145～149 頁；李均明：《秦漢簡牘文書分類輯解》，北京：文物出版社，2009 年，第 387～388 頁；李天虹：《居延漢簡簿籍分類研究》，北京：科學出版社，2003 年，第 155～160 頁，等等。把這些名籍與西北的出入名籍或致籍比較的，又參高村武幸：《長沙五一広場後漢簡牘の概観》，伊藤敏雄、関尾史郎編：《後漢・魏晋簡牘の世界》，東京：汲古書院，2020 年，第 132 頁。

金關漢簡悉數出版①，學者圍繞"致"的討論又有所推進，焦點之一爲載有個人資料的出入名籍是否指"致"這類出入憑證或其中一部分②。本文無意解決此一争論，因此暫時稱之爲"出入名籍"。這類名籍的特點，李均明稱其"記載人員情況之詳略不盡同，通常記録職務、籍貫、爵級、姓名、年齡、出入時間，有的還記身高、膚色、乘用馬詳情及出入事由等。較特殊者尚記携帶武器及證件情況"③。其中籍主的基本身份資料，即是漢宣帝地節四年(前66年)九月詔書提到的"名、縣、爵、里"④，是西北一帶西漢中葉至東漢初各種名籍最基本的内容，可以按不同名籍類型加減，比如"郡、縣、里、名、姓、年、長、物色"(《居延》513.17+303.15)或"名、縣、爵、里、年、姓、官、除辭"(《新簡》E. P. T. 52：155)。以下列出數枚西北發現的"出入名籍"，以作比較：

驪靬萬歲里公乘兒倉年卅長七尺二寸黑色　　　劍一　　　已入　　牛車一兩
《居延》340.13+334.33

敦煌校穀宜王里據陽年廿八　　輜車一乘馬一匹　　閏月丙午南入　《居延》505.13

魯再魚里公乘王衍年卌六　　長七尺六寸黑色字少君車馬一乘　　☒　《肩水》73EJT 27：9

魯國大里大夫王輔年卌五歲長七尺五寸黑色　　十月辛巳入　　牛車一兩弩一矢五十\
《肩水》73EJT27：19

河南郡雒陽樂歲里公乘蘇之年廿六長七尺二寸黑色　　弓一矢十二　　乘方相車一乘馬騧牡齒十歲　　九月甲辰出 卩　《肩水》73EJT30：266

這類"出入名籍"，雖然可通過籍主的身份資料、携帶武器以及乘用車馬來斷定，但由於與出入關津相關，"出"或"入"等字眼往往成爲重要的判斷要素。⑤ 回到五一廣場出土的"〇主"名籍。22例中載有籍貫的7人，均來自他郡(整理號709、712、740、761、838、

---

① 甘肅簡牘博物館、甘肅省文物考古研究所、甘肅省博物館等編：《肩水金關漢簡(壹)至(伍)》，上海：中西書局，2011—2016年，簡稱《肩水》。

② 參鷹取祐司：《肩水金關遺址出土の通行証》，鷹取祐司主編：《古代中世東アジアの関所と交通制度》，東京：汲古書院，2017年；郭偉濤：《漢代的肩水金關與通關致書》，《絲路文明》第二輯，上海：上海古籍出版社，2018年；青木俊介著，蘇俊林譯：《漢代關所中馬的通行規制及其實態——來自肩水金關漢簡的分析》，《法律史譯評》第七卷，上海：中西書局，2019年，等等。

③ 李均明：《秦漢簡牘文書分類輯解》，北京：文物出版社，2009年，第388頁。

④ 《漢書·宣帝紀》："其令郡國歲上繫囚以掠笞若瘐死者所坐名、縣、爵、里，丞相御史課殿最以聞。"師古曰："名，其人名。縣，所屬縣也。爵，其身之官爵也。里，所居邑里也。"(北京：中華書局，1962年，第252~253頁)

⑤ 這些出入資料，有不少相信是由關吏登記。參郭偉濤：《漢代的肩水金關與通關致書》，《絲路文明》第二輯，上海：上海古籍出版社，2018年，第36頁。

839 和 1553），但卻没有一例載有“出”或“入”等字眼，以及出入日期。① 如果只是數例從缺，還可以解釋，但 22 例中没有一例言及，似乎此類名籍的重點不在紀録籍主於特定時間出入某關或津的情況，與西北出土的“出入名籍”有别。

雖然五一廣場出土簡牘中，有不少與債務相關的内容，但以上整理的 9 項要素，以及 22 個實例的内容，均與借貸没有任何聯繫。若然他們果如整理者所言，是貸主，是債權人，名籍應記有貸錢數字、放貸情況以至借貸人。然而，我們卻看不見任何類似的記載。相反，“持物”一項則透露了他們的身份：他們可能是從他郡至臨湘縣販賣絲織品的商販。他們所持之物，主要分爲船、絲織品和武器三類，這與上引西北“出入名籍”中籍主所攜帶的車、馬、牛和武器，有一定區别。② 船爲水上運輸工具，可謂南方商旅必備，可與陸路上的馬車或牛車相比；整理號 709 所載“檷船”爲船之一種。③ 絲織品的紀録尤爲重要，它們不但種類多樣（包括絹、縑、絮和繒），而且數量不少，單位更是以“束”“斤”或“籭”計算，④ 在西北出土“出入名籍”中甚爲罕見。最後，武器在盗賊搶掠商旅頻仍的臨湘縣，則可用作自衛。東漢和帝元興元年（105 年），赦、贛、襃、叔和厚五人搶劫詩、林等人一案就是極佳的例子。⑤

拙見以爲，以上 22 枚竹簡很可能是從他郡到臨湘縣進行絲織品買賣活動的商販名籍。五一廣場出土簡牘載有不少以“績紡”或“紡績”爲生的例子（整理號 126、303、348、585、763、1064、1121、1842、2150+1872+1886、2199，等等），而當地的商業活動也相當繁盛，⑥ 或可作爲此説的旁證。如果此説不誤，並考慮字形和傳世文獻等因素，“○主”應釋作“貨主”爲宜。這些名籍，本文暫稱爲“貨主名籍”。倘若日後公布的五一廣場簡牘中出現這類名籍的標題簡或相關的新資料，我們則可以更準確的斷定這些名籍的名稱。

---

① “名、縣、爵、里”中的“爵”亦從缺，或如論者所言，反映爵制發展至東漢已名存實亡。參朱紹候：《軍功爵制考論》，北京：商務印書館，2008 年，第 152~164 頁。然而，從其他例子看（整理號 392），當時爵位仍有減刑的作用。

② 參青木俊介著，蘇俊林譯：《漢代關所中馬的通行規制及其實態——來自肩水金關漢簡的分析》，表 3“金關簡致籍中的物品記載”，《法律史譯評》第七卷，上海：中西書局，2019 年。

③ 周海鋒謂“檷，通艀，指艀船”，參氏著《〈長沙五一廣場東漢簡牘【壹】〉選讀》，簡帛網（http://www.bsm.org.cn/show_article.php？id=3279），2018 年 12 月 26 日。

④ 據整理號 926 所載，一束繒可有三至五匹。籭爲竹製盛器，五一廣場簡牘中有不少以籭盛載絲織品的例子（如整理號 80 和 966）。

⑤ 參整理號 80、117+115、497、603+837、672、706、926、966、1125、1262、1513 等簡。關於此案的初步討論，參張倩儀：《五一廣場東漢簡的繒帛衣物劫案（二）》，簡帛網（http://www.bsm.org.cn/show_article.php？id=3573），2020 年 7 年 18 日。作者稱被劫商販爲“貨主”，與鄙意正合。

⑥ 參黎明釗：《試析長沙五一廣場出土的幾枚東漢簡牘》，收入黎明釗、馬增榮、唐俊峰編：《東漢的法律、行政與社會：長沙五一廣場東漢簡牘探索》，香港：三聯書店（香港）有限公司，2019 年，第 10~32 頁；張朝陽：《長沙五一廣場東漢簡牘所見早期房屋租賃糾紛案例研究》，《史林》2019 年第 6 期，第 35~42 頁。

五、同一份册書?

通過上文的分析，這 22 枚名籍均遵從相同或相當接近的格式，應屬於臨湘縣紀録從外郡前來出售絲織品的貨主名籍。進一步要問的是，它們是否屬於同一册書? 上文提及這22 枚的名籍中，除整理號 1553 外，均屬於 263 號提取物。雖然我們藉此得知當中 21 枚名籍均在相鄰位置出土，因此發掘時被考古人員一同提取，但 263 號提取物共有 196 枚竹木簡牘(145 枚爲竹簡)，它們之間的關係爲何? 263 號提取物與其他提取號的關係爲何?[①]這個數字僅反映它們從相鄰的地方逐一提取，還是有别的含義? 仍待整理者詳細公佈。要推斷這 22 枚名籍是否屬同一册書，目前只能集中分析其文字内容和物質形態。[②]

首先看内容上的聯繫。整理號 1553 雖然屬於 265 號的提取物，但開首記載的"仲平少者"透露了其與整理號 750 的聯繫。整理號 750 的籍主爲召熊，字仲平。"少者"或可理解成召熊的年輕隨從，但兩人的身份締結方式不明。22 枚名籍中，記有身高的有 14 枚，13枚的籍主均身長七尺，唯獨仲平少者李主高六尺五寸。睡虎地出土《封診式》提及"子小男子某，高六尺五寸"[③]。五一廣場屬東漢和帝至安帝時期(89—125 年)遺物，去秦雖遠，但在古代，身高大概仍可反映某人的身體狀態甚至年齡。整理號 1553 於年齡一項有一字未能釋出，按此脈絡推測，頗疑爲"十"字。整簡就可理解成: 仲平少者李主年十五，本籍南海郡某縣某鄉某里，[④] 追隨主人召熊(字仲平)到臨湘出售絲織品(繒一篋)。尤可注意者，整理號 1553 不是從簡首開始書寫，而是從簡首留白至全簡約 1/3 的位置開始寫起(參見表 8)。此簡會否附於召熊的名籍之後呢? 目前仍不能斷言。重要的是，即使整理號1553 與其他 21 簡分屬兩個文物提取編號，從内容上看，此簡至少與 21 簡中的整理號 750有密切聯繫。

此外，22 枚簡中有 7 枚簡記有籍主的籍貫(整理號 709、712、740、761、838、839 和1553)。[⑤] 除去剛才談及的整理號 1553，其餘 6 枚簡的籍貫可整理如下:

零陵郡 × 2 (整理號 709、838)

---

① 部分從 263 號提取物細分出來的殘簡，可與其他提取號的簡牘復原在一起。例如整理號 603+837 (2010CWJ1③: 261-88+263-187) 和 643+685 (2010CWJ1③: 261-134+263-35)。

② 關於册書復原，大庭脩綜合過一些基本操作原則。參大庭脩著，徐世虹譯:《漢簡的文書形態》，氏著《漢簡研究》，桂林: 廣西師範大學出版社，2001 年，第 10~13 頁。

③ 睡虎地秦墓竹簡整理小組編:《睡虎地秦墓竹簡》，北京: 文物出版社，1990 年，釋文注釋第149 頁。秦人的身高標準，參馬怡:《秦人傅籍標準試探》，《中國史研究》1995 年第 4 期，第 16~21 頁。

④ 會否因爲李主是召熊"少者"的關係，其名籍只記郡，而不及縣、鄉和里? 待考。

⑤ 值得注意，以上 7 枚簡大多記有籍主所屬的鄉。西北出土的漢簡提及戍卒籍貫時，大多只提郡、縣、里而不及鄉。這反映對鄉的重視提高，還是有别的原因? 值得深究。參馬增榮:《秦漢時期的催傭活動與人口流動》，《中國文化研究所學報》第 54 卷，2012 年，第 11 頁注 44。

穎川郡 × 2（整理號 740、761）

汝南郡 × 1（整理號 712）

武陵郡 × 1（整理號 712）

東漢時，穎川和汝南二郡屬豫州，零陵和武陵二郡屬荆州。豫州在荆州之東北，穎川和汝南二郡在豫州之西南，正好與荆州接壤；零陵和武陵二郡更是毗鄰臨湘所屬的長沙郡。① 伍次和陳迫（整理號 709 和 838）來自零陵郡的湘鄉縣，可沿漣水轉入湘水到達臨湘。② 其他的貨主亦可從水路或陸路至臨湘販售絲織品。至於其他没有詳載郡、縣、鄉、里的名籍，則多數記載“同里”（整理號 711、713、714、716、717 和 787），代表籍主的郡、縣、鄉、里與某人相同。需要注意，這類以“同里”開首記載的名籍，與以上論及的“仲平少者”（整理號 1553）一樣，均是從簡首留白至全簡約 1/3 的位置開始書寫（如整理號 713、714、716 和 717；參見表 8）。這種書寫格式顯示，該簡的右側應有另一詳細記載某人郡、縣、鄉、里的名籍，因此該簡把相同的身份（例如貨主）和籍貫資料留空，直接書寫“同里”代替。這些以“同里”開首的名籍，應與“仲平少者”一樣，排在某一名籍的左側，爲某一簡册的一部分。

　　其次，看物質上的聯繫。如前所述，22 枚名籍均爲竹製，寬度接近，但長度則因大部分均有殘缺而未能比較。單就取材和寬度而言，22 枚名籍已有被編成一册的可能（儘管目前有例子説明部分五一廣場簡牘不受這方面的限制）。③ 此外，如果我們從視覺表現角度考慮簡牘上的文字分佈和書寫特徵，以上論及“仲平少者”和“同里”名籍的留白情況，以及名籍的格式，已觸及物質形態的範疇。④ 永田英正曾指出筆跡分析的困難，爲擴大集成的數據，他不願被此“束縛”⑤，但近來的研究已指出筆跡比較的重要性⑥。本文集成的

①　參譚其驤主編：《中國歷史地圖集》第二册，北京：中國地圖出版社，1982 年，第 19~20、22~23 頁。

②　參酈道元著，陳橋驛校證：《水經注校證》，北京：中華書局，2007 年，第 890 頁。

③　現行的研究發現，走馬樓吴簡中有狹長竹簡和寬闊木牘混編的情況。參伊藤敏雄：《長沙吴簡中の“叩頭死罪白”文書木牘小考—文書木牘と竹簡との編綴を中心に》，《歷史研究》2013 年第 51 號，第 29~48 頁；凌文超：《走馬樓吴簡採集簿書整理與研究》，桂林：廣西師範大學出版社，2015 年，第 461 頁。這情況似乎也見於五一廣場簡牘。參周海鋒：《〈長沙五一廣場東漢簡牘〉文書復原舉隅（二）》，簡帛網（http://www.bsm.org.cn/show_article.php? id=3527）,2020 年 4 月 17 日。

④　參 Matthias L. Richter, Textual Identity and the Role of Literacy in the Transmission of Early Chinese Literature, in *Writing and Literacy in Early China*, eds. Li Feng and David Prager Branner, Seattle：University of Washington Press, 2011, p. 207. 並參冨谷至提倡的“視覺木簡”之説，參氏著《文書行政の漢帝国——木簡・竹簡の時代》，名古屋：名古屋大学出版会，2010 年。

⑤　[日]永田英正著，張學鋒譯：《居延漢簡研究》，桂林：廣西師範大學出版社，2007 年，第 38 頁。

⑥　如邢義田：《漢代簡牘公文書的正本、副本、草稿和簽署問題》，氏著《今塵集：秦漢時代的簡牘、畫像與文化流播》，上海：中西書局，2019 年，第 204~214 頁。

表8　部分名籍的頂部留白情況

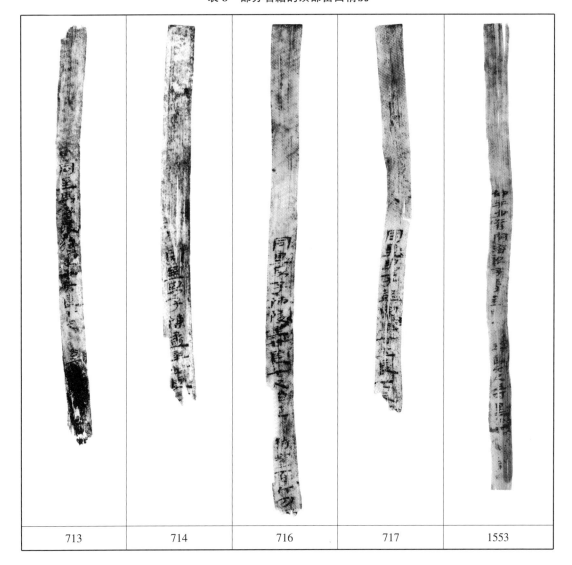

| 713 | 714 | 716 | 717 | 1553 |

22 枚名籍，因爲格式一致，内容相類，有不少字重復出現。仔細比對這些字的書寫特點，或可爲判斷這 22 簡曾否編入同一册書，提供更多證據。表 9 所列重復出現的常見字中，無論是結字以至風格上，均没有重大而明顯的差異。① 從這個角度來看，加上前面對名籍

---

① 部分文字，僅憑肉眼所見，尤如同出一手。特别是幾乎每簡均載的"男子""年""長"等字。筆跡比對的研究，很可惜，目前仍未能確立一套學界普遍認同的方法。較有系統的討論，參李孟濤：《試談郭店楚簡中不同手蹟的辨別》，卜憲群、楊振紅主編：《簡帛研究二〇〇六》，桂林：廣西師範大學出版社，2008 年，第 10~29 頁；李松儒：《戰國簡帛字跡研究：以上博簡爲中心》，上海：上海古籍出版社，2015年。

格式和文字内容的分析，這 22 枚名籍應很大機會屬於同一份冊書。目前尚未公布的五一廣場簡牘約占總數量 2/3，也許還有其他與本文集成的 22 枚名籍類似的竹簡，當中可能有部分與這 22 簡曾編入同一份冊書。

表 9　"貨主名籍"中常見字對比表

	鄉	里	男	子	年	長	七	尺	黑	色	持	字
709	鄉	里	男	子	年	長	七	尺	黑	色	持	
711		里	男	子	年	長	七	尺	黑		持	字
712	鄉	里	男	子	年	長	七	尺		色	持	
713		里	男	子	年	長	七	尺	黑			
714		里	男	子	年							
715		里	男	子	年	長	七	尺	黑	色	持	
716	鄉	里	男	子	年	長	七	尺		色	持	
717		里	男	子	年	長	七	尺				
740	鄉	里	男	子	年	長	七	尺	黑		持	
750			男	子	年	長	七	尺	黑	色	持	
761	鄉											
762												字
787		里	男	子	年	長	七	尺			持	
791												字
798					年	長	七	尺	黑	色	持	字
803											持	
827												字
838	鄉	里	男	子	年	長	七	尺	黑	色	持	
839	鄉	里	男	子	年	長	七	尺	黑	色	持	字
842												字
843												字
1553				子	年			尺	黑	色		

六、餘　論

本文尚未解決的最後一個問題是，這些"貨主名籍"在五一廣場一號窖簡牘群中出土，究竟有何意義？這需要聯繫該窖出土的其他簡牘來回應。與以上"貨主名籍"有關的，至少還有以下一簡：

男子伍次欚船必當頓止□□今 遣 □ 游 徼廖□ 貰 書 并 傳

盛英本刺 書 分 別 白□輒部其□□與隆怒力以本刺推 求

462 木兩行 2010CWJ1③：215

這位"男子伍次"亦見於以上集成的整理號 709。整理號 462 的前文後理不明，但可以斷言，當這些從外郡來的"貨主"牽涉本地案件時，司法人員必須據藏於官府的名籍，核實該人身份：男子伍次，原籍零陵湘鄉縣南陽鄉新亭里，年卅一，身長七尺，皮膚黯黑，來到本縣時，持有欚船一艘、絹三束和矛一隻等物品。

鼓勵農事，讓百姓著籍於一地，控制流動人口——儘管執行手法不一，無疑是自秦以來倡導的管治方針。[①] 流轉多地，從事販賣活動的商人，往往是國家或代表國家權威的官員針對的對像。張家山出土《奏讞書》"不知何人刺女子婢"一案中，商人不但多次被列為疑犯調查，案中真正犯人亦以商人為栽贓嫁禍的對像，更不用逐一細説自秦以來各種的抑商政策。[②] 深入管治底層，肩水金關出土的一枚斷簡(73EJF3：297)頗能説明基層官吏對商人的態度：

☑□聞往時關吏留難商賈

秦漢政府的管治方針、政治宣傳，以至老百姓日常接觸的基層官吏的態度，對他們生活的形塑究竟有多大影響？近年已有一些研究反思"農業社會"中其他的生存方式，似乎比過去

---

① 秦代對農事的投入，參 Tsang Wing Ma, Categorizing Laborers: Glimpses of Qin's Management of Human Resources from an Administrative Document from Liye, Hunan Province, *Early China*, 2021(44), pp. 351-391.

② 彭浩、陳偉、[日]工藤元男主編：《二年律令與奏讞書——張家山二四七號漢墓出土法律文獻釋讀》，上海：上海古籍出版社，2007年，第377~382頁。

想象得更多元、複雜。① "貨主名籍"藏於官府，一方面固然可以證明政府對商業活動的控制，但另一方面正反映從外地至臨湘縣營商者絡繹不絕。此外，目前公佈的五一廣場司法文書中，涉案人士以"儻載""賈販""販賣"（整理號 80、348、1121、1266+1431，等等）爲生的例子甚夥。這反映帝國南端特有的現象，還是更貼近當時編户齊民生活的表現呢？仍有待探索。

補記：本文初稿發表於 2020 年 11 月 5 至 7 日韓國慶北大學主辦"古代東亞文字資料研究的現在與未來——以韓國、中國、日本出土木簡資料爲中心"會議上，先後承楊小亮和戴衛紅先生賜教，獲益不少。近日又讀到李均明先生《五一廣場東漢簡牘所見"例亭"等解析》（《出土文獻》2020 年第 4 期）一文，當中部分論點與本文關係密切，在讀到新資料之前，筆者謹於此稍作討論。

楊小亮先生就"貨主名籍"的稱呼提出懷疑，並指出五一廣場簡牘中有不少船隻來往的記録，這些竹簡或與此有關。這點非常重要，因爲涉及這批格式一致的竹簡的性質。參考西北出土的"出入名籍"（學者或稱爲"致"），這些竹簡並不排除是出入臨湘縣的記録，這與近日李均明先生提出的論點相合。李均明先生提出，整理號 709、711、713、714、715、716 和 717 原來應編成一册，也許就是《選釋》例 117 中提到的"例船刺"，即是檢查過往船隻的紀録。筆者承認有此種可能，但上舉 22 例，持有船隻的只有 1 例（整理號 709）；反而，持有絲織品的則有 8 例，與西北簡中的"出入名籍"所見有別，似乎絲織品是串聯這批人的最重要線索（即使這批簡不是名籍，而是船隻的檢查記録，4 枚"貨主"簡以及他們持有絲織品仍是解開他們身份之謎的關鍵之一）。此外，在這一類簡上，暫時仍未見載任何關於經過某津或某地的日期和信息，如果是船隻檢查記録（一如今天的海關檢查記録），也許有欠完備，失去了追蹤某船進出某津或某地的作用，但因竹簡殘缺，只好暫時存疑。這些簡的性質爲何？如它們果如筆者所言，可以編成一册，爲什麽來自不同地方的"貨主"和相隨的人要記録在同一份册書上？它們的性質似乎仍有可以討論的餘地。

戴衛紅先生則就整理號 1553"仲平少者"的身份提出其他可能。戴先生在會後提示，整理號 523 和《選釋》例 109 均有"某某爲少"的記載，兩者均涉及"僨"字，由此指出"少"可能是一種身份稱謂，不是隨從的意思。從此角度來説，"僨"字的原釋可能更合理。筆者稱李 主 可能是召熊的年輕隨從，是相對保守的説法，因爲當中並沒有指明召熊和李 主 締

---

① 侯旭東：《漁採狩獵與秦漢北方民衆生計——兼論耕織爲本傳統的形成與農民的普遍化》，氏著《近觀中古史：侯旭東自選集》，上海：中西書局，2015 年，第 31~63 頁；馬增榮：《秦漢時期的僱傭活動與人口流動》，《中國文化研究所學報》第 54 卷，2012 年，第 1~28 頁。

結關係的方式。李主固然有可能是由於債務而替召熊工作，也可能如整理號 523 所載，是由於“月直”而爲召熊服務。至於“貸”字的改釋，考慮字型和傳世文獻等因素，拙見以爲暫時仍以釋爲“貨”字爲優，但戴先生的意見仍不容忽視，謹記於此供讀者考慮。

以上所論，仍有不少可議的空間，有待新資料公布才能證實。除了楊小亮和戴衛紅兩先生外，本文亦曾向孫聞博和郭偉濤兄請教，在此一併致謝！本文原刊於《동서인문》2021年第 15 號，收入本書時稍作補訂。

2020 年 10 月 5 日初稿

2022 年 2 月 18 日修訂

（馬增榮，香港理工大學中國歷史及文化學系）

中編

先秦秦漢荊楚歷史地理研究

長江中游史前古城排水系統初探

單思偉　彭　蛟

在現代城市規劃建設中，排水系統的設計和營建占有重要地位。排水系統目的在於把排水對人類生活環境帶來的危害降低到最小，保護環境免受污染，促進工農業生産和保障人民健康和正常生活。① 現代排水主要有生活污水、工業廢水和自然降水三種形式。史前居民主要面對的是生活污水和自然降水的處理。

目前國内發現最早的暗渠管道排水設施位於河南淮陽平糧台古城。城址平面呈正方形，有南、北兩處城門，總面積達 5 萬多平方米（包括城牆及外側附加部分），其建造和使用年代相當於龍山文化中晚期。發掘出的管道殘長 5 米多，位於南門門道路土之下，是在門道下挖一條北高南低、上寬下窄的溝渠，溝底鋪一條陶水管道，其上再並列鋪兩條陶水管道，截面呈倒“品”字形，通到城牆南門的溝裏。② 夏商時期，陶水管系統進一步發展，一些都城還發現有石板水道、木板水溝。③ 到兩周時期，古城的排水系統已較爲完善。一般由城内地下管道、地面溝渠與護城河聯通，地表排水與地下排水設施相結合，受納水體一般爲城外附近的河流、湖等。

在早於平糧台之前的古城排水系統，尚未發現有地下排水設施，一般認爲以地上環壕、明溝爲主。新石器晚期陸續興起古城建設，古城的興起原因和功能學界有不同意見。但居民在城内生活，日常生活污水和一定概率的大量自然降水的排除是必須面對的問題。本文通過對走馬嶺遺址多年的考古工作和研究及對長江中游地區其他史前城址的分析，認爲至少在距今 5300 年左右的屈家嶺下層文化時期已然將排水系統的設計納入古城規劃和建造中，主要以地表排水形式爲主。在此基礎上擬就長江中游地區史前古城的排水系統略作探討。

---

① 李樹平等編著：《城市排水管渠系統（第二版）》，北京：中國建築工業出版社，2016 年，第 1 頁。

② 河南省文物研究所等：《河南淮陽平糧台龍山文化城址試掘簡報》，《文物》1983 年第 3 期。

③ 史寶琳：《公元前兩千紀前後中原地區的水道設施》（上）、（下），《文物春秋》2016 年第 1、2 期。

一、相關説明與材料的選取

　　水的自然循環中，雨水降落到地面，一部分雨水通過蒸發或植物的呼吸作用轉移到大氣中，另一部分滲透到地下形成地下水，還有一部分形成地表徑流。[①] 現實經驗表明，在短時間強降雨過程中，地下達到飽和或未能及時滲透，地表徑流比重會迅猛增漲，這取決於地表自然狀況和雨水強度。生活用水亦同此理，只是所占比例較小。

　　本文應用的原理基本爲重力效應，水作爲液體具有流動性，在重力作用下向低處流動。基本方法是依據已發表的城址相關地形資料對城内水流方向進行模擬推測。個别有精細的原始測繪資料的城址則可以利用 GIS 軟件進行水文分析匯出更加具體的水流圖。相對詳細有效的城址地形圖和城址發掘資料是本文研究的基礎材料。實際上本文僅掌握走馬嶺城詳細的地形測繪資料，可以利用 GIS 軟件進行相關分析。其他城址均只有相關簡報、報告等公開發表的資料，大部分材料未有精細地形資料。另外也對城内遺跡結構、性質進行考察，分析可能存在的排水遺存。這種方法有一種局限性，即城址的保存現狀，現存地貌是否遭到後期破壞改變，是否與史前原始地貌大體一致，直接影響本文的分析結果正確與否。因此我們在選取材料時首先要考慮所發的城址材料是否有相當有效的地形圖，同時要兼顧該城址的現存地貌是否遭到較大破壞和地形變遷。目前長江中游地區發現的史前古城有 19 座（參見圖 1）。[②] 根據上述選取材料標準，我們以走馬嶺城爲研究重點，另選取了石家河城、陰湘城、馬家院城、城河城、葉家廟城共 6 座古城進行主要分析。

二、實例分析

1. 走馬嶺城

　　走馬嶺城位於石首市東升鎮走馬嶺村與屯子山村的交界處，地處低山丘陵向平原的過渡地帶，緊鄰上津湖北部邊緣。基點座標爲東經 112°31′07″，北緯 29°40′13″，海拔 30.1 米。據最新考古工作，走馬嶺城址應該包括走馬嶺内城和周邊的羅地山、碾子山、蛇子

---

　　① 李樹平等編著：《城市排水管渠系統（第二版）》，北京：中國建築工業出版社，2016 年，第 1~2 頁。

　　② 湖北地區 16 座、湖南地區 3 座，分别爲湖北的龍嘴、石家河（含譚家嶺）、笑城、陶家湖、門板灣、城河、馬家院、陰湘城、雞鳴城、青河、走馬嶺、鳳凰咀、王古溜、土城、葉家廟、張西灣和湖南的城頭山、雞叫城、七星墩。

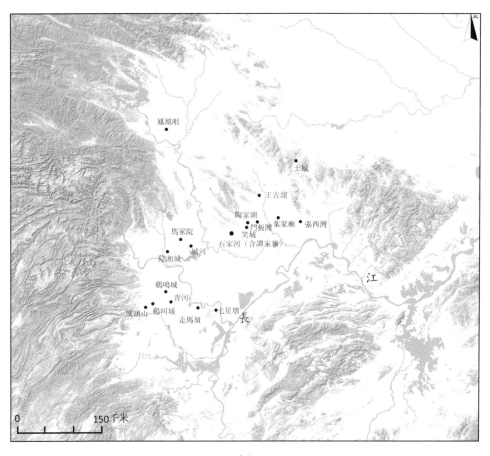

圖 1　長江中游地區史前古城分佈示意圖

嶺、蛇山、狗趄張、三角台以及之間分佈的若干弧狀人工臺地、弧條形人工堆土組成的外城，構成內外城結構。外城北面有一個由屯子崗、虎山及其之間的弧狀臺地組成的第三道弧形人工牆體，類似"甕城"。外城西面面對上津湖的開口兩側還各有一道分別由隊屋檯子、西邊山組成的人工防禦設施。走馬嶺內城外側有一圈完整的護城河，外城外側現存有斷續的護城河，北面的"甕城"外側有相對完整的護城河，並與外城護城河連通。走馬嶺城址內城面積近 10 萬平方米，總面積達到近 50 萬平方米。走馬嶺城始建於屈家嶺下層文化時期，歷經屈家嶺文化、石家河文化，延續到相當於夏代早期的煤山文化石板巷子類型時期廢棄。①

　　公開出版的走馬嶺古城地形圖方面資料有 2 份，分別見於《湖北石首走馬嶺新石器遺址發掘簡報》和《湖北公安、石首三座古城的勘查》。② 前者囿於當時條件，只是對城址平

①　武漢大學歷史學院考古系等：《湖北石首市走馬嶺史前城址的發掘》，《考古》2018 年第 9 期。
②　荆州市博物館等：《湖北石首走馬嶺新石器遺址發掘簡報》，《考古》1984 年第 4 期；荆州市文物考古研究所等：《湖北公安、石首三座古城勘查報告》，《古代文明》第 4 卷，北京：文物出版社，2006年。

面大概輪廓的手繪，範圍限於走馬嶺核心城圈，較好地呈現出城址平面形狀，但缺少詳細的地形、高程信息。後者是在 1974 年航測圖的基礎上，加上實地勘察，利用 GPS 和電腦技術進行補充加工而成，範圍不僅有走馬嶺核心城圈，還囊括了北部的屯子山、包括蛇子嶺在内的周邊若干土墩、土崗，較完整地表現了走馬嶺城和周邊地區的形狀、結構，並有一定的等高線、高程點信息。

2014 年 12 月，我們在對走馬嶺開展考古工作之前邀請了荆州博物館文保中心採用 RTK 技術對走馬嶺城址及周邊地區進行了精細測繪，形成 1∶500(局部 1∶200)平面圖(參見圖 2)。走馬嶺内城範圍内(包括城垣)海拔最高爲 40.7、最低處約 30 米。

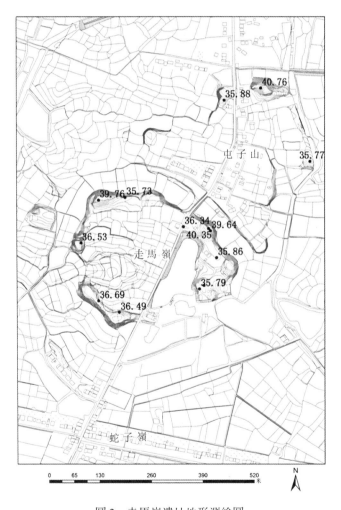

圖 2　走馬嶺遺址地形測繪圖

通過實地勘察和精細測繪圖，走馬嶺内城範圍内大致地形地勢歸納爲，西北至北部、東部、南部均較高，向内逐漸降低，至中西部下凹成窪地。該窪地大致東西向，寬約 50

米，長約 120 米，向西與城垣西部豁口相接。西豁口外約 200 米處爲上津湖。

需要説明的是走馬嶺城因八九十年代磚廠取土，導致東南部城垣缺失，城內東部遺存也遭到破壞。荆州博物館等單位的搶救性發掘使遺址得到及時有效的保護和研究。目前，除早年取土破壞部分形成魚塘（城內東部、東南部）外，城址其他部位均保存較好，城垣、護城河等清晰可見。據勘探和發掘，當時居民應該主要長期居住於內城西北部、北部至東南部高地，形成了豐厚的文化層堆積，西南部也有少量居住活動；外城範圍內僅北部屯子山分佈有零星稀薄的文化層堆積，應該與早期人類活動時間較短或未長期定居有關。在此，主要對走馬嶺內城進行分析。

我們基於研究區域數位元地面模型，運用 GIS 平臺的水文分析功能模組，計算繪製出了城內溝壑體系，如圖 3 所示。城內水流流向和匯聚趨勢主要分爲中西部和東部兩個區域。其中東部區域的地形爲現代破壞形成，不能反映走馬嶺城使用時期的真實狀況，暫不表。中西部區域的水流狀況可以歸結爲：北、東、南三面以多級支流形式向中心窪地匯聚成幹流，組成整體爲複雜茂密的樹形結構的脈絡水網系統。窪地幹流依地勢向西經西城垣豁口流入護城河。經勘探，此東西向窪地範圍內無文化層分佈，少量探孔探到淤泥層，應

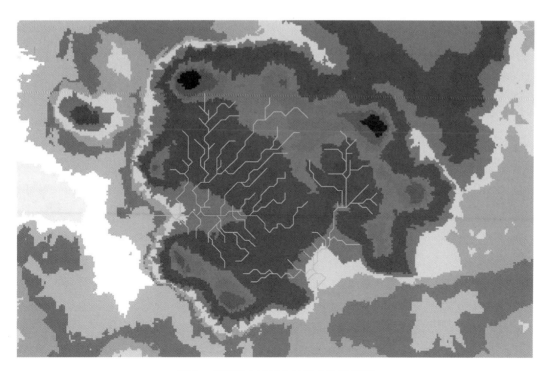

圖 3　走馬嶺內城城內地表水流示意圖

説明：圖中所示爲單位流量大於等於 10 的溝壑體系，該數位元地面模型爲柵格資料結構，每個最小柵格代表實際 2 米×2 米的範圍，每個柵格降水量假設爲單位 1。

該爲古河道。而西豁口爲水門無疑，否則大量匯聚的水流無法排出。城外護城河環繞城垣一周，在其西部 200 米處有上津湖，地勢均較低，可以推測至少在水位較高的情況下，城内河道、城外護城河和上津湖應該是水域連通的。上津湖應該是走馬嶺城最終的受納水體。

2015 年於走馬嶺城内北部的發掘清理出一條灰溝（2015SZG6），自西北至東南橫貫 T15，部分進入 T11 東北角。開口⑨層下，打破⑩層。平面形狀應該爲長條形，部分進入西壁、北壁、東壁。弧壁，圜底。開口距地表 120～142 釐米，坑口長徑（揭露部分）430 釐米，短徑 430 釐米，坑深 116 釐米。坑壁、坑底未見加工痕跡。溝内堆積有明顯分層，分爲 9 層。參見圖 4。

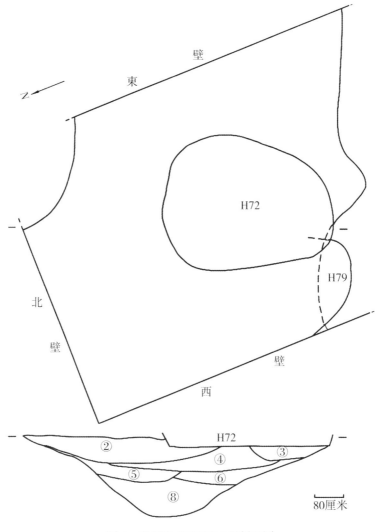

圖 4　走馬嶺 2015SZG6 平剖面圖

關於 G6 的最初性質，我們在清理和整理過程中通過情境分析，認爲是一條水溝，應該與取水、排水有關。理由如下：

（1）G6 剖面爲較緩的弧壁，不具備防禦功能。且在城垣内側，無防禦必要。

（2）在發掘探方内 G6 部分清理完畢後，我們沿着 G6 兩頭延續大致方向進行了局部勘探，發現 G6 是一條東西向長至少 50 米、寬 5 米左右的大型灰溝遺跡。因限於工期，未能完全勘探出 G6 的全長，推測 G6 可能在内城北部大部分有分佈。

（3）G6 填土有若干分層，最底層爲灰色土，有水侵痕跡，包括溝底均分析可知有水侵現象。

（4）在 G6 南面約 3 米處有圓形房屋，附近還有灰坑等遺跡現象，均爲同一介面上，組成一處遺跡組。

（5）經勘探，城内北部文化層豐富，爲主要的居住區。

綜合判斷，我們認爲 G6 的營建性質和功能與居住區的居民生活有關。G6 底層出有屈家嶺下層文化陶器，上部若干層出有屈家嶺文化陶器。根據其出土陶器分析，G6 應該是屈家嶺下層文化時期營建，作爲排水、取水使用，之後即廢棄作爲填埋垃圾之處，一直到屈家嶺文化時期方填滿。

總之，走馬嶺城在城内總體規劃上充分利用了地形地勢將大宗水流排到城外，同時還在主要居住區營建大型水溝作爲生活排水、用水之處。

2. 石家河城

石家河古城位於湖北省天門縣石家河鎮境内，地處大洪山南麓。由城内聚落、城垣、護城河和周邊若干土臺組成。平面形狀呈南北向不規則長方形，護城河内面積達 180 萬平方米，城垣内可使用面積約 120 萬平方米。[1] 其興建於屈家嶺文化時期，延續至石家河文化時期，廢棄年代下限斷在石家河文化中期。[2]

公開出版的石家河古城地形圖方面資料主要有 3 份，先後分別見於《石家河遺址群調查報告》（1992 年）、《肖家屋脊》（1999 年）、《湖北史前城址》（2015 年）。[3] 石家河遺址群調查報告提供地形圖大致體現了石家河古城内外地形地貌，但高程點數據偏少。《肖家屋

---

① 石家河考古隊：《石家河遺址群調查報告》，《南方民族考古》第五輯，成都：四川科學技術出版社，1992 年。

② 石家河考古隊：《鄧家灣—天門石家河考古發掘報告之二》，北京：文物出版社，2003 年；湖北省文物考古研究所等：《湖北天門石家河古城三房灣遺址 2011 年發掘簡報》，《考古》2012 年第 8 期。

③ 石家河考古隊：《石家河遺址群調查報告》，《南方民族考古》第五輯，成都：四川科學技術出版社，1992 年；石家河考古隊：《肖家屋脊——天門石家河考古發掘報告之一》，北京：文物出版社，1999 年；孟華平等：《湖北史前城址》，北京：科學出版社，2015 年，彩版二。

脊》報告提供的地形圖增加豐富了高程點，並對城垣部分進行了明顯標示。《湖北史前城址》則提供了石家河古城濾波測繪圖，通過過濾地表障礙物，以顔色區分高程、地貌，形象直觀地呈現了石家河城及周邊的地形地貌，對分析石家河城的結構、功能等問題提供了極大便利。此外《三房灣發掘簡報》也有石家河地形圖，似是在《肖家屋脊》基礎上改製而成。①

　　因缺少原始測量資料，本文將結合上述 3 份地形圖，對石家河城内地表水流進行模擬推測。由地形圖可見城内主要有四處高地，分別爲西北部的鄧家灣，最大高程點 45.9 米；中部的譚家嶺，最大高程點 41.9 米，西南部的三房灣，最大高程點 41.8 米；東部的蓄樹嶺，高程點未知。據圖 5 所示，鄧家灣地表水流主要向南、向東流，譚家嶺地表水流主要向南、向北流，三房灣地表水流主要向北、向東流，少量匯於内部凹地；蓄樹嶺地表水流流向四周低地。

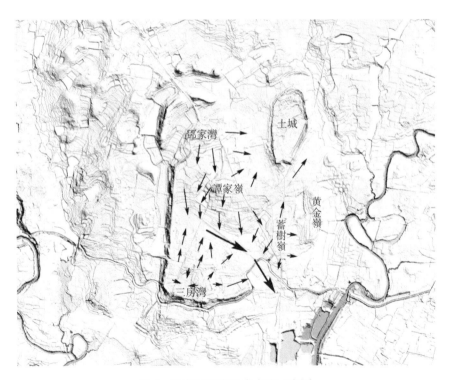

圖 5　石家河城内地表水流示意圖

說明：據孟華平等主編《湖北史前城址》（北京：科學出版社，2015 年），彩版二改製，上爲正北。

---

① 　湖北省文物考古研究所等：《湖北天門石家河古城三房灣遺址 2011 年發掘簡報》，《考古》2012年第 8 期。

鄧家灣向東水流和譚家嶺向北水流匯於土城外環壕内。土城城垣及周邊環形壕溝建造於周代，破壞了石家河城垣的東北部原始結構。① 故此處水流現象並非石家河古城使用時期原狀，暫時擱置。鄧家灣南向水流、譚家嶺南向水流、三房灣北向、東向水流、蓄樹嶺西向、南向水流均匯聚於城内長條形窪地。此窪地位於鄧家灣、譚家嶺和三房灣之間，西北—東南走向。匯聚於該長條形窪地的水流依地勢應該從東南部豁口流向城外護城河河内。

上文分析可以看到石家河城内大部分水流均是匯聚於城内西北—東南走向長條形窪地，經東南部豁口流向護城河。護城河的水則與周邊河流相通。

石家河古城一直無法確認城門位置。本文的分析暗示了其東南部豁口應該爲一處城門，且爲水門。否則城内大量水流無處排出。據趙輝等在調查簡報中所作石家河遺址群微地貌演變過程復原圖，城内長條形窪地在古城興建之前就存在，爲西北—東南向河道的一部分。② 石家河古城興建後應該利用了這一河道，將之圈至城内，作爲城内河道。至少在水位較高的時期，護城河、水門和城内河道應該是水域連通的。

目前發表材料無法確認石家河城内是否存在水溝類等可能爲排水設施的遺存現象。

3. 陰湘城

陰湘城遺址位於湖北省荆州市荆州城區西北約 25 千米處，地處長江支流沮漳河的下游地區，是崗地與湖泊、河流交錯地帶。城址平面呈圓角方形，東、西、南三面城垣保存完好，北部城垣被湖水沖毁。城址東西長約 580、南北殘寬約 350 米。③ 現存面積約 20 萬平方米。據張緒球所表，城址四面有缺口，可能爲城門，其中北面缺口最低，並與菱角湖相通，當爲水門。④ 依據所發表材料，我們認爲陰湘城的史前主要使用年代爲屈家嶺文化、石家河文化時期。

陰湘城簡報只提供有簡單的城址平面圖（參見圖 6），未有詳細的地形資料。簡報描述城内東部地勢較高，地形平整，海拔 41.6～42.6 米；城内中部爲一條南北向，寬約 50 米的低窪地，海拔 37.1～38.7 米；自中部向西部地勢逐漸升高，海拔 39.1～41.7 米。據勘探，西部、東部高地具有豐富的文化層，當爲當時居址所在，中部窪地極少遺物。⑤

① 石家河考古隊：《石家河遺址群調查報告》，《南方民族考古》第五輯，成都：四川科學技術出版社，1992 年。

② 石家河考古隊：《石家河遺址群調查報告》，《南方民族考古》第五輯，成都：四川科學技術出版社，1992 年。

③ 荆州博物館等：《湖北荆州市陰湘城遺址東城牆發掘簡報》，《考古》1997 年第 5 期。

④ 張緒球：《屈家嶺文化古城的發現與初步研究》，《考古》1994 年第 7 期。

⑤ 荆州博物館等：《湖北荆州市陰湘城遺址東城牆發掘簡報》，《考古》1997 年第 5 期。

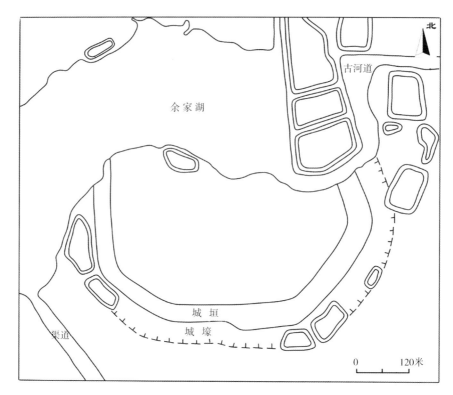

圖 6　陰湘城平面示意圖

説明：根據簡報提供平面圖重描。

根據上述信息可類比出陰湘城内地表水流大致走向。西部水流向東流、東部水流向西流，均匯聚于中部南北向窪地，由此窪地通過北部缺口流向護城河或湖泊。這説明北部水門存在的真實性，也説明中部南北向窪地可能爲城内河道，通過水門與城外護城河、湖泊連通。

4. 馬家院城

馬家院古城位於荆門市五里鎮，地處荆山餘脈的丘陵崗地向平原過渡地帶。城垣保存較好，城外有一圈護城河。平面呈近梯形，北部略窄，南部略寬長約 640、寬 300～400 米，總面積約 24 萬平方米。城垣東、南、西、北各辟一城門，其中西城垣及東城垣各設一水門。① 據研究認爲該城建築年代爲屈家嶺文化時期和石家河文化早期。②

馬家院城簡報只提供了城址簡易的平面圖（參見圖 7），未有詳細的地形資料。據簡報

---

① 湖北省荆門市博物館：《荆門馬家院屈家嶺文化城址調查》，《文物》1997 年第 7 期。

② 張緒球：《屈家嶺文化古城的發現與初步研究》，《考古》1994 年第 7 期。

描述歸納城内地勢地貌特點爲，城内東北部爲較高的崗地，西南部地勢較高，東南部低窪。東北部崗地與西南部崗地之間有一條西北—東南走向的河道過東南部窪地經東南部水門流出。調查表明當時居民主要居住於東北部崗地上。

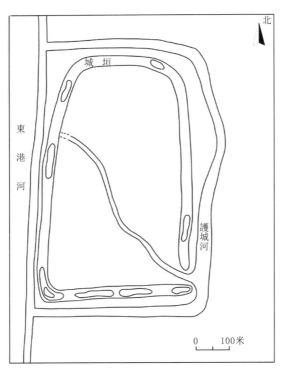

圖 7　馬家院城平面示意圖

説明：根據簡報提供平面圖重描。

根據上述信息可以大致類比出城内水流走向，基本爲東北崗地、西南高地水流流向城内河道和東南窪地中，由此過東水門匯於護城河。

5. 城河城

城河城位於荆門市後港鎮城河村六組，地處荆山餘脈的丘陵崗地向平原的過渡地帶。城址平面呈不規則橢圓形，城外有護城河。城垣南北長 600~800、東西寬 550~650 米，面積近 50 萬平方米，包括護城河面積達 70 萬平方米左右。① 據發表資料看，城河城使用年代爲屈家嶺文化、石家河文化時期。

① 荆門市文物考古研究所：《湖北荆門市後港城河城址調查報告》，《江漢考古》2008 年第 2 期；中國社會科學院考古研究所等：《湖北沙洋縣城河新石器時代城址發掘簡報》，《考古》2018 年第 9 期。

　　2013—2016 年發掘的簡報提供了城河城較詳細的城址結構圖（參見圖 8）和地貌高程圖。城址東北部未見城垣，以自然高崗地爲天然屏障，其他部位均爲平地起築城牆。歸納城河城主要地形地貌特點和佈局爲，城内中部有一個面積很大的西北—東南向近長方形臺地，臺地上發現有大型建築、黃土臺、陶窑等遺存，爲主要生活居住區，東北爲較高的崗地，調查也發現有遺物，可能爲一般生活區。中部臺地兩側環繞有弧狀低窪地，應爲城内河道。城垣東南、西北及北部中段均設有水門，與護城河相通，城外有兩條自然河流環繞。

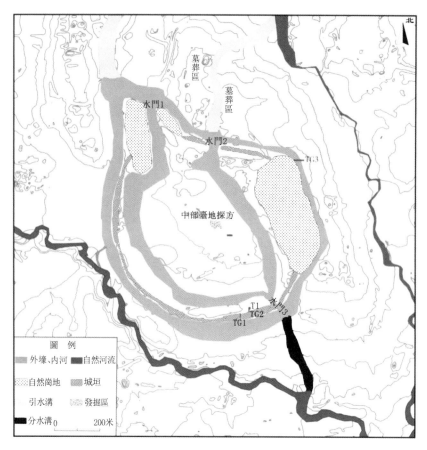

圖 8　城河城平面結構示意圖

說明：引自中國社會科學院考古研究所等：《湖北沙洋縣城河新石器時代城址發掘簡報》，《考古》2018 年第 9 期，圖二。

　　簡報推測“城外的水源可通過兩條引水溝引進外環壕，再通過水門 1、水門 2 引進城内，分别從城内的西、東兩條内河匯集於水門 3，再從此處經人工分水溝排至城外的自然河流，從而形成一套複雜的水系”。當然，城内處於高地的生活用水、自然降水都會依地勢順流流向城內河道，通過水門流出城外。

6. 葉家廟城

葉家廟城位於湖北省孝感市孝南區朋興鄉葉家廟村和七份村，西面爲溳水故道。城址平面形狀呈較規整的長方形，發現了城垣和護城河系統。城內面積約15萬平方米，包括護城河在內達30萬平方米。據簡報知葉家廟城修築和使用時間爲屈家嶺文化時期和石家河文化早期。[①]

葉家廟城簡報只提供有簡單的城址平面示意圖（參見圖9），亦未介紹城內地勢。簡報相關描述有"除了環壕，可能還存在貫通城內的南北向溝，其北端起點位於城垣西北角，目前地表仍能見到一個缺口。環壕的西北角有一條壕溝與古水相連。環壕的東南部向外亦有一南北向的溝，地面痕跡清楚，應爲整個環壕的出水口"。

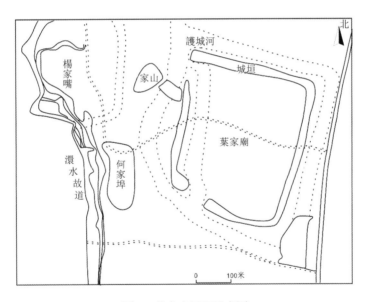

圖9　葉家廟平面示意圖

説明：根據簡報提供平面圖重描。

根據上述描述我們基本可以歸納出葉家廟城的總體排水網絡。城內南北向溝應該爲當時城內河道，城內主要水流匯聚於此，並由此經城垣西北角缺口（水門）流向環壕（護城河）。護城河以內並非封閉的系統，還有通道與周邊古水連通。

---

① 湖北省文物考古研究所等：《湖北孝感市葉家廟新石器時代城址發掘簡報》，《考古》2012年第8期。

7. 其他

除上述所分析的 6 處城址外，長江中游目前發現的城址還有澧縣城頭山、天門龍嘴、天門笑城、公安雞鳴城、公安青河城、澧縣雞叫城、應城門板灣、應城陶家湖、大悟土城、安陸王古溜、黄陂張西灣、襄陽鳳凰咀等。或因保存不好，原始地形破壞較大；或因目前考古工作較少，發表材料不全，無法進行分析；也有少量古城内未見明顯排水規劃特徵，後文將予以説明。

三、特 點 歸 納

上文對幾處典型城址的分析，可以發現上述古城均有一定的排水系統的營建，並有較大的統一性。歸納出長江中游史前古城排水規劃的若干特點如下。

（1）充分利用現有自然崗地或營建高臺作爲城内生活居住區。生活區内可能設有人爲營建的大溝，作爲生活排水之用。

（2）城内多存在條形窪地，窪地範圍内一般無居住跡象。大量降雨時，整個古城内水流除了部分下滲外，均從居住區依地勢向窪地匯聚。長條形窪地的性質應爲城内古河道。城内古河道應該就是古城排水系統的第一道臨時受納水體。

（3）設有一處或多處水門，向内與城内河道相連，向外與護城河連通。積水從居住區匯聚到城内河道後，經水門流向護城河。此爲古城排水系統的第二道受納水體。

（4）古城附近一般有一處自然湖泊或河流，護城河水滿則有通道向附近湖泊或河流轉移。此爲古城第三道亦是最終受納水體。

（5）城内窪地（古河道）、城外護城河、附近湖泊、河流成爲古城内、外三重水系網絡節點，節點間以各種溝壑地勢通道傳遞，相互連通，彼此互補，旱澇不畏，形成一套完整流暢的水系網絡。

這種功能規劃明顯是在營建古城前就設計好的，既可有效地將城内大量積水排出城外，保證居住區的安全和乾燥，防止古城内澇；還可在城内河道保存一定的積水，以便作爲取水源。在設計時，部分古城爲了節省工程量充分利用了現有的地形地勢，如石家河城内的河道就是截取了原有的河流的一段圈入城内作爲城内河道使用，居住區高地也應該部分利用了原有地形。

需要説明的是在長江中游地區，古城建造並非一開始就是如此規劃的，也並非所有的古城都是這種設計理念。年代最早的城頭山城雖發現有較多與房屋建築共存的小型排水溝，還發現有一段由城内向城外的排水溝，前者更應該看作房屋主人的個體行爲，後者體積容量有限，均只是局部短期的營建和使用，無法體現其公衆功能。此外，城頭山城 2011—2012 年的發掘發現護城河內有一定規模的排水構造。① 但總體來說整個古城內的建設沒有發現系統的排水網絡規劃。年代與城頭山相近的龍嘴城亦未發現相應的排水網絡。

從現有材料看，最早的有意識地將系統的排水規劃納入古城營建中的應該是走馬嶺城，建於距今 5300 多年的屈家嶺下層文化時期，此後其他古城多有效仿，成了利用地勢或構造高、低有序的地形作爲宏觀排水系統的濫觴。

四、結　語

實際上史前居民如此重視排水系統，應該是由相應的環境因素所決定的。據研究，中國大暖期起訖时间爲 8.5～3.0kaBP，延續了 5500 年。此時期長江流域年均溫度升高 2℃ 值。② 楊懷仁等研究認爲據 5.0kaBP 左右氣溫與降水曲線，③ 我國屬高溫多雨時代，長江中下游森林茂密。④ 郭立新綜合多人的研究，認爲在大暖期，長江流域雨熱同期，夏季風增强，降水增加，長江水量浩大，上游來水來砂量增加。⑤ 據肖平研究，整個全新世時期江漢平原地區洪水位也總體在不斷抬升。⑥ 顯然，大暖期溫度高濕度大的氣候對長江中游地區影響顯著。而長江中游地區史前古城的建造年代均在此時間範圍內。有學者推測該地區史前修築城垣聚落的功能主要是防禦洪水的需要。⑦ 雖然城壕聚落具備一定的防洪功能，但我們認爲不能將長江中游史前諸城的建造動因簡單地判斷爲僅與水患有關，應該更多的是社會複雜化的結果。但至少可以推斷將排水系統納入古城營建規劃是爲了應對高溫多雨的環境變化。這種大型地表排水系統也能夠比較有效地將大量水流排出城外。當時史前居民在沒有發明不同材質的排水管道等一系列硬體設施的前提下創造性地利用重力效應，通過營建不同地形地勢差異規劃出多重地表排水網絡，形成了我國南方地區特有的古城建造理念。

---

① 湖南省文物考古研究所：《湖南澧縣城頭山城牆與護城河 2011—2012 年的發掘》，《考古》2015 年第 3 期。

② 施雅風等：《中國全新世大暖期氣候與環境的基本特徵》，施雅風等編：《中國全新世大暖期氣候與環境》，北京：海洋出版社，1992 年。

③ 王邨等：《近五千餘年來我國中原地區氣候在年降水量方面的變遷》，《中國科學》B 輯，1987 年。

④ 楊懷仁等：《長江中下游環境變遷與地生態系統》，南京：河海大學出版社，1995 年。

⑤ 郭立新：《長江中游地區新石器時代自然環境變遷研究》，《中國歷史地理論叢》2004 年第 2 輯。

⑥ 肖平：《江漢平原全新世環境演變》，北京師範大學博士學位論文，1991 年，第 63～66 頁。

⑦ 王紅星：《長江中游地區新石器時代的人地關係研究》，武漢：長江出版社，2015 年，第 171～203 頁；劉建國等：《江漢平原及周邊地區史前聚落調查》，《江漢考古》2019 年第 5 期；劉建國：《中國史前治水文明初探》，《南方文物》2020 年第 6 期。

此外，通過上文分析可以看到，長江中游地區史前城址興建自距今 6000 年前的城頭山開始，至略晚的龍嘴，均無系統的排水網絡規劃；自 5300 年左右的屈家嶺下層文化時期起，長江中游地區的古城建設開始大興，至屈家嶺文化時期達到鼎盛，並且這些古城的建造理念和佈局規劃有很大的統一性，將地形、河道與排水充分結合設計，一定程度上反映了該地區文化、政治統一性和高效的控制力。這與當時的文化態勢是相耦合的。在屈家嶺下層文化之前，漢西地區以大溪文化爲主，漢東地區以油子嶺文化爲主，洞庭湖地區主要爲湯家崗文化，長江中游地區文化格局主要呈現爲多元分立的狀態，不同文化相互碰撞、滲透，同時還要面對來自中原地區的文化輻射。其後，主要承襲油子嶺文化的屈家嶺下層文化生成後開始了文化整合運動，分佈範圍擴散至長江中游主要地區。在屈家嶺下層文化基礎上發展而來的屈家嶺文化繼續對外擴張，基本完全控制了整個長江中游地區，達到文化統一的高峰。石家河文化時期則持續興盛。在此之後，中原地區的煤山文化（夏代早期）南侵，長江中游地區文化突然衰落，諸多古城亦廢棄。總之，正是屈家嶺下層文化至屈家嶺文化時期的文化整合運動，實現了對長江中游地區强有力的控制，才保證了諸多古城較爲統一的佈局規劃和建造的實施。

（單思偉，武漢大學歷史學院；彭蛟，武漢大學萬林藝術博物館）

基於水陸多層次地形模型 GIS 分析的
聚落景觀重建方法
——以盤龍城遺址爲例

鄒秋實　　劉健鋒

復原古代聚落形態以及聚落所處地理空間的景觀(Landscape)，是我們透視相應時期社會生活場景的重要途徑。然而，我們並不能經由遺址當前的面貌直接觀察到其在營建和使用時期的原始形態。因爲，當代考古學家所見到的遺址面貌，通常是經由多個不同時期的人類活動與自然環境演化所共同形成的結果。因此，整合田野考古發掘與地理信息測繪等多方面的信息，對不同時期的地貌形態予以剝離和重建，成了我們復原古代聚落地理景觀動態變遷過程的基本途徑。

隨着地理信息系統(GIS)技術的發展，尤其是數字化測繪技術手段在田野考古工作中的普及，我們得以對田野考古發掘、勘探與調查過程中所獲遺存的地理空間信息予以全面採集。在此基礎上，藉助 GIS 软件我們可以嘗試對現已消逝的古代地貌形態予以模擬。由此，我們可以在一個更爲接近真實的地理空間中審視古代聚落的營建過程與選址理念，進而對聚落興起與消亡背後所折射出的社會信息予以闡釋。

一、研究背景

盤龍城遺址位於湖北省武漢市北郊，遺址面積達 3.95 平方千米。20 世紀 60 年代以來，考古學家陸續在該遺址發現了商代前期的城垣、城壕、大型宮殿建築、高等級貴族墓葬、鑄銅作坊等極爲豐富的遺跡。① 因此學界普遍認爲盤龍城遺址是迄今爲止在長江流域

---

① 湖北省文物考古研究所：《盤龍城：一九六三——一九九四年考古發掘報告》，北京：文物出版社，2001 年。

發現的最爲重要的一處商代前期城址。①

盤龍城遺址的田野考古工作已持續了 60 餘年，連續多年的考古發掘積累了大量的考古資料。2012—2016 年，考古單位還對遺址保護區内的陸地區域和湖水淹没的區域，進行了系統性的考古勘探。截至 2018 年，盤龍城遺址考古發掘面積總計 15045 平方米，考古勘探面積 273.6 萬平方米。② 同時，考古人員藉助 RTK 等數字化測量儀器，對歷年考古工作區域和遺跡位置的三維座標進行了記録，對不同類别遺存的海拔與現代河湖水位等關鍵數據進行了採集。此外，考古人員運用機載激光雷達、超聲波測深儀對遺址陸地和水下區域地貌形態進行了精細測繪。上述田野考古與數位化測繪工作，爲我們重建盤龍城區域不同時期的地理景觀奠定了重要基礎。

盤龍城遺址分佈於臨湖崗地之上，因此河湖水位的漲落對於該區域的整體聚落佈局有着十分深刻的影響。在以往的考古發掘工作中，考古人員曾多次在盤龍湖湖面以下發現商代墓葬以及同時期的青銅器、陶器等重要遺物（參見圖 1）。這些綫索暗示着商代盤龍城區域的河湖水位可能與當今水位存在明顯的差别。水下考古勘探表明，商文化時期盤龍城遺址周邊河湖水位至少低於當代同期水位 5.1 米。③ 因此，復原出不同水位條件下，盤龍城區域的地貌形態成了我們復原聚落景觀的一個重要方面。同時，田野考古發掘表明，盤龍城區域地層堆積較爲清晰，自上而下可以分爲表土層，商代文化層和生土層三個層位，分别對應着當代、商文化時期和盤龍城聚落形成之前的歷史時期。本文將着力對上述三個時期盤龍城區域的聚落形態予以勾勒，從長程的視角對这一區域聚落形態與地理景觀的變遷過程進行對比和考察。

二、研　究　材　料

本文以 2018 年測繪的 1∶2000 盤龍城遺址數字綫畫圖和數字高程模型作爲聚落景觀復原的基礎數據，同時整合田野考古勘探和發掘的資料，通過對不同時期所形成的地層進行剥離，進而復原出不同時期的地形模型。從而結合不同時期的河湖水位，復原出各時期盤龍城區域的聚落景觀。

依據考古勘探所獲得的探孔數據，我們大體上可將盤龍城遺址區域的地層自上而下分

---

① 張昌平：《夏商時期中原與長江中游地區的文化聯繫》，《華夏考古》2006 年第 3 期；徐少華：《從盤龍城遺址看商文化在長江中游地區的發展》，《江漢考古》2003 年第 1 期；高大倫：《論盤龍城遺址的性質與作用》，《江漢考古》1985 年第 1 期。

② 武漢大學歷史學院等：《盤龍城遺址各地點歷年考古工作綜述》，《江漢考古》2020 年第 6 期。

③ 武漢大學歷史學院等：《武漢市盤龍城遺址水下勘探及試掘簡報》，《江漢考古》2018 年第 5 期。

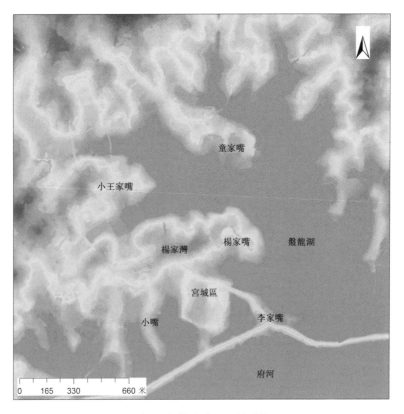

圖 1　盤龍城遺址地貌形態

爲三層：第一層爲表土層，屬近現代人類活動形成的堆積；第二層爲商代文化層，包括商代人類活動形成的灰坑、建築基址、墓葬等各類文化堆積；第三層爲生土，該層中不包含任何人類活動遺物，屬盤龍城聚落出現之前（商代之前）形成的自然堆積。因此，從時間上，我們可以將盤龍城區域的地貌形態劃分爲：商代之前、商代和現代三個時段。

　　同時，田野考古發掘及水下考古勘探表明，商代盤龍城遺址周邊河湖水位至少低於現代同時期水位 5.1 米。若就海拔高程而言，現代盤龍城遺址周邊河湖水位約爲 19.5～22.6 米，而商代盤龍城周邊河湖水位應不高於 17.5 米。因此，在對不同時期地層堆積進行剝離之後，利用 GIS 軟件對不同河湖水位條件下盤龍城區域水陸格局進行模擬，即可對各時期該區域的地理與聚落景觀進行重建。

三、研 究 方 法

　　本文首先將柵格數據和數字線畫圖進行編輯，依次去除現代和商代的人工地物，從而獲取去除人工地物的商代與商代之前的 DEM 底圖，然後將進行剝離的土層曲面進行擬合，

依據探孔數據，我們總體上可將盤龍城遺址區域的地層自上而下分爲表土層、商代文化層和生土層。在還原商代地形時，需要將去除現代人工地物的 DEM 底圖再將表土層進行剥離，從而獲得商代的盤龍城遺址地形。同理，在還原商代之前遺址地形時，需要將去除現代和商代人工地物的 DEM 底圖再將表土層和商代文化層進行剥離，從而獲得商代前的盤龍城遺址地形，最後結合水位變化對盤龍城遺址地形變化進行分析和可視化，具體流程如圖 2 所示。

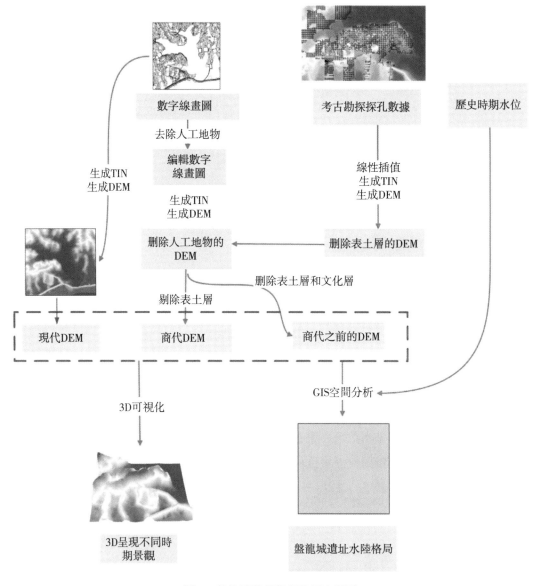

圖 2　盤龍城聚落景觀復原流程圖

（一）獲取去除人工地物後的商代與商代之前的 DEM 底圖

本文對盤龍城遺址數字線畫圖和柵格數據進行編輯，依次去除當代人工地物和商代文化堆積，獲得去除人工地物的商代前後的 DEM 底圖。將獲取的盤龍城地區的數字線畫圖進行人工編輯（參見圖3），選定研究區域和範圍，删去線畫圖中明顯的極值點和錯誤值。再使用 AutoCAD 將盤龍城地區的數字線畫圖進行編輯，删除或改正異常高程值，去除房屋、堤壩等現代人工設施，獲得去除現代人工設施的盤龍城地區的數字線畫（參見圖3）。根據考古資料，以宮城區商代城牆爲例，在還原商代以前盤龍城遺址興盛以前的地形地貌中，應該將城牆除去，因此再對上述已經編輯過的數字線畫圖進行編輯，將盤龍城城牆遺址等商代人類活動所造成的地形變遷復原，獲得商代以前沒有人工遺跡的盤龍城地區數字線畫圖。

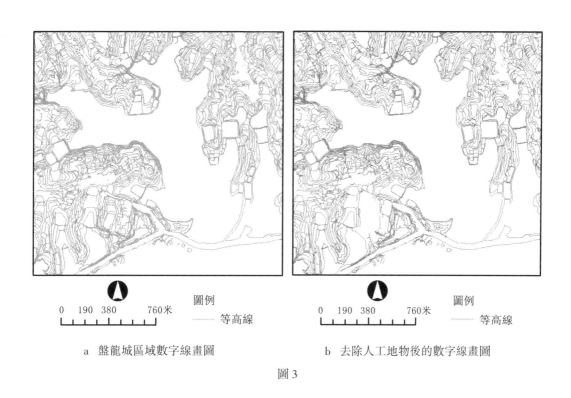

0 190 380 760米	圖例
	——— 等高線

a 盤龍城區域數字線畫圖   b 去除人工地物後的數字線畫圖

圖3

在 ArcGIS 中將上述所得等高線編輯結果結合高程點生成 TIN，如圖4所示，以城牆處爲例可以看到商代前後盤龍城地區地形地貌由於人類活動所產生的明顯不同。採用進行雙線性插值法生成去除現代人工地物的 DEM 底圖（圖5a、5b）。

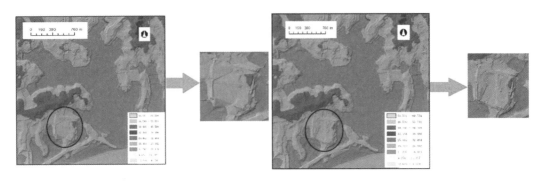

圖4　去除人工地物的商代前後的 TIN 對比示意

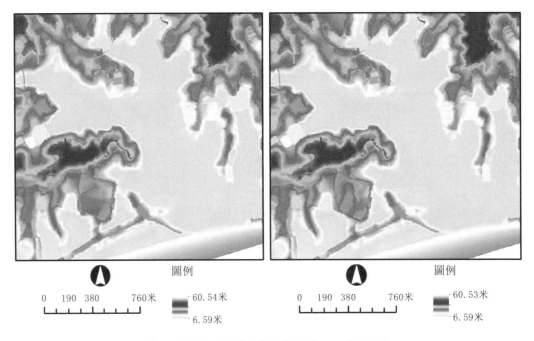

圖5　去除人工地物的商代前後的 DEM 底圖獲取

(二) 獲取需要剥離的土層曲面

考古所得的探孔數據，主要分爲陸地探孔數據和盤龍湖區域探孔數據兩大類，就地層分佈而言，陸地區域的探孔主要分爲兩類，即發現了商代文化堆積的探孔和未發現商代文化堆積的探孔。因此陸地區域的地層分佈主要分爲表土層、商代文化層和生土層三層，或者表現爲表土層之下即爲生土層。在盤龍城區域，探孔所示的地層則分爲淤泥層、商代文化層和硬黏土層。水下勘探表明，在盤龍湖西岸附近區域水面以下發現有商文化時期遺存，以楊家嘴和李家嘴之間的湖區最爲集中；盤龍湖底部較爲平坦，普遍分佈有厚約兩米的淤泥層。

將所有探孔數據整理後以文化層分佈爲參照進行相交計算和交集取反計算獲取有商代文化層的探孔和沒有商代文化層的探孔，首先獲取還原至文化層所需要的剝離層以表土層和淤泥層的高程生成 TIN，再使用雙線性插值法獲取現代人類活動形成的堆積層的 DEM，如圖 6 所示，同理，用同樣的方法，再將文化層進行剝離，獲取商代人類活動形成的堆積層的 DEM。

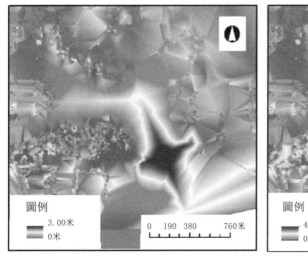

圖 6　還原地貌需要的剝離層 DEM

由實驗結果對比得知，還原至商代地層需要在底圖的基礎上剝離最多近 3 米的表土和淤泥堆積，而還原至商代之前需要在底圖的基礎上剝離最多 4.75 米的表土和淤泥堆積，此外，盤龍湖的淤泥堆積深度一般大於陸地區域。

(三) 不同時期盤龍城地形對比與可視化

將以上所獲得的底圖 DEM 和需要剝離的地層 DEM 對應相減，從而獲得商代前和商代對應 DEM 圖像，三個時期的 DEM 圖像對比如圖 7 所示。在商代宮殿建築、墓葬等遺址分佈較爲密集的王家灣、王家嘴、李家嘴、小嘴地區，雖然這些區域在商代海拔較現代略低，但在商代這些區域的海拔相對當時盤龍湖的水位差較現代更高，而現代由於盤龍湖水位的上漲，這些地區相對盤龍湖水位差不及商代，部分遺址的遺跡可能受到湖水侵蝕或淹沒。

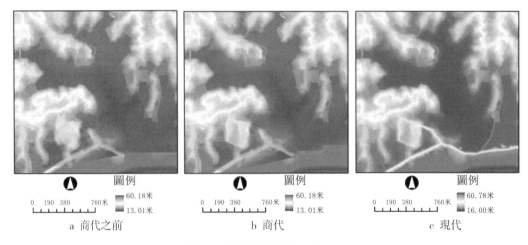

圖 7　不同時期盤龍城地形 DEM

在 ArcGIS 中將獲得的三個不同時期的 DEM 地形圖進行立體展示，以宮城區商代城牆地區爲例，效果如圖 8 所示。

圖 8　不同時期盤龍城地形可視化結果

如圖 8 所示，商代以前盤龍城區域屬長江支流府河北岸的一片天然崗地，各條狹長型崗地自然延展，崗地之間爲地勢低平的崗間平地，盤龍湖與府河水位都維持在較低水準（17.5 米以下），該區域地表基本不見人工營建的各類設施。

商代盤龍城區域人口數量顯著增加，並從一處小型普通聚落迅速發展成爲長江中游地區規模最大的城邑，成了本區域的中心城市。這一時期當地人群以楊家灣崗地南側的兩條平行延伸的天然崗地爲基礎，從崗地周邊地帶取土進行夯築，修築起了南北長約 290 米，東西寬約 260 米的夯土城垣。原本的兩條南北向平行延伸的崗地就成了盤龍城東、西兩道城垣，兩條天然崗地之間的窪地也被夯築成爲盤龍城南、北城垣。與此同時，城垣四周因大規模取土出現的窪地則被改造成爲環繞城垣的護城河。商代人群還在城垣以内的東北部，修築了一片夯土臺基，在臺基之上營建了 3 座大型宮殿建築（F1、F2、F3），共同構成了盤龍城宮殿建築群。其中一號宮殿建築 F1 規模最大，東西長 39.8 米，南北寬 12.3 米，是迄今爲止在長江流域發現的規模最大的商代宮殿建築基址。

商代中期以後盤龍城大型城邑被廢棄，考古調查表明，在此後長達數千年的時間内該區域都處於人口密度極低的區域，僅有零星的自然村落分佈。新中國成立前，地處府河下游的盤龍城一帶洪澇災害十分嚴重，爲治理府河水患，當地政府組織村民在府河北岸修築了府河大堤，使得府河水被攔截在大堤以南。與此同時，也使得府河與盤龍湖自然連通的狀態被打破，大堤修築之後，盤龍湖不再與府河連通，雨季匯集的湖水難以外泄使得盤龍湖常年處於高水位狀態，而汛期府河上游傾斜而來的洪水亦因兩岸人工堤防的阻隔，行洪不暢，使得府河水位陡增。以上原因造成了盤龍城區域河湖水位顯著抬升，盤龍城遺址臨湖臨河地帶被河湖水位淹没的景象。

(四) 盤龍湖水位變化與地形演變

當前在府河與盤龍湖、破口湖之間橫亘着府河大堤，三處水域相對獨立，互不連通。當前盤龍湖、破口湖被開發爲人工漁場，水位常年保持在 19.5~22.6 米之間，考古證據證明，商文化時期盤龍城遺址周邊湖泊豐水期水位至少低於當代湖泊同期水位 5.1 米。在 ARCGIS 中將高程作爲輸入值，分別以計算當代地形在乾旱期和豐水期的水位，以及商代地形在豐水期的水位爲標準，獲得不同時期盤龍城地區的水陸分佈關係，如圖 9 所示。

在當前的水位條件下，特別是夏秋季節雨季來臨時，盤龍城遺址周邊河流與湖泊等水域的面積占據了遺址總面積的 50% 左右，受湖水阻隔的影響，各個臨湖崗地之間隔湖相望，遺址整體地貌顯得十分破碎。盤龍城遺址内部最爲核心的宮城區也處於東、南、西三面被湖水圍困的狀態，每至汛期，高漲的湖水甚至能淹没至宮城區以内。這樣一種水域面積廣大、陸地空間狹窄、水患威脅嚴重的聚落形態顯然不太適宜人類生存，這也與中國先秦時期大多數城市的水陸空間格局存在巨大差異。

然而考古研究表明，商代盤龍城區域河湖水位至少低於當代水位 5.1 米。在這樣低水位條件下，盤龍城遺址中河湖水域面積將大幅度縮減，水域僅占遺址總面積的 15% 左右，如圖 9 所示。這樣一種水陸格局爲盤龍城城垣的修築和整個城市的興起提供了廣闊的陸地空間。盤龍城城垣外側亦不再受湖水圍困，而是通過陸地與城垣周圍的李家嘴、王家嘴、小嘴、楊家灣等多個崗地連成一個整體，進而實現宮城區與周邊各功能區(墓葬區、手工作坊區、建築居址區等)的密切互動和往來。由此可見，商代盤龍城周邊的低水位條件爲這座城市的興起奠定了重要的自然地理條件，而當今所見到的河湖密佈、地形破碎的遺址

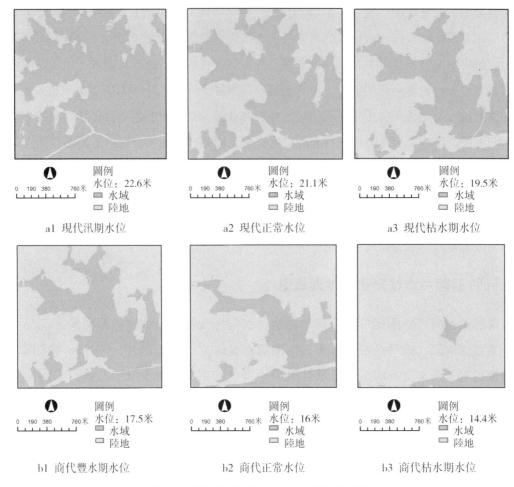

圖 9　不同時期盤龍城地區的水陸分佈關係

景觀實際上是晚期河湖水位抬升，淹没遺址局部後所呈現的景象。

四、結果與討論

依據盤龍城遺址古地貌形態的還原結果（圖 8），我們可以將盤龍城區域地貌變遷過程劃分爲商代之前、商代和現代三個階段。由於河、湖水位的漲落變化，造成了不同階段該區域地貌形態的顯著差别。因此，我們需要以商代地貌形態爲基礎，重新考察商代前期盤龍城城邑的整體佈局。

以宫城區爲例，商代盤龍城以東、西兩面山脊爲基礎，在南部修建城牆，從而形成一個"口"字形的土築宫城城牆，由圖 8a 和圖 8b 對比，可以明顯看到商代前後修建了南部城牆，與圖 8c 對比，可以看到近現代修建的堤壩等人工設施。此外宮城區與楊家嘴之間的區域也在千年變化中發生了明顯的地形演變，這是由於盤龍湖變化侵蝕造成的。

如圖 9 所示，對於現代盤龍城地區而言，豐水期和枯水期的水位明顯不同，在豐水期時府河河面和盤龍湖湖面都明顯增寬，而與商代豐水期相比，除了堤壩等基礎設施有明顯不同外，商代盤龍湖湖面更低，水面面積小，在楊家嘴、楊家灣和宮城區之間有大片陸地連接，而在水下考古探孔的勘測中，也在此區域發現了大量商代文化層的遺跡，佐證了這一事實。

因此當前盤龍城遺址面積約 3.5 平方千米，河湖豐水期時，水域面積將超過遺址總面積的 1/3（水位 22.6 米時），如此廣大的水域將遺址分割成多個半島形崗地。當河、湖水位降至 17.5 米時，盤龍城遺址的地貌形態勢必發生顯著變化。在商文化時期，盤龍湖及府河的最高水位不超過 18 米，則盤龍湖僅為面積不大於 0.4 平方千米的小型水域，府河河道寬度亦不足百米。若考慮到河湖水位季節性漲落的自然規律，則在枯水期盤龍湖及府河水位將更低，盤龍湖在枯水期甚至完全乾涸。盤龍城遺址中的陸地面積將大幅增加，當前分佈於楊家嘴、李家嘴、小嘴、王家嘴等濱湖地帶的商文化時期遺存不再被河水淹沒。盤龍城城垣四周亦不再被湖水環繞，而是展現出一定的陸地縱深，此前在城垣以外發現的"城壕"遺跡也就具備了合理性。

就盤龍城區域的現代地貌特徵而言，地勢低平，低矮的崗丘與湖汊、河道縱橫交錯。因此盤龍城遺址區域的整體地貌十分破碎，每至汛期，府河下游高漲的洪水會將盤龍城遺址局部淹沒，長江幹流洪水亦會倒灌府河，進一步加劇了盤龍城區域的水患。因此近百年以來，盤龍城區域長期處於嚴重的水患威脅之下。與此同時，該區域亦屬血吸蟲疾病的高發區，每年洪泛期與血吸蟲疾病的爆發期相重合，這些因素使得盤龍城區域人煙稀疏、經濟發展遲緩。至新中國成立以後，該區域修築了大量人工堤壩，水患及血吸蟲疾病問題才得以大幅緩解。然而，在如此"不宜人居"的地帶卻出現了一座規模龐大的商代早期城邑，若就現代地理環境而言，實令人難以理解。

但是，由本文的分析可知，商代前期盤龍城遺址所在區域的河湖水位大幅度低於現代，因此商代該區域的地貌形態應呈現出大片開闊的陸地空間，而非今日所見的湖汊與低崗交錯的"破碎"形態。另一方面，府河與長江水道交匯，又為盤龍城實現與中原地區和長江上、下游地區的交通往來，與資源交換提供了重要的通道，為盤龍城從夏王朝晚期興起的一處普通聚落，一躍發展成為商代前期的大城城邑奠定了重要的交通條件。本文對盤龍城區域古地貌形態差異的復原，為我們重新理解和闡釋商代前期盤龍城城邑的興起，乃至商王朝對長江中游地區的經略意圖提供了全新的視角和思路。

五、總　　結

　　本文利用考古發掘、勘探及調查所獲資料，藉助相關的空間信息技術對數據加以處理，復原了商代盤龍城聚落的地貌景觀，同時將古代聚落景觀與現代遺址面貌進行比對，對古今景觀變遷過程進行可視化呈現和分析，實現了對商代盤龍城聚落景觀的復原，對於我們觀察商代城市的佈局形態，探討該聚落的等級與性質具有重要意義。同時，本文通過長時段的景觀變遷分析，揭示出了現代人類活動和環境變遷對古代遺址景觀造成的深刻影響，這項研究對於將來文化遺産保護工作具有啓發意義。

　　（鄒秋實，武漢大學歷史學院；劉健鋒，武漢大學遥感信息工程學院）

蘇家壠墓地 M88 出土邟夫人瑚考*

凡國棟

蘇家壠遺址經過多次考古發掘，基本上可以確認爲一處集居址、冶煉作坊和墓地爲一體的曾國大型城邑。其墓地先後經過三次發掘：1966 年修建水渠時，在蘇家壠發現包括 9 鼎 7 簋在内的 97 件青銅器。① 2008 年在此前地點以東 25 米處又搶救性發掘墓葬 1 座，出土青銅器多件。② 2015—2017 年共發掘墓葬 101 座。其中大型墓 M79 出土鼎 8、鬲 4、甗 1、簋 4、瑚 4、壺 2、盤 1、匜 1，鼎包括升鼎 5、附耳鼎 3，分别與簋、瑚搭配。M88 有鼎 3、鬲 5、甗 1、瑚 4、壺 2、盤 1、匜 1 及玉器等。其中不少青銅器鑄有銘文，具有重要的研究價值。③

一

在《江漢考古》2017 年第 6 期發表的《湖北京山蘇家壠遺址考古收穫》（簡稱《收穫》）一文中。發掘者公佈了 M88 出土的一件銅瑚的器物照片及其 X 光照片（圖 1、圖 2）。《收穫》將銘文中作器者名字釋爲 "陔夫人芈克"，並認爲其就是 M88 的墓主人，身份爲 M79 墓主人曾伯桼的夫人。

隨後，有學者撰文發表了不同意見，茲引述如下：

報導稱器主爲 "陔夫人芈克"，釋首字爲從亥聲，恐不可信。據銘文 X 光照片，我認爲其器主應爲 "⿰夫人芈克母"，芈克母是來自⿰氏族的芈姓女子，"克母" 是她

* 本文爲國家社科基金後期資助項目 "秦郡新探——以出土文獻爲主要切入點"（16FS003）以及國家社會科學基金 "冷門 '絕學' 和國别史等研究專項" 項目 "里耶秦簡所見秦代縣制研究"（19VJX007）成果之一，得到武漢大學青年學者學術團隊 "新資料與先秦秦漢荆楚地理的空間整合" 資助。

① 湖北省博物館：《湖北京山發現曾國銅器》，《文物》1972 年第 2 期。
② 湖北省文物考古研究所：《湖北京山蘇家壠墓地 M2 發掘簡報》，《江漢考古》2011 年第 2 期。
③ 方勤等：《湖北京山蘇家壠遺址考古收穫》，《江漢考古》2017 年第 6 期。

的字。如果 是以國爲族，那麼春秋早期羋姓之國族的數量有限，這裏可以提出兩個選項。1、此字從"兀"（疑紐物部）聲讀爲"夒"（群紐微部），夒是熊摯之封國，稱夒子，是楚國的附庸。《國語·鄭語》："融之興者，其在羋姓乎？羋姓，夒、越不足命也，蠻羋蠻矣，唯荊實有昭德，若周衰，其必興矣。"《春秋》僖公二十六年楚人滅夒，《公羊傳》僖公二十六年作"隗"。2、此字聲旁或者是"夅"的表意字，讀爲"權"，《左傳》莊公十八年，"初，楚武王克權，使鬭緡尹之。以叛，圍而殺之"。據《新唐書·宰相世系表》，楚武王所克之權爲子姓之國。克權後設縣，鬭氏出自若敖，是羋姓宗族。①

圖 1　邔夫人羋克母瑚

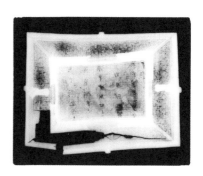

圖 2　邔夫人羋克母瑚 X 光照片

《收穫》釋作"陔"的字作如下引的 A 形：

　　A

　　A 字左從邑，右邊的部分，《收穫》釋"亥"，其實 "亥"字一般並不這麼寫，② 字形上還是存在差異。御簡齋提出 A 字應是羋姓的國族名，並據此提出釋"夒"或"權"兩種可能。今按：夫人的本義是對諸侯妻子的稱謂。《禮記·曲禮下》："天子之妃曰后，諸侯曰夫人，大夫曰孺人，士曰婦人，庶人曰妻。公、侯有夫人，有世婦，有妻，有妾。夫人自稱于天子曰'老婦'，自稱于諸侯曰'寡小君'，自稱於其君曰'小童'。自世婦以下，自稱曰'婢子'。子于父母，則自名也。"③東周以來，夫人的稱謂似逐步擴大。國君的妻、妾均可通稱爲夫人。如《史記·齊太公世家》載："齊桓公之夫人三：曰王姬、徐姬、蔡姬……如

---

①　御簡齋：《曾伯桼壺銘簡釋》，復旦大學出土文獻與古文字研究中心網站（http://www.fdgwz.org.cn/Web/Show/4209），2018 年 1 月 17 日。

②　董連池：《新金文編》，北京：作家出版社，2011 年，第 2223~2232 頁。

③　孫希旦：《禮記集解》，北京：中華書局，1989 年，第 144~145 頁。

夫人者六。"①再如《史記・鄭世家》載："鄭文公有三夫人。"②爲了對這些夫人進行區分，又出現了"嫡夫人""正夫人"等名號。如《史記・吕不韋列傳》記載："安國君有所甚愛姬，立以爲正夫人，號曰華陽夫人。"③兩周金文中關於夫人的記載頗多，其中有些又與傳世文獻有所不同。略舉幾例如下：

　　（1）黄子乍（作）黄甫（夫）人行器　　《集成》02566
　　（2）樊夫人龍嬴用其吉金，自乍（作）行鬲。《集成》00676
　　（3）有殷天乙唐孫宋公緣（欒），乍（作）其妹句敔夫人季子媵匜（瑚）。《集成》04590
　　（4）邧夫人薔（曾）姬之盤。④
　　（5）邧夫人嬭　擇丌（其）吉金。⑤

第（1）例出自河南省光山縣寶相寺黄君孟夫婦墓，是春秋早期黄國國君給其夫人所作的行器。⑥　第（2）例出自河南信陽平橋南山咀樊君夔夫婦墓，是春秋早期樊國國君夫人龍嬴自己製作的行器。⑦　第（3）例出自河南固始縣侯古堆一號墓陪葬坑，是春秋晚期宋國國君宋公欒將他的妹妹"季子"嫁往吴國所作的媵器。⑧　第（4）例出自河南潢川縣高稻場 M9，器物的主人是一位嫁入楚國邧氏貴族的姬姓曾國女子。第（5）例出自河南南陽徐家嶺 M11，墓主人嬭也是一位嫁入楚國邧氏貴族的女子。在這幾個例子中，第（1）、（2）、（3）例"夫人"前面所冠之字的確是國族名，但並非女子父國的國名，而是其所適之國，即其夫國的國名。第（4）、（5）例則是楚國貴族邧氏。可見到春秋晚期，夫人之稱也不是僅限於諸侯的專利，貴族之妻也可稱夫人。

　　（6）聖桓之夫人曾姬無卹　　《集成》09710

該例出自安徽壽縣李三孤堆楚王墓，對於"無卹（卹）"的釋讀和理解曾經有較多的爭議。但"聖（聲）桓"爲楚聲王的諡號則無疑問。所以這應該是楚聲王夫人自作器，曾姬應該是

---

① 《史記》卷三二《齊太公世家》，北京：中華書局，2013 年，第 1799 頁。
② 《史記》卷四二《鄭世家》，北京：中華書局，2013 年，第 2119 頁。
③ 《史記》卷八五《吕不韋列傳》，北京：中華書局，2013 年，第 3025 頁。
④ 張昌平：《曾國青銅器》，北京：文物出版社，2007 年，第 408~409 頁。
⑤ 王長豐、喬保同：《河南南陽徐家嶺 M11 新出邧夫人嬭鼎》，《中原文物》2009 年第 3 期。
⑥ 河南信陽地區文管會等：《春秋早期黄君孟夫婦墓發掘報告》，《考古》1984 年第 4 期。
⑦ 河南省博物館等：《河南信陽平橋春秋墓發掘簡報》，《文物》1981 年第 1 期。
⑧ 河南省博物館等：《河南固始侯古堆一號墓發掘簡報》，《文物》1981 年第 1 期。

來自曾國的姬姓女子。①

　　　　（7）隹（唯）鄧九月初吉，不故（辜）女夫人姒乍（作）鄧公，用爲女夫人尊，諆□。

該例出土信息不詳，現藏中國國家博物館。不故，或讀作薄姑，認爲是薄姑之女往嫁鄧國。② 今按：薄姑爲殷商舊國，在周初時曾經參與商、奄等國的叛亂，《塱鼎》記載周公曾經征伐"東尸（夷）、豊白（伯）、尃（薄）古（姑）"。《左傳》昭公九年記載："及武王克商，薄姑、商奄，吾東土也。"因此薄姑在西周初年已經滅國，不可能延續到兩周之際。將銘文理解爲薄姑之女往嫁鄧國頗爲可疑。已經有學者指出"不故"當讀作"不辜"，乃是鄧公新故，姒姓的夫人爲其作祭器，故以"不辜"自稱。③ 此説可從。

　　通過梳理，我們知道"夫家國名（氏名）+夫人"是最爲普遍的格式。第（6）例前面冠以丈夫的謚號，格式爲"謚號+之+夫人"，第（7）例的格式是"謙稱+夫人"，而後面兩者並不常見。照此看來，A字與"芈克母"這位女子的父國關係應該不大，而應該與其丈夫之國相關。御簡齋往其父國上去考慮，極有可能是像《收穫》那樣，將其身份設定爲曾夫人而導致的。因爲整個墓地是曾國的墓地，第一考慮自然是曾國的夫人而不作他想。因此，正確的釋讀出A字才是解決問題的關鍵所在。

二

　　我們注意到李家浩先生釋讀出湯陰吳王劍銘中兩個寫法比較特殊的"云"字。李先生討論的湯陰吳王劍銘中有原整理者釋作"巳用豸獲"的文字，其中"巳"（B）、"豸"（C）二字分別作：

李先生將該劍銘文與工盧（吳）大子姑發兒反劍對照，指出"巳用豸獲"與"云用云獲"句相

　　① 劉麗：《銅器銘文中所見兩周時期曾國的婚姻關係》，《青銅器與金文》第一輯，上海：上海古籍出版社，2017年，第161～162頁。
　　② 上海博物館商周青銅器銘文選編寫組：《商周青銅器銘文選》（四），北京：文物出版社，1990年，第497頁。袁金平、楊婷婷：《讀金文札記三則》，《出土文獻》第8輯，上海：中西書局，2016年，第58頁。
　　③ 黃錦前：《伯氏始氏鼎的年代與史事》，《湖南省博物館館刊》第十四輯，長沙：嶽麓書社，2018年，第55～60頁。

當。從而論證原釋爲"巳""豕"的兩個字，其實就是"云用云獲"的兩個"云"字。類似於 C 這樣類型的寫法，李先生也指出其與金文中如下兩個"陰"字所從的"云"十分相似，當是由這類寫法的"云"演變而成的。① 所論甚是，可從。

D　吳伯盨　　　E　敬事天王鐘

很顯然，本文討論的 A 字，其右邊與 C 完全相同。因此這個字應該就是從云從邑的"邧"字。作爲地名的"邧"字還見於包山簡、鄂君啟節以及清華簡《繫年》。

(8)邧司馬之州加公李瑞、里公隋得　　包山簡 22 ②

(9)左馭番戌食田於邧域□邑　　包山簡 151

(10)邧卜尹之人舒余善　　包山簡 191

(11)自鄂市，逾油（淯）、上漢、就陰、就芸（鄖）陽、就漢、就邔、逾夏、内（入）邧（漬）　　鄂君啟舟節 ③

(12)楚共王立七年……鄭人止芸（鄖）公 義，獻諸景公　　清華簡《繫年》85-86 ④

第(12)例中的"芸（鄖）公 義"即《左傳》成公七年記載的楚鄖縣縣公鍾儀，也是史載最早的鄖縣縣公，此時邧已經滅國爲縣。其地並不在邧國的都城，而是在鄖國都城以外另行設置。《漢書·地理志》江夏郡"竟陵縣"班固原注："鄖鄉，楚鄖公邑。"《續漢書·郡國志》："竟陵侯國。有鄖鄉。"可知楚鄖縣是在漢、晉時的竟陵縣，故地曰"鄖鄉"，而古鄖國則在漢、晉時的雲杜縣，故地曰"亭"，兩縣鄰近，但楚鄖縣與古鄖國明顯不在一地。據此，石泉先生考證漢、晉時竟陵縣在今湖北鍾祥北境、漢水以東的豐樂鎮附近。⑤ 鄖國都城所在見下文考證。從第(8)、(9)、(10)例職官設置來看，其中邧也應該指楚國邧縣。第(11)例中的邧指漬水，芸即鄖陽，但是鄖陽所指何地尚有爭議。

邧，文獻中或寫作鄖。楚若敖氏曾娶邧女爲妻。《左傳》宣公四年記載："初，若敖娶於邧，生鬬伯比。若敖卒，從其母畜於邧，淫於邧子之女，生子文焉。邧夫人使棄諸夢中，虎乳之。邧子田，見之，懼而歸。以告，遂使收之。楚人謂乳穀，謂虎於菟，故命之曰鬬

① 李家浩：《沂水工吳王劍與湯陰吳王劍》，《出土文獻》2020 年第 1 期。

② 朱曉雪：《包山楚簡綜述》，福州：福建人民出版社，2013 年。

③ 朱德熙、李家浩：《鄂君啟節考（八篇）》，北京大學中國中古史研究中心編：《紀念陳寅恪先生誕辰百年學術論文集》，北京：北京大學出版社，1989 年，第 64~65 頁。

④ 李學勤主編：《清華大學藏戰國竹簡（貳）》，上海：中西書局，2011 年，上冊，第 82 頁；下冊，第 174、175 頁。

⑤ 石泉：《古竟陵故址新探》，《古代荊楚地理新探》，武漢：武漢大學出版社，1988 年。

穀於菟。以其女妻伯比，實爲令尹子文。" 杜預注："鄖，國名。"①陸德明《經典釋文》："鄖，本又作䢵，音云。" 這是鄖女適楚的記載，而據 M88 出土銅瑚的銘文，鄖夫人是一位芈姓的楚女。鄖、楚兩國通婚，正符合東周時期貴族聯姻的通例。

正確釋讀出銅瑚銘文中的"鄖"字，對於探討蘇家壟 M88 的墓主及其身份具有重要意義。

《收穫》提出 M88 爲曾伯霎夫人墓的依據主要基於以下三個方面：第一，M79 出土器物顯示墓主爲男性，出土銘文多有曾伯霎，可以確定墓主爲曾伯霎；第二，M88 與 M79 緊鄰，規模、墓向與 M79 一致（參見圖 3），出土有一對曾伯霎壺，且形制、銘文與 M79 所出曾伯霎壺一模一樣；第三，M88 出土帶"夫人"銘文的瑚，儘管銘文顯然不是曾夫人，但是因爲既然是夫人，而且又出土銅鏡一枚，因此推測爲女性墓。

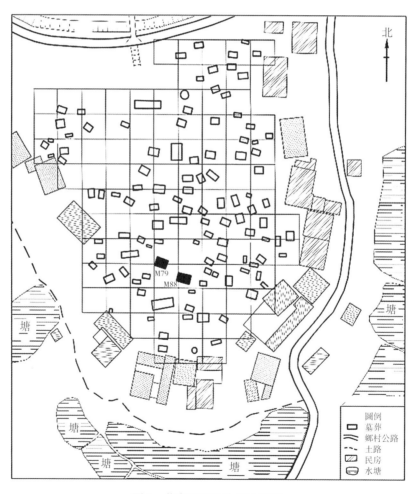

圖 3　蘇家壟墓地分佈示意圖

---

① 楊伯峻編著：《春秋左傳注（修訂本）》，北京：中華書局，2009 年，第 682～683 頁。

銅瑚銘文是這樣説的："隹(唯)王正月，初吉庚申，邡夫人嬭克母，用其吉金，自作旅匤(瑚)，其萬年眉壽，爲子孫寶。"下面根據"夫人"的辭例出現的三種情況分別作探討：第一，如果"邡"作爲謚號，那麼它應該是其丈夫曾伯霥的謚號，但是目前墓葬出土材料中没有任何記載曾伯霥是否有謚號。雖不排除這種可能，但是邡作爲謚號的可能性非常小。第二，邡作爲謙詞，根據通假規律，我們完全找不到它作爲謙詞的可能性。第三，邡作爲夫國名，這種理解最爲順暢，也是最貼合金文辭例的理解方式。綜上所述，我們傾向於認爲這件銅器是邡國國君夫人嬭克母的自作器。

三

那麼邡夫人的銅器爲什麼會出現在曾國的墓地？邡夫人和曾伯霥是什麼關係呢？接下來我們就此問題作一點初步的推測。

在拙文的初稿中，我們曾傾向於認爲該銅瑚只是因爲饋贈、戰爭等某種偶然因素進入該墓葬，並不是墓主人自己作器。譬如我們知道擂鼓墩二號墓因出土"盛君縈"的器物，曾一度有學者認爲其墓主是"盛君縈"，其實從墓葬的位置、規模、隨葬器物來看，更多的學者還是傾向於認爲是一代曾侯。那麼帶有"盛君縈"銘文的器物只是由於某種原因進入了該墓葬，而不能作爲判定墓主身份的器物。[1] 再比如説吴王、越王的兵器多出自楚地的小墓，我們不可能據此認爲這些墓葬都是越王、吴王的墓葬。這樣的例子在考古發現中最常見，比較容易理解。

但是當我將初稿發給蘇家壟考古項目領隊方勤先生徵求意見的時候，方勤先生告訴我，其實 M88 中隨葬的三鼎四瑚銘文都是一樣的，作器者都是我們所謂的"邡夫人"。這真是一個特別的現象，使我不得不重新思考墓主人的身份及其與曾伯霥的關係。歸納起來，其實不外如下三種可能：第一，維持舊説。即 M88 墓主人是曾伯霥夫人，"邡夫人"的一組器物基於某種原因進該墓葬；第二，M88 墓主人是邡夫人，她與曾伯霥不是夫妻關係；邡滅國之後，邡夫人帶着銅器來投靠曾國，去世後埋葬在蘇家壟墓地；第三，M88 墓主人的原身份是邡夫人，後來改嫁給曾伯霥，以曾伯霥夫人的身份埋葬在蘇家壟墓地，下葬的時候攜帶了此前作爲邡夫人時候製作的銅器。

第一種假設的困難在於隨葬的器物成套且相對較多，占據 M88 隨葬銅禮器的主體，在這種情況下用偶然性來解釋難以服人，可暫時擱置。第二種假設的困難在於很難想象一位國君夫人葬在另一個國家的墓地，至少在目前發掘的兩周墓葬裏面未見同類的例子，因此

---

① 隨州市博物館：《隨州擂鼓墩二號墓》，北京：文物出版社，2000 年，第 135~143 頁。

第二種假設成立的可能性很小。目前看來，第三種情況的可能性要大一些。揆諸文獻，東周時期婦女改嫁並不鮮見，諸侯之間的婚姻更披上了濃厚的政治色彩，婚姻往往伴隨着征伐。譬如《左傳》僖公三年記載：“齊侯與蔡姬乘舟於囿，蕩公。公懼，變色，禁之不可。公怒，歸之。未之絶也，蔡人嫁之。”又僖公四年：“齊侯以諸侯之師侵蔡，蔡潰，遂伐楚。”此類現象見諸文獻記載的就有二十多例。比如秦穆公之女懷嬴本爲晉懷公圉之妻，後改嫁晉文公重耳。又如陳女息嬀本爲息君之夫人，後改嫁楚文王。而且改嫁在貴族階層似乎更爲盛行，楚國尤甚。循此考慮，那麼這位嬭克母先是嫁給邔國國君作夫人，然後又改嫁給曾伯霥，作了曾夫人。那麼她爲何下葬的時候只隨葬了作邔夫人時製作的銅器，而没有隨葬作曾夫人時作的銅器呢？是來不及作器還是有其他原因。下面結合文獻從楚國、曾國和邔國的關係試作分析。

邔（鄙）國的位置其實存在較大的爭議。一般多據《水經注·滍水篇》《括地志》《元和郡縣圖志》定在今安陸，譚其驤先生主編《中國歷史地圖集》就採用此説。然《漢書·地理志》江夏郡“雲杜”縣顏師古注引應劭曰：“今鄙亭是也。”《左傳》桓公十一年杜預注：“鄙國在江夏雲杜縣東南，有鄙城。”《水經·沔水中》：“又東南過江夏雲杜縣東，夏水從西來注之”句下酈道元注：“縣故邔亭，《左傳》所謂若敖娶於邔是也。”石泉先生據此考證古邔國則在今湖北鍾祥、京山兩縣之間。[1] 徐少華、尹弘兵也支持此意見，並對楚滅邔後改置邔縣及其地望作了探討。[2]

關於這個問題，我們試着結合楚武王時期楚國東進擴張來作一點補充。據《左傳》，桓公六年、八年武王兩次率師伐隨均未取勝。接下來桓公十一年（前701年），楚與邔國爆發了蒲騷之役。《左傳》是這樣記載的：“楚屈瑕將盟貳、軫。鄙人軍于蒲騷，將與隨、絞、州、蓼伐楚師。鬭廉曰：‘鄙人軍其郊，必不誡，且日虞四邑之至也。君次于郊郢，以禦四邑。我以鋭師宵加于鄙。鄙有虞心，而恃其城，莫有鬭志。若敗鄙師，四邑必離。’莫敖曰：‘盍請濟師于王？’對曰：‘師克在和，不在衆。商、周之不敵，君之所聞也。成軍以出，又何濟焉？’莫敖曰：‘卜之。’對曰：‘卜以決疑，不疑，何卜？’遂敗鄙師于蒲騷，卒盟而還。”[3]

前兩次伐隨，楚人選擇的是交通最爲便捷的隨棗走廊通道。然而隨棗一線是曾國的核心區域，自漢水往東密集分佈着曾國的聚落和城邑，棗陽郭家廟的年代正處於這一時期，是曾、楚交鋒的直接反映。在隨棗走廊通道受阻的情況下，楚人轉而選擇其他途徑。其中一個選擇就是沿大洪山南麓東進的通道。但是在這條通道上也有曾國的據點，即蘇家壟遺

---

①　石泉：《雲杜、緑林故址新探》，《古代荆楚地理新探》，武漢：武漢大學出版社，1994年。

②　徐少華：《包山楚簡釋地八則》，《中國歷史地理論叢》1996年第4輯；尹弘兵：《鍾祥地區古代文化與早期歷史》，《荆楚學刊》2016年第6期。

③　楊伯峻編著：《春秋左傳注（修訂本）》，北京：中華書局，2009年，第130~131頁。

址，通過均水與曾國中心區域的溳水相連，像楔子一樣嵌入位大洪山南麓。如果按照傳統的説法將邡國位置定在今安陸一帶的話，楚人東進至此難免要通過曾國的勢力範圍，再次與曾國發生交鋒。相比較而言，如果邡國的範圍在今鍾祥、天門一帶的話就比較合理了。因爲楚人從此路東進，首當其衝的就是邡國。這樣看來，石泉先生將郇國的範圍劃定在鍾祥、京山之間的觀點似更加合理（參見圖 4）。

此外，根據北京大學藏地名里程簡的記載："竟陵到郇鄉百廿里，郇鄉到安陸百卅里。"① 簡文中的竟陵位於鍾祥北境、漢水以東的豐樂鎮一帶。安陸，據睡虎地秦簡所記以及近年的考古證實，即今雲夢楚王城。② 根據里程數推算，北大地名里程簡記載的"郇鄉"顯然不是《漢書·地理志》"竟陵縣"下所記的"郇鄉"，而應該是《漢書·地理志》"雲杜縣"下所記的"郇亭"。其位置可能位於今京山縣城東北的宋河鎮一帶。

綜上，曾、邡兩國實際上是脣齒相依的鄰邦，有學者認爲曾、邡均爲漢陽諸姬。所謂漢陽諸姬，最早出自《左傳》僖公二十八年，晉楚城濮之戰時，晉國大夫欒枝曾有"漢陽諸姬，楚實盡之"的提法。但是並未明確説明漢陽諸姬包括哪些國家。清代學者易本烺在《春秋楚地答問》中首次提出"漢陽諸姬"包括唐、厲、隨、貳、軫、郇、黃、弦、申、息、江、道、柏、沈、邡十五國。③ 這十五國中"郇"與"邡"實爲一國。但是也有學者據文獻考證邡國實際上是妘姓而非姬姓。④ 一些學者也提出所謂漢陽諸姬實際上並不存在，只是戰國時期人們對文獻和地理的誤解而造成的。⑤ 邡的族姓暫時無法定論，是否存在漢陽諸姬尚有進一步討論的空間。不管具體情況如何，曾、邡關係非常密切應該是無疑的，他們需要共同面對強大的楚人咄咄逼人的束進步伐。

需要指出的是，自蒲騷之役後，郇國就在文獻中消失了，再次出現於《左傳》已經是楚共王時期的邡公鍾儀了，因此一般認爲邡（郇）國在蒲騷之戰之後的某個時間可能就滅亡了，至於具體的滅國時間，文獻沒有記載。但是邡夫人銅器的紀年可能正好提供了一條難得的線索。"正月初吉庚申"，據李學勤先生吉日爲朔日説，⑥ 查張培瑜《中國先秦史曆表》，⑦ 在公元前 700—前 600 年區間內，合朔年份只有公元前 698 年。而這一時間僅僅在

① 辛德勇：《北京大學藏水陸里程簡冊初步研究》，《出土文獻》第 4 輯，上海：中西書局，2013 年。

② 黃盛璋：《雲夢秦墓出土的兩封家信與歷史地理問題》，《文物》1980 年第 2 期。

③ （清）易本烺：《春秋楚地答問》，沈欽韓：《春秋左氏傳地名補注》後附，《叢書集成初編》，北京：中華書局，1985 年，附第 1 頁。

④ 何光嶽：《邡子國考》，《湘潭大學社會科學學報》1982 年第 2 期。

⑤ 于薇：《"漢陽諸姬"：基於地理學的證僞》，《歷史地理》第二十四輯，上海：上海人民出版社，2010 年。

⑥ 李學勤：《月吉、初吉、既吉》《由蔡侯墓青銅器看"初吉"及"吉日"》，均收入《夏商周年代學劄記》，瀋陽：遼寧大學出版社，1999 年。

⑦ 張培瑜：《中國先秦史曆表》，濟南：齊魯書社，1987 年。

蒲騷之戰三年之後。那麼邔夫人攜此套器物離開邔國改嫁曾伯霖必定在此之後。

　　楚女嫚克母由邔改嫁入曾，恐怕不是她本人的意願，更多的是封建家長的政治考量在發揮作用。邔既已滅國，那麼曾國就成了楚人東進路上的下一個目標，於是邔夫人帶着楚國的政治使命改嫁到曾國，並最終葬在了蘇家壟墓地。據蘇家壟墓地發掘顯示，整個墓地的年代最晚延續到春秋早中期之際，大概相當於公元前 670 年前後。也就是説，邔夫人改嫁給曾伯霖不久，曾國的勢力已經從此地退卻。在楚人東進、北上爭霸中原的野心越來越膨脹的局勢下，邔免不了滅國、曾國也命運多舛，我們無法明確知道邔夫人的本心如何，但是她下葬時攜帶了大量帶有邔夫人銘文的器物，或許這才是邔夫人本意的真實際表達吧。

　　毋庸諱言，本文所論的不少内容，囿於考古材料及史料的缺乏，不免有臆測之辭，文章的結論也有待將來考古發現或新資料的出現來驗證或證僞。

圖 4　兩周之際漢東地區形勢圖

1. 楚王城遺址　2. 九連墩墓地　3. 郭家廟遺址　4. 周臺遺址　5. 忠義寨遺址　6. 安居古城址

7. 羊子山墓地　8. 擂鼓墩墓地　9. 義地崗、文峰塔墓地　10. 葉家山墓地　11. 廟臺子遺址

12. 蘇家壟遺址　13. 熊家老屋　14. 劉家崖　15. 花山銅甬鐘窖藏

　　附記：本文草就後，曾就有關問題向方勤、李峰、宋華强、李春桃等先生請教，得到熱情的幫助，謹致謝忱。

（凡國棟，湖北省文物考古研究院）

楚國東部地區的民族融合考析[*]

肖　洋

楚國東部地區大致包括今淮河流域、長江下游及浙北地區，相當於現在的魯南、豫東南、蘇、皖、浙北一帶。該地域處於中國地勢的第三級階梯上，地形主要爲平原、丘陵，自然條件較好，適合古代文化的發展。東周時期發生了中國歷史上的第一次大規模民族融合現象，在楚國也表現得十分顯著。隨着楚國疆域的發展，楚蠻、華夏、淮夷、巴蜀、吳越等國族與楚族融合，深受楚文化的影響，出現了一個較大的族群融合過程，尤其是在楚國東部地區表現得尤爲顯著。陳偉先生《楚"東國"地理研究》，考析了楚國東部疆域內的文化與族群方面的融合現象及其歷史作用與意義。①徐少華先生《周代南土歷史地理與文化》，對楚國的族群融合與多元楚文化的形成加以分析，探討了淮河上中游地區的民族融合現象。②馬世之先生《中原楚文化研究》，梳理了楚文化在淮河上中游地區的發展及特徵。③朱繼平先生《從淮夷族群到編户齊民——周代淮水流域族群衝突的地理學觀察》，探索了淮夷民眾演變爲楚國民户的融合過程。④其他學者們也對楚國東部地區民族文化融合現象有所分析探討，此類相關成果豐富。在楚國東部地區，淮河流域的華夏族群、淮夷族群及長江下游地區的吳越族群被納入楚國的統治以後，深受楚文化的影響，出現了一個較大的族群融合過程。下文結合學者們的相關研究成果，擬就楚國東部地區的民族融合現象加以討論，探析其發展變化過程。

---

* 本文爲國家社科基金青年項目"基于 GIS 的《春秋》經傳所見荆楚地名研究"（20CZS058）階段性成果。

①　陳偉：《楚"東國"地理研究》，武漢：武漢大學出版社，1992 年，第 244~252 頁。

②　徐少華：《周代南土歷史地理與文化》，武漢：武漢大學出版社，1994 年，第 299~311 頁。

③　馬世之：《中原楚文化研究》，武漢：湖北教育出版社，1995 年，第 91~171 頁。

④　朱繼平：《從淮夷族群到編户齊民——周代淮水流域族群衝突的地理學觀察》，北京：人民出版社，2011 年，第 204~207 頁。

一、楚勢力進入以前的形勢

從新石器至西周時期，這一帶的人文地理格局發生過多次變化。新石器時代，這裏先後出現了多支考古學文化，展現多彩紛呈的形勢。北辛文化—大汶口文化—山東龍山文化一脉相承，由北向南逐步擴張。馬家浜文化—崧澤文化—良渚文化前後相繼，從環太湖地區向四周輻射。夏商時期，這一帶表現爲對峙並存的格局：既有中原王朝的勢力擴展，又有地方族群的興起。商文化從早期到晚期在淮河中下游有所維繫，岳石文化也曾在此一度繁榮，湖熟文化在寧鎮地區發展，馬橋文化在環太湖地區開拓。西周初年，周王朝在淮河中下游建立了一系列姬姓與異姓封國，形成了周人與夷人交錯分佈的夷夏並存格局。周勢力自西向東逐步擴張，與淮夷族群發生激烈衝突。在長江下游，吳人與越人先後崛起，開啓了吳越對峙的局勢。所以，楚勢力進入之前，這裏的人文地理狀況非常複雜，分佈有周代同姓及异姓封國、淮夷、吳越等。

(一) 部族林立

在傳世文獻中，有一些國族並非周王朝設立的封國，被排斥於西周封建體系之外，時常與周人發生衝突與戰爭。它們的社會經濟發展水平較低，帶有較爲濃厚的原始社會特徵，有的甚至還處於蒙昧狀態，因而也可以將其稱作"部族"（參見表1）。

表 1　楚勢力進入以前該地區部族表

序號	名稱	族姓	地望
1	越	姒	今環太湖地區
2	杞	姒	今山東新泰
3	胡	歸(媿)	今安徽阜陽西北
4	莒	己	今山東莒縣
5	徐	嬴	今江蘇泗洪半城鎮一帶
6	郯	嬴	今山東郯城以北
7	江	嬴	今河南正陽東南、淮河北岸
8	黃	嬴	今河南潢川以西
9	鍾離	嬴	原在今山東棗莊，其後南遷至今鳳台以西，後又東遷至今鳳陽、蚌埠
10	六	偃	今安徽六安以北

续表

序號	名稱	族姓	地望
11	舒蓼	偃	今六安以北、霍邱以南
12	舒庸	偃	今六安東北一帶
13	舒鳩	偃	今六安東北一帶
14	舒鮑	偃	今六安東北一帶
15	舒龔	偃	今六安東北一帶

越國，姒姓。《史記·越王句踐世家》："越王句踐，其先禹之苗裔，而夏后帝少康之庶子也。封於會稽，以奉守禹之祀。文身斷髮，披草萊而邑焉。後二十餘世，至于允常。允常之時，與吳王闔廬戰而相怨伐。允常卒，子句踐立，是爲越王。"①《吳越春秋·越王無余外傳》："越之前君無余者，夏禹之末封也。"②《越絕書·記地傳》："昔者，越之先君無餘，乃禹之世，別封於越，以守禹冢。"③傳說越爲夏禹的後裔，始封之君爲無餘，但在春秋早期仍爲酋邦形態。越的核心區起初在今太湖地區的安吉一帶，允常之時，遷到會稽（今浙江紹興），④可能從酋邦變爲王國。勾踐時期，越滅吳，成爲春秋末年的霸主。

杞國，姒姓。《左傳》襄公十一年杜預注："杞，姒姓。"⑤杞在今山東新泰，號稱是禹的後裔，越滅吳以後，南遷至今安徽泗縣，靠近越，以求得保護。⑥

胡國，歸（媿）姓。《史記·陳杞世家》："吳王僚使公子光伐陳，取胡、沈而去"，司馬貞《索隱》引《系本》曰："胡，歸姓。"⑦此處的《系本》應指《世本》，"世"改稱"系"，以避唐太宗李世民之諱。"歸"爲胡國族姓，或是"媿"字之誤，其先祖可能是西北戎狄。《春秋》昭公四年："楚子、蔡侯、陳侯、許男、頓子、胡子、沈子、淮夷伐吳"，杜預注："胡國，汝陰縣西北有胡城。"⑧西晋時期的汝陰縣在今安徽阜陽，胡國應在今阜陽西北。

---

① 《史記》卷四一《越王句踐世家》，北京：中華書局，1959 年，第 1739 頁。

② （漢）趙曄撰，（元）徐天祜音注，苗麓點校：《吳越春秋》卷六《越王無余外傳》，南京：江蘇古籍出版社，1999 年，第 93 頁。

③ （漢）袁康、吳平輯録，樂祖謀點校：《越絕書》卷八《記地傳》，上海：上海古籍出版社，1985 年，第 57 頁。

④ 張志鵬：《吳越史新探》，河南大學博士學位論文，2012 年，第 146、173~180、246 頁。

⑤ （晉）杜預注，（唐）孔穎達正義：《春秋左傳正義》，阮元校刻：《十三經注疏》，北京：中華書局，1980 年，第 1950 頁。

⑥ 陳偉：《楚"東國"地理研究》，武漢：武漢大學出版社，1992 年，第 123、141 頁。

⑦ 《史記》卷三六《陳杞世家》，北京：中華書局，1959 年，第 1582 頁。

⑧ （晉）杜預注，（唐）孔穎達正義：《春秋左傳正義》，阮元校刻：《十三經注疏》，北京：中華書局，1980 年，第 2032 頁。

莒國，己姓。《左傳》襄公十一年杜預注："莒，己姓。"①《春秋》隱公二年："莒人入向"，杜預注："莒國，今城陽莒縣也。"②西晉時期的莒縣在今山東莒縣，莒國也應在此。

徐國，嬴姓。其地在今江蘇泗洪半城鎮一帶。③《漢書·地理志》臨淮郡"徐"縣下，班固自注："故國，盈姓。至春秋時徐子章禹爲楚所滅。"④由此可知，徐國爲嬴姓，嬴字又寫作"盈"。⑤

郯國，嬴姓。《史記·秦本紀》："秦之先爲嬴姓。其後分封，以國爲姓，有徐氏、郯氏、莒氏、終黎氏……黄氏、江氏……蜚廉氏、秦氏。"⑥《漢書·地理志》東海郡"郯"縣下，班固自注："故國，少昊後，盈姓。"⑦郯爲嬴姓，在今山東郯城以北。

江國，嬴姓。《史記·陳杞世家》："江、黄、胡、沈之屬"，司馬貞《索隱》："按《系本》，江、黄二國並嬴姓。"⑧《春秋》僖公二年："齊侯、宋公、江人、黄人盟于貫"，杜預注："江國在汝南安陽縣。"⑨江國及漢晉時期的安陽故城在今河南正陽東南、淮河北岸。⑩

黄國，嬴姓。《左傳》莊公十九年："遂伐黄"，杜預注："黄，嬴姓國，今弋陽縣。"⑪西晉時期的弋陽縣在今河南潢川以西，黄國應在此一帶。

鍾離，嬴姓。《史記·秦本紀》："秦之先爲嬴姓。其後分封，以國爲姓，有徐氏、郯氏、莒氏、終黎氏……黄氏、江氏……蜚廉氏、秦氏。"裴駰《集解》引徐廣曰："《世本》作'鍾離'。"⑫《水經注·淮水》："《世本》曰：鍾離，嬴姓也。應劭曰：縣故鍾離子國也，楚滅之以爲縣。"⑬鍾離又作"終犁""終黎"，爲嬴姓古國。⑭鍾離國起初在今山東棗莊，其後，

① （晉）杜預注，（唐）孔穎達正義：《春秋左傳正義》，阮元校刻：《十三經注疏》，北京：中華書局，1980 年，第 1950 頁。

② （晉）杜預注，（唐）孔穎達正義：《春秋左傳正義》，阮元校刻：《十三經注疏》，北京：中華書局，1980 年，第 1718 頁。

③ 陳偉：《楚"東國"地理研究》，武漢：武漢大學出版社，1992 年，第 43~47 頁。

④ 《漢書》卷二八上《地理志上》，北京：中華書局，1962 年，第 1589 頁。

⑤ 程憬：《夷方與徐方（續）》，《大陸雜志》第 1 卷第 8 期，1933 年。

⑥ 《史記》卷五《秦本紀》，北京：中華書局，1959 年，第 221 頁。

⑦ 《漢書》卷二八上《地理志上》，北京：中華書局，1962 年，第 1588 頁。

⑧ 《史記》卷三六《陳杞世家》，北京：中華書局，1959 年，第 1586 頁。

⑨ （晉）杜預注，（唐）孔穎達正義：《春秋左傳正義》，阮元校刻：《十三經注疏》，北京：中華書局，1980 年，第 1791 頁。

⑩ 徐少華：《周代南土歷史地理與文化》，武漢：武漢大學出版社，1994 年，第 110~112 頁。

⑪ （晉）杜預注，（唐）孔穎達正義：《春秋左傳正義》，阮元校刻：《十三經注疏》，北京：中華書局，1980 年，第 1773 頁。

⑫ 《史記》卷五《秦本紀》，北京：中華書局，1959 年，第 221 頁。

⑬ （後魏）酈道元注，（清末）楊守敬、熊會貞疏：《水經注疏》卷三〇《淮水》，南京：江蘇古籍出版社，1989 年，第 2534~2535 頁。

⑭ 徐少華：《童麗公諸器與古鍾離國歷史和文化》，《古文字研究》第 28 輯，北京：中華書局，2010 年，第 328 頁。

南遷至今鳳台以西，後又東遷至今鳳陽、蚌埠。①鍾離爲嬴姓，原屬東夷集團，這兩次遷徙可能在西周時期，或與周勢力的擴張有關。

"六"國，偃姓。《左傳》文公五年："臧文仲聞六與蓼滅，曰：'皋陶、庭堅，不祀忽諸。……'"杜預注："蓼與六，皆皋陶後也。"②《漢書·地理志》六安國"六"縣下，班固自注："故國，皋繇後，偃姓，爲楚所滅。"③"六"，杜預注："今廬江六縣。"④西晋時期的"六縣"在今安徽六安北偏東。因此，"六"國應在今六安以北一帶。

舒蓼，偃姓。《左傳》文公十四年："子孔、潘崇將襲群舒，使公子燮與子儀守而伐舒蓼"，杜預注："即群舒。"⑤在先秦時期，應該存在着三個蓼國，即西蓼、東蓼、舒蓼：西蓼在南陽盆地，東蓼在今河南固始，舒蓼在今六安以北、霍丘以南一帶，其中，舒蓼屬於群舒，爲偃姓，出自皋陶。⑥

群舒，偃姓。《左傳》文公十二年："群舒叛楚。夏，子孔執舒子平及宗子，遂圍巢。"杜預注："群舒，偃姓，舒庸、舒鳩之屬。今廬江南有舒城。舒城西南有龍舒。宗、巢二國，群舒之屬。"孔穎達疏："《世本》：偃姓，舒庸、舒蓼、舒鳩、舒龍、舒鮑、舒龔。以其非一，故言屬以包之。"⑦群舒又稱"衆舒"，指一系列偃姓小國，如舒、舒蓼、舒庸、舒鳩、宗、巢、舒龍、舒鮑、舒龔等；群舒起初在今安徽六安東北，春秋晚期迫於楚的壓力，向南遷至淮南丘陵以南，如舒在今安徽舒城、巢在今安徽桐城以南。⑧

(二) 封國密布

淮河流域分佈着許多姬姓與异姓封國，在長江下游還有吳國。這些封國原是西周王朝防範蠻夷的藩籬。春秋初年，它們失去了周王室的統領，變成了一盤散沙(參見表2)。後來，有的被强國吞併，有的則發展壯大，吞併周圍的弱者，開疆拓土，成爲强國。

---

① 張志鵬：《〈春秋〉經傳所見"鍾離"爲三地考》，《古籍整理研究學刊》2011 年第 5 期。

② (晋)杜預注，(唐)孔穎達正義：《春秋左傳正義》，阮元校刻：《十三經注疏》，北京：中華書局，1980 年，第 1843 頁。

③ 《漢書》卷二八下《地理志下》，北京：中華書局，1962 年，第 1638 頁。

④ (晋)杜預注，(唐)孔穎達正義：《春秋左傳正義》，阮元校刻：《十三經注疏》，北京：中華書局，1980 年，第 1842 頁。

⑤ (晋)杜預注，(唐)孔穎達正義：《春秋左傳正義》，阮元校刻：《十三經注疏》，北京：中華書局，1980 年，第 1854 頁。

⑥ 徐少華：《古蓼國歷史地理考异》，《歷史地理》第 14 輯，上海：上海人民出版社，1998 年，第 202~210 頁。

⑦ (晋)杜預注，(唐)孔穎達正義：《春秋左傳正義》，阮元校刻：《十三經注疏》，北京：中華書局，1980 年，第 1851 頁。

⑧ 陳偉：《楚"東國"地理研究》，武漢：武漢大學出版社，1992 年，第 70~79 頁。

表 2　楚勢力進入以前該地區封國表

序號	名稱	族姓	地望
1	息	姬	今息縣西南、淮水北岸
2	蔡	姬	今河南上蔡
3	頓	姬	原在今河南商水縣東南；魯僖公二十三年（前 637 年），遷至今項城西南
4	沈	姬	今河南平輿以北
5	魯	姬	今山東曲阜
6	滕	姬	今山東滕州西南
7	吳	姬	今寧鎮、皖南地區
8	東蓼	姬	今河南固始
9	陳	媯	今河南淮陽
10	許	姜	今河南許昌以東
11	薛	任	今山東滕州東南、棗莊一帶
12	邾	曹	原在今山東曲阜東南；魯文公十三年（前 614 年），遷至今鄒城東南
13	小邾	曹	今山東棗莊東南
14	宋	子	今河南商丘

　　息國，姬姓。《左傳》隱公十一年："鄭伯與戰于竟，息師大敗而還"，杜預注："息國，汝南新息縣。"孔穎達疏引《世本》曰："息國，姬姓。"[1]息國的地望應在今息縣西南、淮水北岸。[2]

　　蔡國，姬姓。《史記·管蔡世家》："管叔鮮、蔡叔度者，周文王子而武王弟也。……蔡叔度既遷而死。其子曰胡……復封胡於蔡，以奉蔡叔之祀，是爲蔡仲。"[3]《漢書·地理志》汝南郡"上蔡"縣下，班固自注："故蔡國，周武王弟叔度所封。度放，成王封其子胡，十八世徙新蔡。"[4]西周初年，蔡叔度的始封之地在商王畿内的今河南修武以西；周成王時，蔡叔度之子（蔡仲）又被復封，並南遷於淮河流域的上蔡，在今上蔡縣城關一帶。[5]

---

① （晋）杜預注，（唐）孔穎達正義：《春秋左傳正義》，阮元校刻：《十三經注疏》，北京：中華書局，1980 年，第 1737 頁。

② 徐少華：《周代南土歷史地理與文化》，武漢：武漢大學出版社，1994 年，第 82~87 頁。

③ 《史記》卷三五《管蔡世家》，北京：中華書局，1959 年，第 1563、1565 頁。

④ 《漢書》卷二八上《地理志上》，北京：中華書局，1962 年，第 1562 頁。

⑤ 徐少華：《周代南土歷史地理與文化》，武漢：武漢大學出版社，1994 年，第 163~177 頁。

頓國，姬姓。《漢書·地理志》汝南郡"南頓"縣下，班固自注："故頓子國，姬姓。"①
顏師古引應劭曰："頓迫於陳，其後南徙，故號南頓，故城尚在。"②頓國故城在河南商水
縣東南約 10 千米的平店鄉李崗村一帶。③

沈國，姬姓。《史記·陳杞世家》："吳王僚使公子光伐陳，取胡、沈而去"，司馬貞
《索隱》引《系本》曰："沈，姬姓。"④《春秋》文公三年："叔孫得臣會晉人、宋人、陳人、
衛人、鄭人伐沈，沈潰"，杜預注："沈，國名也。汝南平輿縣北有沈亭。"⑤漢晉時期的平
輿縣在今河南平輿以北的射橋、廟灣，沈國應在此以北一帶。⑥

魯國，姬姓。《史記·魯周公世家》："周公旦者，周武王弟也。……封周公旦於少昊
之虛曲阜，是爲魯公。周公不就封，留佐武王。"⑦實際上，魯國的始封不在周武王時，而
在周成王東征平亂勝利後，始封於商奄舊地，伯禽爲始封之君，曲阜魯故城或是伯禽被封
於魯以後所建。⑧

滕國，姬姓。《史記·陳杞世家》："滕、薛、騶，夏、殷、周之閒封也，小，不足齒
列，弗論也"，司馬貞《索隱》："滕不知本封，蓋軒轅氏子有滕姓，是其祖也。後周封文
王子錯叔繡於滕。"⑨滕國始封之君爲錯叔繡，是周文王之子。滕國故城在今山東滕州西南
約 8 千米的姜屯鎮東滕城村一帶。⑩

吳國，姬姓。《史記·吳太伯世家》："吳太伯，太伯弟仲雍，皆周太王之子，而王季
歷之兄也。……於是太伯、仲雍二人乃犇荊蠻，文身斷髮，示不可用，以避季歷。……是
時周武王克殷，求太伯、仲雍之後，得周章。周章已君吳，因而封之。……壽夢立而吳始
益大，稱王。"⑪太伯、仲雍奔荊蠻的遷徙，先從渭河流域到江漢流域，沿江而下，至寧

① 《漢書》卷二八上《地理志上》，北京：中華書局，1962 年，第 1561 頁。
② 《漢書》卷二八上《地理志上》，北京：中華書局，1962 年，第 1562 頁。
③ 國家文物局主編：《中國文物地圖集·河南分冊(上冊)》，"商水縣文物圖"，北京：中國地圖出
版社，1991 年，第 188 頁；《中國文物地圖集·河南分冊(下冊)》，商水縣"頓國故城"條，北京：中國
地圖出版社，1991 年，第 424 頁。
④ 《史記》卷三六《陳杞世家》，北京：中華書局，1959 年，第 1582 頁。
⑤ (晋)杜預注，(唐)孔穎達正義：《春秋左傳正義》，阮元校刻：《十三經注疏》，北京：中華書
局，1980 年，第 1839 頁。
⑥ 徐少華：《周代南土歷史地理與文化》，武漢：武漢大學出版社，1994 年，第 161~163 頁。
⑦ 《史記》卷三三《魯周公世家》，北京：中華書局，1959 年，第 1515 頁。
⑧ 任偉：《西周封國考疑》，北京：社會科學文獻出版社，2004 年，第 14~45 頁。
⑨ 《史記》卷三六《陳杞世家》，北京：中華書局，1959 年，第 1585~1586 頁。
⑩ 國家文物局主編：《中國文物地圖集·山東分冊(上冊)》，"滕州市文物圖"，北京：中國地圖出
版社，2007 年，第 178~179 頁；《中國文物地圖集·山東分冊(下冊)》，滕州市"滕國故城"條，北京：
中國地圖出版社，2007 年，第 190 頁。
⑪ 《史記》卷三一《吳太伯世家》，北京：中華書局，1959 年，第 1445~1447 頁。

鎮、皖南地區，在此建立了吳國；西周初年，吳國君主周章之弟——虞仲被封於山西省南部的虞，寧鎮、皖南地區的大型土墩墓爲吳國貴族墓葬；西周晚期，吳勢力到達太湖一帶。①

東蓼，姬姓。《左傳》文公五年："臧文仲聞六與蓼滅，曰：'皋陶、庭堅，不祀忽諸。……'"杜預注："蓼與六，皆皋陶後也。"②《漢書·地理志》六安國"蓼"縣下，班固自注："故國，皋繇後，爲楚所滅。"③庭堅與皋陶不可混同，東蓼出自庭堅，是顓頊的苗裔，其地在今河南固始。④

陳國，嬀姓。《史記·陳杞世家》："至于周武王克殷紂，乃復求舜後，得嬀滿，封之於陳，以奉帝舜祀，是爲胡公。"⑤陳國在今河南淮陽，陳之嬀姓是沿其先祖舜部族而來，不是周武王所賜，周人分封陳國一方面是出於對古帝之後族的尊重，另一方面也是爲了加強對淮北汝潁地區的控制。⑥

許國，姜姓。《水經注·陰溝水》："《世本》曰：許、州、向、申，姜姓也，炎帝後。"⑦《漢書·地理志》潁川郡"許"縣下，班固自注："故國，姜姓，四岳後，太叔所封，二十四世爲楚所滅。"⑧《春秋》隱公十一年："公及齊侯、鄭伯入許"，孔穎達疏引杜預《春秋釋例》之《世族譜》曰："許，姜姓，與齊同祖，堯四岳伯夷之後也，周武王封其苗裔文叔于許，今潁川許昌是也。"⑨許國在今河南許昌以東的魏村至張潘一帶，始封於周武王之時，始封之君爲"文叔"，"太叔"爲其假借字，"文叔"是其本字。⑩

薛國，任姓。《左傳》隱公十一年杜預注："薛，任姓。"⑪《漢書·地理志》魯國"薛"縣

---

①　任偉：《西周封國考疑》，北京：社會科學文獻出版社，2004 年，第 369~370 頁。

②　（晉）杜預注，（唐）孔穎達正義：《春秋左傳正義》，阮元校刻：《十三經注疏》，北京：中華書局，1980 年，第 1843 頁。

③　《漢書》卷二八下《地理志下》，北京：中華書局，1962 年，第 1638 頁。

④　徐少華：《古蓼國歷史地理考异》，《歷史地理》第 14 輯，上海：上海人民出版社，1998 年，第 202~210 頁。

⑤　《史記》卷三六《陳杞世家》，北京：中華書局，1959 年，第 1575 頁。

⑥　徐少華：《周代南土歷史地理與文化》，武漢：武漢大學出版社，1994 年，第 184 ~ 185、192 ~ 194 頁。

⑦　（後魏）酈道元注，（清末）楊守敬、熊會貞疏：《水經注疏》卷二三《陰溝水》，南京：江蘇古籍出版社，1989 年，第 1956 頁。

⑧　《漢書》卷二八上《地理志上》，北京：中華書局，1962 年，第 1560 頁。

⑨　（晉）杜預注，（唐）孔穎達正義：《春秋左傳正義》，阮元校刻：《十三經注疏》，北京：中華書局，1980 年，第 1735 頁。

⑩　徐少華：《周代南土歷史地理與文化》，武漢：武漢大學出版社，1994 年，第 200~201 頁。

⑪　（晉）杜預注，（唐）孔穎達正義：《春秋左傳正義》，阮元校刻：《十三經注疏》，北京：中華書局，1980 年，第 1736 頁。

下，班固自注："夏車正奚仲所國，後遷于邳，湯相仲虺居之。"①薛國應在今山東棗莊一帶。②

邾與小邾，曹姓。《左傳》襄公十一年杜預注："邾、小邾，曹姓。"③《漢書·地理志》"騶"縣下，班固自注："故邾國。曹姓，二十九世爲楚所滅。"④西漢時期的騶縣在今山東鄒城東南。邾國又稱"鄒"或"騶"，西周時始封之地在今山東曲阜東南、泗水縣西南，始封之君爲挾，屬於陸終的後裔；魯文公十三年(前 614 年)，爲魯所迫，遷至今鄒城東南；小邾的始封之君爲邾公子友，是在兩周之際從邾國分出。⑤小邾在今山東棗莊東南。⑥

宋國，子姓。《史記·宋微子世家》："周公既承成王命誅武庚，殺管叔，放蔡叔，乃命微子開代殷後，奉其先祀，作微子之命以申之，國于宋。"⑦微子啓協助周武王伐商，因而被武王分封於孟渚之濱(今山東曹縣)，但不久之後，其在封地去世；周公、成王東征後，成王又徙封稽(微子啓之侄、微仲之子)於宋(今河南商丘)，承續微子一脉，奉殷先祀。⑧

由此可見，楚國東部地區的民族成分來源繁雜，部族林立，封國密佈。西周時期，周勢力向東南逐漸發展，在淮河流域分封了一系列諸侯國，其中既有姬姓的魯、滕、蔡、息等，也有一些異姓的陳、宋、杞等。並且，周人在寧鎮地區建立起吳國。這些諸侯國共同拱衛了周王朝的東南疆土。此外，淮河中下游分佈着淮夷族群，沂沭泗水一帶則有東夷族群，在環太湖地區還有越人。

西周早期，周公、成王的東征重創了東夷族群。此後，東夷被分化瓦解。有一部分進入淮河中下游，與淮夷族群融合，增強了淮夷的實力。自周穆王時期起，周人與淮夷之間頻繁爆發戰爭衝突。淮夷經常侵擾周人，嚴重威脅成周的安全。周厲王對淮夷發動了大規模的反擊，攻入了淮夷的核心區。淮夷遭受重創，向周人臣服。周宣王調整了淮河流域的諸侯封建體系，以加強對這裏的控制。此後，淮夷族群逐漸與華夏族群融合。進入東周以後，楚人向東逐步推進，首先爭奪淮河流域，然後開拓長江下游地區，經過長期的經營，最終形成了楚國東部疆域。

① 《漢書》卷二八下《地理志下》，北京：中華書局，1962 年，第 1637 頁。
② 陳偉：《楚"東國"地理研究》，武漢：武漢大學出版社，1992 年，第 51~55 頁。
③ (晉)杜預注，(唐)孔穎達正義：《春秋左傳正義》，阮元校刻：《十三經注疏》，北京：中華書局，1980 年，第 1950 頁。
④ 《漢書》卷二八下《地理志下》，北京：中華書局，1962 年，第 1637 頁。
⑤ 何浩：《楚滅國研究》，武漢：武漢出版社，1989 年，第 291~297 頁。
⑥ 陳偉：《楚"東國"地理研究》，武漢：武漢大學出版社，1992 年，第 47~51、125 頁。
⑦ 《史記》卷三八《宋微子世家》，北京：中華書局，1959 年，第 1621 頁。
⑧ 陳立柱：《微子封建考》，《歷史研究》2005 年第 6 期。

二、楚勢力進入以後的民族融合

隨着楚國東部疆域的發展，原來分散於各地的衆多族群被納入楚國的統一管理之下。楚國實施了一系列政策，推動了族群之間在政治、經濟、文化等方面的融合，產生了深遠的作用與影響。

(一)設置郡縣打破族群隔離

東周時期許多諸侯國爲楚所滅，而設縣是楚國的基本國策，如公元前 680 年楚文王滅息設縣。楚所滅的衆多小國，大多被置縣，如弦、黃、江、六、巢等。這些小國的君主，或被殺掉，或被遷離故國及其臣民，以防止故國臣民的復國活動。①在客觀上，郡縣打破了族群之間的界限。那些原屬於不同國族的人民，均被統一納入楚國的管理之下，加快了族群融合的過程。

國人是西周至春秋時期對居於國都之人的稱呼，大多爲國君的同族，有權參與議論國事，又有服兵役、納軍賦的義務；楚在立縣以前，主要依靠國人承擔兵役。②在早期國、野之分嚴格的時候，軍隊主力主要由國人構成，這是一種義務，更是一種權利身份的象徵。③大量的楚縣出現以後，國、野的區別逐漸消失，楚境之內的大批异族人被編入縣的籍册，交納賦税，並且服兵役，類似於漢代的編户齊民。被滅國的民衆爲楚國提供賦役，异族人與楚人休戚與共，享有較高的社會地位。④“申、息之師”是由申縣與息縣之人組成，爲楚國的精鋭部隊。魯僖公二十八年(楚成王四十年，前 632 年)，晋楚爆發城濮之戰，楚將子玉被晋文公擊敗，申、息之師損失殆盡，楚成王派遣使者責備子玉何以面對申、息之父老。而申、息原是爲楚所滅的諸侯國，在設縣以後，爲楚的擴張提供了兵源保障。由此可見，异族人轉化爲楚縣的民衆之後，爲楚國的發展作出了積極貢獻。

《左傳》襄公二十五年：

> 楚蒍掩爲司馬，子木使庀賦，數甲兵。甲午，蒍掩書土田，度山林，鳩藪澤，辨京陵，表淳鹵，數疆潦，規偃豬，町原防，牧隰皋，井衍沃，量入脩賦。賦車籍馬，

---

①　何浩：《楚滅國研究》，武漢：武漢出版社，1989 年，第 103 頁。

②　石泉主編：《楚國歷史文化辭典》(修訂本)，“國人”條，武漢：武漢大學出版社，1997 年，第 238～239 頁。

③　徐少華：《周代南土歷史地理與文化》，武漢：武漢大學出版社，1994 年，第 305 頁。

④　張勝琳：《春秋時期楚國异族人的來源及其處境》，《江漢論壇》1984 年第 6 期。

賦車兵、徒卒、甲楯之數。既成，以授子木，禮也。①

蔿掩庀賦是對楚國境內的各種土地進行調查統計，從而制定了不同類型土地承擔兵賦的標準，以此上交給令尹子木；這時楚境的人民不分國、野，都需承擔兵賦，説明國人與野人的區別逐漸消失。②可見，蔿掩改革賦役制度，消除了楚國境內的不同族群在社會身份上的差別。

戰國中晚期，楚與越爆發多次戰争，楚勢力推進至長江下游一帶，設置了江東郡管轄新開拓的疆土。戰國末年又從江東郡析置海陽郡，以管理揚州一帶的鹽業經濟。楚考烈王十五年(前 248 年)，春申君獻出"淮北十二縣"，被改封到"故吳墟"，即姑蘇，在今蘇州西南木瀆鎮一帶。春申君對當地有所經營，深得民心，因而後世之人在秦漢吳縣城(今蘇州市)附會了許多關於春申君的古迹及故事。由此説明，郡與封邑的設立，促進了吳越故地的開發，有利於吳越族群與楚族群的相互交流。

(二) 族群遷徙推動融合發展

春秋晚期楚對被滅國之民進行了大規模的遷徙。魯昭公九年(楚靈王八年，前 533 年)，楚靈王把許國從"葉"遷徙到"夷"(即"城父")，把原來的城父人遷徙到陳國。《左傳》昭公十三年：

> 楚之滅蔡也，靈王遷許、胡、沈、道、房、申於荊焉。平王即位，既封陳、蔡，而皆復之，禮也。③

楚靈王把淮河流域屬於楚的許、沈、胡、申、道、房等小國一起遷至楚國的腹地，楚平王初年又把它們遷回淮河流域故地。④楚靈王在淮北汝潁地區的一系列遷國移民措施加速了該地區的楚化進程。⑤ 1958 年，湖北宜城安樂堰出土了蔡侯朱缶，年代在春秋晚期。⑥

---

① (晋)杜預注，(唐)孔穎達正義：《春秋左傳正義》，阮元校刻：《十三經注疏》，北京：中華書局，1980 年，第 1985~1986 頁。

② 劉家和：《關於蔿掩庀賦》，《江漢論壇》1984 年第 3 期。

③ (晋)杜預注，(唐)孔穎達正義：《春秋左傳正義》，阮元校刻：《十三經注疏》，北京：中華書局，1980 年，第 2073 頁。

④ 徐少華：《周代南土歷史地理與文化》，武漢：武漢大學出版社，1994 年，第 268~269 頁。

⑤ 晏昌貴：《楚靈王遷國移民考》，《江漢論壇》1990 年第 12 期。

⑥ 仲卿：《襄陽專區發現的兩件銅器》，《文物》1962 年第 11 期；中國社會科學院考古研究所編：《殷周金文集成》(修訂增補本)第 6 册，第 09991 號，北京：中華書局，2007 年，第 5254、5386~5387頁。

1987 年，宜城朱市鄉出土了蔡大膳夫簠，年代爲春秋早期。[1] 2014 年，考古工作者在南漳武安鎮東南、蠻河南岸發現了川廟山墓地，在此以北約 4 千米是安樂堰東周墓群及蔡侯朱缶的出土地，東北約 6 千米即蔡大膳夫簠的出土地；該墓地發掘了 23 座墓葬，年代範圍從春秋中期至戰國早期，隨葬陶器組合以鬲、盂、罐爲主，含有外來文化因素，如硬陶罐、乳釘足鬲等，所以，這一帶當是楚人安置他國移民之地。[2]《左傳》昭公十三年之"靈王遷許、胡、沈、道、房、申於荆"可能與此相關，楚靈王或是把淮河流域的這些國族之人遷到今南漳至宜城之間。春秋晚期，楚靈王遷城父人於陳，楚平王城丘皇、遷訾人，楚昭王致蔡於負函等一系列遷徙楚境内的被滅國之民，都是吳楚戰爭形勢所致，[3]但也增加了不同族群之間的交流與互動。

楚疆的擴張及楚人的長期經營使得族群界限與偏見逐漸被清除，至戰國末年，楚國東部的這些分散的族群已融合爲團結統一的群體——"楚人"。

(三) 楚國東部地區的民族融合程度很深

春秋戰國時期，出現了族群大融合的現象。在楚國東部地區，异族人不僅融入楚族群之中，而且成爲守衛楚國邊疆的重要力量。

《左傳》昭公十四年(楚平王元年，前 528 年)：

> 夏，楚子使然丹簡上國之兵於宗丘……使屈罷簡東國之兵於召陵，亦如之。好於邊疆，息民五年，而後用師，禮也。[4]

楚平王爲了穩定政局，派遣然丹到宗丘，派遣屈罷到召陵，主持"上國之兵""東國之兵"的整編與集訓。"上國之兵"，應是來自今鄂西地區的楚縣，而"東國之兵"，應是來自淮河上中游的楚縣。他們的祖輩屬於不同的族群，但在楚縣的長期管理之下，已被楚化，因而稱爲"上國之兵""東國之兵"。

《戰國策·楚策二》"楚襄王爲太子之時"章記載了頃襄王從齊國返回楚地即位後，齊國派使者向楚索要東地五百里，大司馬昭常回復道：

---

① 襄樊市博物館：《湖北宜城出土蔡國青銅器》，《考古》1989 年第 11 期。
② 湖北省文物考古研究所、南漳縣博物館：《湖北南漳川廟山東周墓地 2014 年發掘報告》，《江漢考古》2015 年第 4 期。
③ 徐少華：《周代南土歷史地理與文化》，武漢：武漢大學出版社，1994 年，第 301~302 頁。
④ (晋)杜預注，(唐)孔穎達正義：《春秋左傳正義》，阮元校刻：《十三經注疏》，北京：中華書局，1980 年，第 2076 頁。

我典主東地，且與死生。悉五尺至六十，三十餘萬弊甲鈍兵，願承下塵。①

此時，楚國東部地區可徵集的兵員總額達"三十餘萬"。其中，大多數人的家族，兩周之際屬於淮河流域的華夏族群或淮夷族群，至戰國中晚之際，已歸屬於楚族群。他們對楚普遍形成了族群認同，願意爲楚國而戰，所以，昭常就敢向齊國使者表示：將會與他們一起爲守衛楚之東地，浴血奮戰。

鄂君啟節是楚懷王頒給鄂君啟的免稅憑證，節銘設置了免稅網絡。②許多封君可能也享有類似商業貿易的免稅特權。③由於楚國的族群融合程度較高，因此，這些封君的商隊暢行楚境之內，帶動了不同地域之間的經濟文化交流。

《史記·貨殖列傳》：

越、楚則有三俗。夫自淮北沛、陳、汝南、南郡，此西楚也。……彭城以東，東海、吳、廣陵，此東楚也。……衡山、九江、江南、豫章、長沙，是南楚也，其俗大類西楚。④

至戰國末年，經過長期的族群融合，原來分散於各地的不同族群變爲楚人。在楚國疆域內，形成了獨具特色的楚文化，影響延續至漢武帝時期，如《史記》中的"三楚"概念（東楚、西楚、南楚）。西楚包括今江漢地區和淮河上中游以北，東楚爲今蘇、皖南、魯東南、浙南等地，南楚是今鄂東、皖中及湘、贛地區。東楚、西楚、南楚既是文化區，也是經濟區，已跨越了這裏以前衆多族群的邊界，形成了"三楚"的新格局。

《史記·王翦列傳》：

王翦果代李信擊荊。荊聞王翦益軍而來，乃悉國中兵以拒秦。王翦至，堅壁而守之，不肯戰。荊兵數出挑戰，終不出。……⑤

秦王政二十三年（楚王負芻四年，224 年），秦將王翦率領 60 萬大軍伐楚，在淮河中

---

① 《戰國策》卷一五《楚策二》，上海：上海古籍出版社，1998 年，第 533~534 頁。
② 陳偉：《〈鄂君啟節〉與楚國的免稅問題》，《江漢考古》1989 年第 3 期。
③ 鄭威：《楚國封君研究》，武漢：湖北教育出版社，2012 年，第 230~231 頁。
④ 《史記》卷一二九《貨殖列傳》，北京：中華書局，1959 年，第 3267~3268 頁。
⑤ 《史記》卷七三《王翦列傳》，北京：中華書局，1959 年，第 2341 頁。

游與楚軍展開決戰。楚軍士氣旺盛，敢於主動挑戰，其兵力應與秦軍相差無幾。秦趙長平之戰，趙軍 40 多萬降卒被坑殺，趙國前後死亡者高達 45 萬。①楚軍應稍多於長平之戰的趙軍，所以，楚的參戰兵力可能有 50 萬左右。從"乃悉國中兵以拒秦"可見，楚國徵發了所有的兵丁，組成了這支大軍。其中，許多人當是楚所滅之國的後裔。由於與楚族群的長期融合，他們已變成楚人，對楚國懷有深切的熱愛。因而在楚滅亡的前夕，他們爲楚而戰，甚至付出了生命。

(四) 文化面貌的融合

在楚國東部地區，原來風格迥異的地方文化受到了楚文化的影響，至戰國末年，它們都融入楚文化之中，出現了文化整合現象。

春秋早期，在楚國西部疆域，楚文化逐漸崛起，開始整合周邊的土著文化，今宜城至南漳的蠻河流域形成了楚國核心區。②此時，淮河流域分佈有周文化、淮夷文化，長江下游有吳越文化。它們的文化面貌差异顯著，反映了周、淮夷、吳、越等族群有着清晰的界綫。

各地族群文化面貌的不同，反映了他們在文化風俗及禮儀制度方面的差异。隨着楚國疆域的推進，楚文化也隨之傳播，各地原有文化均受到了楚文化的浸潤、整合。郭德維先生在《楚系墓葬研究》一書中，指出了楚勢力的擴張與鼎、敦、壺器物組合的傳播密切相關：

> 只有當某一國爲另一國所滅，由于强加的各種政治上的限制，才可能出現某種禮制的突然變化。如楚向東、向南擴張，楚的勢力擴展到哪里，哪里就出現楚式的鼎、敦、壺之類。③

至戰國末年，在楚國疆域内，原來的不同文化已融入楚文化之中，基本形成了相對一致的文化特徵，如楚式的鼎、敦、壺、簠、缶的器物組合。

楚國疆域較爲廣闊，涵蓋了漢水流域、淮河流域及長江中下游地區，各地的水文、地形、氣候等自然地理條件均有差异。楚勢力進入以前，社會、歷史、文化等人文地理狀况比較複雜，封國密佈，部族林立，這些國族的考古學文化均帶有一定的自身特色。楚勢力

---

① 楊寬：《戰國史》，上海：上海人民出版社，2003 年，第 415 頁。
② 陳朝霞：《楚國西部疆域演變與民族融合》，武漢大學博士學位論文，2011 年，第 33~43 頁。
③ 郭德維：《楚系墓葬研究》，武漢：湖北教育出版社，1995 年，第 29 頁。

進入後，爲了管理如此廣袤的疆域，對其進行了文化整合。楚文化因素滲入這裏，並融入當地文化之中，如土坑竪穴木椁墓，鼎、敦、壺的器物組合及楚式的漆木器、銅鏡等。這種變化也反映了戰國時期族群大融合的現象。公元前 223 年楚爲秦所滅，但楚實施的文化整合，成效顯著，促進了秦漢大一統格局的形成。

(五) 楚國東部地區民族融合的影響延續至西漢

春秋戰國時期，楚國東部的民族融合很深刻，其影響甚爲深遠。公元前 223 年楚雖滅亡，但"楚雖三戶，亡秦必楚"①，楚之貴族與平民均懷念故國。尤其在楚國東部地區，楚人群體有巨大的凝聚力。在陳勝吳廣起義中，楚人一呼百應，舉起了反秦的大旗，恢復楚國是他們的政治目標。

《史記·陳涉世家》：

> 當此時，諸郡縣苦秦吏者，皆刑其長吏，殺之以應陳涉。乃以吳叔爲假王，監諸將以西擊滎陽。令陳人武臣、張耳、陳餘徇趙地，令汝陰人鄧宗徇九江郡。當此時，楚兵數千人爲聚者，不可勝數。……②

這時，原楚國東部疆域也是"張楚"政權與秦人的交戰之地，"楚兵數千人爲聚者"應指這一帶由楚人構成的起義軍不計其數。

劉邦集團的核心成員大多爲楚人，對楚有深厚的文化歸屬感。③從西漢初年至文景時期，楚人群體的社會文化影響仍很濃厚，如"一諾千金"的典故。

《史記·季布列傳》：

> 季布者，楚人也。爲氣任俠，有名於楚。……楚人曹丘生，辯士，數招權顧金錢。事貴人趙同等，與竇長君善。季布聞之，寄書諫竇長君曰："吾聞曹丘生非長者，勿與通。"及曹丘生歸，欲得書請季布。竇長君曰："季將軍不説足下，足下無往。"固請書，遂行。使人先發書，季布果大怒，待曹丘。曹丘至，即揖季布曰："楚人諺曰'得黃金百(斤)，不如得季布一諾'，足下何以得此聲於梁楚閒哉？且僕楚人，足下亦楚人也。僕游揚足下之名於天下，顧不重邪？何足下距僕之深也！"季布迺大説，引

---

① 《史記》卷七《項羽本紀》，北京：中華書局，1959 年，第 300 頁。
② 《史記》卷四八《陳涉世家》，北京：中華書局，1959 年，第 1953 頁。
③ 李開元：《漢帝國的建立與劉邦集團：軍功受益階層研究》，北京：生活·讀書·新知三聯書店，2000 年，第 166~168 頁。

入，留數月，爲上客，厚送之。季布名所以益聞者，曹丘揚之也。①

“竇長君”爲竇太后之兄，其身份地位十分顯赫。季布、曹丘生同爲楚人，季布却寫信勸竇長君不與曹丘生交往。曹丘生因而指責季布，既然大家都是楚人，“何足下距僕之深也！”後來，季布與曹丘生和好，在曹丘生的助推之下，季布揚名天下。從“楚人諺曰‘得黃金百(斤)，不如得季布一諾’”可見，楚人群體輿論的影響力較强。這時，楚人雖已分散於漢帝國之中，但仍有其族群身份的認同，與秦、齊、趙等保持着一定的社會文化邊界。

春秋戰國時期列國之間形成了不同的族群身份認同及社會文化邊界，這在秦代及西漢初年仍有延續。直到漢武帝之時，原來的楚、秦、齊等國人逐漸融合成爲漢人。

三、結　語

民族的變遷史，其實也是政治經濟文化社會的發展史。春秋戰國之前，淮河流域分佈有華夏族群、淮夷族群，長江下游又有吳越族群。它們之間的族群邊界明顯，文化面貌差異顯著。隨着楚國東部疆域的逐步發展，實施了一系列政策，促進了各族群之間的融合。原來分散於各地的衆多族群，被納入楚國的統一管理之下。至戰國末年，形成了廣義上的“楚人”。各地原有文化均受到楚文化的兼容、整合，呈現了相對一致的文化特徵，如楚式的鼎、敦、壺、簠、缶的器物組合。在楚人的經營下，這裏的經濟與交通得以發展，促進了不同族群的交流與互動。因此，楚國東部地區的民族融合在政治、經濟、文化等方面產生了深遠的歷史影響。

（肖洋，武漢科技大學馬克思主義學院）

---

① 《史記》卷一〇〇《季布列傳》，北京：中華書局，1959年，第2729、2731~2732頁。

古鄖國、楚鄖縣及秦漢鄖鄉新探

王琢璽

鄖國爲周代江漢地區重要古國。楚國在滅鄖國後，置有鄖公，即鄖縣縣公。秦漢時江漢地區又有鄖鄉。關於古鄖國、楚鄖縣及秦漢鄖鄉的地望，學界莫衷一是。①我們在梳理傳世文獻的基礎上，結合出土文獻、考古資料，試對這一問題進行探索，以期推動相關問題的解決。

一、古鄖國、楚鄖縣及秦漢鄖鄉之歷史

鄖或作"邧"，爲江漢地區古國名，多次見於《左傳》記載。《左傳》宣公四年（前605年）傳："初，若敖娶於邧，生鬬伯比。若敖卒，從其母畜於邧，淫於邧子之女，生子文焉。邧夫人使棄諸夢中，虎乳之。邧子田，見之，懼而歸。以告。遂使收之。"杜預注："邧，國名。"陸德明《釋文》："邧，本又作鄖，音云。"②若敖於公元前790—前764年在位，故鄖國至晚西周晚期至春秋早期已立國，且與楚國有通婚關係。

至春秋早期偏晚，楚、鄖已呈兵戎相見之勢。《左傳》桓公十一年（前701年）傳："楚屈瑕將盟貳、軫。鄖人軍于蒲騷，將與隨、絞、州、蓼伐楚師。莫敖患之。鬬廉曰：'鄖人軍其郊，必不誡，且日虞四邑之至也。君次于郊郢，以禦四邑。我以鋭師宵加于鄖。鄖有虞心，而恃其城，莫有鬬志。若敗鄖師，四邑必離。'……遂敗鄖師于蒲騷，卒盟而還。"③此役之後，鄖國未再見於記載。可能在此役或之後不久，鄖即亡於楚。

此後見於記載的是楚鄖公。《左傳》成公七年（前584年）："秋，楚子重伐鄭，師於

---

① 關於這一問題的討論，較重要的有何光岳《邧子國考》，《湘潭大學社會科學學報》1982年第2期；石泉《雲杜、緑林故址新探》，《古代荆楚地理新探（增訂本）》，臺中：高文出版社，2004年，第129~136頁；徐少華：《周代南土歷史地理與文化》，武漢：武漢大學出版社，1994年，第280頁。

② （晉）杜預集解：《春秋經傳集解》卷10，上海：上海古籍出版社，1988年，第554、555頁。

③ （晉）杜預集解：《春秋經傳集解》卷2，上海：上海古籍出版社，1988年，第105、106頁。

泛。諸侯救鄭。鄭共仲、侯羽軍楚師，囚鄖公鍾儀，獻諸晉。"①李曉傑先生據此認爲鄖縣置年不晚於成公七年。又李玉潔先生據《左傳》宣公四年所載，認爲楚滅鄖後，可能將鄖作若敖氏封地，待若敖氏滅後，方將鄖改建爲縣。②李曉傑先生在此基礎上推斷鄖縣之設不會早於若敖氏滅亡的楚莊王九年(前605年)，③或是。

春秋晚期楚仍有鄖公。《左傳》昭公十四年(前528年)："楚令尹子旗有德于王，不知度，與養氏比，而求無厭。王患之。九月，甲午，楚子殺鬥成然，而滅養氏之族。使鬥辛居鄖，以無忘舊勳。"杜預注："辛，子旗之子鄖公辛。"④在吴師入郢之役中，昭王還經鄖逃至隨國。⑤可見鄖縣在春秋晚期的重要地位。

戰國時期，未見鄖縣的記載。在江漢地區東部更爲著名的是安陸縣。如秦簡《編年紀》："(昭王)二十九年(前278年)，攻安陸……(今)四年(前243年)……喜爲安陸獄史。……六年(前241年)四月，(喜)爲安陸令史。"⑥李曉傑先生據此推斷安陸本屬楚，在秦昭王二十九年由楚屬秦，至少秦王政四年(前243年)已有安陸縣。⑦后曉榮先生據包山楚簡有"安陸人陳環"(簡181)，認爲楚已有安陸縣。⑧與安陸同時並列的有鄖鄉⑨，兩漢時期還有鄖鄉的記載⑩。

二、安陸縣之遷徙與雲夢縣之設立

流行説法認爲鄖城、鄖國在安陸縣。故釐清安陸縣的沿革、遷徙狀況，對於探討鄖城、鄖國地望具有重要意義。

---

① (晉)杜預集解：《春秋經傳集解》卷12，上海：上海古籍出版社，1988年，第688頁。
② 李玉潔：《楚史稿》，開封：河南大學出版社，1988年，第84、103頁。
③ 李曉傑：《中國行政區劃通史·先秦卷》，上海：復旦大學出版社，2009年，第267頁。
④ (晉)杜預集解：《春秋經傳集解》卷23，上海：上海古籍出版社，1988年，第1396、1397頁。
⑤ (晉)杜預集解：《春秋經傳集解》卷27，上海：上海古籍出版社，1988年，第1629~1634頁。
⑥ 睡虎地秦墓竹簡整理小組編：《睡虎地秦墓竹簡》，北京：文物出版社，1990年，釋文注釋第5~6頁。
⑦ 李曉傑：《中國行政區劃通史·先秦卷》，上海：復旦大學出版社，2009年，第388頁。辛德勇也有類似看法，並據雲夢睡虎地秦墓出土陶器多件帶有"安陸市亭"的印文，認爲秦安陸爲具有一定規模的商業中心。詳見氏著《北京大學藏秦水陸里程簡册初步研究》，《出土文獻》第4輯，上海：中西書局，2013年，第240~241頁。
⑧ 后曉榮：《戰國政區地理》，北京：文物出版社，2013年，第161頁。
⑨ 辛德勇：《北京大學藏秦水陸里程簡册初步研究》，《出土文獻》第4輯，上海：中西書局，2013年，第230頁。
⑩ 《漢書》卷二八上《地理志上》，江夏郡"竟陵"條，北京：中華書局，1962年，第1567頁。

1. 秦漢時期，安陸縣治在今雲夢縣

　　秦漢安陸縣的地望，據分析，當在今雲夢縣楚王城。黄盛璋先生依據睡虎地 11 號、14 號秦墓出土的帶有"安陸市亭"印戳的陶罐，以及 4 號墓出土的 11 號木牘中有"母視安陸絲布賤可以爲禪裙襦者，母必爲之"的記載，認爲雲夢古城即秦安陸縣城。①劉玉堂先生肯定了秦之安陸即今雲夢古城。②北京大學藏《水陸里程簡册》亦載有江陵至安陸，以及安陸至夏汭、沙羨的里距：

　　　　江陵東到井韓百六里。04-064

　　　　井韓鄉到競陵九十八里。04-065

　　　　競陵到郧鄉百廿里。04-077

　　　　郧鄉到安陸百卅里。04-078

　　　　安陸到武陽百廿四里。04-079

　　　　武陽到夏内(汭)百一十三里。04-080

　　　　夏内(汭)度江到沙義(羨)三里。04-070 ③

江陵至安陸共計四百五十四秦里，合今 188.8 千米。④江陵即今荆州城。今測得荆州城至雲夢楚王城爲 193 千米。⑤安陸至夏汭二百三十七秦里，合今 98.5 千米。夏汭即夏水入江處，約今漢陽一帶。今測得從雲夢楚王城至漢陽區爲 98.1 千米，古今距離相差無幾。從里程上來看，秦安陸縣治當在今雲夢縣楚王城。

　　兩漢時期，安陸縣改屬江夏郡，縣治未見遷徙。⑥曹魏時期，江夏郡曾遷至上昶城。⑦江夏郡上昶城當距夏口較近。

---

①　黄盛璋：《雲夢秦墓兩封家信中有關歷史地理的問題》，《文物》1980 年第 8 期，又載黄盛璋：《歷史地理論集》，北京：人民出版社，1982 年，第 543 頁。

②　劉玉堂：《秦漢之安陸並非新地城——與黄盛璋同志商榷》，《文物》1980 年第 3 期。

③　辛德勇：《北京大學藏秦水陸里程簡册初步研究》，《出土文獻》第 4 輯，上海：中西書局，2013 年，第 230 頁。

④　本文古今里程的换算，主要參考黄盛璋：《歷代度量衡里畝制度的演變和數字换算》，《歷史教學》1983 年第 1 期。

⑤　本文今實地距離資料，是利用 Google 地圖距離測量工具沿陸路交通線測得。

⑥　《漢書》卷二八上《地理志上》，江夏郡"安陸"條，北京：中華書局，1962 年，第 1568~1569 頁；《後漢書》志第二二《郡國志四》，江夏郡"安陸"條，北京：中華書局，1965 年，第 3482 頁。

⑦　《三國志》卷二七《魏書·王基傳》，北京：中華書局，1959 年，第 752 頁。

2. 西晉末或劉宋初，安陸縣北徙至今安陸市

《晉書·張昌傳》："太安二年（303 年），昌于安陸縣石岩山屯聚，去郡八十里……昌得其器杖，據有江夏，即其府庫。"①一般認爲西晉江夏郡治安陸縣，在今雲夢縣一帶。②張昌屯據安陸縣石岩山，而石岩山距江夏郡八十里，不是距安陸縣八十里，似可推測此時江夏郡與安陸縣已不在一地。石岩山，據《水經注》，在安陸縣故城南。③《太平寰宇記》引《荊州記》曰："安陸縣南十五里有石岩山，北臨溳水。"④胡三省謂石岩山在德安府南十里。⑤從里程及地貌來看，石岩山當在今安陸市南月亮山一帶。如此，則江夏郡在石岩山南八十餘里，合今 34.8 千米。今雲夢縣至安陸市爲 26.7 千米，則西晉江夏郡治更在雲夢縣以南，或仍治在上昶城，而安陸縣應已北徙至今安陸市。

東晉時期，安陸（即鄖城）具有重要軍事價值。《資治通鑒》晉孝武帝太元八年（383 年）十月："慕容垂拔鄖城。"胡三省引杜預曰："江夏雲杜縣東南有鄖城。"⑥而《大清一統志》據鄖川、雲夢、蒲騷都在德安府界，以爲鄖城在安陸。⑦當是。

劉宋初，安陸縣治今安陸市一帶的證據更多。《太平寰宇記》引劉澄之《宋永初山川志》謂："安陸縣居鄖城。"⑧反映劉宋初地理面貌的《水經注》對安陸的記載更爲詳細。《水經注》卷三一《鄖水》：

（經）又南過江夏安陸縣西。

（注）隨水出隨郡永陽縣東石龍山，西北流，南回逕永陽縣西，歷橫尾山，即《禹貢》之陪尾山也。隨水又西南至安陸縣故城西，入於溳，故鄖城也。因岡爲墉，峻不假築。溳水又南逕石岩山北，昔張昌作亂，於其下籠彩鳳以惑衆。……又東南流而右

---

① 《晉書》卷七〇《張昌傳》，北京：中華書局，1974 年，第 2612 頁。

② 譚其驤主編：《中國歷史地圖集》第三册西晉"荆州"幅，北京：中國地圖出版社，1982 年，第 53~54 頁。

③ （後魏）酈道元注，（清末）楊守敬、熊會貞疏：《水經注疏》，南京：江蘇古籍出版社，1989 年，第 2644 頁。

④ （宋）樂史撰，王文楚等點校：《太平寰宇記》卷一三二《淮南道十》，安州安陸縣"石岩山"條，北京：中華書局，2007 年，第 2594 頁。

⑤ 《資治通鑒》卷八五，惠帝太安二年"募衆于安陸石岩山"句下胡三省注，北京：中華書局，1956 年，第 2680 頁。

⑥ 《資治通鑒》卷一〇五，晉孝武帝太元八年十月，北京：中華書局，1956 年，第 3310、3313 頁。

⑦ （清）穆彰阿、潘錫恩等纂修：《大清一統志》第 8 册，四部叢刊續編本，上海：上海古籍出版社，2007 年，第 209 頁。

⑧ （宋）樂史撰，王文楚等點校：《太平寰宇記》卷一三二《淮南道十》，安州"安陸縣"條，北京：中華書局，2007 年，第 2594 頁。

會富水，水出竟陵郡新市縣東北大陽山……①

此段《水經注》與今水道頗不合。楊守敬等改作"隋水又西南，入於溳。溳水又南，至安陸縣故城西，故鄖城也"②。永陽縣首見於徐爰舊志。③此段《水經注》未載安陸郡，反映的應是劉宋初期的地理面貌。這段水系與城邑的空間關係較爲混亂，但安陸縣故城即鄖城，鄖城"因岡爲墉"，修築在岡地地貌上，這兩點當無誤。今符合岡地地貌特徵的有雲夢縣好石橋東城遺址及今安陸市一帶。這又説明安陸縣當於劉宋初期之前即已遷至今安陸市。

劉宋孝武帝孝建元年（454年）置郢州，分江夏郡立安陸郡，後安陸郡於元徽四年（476年）屬司州。④安陸郡轄有安陸，郡當治此。

3. 西魏大統十六年於漢晉安陸縣故址設雲夢縣

《隋書·地理志》荊州安陸郡"雲夢"條自注："西魏置。"⑤《元和郡縣圖志》："雲夢縣……後魏大統末於雲夢古城置雲夢縣。"⑥《元和郡縣圖志》明言西魏大統末在雲夢古城置雲夢縣。《舊唐書》與此同。⑦雲夢城或雲夢古城，又見於《左傳》杜預注及《水經注》。《左傳》宣公四年（前605年）"邧夫人使棄諸夢中"下杜預注："江夏安陸縣城東南有雲夢城。"⑧《水經注》卷二八《沔水》："（雲杜）縣有雲夢城，城在東北。"⑨時雲杜縣在今仙桃市西一帶。⑩故仙桃市西的東北方正合雲夢楚王城的位置，《水經注》所謂雲夢古城，即今雲夢楚王城。漢晉安陸縣治今雲夢縣楚王城。西晉末以後安陸縣北徙治今安陸市，原安陸城

---

① （北魏）酈道元著，陳橋驛校證：《水經注校證》，北京：中華書局，2007年，第735~736頁。

② （後魏）酈道元注，（清末）楊守敬、熊會貞疏：《水經注疏》，南京：江蘇古籍出版社，1989年，第2643頁。

③ 《宋書》卷三六《州郡二》，司州刺史隨陽太守"永陽男相"條，北京：中華書局，1974年，第1105頁。

④ 《宋書》卷三六《州郡二》，司州刺史"安陸太守"條，北京：中華書局，1974年，第1105、1106頁。

⑤ 《隋書》卷三一《地理下》，北京：中華書局，1973年，第893頁。

⑥ （唐）李吉甫撰，賀次君點校：《元和郡縣圖志》二七《江南道三》，安州"雲夢縣"條，北京：中華書局，1983年，第651頁。

⑦ 《舊唐書》卷四〇《地理三》，淮南道安州中都督府"雲夢"條，北京：中華書局，1975年，第1581頁。

⑧ （晉）杜預集解：《春秋經傳集解》，上海：上海古籍出版社，1988年，第556頁。

⑨ （後魏）酈道元注，（清末）楊守敬、熊會貞疏：《水經注疏》，南京：江蘇古籍出版社，1989年，第2414頁。

⑩ 譚其驤主編：《中國歷史地圖集》第四冊南朝齊"荊州 郢州 湘州"幅，北京：中國地圖出版社，1982年，第34~35頁。

當廢爲雲夢古城。至西魏末復於安陸縣故治即雲夢古城設雲夢縣。關於雲夢縣設置時間，宋以後多認爲即西魏大統十六年(550 年)。①

三、鄖國、鄖縣、鄖鄉、鄖城地望的争論及辨析

關於鄖國、鄖縣、鄖鄉、鄖城的地望，學界莫衷一是。目前主要有四種説法，下面分別加以辨析。

1. 鄖城、鄖國在安陸説

傳統觀點認爲鄖城、鄖國在今安陸市一帶。

前引《水經注》謂鄖城"因岡爲墉，峻不假築"，這頗與今安陸市地貌環境相合，而今雲夢楚王城一帶爲府河沖積平原，並無岡地。此後，《括地志》《元和郡縣圖志》《太平寰宇記》《讀史方輿紀要》《大清一統志》等都持此説，並徑直認爲鄖城即鄖國、鄖公邑。

如《括地志》："安州安陸縣城，本春秋時鄖國城。"②《括地志》認爲唐安陸縣城即春秋時鄖國城，此或本《水經注》而來。《元和郡縣圖志》記載與此同。③宋樂史也認爲鄖國、鄖公邑俱在安州。《太平寰宇記》："安州……春秋時爲鄖子國，後楚滅鄖，封鬭辛爲鄖公，即其地。按郡城今在溳水之濱，一名石僮故城，雲夢之澤在焉。按漢水入二百里得鄖口，有村；又三百里得鄖城，即楚邑也。"④楊守敬引《初學記》卷八引《漢水記》云："自漢口入二百里，得溳口，有村。入三百里得鄖城，楚邑也"。⑤《漢水記》所謂自漢口五百里得鄖城，大體即在今安陸市一帶。

明清時期的地理名著仍認爲鄖城、鄖國在安陸，但已不那麼肯定。如《大清一統志》："鄖城，在安陸縣境。……按《漢書·地理志》鄖鄉在竟陵。《左傳》杜預注鄖國在雲杜。今

---

① (宋)樂史撰，王文楚等點校：《太平寰宇記》卷一三二《淮南道十》，安州"雲夢縣"條，北京：中華書局，2007 年，第 2596 頁；(清)顧祖禹撰，賀次君、施和金點校：《讀史方輿紀要》卷七七《湖廣三》，德安府"雲夢縣"條，北京：中華書局，2005 年，第 3613 頁。

② 《史記》卷四〇《楚世家》"王走鄖"句下《正義》引，北京：中華書局，1959 年，第 1715 頁。

③ (唐)李吉甫撰，賀次君點校：《元和郡縣圖志》卷二七《江南道三》，北京：中華書局，1983 年，第 649 頁。

④ (宋)樂史撰，王文楚等點校：《太平寰宇記》卷一三二《淮南道十》，"安州"條，北京：中華書局，2007 年，第 2592 頁。

⑤ (後魏)酈道元注，(清末)楊守敬、熊會貞疏：《水經注疏》，南京：江蘇古籍出版社，1989 年，第 2643 頁。另據古香齋本標點的《初學記》作"自漢口入二百里，得涓口，有村。入三百里得鄭城，楚邑也"。詳見(唐)徐堅等著《初學記》，北京：中華書局，1962 年，第 186 頁。《漢水記》爲庚仲雍撰於東晉晚期，詳見張帆帆：《庚仲雍生平補證及其地記數種考論與輯補》，《中國地方志》2018 年 2 期，第 65 頁。

考鄖川、雲夢及蒲騷皆在德安府界，疑《括地志》《元和志》之説爲長。"①《大清一統志》只説鄖城在安陸縣境，已不那麼肯定。

至今鄖國在今安陸的説法屢見於論著。②前文已考，安陸縣自西晉末至劉宋初北徙至今安陸市，安陸市之鄖城可能源自雲夢縣之鄖城。從目前的考古資料來看，安陸市及周圍一帶，商周、秦漢時期的大型遺址，只有安陸市北 5 千米處的江家竹林灣遺址，其南有盛家灣東漢墓群。③這與鄖國、鄖縣在安陸市的説法，空間上有些距離，聚落分佈上顯得較爲孤立。故鄖國、鄖縣在今安陸市的可能性不大。④

2. 鄖城、鄖國、鄖縣在雲夢説

另一觀點認爲鄖城、鄖國、鄖縣在雲夢縣，主要見於《太平寰宇記》《輿地紀勝》等。

《太平寰宇記》卷一三二《淮南道十》安州雲夢縣"鄖城"條："鄖城，《郡國志》云：'春秋爲鄖國。'……又有烏徒村，即楚鬭伯比外家處，生鬭穀於菟，爲楚令尹子文是也。楚襄王廟，在縣東子城内，相傳祭祀焉。"⑤《輿地紀勝》："楚襄王廟，《皇朝郡縣志》云在雲夢縣東鄖城。《志》云秦嘗拔西陵，襄王復取之，故立廟。"⑥《太平寰宇記》載雲夢縣有鄖城，楚襄王廟在雲夢縣東子城内，而《輿地紀勝》引《皇朝郡縣志》云楚襄王廟在雲夢縣東鄖城。所謂"子城"或"鄖城"，當即今雲夢楚王城之東城。

《讀史方輿紀要》《大清一統志》也暗示鄖城、鄖縣在今雲夢縣楚王城。如《讀史方輿紀要》："楚王城，在縣東。《左傳》定四年：'吴入郢，楚昭王奔鄖。'城因以名。"⑦《大清一

---

① （清）穆彰阿、潘錫恩等纂修：《大清一統志》卷三四三《德安府》古跡"鄖城"條，第 8 册，四部叢刊續編本，上海：上海古籍出版社，2007 年，第 209 頁。

② 牛武成編著：《春秋百國探微》，鄭州：中州古籍出版社，1991 年，第 73 頁；潘彦文主編：《十堰古代方國》，武漢：長江出版社，2007 年，第 18 頁；陳元秋：《春秋時期楚國擴張線路研究》，華東師範大學碩士學位論文，2017 年，第 23 頁。

③ 國家文物局主編：《中國文物地圖集·湖北分册（下册）》，西安：西安地圖出版社，2002 年，第 349 頁。

④ 按：晉宋時期文獻顯示鄖城在今安陸市，並未説與鄖國、鄖縣的關係。今安陸市區一帶不見早期遺址，但也不排除早期遺址爲現代城市疊壓的情況。若此，則安陸市的"鄖城"當有更早的依據，或與鄖國、鄖縣有關。

⑤ （宋）樂史撰，王文楚等點校：《太平寰宇記》卷一三二《淮南道十》，北京：中華書局，2007 年，第 2596 頁。

⑥ （宋）王象之：《輿地紀勝》卷七七《荆湖北路》德安府古跡"楚襄王廟"條，北京：中華書局，1992 年，第 2539 頁。

⑦ （清）顧祖禹撰，賀次君、施和金點校：《讀史方輿紀要》卷七七《湖廣三》，德安府雲夢縣"楚王城"等條，北京：中華書局，2005 年，第 2613 頁。

統志》：“楚王城，在雲夢縣東北。《輿地紀勝》：‘在雲夢縣東一里，楚昭王奔郧時築。’”①

聯繫到安陸縣曾由今雲夢縣北遷至今安陸市的事實，我們認爲郧城、郧縣在今雲夢縣即雲夢楚王城一帶可能性更大。西晉末安陸縣北徙至今安陸市以後，便將安陸縣前身“郧城”這一地名也帶到安陸市，這即《水經注》以來認爲郧城、郧國在安陸的原因。

雲夢楚王城，《輿地紀勝》《讀史方輿紀要》《大清一統志》俱謂楚昭王所奔之郧公邑。②考古資料顯示，雲夢楚王城始築於戰國中晚期，到西漢初年又築中城垣，城址的廢棄當在東漢早期或更早。③雲夢楚王城修築時間較晚，但人類在此居住的時間較早。雲夢楚王城西城東南角的 H11 出土的一批遺物表明，楚王城築城以前，春秋早期，這裏就有人居住。④雲夢楚王城的始築年代雖然晚於郧縣縣公的年代，但郧縣並不必然有城，雲夢楚王城下又疊壓有春秋早期遺物，故郧縣即雲夢楚王城的可能性更大。

3. 郧國、郧縣、秦漢郧鄉在漢晉雲杜縣東南説

還有一種觀點，認爲郧國、郧縣、郧鄉在竟陵、雲杜縣東南。

《漢書·地理志》江夏郡“竟陵”條班固自注：“郧鄉，楚郧公邑。莽曰守平。”⑤班固謂西漢江夏郡竟陵縣有郧鄉，東周時爲楚郧公邑。同書江夏郡“雲杜”條顏師古注引應劭曰：“左傳‘若敖取於䢵’，今䢵亭是也。”⑥應劭謂東漢䢵亭爲《左傳》之䢵國。《左傳》桓公十一年“郧人軍于蒲騷，將與隨、絞、州、蓼伐楚師”句下，杜預注曰：“郧國在江夏，雲杜縣東南有郧城。蒲騷，郧邑。”⑦杜預謂雲杜縣東南有郧城，爲故國。兩漢竟陵與雲杜爲鄰縣，西漢竟陵縣之郧鄉、東漢雲杜縣之䢵亭、西晉雲杜東南之郧城或爲一地。徐少華先生據《漢書·地理志》等文獻，認爲楚郧縣在漢晉竟陵縣，即鍾祥北境的漢水東岸一帶，古郧

---

①　(清)穆彰阿、潘錫恩等纂修：《大清一統志》卷三四三《德安府》古跡“楚王城”條，第 8 册，四部叢刊續編本，上海：上海古籍出版社，2007 年，第 209 頁。

②　《輿地紀勝》謂楚昭王奔郧築楚王城，按當時吳師入郢，昭王疲於奔命的情況來看，似不可能，故楚王城即郧公邑之説爲勝。

③　湖北省文物考古研究所等：《92 雲夢楚王城發掘簡報》，《文物》1994 年第 4 期，第 51 頁。

④　雲夢縣博物館：《雲夢楚王城 H11 清理簡報》，《江漢考古》1996 年第 4 期，第 21 頁。原簡報認爲 H11 下層的年代爲西周中晚期，但癟襠鬲亦見於戰國早期曾侯乙墓，余西雲先生分析認爲 H11 下：3 鬲爲春秋早期，詳見余西雲：《華中地區兩周時期的陶鬲》，故宮博物院編：《中國陶鬲譜系研究》，北京：故宮出版社，2014 年，第 473 頁。

⑤　《漢書》卷二八上《地理志上》，北京：中華書局，1962 年，第 1567 頁。

⑥　《漢書》卷二八上《地理志上》，北京：中華書局，1962 年，第 1568 頁。

⑦　(晉)杜預集解：《春秋經傳集解》卷 2，上海：上海古籍出版社，1988 年，第 105、106 頁。

國在漢晉雲杜縣，即今湖北京山、鍾祥兩縣之間。①徐少華先生分鄖縣與鄖國爲兩地當是，但其地望的説法有待進一步討論。

關於鄖鄉、邧亭、鄖城地望，杜預謂在漢晉雲杜縣東南。漢晉雲杜縣，一般認爲在今京山縣治。②然則鄖城當在今京山縣東南方向。北大《水陸里程簡册》亦載有鄖鄉：

> 江陵東到井韓百六里。04-064
> 井韓鄉到競陵九十八里。04-065
> 競陵到鄖鄉百廿里。04-077
> 鄖鄉到安陸百卅里。04-078 ③

江陵至安陸共計四百五十四秦里，合今 188.8 千米。按比例核算，鄖鄉當在今荆州城東北約 137.7 千米處，約今天門市皂市鎮李場西南白家灣西一帶。竟陵到鄖鄉一百二十秦里，合今 49.9 千米。今測得段鋪村東北 49.9 千米處爲天門市九真鎮北蘇家灣一帶。④鄖鄉到安陸一百三十秦里，合今 54.1 千米。今測得雲夢楚王城西南 54.1 千米處爲今皂市鎮李場西南一帶。今李場鎮白家灣東北 3 千米處即笑城城址。北大《水陸里程簡册》所載鄖鄉或即在此一帶。此位置正好在京山縣東南方向，與杜預所説相合。

---

① 徐少華：《周代南土歷史地理與文化》，武漢：武漢大學出版社，1994 年，第 280 頁。

② 譚其驤主編：《中國歷史地圖集》第三册西晉"荆州"幅，北京：中國地圖出版社，1982 年，第 53~54 頁。石泉先生認爲漢雲杜故址應在今京山縣境，又據《水經注》溳水源出池河山，將雲杜故城考定在今京山縣楊集，詳見氏著《雲杜、緑林故址新探》，《古代荆楚地理新探（增訂本）》，臺中：高文出版社，2004 年，第 129~136 頁。今按：溳水源頭有兩支，北源爲主支，名源泉河，發源於京山縣楊集鎮彭家灣（即花石岩村）；南支王家河，發源於京山縣孫橋鎮虎爪山林場。《（康熙）京山縣志》卷 1《輿地志》水"溳水"條謂溳水發源縣西北六十里花石岩谷中，並認爲《水經注》所謂溳水出西南河地山（"池河山"之誤），"是指所合諸水，未深考其源耳"（詳見《（康熙）京山縣志》，南京：江蘇古籍出版社，2001 年，第 25 頁）。《大清一統志》引《水經注》謂溳水出竟陵郡新陽縣西南池河山，另一方面又引《府志》等認爲當時溳水發源於縣西北花石岩（詳見《大清一統志》第 8 册，四部叢刊續編本，上海：上海古籍出版社，2007 年，第 173 頁）。《（光緒）京山縣志》卷一《輿地志》山"池河山"條謂池河山即"今之花石岩也。按：花石岩在縣西北六十里"（《（光緒）京山縣志》，南京：江蘇古籍出版社，2001 年，第 217 頁）；"縣河之水"條："縣城南水，其源出縣西北六十里花石岩谷中……按：池河山即今花石岩，《注》曰縣西南者，誤也。新陽即今縣治"（同書第 219 頁）。若《水經注》無誤，池河山當指溳水南支所出的虎爪山；若確如清代方志所言，《水經注》有誤，池河山即花石岩，也不能據此將漢雲杜城定在今楊集一帶。《水經注》時代，溳水發源花石岩後，流經新陽縣，若雲杜故城在楊集一帶，則與溳水並無多大關係。我們仍認爲漢晉雲杜故城當在今京山縣治。

③ 辛德勇：《北京大學藏秦水陸里程簡册初步研究》，《出土文獻》第 4 輯，上海：中西書局，2013 年，第 230 頁。

④ 先秦、秦漢竟陵故城或在今天門市西南部段鋪村一帶，詳見拙撰《古竟陵地望新考》，待刊。

南朝時期，天門市東北一帶置有霄城縣。①關於霄城地望，《水經注》描述了其與溾水、大湖的位置關係：

　　沔水又東與力口合，有溾水出竟陵郡新陽縣西南池河山，東流逕新陽縣南，縣治雲杜故城，分雲杜立。溾水又東南，流注霄城縣南大湖，又南入于沔水，是曰力口。②

溾水，即今皂市河。皂市河南流入白湖。溾水東南流注霄城縣南大湖，則霄城縣當在今白湖北、皂市河沿岸，今笑城城址或附近。

霄城縣曾一度改爲竟陵縣。③北周後霄城縣故治廢棄。明清時期，此地稱爲“笑城”。④《(乾隆)天門縣志》進一步認爲本爲霄城，音訛爲笑城。⑤明清笑城在景陵縣東六十里，當即今笑城城址。

笑城城址隸屬皂市鎮笑城村二、四組，地處山地向平原過渡的丘陵地帶。城址位於熊家嶺崗地南段，其東、南、西面地勢較低。崗地南北長約1、東西寬約0.5千米。姚家河自西向東從城址南側流入新皂市河。笑城城址平面爲曲尺形，東西長250~360、南北寬156~305米，城址面積約9.8萬平方米，城內面積約6.3萬平方米。經勘探得知，笑城城址除城北有壕外，其餘均爲湖泊。笑城城牆東、西面沒有發現缺口，南、北正中各有一殘存缺口，可能爲城門殘跡。⑥笑城分屬兩個時代，早期城牆屬於屈家嶺文化晚期，晚期城牆爲西周晚期和春秋中期。⑦笑城城址不是孤立的居住點，緊挨笑城城址周圍約3平方千米的範圍內，分佈有鳳凰嘴(2.7萬平方米，以下面積單位同)、高家山(10.5萬)、夏

①　《宋書》卷三七《州郡三》，北京：中華書局，1974年，第1125頁。

②　(後魏)酈道元注，(清末)楊守敬、熊會貞疏：《水經注疏》，南京：江蘇古籍出版社，1989年，第2416~2417頁。

③　《隋書》卷三一《地理下》，北京：中華書局，1973年，第890頁。

④　(明)李賢等：《大明一統志》卷六六《沔陽州》，西安：三秦出版社，1990年，第1016頁。(清)顧祖禹撰，賀次君、施和金點校：《讀史方輿紀要》卷七七《湖廣三》，承天府沔陽州景陵縣“雲杜城”條，北京：中華書局，2005年，第3605頁。

⑤　《(乾隆)天門縣志》卷一《地理考》，古跡“笑城”條，南京：江蘇古籍出版社，2001年，第379頁。《大清一統志》同此說，詳見(清)穆彰阿、潘錫恩等纂修：《大清一統志》第8冊，四部叢刊續編本，上海：上海古籍出版社，2007年，第175頁。

⑥　黃文新：《湖北天門笑城城址發現新石器至明代文化遺存》，《中國文物報》，2006年9月8日，第2版。

⑦　湖北省文物考古研究所、天門市博物館：《湖北天門笑城城址發掘報告》，《考古學報》2007年第4期。

雄嶺(2.8 萬)、鍾劉灣(1.2 萬)、鍾家台(15.7 萬)、笑城老屋台(5.1 萬)、劉家灣(14.9 萬)、鍾家灣(51.9 萬)、林家門口(12.4 萬)、姚河村北(9.9 萬)、皂市姚河(6.8 萬)、姚家河(14.7 萬)等 12 處周代或周代以來遺址，遺址面積合計爲 148.6 萬平方米。①以笑城城址爲中心的笑城遺址群面積大，周代時間範圍内，有西周晚期和春秋中期城牆，有西周以來大面積的遺址，反映出笑城遺址群在周代江漢地區聚落體系中的重要地位。這與歷史上記載的鄀國、鄀鄉相吻合，鄀國是有城牆的，《左傳》桓公十一年(前 701 年)鬭廉曰説服莫敖屈瑕説：“我以鋭師宵加于鄀。鄀有虞心，而恃其城，莫有鬭志。”②

鄀鄉、邔亭、鄀城，班固以爲即楚鄀公邑，而東漢應劭、西晉杜預以爲是鄀國。從笑城遺址群所反映的内涵來看，笑城城址一帶當即鄀國國都，應劭、杜預之説爲勝。

4. 鄀城、鄀國在鄀陽説

此外，還有觀點認爲鄀城、鄀國在鄀陽。主要見於《水經注》等。

《漢書·地理志》漢中郡“長利”條下班固自注曰：“有鄀關。”③《水經注·沔水》：“(經)又東過鄀鄉南，(注)漢水又東逕鄀鄉縣故城南，謂之鄀鄉灘。縣，故黎也，即長利之鄀鄉矣。《地理志》曰：有鄀關。李奇以爲鄀子國。晉太康五年，立以爲縣。”④楊守敬認爲酈道元引李奇《漢書注》文，是爲了存異聞，當是。故鄀國在今鄀陽的説法，當是因李奇誤以漢之鄀關爲鄀國而產生。

有論者爲調和安陸、鄀縣説，認爲鄀國曾經有遷徙，或是邔(鄀)國先南遷至鄀陽縣，再遷於安陸縣⑤，或是邔國先南遷於安陸縣，再遷至鄀陽縣⑥。然上述説法均無更早的依據，不足憑信。

---

① 國家文物局主編：《中國文物地圖集·湖北分册(下册)》，西安：西安地圖出版社，2002 年，第596~600 頁；第三次文物普查資料。面積統計，《中國文物地圖集》有即以《中國文物地圖集》爲準，第三次文物普查新發現遺址點，以新發現資料爲準。這 12 處遺址，除姚河村北、皂市姚河兩遺址位於姚家河以南外，其餘 10 處分佈在笑城城址西北方、北方、東北方，位置相臨，時代接近，似應屬同一遺址。

② (晉)杜預集解：《春秋經傳集解》卷 2，上海：上海古籍出版社，1988 年，第 105 頁。

③ 《漢書》卷二八上《地理志上》，北京：中華書局，1962 年，第 1596 頁。

④ (後魏)酈道元注，(清末)楊守敬、熊會貞疏：《水經注疏》，南京：江蘇古籍出版社，1989 年，第 2349~2350 頁。

⑤ 何光嶽：《邔子國考》，《湘潭大學社會科學學報》1982 年第 2 期，第 110、111 頁；康安宇：《十堰方國考》，武漢：湖北人民出版社，2006 年，第 54 頁。

⑥ 張殿兵編著：《成敗興衰 長江流域的古國與城邑》，武漢：長江出版社，2014 年，第 54、55 頁。

四、結　語

綜上所述，周代鄖國在今天門市東北，即今笑城遺址群一帶。楚滅鄖國後，置有鄖縣，但楚鄖縣與古鄖國可能並不在一地，而在今雲夢縣楚王城一帶。此地入秦後爲安陸縣治，但仍有"鄖城"之別稱。西晉末至劉宋初安陸縣北遷至今安陸市一帶，也將別稱"鄖城"帶入安陸市一帶，故《水經注》以來多認爲鄖國、鄖縣在安陸。鄖國在今鄖縣的説法，無更早的依據，不足憑信。

（王琢璽，湖北省文物考古研究院）

統一前後秦南郡的戰略意義

王　朔

　　公元前 278 年，秦國攻占楚國的江漢腹地並設置南郡，第二年，楚國收復江南十五邑並置郡，由此開始了秦楚以長江中游爲中心的對峙局面，直到公元前 222 年，秦在故楚江南地區建立洞庭、蒼梧二郡，這種對峙形勢維持了 56 年。這種局面對南郡政區建置、秦代南方統治策略帶來較大影響。

　　以往研究秦南郡，學者或關注政區設置①，或着眼於政治制度的推行②，或關注其文化特徵③，或揭示其對統一六國戰爭的意義④。這些研究大多意識到：戰國後期南郡對於秦國而言屬於南方邊郡，具有重要的屏障作用。本文將在上述研究的基礎上，結合嶽麓秦簡、里耶秦簡等出土文獻，從統一前南郡的軍事部署、縣制推行、統一後南郡與洞庭、蒼梧二郡的關係等方面，分階段考察秦南郡對征服、統治楚江南的戰略意義。

一、統一前秦南郡針對楚江南的軍事部署

　　晏昌貴先生在《秦簡牘地理研究》中説："楚人收復江南後，秦南郡的南界大致以長江

---

　　①　相關研究衆多，最近的一篇是郭濤《秦代南郡屬縣訂補》(《江漢考古》2020 年第 5 期)。詳細的學術史梳理可參考王佳《簡牘所見南郡地理研究綜述》(《楚學論叢》第 7 輯，武漢：湖北人民出版社，2018 年)。

　　②　工藤元男以縣長官相互關係作爲切入點，探討秦一元化體系在南郡建立的過程。[日]工藤元男著，[日]廣瀨薰雄、曹峰譯：《睡虎地秦簡所見秦代國家與社會》，上海：上海古籍出版社，2010 年。張夢晗討論了秦在南郡實施的"赦罪人遷之"、推行爵制等措施，認爲這些措施有助於在南郡形成新的秩序，參張夢晗：《楚國政權的束遷與秦對南郡的統治》，《簡帛研究二〇一七春夏卷》，桂林：廣西師範大學出版社，2017 年。

　　③　陳蘇鎮：《〈春秋〉與"漢道"：兩漢政治與政治文化研究》，北京：中華書局，2013 年。琴載元：《反秦戰爭時期南郡地區的政治動態與文化特徵——再論"亡秦必楚"形勢的具體層面》，《簡牘學研究》第 5 輯，蘭州：甘肅人民出版社，2014 年。琴載元：《秦代南郡編户民的秦、楚身份認同問題》，《簡帛研究二〇一五(秋冬卷)》，桂林：廣西師範大學出版社，2015 年。

　　④　孫聞博：《秦據漢水與南郡之置——以軍事交通與早期郡制爲視角的考察》，曾磊等編：《飛軨廣路：中國古代交通史論集》，北京：中國社會科學出版社，2015 年。

爲限，但在江南仍保留兩個軍事據點：東邊爲沙羨……西邊則爲屬陵……此二軍事據點突出江南，亦秦郡'犬牙相制'之例。"①晏師的核心在討論秦南郡的南界，但指明了屬陵、沙羨兩個南郡屬縣的軍事據點性質，爲探討統一前秦南郡的戰略意義提供了重要綫索。

北京大學藏秦簡牘《道里書》簡 124 背壹云：

江陵到屬陵陰緤城廿三里②

凡國棟、晏昌貴、游逸飛、郭濤、鄭威等先生已從多方面論證屬陵爲秦南郡屬縣。③那麼屬陵是何時置縣的呢？這就涉及北大水陸里程簡所載政區的年代問題。

整理者根據北大秦簡其他卷標注的朔日干支、年號（"卅一年十月乙卯朔庚寅"），初步判斷這批簡牘的抄寫年代大約在秦始皇時期。④ 王佳先生根據秦簡所見當陽縣的建置沿革認爲北大水陸里程簡的斷代應在秦始皇三十五年以後。⑤ 晏昌貴先生認爲："簡册主要表現的地域範圍在南郡地區，秦設南郡在昭襄王二十九年（前 278 年），所以公元前 278年是簡册形成的上限。……簡册所記可能只及南郡而不及更南邊的洞庭、蒼梧二郡以及東邊的衡山郡，按洞庭、蒼梧二郡設於秦王政二十五年（前 222 年），這是簡册形成年代的下限。"又説："簡册所記內容在秦占領南郡後不久，周邊形勢動盪不寧，因之有修築亭障以備不虞。水陸里程簡册的年代，當在秦占領楚都故地設置南郡不久。"⑥郭濤先生認爲《水陸里程簡册》反映的地理面貌年代當以二十五年占領江南地爲上限。⑦ 北大里程簡册所反映的政區面貌具體屬於秦始皇哪個時期尚不清楚，因而也不能據此判斷屬陵置縣的時間。

嶽麓秦簡《爲獄等狀四種》中記有關於"猩、敞知盜分臧案"的江陵縣奏讞文書，其中簡 44-55 云：

---

① 晏昌貴：《秦簡牘地理研究》，武漢：武漢大學出版社，2017 年，第 86 頁。
② 北京大學出土文獻與古代文明研究所編：《北京大學藏秦簡牘》卷四，上海：上海古籍出版社，2023 年，第 880 頁。
③ 凡國棟：《秦郡新探——以出土文獻爲主要切入點》，武漢大學博士學位論文，2010 年，第162~163 頁；郭濤：《秦代南郡"陰"地考》，《中國歷史地理論叢》2015 年第 4 輯；游逸飛：《里耶秦簡所見的洞庭郡——戰國秦漢郡縣制個案研究之一》，《中國文化研究所學報》第 61 卷，2015 年；晏昌貴：《秦簡牘地理研究》，武漢：武漢大學出版社，2017 年，第 163~166 頁；鄭威：《秦洞庭郡屬縣小議》，《江漢考古》2019 年第 5 期。
④ 北京大學出土文獻研究所：《北京大學藏秦簡牘概述》，《文物》2012 年第 6 期。
⑤ 王佳：《出土文獻所見秦南郡屬縣三題》，《江漢考古》2015 年第 2 期。
⑥ 晏昌貴：《秦簡牘地理研究》，武漢：武漢大學出版社，2017 年，第 281 頁。
⑦ 郭濤：《秦代南郡屬縣訂補》，《江漢考古》2020 年第 5 期。

● 廿(二十)三年四月，江陵丞文敢讞(讞)之：廿(二十三)〈二〉年九月庚子，令下，劾：祿(錄)江陵獄：上造敞、士五(伍)猩智(知)人盜椒冢，分臧(贓)。得。敞當耐鬼薪，猩黥城旦。遝戊午赦(赦)，為庶人。鞫審，讞(讞)。

● 今視故獄：廿(二十)一年五月丁未，獄史宰詣士五(伍)去疾、號曰：載銅。

● 去疾、號曰：號乘輅之醴陽，與去疾買銅錫冗募樂一男子所，載欲買(賣)。得。它如宰。

● 執一男子。男子士五(伍)，定名猩。

● 【猩曰】：□□□□□樂，為庸(傭)，取銅草中。得。它如號等。

● 屖陵獄史民詣士五(伍)達。與猩同獄，將從猩。

● 達曰：亡，與猩等獵漁。不利，負責(債)。冗募上造祿等從達等漁，謂達，祿等亡居黃(夷)道界中，有廬舍。欲毆(驅)從祿。達等從祿。猩獨居舍為養，達與僕徒時(蒔)等謀椒冢。不告猩，冢已(已)斁(斸)，分器，乃告猩。蒔等不分猩，達獨分猩。它如猩。

● 猩曰：達等椒冢，不與猩謀。分器，蒔等不分猩，達獨私分猩。猩為樂等庸(傭)，取銅草中。它如達及前。[1]

"猩、敞知盜分臧案"是秦王政二十二年(前225年)九月庚子(29日)江陵縣舉劾案件時查閱到的舊案，案發時間爲秦王政二十一年(前226年)五月丁未(28日)，其中犯案人"猩"由屖陵獄史民押送至官府前。"獄史民"當爲縣獄史，據此可知至晚於秦王政二十一年，屖陵已置縣。這是目前秦簡資料關於屖陵置縣的最早時間，在秦統一楚江南設置洞庭、蒼梧二郡(前222年)之前。郭濤先生根據廣西平樂銀山嶺出土的"屖陵"銅矛(整理者認爲是前280年之後所刻)，認爲這説明了屖陵較早入秦的事實。[2]

關於屖陵縣治所，《讀史方輿紀要》荆州府公安縣"屖陵城"條云："屖陵城，縣西二十五里，漢縣。"[3]《大清一統志》荆州府古跡門"屖陵故城"條云："屖陵故城在公安縣南。漢置縣，屬武陵郡。"[4]二者所記方位略有差異，一在今湖北公安縣西，一在今湖北公安縣南。《水經·油水》："油水出武陵屖陵縣西界，東過其縣北，又東北入于江。"西漢時期屖

---

① 朱漢民、陳松長主編：《嶽麓書院藏秦簡(叁)》，上海：上海辭書出版社，2013年。

② 郭濤：《秦代南郡"陰"地考》，《中國歷史地理論叢》2015年第4輯。

③ (清)顧祖禹：《讀史方輿紀要》卷七八《湖廣四·荆州府》"公安縣屖陵城"條，北京：中華書局，2005年，第3665頁。

④ 《大清一統志》卷三四四《荆州府一》"古迹屖陵故城"條，上海：上海古籍出版社，2008年。

陵屬武陵郡，油水流逕屏陵縣北，則屏陵當在油水以南。酈道元注云：“（屏陵）縣治故城，王莽更名屏陸也。劉備孫夫人，權妹也，又更修之。其城背油向澤。油水自屏陵縣之東北逕公安縣西，又北流注於大江。”①油水出屏陵縣東北，又向東流逕公安縣，可見屏陵縣位於今公安縣西，其城“背油向澤”，在油水之南。當以《讀史方輿紀要》爲是。《中國歷史地圖集》“西漢荆州刺史部”就是如此繪製屏陵縣治所的。那麽位於油水南岸今公安縣西的南郡屬縣——屏陵，其空間位置在戰國中後期具有怎樣的意義呢？

嶽麓書院藏秦簡《爲獄等狀四種》第一類簡案例五“多小未能與謀案”記云：

【敢】瀫（讞）之：十二月戊午，軍巫閒曰：攻荆盧谿【□□】故（？）秦人邦亡荆者男子多。**88**

多曰：小走馬。以十年時，與母兒邦亡荆。亡時小，未能與兒謀。它如軍巫書。**89**

兒死不訊。**90**

問：多初亡時年十二歲，今廿（二十）二歲；已（已）削爵爲士五（伍）。它如辥（辭）。**91**

鞫之：多與兒邦亡荆，年十二歲，小未能謀。今年廿（二十）二歲，已（已）削爵爲士五（伍）。得。審。疑多辠睾（罪）。**92** 縠（繫）。它縣論。敢瀫（讞）之。**93**

吏議曰：除多。或曰：黥爲城旦。**94** ②

該文書大致可分爲兩個部分，第一部分從簡88開始，到簡93爲止。這部分以“……敢讞之”開篇，又以“敢讞之”做結。其中簡92又云：“疑多罪。”“多”是人名，審理者對本案中“多”的罪名存在疑問，所以向上級機關請示。據此，該文書屬於向上級機關請示案件如何審結的奏讞文書。案件當事人是一個名叫“多”的秦人，他十年前隨母親逃亡到楚國，“十二月戊午”這天，被一位名叫“閒”的軍巫將告上秦廷。整理者説“軍巫”應爲官職，疑爲軍中小吏，即軍中從事望氣、詛軍、祈禱者。“閒”隨軍“攻荆盧谿”，進入楚境，發現“多”逃亡之事。秦何時攻打楚盧谿？

根據《史記·六國年表》的記載，秦王政二十三年（前224年），秦發動攻楚之戰；次年（前223年）虜荆王負芻，楚滅國。簡文云“攻荆盧谿”，可見攻打盧谿時，楚尚未滅國，

---

① （後魏）酈道元注，（清末）楊守敬、熊會貞疏：《水經注疏》卷三七《油水》，南京：江蘇古籍出版社，1989年，第3065頁。

② 朱漢民、陳松長主編：《嶽麓書院藏秦簡（叁）》，上海：上海辭書出版社，2013年，第141~143頁。

時間當在公元前 223 年之前。又，軍巫閒於"十二月戊午"狀告"多"逃亡，此時"攻荆盧
谿"的戰爭已經發生了，那麼此役的發生時間應當在這一年"十二月戊午"之前。

關於"十二月戊午"屬於哪一年，整理者説："從前後案例的時代推測，應爲秦王政二
十二年十二月丙午朔十三日。"所謂"前後案例的時代"當指《嶽麓書院藏秦簡(叄)》"前言"
所云"(第一類簡七個案例)時代明確的案例都屬於秦王政十八年至二十五年，即秦國統一
六國的前夕"。按：根據李忠林《秦至漢初曆法研究》所附"秦至漢初(前 246—前 104 年)朔
閏表"，秦王政二十三年十二月以辛丑爲朔日，十二月戊午爲十二月十八日。秦王政二十
二年十二月以丙午爲朔日，十二月戊午爲十二月十三日。秦王政二十一年十二月以壬子爲
朔日，十二月戊午爲十二月七日。秦王政十九年十二月以甲午爲朔日，十二月戊午爲十二
月二十五日。秦王政十八年、二十四年、二十五年均無十二月戊午日。陳偉先生認爲蒼
梧、洞庭(至少洞庭)設郡應不晚於秦始皇二十五年十一月。[1] 據此可知，"攻荆盧谿"的
戰爭發生在秦征服故楚江南地之前。

由上引簡文可知，統一前，"盧谿"當在秦楚兩國的交界地帶，所以秦楚兩國才會於此
交戰，故秦人也會逃亡至此。盧谿位於哪里呢？

嶽麓秦簡壹《廿七年質日》("七"字上方殘斷，學者推測原應有"廿"字)又見"盧谿"這
一地名，其文曰：

> (四月二十九日)癸卯，起江陵。
>
> (四月三十日)甲辰，宿陰娶(?)。
>
> (五月一日)乙巳，宿户竈。
>
> (五月二日)丙午，宿盧谿。
>
> (五月五日)己酉，宿下雋。
>
> (五月六日)庚戌，到州陵。
>
> (五月九日)癸丑，起歸。
>
> (五月十日)甲寅，宿武强。
>
> (五月十二日)丙辰，宿□亭。
>
> (五月十三日)丁巳，宿縣内。
>
> (五月十四日)戊午，波，留。
>
> (五月十五日)己未，宿□□。

---

[1]　陳偉：《秦蒼梧、洞庭郡研究的重要資料》，簡帛網(http://www.bsm.org.cn/)，2019 年 9 月 10
日。

（五月十六日）庚申，宿楊口。①

　　原簡册由 60 支簡構成，② 這是其中的十支。該簡册每支簡分欄記載秦始皇二十七年（前 220 年）逐日干支。這十支簡於每日干支下注記出行地點，但並未注明主語。蘇俊林先生指出《質日》類文獻没有事件行爲者的記録，應該是同一個人所爲，這個人才是質日的主人。③ 于振波先生在認同此説的基礎上討論《質日》主人的身份，根據没有標明事件行爲者的出行活動範圍，認爲質日主人可能是南郡的屬史。④ 雖然有諸多争論，但“視事”（簡 0564）、“歸休”（簡 0722）、“之鄢具事”（簡 0626）等事件意味着其行爲人是在南郡或其屬縣任職的官員。從“起江陵”“到州陵”“起歸”等記載來看，這幾支簡構成一組，登録的是該官員從江陵啓程途徑下雋到達州陵，又回歸江陵的一組出行記録，所以陰娶、户竉、盧谿是江陵南下至下雋的重要經行地點，與江陵、下雋具有相鄰、相近的位置關係，這是認識盧谿地望的基本前提。

　　李都都先生將下雋縣治所定在今湖南省岳陽市，認爲盧谿在江陵與下雋之間，進而根據地形條件以及交通里程將盧谿定位在今湖南華容縣東北、湖北石首東南 30 千米處的一片山嶺，名爲桃花山，此山至今流溪飛泉時時而在。⑤ 此説爲認識故楚盧谿的具體位置提供了一種思路。不論是否能够進一步確證，依然可以看出秦統一前屑陵縣與楚江南前沿據點——盧谿的相對位置關係。

　　除了盧谿之外，戰國時期楚國在澧水北岸營建了軍事城堡，其防禦目標可能也是秦屑陵縣。比如今湖南省澧縣一帶有三座具有軍事防禦功能的楚城：第一，位於澧縣岑南鄉復興村高出四周 2～3 米臺地上的雞叫城，城垣見有城門遺跡，東門、西門外 1 千米處各有築

---

　　① 朱漢民、陳松長主編：《嶽麓書院藏秦簡（壹）》，上海：上海辭書出版社，2010 年，第 56～60 頁。釋文句讀和行程日期參考郭濤、李都都的文章，郭濤：《嶽麓書院藏秦“質日”簡交通地理考》，《歷史地理》第 30 輯，上海：上海人民出版社，2014 年。李都都：《嶽麓秦簡〈質日〉釋地九則》，《楚學論叢》第 2 輯，武漢：湖北人民出版社，2012 年，第 72～75 頁。

　　② 整理者復原的《廿七年質日》簡册由 59 支簡構成，陳偉先生指出《二十七年質日》第 6（0564）簡、第 7（0616）簡之間，應補入一簡。收入氏著《秦簡牘校讀及所見制度考察》，武漢：武漢大學出版社，2017 年，第 214～227 頁。

　　③ 蘇俊林：《關於“質日”簡的名稱與性質》，《湖南大學學報》（社會科學版）2010 年第 4 期。

　　④ 于振波：《嶽麓書院藏秦簡〈質日〉劄記三則》，張德芳主編：《甘肅省第二届簡牘學國際學術研討會論文集》，上海：上海古籍出版社，2012 年，第 521～527 頁。

　　⑤ 李都都：《嶽麓秦簡〈質日〉釋地九則》，《楚學論叢》第 2 輯，武漢：湖北人民出版社，2012 年，第 72～75 頁。里耶秦簡 7-11 提到文書傳遞路綫説“下雋報屑陵書到”，張春龍先生認爲根據里耶秦簡 7-11 認爲下雋秦時當屬蒼梧郡，陳偉先生肯定其説，此條材料進一步證明下雋縣與屑陵縣臨近，與其位於今湖南省岳陽市的地望相合。張春龍：《里耶秦簡 7-1 和 7-11》，發表於 2019 年 9 月 6—8 日召開的“首届中日韓出土簡牘研究國際論壇暨第四届簡帛學的理論與實踐學術研討會”。

烽燧臺 1 個，殘高 2~4 米，可能具有軍事防禦功能，城西北 6 千米的山丘上有密集的東周楚墓，城內可見東周遺物，應當是楚城；第二，位於涔水中游的澧縣閘口鄉古城村古城崗城址，城址東、西各有水塘，可能是護城河遺跡。城址南面的涔水繞山而過，可作天然護城河。城內的文化層堆積厚達 1 米以上，又見銅鏃等文化遺物，可能是軍事性城堡。從文化層堆積來看，城址可能從東周沿用至漢代；第三，位於澧縣車溪鄉南岳村的城頭山城址，城垣殘高 2~4 米，有護城河遺跡，城內出土東周時期青銅劍 1 件，説明這是一座軍事性質的楚城。①

此外，在澧水北岸的臨澧縣九里茶場發現戰國中期的楚墓群，其中 M17 出土帶有"君"字的車書，發掘報告推測此處可能是楚國一個封君的家族墓地，又有與墓葬時代相近的古城遺址，可能是該封君的封地中心。鄭威先生推測此大墓可能與鄝陽君家族相關。②説明楚國曾在澧水流域有過較爲深入的統治，上文所引雞叫城、古城崗城、城頭山城是楚國軍事據點的可能性很大。

戰國時期楚國對澧水流域有過較深入的統治，東遷之後，又在江南地置郡，加强對秦軍事防禦，所以澧水北岸的軍事城堡和澧水下游的廬谿很可能是楚江南的邊防城邑。因此，從楚江南邊境地區城址聚落空間佈置來看，秦屏陵縣是直接面對楚江南的前沿陣地。

里耶秦簡 16-52 分兩欄記載交通路綫和里程數，其中江陵南下的路綫云：

> 江陵到屏陵百一十里
> 屏陵到索(索)二百九十五里
> 索(索)到臨沅六十里
> 臨沅到遷陵九百一十里③

索(今湖南省常德市斷港頭城子村漢索縣故城)、臨沅(今湖南省常德市)是秦在故楚江南地設置的洞庭郡屬縣。這件發現於秦遷陵縣官府文書檔案的交通路綫應當是官府修築或承認的官道。從這條交通路綫看，屏陵縣是秦南郡南下故楚江南地官道必經之路的最後一站，同樣説明了屏陵縣之於楚江南的重要軍事意義。陳偉先生將里耶秦簡 16-52 和簡

---

① 曹傳松：《湘西北楚城調查與探討——兼談有關楚史幾個問題》，楚文化研究會編：《楚文化研究論集》第二集，武漢：湖北人民出版社，1991 年，第 177~181 頁。

② 鄭威：《楚國封君研究》，武漢：湖北教育出版社，2017 年，第 178 頁。

③ 里耶秦簡博物館、出土文獻與中國古代文明研究協同創新中心中國人民大學中心編著：《里耶秦簡博物館藏秦簡》，上海：中西書局，2016 年，第 208 頁。

7-11 結合起來，認爲屬陵是南郡聯繫南方洞庭、蒼梧二郡的樞紐。①

上文所引北大《水陸里程簡册》提到陰歈城隸屬於屬陵縣統轄。關於此城，辛德勇先生認爲其所在具體地點不詳，但"既然隸屬於屬陵縣，則不妨姑且將其比定在江陵南去屬陵的路上。核其里至，則應在長江以南接近江岸的地方"②。郭濤先生根據"山北水南"的地名原則，亦認爲其在長江以南，又説此城與水或船有關，具有一定的軍事職能。③ 更值得注意的是，里耶秦簡 16-52 曰："江陵到屬陵百一十里。"陰歈城隸屬屬陵縣，但却距離江陵更近，説明此軍事性城址可能爲了屬陵縣與南郡治所江陵縣進行軍事聯動而設置的，或許是江陵城向屬陵城輸送軍備物資的中間站，進一步説明了屬陵縣作爲進攻楚江南前沿軍事據點的性質。

上文從統一前秦屬陵與楚江南邊防城邑的相對位置關係、屬陵的交通意義、與江陵縣的軍事聯動等三個方面，揭示了秦屬陵縣針對楚江南的軍事據點性質。

晏師説沙羨是另一個南郡在江南地區的軍事性據點。辛德勇先生也認識到沙羨曾經一度爲秦國在長江以南所據有的一處標志性戰略要地。④ 但學者對秦沙羨地望存在爭議，或以爲在今江夏區金口一帶，或以爲在今武漢市長江南岸之武昌區。晏師根據水陸里程簡册"夏汭度江到沙羨三里"的記載，認爲沙羨當在今武漢市長江南岸之武昌區。⑤ 是也。

《荀子·强國篇》描述秦國版圖形勢云：

> 今秦南乃有沙羨與俱，是乃江南也；北與胡、貉爲鄰；西有巴、戎。東在楚者乃界於齊；在韓者踰常山乃有臨慮；在魏者乃據圉津，即去大梁百有二十里耳，其在趙者剡然有苓而據松柏之塞，負西海而固常山，是地徧天下也。⑥

根據辛德勇先生的研究，秦王政五年（前 242 年）攻取圉津附近地區設置東郡，秦王政十七年（前 230 年）滅韓置潁川郡。秦王政十四、十五年至十七年，秦人據有恒山（常山）周圍地區而俯臨趙國。所以這段對秦版圖形勢的描述其上限在秦王政五年，下限在秦王政

①　陳偉：《秦蒼梧、洞庭郡研究的重要資料》，簡帛網（http://www.bsm.org.cn/），2019 年 9 月 10 日。

②　辛德勇：《北京大學藏秦水陸里程簡册初步研究》，《出土文獻》第 4 輯，上海：中西書局，2013 年，第 225 頁；收入氏著《石室賸言》，北京：中華書局，2014 年，第 147 頁。

③　郭濤：《秦代南郡"陰"地考》，《中國歷史地理論叢》2015 年第 4 輯。

④　辛德勇：《北京大學藏秦水陸里程簡册初步研究》，《出土文獻》第 4 輯，上海：中西書局，2013 年，第 218 頁。

⑤　晏昌貴：《秦簡牘地理研究》，武漢：武漢大學出版社，2017 年，第 276 頁。

⑥　（清）王先謙：《荀子集解》卷一一"强國篇"，北京：中華書局，1993 年，第 355~356 頁。

十七年。秦越江據有沙羨縣當在此期間。這是繼公元前 262 年楚國"納州於秦"之後，① 秦南郡又一次向南擴張其轄域。

北大藏秦簡牘《道里書》簡 145、144 背：

沙羨到玄陽城百廿里

玄陽城到武強城②

關於玄陽城、武強城的具體定位暫不可考，辛德勇先生認爲從沙羨附近地貌形態特別是湖沼分佈形勢來看，兩城最有可能是沙羨南下今咸寧方向。③ 晏昌貴先生認爲從其地名所帶後綴"城"字看，應該是秦占領楚地後，在江南所設的兩處軍事據點。④

嶽麓秦簡《爲獄等狀四種》案例二"尸等捕盜疑購案"簡 31-39 曰：

廿(二十)五年五月丁亥朔壬寅，州陵守綰、丞越敢讞(讞)之：㢟二月甲戌，走馬達告曰：盜盜殺傷走馬好□□□部(?)中(?)。即(?)令(?)獄(?)史(?)驩(?)、求盜尸等十六人追。尸等產捕詣秦 男 子 治 等 四人、荆男子閭等十人，告羣盜盜殺傷好等。

● 治等曰：秦人，邦亡荆；閭等曰：荆邦人，皆居京州。相與亡，來入秦地，欲歸羕(義)。行到州陵界中，未詣吏，悔。謀言曰：治等已(已)有辠(罪)秦，秦不□歸羕(義)。來居山谷以攻盜。即攻盜盜殺傷好等。它如尸等。

● 診問如告、辤(辭)。京州後降爲秦。爲秦之後，治、閭等乃羣盜〔盜〕、殺傷好等。律曰：產捕群盜一人，購金十四兩。有(又)曰：它邦人□□□盜，非吏所興，毋(無)什伍將長者捕之，購金二兩。

● 鞫之：尸等產捕治、閭等，告羣盜盜殺傷好等。治等秦人，邦亡荆；閭等荆

---

① 《史記》卷四〇《楚世家》，北京：中華書局，1959 年，第 1736 頁。楚國所獻之"州"即楚頃襄王時代的"州侯"、《水經注·江水》之"州陵之故城"。王琦璽先生以爲今洪湖市僅在烏林鎮一帶海拔稍高，其中黃蓬山附近有東周小城壕城址、西漢大城壕城池，其西南側群丘上發現大量秦漢、南北朝時代墓葬，小城壕城址當即州國與楚州縣故址。王琦璽：《周代江漢地區城邑地理研究》，武漢大學博士學位論文，2019 年，第 62 頁。

② 北京大學出土文獻與古代文明研究所編：《北京大學藏秦簡牘》卷四，上海：上海古籍出版社，2023 年，第 878 頁。

③ 辛德勇：《北京大學藏秦水陸里程簡册初步研究》，《出土文獻》第 4 輯，上海：中西書局，2013 年，第 233 頁。

④ 晏昌貴：《秦簡牘地理研究》，武漢：武漢大學出版社，2017 年，第 279 頁。

人。亡，來入秦地，欲歸蕭（義），悔，不詣吏。以京州降爲秦後，羣【盜盜、殺傷好】等。皆審。疑尸等購。它縣論。敢讞（讞）之。①

這是州陵守、丞向南郡假守請示疑難案件的文書，所疑者是"求盜尸"等人的獎金。案發原因是尸等幾個人捕到秦男子治等四人、荆男子闆等十人，告發他們以"羣盜"搶劫並殺傷"好"等人。其中治等四人爲逃亡到楚地的秦人，闆等十人是楚國京州人，十四人本來商量好一同入秦，後來後悔了，於是來到山谷以搶劫爲生。晏師認爲闆等不之沙羡而之州陵，可知京州應在今嘉魚南之咸寧、蒲圻、通城一帶，此地爲鄂東南山地丘陵，亦符合"居山谷"的地理條件。周波先生在此基礎上認爲："今嘉魚、蒲圻、咸寧附近地區既多州渚，又處鄂東南山地丘陵地帶，或即京州地望所在。"②楚京州人可以向秦縣逃亡，可知其爲楚江南邊境城邑，從空間位置關係來看，秦沙羡以南的玄陽城、武强城已深入楚江南邊境，形成了相對優勢的空間控制。

綜上所述，戰國後期，秦國通過在長江以南設置屠陵、沙羡二縣，並圍繞此二縣部署軍事據點，比如在屠陵縣和江陵縣之間設置陰鯡城，在沙羡以南設置玄陽、武强兩個軍事防禦性質的邊境之城，形成了對楚江南的戰略優勢。在此基礎上，我們注意到秦對沙羡和屠陵兩個江南據點的空間部署完全不同，屠陵縣是直接面對楚江南澧水流域的前沿陣地，沙羡縣以南却建有兩個軍事防禦的據點。爲何如此仍需進一步探討。

二、統一後秦南郡對故楚江南統治的戰略意義

里耶秦簡 7-1 曰：

廿五年二月戊午朔辛未，洞庭叚（假）守竈敢言之：洞庭縣食皆少。略地軍節（即）歸，謁令南郡軍大（太）守以洞庭吏卒數、軍吏卒後備敬（警）者數令治粟大府輸食，各足以卒歲便。謁報。敢言之。

二月癸丑，丞相啓移南郡軍叚（假）守主：略地固當輒輸，令足竈歲，唯勿乏。傳書洞庭守。顯手。

①　朱漢民、陳松長主編：《嶽麓書院藏秦簡（叁）》，上海：上海辭書出版社，2013 年，第 113~117頁。
②　周波：《説楚地出土文獻中的"京州"與"京君"》，《出土文獻研究》第 14 輯，上海：中西書局，2015 年。

214

　　五月癸巳，南郡軍叚(假)守叚敢告洞庭主、謂南郡治粟大府：前日固已，以縣吏卒用食數告大府輸。正

　　亭次行，署急勿留。長沙言書到起。以洞庭邦尉印行事。恒署。

　　十一月壬寅，遷陵守丞睪敢告尉，告倉、啓陵、貳春鄉主：聽書。尉薄(簿)卒，鄉各薄(簿)吏、備敬(警)卒、徒隸食足不足數，善薄(簿)上，皆會戊申旦廷，唯勿留。尉下倉，倉傳二鄉。丞手。

　　十一月壬寅水下九刻，秭歸奴橋士五(伍)襄以來。夫半。即令□□行尉。背①

這件文書的結構與里耶秦簡 9-1112 相似，其文曰：

　　【廿】六年二月癸丑朔丙子，唐亭叚(假)校長壯敢言之：唐亭旁有盜可卅人。壯卒少，不足以追。亭不可空。謁遣【卒】索(索)。敢言之。

　　二月辛巳，遷陵守丞敦狐敢告尉、告卿(鄉)主，以律令從吏(事)。尉下亭鄣、署士吏謹備。貳卿(鄉)上司馬丞。亭手。即令走涂行。

　　二月辛巳，不更輿里戌以來。丞半。壯手。②

　　簡 7-1 背面記録的是遷陵縣發給尉、鄉等官署的文書正文，其中的命令是在收到唐亭假校長文書之後下達的。"不更輿里戌"是將唐亭文書送達遷陵縣廷的傳送者，"走涂"是將遷陵縣廷文書正本傳送出去的人。與此相似，簡 7-1 背面"士伍襄"是將正面文書傳送到遷陵縣廷者，"即令□□行尉"是將遷陵縣文書正本送出縣廷的人。簡 7-1 正面"以洞庭邦尉印行事"説明遷陵縣廷十一月壬寅收到的文書是從洞庭郡發出的，據此可知，簡 7-1 從"廿五二月戊午朔辛未"到"以洞庭邦尉印行事。恒署"是一件下行文書，文書的接收方是遷陵等洞庭郡屬縣。但與下行文書性質矛盾的是其開篇説"洞庭假守竈敢言之"，所謂"敢言之"顯然是洞庭假守向上級彙報的語氣，現在所録文書之前應有缺文，廿五年二月辛未(14 日)是洞庭郡上書朝廷的時間，並非下文書給其屬縣的時間。

　　遷陵守丞十一月壬寅在接到洞庭郡下行文書後，要求尉、倉、啓陵、貳春等官署在十一月戊申之前將一類信息彙總起來上交到縣廷("簿上")，縣尉需要彙總的信息是"卒"現有口糧的數目以及未足之數，啓陵鄉、貳春鄉也需要將吏、備警卒以及徒隸現有口糧數和

---

① 轉引自陳偉：《秦蒼梧、洞庭郡研究的重要資料》，簡帛網(http://www.bsm.org.cn/)，2019 年 9 月 10 日。"五月癸巳，南郡軍假守叚敢告洞庭主、謂南郡治粟大府"是筆者根據上下文做的句讀調整。

② 陳偉主編，魯家亮、何有祖、凡國棟撰著：《里耶秦簡牘校釋(第二卷)》，武漢：武漢大學出版社，2018 年，第 260 頁。

未足之數上報給縣廷。遷陵縣之所以統計口糧情況是因爲接到洞庭郡的文書命令。此命令應即南郡軍假守段要求洞庭郡"以縣吏卒用食數告大府輸"，這裏的"大府"當指前文提到的"南郡治粟大府"。這個"南郡治粟大府"直接承受"南郡軍假守"的命令（前文"南郡軍太守以洞庭吏卒數、軍吏卒後備警者數令治粟大府輸食"可證），他需要根據洞庭郡所報縣吏卒口糧數，將相應口糧撥付並運送給洞庭郡。

陳偉先生認爲背面文字"十一月壬寅"應屬秦始皇二十五年（前 222 年）。但如果按照前文所論，十一月壬寅是遷陵縣收到洞庭郡下行文書的時間，洞庭郡又是接到南郡軍假守的命令之後才請各屬縣統計口糧的，那麼簡背的"十一月壬寅"應當至少在秦始皇二十五年五月癸巳之後，即秦始皇二十六年（前 221 年）十一月壬寅（十九日）。

上引簡文説明，自丞相啓同意洞庭假守的請求，讓南郡爲洞庭吏卒、軍吏卒後備警者提供當年口糧以來，一直到次年（前 221 年）十一月壬寅（十九日），南郡一直是洞庭郡軍糧的供給地。

張家山漢簡《奏讞書》案例十八"南郡卒史蓋廬、摯、朔、假卒史瞗復攸庫等獄簿"簡130 曰：

　　　　蒼梧縣反者，御史恒令南郡復。①

這是保存在漢簡中的秦代獄簿，案件審理時間是秦始皇二十七年（前 220 年）。張家山漢簡《二年律令·具律》簡 116、117 云："都吏所覆治，廷及郡各移旁近郡。"②陳偉先生據此認爲漢初"旁近郡"之間的司法聯動，有助於理解本案中蒼梧與南郡的關係，進而認爲這裏可能是位於首都的御史授權南郡對與之相近的蒼梧代行自己的職權。③ 然而與蒼梧郡相鄰的秦郡還有洞庭郡，爲何不是授權洞庭郡審理蒼梧郡謀反案？ 恒，《説文·二部》："恒，常也。"④據此，南郡審理蒼梧郡諸縣謀反案，這是秦御史專門爲蒼梧郡制定的常態化司法制度慣例。

該獄簿簡 125-126 曰：

---

① 彭浩、陳偉、[日]工藤元男主編：《二年律令與奏讞書——張家山二四七號漢墓出土法律文獻釋讀》"奏讞書釋文案例十八"，上海：上海古籍出版社，2007 年，第 364～365 頁。
② 彭浩、陳偉、[日]工藤元男主編：《二年律令與奏讞書——張家山二四七號漢墓出土法律文獻釋讀》"奏讞書釋文案例十八"，上海：上海古籍出版社，2007 年，第 139 頁。
③ 陳偉：《秦蒼梧、洞庭二郡芻論》，《歷史研究》2003 年第 3 期。
④ （漢）許慎，（宋）徐鉉校定：《説文解字》第十三下"二部"，北京：中華書局，2013 年，第 287頁。

御史書以廿七年二月壬辰到南郡守府，即下，甲午到蓋廬等治所，其壬寅摯益從治，上治它獄。・四月辛卯瞗有論去。五月庚午朔益從治，蓋廬有資(貲)去。八月庚子朔論去。盡廿八年九月甲午已。凡四百六十九日。

根據獄簿簡 124 可知，這裏提到的蓋廬、摯等人的身份爲南郡卒史或假卒史，獄簿簡 151、152 中又將其稱作"南郡復吏"。簡 125 説"御史書以廿七年二月壬辰到南郡守府，即下，甲午到蓋廬等治所"，御史書當即御史下令審理案件的文書，這件文書通過南郡守府下達給蓋廬等卒史，可見南郡卒史審理攸令庳之案秉承的是御史之命。此案牽涉到攸縣利鄉謀反案，所以御史命南郡卒史審理。這是"蒼梧縣反者，御史恒令南郡復"具體實施的案例。

綜上，南郡屬史之一的卒史深入地參與了蒼梧郡司法事務，這是秦中央對待蒼梧郡諸縣謀反案的常制。此外，統一後，秦南郡還要爲駐守洞庭郡及其屬縣的兵卒提供軍糧。因此，秦統一後，南郡不僅僅是洞庭、蒼梧二郡的相鄰之郡，更是維繫故楚江南穩定統治的重要一環。

三、結　　語

本文考察了統一前秦南郡針對楚江南的軍事部署以及統一後南郡對故楚江南統治的戰略意義。研究認爲戰國後期，秦國通過在長江以南設置屛陵、沙羨二縣，並圍繞此二縣部署軍事據點，形成了對楚江南的戰略優勢。統一後，秦南郡是洞庭郡軍糧的供給地，也是蒼梧郡謀反類案件的審理方。由此認識到南郡對於秦統一楚江南以及秦中央權威在該地區確立和鞏固都具有重要意義。

南郡在秦整體政治版圖中的戰略意義也影響到南郡本身的行政區劃，統一後，南郡之所以越江轄有沙羨、屛陵兩個江漢平原以南的屬縣，不僅是遵循"犬牙交錯"的政區原則，而且是統一前秦南郡針對楚江南軍事部署的歷史遺留。

（王朔，雲南大學歷史與檔案學院）

嶽麓簡中的江胡郡與秦代江東的地域整合*

鄭　威　李威霖

　　傳統觀點認爲，秦統一後在今長江下游以東(或以南)的江東地區設會稽郡。嶽麓秦簡整理者曾披露過關於江胡郡的若干材料，該郡名不見於以往任何傳世文獻，引發了熱烈探討。學界多認爲其在江東地區，與會稽郡關係密切，但關於江胡郡的範圍、存續時間及其與會稽郡的關係等問題，尚有諸多存疑之處。本文擬在綜合已有成果的基礎上，根據《嶽麓書院藏秦簡(柒)》中有關江胡郡的完整簡文，對這些問題再作探討。不當之處，祈請方家賜正。

一、江胡郡的設置

《嶽麓書院藏秦簡(柒)》載：

　　・尉議：中縣有罪罰當戍者及陽平吏卒當戍者，皆署琅邪郡；屬邦、道當戍東故徼者，署衡山郡。 0689/001

　　☐它如令。縮請，許。而令中縣署東晦(海)郡，泰原署四川郡，東郡、參(參)川、穎(穎)川署江胡郡乚，南陽、 0194-1/002

　　河内署九江郡，南郡、上黨、屬邦、道當戍東故徼者，署衡山郡。　☐ 0383/003 ①

以上簡文曾部分披露過，② 學者多認爲其内容形成於統一之前、滅楚之後，並據此對其中江胡等郡的存在年代進行推論。其實，從簡文用語可以判斷其書寫年代在統一之後。如其

---

　　* 本文爲"古文字與中華文明傳承發展工程"資助項目"新資料與先秦秦漢荆楚地區的空間整合研究"(G3613)、國家社科基金冷門絶學研究專項"出土東周秦漢荆楚地理資料整理與地域空間整合研究"(20VJXG017)成果，原載《江漢考古》2022 年第 6 期，收入本書時略有改動。

　　① 陳松長主編：《嶽麓書院藏秦簡(柒)》，上海：上海辭書出版社，2022 年，第 61 頁。

　　② 陳松長：《嶽麓書院藏秦簡中的郡名考略》，《湖南大學學報》(社會科學版)2009 年第 2 期。

中出現"故徼"，里耶秦簡 8-461"更名方"記載"邊塞曰故塞，毋塞者曰故徼"，① 意爲將邊塞更名爲"故塞"，没有塞的改稱爲"故徼"。學界一般認爲此"更名方"是秦統一後有關變更更名號規定的彙編，因此從"故徼"這一用語可推斷該簡文抄寫於統一之後。又如，簡文中出現了"泰原"，大西克也先生總結里耶秦簡和秦封泥中的"泰"字，指出"泰"字是秦朝爲了炫耀天下統一的完成而創造的新字，② 據此亦可知該簡文抄寫於統一以後。再如，簡文使用"罪"而非"辠"字，陳偉先生曾詳細梳理秦簡中"罪""辠"的使用年代，并總結稱：

> 　　就現有資料而言，我們看到始皇二十六年七月至三十年五月，一直採用"辠"字，並可與抄寫年代更早的睡虎地秦簡相銜接。而在三十四年六月以後，直到二世元年，多條資料均採用"罪"字，並可與漢代簡牘用字相銜接。由於兩種寫法先後有別，不存在交叉、混用的情形，可以相信秦代用"罪"字取代"辠"字，發生在始皇三十年五月至三十四年六月之間。③

由此可知，該簡文抄寫年代應不早於秦始皇三十年(前 217 年)五月。另外，我們知道，嶽麓秦簡校讎痕迹明顯，應是官吏日常行政的參考資料，④ 簡文所記律令在抄寫之時應該仍然使用，據此可判斷簡文中的江胡等郡在當時是實際存在的。以上公佈的完整簡文中，還出現了滅齊後所置的琅邪郡，更可明確這條秦令的制定時間在滅齊統一之後。

這篇簡文記載的主要是改戍罪人的規定，將中縣、泰原、東郡、參川、潁川、南陽、河内、南郡、上黨、屬邦、道的罪人改戍到東晦、四川、江胡、九江、衡山等郡。罪人的來源地中，中縣位於京畿，泰原等郡是滅六國前的秦東部邊郡，屬邦、道地點不明，但也應在滅六國前的秦地。⑤ 罪人的派遣地東晦、四川、江胡、九江、衡山，則都是所謂的"荆新地"。

"荆新地"這一用語見於張家山漢簡和嶽麓秦簡。張家山漢簡《奏讞書》："所取荆新地多群盗。"⑥《嶽麓書院藏秦簡(柒)》："☐能入而當戍請(清)河、河間、恒山者，盡遣戍荆

---

① 陳偉主編，何有祖、魯家亮、凡國棟撰著：《里耶秦簡牘校釋(第一卷)》，武漢：武漢大學出版社，2012 年，第 157 頁。

② 大西克也：《從里耶秦簡和秦封泥探討"泰"字的造字意義》，《簡帛》第 8 輯，上海：上海古籍出版社，2013 年。

③ 陳偉：《秦簡牘校讀及所見制度考察》，武漢：武漢大學出版社，2017 年，第 24 頁。

④ 參見周海鋒：《秦律令之流布及隨葬律令性質問題》，《華東政法大學學報》2016 年第 4 期。

⑤ 目前發現的秦道均位於滅六國前的秦地，參見馬孟龍：《出土文獻所見秦漢"道"政區演變》，《民族研究》2022 年第 2 期。

⑥ 張家山二四七號漢墓竹簡整理小組編著：《張家山漢墓竹簡〔二四七號墓〕(釋文修訂本)》，北京：文物出版社，2006 年，第 104 頁。

新地。"（簡 0863/007）①"新地"是秦在統一過程中新占領的土地。"荊新地"有"荊"與"新地"兩重屬性，"荊新地"之"荊"，是相對於趙、齊等列國而言的楚國，而"荊新地"之"新地"，對比的則是更早入秦的楚國故地。秦昭襄王時曾大規模攻略楚地，二十九年（前 278年），攻占江漢平原的楚郢都一帶，設置南郡；三十五年（前 272 年），在此前攻占的南陽盆地的宛、穰、鄧等楚地基礎上設置南陽郡。這一年楚"復與秦平，而入太子爲質於秦"②，此後兩國維持了較長時間的和平，直至滅六國戰爭時期，秦才再次開始大規模吞併楚地，此時所占領的楚地被稱爲"荊新地"③。

荊新地中，除了洞庭、蒼梧二郡位於秦故地以南，其他都位於其東南方向，簡文中提到的東晦、四川、江胡、九江、衡山皆在這一區域，其中除江胡以外均可與傳世文獻對應。東晦即東海④，四川即傳世文獻中的泗川或泗水，九江當時或尚未析置長江以南的廬江郡⑤。那麼，荊新地中，還有文獻中記載的淮陽、會稽兩郡之地，可能是嶽麓簡中的江胡郡所在。有學者提出江胡郡是淮陽郡的前身，此觀點已受到質疑，目前看來可能性不大。⑥ "江胡"之稱，周運中認爲指"三江五湖"，陳偉先生認爲應讀作"鴻湖"，爲太湖異名，後來又提出讀作"江浦"，指長江下游南岸地區的吳國故地，何慕先生則據分野説指出"江湖"爲吳國故地別稱。⑦ 要之，認爲江湖郡當在江東地區的觀點，⑧ 目前看來是可取的。

---

① 陳松長主編：《嶽麓書院藏秦簡（柒）》，上海：上海辭書出版社，2022 年，第 63 頁。

② 《史記》卷四〇《楚世家》，北京：中華書局，2014 年，第 2090 頁。

③ 蔡萬進先生指出，秦令中稱秦"所取荊新地"，應指秦攻取楚之"陳以南至平輿""淮南""荊江南地"等地，是相對於公元前 278 年秦"越宛有郢"置南郡的楚地而言的。參見蔡萬進：《秦"所取荊新地"與蒼梧郡設置》，《鄭州大學學報》（哲學社會科學版）2008 年第 5 期。

④ 一般認爲秦統一後先置薛郡，後分薛郡大部置東海郡。參見周振鶴、李曉傑、張莉：《中國行政區劃通史·秦漢卷》，上海：復旦大學出版社，2016 年，第 37~38 頁。

⑤ 參見周振鶴、李曉傑、張莉：《中國行政區劃通史·秦漢卷》，上海：復旦大學出版社，2016年，第 39~40 頁。

⑥ 具體可參但昌武：《秦至西漢中期邊地郡國新探》，武漢大學博士學位論文，2021 年，第 142頁。

⑦ 參見周運中：《嶽麓秦簡江胡郡新考》，簡帛網，2009 年 9 月 12 日；陳偉：《"江胡"與"州陵"——嶽麓書院藏秦簡中的兩個地名初考》，《中國歷史地理論叢》2010 年第 1 輯。陳偉：《秦江湖郡再考察》，武漢大學歷史地理研究所編：《石泉先生百年誕辰紀念文集》，武漢：武漢大學出版社，2023 年；何慕：《秦代政區研究》，復旦大學博士學位論文，2009 年，第 62~67 頁。

⑧ 參見周運中：《嶽麓秦簡江胡郡新考》，簡帛網，2009 年 9 月 12 日；陳偉：《"江胡"與"州陵"——嶽麓書院藏秦簡中的兩個地名初考》，《中國歷史地理論叢》2010 年第 1 輯；何慕：《秦代政區研究》，復旦大學博士學位論文，2009 年，第 62~67 頁；持此説者還有凡國棟：《秦郡新探——以出土文獻爲主要切入點》，武漢大學博士學位論文，2010 年，第 72~75 頁。

秦王政二十三年王翦伐楚，"取陳以南至平輿"①，取得重要的階段性戰果。睡虎地4號墓11號木牘有"黑夫等直佐淮陽，攻反城久"的記載，時間在秦王政二十四年二月，一般認爲此"淮陽"爲郡名，秦在陳至平輿一帶設置了淮陽郡。② 此後，秦軍繼續攻城略地，二十四年又大破楚軍，二十五年"王翦遂定荆江南地"，徹底吞併了楚國。從以上滅楚戰爭進程來看，東晦、四川、江胡、九江、衡山等郡都屬於秦人所占領的荆新地，設置時間應晚於淮陽郡。

傳統觀點認爲，秦代江東的會稽郡橫跨浙江(今錢塘江)南北，實際并不準確。越王無彊時伐楚，結果楚"大敗越，殺王無彊，盡取故吳地至浙江"③，以浙江爲界，形成了越楚南北對立的局面。秦王政二十五年，"王翦遂定荆江南地；降越君，置會稽郡"④，在滅楚之後，秦軍跨過浙江，又降越君。其中"定荆江南地""降越君"分指兩事，"荆江南地"指長江以南(以東)的荆新地，秦在此置有洞庭、蒼梧、九江(廬江)等郡，而"越君"則是浙江以南的越人君長。由此看來，"置會稽郡"應當是"降越君"的結果，會稽郡僅限於浙江以南的原越君之地。鄭炳林先生也指出："秦滅六國，以其地爲郡縣，一部分繼六國舊郡，一部分新設，無論繼舊或新設，都以所滅之國爲限，一般一郡不跨兩國。"⑤但是浙江以北秦所置何郡，史未明言，從嶽麓簡看，江胡郡位於江東地區的荆新地，應置於浙江以北，正好填補了這一認識上的空白。周運中、何慕等先生曾提出的江胡郡和會稽郡隔浙江並立的觀點，⑥ 是值得肯定的。

二、秦代江東的地域整合

江東本爲吳、越故地，春秋以降，吳、越之間的兼併以及楚、秦勢力的先後進入，致使江東政治地理格局變動頻繁。公元前473年，越王勾踐滅吳，控制江東一帶。越王無彊敗亡後，楚人勢力進入吳越故地，楚、越隔浙江對立。秦始皇滅楚降越，重新統一了江東地區。簡而言之，戰國時期江東地區兩度分合，經歷了吳越對立—越統一—楚越對立—秦統一四個階段。

---

① 《史記》卷六《秦始皇本紀》，北京：中華書局，2014年，第302頁。

② 參見陳偉主編：《秦簡牘合集：釋文注釋修訂本(貳)》，武漢：武漢大學出版社，2016年，第592、594頁。

③ 《史記》卷四一《越王句踐世家》，北京：中華書局，2014年，第2112頁。

④ 《史記》卷六《秦始皇本紀》，北京：中華書局，2014年，第302頁。

⑤ 鄭炳林：《秦漢吳郡會稽郡建置考》，《蘭州大學學報》(社會科學版)1988年第3期。

⑥ 周運中：《嶽麓秦簡江胡郡新考》，簡帛網，2009年9月12日；何慕：《秦代政區研究》，復旦大學博士學位論文，2009年，第66~67頁。

秦統一後在浙江以北的荊新地設江胡郡，在浙江以南的越地設會稽郡，正是繼承了此前楚越隔浙江對立的格局。之所以如此設置，與楚越之間的地方管理形式存在差異亦有關聯。《史記·甘茂列傳》載："楚南塞厲門而郡江東。"①多有學者認爲楚曾在江東置郡，②至楚滅亡時，其在江東一帶的郡縣制已實施多年。越國雖也曾設縣，③ 但仍盛行分封制，蒙文通先生指出："春秋後期，各國皆未有以大量土地分封子弟者，而勾踐滅吳之後則大封諸侯，有所謂甌王、搖王、干王、荊王、糜王、宋王，乃至上舍君、周宋君等，俱見於《越絕書》。"④正是由於長期實行分封制，越王無彊敗亡後，"越以此散，諸族子爭立，或爲王，或爲君，濱於江南海上，服朝於楚"⑤。以此看來，入秦前夕，越地尚缺乏一定的郡縣制基礎。考慮到浙江南北的越楚兩地郡縣制進程不同，秦人分置兩郡管理亦合乎情理。江胡郡與荊新地的其他諸郡相同，推行基於編户齊民的縣制；而越君降秦後，在初置的會稽郡中，其內部自治的權力很可能得以保留，與鄰近的同以越人爲主體的閩中郡近似。《史記·東越列傳》載：

> 閩越王無諸及越東海王搖者，其先皆越王句踐之後也，姓騶氏。秦已并天下，皆廢爲君長，以其地爲閩中郡。及諸侯畔秦，無諸、搖率越歸鄱陽令吳芮，所謂鄱君者也，從諸侯滅秦。⑥

秦置閩中郡後，當地的越人首領無諸和搖廢爲君長，當仍可統率其部族，所以才能够在秦末率越反秦。秦初置的會稽郡應與閩中郡情况類似，其內部在一定程度上採取羈縻的方式管理越人。

江胡之名不見於傳世文獻，當與其秦末合併於會稽郡而存在時間較短有關。《史記·項羽本紀》記載，秦二世元年(前 209 年)九月，項梁、項羽殺會稽守通於吳中，"舉吳中兵"，"梁爲會稽守，籍爲裨將，徇下縣"。⑦ 可知當時會稽郡的管轄區已延伸至太湖流域

---

① 《史記》卷七一《樗里子甘茂列傳》，北京：中華書局，2014 年，第 2815 頁。
② 參見李曉傑：《中國行政區劃通史·先秦卷》，上海：復旦大學出版社，2009 年，第 440～441 頁。
③ 參見王進鋒：《清華簡〈越公其事〉與春秋時期越國的縣制》，《歷史地理》第 38 輯，上海：復旦大學出版社，2019 年。
④ 蒙文通：《越史叢考》，北京：人民出版社，1983 年，第 123 頁。
⑤ 《史記》卷四一《越王句踐世家》，北京：中華書局，2014 年，第 2112 頁。
⑥ 《史記》卷一一四《東越列傳》，北京：中華書局，2014 年，第 3609 頁。
⑦ 《史記》卷七《項羽本紀》，北京：中華書局，2014 年，第 381 頁。

的吳中一帶，會稽郡當跨浙江而立，含蓋了原江胡郡之地。①

兩郡的合併，估計與秦始皇三十七年巡游江東有密切聯繫，時間上也當相去不遠。《史記·秦始皇本紀》載：

> 三十七年十月癸丑，始皇出游。……十一月，行至雲夢，望祀虞舜於九疑山。浮江下，觀籍柯，渡海渚。過丹陽，至錢唐。臨浙江，水波惡，乃西百二十里從狹中渡。上會稽，祭大禹，望於南海，而立石刻頌秦德。……還過吳，從江乘渡。並海上，北至琅邪。……至之罘……遂並海西。……七月丙寅，始皇崩於沙丘平臺。②

雲夢、會稽、琅邪是此次巡游的三個重要目的地，其中只有會稽爲始皇此前所未至，會稽刻石也是此行所立唯一刻石，可見會稽在此次巡游中的重要性。之所以巡游會稽，一個重要目的是強化對越地的統治。《史記·高祖本紀》記載："秦始皇帝常曰'東南有天子氣'，於是因東游以厭之。"③這反映出始皇對東南地區的局勢懷有憂慮。而東南地區除荆新地外，還有越地。秦征伐南越，曾遭受重大挫敗，越人"殺尉屠睢，伏尸流血數十萬"④，使秦始皇不得不於三十三年"發諸嘗逋亡人、贅婿、賈人略取陸梁地"⑤。江東之越與南越都屬百越，李磊先生認爲，"在尉屠睢戰敗於南越之後，秦始皇擔心會引發閩越、東海外越的連鎖反應，故而有會稽東巡之舉"⑥。這一用意也可從會稽刻石中窺見端倪，刻石中有兩方面內容較爲醒目，一是回顧統一六國的武功，二是強調整飭風俗。無論是篇幅還是占全篇的比重，這兩方面內容都比其他始皇刻石更爲豐富。刻文背後的用意，應是威懾潛在的敵對者，樹立皇帝在越地的統治和教化權威。⑦

在巡行江東的同時，秦始皇還不斷加强對該地越人的管理，強化地方統治。《越絕書》等文獻載：

---

① 周運中先生曾推測原在吳地的江胡郡後裁入會稽郡，參見周運中：《嶽麓秦簡江胡郡新考》，簡帛網，2009 年 9 月 12 日。

② 《史記》卷六《秦始皇本紀》，北京：中華書局，2014 年，第 331~335 頁。

③ 《史記》卷八《高祖本紀》，北京：中華書局，2014 年，第 444 頁。

④ 何寧：《淮南子集釋》，北京：中華書局，1998 年，第 1290 頁。

⑤ 《史記》卷六《秦始皇本紀》，北京：中華書局，2014 年，第 323 頁。

⑥ 李磊：《吳越邊疆與皇帝權威——秦始皇三十七年東巡會稽史事鈎沉》，《學術月刊》2016 年第 10 期。

⑦ 參見李磊：《吳越邊疆與皇帝權威——秦始皇三十七年東巡會稽史事鈎沉》，《學術月刊》2016 年第 10 期。

秦始皇造道陵南，可通陵道，到由拳塞，同起馬塘，湛以爲陵，治陵水道到錢唐，越地，通浙江。秦始皇發會稽適戍卒，治通陵高以南陵道，縣相屬。

秦始皇帝三十七年，壞諸侯郡縣城。

太守府大殿者，秦始皇刻石所起也。①

烏程、餘杭、黝、歙、無湖、石城縣以南，皆故大越徙民也。秦始皇帝刻石徙之。②

政更號爲秦始皇帝，以其三十七年，東遊之會稽……是時，徙大越民置餘杭伊攻□故鄣。因徙天下有罪適吏民，置海南故大越處，以備東海外越。乃更名大越曰山陰。③

餘杭者，秦始皇至會稽經此，立爲縣。④

這些舉措，可概括爲以下幾個方面：首先，秦始皇修築江東地區的道路，並使之連通浙江，其事時間不明，但很可能是爲其巡游作準備，這也爲江胡、會稽的合併奠定了基礎。其次，針對越地大規模移民，遷入罪人和徙出越人併舉，意在打破原有的人群分佈和社會秩序，强化對基層民衆的人身控制。其中遷入罪人可改造當地的風俗，同時又有“備東海外越”的功效。移民措施或始於統一之初，新的會稽郡成立後，其力度和規模當有加强，遷徙越人當更爲順利，故《越絶書》記載徙民之事多在秦始皇巡游江東時。再次，《史記·秦始皇本紀》記載三十二年“壞城郭”，該年的碣石刻石也提到“墮壞城郭”，但應該只限於部分重要城池，正如《過秦論》所記的“墮名城”。《越絶書》記載的三十七年“壞諸侯郡縣城”，應是在此前基礎上進一步拆解江東等地的城牆。最後，秦始皇巡游江東時還調整當地的政區，設置餘杭縣應只是其中之一，江胡、會稽兩郡的合併也或在此時。當時建造“太守府大殿”，或正與兩郡合併、行政機構調整有關。

由此可見，秦始皇在江東地區治道、徙民、壞城、設縣等一系列舉措多與其巡游有關，其目的是重塑當地的交通、人群、城市、政區等地理格局，强化在當地的統治。在這種背景下，始皇整合江東政區，將江胡、會稽合併爲新的會稽郡，以吳楚地控馭越地，也就在情理之中了。

合併後的新郡捨“江胡”之名而用“會稽”，應與兩方面有關。一方面，秦始皇巡游江

①　李步嘉校釋：《越絶書校釋》卷二《越絶外傳記吳地傳》，北京：中華書局，2013 年，第 40～41 頁。

②　李步嘉校釋：《越絶書校釋》卷二《越絶外傳記吳地傳》，北京：中華書局，2013 年，第 36 頁。

③　李步嘉校釋：《越絶書校釋》卷八《越絶外傳記地傳》，北京：中華書局，2013 年，第 230 頁。

④　《史記》卷六《秦始皇本紀》，《集解》徐廣引顧夷，北京：中華書局，2014 年，第 332 頁。

東，其活動中心在會稽郡而非江胡郡，新郡改稱"會稽"或是爲了與之相配合，突出會稽山一帶的地位，以彰顯秦始皇的行迹。另一方面，或與秦始皇在會稽山祭大禹有關。秦始皇曾"自以爲功過五帝，地廣三王，而羞與之侔"①，琅邪刻石曰"功蓋五帝"，群臣言事也常將始皇與古代帝王比較，稱"自上古以來未嘗有，五帝所不及"云云。但在最後一次巡游中，始皇却在雲夢"望祀虞舜"，在會稽"祭大禹"，顯示出對古帝王的尊崇，爲此前所未見，這或許與其晚年的心境變化有關。會稽與大禹關係密切，傳説大禹曾巡行並葬於此地，"帝禹東巡狩，至于會稽而崩"，"或言禹會諸侯江南，計功而崩，因葬焉，命曰會稽"。② 新郡名爲"會稽"或是爲了表示對大禹的敬重。另外，一説越人是大禹的後裔，"越王句踐，其先禹之苗裔，而夏后帝少康之庶子也。封於會稽，以奉守禹之祀"③。李磊先生指出，秦始皇到會稽祭祀大禹，正是借越人的這一身份意識塑造其對皇帝的認同感，④ 其説可從。新郡名爲"會稽"，或有類似的用意。

合併後的會稽郡相對穩定，直到東漢順帝時才再次分化爲吳、會稽二郡。⑤ 浙江南北長期處於會稽郡管理之下，加快了其一體化的趨勢。《史記·貨殖列傳》載："越、楚則有三俗。……彭城以東，東海、吳、廣陵，此東楚也。其俗類徐、僮。朐、繒以北，俗則齊。浙江南則越。"⑥可知浙江南北分別爲越地和楚地，這正合於越王無彊敗亡後形成的地域格局。"越、楚則有三俗"將越、楚並列，也表明兩者是不同的地域。然而，司馬遷雖然指出"浙江南則越"，但並未指明越地風俗與楚地的差異，且越在"三俗"之中，屬東楚，説明越地的風俗有與浙北楚地趨同的傾向。《漢書·地理志》載："今之會稽、九江、丹陽、豫章、廬江、廣陵、六安、臨淮郡，盡吳分也。……今之蒼梧、鬱林、合浦、交阯、九真、南海、日南，皆粵分也。"⑦將吳地從楚地中分化出來，越地則指嶺南。浙江南北都作爲會稽郡之地，屬吳文化區，這更類似秦設立新會稽郡之後的格局。文化地理分區受政治地理影響，但在一定程度上遲滯於後者。《貨殖列傳》與《漢志》對江東文化地理分區的不同，既體現了楚滅亡後對東部地區的影響逐漸消散，也反映了秦統一以來地域整合的成果。這一過程在江東地區的考古資料中也表現得較爲明顯。吳國滅亡後，越文化占據主流，後來楚文化隨楚國的擴張進入江東地區；秦統一後，楚文化衰微；到漢代，當地的考

① 《史記》卷六《秦始皇本紀》，北京：中華書局，2014 年，第 349 頁。

② 《史記》卷二《夏本紀》，北京：中華書局，2014 年，第 103、110 頁。

③ 《史記》卷四一《越王句踐世家》，北京：中華書局，2014 年，第 2099 頁。

④ 李磊：《吳越邊疆與皇帝權威——秦始皇三十七年東巡會稽史事鈎沉》，《學術月刊》2016 年第 10 期。

⑤ 或説會稽郡曾於秦漢之際短暫分爲吳、會稽二郡，又或説秦曾析置郭郡，本文不擬詳論。

⑥ 《史記》卷一二九《貨殖列傳》，北京：中華書局，2014 年，第 3964~3965 頁。

⑦ 《漢書》卷二八下《地理志下》，北京：中華書局，1962 年，第 1666~1669 頁。

古文化發展爲兼具本土與楚秦文化特徵的漢文化。①

三、結　語

戰國以降，江東成爲吴、越、楚、秦四種政治體和文化互動、交融的地域。秦統一之初繼承了原有的地域格局，在浙江以北的荆新地設江胡郡，在浙江以南的越地設會稽郡，但這僅是秦整合江東地域的開始。結合傳世文獻與出土簡牘，可知江胡郡與會稽郡在始皇三十年五月至二世元年九月之間合併爲新的會稽郡。鉤稽史書中關於秦始皇巡游江東的記載，可以發現，兩郡合併與此事關係密切。政區調整的背後，是秦王朝對越人管理方式的變化和對越地原有秩序的重構。

秦統一後實行普遍的郡縣制，一般認爲分天下爲三十六郡，其後又有調整，至秦末有四十八郡之説，增置較多。置郡的變化以新設和析置爲主，既有在新拓地置郡，如嶺南三郡；又有出於行政需要而析置，如即墨郡；② 還可能有爲湊足四十八之數而作出的調整。與以上類型不同，江胡郡與會稽郡在秦末合併爲一郡，其背景是加强對越地、越人的管控，以實現對江東地域的整合，這一情形可以豐富我們對秦郡演變的認識。

（鄭威，武漢大學歷史學院暨歷史地理研究所；李威霖，武漢大學歷史學院暨歷史地理研究所）

---

① 參見葉文憲：《論戰國時期吴越地區的越文化與楚文化》，《蘇州科技學院學報》（社會科學版）2006 年第 2 期；楊哲峰：《文化變遷中的器形與質地——關於江東地區戰國秦漢之際墓葬所見陶瓷器組合的初步考察》，《文物》2012 年第 4 期。

② 參見鄭威：《里耶簡牘所見秦即墨考》，《江漢考古》2015 年第 5 期。

秦洞庭郡治辨正[*]

郭　濤

　　自 2002 年里耶秦簡牘面世，湮没無聞兩千年之久的洞庭郡被揭示出來之後，洞庭郡郡治所在就一直是學界關注的焦點。郡治的位置會對後續的整理和研究工作造成一定影響。目前的觀點還有諸多疑點，對簡牘文書的理解和秦代地方行政的認識形成了干擾，特此進行辨正，敬請方家賜教。

一

　　早前根據傳世文獻、考古發掘和零星公佈的里耶秦簡牘，大致形成了洞庭郡治臨沅説、臨湘説、沅陵説、辰沙説、索説五種觀點。隨着《里耶秦簡（壹）》的出版①，該問題又有了新的討論空間②。其中，里耶秦簡牘整理小組根據簡 8-657 洞庭郡府文書從"新武陵別四道，以次傳"和簡 8-1677 遷陵徒隸"一人與佐帶上虞課新武陵"的記載，提出"新武陵爲洞庭郡治"的新觀點。③ 鄭威先生進一步論證了這一説法；又以秦始皇三十四年洞庭郡守文書較多使用"沅陽印"封緘爲依據，推斷"沅陽在某段時間内也曾爲洞庭郡治"，主張"在秦始皇二十八年至三十四年之間，洞庭郡治可能從新武陵遷到了沅陽，治所遷徙的原

　　* 本文初稿完成於 2016 年，原載於《考古》2021 年第 2 期，收入本論文集時内容略有修改。

　　① 里耶秦簡牘是秦代洞庭郡下屬遷陵縣政府的公文檔案，包括 2002 年出土於湖南龍山里耶古城遺址 1 號的 38000 餘枚簡牘和 2005 年出土於里耶護城壕的 50 餘枚簡牘，年代跨度從秦王政二十五年（前 222 年）到秦二世二年（前 208 年）。此前整理者曾在《里耶發掘報告》以及期刊上零星公佈了部分簡牘，現在計劃分五册集中公布。湖南省文物考古研究所：《里耶發掘報告》，長沙：嶽麓書社，2007 年；湖南省文物考古研究所：《里耶秦簡（壹）》，北京：文物出版社，2012 年。本文所引里耶秦簡編號以《里耶秦簡牘校釋（第一卷）》《里耶秦簡牘校釋（第二卷）》爲準。

　　② 鄭威對洞庭郡治的諸多説法進行了梳理，此不贅述。參看鄭威：《出土文獻所見秦洞庭郡新識》，《考古》2016 年第 11 期。

　　③ 陳偉主編，何有祖、魯家亮、凡國棟撰著：《里耶秦簡牘校釋（第一卷）》，武漢：武漢大學出版社，2012 年，第 6、190、191 頁。

因或與武陵郡的設置有關",① 是爲"洞庭郡治遷移説",該説影響較大。在此基礎上，游逸飛先生系統整理里耶秦簡牘所見洞庭郡文書，發現除了新武陵、沅陽之外，臨沅也曾作爲洞庭郡文書的發出地，順着鄭威先生的思路，"似乎反映短短不到十年，洞庭郡治至少三遷(新武陵→臨沅→沅陽)"。此外，簡 12-1784 記載洞庭郡文書是"以上衍印行事"，則又存在四遷的可能，故而認爲僅憑文書發出地是不足以探討郡治所在的。② 但他也不否認新武陵、臨沅、沅陽、上衍都可能是秦代洞庭郡郡守治所。③ 新武陵作爲洞庭郡治了無疑義，臨沅作爲洞庭郡治也應給以充分的關注，不過學界對將沅陽視爲洞庭郡治出現了分歧。廣瀨薰雄先生就認爲簡 8-759 和簡 8-1523 中的"以沅陽印行事"僅僅説明洞庭假守繹是用沅陽令印章辦理洞庭守的事務，原因是繹的本職就是沅陽縣令；他還比較了兩地文書發出時間，主張洞庭郡治先在新武陵，後徙到臨沅。④ 這些意見都不容忽視，也需要辨正。

在《里耶秦簡(壹)》出版之前，分析傳世文獻的記載并對照考古遺址的規模是以往學界確定洞庭郡治的思路，這兩種方法具有參考價值但也存在一定的不確定性。以里耶秦簡牘爲核心史料，從文書行政的角度來確定洞庭郡治是新的研究路徑，一是從文書傳送的角度，將洞庭郡府文書分道傳送的起點，亦即洞庭郡文書的集散中心視爲郡治，目前所見明確記載郡府文書別道次傳起點的見有簡 8-657"新武陵別四道，以次傳"和簡 9-713"臨沅下索、門淺、零陽、上衍，各以道次傳"；二是從文書用印的角度，洞庭郡府文書"以某縣印行事"即將該縣視爲郡治，目前所見主要有新武陵、臨沅、沅陽和上衍。前一種方法没有太大問題，郡治所在的縣爲全郡的政治中心，自然也是文書行政的中心，文書的傳送以之爲起點，據此可確定新武陵和臨沅都是洞庭郡治所。採用後一種方法，則要將沅陽和上衍也都視爲洞庭郡治，⑤ 四個治所的存在使得治所遷移説成爲看似合理的解釋思路。但是，遷移説的核心依據洞庭郡假守"以某縣印行事"實際表示的并不是郡守的治所爲某縣，而是某縣的長官臨時代理郡守之職而用其本職之印行事，四個治所背後的思維誤區是將"以某縣印行事"中的"某縣"簡單處理爲文書的發出地。統觀已公佈的里耶秦簡牘資料和漢代行政文書，根據用印情況來看洞庭郡治所在并得出郡治多次遷移的觀點并不可取。

里耶秦簡牘常見"以××印行事"的文例，現舉例如下。

---

① 鄭威：《出土文獻所見秦洞庭郡新識》，《考古》2016 年第 11 期。

② 游逸飛：《里耶秦簡所見的洞庭郡——戰國秦漢郡縣制個案研究之一》，《中國文化研究所學報》第 61 卷，2015 年。

③ 游逸飛：《三府分立——從新出秦簡論秦代郡制》，臺灣《"中央研究院"歷史語言研究所集刊》第 87 本第 3 分，2016 年，注 96。

④ [日]廣瀨薰雄：《也談里耶秦簡〈御史問直絡裙程書〉》，氏著《簡帛研究論集》，上海：上海古籍出版社，2019 年，第 117~136 頁。

⑤ 在未發表的資料中，不排除有用其他縣印行事的情況。

洞庭叚(假)守……以洞庭發弩印行事　9-1861①

洞庭叚(假)尉……以洞庭司馬印行事　9-1-9-12②

洞庭叚(假)守……以洞庭候印[行事]　9-713③

琅邪叚(假)[守]……☐……以蒼梧尉印行事　8-657

洞庭叚(假)守……以臨沅印行事、以上衍印行事　12-1784

洞庭守、洞庭叚(假)守……以沅陽印行事　8-759、8-1523

洞庭叚(假)守……以新武陵印行事　9-23④

‧以沅陽印行事　8-830+8-1010

巴叚(假)守……以江州印行事　8-61+8-293+8-2012

遷陵守祿……以荆山道丞印行事　8-1516

　　洞庭假守指洞庭郡的代理太守。《史記‧南越列傳》記載，秦末龍川縣令趙佗行南海尉事之後立南海假守，"因稍以法誅秦所置長吏，以其黨爲假守"⑤。嶺南地區郡縣制并不發達，戍卒衆多，郡守實際職權弱於郡尉，但仍需立假守以爲治民象徵。《漢書‧項籍傳》記載："會稽假守通素賢梁，乃召與計事。"此守即指會稽郡太守，張晏注云："假守，兼守也。"⑥史籍記載秦漢時期廣泛實行假官、守官制度，用以實現不同部門、不同區域官吏的有效配置，保證行政的正常連行。⑦ 假官屬於假借名號的權宜之置，里耶秦簡牘資料顯示，中央、郡府到縣道、官曹都有假官的設置，除上揭之外，另如丞相假史(簡16-886)⑧、叚(假)

　　① 陳偉主編，魯家亮、何有祖、凡國棟撰著：《里耶秦簡牘校釋(第二卷)》，武漢：武漢大學出版社，2018年，第374頁。

　　② 湖南省文物考古研究所：《里耶發掘報告》，長沙：嶽麓書社，2007年，第185~190頁；又見陳偉主編，魯家亮、何有祖、凡國棟撰著：《里耶秦簡牘校釋(第二卷)》，武漢：武漢大學出版社，2018年，第1~19頁。

　　③ 陳偉主編，魯家亮、何有祖、凡國棟撰著：《里耶秦簡牘校釋(第二卷)》，武漢：武漢大學出版社，2018年，第1~19頁。

　　④ 張春龍：《里耶秦簡第九層選讀》，"中國簡帛學國際論壇2012‧秦簡牘研究"會議論文，中國武漢，2012年；陳偉主編，魯家亮、何有祖、凡國棟撰著：《里耶秦簡牘校釋(第二卷)》，武漢：武漢大學出版社，2018年，第35頁。

　　⑤ 《史記》卷一一三《南越列傳》，北京：中華書局，1959年，第2967~2969頁。

　　⑥ 《漢書》卷三一《項籍傳》，北京：中華書局，1962年，第1796、1797頁。

　　⑦ 武普照：《秦漢守官制度考述》，《山東師大學報》(社會科學版)1998年第4期；王剛：《秦漢假官、守官問題考辨》，《史林》2005年第2期；張俊：《漢代守官制度研究》，廈門大學博士學位論文，2010年。

　　⑧ 鄭曙斌、張春龍、宋少華、黃樸華編著：《湖南出土簡牘選編》，長沙：嶽麓書社，2013年，第141頁。

御史（簡 8-528+8-532+8-674），以及南郡叚（假）守（簡 8-974）、洞庭叚（假）卒史（簡 8-78、16-5、16-6）①；遷陵縣内職官的代理如"叚（假）倉贛"（簡 8-459、8-2371）、"唐亭叚（假）校長壯"（簡 9-1112）②、"令佐唐叚（假）爲畜官☐"（簡 8-919）、"倉吏見三人，其一叚（假）令佐"（簡 8-1231）等，這些假官大多實際參與了日常的行政事務。

需要説明的是假守之守爲郡守，守官制度之守則是縣内官吏代理的意思，睡虎地秦簡《秦律十八種·置吏律》云："官嗇夫節（即）不存，令君子毋（無）害者若令史守官，毋令官佐、史守。"（簡 161）意思是"官府的嗇夫如果不在，叫辦事不出差錯的有爵的人或令史代理，不要叫官府的佐、史代理"③。里耶秦簡牘中遷陵縣置"守"的現象十分普遍，令史守官嗇夫的例子大量存在。④ 這些假官和守官本身都是代理，故而發出的文書要記録主事官吏之名且縣以上機構要記是以某官印代理行事，表明實職官員不在崗的同時，確定代主事者實際的行政身份以明確責任者，所用官印之職才是該守官之本職。簡 9-1-9-12 即洞庭司馬代行洞庭郡假尉之職事，簡 9-713 是洞庭候代行洞庭假守之職事；上引其他簡即新武陵、沅陽、臨沅、上衍縣令在不同時期代行洞庭郡假守之職事，以及江州縣令代行巴郡郡守之職事。這些本職均爲六百石以上的官吏，代行二千石官吏之職是便宜行事但也屬於制度設計，律令對此有明文規定，嶽麓書院藏秦簡記："郡尉不存，以守行尉事；泰守不存，令尉爲假守；泰守、尉皆不存，令吏六百石以上及守吏風莫（模）官……"（簡 0370）⑤"不存"指外出不在崗。郡守與郡尉秩級相同而地位略高，郡尉不在崗時"以守行尉事"，是指郡太守代行郡尉之事；郡太守不在崗時"尉爲假守"，則是郡尉借代其官，自然也代行其事。或者説，"郡尉不存，泰守行尉事"是一種行政慣例；而"泰守不存，尉爲假守"則需要經過行政批准的程序。以縣令等六百石吏代理二千石之職事，則屬於郡守、郡尉都不在崗的第三種情况，本職低而代理高職者時即爲假官。可見里耶秦簡牘中的實際行政運行與嶽麓秦簡的制度規定是相符的。簡 8-1516 則是平級縣與縣之間官吏的代理："廿六年十二月癸丑朔庚申，遷陵守禄敢言之：沮守瘳言：課廿四年畜息子得錢殿。沮守周主。爲新

---

① 湖南省文物考古研究所：《里耶發掘報告》，長沙：嶽麓書社，2007 年，第 192～194 頁。

② 鄭曙斌、張春龍、宋少華、黄樸華編著：《湖南出土簡牘選編》，長沙：嶽麓書社，2013 年，第 106 頁；游逸飛、陳弘音：《里耶秦簡博物館藏第九層簡牘釋文校釋》，簡帛網（http://www.bsm.org.cn/），2013 年 12 月 22 日；里耶秦簡博物館、出土文獻與中國古代文明研究協同創新中心中國人民大學中心編著：《里耶秦簡博物館藏秦簡》，上海：中西書局，2016 年，第 185 頁；陳偉主編，魯家亮、何有祖、凡國棟撰著：《里耶秦簡牘校釋（第二卷）》，武漢：武漢大學出版社，2018 年，第 260 頁。

③ 睡虎地秦墓竹簡小組編：《睡虎地秦墓竹簡》，北京：文物出版社，1990 年，釋文注釋第 57 頁。

④ 對里耶秦簡牘中的"守"，學界有較多討論。參見高震寰：《試論秦漢簡牘中的"守""假""行"》，《出土文獻與法律史研究》第 4 輯，上海：上海人民出版社，2015 年，第 58～79 頁。守官制度筆者擬另文討論。

⑤ 陳松長：《嶽麓書院藏秦簡中的郡名考略》，《湖南大學學報》（社會科學版）2009 年第 2 期。

地吏，令縣論言史（事）。·問之，周不在遷陵。敢言之。·以荆山道丞印行［事］。"遷陵守（丞）禄的本職爲荆山道丞，其時代行遷陵縣令丞之事，兩地分屬洞庭郡和漢中郡。① 從年代來看，這例縣與縣之間代理辦事的情況或是秦統一進程初期秦吏遷調到新地爲官，跨郡代理縣級職事。故而洞庭假守以新武陵、臨沅、沅陽、上衍等縣印行事都僅能説明當時是由各屬縣的長官代理洞庭郡守之職，而不能説明這些縣是郡治所在。"以某縣印行事"中的某縣也并非一定是文書的發出地，恰恰只是反映被借調官員的本職所在，如簡 8-1516 文書是以荆山道丞印爲封緘，但毋庸置疑文書是由遷陵縣發出，荆山道僅僅是代理長官禄任本職的縣。

而簡 12-1784 是三十三年正月洞庭郡下行的群發文書，内容是要求各縣"上糴粟數"。簡文如下：

> 卅三年正月壬申朔戊戌，洞庭叚（假）守□謂縣嗇夫：廿八年以來縣所以令糴粟固各有數，而上見，或別書，或弗居。以書到時亟各上所糴粟數後上見存。署見左方曰：若干石、斗，不居日。署主倉發。它如律令。縣一書·以臨沅印行事。
>
> 二月壬寅朔甲子，洞庭叚（假）守齰追縣：亟上勿留。旭手·以上衍印行事。
>
> 三月丙辰日中郵人□以來。□發。歇手。②

文書在正月二十七日首次發出時"以臨沅印行事"，二月二十三日文書追蹤時卻"以上衍印行事"，兩封文書的目的地同樣是包括遷陵在内的洞庭各屬縣，用印的差異或是因爲洞庭假守人選有所變動，可惜前一名洞庭假守之名無法進行準確釋讀。

另外，根據鄭威先生的考證，秦沅陽縣在今湖南洪江市黔城鎮；新武陵縣爲漢代義陵縣前身，地望在今湖南漵浦縣馬田坪鄉梁家坡村西北。③ 如其所言，沅陽和新武陵的地理位置僻處洞庭郡的南邊，不論是與關中内史地區及都城咸陽、外郡縣，還是與郡内屬縣的往來交通都不太便利，不利於進行日常公文傳送、人員流動、物資轉輸和行政管理，所以也不大適合作爲郡太守的治所。

---

① 王偉：《秦璽印封泥職官地理研究》，北京：中國社會科學出版社，2014 年，第 336 頁。

② 鄭曙斌、張春龍、宋少華、黃樸華編著：《湖南出土簡牘選編》，長沙：嶽麓書社，2013 年，第 126 頁。釋文略有補訂。

③ 鄭威：《出土文獻所見秦洞庭郡新識》，《考古》2016 年第 11 期。新武陵與義陵是否存在沿革關係，其存續時間和地望所在仍有待進一步論證。地名地望本文悉依譚其驤先生所考，特別另注説明。參看譚其驤主編：《中國歷史地圖集》第 2 册"秦漢時期"圖組，北京：中國地圖出版社，1982 年，第 22、23 頁。

二

洞庭郡治所遷徙的説法欠妥當，我們可以轉換思路，考慮并不存在治所頻繁遷移，而是同時並存多個治所的可能，换句話説郡内存在多個最高地方行政官署，且分駐不同的縣内。里耶秦簡牘中記洞庭郡内置有洞庭泰（太）守府、洞庭尉府和洞庭監御史府，試列幾簡如下：

> ☑獄南曹書二封，遷陵印：一洞庭泰（太）守府，一洞庭尉府。·九月☑己亥餔時，牢人誤以來。☑ 8-728+8-1474
>
> 尉曹書二封，遷陵印，一封詣洞庭泰（太）守府，一封詣洞庭尉府。九月辛丑水下二刻，走□以來。8-1225
>
> ☑[尉]府爵曹卒史文、守府戍卒士五（伍）狗以盛都□。☑　式☑ 8-247
>
> ☑敢言之。洞庭監御史☑ 11-34①
>
> 到監府事急☑ 8-1006
>
> 書遷陵，遷陵論言問之監府致戳（繋）座臨沅 8-1032
>
> 監府書遷［陵］。☑ 8-1644

遷陵縣獄南曹和尉曹兩曹署的文書加蓋縣令之印後分别發往洞庭太守府和洞庭尉府，兩個機構處於並列的地位，另也有與監府即監御史府之間的文書和人員往來。《史記·秦始皇本紀》記秦始皇二十六年（前221年）"分天下以爲三十六郡，郡置守、尉、監"②，洞庭郡内洞庭泰守府、洞庭尉府、洞庭監御史府三府並立恰是這種制度設計的行政實踐。守、尉、監職務有別，政務側重不一，《漢書·百官公卿表》解釋道："監御史，秦官，掌監郡。……郡守，秦官，掌治其郡，秩二千石。……郡尉，秦官，掌佐守典武職甲卒，秩比二千石"③。郡守負責全郡事務，其下郡尉負責軍政，監御史由中央派駐負責監察事務，分工相對明確，但這已是西漢中後期郡守集權之後的情况。秦代各郡内實行三府分立的行政機制，三府分别據有獨立的財政權、人事權和輿論情報權。其中需要説明的是秦郡尉及縣尉據有人事權，如簡8-98"☑□吏曹當上尉府☑"大約是説遷陵縣吏曹文書當上郡尉府；

① 鄭曙斌、張春龍、宋少華、黄樸華編著：《湖南出土簡牘選編》，長沙：嶽麓書社，2013年，第119頁。

② 《史記》卷六《秦始皇本紀》，北京：中華書局，1959年，第239、240頁。

③ 《漢書》卷一九《百官公卿表上》，北京：中華書局，1962年，第741、742頁。

簡 8-157 啓陵鄉成里典和啓陵郵人的任免是由縣尉負責，記"尉已除成、匀爲啓陵郵人"。楊振紅、曹旅寧等先生也分別根據里耶秦簡牘和嶽麓秦簡四《尉卒律》證明郡尉、縣尉有"授爵除人"的權力。① 同時，三府也存在司法、軍事權的交叉，實行行政權力的分割和制約監督，上揭遷陵縣獄南曹和尉曹的文書就分別發往與之事務相關的郡府和尉府。總的來說，"郡守、郡尉、郡監御史都是秦郡長官"，"不同於西漢郡守專政的行政理念"。② 這種多位長官、復式組織的分權思維在後代的地方治理中有所沿襲，如宋代的路實行四司分立、明代的省內三司分權，其他時代如隋唐、清代則實行單一長官統轄的集權制度。秦與漢實是中國古代兩種不同地方行政組織模式的代表和源頭。

各府職事有別，存在駐地不同的可能。從《漢書・地理志》可以發現漢代的郡太守和郡都尉(即秦郡尉)多是分駐，如太原郡太守治所爲晉陽，都尉治所在廣武；東郡太守治所爲濮陽，都尉治所在東阿；陳留郡太守治所爲陳留，都尉治所在外黃，③ 不勝枚舉。秦代郡縣集權制下存在明確的地方權力分割思想和行政實踐，郡守與郡尉也見分駐之例。簡 8-657 記載了"琅邪尉徙治即墨"的行政調整告各官署悉知一事的文書行政過程，文書從中央直轄機構內史、屬邦、各郡到洞庭郡屬縣再到遷陵縣內逐層傳送：

☑亥朔辛丑，琅邪叚(假)[守]☑敢告内史、屬邦、郡守主：琅邪尉徙治即[墨]☑琅邪守四百卅四里，卒可令縣官有辟、吏卒衣用及卒有物故當辟徵遝☑告琅邪尉，毋告琅邪守。告琅邪守固留費，且輒卻論吏當坐者。它如律令。敢☑☑□一書。・以蒼梧尉印行事。六月乙未，洞庭守禮謂縣嗇夫：聽書從事□都官軍吏在縣界中者各告之。新武陵別四道，以次傳。別書寫上洞庭尉。皆勿留。葆手。驕手。八月甲戌，遷陵守丞膻之敢告尉官主：以律令從事。傳別[書]貳春，下卒長諸官。晢手。丙子旦食走印行。☑☑八月戊午水下五刻，士五(伍)宕渠道平邑疵以來。朝半。洞☑ **8-657** ④

琅邪假守發出文書的時間大概是二十八年(前 219 年)五月，⑤ 從"琅邪尉徙治即墨"一

---

① 楊振紅：《秦漢時期的"尉""尉律"與"置吏""除吏"——兼論"吏"的屬性》，《簡帛》第 8 輯，上海：上海古籍出版社，2013 年，第 333~342 頁。

② 游逸飛：《守府、尉府、監府——里耶秦簡所見郡級行政的基礎研究之一》，《簡帛》第 8 輯，上海：上海古籍出版社，2013 年，第 229~238 頁；游逸飛：《三府分立——從新出秦簡論秦代郡制》，臺灣《"中央研究院"歷史語言研究所集刊》第 87 本第 3 分，2016 年，注 96。

③ 《漢書》卷二八《地理志》，北京：中華書局，1962 年，第 1543~1640 頁。

④ 趙燊然、李若飛、平曉婧、蔡萬進：《里耶秦簡綴合與釋文補正八則》，《魯東大學學報》(哲學社會科學版)2015 年第 2 期。

⑤ 鄭威：《里耶簡牘所見秦即墨郡考》，《江漢考古》2015 年第 5 期。

事可知秦琅邪郡尉治所曾遷至即墨縣，大抵即墨縣與郡太守治所相距四百卅四里，需要告知各官署尤其是負責軍務、人事事務的相關人員以免耽誤政務的處理。至少在秦始皇二十八年，琅邪郡内守、尉曾分治，洞庭郡内亦較早實行了守、尉分駐。

臨沅爲洞庭郡守和監御史治所。簡文見遷陵與臨沅有頻繁的文書和人員往來。

> ☑☑倉☑建☑☑☑畜官適☑☑☑謁告過所縣鄉，以次續食。雨☑☑騰騰。遷陵田能自食。敢言之。☑☑☑☑☑丞遷移酉陽、臨沅。得☑ **8-50+8-422**
>
> 臨沅主司空發洞庭。　　遷陵·洞庭。**8-695**
>
> 下臨沅請定獻枳枸程，程　　已　**8-855**
>
> 臨沅論言事不窮審及　**8-970**

簡 8-695 遷陵發往洞庭郡的文書由臨沅主理。簡 8-855 文書是請示確定進獻枳枸的標準，主事機構在臨沅。簡 8-970 由臨沅來追究某官言事不盡和不審核的過錯，而文書制度規定“言事守府及移書它縣須報”（簡 8-122），幾處都是以郡治臨沅藉指洞庭守府。簡 8-50+8-422 遷陵縣官吏外出辦公需要途徑的縣鄉提供食宿，遷陵縣（守）丞將文書發予酉陽和臨沅兩地，酉陽是遷陵縣的旁縣，而臨沅是另一個必經的重要地點，很可能就是郡治。這一點在簡 16-52 里程簡上也有反映。“鄢到銷百八十四里，銷到江陵二百卅里，江陵到屠陵百一十里，屠陵到索二百九十五里，索到臨沅六十里，臨沅到遷陵九百一十里。凡四千四百卅里。”[1]該綫路在洞庭郡内只記載偏北的索和臨沅兩縣，省略了臨沅和遷陵之間的多個縣，可見臨沅重要交通節點的意義，其在文書行政網絡中的位置十分重要。遷陵官吏日常出行辦公去臨沅的也較多，簡 9-2282 是一篇“質日”，内容是秦始皇三十二年（前 215 年）遷陵縣官吏的出差記録，目的地就是臨沅：“四月己巳宿夷郵亭。庚午宿盈夷鄉。辛未野亭。壬申到臨沅。癸酉臨沅，留。甲戌臨沅，留。乙亥臨沅，留……”[2]臨沅的地望在今湖南常德市，南面沅水，東臨洞庭湖，北接長江和江漢平原，地理位置優越，水陸交通發達，歷史上一直是湖南西部的行政中心。與南郡臨近可接陸路馳道北往中原、關中，向東過洞庭沿長江而下到東南各地，順沅水及其支流向南可達湖南西部諸邑，東向從益陽則可入湖南東部臨湘（今長沙）等地。簡 9-713 是洞庭假守發佈的文書，簡文如下：

---

① 湖南省文物考古研究所：《里耶發掘報告》，長沙：嶽麓書社，2007 年，第 198~199 頁。

② 鄭曙斌、張春龍、宋少華、黃樸華編著：《湖南出土簡牘選編》，長沙：嶽麓書社，2013 年，第 111 頁；里耶秦簡博物館、出土文獻與中國古代文明研究協同創新中心中國人民大學中心編著：《里耶秦簡博物館藏秦簡》，上海：中西書局，2016 年，第 188~192 頁；陳偉主編、魯家亮、何有祖、凡國棟撰著：《里耶秦簡牘校釋（第二卷）》，武漢：武漢大學出版社，2018 年，第 443~447 頁。

[卅一年]六月壬午朔戊戌，洞庭叚守齮下□：聽書從事。臨沅下索。門淺、零陽、上衍，各以道次傳。別書。臨沅下洞庭都水，蓬下鐵官。皆以郵行。書到相報；不報，追。臨沅、門淺、零陽、[上衍皆言]書到，署兵曹發。如手。道一書。以洞庭候印[行事]。

充報零陽，金布發。

酉陽報充，署令發。

遷陵報酉陽，署主令發。

恒署。　　丁四。

七月己未水十一刻刻下十，都郵人□以來。□發。①

文書從臨沅分發傳送各縣，當時代理郡守的是洞庭候，但官署仍在臨沅縣內，且洞庭都水也在縣內，可能因臨沅處於沅水與洞庭湖的交匯口之故。簡 8-159 是一份皇帝"制書"從中央逐級傳送及回報的行政記錄，內容如下：

制書曰：舉事可爲恒程者上丞相，上洞庭絡帬(裙)程有□□□

卅二年二月丁未朔□亥，御史丞去疾：丞相令曰舉事可爲恒程者□上帬(裙)直。即應(應)令，弗應，謹案致……丞相□□洞庭□。□手。……

三月丁丑朔壬辰，[洞庭]□□□□□□□□□□令□□□索、門淺、上衍、零陽□□□以次傳□□□□□書到相報□□□□門淺、上衍、零陽言書到，署□□□發。□□□□一書以洞庭發弩印行事□□恒署。

酉陽報□報□署令發。四月癸丑水十一刻刻下五，□高□辰□以來。

遷陵報，酉陽署令發。

□□□□[布令]□

此文書內容有缺，結合簡 9-713 可以進行校補，文書發出部分或缺失"臨沅下""別四道""別書××ד，回報部分缺"不報追"和"索"。此時代理洞庭郡守的是洞庭發弩。郡守府偏北便於郡府與中央的溝通，能較早地接收到行政命令并快速地分發各縣。可以作爲旁

① 鄭曙斌、張春龍、宋少華、黃樸華編著：《湖南出土簡牘選編》，長沙：嶽麓書社，2013 年，第 104 頁；里耶秦簡博物館、出土文獻與中國古代文明研究協同創新中心中國人民大學中心編：《里耶秦簡博物館藏秦簡》，上海：中西書局，2016 年，第 183 頁；陳偉主編，魯家亮、何有祖、凡國棟撰著：《里耶秦簡牘校釋(第二卷)》，武漢：武漢大學出版社，2018 年，第 186~189 頁。

證的是，洞庭郡的繼承者漢初武陵郡各縣除臨沅的長官稱"令"外，其他多爲"長"，也可見臨沅地位之重要。①

臨沅是洞庭郡守文書的集散中心，郡太守府文書從臨沅縣發出後，分爲四條路綫傳送，其中第一站分別爲索、門淺、零陽、上衍，另外專書一封且以郵的形式傳送給臨沅縣廷和在臨沅縣内的都官機構；文書到達後的回報根據距離遠近按臨沅、門淺、零陽、上衍、索的順序。晏昌貴先生從簡 9-713 揭示出："其中傳到遷陵縣的那一路，根據文末的'報'，可以確定爲臨沅—零陽—充—西陽—遷陵。其餘三路因與遷陵無關，簡牘中没有記載。"②所言極是，此綫可西去巴蜀。另外三路也可勾稽出來。③ 文書由"臨沅下，别四道"是相對合理、高效的文書傳送路綫。

秦代郡監府往往與郡守府置於一地，郡治所在的縣同時是交通、行政事務和官吏的集中地，利於監察活動的展開；另外對核心長官郡守及其屬吏的監察也是其重要職權。嶽麓秦簡《卅四年質日》就反映了南郡的太守府和監府同駐在江陵縣的情況："正月辛巳，騰會逮監府；二月辛丑，騰去監府視事；五月辛巳，監公亡。"④結合簡 8-1032 來看洞庭郡的監府同樣設置在臨沅縣。簡 11-34 記有"洞庭監御史"，里耶秦簡牘的整理者也提示在尚未公佈的簡牘裏有"臨沅監御史"的記載，⑤ 兩者或是同一職官的不同稱法，昭示了臨沅縣與監御史府之間的關係。但是監府並没有統縣或直接干預縣行政的權力，只有監察郡府或六百石以上官吏之權。

新武陵爲洞庭郡尉治所，里耶秦簡牘記載如下：

邦尉、都官軍在縣界中者各☐皆以門亭行，新武陵言書到署☐……　8-649

☐耑　　已傳洞庭。　　署遷陵。　　今徒新武陵衣已傳。☐　8-1349

一人與佐帶上虜課新武陵。　8-1677

---

①　陳松長編著：《湖南古代璽印》，上海：上海辭書出版社，2004 年，第 60 頁；何旭紅：《對長沙穀山被盗漢墓漆器銘文的初步認識》，《湖南省博物館館刊》第 6 輯，長沙：嶽麓書社，2010 年，第 380~391 頁；何旭紅：《漢代長沙國考古發現與研究》，長沙：嶽麓書社，2013 年，第 190~195 頁。

②　晏昌貴：《里耶秦簡牘所見郡縣名録》，《歷史地理》第 30 輯，上海：上海人民出版社，2014 年，第 139-150 頁。

③　郭濤：《文書行政與秦代洞庭郡的縣際網絡》，《社會科學》2017 年第 10 期。關於洞庭郡屬縣及 9-713 文書内容與傳遞情形，陳偉、鄭威等學者有新的認識，參見陳偉：《秦洞庭和蒼梧郡新識》，《中國社會科學報》，2019 年 3 月 1 日；鄭威：《秦洞庭郡屬縣小議》，簡帛網（http://www.bsm.org.cn/），2019 年 5 月 9 日。對此當另文再與討論。

④　朱漢民、陳松長主編：《嶽麓書院藏秦簡（壹）》，上海：上海辭書出版社，2010 年，第 68、82、83 頁。

⑤　湖南省文物考古研究所：《里耶秦簡（壹）》，北京：文物出版社，2012 年，前言第 5 頁。

簡 8-649 中新武陵縣接收到發給邦尉、都官軍的文書，新武陵縣内當有此兩類機構之一存在，而根據簡 9-713 都官中的洞庭都水位於臨沅，鐵官位於蓬縣，那麼在新武陵縣内的只能是邦尉，秦統一後更名"郡邦尉爲郡尉"（簡 8-461）。簡 8-1349 遷陵縣傳送給洞庭郡的文書到達了新武陵，從簡 8-657 得知吏卒衣用事務是由郡尉負責。簡 8-1677 遷陵縣的虜課上計新武陵縣，該項屬於由郡尉所管轄的軍務人員部分。簡 8-657 琅邪郡尉徙治的文書到達洞庭後由洞庭郡守分發，但從新武陵分道，另寫上洞庭尉之職官，其原因或許就是"郡尉不存，以守行尉事"的情形，文書經過正常程序傳送到郡尉治所新武陵縣，但此時洞庭郡尉不在崗，由洞庭郡守代行其事，故而文書分發時要寫上洞庭尉。晏昌貴先生也懷疑新武陵可能只是秦洞庭郡尉的治所。①

地理位置上，新武陵位於洞庭郡東部臨近蒼梧郡，便於向南控制沅水上游流域和對旁郡的鉗制，軍事戰略位置優越，尤爲重要的是處於對嶺南戰爭的前沿，便於爲下一步的軍事活動做好準備。同時，洞庭郡守、尉分駐南北也便於對全境實施有效的控制與管理。另外，里耶秦簡牘原整理者提及簡文中尚有"武陵泰守"的記載②，鄭威先生認爲洞庭郡治所從新武陵遷到臨沅是爲新置武陵郡做準備③。事實上，從琅邪尉移至即墨及之後設立即墨郡的行政運作來看，恰恰因爲新武陵縣爲洞庭郡尉治所才促成了武陵郡的設立。

雖然臨沅和新武陵都是洞庭郡的治所，分別是洞庭太守府和洞庭尉府機構所在，郡守與郡尉並立，但兩縣之間仍然存在差別。全郡雖存在多個行政治所，但首縣僅有一個，換言之秦代郡治與郡首縣有所區別。先秦時期常以封地、都城之名爲國名，秦漢時沿慣上以郡首縣作爲郡之代稱，在秦代稱爲"郡都縣"。"都"有都城、都邑之義，《左傳》曰"邑有宗廟先君之主曰都，無曰邑"④。秦簡牘封泥所見縣内機構有都鄉、都亭、都里，以及都郵、都市、都倉、都田等，這與"郡都縣"一詞的組成結構相同，其義主要指地域上位於區域行政中心的建制，與都官等"都"行政上直轄的核心義并不矛盾。《嶽麓書院藏秦簡（肆）》律令類簡册 1978+1996 記："亡不仁邑里、官，毋以知何人也，中縣道官詣咸陽，郡縣道詣其郡都縣，皆繫城旦舂……"⑤簡 1973 記："咸陽及郡都縣恒以時計上不仁邑里及官者數獄屬所執法，縣道官別之……"⑥

---

①　晏昌貴：《里耶秦簡牘所見郡縣名録》，《歷史地理》第 30 輯，上海：上海人民出版社，2014 年，第 139~150 頁。

②　湖南省文物考古研究所：《里耶發掘報告》，長沙：嶽麓書社，2007 年，第 181 頁。

③　鄭威：《出土文獻所見秦洞庭郡新識》，《考古》2016 年第 11 期。

④　左丘明：《春秋左傳集解》，上海：上海人民出版社，1977 年，第 201 頁。

⑤　陳松長主編：《嶽麓書院藏秦簡（肆）》，上海：上海辭書出版社，2015 年，第 46、47、236 頁。

⑥　陳松長主編：《嶽麓書院藏秦簡（肆）》，上海：上海辭書出版社，2015 年，第 47、236 頁。

內史與郡都是統縣政區，而律文中"中縣道"與"郡縣道"相對，那麼"中縣道"應是關中縣道或言之內史縣道的別稱。內史地區的首縣爲咸陽，郡都縣亦即郡的首縣。簡1978+1996的意思是：不明身份的"亡人"，在內史地區被捕的，要送交咸陽；在諸郡被捕的要送交郡的首縣。洞庭郡的郡都縣當是臨沅縣。從簡8-657可以看到，琅邪尉機構駐地調整的文書先發往郡太守府所在地，太守府告知各縣（即"臨沅下"）；因與尉府事務相切要，則另傳尉府，由尉府發給在諸縣的下屬機構（即"新武陵下"），也可見臨沅和郡守的相對重要。

三

綜上所述，洞庭郡治遷移説的核心依據，洞庭郡文書以新武陵、臨沅、沅陽、上衍等縣印行事，僅能説明當時是由各縣的長官代理洞庭郡守之職，而不能説明這些縣是郡治所在。從文書行政、制度設計和地理角度，沅陽和上衍并非秦代洞庭郡的治所，治所遷移之説不能成立。秦郡實行三府分立制度，洞庭郡治所并未經過頻繁遷移而是採取長官分駐的模式，郡守和郡監開府於臨沅縣，郡尉駐地在新武陵縣。洞庭郡的首縣爲臨沅縣。

（郭濤，華中師範大學歷史文化學院）

秦蒼梧郡的北部轄域[*]

但昌武

一、研 究 前 史

陳偉先生最早揭示了秦蒼梧郡的存在，且推斷秦洞庭、蒼梧二郡當爲"東北—西南"分佈（文中又稱其爲南北並立），獲得許多學者的認同。[①] 這一推論的思路是從二郡郡名出發的，認爲洞庭郡得名於洞庭湖，而蒼梧郡得名於蒼梧之野。《史記·五帝本紀》載："（舜）踐帝位三十九年，南巡狩，崩於蒼梧之野。葬於江南九疑，是爲零陵。"《史記集解》引《皇覽》曰："舜冢在零陵營浦縣。其山九谿皆相似，故曰九疑。"[②]《山海經·海內經》載："南方蒼梧之丘，蒼梧之淵，其中有九嶷山，舜之所葬，在長沙零陵界中。"郭璞注："山今在零陵營道縣南，其山九谿皆相似，故云'九疑'。古者總名其地爲蒼梧也。"[③] 即蒼梧之野在漢之零陵郡一帶（九嶷山乃是其重要地理標識），位於洞庭湖的南方，由此似可推斷蒼梧郡當在洞庭郡南部或者西南部。

又甄烈《湘州記》載："始皇二十五年，併天下，分黔中以南之沙郷爲長沙郡，以統湘

* 本文爲國家社會科學基金重大項目"出土先秦文獻地理資料整理與研究及地圖編繪"（18ZDA176）、國家社會科學基金"冷門"絕學項目"出土東周秦漢荊楚地理資料整理與地域空間整合研究"（20VJXG017）、安徽省高等學校人文社會科學研究重點項目"東周秦漢出土文獻與安徽歷史地理研究"（KZ20442010）階段性成果。

① 陳偉：《秦洞庭、蒼梧二郡芻論》，《歷史研究》2003 年第 5 期。王焕林：《里耶秦簡釋地》，《社會科學戰線》2004 年第 3 期。徐少華、李海勇：《從出土文獻析楚秦洞庭、黔中、蒼梧諸郡縣的建置與地望》，《考古》2005 年第 11 期。徐少華：《楚秦漢蒼梧郡建置、地望及相關問題考述》，《南方開發與中外交通——2006 年中國歷史地理國際學術研討會論文集》，西安：西安地圖出版社，2007 年；此據氏著《荊楚歷史地理與考古探研》，北京：商務印書館，2010 年，第 314～333 頁。趙炳清：《秦洞庭郡略論》，《江漢考古》2005 年第 2 期；《秦代無長沙、黔中二郡略論——兼與陳偉、王焕林先生商権》，《中國歷史地理論叢》2005 年第 4 輯。

② 《史記》卷一《五帝本紀》，北京：中華書局，2013 年，第 52 頁。

③ 袁珂：《山海經校注》，成都：巴蜀書社，1992 年，第 521 頁。

川。"①依照這一描述，秦之黔中郡與長沙郡似乎就是"北—南"或"西北—東南"的分佈格局。陳偉先生認爲，此處的黔中、長沙郡應當分别對應洞庭、蒼梧郡，這也容易推斷出蒼梧在洞庭之南或西南的結論。

然而周振鶴先生提出，蒼梧、洞庭二郡當爲東西相對：

> 今湖南地區主要由四條長江的支流，即湘、資、沅、澧四水的流域所組成。而在湘、資二水與沅、澧二水之間有天然的屏障——雪峰山相隔離。因而，從漢代開始直到南宋，湘、資二水流域與沅、澧二水流域始終分處不同的郡級政區，而且往往也不在同一個高層政區中。因此由這個自然背景有理由推測在楚國與秦代，蒼梧郡與洞庭郡亦應東西分處湘資與沅澧兩個流域。②

周先生的推論基本建立在這一地區的自然地理形勢與歷史沿革上，與過去所考訂的秦長沙、黔中二郡格局相當。但他也指出，洞庭郡應當轄有洞庭湖，這一點與過去認爲的秦黔中郡轄域不同。辛德勇先生發展了這一説法，認爲秦併天下後，先置有黔中、長沙二郡，其格局基本如譚圖所示，洞庭湖屬長沙郡，始皇二十七年（前220年），改二郡名爲洞庭、蒼梧，並將洞庭湖及附近縣邑改屬洞庭郡。③ 參見圖1。

鍾煒先生的觀點較爲搖擺，一方面他認爲洞庭、蒼梧二郡當與黔中、長沙轄域吻合，另一方面又懷疑益陽可能屬洞庭。同時，似乎爲了照顧諸多史料的記載，又推測此地區先有洞庭郡，後將洞庭東部析作長沙、蒼梧二郡，後長沙郡廢，併入蒼梧。④

西漢時有蒼梧郡，在嶺南地區。何介鈞先生即認爲秦蒼梧郡的位置與範圍當於漢蒼梧郡同，郭永秉與廣瀬薫雄二位先生亦贊同此説。⑤

伴隨着《嶽麓（伍）》和里耶秦簡牘等新材料的出現，對此問題進行重新探討的是晏昌貴與陳偉先生，他們的看法也愈來愈接近周振鶴先生洞庭、蒼梧"東西並立"之説。⑥ 晏昌

---

① （宋）李昉等：《太平御覽》卷一七一《州郡部十七》，北京：中華書局，2000年，第834頁。

② 周振鶴：《秦代洞庭、蒼梧兩郡懸想》，《復旦學報》（社會科學版）2005年第5期。

③ 辛德勇：《秦漢政區與邊界地理研究》，北京：中華書局，2009年，第79頁。

④ 鍾煒、晏昌貴：《楚秦洞庭蒼梧及源流演變》，《江漢考古》2008年第2期；鍾煒：《洞庭與蒼梧郡新探》，《南方論刊》2006年第10期。

⑤ 何介鈞：《"秦三十六郡"和西漢增置郡國考證》，《黄盛璋先生八秩華誕紀念文集》，北京：中國教育文化出版社，2005年；郭永秉、廣瀬薫雄：《紹興博物館藏西施山出土二年屬邦守蓐戈研究》，《出土文獻與古文字研究》第4輯，上海：上海古籍出版社，2011年，第112~127頁。

⑥ 晏昌貴：《禁山與赭山：秦始皇的多重面相》，《華中師範大學學報》（人文社會科學版）2018年第4期；陳偉：《秦洞庭和蒼梧郡新識》，《中國社會科學報》，2019年3月1日；陳偉：《秦蒼梧、洞庭郡研究的重要資料》，簡帛網（http://www.bsm.org.cn/），2019年9月10日。後文提到二位學者的觀點，如未另外注明，皆來自此三文，不再一一標注。

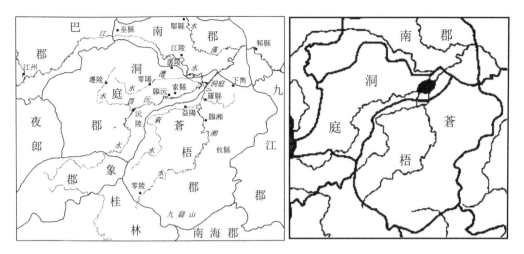

圖1　周振鶴與辛德勇先生所繪的洞庭、蒼梧二郡分佈圖①

貴先生依據《嶽麓（伍）》056-058 號簡的記載判斷，洞庭湖屬蒼梧郡（參見圖2）：

> ·廿六年四月己卯，丞相臣狀、臣綰受制相（湘）山上：自吾以天下已并，親撫晦
> （海）內，南至蒼梧，淩涉洞庭之水，登相（湘）山、屏山，其樹木野美，望駱翠山以
> 南樹木□見亦美，其皆禁勿伐。臣狀、臣綰請：其禁樹木盡如禁苑樹木，而令蒼梧謹
> 明爲駱翠山以南所封刊。臣敢請。制曰：可。②

簡文大意是，秦始皇在二十六年（前221年）曾南巡蒼梧郡，渡洞庭湖，登湘山、屏
山，見此二山及駱翠山以南的樹木茂美，下令禁止砍伐，丞相向始皇帝奏請讓蒼梧郡官員
來爲駱翠山以南地區封刊，獲得批准。晏先生提道：

> 從"令蒼梧謹明爲駱翠山以南所封刊"一句看，蒼梧應爲郡名而非一般地名。從簡文
> 看，秦始皇"淩涉洞庭之水，登湘山、屏山"，"望駱翠山以南"，"而令蒼梧謹明爲駱翠
> 山以南所封刊"，則湘山、屏山、駱翠山，乃至洞庭之水，皆應在秦蒼梧郡轄域之內。

---

① 左圖來自周振鶴《秦代洞庭、蒼梧兩郡懸想》[《復旦學報》（社會科學版）2005 年第 5 期]，有裁
剪；右圖截取自辛德勇《秦漢政區與邊界地理研究》（北京：中華書局，2009 年）。

② 陳松長主編：《嶽麓書院藏秦簡（伍）》，上海：上海辭書出版社，2017 年，第 57~58 頁。其中
闕文右部從"頁"，齊繼偉先生疑爲"顧"[齊繼偉：《讀〈嶽麓書院藏秦簡（伍）〉劄記（一）》，簡帛網
（http://www.bsm.org.cn/），2018 年 3 月 9 日]，陳偉先生疑爲"頛"[陳偉：《〈嶽麓書院藏秦簡（伍）〉校讀
（續三）》，簡帛網（http://www.bsm.org.cn/），2018 年 3 月 21 日]，晏昌貴先生認爲當作"顯"。三者大意
相差不遠，不影響文句的通讀。

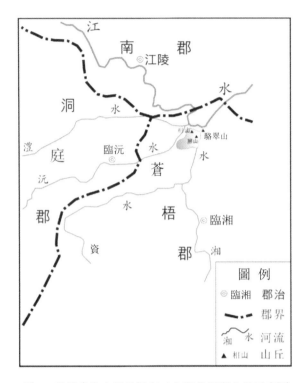

圖2　晏昌貴先生所繪洞庭三山與蒼梧郡北界示意圖

　　陳偉先生也稱："體味簡文，秦君臣在湘山遠看的南方諸山，以及他們渡越洞庭之水前路經的洞庭湖東岸一帶，應該都屬於蒼梧郡境。"然而單從簡牘文意來看，其中似乎僅點明駱翠山以南屬蒼梧郡，並未明確指出洞庭湖、湘山、屏山屬蒼梧郡。此問題需要深入辨析。

二、蒼梧郡的北部轄域

　　山澤之屬郡問題應與其所屬縣邑相關。結合目前出土文獻與《漢志》的記載來看，環洞庭湖的秦縣有四：索、益陽、羅、下雋。其中，下雋縣與洞庭湖關係十分密切。秦漢下雋縣的縣域非常廣闊，《水經》載：

　　　　（江水）又東至長沙下雋縣北，澧水、沅水、資水合，東流注之。
　　　　（湘水）又北過羅縣西，湄水從東來流注，又北過下雋縣西，微水從東來流注。
　　　　（澧水）又東至長沙下雋縣西北，東入于江。

（沅水）又東至長沙下雋縣西，北入于江。①

澧、沅二水皆在下雋縣西入江，這一條信息十分重要。我們知道，澧、沅二水在洞庭湖的西面入江，這意味着下雋縣的轄域已經越過洞庭湖，至少含有洞庭湖的北部。②

又《山海經·海內東經·附篇》載：“沅水［山］出象郡鐔城西，［入］東注江，入下雋西，合洞庭中。”③亦載下雋有洞庭以西之地，與《水經》內容大致相合。周振鶴先生以爲此篇乃是秦之《水經》，與酈道元所注的《水經》時代不同。④ 實際上這篇文獻中出現了“朝陽”“華陰”“桂陽”等西漢時期的地名，表明其形成比較複雜，並不能簡單地認爲這是秦代的《水經》。⑤ 不過其成文時間最晚可能也在西漢時期。可見，下雋縣西包洞庭湖的政區面貌可上追至西漢甚至秦代（參見圖3）。

那麼下雋縣屬何郡？張春龍先生在《里耶秦簡7-1和7-11》一文中公佈了兩支關於洞庭、蒼梧郡內容的重要秦簡，其中7-11號簡顯示，下雋縣當屬蒼梧郡：

□□年十月戊□，洞庭叚（假）守武謂縣丞：下真讞，聽書從吏（事）。以書到時，令毋害獄史□☒

□故，唯毋令蒼等過、居其界中而不得。得弗得，各報離石。它如律令。長沙布三道☒

書到，到相報，不報者追。下雋報屛陵書到。皆以門亭行。忠手。以長沙印行。☒

書從事，以書到時令毋害獄史、令史分曹以智巧微謙（廉）求問者民歸☒

---

① 分別見（後魏）酈道元注，（清末）楊守敬、熊會貞疏：《水經注疏》卷三八，南京：江蘇古籍出版社，1989年，第2880、3157、3037、3092頁。漢晉之微水一般認爲就是今湖南新墻河，詳見圖4。
② 關於秦漢時期洞庭湖之發育狀態，學界目前存有兩說。張修桂先生提出，全新世初至公元3世紀，洞庭湖地區尚爲河網交匯的平原，而洞庭湖更可能是地區性的小湖泊，並不顯著（見張修桂：《洞庭湖演變的歷史過程》，《歷史地理》創刊號，上海：上海人民出版社，1981年，第99~103頁）。卞鴻翔先生則意見相反，認爲先秦秦漢時期的洞庭湖已是煙波浩淼的大澤（卞鴻翔等：《洞庭湖的變遷》，長沙：湖南科技出版社，1993年，第43~93頁）。張先生的說法目前獲得更多學者的認同，相關討論可詳參周宏偉先生的梳理與辨析（周宏偉：《洞庭湖變遷的歷史過程再探討》，《中國歷史地理論叢》2005年第2輯）。如果張說成立，下雋縣可能含有洞庭湖的大部地區；如果卞說成立，下雋縣至少包含了洞庭湖的北部。
③ 袁珂校注：《山海經校注》，成都：巴蜀書社，1993年，第385頁。書中並無“附篇”這一標題，周振鶴先生認爲這一段文字與其他《山海經》內容頗不相同，故加上“附篇”二字以示區別。
④ 周振鶴：《被忽視了的秦代水經》，《自然科學史研究》1981年第1期。
⑤ 袁珂校注：《山海經校注》，成都：巴蜀書社，1993年，第385頁。

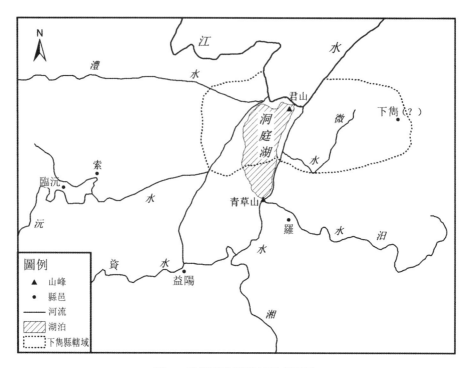

圖 3 秦漢下雋縣轄域示意圖①

令。新武陵布四道,各以道次傳別書。都官軍吏在縣界中者,各傳別書焉。☐

之,皆以門亭行。/悍手。・以新武陵印行事。正

十一月壬寅,遷陵守祿告尉官主聽書從事。☐

十一月壬寅,遷陵守祿以此報酉陽☐☐☐☐

十一月辛丑水十刻刻下盡,秭歸逆春公卒山以☐☐②

　　簡文背面的"十一月壬寅"又出現在同層 1 號簡中,7-1 簡年代爲秦王政"廿五年二月"(見後文)。可見 7-11 簡當屬蒼梧郡早期文書內容,時間也可能在秦王政二十五年(前 222 年)。在這份洞庭郡的文書中,從"長沙"這一地名來看,至少第二行與第三行當是引錄了

---

　　① 此圖依據譚其驤先生主編《中國歷史地圖集》第二册秦・西漢・東漢"荊州刺史部"(北京:中國地圖出版社,1982 年,第 22~23 頁)改繪。其中本圖洞庭湖面積相對較大,其南近青草山。圖中下雋縣轄域只是依據文獻記載大致推測的結果,實際情形可能更複雜,面積也有可能更大。

　　② 張春龍:《里耶秦簡 7-1 和 7-11》,《首届中日韓出土簡牘研究國際論壇暨第四届簡帛學的理論與實踐學術研討會論文集》,北京,2019 年,第 415~416 頁。簡文斷句和標點基本採納陳偉先生的意見,詳參陳偉:《秦洞庭、蒼梧郡研究的重要資料》,簡帛網(http://www.bsm.org.cn/),2019 年 9 月 10 日。

蒼梧郡的文書內容。① 第三行"書到，到相報，不報者追"，爲文書下行的常用語，緊隨而來的"下雋報屏陵書到"，則是蒼梧郡守給下雋縣佈置的文書報告任務。可見下雋縣屬蒼梧郡，至少洞庭湖北部亦當屬蒼梧郡，而非洞庭郡。

有學者認爲益陽縣屬洞庭郡的可能性較大。② 不過這是否説明洞庭湖西南部屬洞庭郡呢？ 從前文所引的《嶽麓（伍）》第056-058號簡的内容來看，其實未必。其簡文載，秦始皇於二十六年（前221年）南至蒼梧，下令禁伐湘山、屏山、駱翠山上的樹木。屏山、駱翠山皆未見於史書，而湘山，整理者注："洞庭湖以北有湘山。"③然而，從傳世文獻記載來看，湘山地望有多種説法。《史記·秦始皇本紀》載：

> （秦始皇）乃西南渡淮水，之衡山、南郡。浮江，至湘山祠。逢大風，幾不得渡。上問博士曰："湘君何神？"博士對曰："聞之，堯女，舜之妻，而葬此。"於是始皇大怒，使刑徒三千人皆伐湘山樹，赭其山。上自南郡由武關歸。④

《史記正義》引《括地志》云："黄陵廟在岳州湘陰縣北五十七里，舜二妃之神。二妃冢在湘陰北一百六十里青草山上。"又按："湘山者，乃青草山。山近湘水，廟在山南，故言湘山祠。"⑤即《史記正義》認爲，湘山就是後來的青草山。《讀史方輿紀要》卷八〇《湖廣六》"湘陰縣"條載："黄陵山，縣北四十里。上有舜二妃墓，《括地志》謂之青草山，孔穎達以爲湘山也。"⑥《水經注》"湘水篇"："湘水自汨羅口西北逕磊石山西，而北對青草湖，亦或謂之爲青草山也。"⑦即磊石山又名青草山，爲秦之湘山（如圖4），在洞庭湖南部。

或又以爲洞庭湖中的君山乃湘山，此説源自酈道元所注，《水經注》載：

> 《山海經》云：洞庭之山，帝之二女居焉。沅、澧之風，交瀟、湘之浦，出入多飄風暴雨。湖中有君山、編山。君山有石穴，潛通吴之包山，郭景純所謂巴陵地道者

---

① 從地名來看，長沙縣當位於漢代長沙郡，秦時屬蒼梧郡。

② 羅士傑：《里耶秦簡地理問題初探》，《簡牘學報：勞貞一先生百歲冥誕紀念論文集》，臺北：簡牘學會，2006年，第27~41頁；晏昌貴：《秦簡牘地理研究》，武漢：武漢大學出版社，2017年，第180頁腳注1。

③ 陳松長主編：《嶽麓書院藏秦簡（伍）》，上海：上海辭書出版社，2017年，第77頁第69注。

④ 《史記》卷六《秦始皇本紀》，北京：中華書局，2013年，第314頁。

⑤ 《史記》卷六《秦始皇本紀》，北京：中華書局，2013年，第314頁。

⑥ （清）顧祖禹撰，賀次君、施和金點校：《讀史方輿紀要》卷八〇《湖廣六》，北京：中華書局，2005年，第3752頁。

⑦ （後魏）酈道元注，（清末）楊守敬、熊會貞疏：《水經注疏》卷三八，南京：江蘇古籍出版社，1989年，第3156頁。

也。是山，湘君之所遊處，故曰君山矣。昔秦始皇遭風於此，而問其故。博士曰：湘
君入則多風。秦王乃赭其山。漢武帝亦登之，射蛟於是山。①

酈道元將秦始皇遭遇風浪而遷怒湘君之事繫於君山，是將其認作秦之湘山。這一論斷亦影
響廣泛，如顧祖禹《讀史方輿紀要》卷七七《湖廣三》"君山"條稱"一名湘山"，也認爲秦始
皇所經之湘山爲此。②《嶽麓書院藏秦簡(伍)》整理者可能受此影響，認爲湘山爲君山，
才稱其在洞庭湖北。

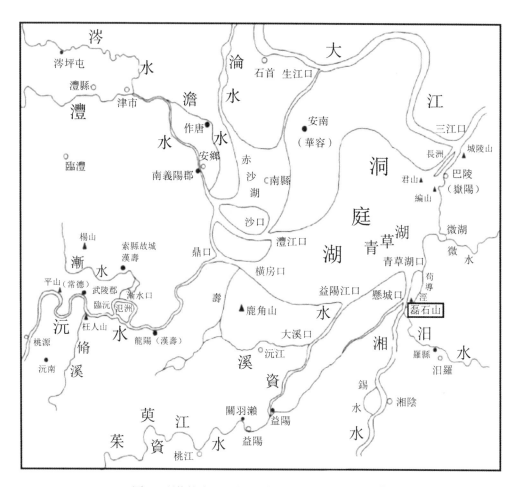

圖 4　張修桂先生所復原《水經注》所載洞庭湖圖③

---

① （後魏）酈道元注，（清末）楊守敬、熊會貞疏：《水經注疏》卷三八，南京：江蘇古籍出版社，
1989 年，第 3159~3161 頁。

② （清）顧祖禹：《讀史方輿紀要》卷七七《湖廣三》，北京：中華書局，2005 年，第 3629 頁。

③ 張修桂：《〈水經注〉洞庭湖水系校注與復原(下篇)》，《歷史地理》第 29 輯，上海：上海人民出
版社，2014 年。

從酈道元所注内容來看，君山在當時並没有"湘山"之稱，他之所以將此山與秦始皇遷怒湘君之事聯繫起來，或許是因爲此山得名於湘君。然而此處可能是附會之論。

首先，《秦始皇本紀》中對答的博士稱："聞之，堯女，舜之妻，而葬此。"可知湘山或其附近當有湘君之墓。而湘君墓的位置一般都認爲在青草山山南的黄陵廟，如前引《括地志》與《讀史方輿紀要》内容即已載明。《水經注》卷三八"湘水篇"中有更爲詳細的記載：

> 湘水又北逕黄陵亭西，右合黄陵水口，其水上承大湖，湖水西流，逕二妃廟南，世謂之黄陵廟也。言大舜之陟方也，二妃從征，溺於湘江。神遊洞庭之淵，出入瀟湘之浦。瀟者，水清深也。《湘中記》曰："湘川清照五六丈，下見底石，如樗蒲矣，五色鮮明，白沙如霜雪，赤岸若朝霞，是納瀟湘之名矣，故民爲立祠於水側焉。荆州牧劉表刊石立碑，樹之於廟，以旌不朽之傳矣。"①

黄陵廟在洞庭湖與汨水的南面，與青草山的位置相合。而文中又提到，黄陵廟中有劉表所立石碑，可見舜二妃之墓的位置在東漢時期比較明確，在青草山，而非君山。

其次，《漢書·地理志》"益陽"縣下注："湘山在北。"②即湘山在漢益陽縣中，君山在洞庭與長江交匯處，距離漢益陽縣治過於遥遠，恐不在益陽境内。而且由前文的考證可知，洞庭湖北部很可能屬漢下雋縣，如此君山當屬下雋而非益陽（見圖3）。青草山在洞庭湖南面，正與益陽相近，與《漢志》記載的地理形勢相符。

此外，酈道元不僅將秦始皇過湘山祠之事繫於君山，還將漢武帝射蛟之事附會於此，更令人對酈注的可靠性與準確性產生懷疑。《漢書·武帝紀》載："（元封）五年冬，行南巡狩，至于盛唐，望祀虞舜于九嶷。登灊天柱山，自尋陽浮江，親射蛟江中，獲之。舳艫千里，薄樅陽而出，作《盛唐樅陽之歌》。"③漢武帝射蛟之事在廬江郡之尋陽，而非洞庭湖中的君山，酈氏之注，可見有誤。

總之，秦之湘山當爲洞庭湖南部的青草山，而非其北部的君山。從前引《嶽麓書院藏秦簡（伍）》的簡文看，屏山與湘山當相近，而始皇登湘山能辨識出駱翠山以南的樹木是否茂美，可知駱翠山在此二山北部不遠處。④ 而由"令蒼梧謹明爲駱翠山以南所封刊"一句可

---

① （後魏）酈道元注，（清末）楊守敬、熊會貞疏：《水經注疏》卷三八，南京：江蘇古籍出版社，1989年，第3151~3153頁。

② 《漢書》卷二八下《地理志下》，北京：中華書局，1962年，第1639頁。

③ 《漢書》卷六《武帝紀》，北京：中華書局，1962年，第196頁。

④ 這一點已爲秦樺林先生指出："'駱翠山'應在湘山以北的視野範圍内，且從湘山能遠眺見'駱翠山'的南麓。"[秦樺林：《〈嶽麓書院藏秦簡（伍）〉第56-58簡劄記》，簡帛網（http://www.bsm.org.cn/），2018年3月11日]從簡文來看，駱翠山上樹木在湘山視野範圍之内，可知二山應該是比較相近的，不太可能遠隔數十里甚至數百里。

知，"駱翠山以南"屬蒼梧郡管轄，其南部的湘山、屏山屬蒼梧應無疑義。

如此，益陽縣在秦時並不轄有湘山，其轄域也沒有抵達洞庭湖南部，這與漢末的情形有別。從地理位置來看，此時的湘山及洞庭湖南部可能屬羅縣。蒼梧郡轄有下雋縣，則下雋以南的羅縣也應該在此郡之中。換言之，洞庭湖南部可能也屬於蒼梧郡，洞庭、蒼梧確實呈現出東西並立的地理格局。

（但昌武，安徽大學歷史學院）

荆州松柏漢墓簡牘所見"顯陵"考

馬孟龍

作爲西漢政區研究的基礎文獻,《漢書·地理志》(簡稱"《漢志》")載録政區年代斷限爲漢成帝元延三年(前10年),① 並不能全面記録西漢一代的政區建制。《史記》《漢書》的紀、傳、表中可以零散見到不見於《漢志》的縣邑。② 20世紀以來,隨着簡帛文獻的大量出土,更多"隱没"的漢代縣邑陸續湧現,極大豐富了學界對西漢縣級政區設置的認識。荆州松柏漢墓簡牘之"顯陵"便是其中之一。

2004年發掘的湖北省荆州市松柏一號漢墓,出土了數量可觀的簡牘文書,部分簡牘爲漢武帝早期的南郡行政公文,完整記録了南郡的縣級行政建制。③ 關於簡牘文書所見南郡行政建制的時代斷限,筆者曾根據木牘載録的南郡及邔侯國建置沿革,推定爲武帝建元至元狩年間(前140—前117年)。④ 後來李炳泉根據彭浩披露墓主周偃"自占功勞"文書的内容,將這批南郡文書的形成年代限定在建元三年至元光二年(前138—前133年)。⑤ 根據簡牘文書的記載,漢武帝建元、元光年間的南郡轄有"顯陵"。由於不見於任何傳世文獻和出土文獻,學者無從了解"顯陵"的任何行政建制信息,只能大致判斷這是一個短暫存在於武帝時期前後的縣邑。⑥

---

① 參見拙文《漢成帝元延三年侯國地理分佈研究》,《歷史研究》2011年第5期。

② 清儒趙一清曾對《史記》《漢書》紀、傳所見《漢志》無載縣邑作簡要梳理。見《辨證漢書地理志三》,收入《東潛文稿》,瀋陽:遼寧教育出版社,1998年,第88~89頁。

③ 荆州博物館:《湖北荆州紀南松柏漢墓發掘簡報》,《文物》2008年第4期。

④ 參見拙文《松柏漢墓35號木牘侯國問題初探》,《中國史研究》2011年第2期。該文後作修訂,收録於余欣主編:《存思集:中古中國共同研究班論文萃編》,上海:上海古籍出版社,2013年,第1~20頁。

⑤ 李炳泉:《松柏一號墓35號木牘與西漢南郡屬縣》,《中國歷史地理論叢》2010年第4輯。

⑥ 袁延勝:《荆州松柏木牘所見西漢南郡的歷史地理問題》,《中國歷史地理論叢》2009年第3輯;李炳泉:《松柏一號墓35號木牘與西漢南郡屬縣》,《中國歷史地理論叢》2010年第4輯。鄧瑋光則推測"顯陵"是"竟陵"的改名(《簡牘所見西漢前期南郡屬縣(侯國)考》,《中國歷史地理論叢》2011年第4輯)。筆者認爲此觀點缺乏證據,很難取信,故下文不再作討論。

其實，顯陵的行政建制並非毫無綫索可尋。筆者將從顯陵的人口數量入手，結合西漢相關政治制度，對顯陵的性質、置廢年代、地望進行探討，得出的種種結論難免有推測的成分，還望學界同仁批評指正。

一

2008 年發表的荊州松柏一號漢墓發掘簡報公佈了編號爲 35 號木牘的照片和釋文。從釋文來看，該木牘爲南郡免老簿、新傅簿、罷癃簿，完整記録了漢武帝早期的南郡縣級行政建制。正是通過這批公文，學界首次獲知"顯陵"的存在。除了南郡行政建制，三份公文還記録了南郡各縣、道、侯國的相關人口統計數據。而各項人口統計已經透露出顯陵具有一定特殊性。如劉瑞結合顯陵"免老""新傅""罷癃"三項人口統計數字全部殿後的現象，指出在南郡轄縣中，顯陵的人口數量最少。① 而陳亮進一步指出，顯陵不僅各項人口統計數字最少，而且與其他縣、道、侯國相比，差距懸殊，"是唯一一個新傅、免老、罷癃的人口總和没有過百的縣"②。2009 年，荊州博物館又公佈了松柏一號漢墓出土的四枚木牘照片，③ 其中編號爲 53 號的木牘記録了南郡各縣、道、侯國的人口數字，顯陵僅有人口1608 人，④ 在各縣級政區中數量最少，而其他縣級政區的人口數量均在 2100 人以上，這完全驗證了劉瑞、陳亮的看法。值得注意的是，在 2009 年公佈的四枚松柏漢墓木牘中，編號爲 48 號的木牘爲漢武帝建元二年江陵縣西鄉户口簿。該户口簿記録江陵縣西鄉的人口數量爲 4373 人。彭浩敏鋭地指出，顯陵的人口數量比江陵縣西鄉還少許多，推測"顯陵可能是一個比縣小的行政區，但它又能與縣、侯國並列，一定有其他的原因"。彭先生的意見極具啓發性，種種跡象表明，顯陵是一個極爲特殊的縣級政區。

要想分析顯陵的政區性質，目前唯一可供參考的信息是人口數量。漢代縣級行政區劃的級别劃分，户數是極爲重要的參考標準，⑤ 明確顯陵的户數將有助於分析其行政建制特徵。松柏漢墓 53 號木牘僅僅記載了顯陵的人口數，並未載録户數。根據彭浩介紹，松柏

---

① 劉瑞：《漢武帝早期的南郡人口》，《中國歷史地理論叢》2010 年第 2 輯。

② 陳亮：《西漢南郡及相關問題考》，武漢大學碩士學位論文，2009 年，第 47 頁。

③ 朱江松：《罕見的松柏漢代木牘》，荊州博物館編：《荊州重要考古發現》，北京：文物出版社，2009 年，第 210~211 頁。

④ 彭浩：《讀松柏出土的四枚西漢木牘》，《簡帛》第 4 輯，上海：上海古籍出版社，2009 年，第 333~343 頁。以下引述彭浩意見，俱出自此文。不再一一注明。

⑤ 《漢書·百官公卿表》載："縣令、長，皆秦官，掌治其縣。萬户以上爲令，秩千石至六百石。減萬户爲長，秩五百石至三百石。"《漢舊儀》："縣户口滿萬置六百石令，多者千石；户不滿萬，置四百石、三百石長。"

一號漢墓出土簡牘載録有《南郡元年户口簿》，記録了武帝初年南郡所轄各縣、道、侯國的户數和人口數。由於這份資料尚未公佈，我們無法獲知顯陵的準確户數，但卻可以根據彭浩透露的《南郡元年户口簿》少量信息，以及時代和性質相近的《二年西鄉户口簿》來估算顯陵的户數。《南郡元年户口簿》記載武帝初年南郡江陵縣人口數量爲 21000 餘人，5500餘户，平均每户 3.8 人。48 號木牘載録的《二年西鄉户口簿》詳細記録了武帝建元二年南郡江陵縣西鄉的各項人口統計數據。其中西鄉的人口數量爲 4373，户數爲 1196，平均每户 3.7 人。依照這兩項户數、人口數比值，南郡各縣每户平均有 4 人。現取兩項户口統計數字的中間值 3.75，與顯陵縣人口數字 1608 人相配，可以大致估算顯陵的户數爲 428。也就是説，顯陵是一個只擁有四百餘户的縣級政區。

從西漢時代政區設置情況來看，縣級政區的户數多在千户以上（邊郡屬縣除外）。① 而顯陵只有四百餘户，不僅與西漢縣級政區的一般户數相差甚遠，而且只相當於江陵縣西鄉户數的三分之一，足見其規模之小。雖然司馬遷談到西漢初年封置侯國時"大侯不過萬家，小者五六百户"，顯示當時有五六百户的縣邑，但這反映的是歷經秦末戰亂之後"大城名都散亡，户口可得而數者十二三"的特殊情況。② 若是在正常年景，縣邑的户數也應在千户以上。松柏漢墓木牘載録南郡各縣、道、侯國人口數字，反映的是漢武帝早期的社會狀況，這時距離西漢立國已經六十餘年，正是司馬遷所説"後數世，民咸歸鄉里，户益息，蕭、曹、絳、灌之屬或至四萬，小侯自倍"的時代。經過數十年的人口增殖，即便是漢初三百户的縣道，到了武帝初年也應有六百餘户。③ 在西漢社會經濟最爲繁榮的時代，顯陵人口卻只有四百餘户，不能不説是一種極爲特殊的情況。無怪乎彭浩推測顯陵能夠成爲縣級政區，"一定有其他的原因"。

在西漢的縣級政區中，侯國是一類特殊的行政單位。在史籍中，常有以數百户鄉聚設立侯國的記載。如果顯陵也是侯國，那麼僅有數百户的人口也屬正常現象。然而松柏漢墓木牘載録的各類南郡行政公文，對侯國均有明確的標識。另外，在詳細載録西漢一代侯國封置信息的《漢書》各篇"侯表"中，也查找不到"顯陵侯國"，所以可以排除"顯陵"是侯國的可能性。既然顯陵不是侯國，那麼又是什麼性質的行政單位呢？其實，西漢時代除了侯國，還有一類僅有三四百户的特殊縣級政區——陵園奉邑。

---

① 根據《漢書·地理志》記録的漢平帝元始二年的各郡國户口數，平均每户有人口 4.67 人。縣平均户數最少的郡國是郁林郡，每縣約有 1040 户。葛劍雄：《中國人口史》第一卷，上海：復旦大學出版社，2002 年，第 486~490 頁。又《漢書·武五子傳》載："（元康元年）益奉園民滿千六百家，以爲奉明縣。"可見 1600 户是漢宣帝時期立縣的主要標準。

② 《史記》卷一八《高祖功臣侯者年表》，北京：中華書局，1959 年，第 877~878 頁。

③ 根據葛劍雄師的研究，西漢初年至武帝初年人口的年平均自然增長率約爲 10‰~12‰。見《中國人口史》第一卷，上海：復旦大學出版社，2002 年，第 332~333 頁。

西漢的縣級政區分爲縣、道、邑、侯國四種。其中"邑"又可分爲許多類型，根據周振鶴的劃分，有湯沐邑、陵邑、奉郊邑三種。① 其中的"陵邑"便是陵園奉邑。陵園奉邑是設置在陵園附近的特別行政單位，專爲奉祀陵園之用。一提到漢代的陵園奉邑，人們會自然聯想到設置於皇帝、皇太后陵園附近的陵邑。其實，西漢時代並非只有皇帝和皇太后的陵園可以設置奉邑，皇帝親屬的陵園同樣設置有奉邑，只不過與人口數萬户的皇帝陵園奉邑相比，皇帝親屬陵園奉邑的規模很小，只有二三百户。《史記·外戚世家》載："薄太后母亦前死，葬櫟陽北。於是乃追尊薄父爲靈文侯，會稽郡置園邑三百家，長丞已下吏奉守塚，寢廟上食祠如法。而櫟陽北亦置靈文侯夫人園，如靈文侯園儀。"②文帝爲外祖父母的陵園各設置了三百户的奉邑，這是史籍所見皇帝親屬陵園設置奉邑的最早記載，此後皇帝親屬陵園的奉邑規模基本都遵照靈文侯陵園的標準爲二三百户，即所謂"比靈文園法"③，只有宣帝外祖父王迺始的陵園置有四百户的奉邑。（參見表1）

西漢時代皇帝和皇太后的陵園奉邑，是遷徙關東富户豪强而新置的行政單位。皇帝親屬陵園奉邑則不同，乃是由既有鄉里行政單位改置而來，與侯國的設置方式類似。例如戾太子劉據陵園之奉邑是以京兆尹湖縣閺鄉邪里聚改置，而史皇孫陵園之奉邑則是以京兆尹廣明縣成鄉改置。④ 這些由鄉里改置，人口只有二三百户的陵園奉邑，在設置之後能否視爲縣級政區，未免令人懷疑。其實，從漢代的地方行政制度來看，我們可以排除這種顧慮。漢代的"邑"是縣級政區的一種形態，奉祀陵園的行政單位改稱爲"邑"，便意味着行政級別已經升格爲縣級政區。另外，根據西漢地方行政制度，鄉一級的行政長官稱"嗇夫"，⑤ 里一級則不設置行政官員。而西漢皇帝在下詔設置園邑時，都會强調"長丞奉守如法"，表明園邑已設置長、丞等行政長官。毫無疑問，皇帝親屬的陵園奉邑也是縣級行政單位，並且如同皇帝陵邑之"長陵""安陵""霸陵"一樣，自有專屬名稱。

21 世紀初公佈的張家山漢墓竹簡便載録了兩個皇帝親屬陵園奉邑的名稱。張家山漢簡《二年律令·秩律》（以下簡稱《秩律》）所載三百石官員見有"黃鄉長"和"萬年邑長"。⑥

① 周振鶴：《西漢縣城特殊職能探討》，《歷史地理研究》第 1 輯，上海：復旦大學出版社，1988年，第 81 頁。
② 《史記》卷四九《外戚世家》，北京：中華書局，1959 年，第 1971 頁。
③ 《史記》卷四九《外戚世家》，北京：中華書局，1959 年，第 1973 頁。
④ 《漢書》卷六三《武五子傳》，北京：中華書局，1962 年，第 2748 頁。
⑤ 安作璋、熊鐵基：《秦漢官制史稿》，濟南：齊魯書社，2007 年，第 679~694 頁。
⑥ 張家山二四七號漢墓竹簡整理小組編著：《張家山漢墓竹簡〔二四七號墓〕（釋文修訂本）》，北京：文物出版社，2006 年，第 79 頁。

這之中的萬年邑爲高祖父親陵園奉邑。黃鄉，即黃鄉邑，乃高祖母親之陵邑。①《陳留風俗傳》曰："沛公起兵野戰，喪皇妣于黃鄉。天下平，乃使使者梓宮招魂幽野，有丹蛇在水，自洗濯，入于梓宮，其浴處仍有遺髮，故諡曰昭靈夫人。因作園陵、寢殿、司馬門、鐘簴、衛守。"②顯然，劉邦把母親陵園所在的黃鄉，直接改置成陵園奉邑，《秩律》"黃鄉"就是陵園奉邑的名稱。這樣看來，漢文帝爲外祖父母陵園設置奉邑的做法並非首創，而是對既有園寢制度的承襲。③

表 1　史籍所見西漢各"園邑"户數

陵園	陵主姓名	陵主身份	奉邑户數	所在郡縣
靈文侯陵園	薄氏	文帝外祖父	300	會稽郡山陰
靈文侯夫人陵園	魏媪	文帝外祖母	300	内史櫟陽
安成侯陵園	竇氏	景帝外祖父	200	清河郡觀津
蓋恭侯陵園	王仲	武帝外祖父	200	内史槐里
平原君陵園	臧兒	武帝外祖母	200	内史長陵
順成侯陵園	趙父	昭帝外祖父	200	右扶風槐里④
敬夫人陵園	霍氏	昭帝上官皇后母	200	右扶風茂陵
衛思后園	衛子夫	宣帝曾祖母	300	京兆尹長安
戾園	劉據	宣帝祖父	200、300⑤	京兆尹湖
戾夫人園	史良娣	宣帝祖母	300	京兆尹長安
悼園	史皇孫、王夫人	宣帝父母	300	京兆尹廣明
思成侯陵園	王迺始	宣帝外祖父	400	涿郡蠡吾、京兆尹奉明⑥

① 張家山漢簡整理者認爲黃鄉是《漢書·地理志》廣平國之廣鄉。後晏昌貴撰文指出，黃鄉乃高祖母親陵邑，見《張家山漢簡釋地六則》，《江漢考古》2005 年第 2 期。

② 《後漢書》卷三三《虞延傳》李賢注，北京：中華書局，1965 年，第 1152 頁。

③ 《魏書》卷八三《外戚列傳》載崔光奏請胡太后爲其母置園邑時言："案漢高祖母始諡曰昭靈夫人，後爲昭靈后，薄太后母曰靈文夫人，皆置園邑三百家，長丞奉守。"則靈文夫人園寢制度乃承襲昭靈夫人而來。

④ 《漢書·外戚傳》載趙父"死長安，葬雍門"。顏師古注雍門在長安西三十里。《外戚傳》覆載"追尊外祖趙父爲順成侯，詔右扶風置園邑二百家"，可知其陵園在右扶風境内，約在槐里縣境。

⑤ 本始元年初置 200 户，元康元年增爲 300 户。

⑥ 元康元年宣帝外祖母博平君薨，遷王迺始墓與博平君合葬奉明，重置園邑。

陵園	陵主姓名	陵主身份	奉邑户數	所在郡縣
邛成恭侯陵園	王奉光	宣帝王皇后父	200	京兆尹長安
宣成侯陵園	霍光	宣帝霍皇后父	300	右扶風茂陵

　　説明：表中資料來源爲《史記·外戚世家》《漢書·外戚傳》《漢書·武五子傳》。

　　《秩律》記載漢高祖母親陵園奉邑的行政長官爲"黄鄉長"，秩級三百石；另有丞，秩級二百石，與史籍記載皇帝親屬陵園奉邑設置長、丞完全相符。而在《秩律》中，"黄鄉"與漢廷直轄的二百餘個縣、邑、道排列在一起，證明陵園奉邑確爲縣級政區。因此，如果"顯陵"也屬於陵園奉邑，自然會出現在南郡行政公文之中。

二

　　分析西漢時代縣級政區的性質和特徵，只有侯國和陵園奉邑的人口數量會少至三四百户。只擁有四百餘户的顯陵，既然不是侯國，就只能是陵園奉邑。接下來，我們再對陵園主人的身份進行考察。

　　西漢時代能夠設置陵園奉邑的人，均爲皇帝親屬，而且以外戚爲主。[1]《漢書·外戚傳》對西漢皇太后和皇后父母設置陵園的情況有較爲詳細的記載。梳理《外戚傳》，找不到南郡修建有皇太后和皇后父母陵園的記録，所以顯陵應當不是外戚陵園的奉邑。這使得我們必須擴大考慮範圍，看看除了外戚，是否還有其他貴族可以設置陵園奉邑。

　　再度檢索史籍，可以發現西漢時代的諸侯王也可以設置陵園奉邑。《漢書·武五子傳》記載，宣帝即位後，下詔爲父母、祖父母設置陵園和奉邑。有司在奏議宣帝父母陵寢規格時稱："愚以爲親謚宜曰悼，母曰悼后，比諸侯王園，置奉邑三百家。"[2]官員提出可參照諸侯王陵寢規制，爲宣帝父母修建陵寢，設置三百户的奉邑，透露出西漢諸侯王陵園同樣設置有奉邑，規模爲三百户。[3] 而《史記·齊悼惠王世家》載：

　　　　齊悼惠王後尚有二國，城陽及菑川。菑川地比齊。天子憐齊，爲悼惠王冢園在

---

　　① 史籍所見享有陵園奉邑的皇帝親屬，除外戚外，僅見漢高祖母親、兄姐，漢宣帝祖父母和父母數例。

　　② 《漢書》卷六三，北京：中華書局，1962年，第2748頁。

　　③ 劉瑞：《西漢諸侯王陵墓制度研究》下編第五章第四節《西漢諸侯王陵的奉邑》，北京：中國社會科學出版社，2010年，第423~426頁。

郡，割臨菑東環悼惠王冢、園邑盡以予菑川，以奉悼惠王祭祀。①

元朔二年，齊厲王薨，無後國除。爲了延續齊悼惠王的奉祀，武帝下令將齊悼惠王的陵園和奉邑劃歸菑川國，可見齊悼惠王陵園設置有奉邑。《漢書·武五子傳》有關諸侯王陵園設置奉邑的記載可以落實。

傳世文獻關於諸侯王陵園奉邑的記載僅有上述兩條，近二十餘年豐富的出土文物資料又提供了一些寶貴的信息。2004 年，徐州博物館發掘土山二號漢墓，在墓葬封土中發現了4500 枚封泥，封泥時代爲西漢初年，其中有一枚"萬春邑印"。②萬春不見於《漢志》，土山封泥還有"萬春鄉印"，則萬春邑極有可能是以萬春鄉改置。土山封泥還有"楚夷園印""楚文園長"，分別爲楚夷王、楚文王陵園長官。因而筆者推測，萬春邑可能爲某位楚王的陵園奉邑。可見諸侯王陵園奉邑不僅規制與皇帝外戚陵園奉邑相當，設置方式也基本一致，兩者在制度層面具有共性。

1994 年，徐州文物工作者對獅子山楚王陵進行全面發掘，出土近 200 枚官印，其中有一枚"北平邑印"。③發掘者王愷提到徐州龜山楚王陵曾出土帶有"北平園"銘文的青銅器，認爲"北平邑"與"北平園"相關。④ 此後黄盛璋進一步指出，北平園爲楚王陵園，北平邑必爲楚王陵邑。⑤ 黄先生的觀點已被學界普遍接受。然而，按照漢代制度，皇帝、諸侯王陵園皆以帝王謚號命名，如皇帝陵園孝景園、孝武園，以及前面提到出土封泥所示之楚夷園、楚文園。楚王陵不應稱作"北平園"。復核小龜山西漢崖洞墓出土銅量銘文，可以發現整理者釋讀有誤，所謂"北平園"應爲"北平廚"，另有"夷園"二字未被釋出。⑥ 可見並不存在所謂"北平園"，而這件銅量出現的"夷園"才是楚夷王陵園的正式稱法。

從文獻記載以及徐州出土西漢楚國封泥來看，西漢時代的諸侯王陵園普遍設置了奉邑，因此顯陵有可能是諸侯王陵園奉邑。檢索《漢書·諸侯王表》，西漢時期的南郡曾兩度置爲臨江國。一是景帝二年至景帝四年(前 155—前 153 年)，在位諸侯王是景帝之子劉閼。二是景帝七年至景帝中元二年(前 150—前 148 年)，在位諸侯王是景帝之子劉榮。如果顯陵是諸侯王陵園奉邑，那麼這個奉邑應當附屬於臨江哀王劉閼或臨江湣王劉榮的陵

① 《史記》卷五二，北京：中華書局，1959 年，第 2008 頁。
② 李銀德：《徐州出土西漢印章與封泥概述》，西泠印社、中國印學博物館編：《青泥遺珍：戰國秦漢封泥文字國際學術研討會論文集》，杭州：西泠印社出版社，2010 年，第 9～29 頁。
③ 獅子山楚王陵考古發掘隊：《徐州獅子山西漢楚王陵發掘簡報》，《文物》1998 年第 8 期。
④ 王愷：《獅子山楚王陵出土印章和封泥對研究西漢楚國建制及封域的意義》，《文物》1998 年第 8 期。
⑤ 黄盛璋：《徐州獅子山楚王墓墓主與出土印章問題》，《考古》2000 年第 9 期。
⑥ 南京博物院：《銅山小龜山西漢崖洞墓》，《文物》1973 年第 4 期。

園。而史籍明確記載，臨江潛王劉榮的陵墓不在南郡。《史記·五宗世家》曰："中尉郅都責訊王，王恐，自殺，葬藍田。燕數萬衝土置冢上，百姓憐之。"①景帝中二年，劉榮因"坐侵廟壖垣爲宫"被朝廷傳訊，因中尉郅都責審甚急，劉榮感到難逃死罪，自殺而亡。漢廷將劉榮葬於長安城東南的藍田縣。劉榮墓地所在，《水經·渭水注》有較爲明確的記載：

> 霸水又北歷藍田川……川有漢臨江王榮冢。景帝以罪征之，將行，祖於江陵北門，車軸折。父老泣曰："吾王不返矣!"榮至，中尉郅都急切責王。王年少，恐而自殺。葬於是川。有燕數萬，衝土置冢上，百姓矜之。②

此後歷代長安地志對劉榮冢皆有記載，亦稱"燕子冢"。其地即今西安市藍田縣東的陳家岩漢墓。該墓葬面積 900 平方米，原有高大的封土，後夷平，附近還有大片漢代文化遺存，符合漢代高等級貴族墓葬的基本特徵。③ 劉榮既然葬在關中，南郡自然不會存在他的陵園和奉邑。由此看來，顯陵只能是臨江哀王劉閼的陵園奉邑。

三

在西漢政區研究中，張家山漢簡《秩律》是除《漢志》外，最爲重要的文獻資料。《秩律》完整保存了吕后元年朝廷直轄區域的縣級政區名録。④ 吕后初年，南郡爲朝廷直屬郡級政區，而《秩律》並未載録顯陵。以往學者根據《漢志》及《秩律》皆不載録"顯陵"的特徵，判斷該縣邑設置於吕后元年之後，廢除於漢成帝元延三年之前。但是這樣的年代斷限實在過於寬泛。現在明確了顯陵是臨江哀王劉閼的陵園奉邑，可以進一步限定"顯陵邑"的置廢年代。

前面提到，漢代皇帝外戚、諸侯王陵寢制度基本模仿皇帝陵寢制度而來，只不過規模和等級較爲遜色，但若具體到實際操作，兩者還有一定差別。西漢時代，皇帝陵園奉邑的設置基本與陵園建設同步，往往是在下詔營建陵園的同時，即設置奉邑。⑤ 這是因爲皇帝

---

① 《史記》卷五九，北京：中華書局，1959 年，第 2094 頁。
② （後魏）酈道元注，（清末）楊守敬、熊會貞疏：《水經注疏》卷一九，南京：江蘇古籍出版社，1989 年，第 1606 頁。
③ 國家文物局主編：《中國文物地圖集·陝西分册（下册）》，西安：西安地圖出版社，1998 年，第 127 頁。
④ 參見拙文《張家山二四七號漢墓〈二年律令·秩律〉抄寫年代研究》，《江漢考古》2013 年第 2 期。
⑤ 參見拙文《西漢存在"太常郡"嗎？——西漢政區研究視野下與太常相關的幾個問題》，《中國歷史地理論叢》2013 年第 3 輯。

陵園的奉邑基本是遷徙關東富户豪强而新建的聚邑，需要較長的營建時間。而外戚和諸侯王的陵園奉邑的設置並非如此。劉瑞已經注意到皇帝陵園奉邑與諸侯王陵園奉邑在建制上的差異：

> 從戾后園、悼園設置看，當時應不存在如帝陵一樣大規模爲諸侯王陵移民置園邑的情況。諸侯王園邑更可能是劃定一定範圍的符合要求的户口數所居住的地區爲園（此處應作"奉邑"—筆者按），而不是如陵邑一樣在一個帝陵附近建一個新的城市，移民進入。因此諸侯王園邑可能僅是改變這些人、户的户籍統屬關係，但並不改變其世代居住的居住點。①

由於外戚、諸侯王陵園奉邑是以既有鄉聚改置，並不需要事先營建，所以皆設置於陵主去世之後。史籍所見外戚陵園奉邑的設置皆在外戚去世以後，即是明證。諸侯王陵園奉邑應與之相同，也在諸侯王死後設置。臨江王劉閼逝世於景帝四年（前 153 年），顯陵邑當設置於此年，並一直延續至武帝時期。

至於顯陵邑的廢除年代，之前學者們只能根據《漢志》南郡不載録顯陵的特徵，推斷爲漢成帝元延年間以前。如果明確了顯陵的性質，再結合西漢陵園奉邑制度的變遷，我們有可能更爲精確地限定顯陵邑的廢除時間。

西漢時代之所以要爲陵園設置奉邑，是爲了使陵園擁有獨立、穩定的財税來源，以保證陵園日常維護和奉祀活動的經濟支出。漢高祖在位時期，爲自己的陵寢、父母和兄姐的陵園設置了奉邑，文帝又爲皇太后和皇后的父母陵園設置奉邑。與此同時，諸侯王死後，皇帝也會遵照相關制度，允許各國在諸侯王陵園附近設置奉邑。而當諸侯王國廢除後，爲了延續諸侯王的奉祀，其陵園奉邑也會被漢廷接管，繼續得到保留。隨着時間的推移，陵園奉邑的數量越來越多，無疑給朝廷財政帶來沉重負擔。到了漢元帝在位時期，數量龐大的陵園奉邑已經成爲朝廷必須面對的經濟問題。

元帝即位以後，在儒師貢禹的建議下，推行一系列制度改革。改革的核心目的，是減省政府、皇室開支，減輕百姓賦税負擔。初元年間（前 48—前 44 年）相繼推出的省併政府機構，縮減皇室服務機構規模，將皇室苑囿交給貧民耕種，提高百姓賦役年齡等舉措均與此有關。貢禹去世後，這一改革方向在丞相韋玄成的主持下繼續推進。於是在《漢書·元帝紀》中，便出現如下記載：

---

① 劉瑞：《西漢諸侯王陵墓制度研究》，北京：中國社會科學出版社，2010 年，第 424~425 頁。

（永光四年）九月戊子，罷衞思后園及戾園。冬十月乙丑，罷祖宗廟在郡國者。諸陵分屬三輔。以渭城壽陵亭部原上爲初陵。……又罷先后父母奉邑。

（建昭五年）秋七月庚子，復太上皇寢廟園、原廟，昭靈后、武哀王、昭哀后、衞思后園。①

永光四年（前 40 年）十月，朝廷“罷先后父母奉邑”，應劭注曰：“先后爲其父母置邑守冢，以奉祭祀，既已久遠，又非典制，故罷之。”顯然，元帝此舉是罷廢了文帝至宣帝爲歷任皇后父母陵園設置的奉邑。而在同年九月，皇帝還下詔罷廢了衞思后園和戾園。其實，當時罷廢的陵園遠遠不止這些。《漢書·韋玄成傳》載：“（永光四年）罷昭靈后、武哀王、昭哀后、衞思后、戾太子、戾后園，皆不奉祠，裁置吏卒守焉。”②可見，高帝母親（昭靈后）、高帝兄（武哀王）、高帝姐（昭哀后）的陵園也與衞思后園和戾園同時罷廢，所以建昭五年（前 34 年）才會有恢復“昭靈后、武哀王、昭哀后、衞思后園”的記載。陵園既已罷廢，附屬於這些陵園的奉邑，諸如黄鄉邑之類，也應一併撤銷。永光四年九月，皇帝親屬陵園奉邑已經悉數罷廢，而這正是次月罷廢歷任皇后父母陵園奉邑的“前奏”。

重新分析《元帝紀》所載永光四年十月紀事，可以發現該月推行的其他舉措與同時進行的罷廢皇帝親屬陵園奉邑存在緊密的關聯。先來看“諸陵分屬三輔”。顔師古注曰：“先是諸陵分屬太常，今各依其地界屬三輔。”顔師古之意，是漢元帝將前代帝陵的管轄權由太常移交給三輔。可是帝陵及其附屬園寢牽涉大量國家禮制，將這些奉祀事務連同帝陵一併轉交給以管理地方行政事務爲主要職責的京兆尹、左馮翊、右扶風，未免令人費解。其實，《漢書·百官公卿表》對此事亦有記載。《表》序“奉常”條曰：“元帝永光元年分諸陵邑屬三輔。”《百官公卿表》中的“永光元年”乃“永光四年”之誤，③ 所載“分諸陵邑屬三輔”與《元帝紀》“諸陵分屬三輔”之記事完全相同，應該有共同的史料來源。將兩條記載對照，不難發現《元帝紀》的記載脱漏了一個“邑”字，原文應爲“諸陵邑分屬三輔”。永光四年，朝廷只是把帝陵奉邑的行政權限劃歸三輔，並非把皇帝陵寢移交給地方行政官員，皇帝的陵園仍然由太常管轄。

再來看“以渭城壽陵亭部原上爲初陵”。這項舉措初看起來與陵園奉邑没有直接的聯繫，但在同時頒佈的詔書中，卻透露出陵園奉邑制度改革的重要信息：

---

① 《漢書》卷九，北京：中華書局，1962 年，第 292 頁、第 297 頁。
② 《漢書》卷七三，北京：中華書局，1962 年，第 3117 頁。
③ 湯其領、陸德富：《關於西漢陵縣制度研究的幾個問題》，《徐州師範大學學報》（哲學社會科學版）2006 年第 6 期。

安土重遷，黎民之性；骨肉相附，人情所願也。頃者有司緣臣子之義，奏徙郡國民以奉園陵，令百姓遠棄先祖墳墓，破業失產，親戚別離，人懷思慕之心，家有不安之意。是以東垂被虛耗之害，關中有無聊之民，非久長之策也。《詩》不云乎？"民亦勞止，迄可小康，惠此中國，以綏四方。"今所爲初陵者，勿置縣邑，使天下咸安土樂業，亡有動搖之心。佈告天下，令明知之。

元帝在詔書中明確表示，將不再爲自己的陵寢設置奉邑，這意味着元帝放棄了西漢立國以來在皇帝陵園附近設置奉邑的做法。將此事與同時推行的"諸陵邑分屬三輔"相聯繫，可以發現將陵邑劃歸三輔的做法，其實質乃是罷廢了皇帝、皇太后陵園的奉邑。皇帝、皇太后陵園奉邑規模較大，人口有數萬户之巨，不可能像只有數百户的皇帝親屬陵園奉邑那樣，直接撤銷。切實的做法，是將其改置成普通縣級政區，劃歸地方行政長官管轄。理解了這些舉措的内在含義，我們不難看出，永光四年九、十月間推行的罷廢皇帝親屬陵園奉邑，罷廢歷任皇帝陵園奉邑，罷廢歷任皇后父母陵園奉邑以及不在元帝陵寢設置奉邑的做法，表明朝廷已經全面廢除了陵園奉邑制度，一系列舉措的推行正是貫徹這一改革目標。陵園奉邑撤銷後，恢復爲縣、鄉、里等國家基層行政單位，其財税收入重新納入國家財政體系，與元帝初年節縮皇室開銷、擴大國家財税收入來源的總體改革方向是一致的。既然陵園奉邑制度已經徹底廢除，散佈在全國各地的諸侯王陵園奉邑也應一同撤銷。劉瑞即持這樣的觀點：

漢元帝在永元四年下詔，罷奉陵邑……不管當時是否明確要求各諸侯王國停止建設園邑，但依諸侯王國"制同京師"的制度及西漢中後期中央對諸侯王國嚴密控制的背景分析，此後諸侯王的園邑設置應逐漸停止。[1]

可以想見，永光四年九、十月間，朝廷應當也下達了罷廢諸侯王陵園奉邑的詔令。南郡境内的顯陵因爲只有數百户人口，達不到設置縣級政區的標準，撤銷後恢復爲鄉里等基層行政單位，隸屬南郡某縣管轄，因而不見於《漢志》載錄。

從建昭五年開始，朝廷又相繼恢復部分皇帝親屬的陵園，那些原來附屬於陵園的奉邑是否也會恢復呢？筆者以爲這種可能性較小，因爲史籍並無永光五年以後諸陵邑重新劃屬太常的記載，説明皇帝、皇太后奉邑並未恢復。在這種形勢下，不可能單獨恢復皇帝親屬陵園奉邑。這次恢復皇帝親屬陵園的做法並沒有維持太久，僅僅一年後，新即位的漢成帝

---

① 劉瑞：《西漢諸侯王陵墓制度研究》，北京：中國社會科學出版社，2010 年，第 426 頁。

即再度罷廢了這些陵園。所以還是應當把"永光四年"視爲西漢陵園奉邑制度廢除的最終年限。

最後我們再討論"顯陵"的地理方位。"顯陵"雖然不見於任何傳世文獻，但是作爲諸侯王陵園奉邑，我們還是可以根據西漢諸侯王陵寢制度大致判斷其方位。西漢時代，存在着極爲繁複的陵園祭祀制度，皇帝要定期親自或派員前往先帝陵園主持祭祀，因此皇帝陵寢都分佈在都城長安周邊。而諸侯王也要遵循同樣的禮制奉祀先王，因而諸侯王陵寢也位於王都附近，諸侯王陵園的這一空間分佈特徵已經得到考古發掘的證明。①《史記·漢興以來諸侯王年表》載劉閼之臨江國定都江陵，② 其陵寢應當修建於江陵周邊。仔細考察西漢江陵縣周圍的地理環境，其地處長江北岸，南部爲廣闊的江面，不具備修建大型陵墓的條件，而江陵縣北部地勢較爲高亢，自東周以來就是墓葬集中分佈的地區，③ 西漢臨江王陵園也應位於江陵城北，奉祀陵寢的顯陵邑當處於該地域範圍，其前身是江陵縣的某鄉聚。

根據劉瑞和陳亮的意見，松柏漢墓 35 號木牘所載縣邑順序在地理空間分佈上具有規律性。劉瑞總結爲："其排列順序是先沿南郡周邊邊界一周，由西向東（巫、秭歸、夷道、夷陵、醴陽、孱陵、州陵），再由南向北（州陵、沙羨、安陸），之後再由東向西（安陸、宜成、臨沮、顯陵），最後以中心的江陵結尾。"④陳亮在劉瑞觀點的基礎上，進一步概括爲"以江陵爲中心，自西向東逆時針的排列順序"⑤。由於傳世文獻沒有西漢之"醴陽"縣的記載，劉瑞根據松柏漢墓 35 號木牘文書"醴陽"書寫於夷陵、孱陵之間的特徵，推斷醴陽縣大體位於兩縣之間的長江沿岸。其實，早在 2006 年何慕就已考證出西漢醴陽縣大致位於"今湖北省松滋、公安一帶的長江南岸"⑥，該結論與劉瑞劃定的醴陽縣地理方位完全一致，可以進一步驗證他所總結的 35 號木牘縣邑空間排列規律。依照這樣的規律，顯陵應當位於臨沮與江陵之間，劉瑞即推測顯陵"其位置當在臨沮之西或之南"⑦。而筆者推斷顯陵邑的地理方位恰好在臨沮、江陵兩縣之間，與松柏漢墓 35 號木牘反映的縣邑空間排

① 劉瑞：《西漢諸侯王陵墓制度研究》下編第六章第一節《西漢諸侯王陵與都城》，北京：中國社會科學出版社，2010 年，第 427~437 頁。

② 《史記》卷一七，北京：中華書局，1959 年，第 839 頁。

③ 國家文物局主編：《中國文物地圖集·湖北分冊（上冊）》，西安：西安地圖出版社，2002 年，第 153 頁。

④ 劉瑞：《漢武帝早期的南郡政區》，《中國歷史地理論叢》2009 年第 1 輯。

⑤ 陳亮：《西漢南郡及相關問題考》，武漢大學碩士學位論文，2009 年，第 41 頁。

⑥ 何慕：《張家山漢簡〈二年律令·秩律〉所見呂后二年政區及相關問題》，武漢大學碩士學位論文，2006 年，第 12~14 頁。

⑦ 劉瑞：《漢武帝早期的南郡政區》，《中國歷史地理論叢》2009 年第 1 輯。

列規律相符。

松柏漢墓 53 號木牘載録顯陵的人口數量爲 1608 人。53 號木牘並未記録這組人口統計數字的確切年代。具有明確年代斷限的《元年南郡户口簿》載録江陵縣的人口數量爲 21000餘人，而 53 號木牘載録江陵縣人口數量是 19735 人，則 53 號木牘載録的人口數字應在《元年南郡户口簿》之前。這裏首先需要討論《元年南郡户口簿》中的"元年"所指爲哪一年？漢武帝太初元年以前尚未出現成熟的年號紀年，紀年方式仍爲元年、二年……的形式。① 根據松柏一號漢墓出土的"功勞自占"文書和"遣書"，墓主周偃的活動時間主要在漢景帝三年至武帝元光二年。② 因此，《元年南郡户口簿》中的"元年"就有景帝中元年、景帝後元年、武帝建元元年、武帝元光元年四種可能。"功勞自占"文書記載，周偃在建元元年仍擔任江陵西鄉有秩嗇夫，則直到該年周偃尚不具備接觸南郡行政文書的可能。而周偃於元光二年遷桂陽郡南平縣尉。從漢代基層官員遷轉途徑來看，在建元元年至元光二年之間，周偃應曾出任南郡太守府屬吏，③ 故有機會接觸南郡行政公文，所以《元年南郡户口簿》中的"元年"應爲元光元年。

松柏漢墓 48 號木牘《二年西鄉户口簿》載録建元元年至建元二年，江陵縣西鄉的人口數量增長了 43 人，彭浩據此推算該年的人口年均自然增長率爲 9.6‰。現以元光元年江陵縣人口數量 21000 爲基數，根據江陵縣人口年均自然增長率逆推，可以大致估算江陵縣19735 的人口數量爲武帝建元元年的數值（前 140 年）。53 號木牘記載的顯陵邑 1608 人的人口數量即爲建元元年的統計數據。以建元元年顯陵邑人口數量 1608 人爲基數，再根據江陵縣人口年均自然增長率逆推，可以推算出景帝四年（前 153 年）顯陵的人口數量約爲1413 人。武帝建元年間江陵縣每户平均 3.75 人，參照該數值可以推算景帝四年顯陵邑初置時約有 377 户，與《漢書·武五子傳》提到諸侯王陵園奉邑三百户的規制較爲接近。《武五子傳》反映的是宣帝時期的制度。景帝初年，諸侯王還擁有很高的地位，當時諸侯王陵園奉邑的規模可能較西漢中後期更大，或許景帝初年諸侯王陵園奉邑的規制是四百户。

最後筆者將本文觀點總結如下：松柏漢墓出土簡牘載録的"顯陵"乃是臨江哀王劉閼的陵園奉邑，設置於景帝四年，廢除年代下限在元帝永光四年，大致位於今湖北省荆州市北

---

① 辛德勇：《重談中國古代以年號紀年的啓用時間》，收入氏著《建元與改元：西漢新莽年號研究》，北京：中華書局，2013 年，第 1~101 頁。

② 彭浩：《讀松柏出土的四枚西漢木牘》，《簡帛》第 4 輯，上海：上海古籍出版社，2009 年。

③ 如西漢張敞、朱邑都由鄉嗇夫升任太守卒史（《漢書》卷七六、卷八九，北京：中華書局，1962年，第 3216、3635 頁）。另據尹灣漢牘《東海郡下轄長吏名籍》，漢成帝元延年間東海郡朐邑左尉田章始由東郡太守文學遷轉而來，即丘左尉王昌由潁川郡太守卒史遷轉而來，曲陽丞朱博由東郡太守卒史遷轉而來（張顯成、周羣麗：《尹灣漢墓簡牘校理》，天津：天津古籍出版社，2011 年，第 17~30 頁）。這些例證表明，漢代存在由鄉嗇夫—郡府屬吏—縣長吏的官員遷轉途徑。

部。至於"顯陵"這一名稱，究竟是如同黄鄉邑、萬春邑，原本是江陵縣某鄉聚的名稱；還是模仿皇帝陵園奉邑長陵、安陵、霸陵、陽陵而新取的名稱？目前還無法做出明確的判斷，只能期待新資料的出現。

　　附記：本文原發表於《復旦學報》(社會科學版)2015 年第 3 期。收入本書時，已作修訂。原文取信前人對小龜山漢墓出土銅量銘文釋讀意見，後承蒙南京大學中文系程少軒教授提示釋文有誤，本文已據銘文新釋讀意見修改。謹向程先生表示感謝！

(馬孟龍，復旦大學歷史學系)

虎溪山漢簡《計簿》所見沅陵侯國

楊先雲

《沅陵虎溪山一號漢墓》公佈了一千餘枚簡牘材料，其中墓葬頭箱出土一百餘枚簡牘，内容疑爲西漢初年沅陵侯國計簿，整理者據内容擬定篇名爲"計簿"。① 沅陵虎溪山一號漢墓是第一代沅陵侯吴陽的墓葬，西漢高后元年七月(前187年)長沙王子吴陽分封爲沅陵侯，文帝後元二年(前162年)吴陽去世，景帝後元三年(前141年)無嗣國除，《計簿》疑爲沅陵侯吴陽去世當年或者前一年的上計文書的抄本或者副本。《續漢書·百官志》："秋冬集課，上計于所屬郡國"，劉昭注引胡廣曰："秋冬歲盡，各計縣户口墾田，錢穀入出，盗賊多少，上其集簿。"②這類出土文獻還如尹灣漢簡《集簿》："縣邑侯國卅八，縣十八，侯國十八，邑二……"③其内容包括東海郡縣、邑、侯國的數量、行政機構的設置、吏員數量、管轄範圍、户口數量、土地面積，甚至包括人口性别比例、各年齡段人口數量、各種錢財和糧食的收支等内容。虎溪山漢簡《計簿》雖簡文殘碎較多，其内容還是極其豐富的，涵蓋西漢沅陵侯國的行政建置、吏員人數、户口人民、田畝賦稅、牲畜林木物産、兵甲船只和道路交通里程等諸多方面。虎溪山漢簡《計簿》作爲第一手的原始材料，具有很高的史料價值，現僅對《計簿》内容進行簡單介紹。

一、行政建置及户口人數

侯國一般地域較小，户口較少，地位與縣相當。虎溪山漢簡《計簿》簡1"沅陵侯國六

---

① 湖南省文物考古研究所：《沅陵虎溪山一號漢墓》，北京：文物出版社，2020年，第116~117頁。

② 《後漢書》志第二八《百官志五》，北京：中華書局，2012年，第3622~3623頁。

③ 中國簡牘集成編輯委員會：《中國簡牘集成》第十九册，蘭州：甘肅敦煌文藝出版社，2005年，第1909頁。

鄉四▢"，當是沅陵侯國地方建制總括，簡 2 與簡 1 内容相同。整理者將簡 2 與簡 50、簡 53 進行拼合（參見圖 1），復原後釋文作：

> 沅陵侯國六鄉四聚户千六百一十二口六千四百八十一人
> 2+50+53

綴合意見可從，綴合復原爲完簡。簡文統計當時的沅陵侯國有六鄉四聚，民户共有 1612 户，人口有 6481 人，平均一户有 4.02 口人，而湖北荆州紀南松柏漢牘 48 號所載西鄉一户平均 3.66 口人，較爲接近。

> 故沅陵在長沙武陵郡▢　4

沅陵縣原屬長沙國武陵郡，在西漢高后元年七月分封長沙王子吴陽爲沅陵侯後，屬沅陵侯國。計簿介紹行政區域的歷史沿革，還見於郴州晉簡"郴縣漢時所立爲長沙林縣漢元始六年太歲在丙寅（1-79）改爲郴縣（1-78）"。[1]

從《計簿》相關簡文可知，沅陵侯國具體六鄉爲：都鄉、黔梁鄉、廉鄉、鄝鄉、武春鄉以及平阿鄉。

> 都鄉户六百八乚口二千二百九十七人·在都中　34+60

整理者將簡 34 與簡 60 綴合，可從。簡文中"都鄉"當是沅陵侯國的都鄉，民户有 680 户，人口有 2297 人，平均一户爲 3.38 口人。而簡 22 載"都鄉凡一聚户七百卌二，口二千八百一十八人"，高於簡 34+60 統計數量，而且平均每户爲 3.79 口人，也高於簡 34+60 平均每户人口數，疑簡 22 當是統計都鄉及其下一聚的户數及人數。

> 黔梁鄉户卌三乚口百六十九人　25

圖 1

① 湖南省文物考古研究所、郴州市文物處：《湖南郴州蘇仙橋遺址發掘簡報》，《湖南考古輯刊》第八集，長沙：嶽麓書社，2009 年，第 100 頁。

"黔梁"作鄉名還見於里耶秦簡 9-3166。① 《計簿》簡 25 記録黔梁鄉民户有 43 户，人口有 169 人，平均每户爲 3.93 口人，黔梁鄉人口較少。《計簿》記載了不僅僅只是黔梁鄉，還有武春鄉等都存在人口偏少的情況。《計簿》所載數字真實準確性，是否侯國實際户數人口還待考證，《漢書·宣帝紀》宣帝下詔斥責"上計簿，具文而已，務爲欺謾，以避其課。"②史書記載漢代存在逃避賦税徭役而存在少報漏報情況，尹灣漢簡《集簿》所録人口户數真實性就存在争議。③ 學者在利用《計簿》數據資料時，還需結合社會實際和傳世文獻材料。

　　　廡鄉户百一十七 └口四百五十三人　　**26**

簡 26 記録廡鄉民户有 117 户，人口有 453 人，平均每户約 3.87 口人。

　　　鄾鄉户百卅一口四百卅九人　　**29**

---

① 里耶秦簡 9-3166 釋文作：
　☑空丞印詣遷陵以☑
　☑下盡過索郵　八月丙辰水 百 ☑
　☑月己亥日入過中盧鄉七月壬寅☐☑
　☑☐七月甲辰黔首旦食過　當陽鄉☑ 正
　☑ 七月己卯水十一刻꞊下七☐☑
　☑ 八月丁卯水十一刻꞊下五過黔梁☑ 背

9-3166"黔梁"疑當爲鄉名，很有可能就是沅陵縣的"黔梁鄉"。9-3166 簡文中記録文書傳送路線和日期雖有殘缺，但仍能推斷復原其文書傳遞基本路線，某處發往遷陵的文書，經"中盧鄉"順漢江而下到"當陽鄉"，"中盧鄉""當陽鄉"是"中盧縣""當陽縣"前身，治所分别在今湖北省襄陽市襄州區西南、湖北省荆門市南。過"當陽鄉"而後到"索郵"。由於里耶秦簡 16-52"索到臨沅六十里"可知，索縣當靠近臨沅(今湖南省常德市)，我們懷疑里耶 9-3166"八月丙辰"殘缺内容很有可能是"臨沅"或"臨沅"某鄉郵，由索縣至臨沅縣，而後在"八月丁卯"過黔梁鄉，從臨沅到遷陵以水路爲主，經沅水到西水，其中必經沅陵縣，後再至終點"遷陵"，而里耶秦簡中遷陵縣與沅陵縣往來密切，通過酉水水路來往便利，那麼"黔梁"很有可能就是沅陵縣的一個鄉。簡 9-3166 書寫格式較爲混亂，且上下皆殘斷，以致對於復原文書傳遞日期仍有很大難度。但簡 9-3166"黔梁"按照路線推論，當屬沅陵縣，如此一來沅陵縣的黔梁鄉在秦代已然設置。另，《里耶秦簡牘校釋(第二卷)》補釋"百"，圖版作 🀫，該字疑爲"面"，刻漏時刻以水面爲準，全稱或爲"水面十一刻刻下"，如簡文"七月甲辰黔首旦食"，一般皆省作"旦食"。里耶秦簡 9-3166 圖版見湖南省文物考古研究所編著：《里耶秦簡(貳)》，北京：文物出版社，2017 年，第 298 頁；釋文參陳偉主編，魯家亮、何有祖、凡國棟撰著：《里耶秦簡牘校釋(第二卷)》，武漢：武漢大學出版社，2018 年，第 554～555 頁。
② 《漢書》卷八《宣帝紀》，北京：中華書局，2013 年，第 273 頁。
③ 高大倫：《尹灣漢墓木牘〈集簿〉中户口統計資料研究》，《歷史研究》1998 年第 5 期；袁延勝：《尹灣漢墓木牘〈集簿〉户口統計資料真實性探討》，《史學月刊》2016 年第 11 期。

簡 29 記録郪鄉民户有 130 户，人口有 439 人，平均每户爲 3.38 口人。

　　　　武春鄉户六十四口二百一十五人　　**32**

簡 32 記録武春鄉民户有 64 户，人口有 215 人，平均每户爲 3.36 口人。

簡 42 簡文有"廷到平阿鄉☐"，由此可知，沅陵侯國有平阿鄉，而簡 44 釋文"☐阿鄉户百一十八口四百☐"，上下殘斷，簡 44 所載鄉名缺失，據簡 42"平阿鄉"可推知簡 44 亦爲"平阿鄉"，簡 44 即"【平】阿鄉户百一十八口四百☐"，平阿鄉民户有 118 户，人口有 400 餘人，每户平均也當是 3~4 人。

"聚"，是隨着人口增加和流動自然形成的聚居村落，而後成爲行政建制，不是一般性的聚落，而是鄉里編制下的行政單位。《説文》："聚，會也……一曰邑落一曰聚。"段玉裁注："《平帝紀》：'立學官，郡國曰學，縣道邑侯曰校，鄉曰庠，聚曰序。'張晏曰：'聚，邑落名也。'韋昭曰：'小鄉曰聚。'按邑落謂邑中村落。"[1]《漢書·地理志》穰縣廬陽鄉有"宛臨駣聚"，上黨郡銅鞮縣有"下虒聚"，南陽郡育陽縣"南筮聚"。漢初"聚"已然是明確的地方行政單位。我們懷疑沅陵侯國四聚爲：泣聚、鹽曼聚、下㢟粟聚、☐里聚/泡聚(？)。

　　　　泣聚户百卅四匕口五百廿一人　　**33**

泣聚民户有 134 户，人口有 521 人，平均每户爲 3.89 口人。而通過簡 34+60 統計的都鄉户口數爲 608[2]，人口數爲 2297 人，而簡 22 統計都鄉及一聚的户口數爲 742，人口數 2818 人，兩者數量相比較，兩者户口數相減爲 134、人口數相減爲 521，正與泣聚統計相同，故而泣聚即是在都鄉的聚。

　　　　武春鄉到其鹽曼聚七十里去廷二百五里　　**35+47**③

整理者將簡 35 與簡 47 綴合，當從，綴合即爲"鹽曼聚"。根據簡文内容可知，鹽曼聚

---

① （漢）許慎撰，（清）段玉裁注：《説文解字注》，上海：上海古籍出版社，1988 年，第 387 頁。
② 初文原誤將"608"寫作"680"而進行數據分析，後經宫宅潔先生在 2021 年 3 月 16 日戰國秦漢簡牘研讀會上提醒更正。
③ "去廷"，到縣廷，這裏説的是"至侯國"。

當屬武春鄉。

　　而簡 46 載有一聚，釋文"☒□粟聚卅里去廷百六十五里"，簡 36 或能與簡 46 綴合（參見圖 2）。簡 36 末端殘存字跡與簡 46 首端殘存字跡拼合，疑是"忩"字，兩簡綴合而成釋文作：

　　　　武春鄉到其下忩粟聚卅里去廷百六十五里　　**36+46**

疑下忩粟聚亦屬武春鄉。肩水金關長安里名有"北陽曲里""東章陽里"，有學者指出三字里名如"北""東"不應看作里名，而是方位詞。① 簡 36"下"或許原本也是指方位，這種加方位的行政署名在使用中，漸漸被人們接受，從而變成固定名稱。或因武春鄉有"上""下"兩聚，人口分散，故而鄉戶和人口較少，僅有 64 戶。

　　簡 49 簡文作"☒□里聚到□☒"，其中的"□里聚"，或爲沅陵侯國一聚名。以某里爲聚名在古籍也常見，如《漢書·武五子傳》："以湖閿鄉邪里聚爲戾園"②，即有"邪里聚"之例，隸屬"湖閿鄉"。《水經注·濟水》："北逕巨合故城西，耿弇之討張步也，守巨里，即此城也。"③而"巨里"在《郡國志》稱巨里聚。④ 簡 9"聚"前一字作 ▨，疑爲"里"，釋文當改作"☒陽□里聚到亭□☒"，簡 49 末字僅存部分，作 ▨，或爲"亭"，該簡或與簡 9 說的皆是"□里聚"到"亭"距離，這裏"□里聚"是否爲一聚尚不可知。

　　另，簡 43 簡文殘斷，僅存兩字"泡聚"，"泡聚"或"□泡聚"爲沅陵侯國四聚之一，或也有可能爲其他郡縣聚名。其"泡"作 ▨，簡 33 的"泣聚"的"泣"作 ▨，也不排除有訛誤情況，這裏或本應是"泣聚"。

　　　亭八求盜 卌 人☒　**28**⑤

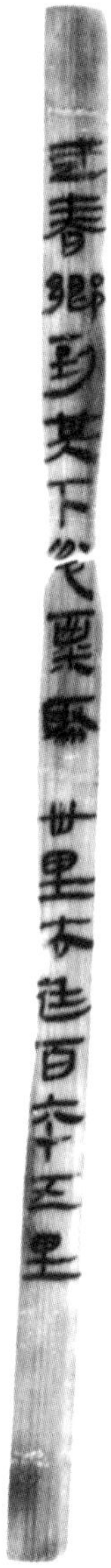

　　　　　　　　　　　　　　　　　　　　　　　　　圖 2

　①　張俊民：《簡牘文書所見"長安"資料輯考》，簡帛網（http://www.bsm.org.cn/），2007 年 12 月 8 日。

　②　《漢書》卷六三《武五子傳》，北京：中華書局，2013 年，第 2748 頁。

　③　（後魏）酈道元注，（清末）楊守敬、熊會貞疏：《水經注疏》卷八《濟水》，南京：江蘇古籍出版社，1989 年，第 747 頁。

　④　《後漢書》志第二二《郡國志四》，北京：中華書局，2012 年，第 3472 頁。

　⑤　"卌"原釋作"卅"，金秉駿先生曾在 2021 年 3 月 16 日戰國秦漢簡牘研讀會中提示此字當改釋作"卌"，此意見可從。

疑簡文統計的是沅陵侯國的八個亭，根據《漢書·百官公卿表》記西漢平帝始元年間鄉亭統計數據，一鄉 4~5 亭，另據尹灣漢簡《集簿》所記數據，每鄉約合 5 亭，沅陵侯國亭數遠少於此。《漢書·百官公卿表》有載"十里一亭，亭有長。十亭一鄉……縣大率方百里，其民稠則減，稀則曠，鄉亭亦如之。皆秦制也"①。或因沅陵侯國地廣人稀，屬於管理較爲薄弱地帶，設置亭部較少。

> 提封廿六萬三千六百七十頃如前 **21**

"提封"，又寫作"隄封""堤封"。《漢書·匡衡傳》："初，衡封僮之樂安鄉，鄉本田隄封三千一百頃，南以閩佰爲界。"顏師古注："提封，舉其封界内之總數。"②《漢書·刑法志》："一同百里，堤封萬井，除山川、沈斥、城池、邑居、園囿、術路，三千六百井，定出賦六千四百井。"③簡 21 當是沅陵侯國土地面積總數，包括山林川澤、城池邑居、田地道路等。可惜《計簿》簡文多有殘缺，未見田地園林、山川道路、糧食等具體數量統計。

對比尹灣漢簡《集簿》東海郡"縣邑侯國卅八縣十八侯國十八邑二……提封五十一萬二千九十二頃八十五畝二□……人如前"記載，④ 土地面積爲廿六萬三千六百七十頃的沅陵侯國則是地廣人稀，這與特定時代和地理位置有關，《計簿》當爲漢初統計數據，且南方開發較晚。

二、行政吏員

> ☑武春鄉斗食嗇夫一人佐二人☑ **37**
> 郚鄉斗食嗇夫□□人☑ **41**
> 少内兼庫斗食嗇夫一人ㄴ佐二人 **98**⑤
> ☑唯□斗食嗇夫一人佐一人 **109+99**⑥

---

① 《漢書》卷一九《百官公卿表上》，北京：中華書局，2013 年，第 742 頁。
② 《漢書》卷八一《匡張孔馬傳》，北京：中華書局，2013 年，第 3346 頁。
③ 《漢書》卷二三《刑法志》，北京：中華書局，2013 年，第 1081 頁。
④ 中國簡牘集成編輯委員會：《中國簡牘集成》第十九册，蘭州：甘肅敦煌文藝出版社，2005 年，第 1909 頁。
⑤ "少内"與"庫"可兼任，或與其官署性質有關。
⑥ "唯"後一字疑爲"休"字。

上述簡文皆是關於沅陵侯國吏員人數的統計。斗食嗇夫爲官長，鄉斗食嗇夫即鄉長，鄉或者諸官列曹基本配置爲一長二佐，至少是一長一佐兩員。《續漢書·百官志》"鄉置有秩"，注曰："有秩，郡所署，秩百石，掌一鄉人；其鄉小者，縣置嗇夫一人。"①《漢書·百官公卿表》："皆有丞、尉，秩四百石至二百石，是爲長吏。百石以下有斗食、佐史之秩，是爲少吏。"②從文獻記載可知，斗食嗇夫當是月俸在百石以下的少吏，且據侯國人口分析，其屬鄉皆屬小鄉，人口較少。

☑尉史三人 **97**

據簡牘編繩痕跡可推知，"尉史"前當無字，僅簡首有所磨損，長度近似《計簿》完簡。縣尉屬吏稱尉史，尹灣漢簡所載蘭旗侯國"尉二人……尉史二人"③。沅陵侯國配置三名尉史也當合理。

亭八求盜 卌 人☑ **28**

簡文記錄的當是沅陵侯國的八個亭共計四十人求盜，一個亭平均配備 5 個求盜。亭主禁盜賊，求盜是亭屬之卒，負責徼巡不法，追捕罪犯。《史記·高祖本紀》："令求盜之薛治之"，應劭曰："求盜者，舊時亭有兩卒，其一爲亭父，掌開閉掃除；一爲求盜，掌逐捕盜賊。"④

三、賦 稅 徭 役

漢初列侯有置吏權與賦斂權，行政與財政相對獨立。《漢書·高帝紀》十二年三月詔書言列侯："皆令自置吏，得賦斂。"⑤

---

① 《後漢書》志第二八《百官志五》，北京：中華書局，2012 年，第 3624 頁。
② 《漢書》卷一九《百官公卿表上》，北京：中華書局，2013 年，第 742 頁。
③ 中國簡牘集成編輯委員會：《中國簡牘集成》第十九冊，蘭州：甘肅敦煌文藝出版社，2005 年，第 1918~1919 頁。
④ 《史記》卷八《高祖本紀》，北京：中華書局，2013 年，第 346 頁。
⑤ 《漢書》卷一《高帝紀下》，北京：中華書局，2013 年，第 78 頁。

　　・凡筭二千四百八十　少前二以死故 `54①`

　　復筭百七十　多前四以産子故 `59`

　　・凡所得五十二萬六千四百八十三 `141+135`

　　☒賦比旁縣廿四萬五千六百卅☒ `142`

　　事筭二千三百一十　如前 `143+136+182`

　　"筭"，算賦，《漢書・高帝紀》："八月，出爲算賦。"顔師古注引如淳曰："《漢儀注》民年十五以上至五十六出賦錢，人百二十爲一算，爲治庫兵車馬。"②《漢書・惠帝紀》惠帝六年詔："女子年十五以上至三十不嫁，五算。"應劭曰："漢律人出一算，算百二十錢。"③簡 59 指出因爲産子而比去年多了四算，而簡 59 的"復筭百七十"加上簡 143+136+182"事筭二千三百一十"，數量正好爲"凡筭二千四百八十"，驗證了凌文超先生關於"事算爲繳納算賦，復算爲免除算賦"的觀點。④ 而西漢初年算賦數額未能十分固定，有諸多學者討論，假若簡 141+135 所統計數額就是沅陵侯國算賦總數，以算賦總數除以算數所得爲每算二百二十七錢，與高敏先生據江陵鳳凰山十號漢墓出土簡牘得出文景時期每算定額爲二百二十七錢的觀點正好一致。⑤ 江陵鳳凰山十號漢墓時代大約是文帝到景帝時期，⑥與虎溪山一號漢墓時代較爲接近。虎溪山漢墓《計簿》也當佐證在西漢文景時期規定的算賦每算數額即在二百二十七錢。

　　簡 59 指出有較去年多四例免除算賦是因爲生子，《漢書・高帝紀》："民産子，復勿事二歲。"顔師古注："勿事，不役使也。"⑦

　　九百廿四人小 `58`

　　☒☐以上壯者☒ `86`

---

①　"前"指"前歲"，"前歲"又見於里耶秦簡 8-1235"・數少前歲九人"。

②　《漢書》卷一《高帝紀上》，北京：中華書局，2013 年，第 46 頁。

③　《漢書》卷二《惠帝紀》，北京：中華書局，2013 年，第 91 頁。

④　凌文超：《漢晉賦役制度識小》，《簡帛》第 6 輯，上海：上海古籍出版社，2011 年，第 465~468 頁。

⑤　參高敏：《從江陵鳳凰山十號漢墓出土簡牘看漢代的口錢、算賦制度》，《文史》第 20 輯，後收入《秦漢史探討》，鄭州：中州古籍出版社，1998 年，第 312~315 頁。

⑥　長江流域第二期文物考古工作人員訓練班：《湖北江陵鳳凰山西漢墓發掘簡報》，《文物》1974 年第 6 期。

⑦　《漢書》卷一《高帝紀下》，北京：中華書局，2013 年，第 63~64 頁。

　　簡文的"小"作爲自然身份，還是有明確社會身份的，是否爲未達到傅籍標準的未成年人，是以身高或者年齡爲標準，尚待討論。張家山漢簡所見"使小男""使小女""未使小男"，"小"包括"使"與"未使"（6 歲以下）以年齡爲劃分依據，14 歲以下爲"小"。睡虎地秦簡《秦律十八種·倉律》："隸臣、城旦高不盈六尺五寸，隸妾、舂高不盈六尺二寸，皆爲小。"①簡文的統計是否爲了課役。虎溪山漢簡"小"未分男女，人口占總人口的比例約14%。湖北荊州紀南松柏漢牘 48 號"二年西鄉戶口簿，戶千一百九十六……大男九百九十一人，小男千卅五人，大女千六百九十五人，小女六百卅二人。……凡口四千三百七十三人"②。小男和小女加起來占總人口比例約 39%。"壯"，《説文》："壯，大也。"里耶秦簡8-1878"作丁壯者四人"③。"壯"與"小"當爲對應，以年齡或者身體狀態不同來區別。根據簡 86"以"前一字殘筆，是數字的可能性更大，或爲年齡。

　　　　☐其卅六人新傅 **61**

　　　　其三十五人新傅☐ **63**

　　　　士五八十一人其十一人免老 ⌐三人脘老 ⌐十四人罷癃 **121+94**

　　　　☐小公士百卅一人　 ☐ **123**

　　　　簪裹八十六人其十五人免老 ⌐三人脘老 ⌐十二人罷癃 **124**

　　　　小簪裹廿七人 **125**

　　　　不更五十九人其二人免老 ⌐一人脘老 ⌐十三人罷癃 **126**

　　　　☐不更廿九人 **127**

　　　　☐小大夫十五人 **128**

　　　　官大夫百廿六人☐☐ **129**

　　　　公大夫廿一人其三人免老 **130+92**

　　　　小公乘八人 **131**

　　　　五大夫十人當被兵 **132**④

　　　　五大夫十人 **133+105**

---

　　①　睡虎地秦墓竹簡整理小組編：《睡虎地秦墓竹簡》，北京：文物出版社，1990 年，釋文注釋第 32 頁。

　　②　彭浩：《讀松柏出土的四枚西漢木牘》，《簡帛》第 4 輯，上海：上海古籍出版社，2009 年，第 336 頁。

　　③　湖南省文物考古研究所編著：《里耶秦簡（壹）》，北京：文物出版社，2012 年，圖版第 233 頁，釋文第 87 頁。

　　④　被兵，配備兵員。《管子·度地》："都以臨下，視有餘不足之處，輒下水官，水官亦以甲士當被兵之數"尹知章注："水官既得甲士，還以備兵數也。"里耶秦簡 9-92"不更以下七十七人，其少半當被者廿六人 遷陵"，"當被者"疑爲"當被兵者"。西北漢簡多見"被兵簿"，即關於郵塞部隧各級戍所兵器配備情況的記錄賬簿。

簡文統計年齡大小、爵位大小和是否新傅、免老、脘老、罷癃，皆是爲了方便徵收賦稅徭役。"傅"的年齡，《漢書·景帝紀》："（二年）男子二十而得傅。"顏師古注："舊法二十三，今此二十，更爲異制也。"①張家山漢簡《二年律令·傅律》簡364-365載："不更以下子年廿歲，大夫以上至五大夫子及小爵不更以下至上造年廿二歲，卿以上及小爵大夫以上年廿四歲，皆傅之。"②漢初傅籍年齡按照本人及父爵高低而不同，無爵低爵傅籍早，從20歲到24歲不等，《漢書·百官公卿表》"爵：一級曰公士，二上造，三簪裏，四不更，五大夫，六官大夫，七公大夫，八公乘，九五大夫……"③漢代仍在實行"二十等爵制"，《計簿》所統計有爵位占比較多，較高爵位也有不少，這當與漢初多次"賜民爵"及"賜天下民爵"有關。上計需要統計人口的"免老""脘老""罷癃"的情況，以減免徭役。"罷癃"，漢初可能包括殘疾、跛、背疾、侏儒、戰争致殘等。張家山漢簡《二年律令·傅律》簡356-357："大夫以上年五十八，不更六十二，簪裏六十三，上造六十四，公士六十五，公卒以下六十六，皆爲免老。不更年五十八，簪裏五十九，上造六十一，公卒、士伍六十二，皆爲脘老。"④而《二年律令·徭律》載"脘老各半其爵繇（徭）員，入獨給邑中事"，"免老、小未傅者、女子及諸有除者，縣道勿敢繇（徭）使。節（即）載粟，乃發公大夫以下子未傅年十五以上者"⑤，皆是關於免除徭役的相關規定。

　　　　☑四百六十七人諸☐ 71

　　"諸"後一字圖版作 ▨，疑爲"除"，或爲統計沅陵侯國諸除者總數爲四百六十七人，占總人口的7%。

　　　　☑罷癃可事七十一人 78

　　"可事"者仍需承擔國家勞役，根據病殘程度，分爲可事、不可事兩大類，如張家山漢簡409："金痍、有☐病，皆以爲罷癃（癃），可事如脘老。其非從軍戰痍也，作縣官四更，

---

①　《漢書》卷五《景帝紀》，北京：中華書局，2013年，第141頁。
②　彭浩、陳偉、〔日〕工藤元男主編：《二年律令與奏讞書——張家山二四七號漢墓出土法律文獻釋讀》，上海：上海古籍出版社，2007年，第234頁。
③　《漢書》卷一九《百官公卿表上》，北京：中華書局，2013年，第739頁。
④　彭浩、陳偉、〔日〕工藤元男主編：《二年律令與奏讞書——張家山二四七號漢墓出土法律文獻釋讀》，上海：上海古籍出版社，2007年，第231~232頁。
⑤　彭浩、陳偉、〔日〕工藤元男主編：《二年律令與奏讞書——張家山二四七號漢墓出土法律文獻釋讀》，上海：上海古籍出版社，2007年，第246、248頁。

不可事，勿事。"①

> 小婢廿一人　多前三以買☑ 95
> 作如司寇三人　多前☑ 96 ②
> 隱官九人其☑ 111
> 大婢七十☑ 115
> 鬼薪一人☑ 116

　　根據簡文記載，屬於官府的隱官、鬼薪、作如司寇人數較少，而奴婢人數較多，漢初臣妾已改稱奴婢，③ 是否爲官奴婢尚未可知，也有可能是私家奴婢。《漢書·惠帝紀》注引應劭説："漢律人出一算，算百二十錢，唯賈人與奴婢倍算。"④奴婢雖屬於私有財産，也需專項統計，需要交納算錢。

> ☑百九人蠻夷不□☑ 82

　　《後漢書·南蠻傳》有長沙武陵蠻："秦昭王使白起伐楚，略取蠻夷，始置黔中郡。漢興，改爲武陵。歲令大人輸布一匹，小口二丈，是謂賓布。雖時爲寇盜，而不足爲郡國患。"⑤沅陵侯國亦存在蠻夷問題，這裏是否歸義尚未可知，若是歸義蠻夷，在賦税等方面當有特別政策。

四、兵甲儲備及物産分佈

> 矢五萬五千七十五　　多前千以新造故 52+113+138
> 盾五百三　　多前百一十九以新造故☑ 134+137
> 甲二百五十四　　多前廿三以新造故 139

　　① 彭浩、陳偉、[日]工藤元男主編：《二年律令與奏讞書——張家山二四七號漢墓出土法律文獻釋讀》，上海：上海古籍出版社，2007 年，第 247 頁。
　　② 《漢舊儀》："司寇，男備守，女爲作如司寇，皆作二歲。"
　　③ 具體論述可參考陳偉：《秦簡牘校讀及所見制度考察》，武漢：武漢大學出版社，2017 年，第 10~18 頁。
　　④ 《漢書》卷二《惠帝紀》，北京：中華書局，2013 年，第 91 頁。
　　⑤ 《後漢書》卷八六《南蠻西南夷列傳》，北京：中華書局，2012 年，第 2831 頁。

　　矛百七十九　如前 140

　　簡文統計當是沅陵侯國的武器數量，兵甲武器的統計還見於尹灣漢墓出土"武庫永始四年兵車器集簿"，不同於尹灣漢簡的兵器集簿，沅陵侯國的兵甲數量較少，且較去年增加不多，不僅僅是因爲沅陵侯國範圍和人口基數小，疑與中央有意控制和削弱諸侯王國的勢力，以及長沙郡國較爲安定的環境有關。

　　　　園五十八畝……☑ 147
　　　　☑□一木　朱臾十五□☑ 149
　　　　☑□梨七木 150
　　　　☑梨五百八十五□☑ 151
　　　　☑橘一木　☑ 152
　　　　楊栂□□☑ 153①
　　　　□十一木☑ 154
　　　　檡三木☑ 155②
　　　　栗卅七木 157+156
　　　　棗廿五木　梨六百三木 161

　　簡 147 中五十八畝的"園"當爲沅陵侯國所屬官園，對侯國所屬官園種植樹木數量的統計上報也是上計內容，如南越王木簡也有關於宮室果木的記載。③ 而簡文統計的"橘""棗""梨""栗"等皆是沅陵侯國官園所種樹木，由此可推知兩千年前的湖南地區果樹種植情況。

五、道 路 里 程

　　廷到長安道武關二千六百九十六里其四百卅二里沅水 11
　　廷到長安道函浴(谷)三千二百一十九里其四百卅二里沅水 12
　　上沅水與辰春界死₌浴(谷)₌到廷百一十六里 13④

---

　　① "栂"同"梅"，"楊栂"又見於馬王堆一號漢墓遣册。
　　② "檡"，果木名，《玉篇・木部》："檡，樗棗。"
　　③ 廣州市文物考古研究所、中國社會科學院考古研究所、南越王宮博物館籌建處：《廣州市南越國宮署遺址西漢木簡發掘簡報》，《考古》2006 年第 3 期。
　　④ "死"字圖版作𣥂，字形不似"死"，由雷海龍同學私下告知，當改釋作"列"，此意見可從。

廷到郪鄉陸道八十七里 **30** ①

廷到郪鄉五十三里其十三里陸有亭 **31** ②

武春鄉到其鹽曼聚七十里去廷二百五里 **35+47**

武春鄉到其下忩粟聚卅里去廷百六十五里 **36+46**

☐步其五里六十八步臨水毋垣 **51** ③

不僅有沅陵侯國到長安的不同路線里程統計，還有侯國鄉里的道路里程統計，説明在西漢初年上計需報告政區治所道里，郴州晉簡的上計簿也有相關政區治所道里的記録。④通過簡 30、31 内容可知，郪鄉較爲靠近沅陵縣治，簡 30 記載縣廷到郪鄉走陸路爲八十七里，而簡 31 所載縣廷到郪鄉爲五十三里，不同的原因就在於簡 31 後段"其十三里陸有亭"，疑爲五十三里的路程是十三里的陸路加上四十里的水路，故而才會有簡 30 和簡 31記載的不同。由此可見，縣廷到郪鄉的水路更爲便利，而簡 35+47、36+46 則介紹武春鄉距沅陵縣治較遠，可惜《計簿》腐朽殘斷嚴重，其他相關鄉里里程等記録皆殘缺。沅陵縣即在沅水與西水交界處，《水經注·沅水》："沅水又東，逕沅陵縣北。漢故頃侯吳陽之邑也。……因岡傍阿，勢盡川陸，臨沅對酉，二川之交會也。"⑤沅水是沅陵侯國對外的交通要道，水路便利。

六、其　他

《計簿》還有如私人資産的統計：

民牛廿八☐ **145**

民船五丈以☐ **146**

由簡文可知，不僅僅是侯國官府所有，連民牛、民船這些私人重要財産也要統計上報。

---

① "陸道"，又見於《越絶書·外傳記吳地傳》："陸道廣二十三步"，《後漢書·西域傳》條支國城："三面路絶，唯西北隅通陸道。"參《後漢書》卷八八《西域傳》，北京：中華書局，2012 年，第 2918 頁。

② "陸"，指陸道。

③ 《史記·秦始皇本紀》："六尺爲步。"釋文"六十八"與"垣"，字跡脱落，存疑。

④ 湖南省文物考古研究所、郴州市文物處：《湖南郴州蘇仙橋遺址發掘簡報》，《湖南考古輯刊》第八集，長沙：嶽麓書社，2009 年，第 98~101 頁。

⑤ （後魏）酈道元注，（清末）楊守敬、熊會貞疏：《水經注疏》卷三七《沅水》，南京：江蘇古籍出版社，1989 年，第 3081~3082 頁。

《計簿》還有關於專門的"船人"記録，里耶秦簡 8-134："競陵漢陰狼假遷陵公船一，袤三丈三尺。"①簡 146"五丈"也是指船長五丈，約爲 11.55 米，漢初私船還大於秦代縣公船，這或與酉水、沅水匯合於沅陵，水流增大，河道變寬，水路通航便利有關。

民醫三人☐ **84**

簡文未見官醫，僅見三名民醫，民醫當是官府需要掌握的人員資料。

《計簿》詳細地記録了西漢初年沅陵侯國人口、土地、賦税、物産等情況，是研究西漢時期人口、交通、社會等問題的重要資料，補充了傳世文獻的闕失疏略，豐富了西漢侯國區域研究的認識。

附記：本文曾以《虎溪山漢簡〈計簿〉所載沅陵侯國》一文發表於簡帛網（http://www.bsm.org.cn/show_article.php？id＝3636），後於 2021 年 3 月 16 日戰國秦漢簡牘研讀會上以"虎溪山漢簡《計簿》研讀"爲題作報告，介紹本文部分内容，蒙宮宅潔、金秉駿、黄浩波等先生修正本文錯誤，特此感謝。

（楊先雲，武漢大學簡帛研究中心）

---

① 陳偉主編，何有祖、魯家亮、凡國棟撰著：《里耶秦簡牘校釋（第一卷）》，武漢：武漢大學出版社，2012 年，第 72~73 頁。

馬王堆《地形圖》所見聚落分佈及特徵*

林獻忠

長沙馬王堆三號漢墓是西漢初期長沙國相軑侯利蒼之子的墓葬，發掘於 1972 年至 1974 年，出土了大量的古器物、帛書、絲織品、竹木簡等，爲研究西漢代初期長沙國的歷史和文化提供了重要的資料。該墓出土了《西漢初期長沙國深平防區地形圖》，簡稱《地形圖》。地圖比例尺約爲 1：18 萬，原圖畫於長寬各 96 釐米的正方形的絲絹上，地圖範圍大致在東經 111°~112°30′至北緯 23°~26°之間。① 《地形圖》上繪製有大量的聚落地點，爲研究這一地區的聚落分佈提供了第一手資料。

一、《地形圖》的主要内容

《地形圖》沒有標出圖名、比例尺和繪製年代等地圖的基本信息。出土時是折疊着的長方形狀態。由於在地下疊壓的時間太長，邊緣殘損得比較嚴重，幅面沿折線的地方大多已經斷裂，現存有 32 個小片。這 32 片中又有不同程度的破裂、錯動和殘缺，其中有 5 片殘損得相當嚴重。經測量，保存較完整的帛片長 24、寬 12 釐米左右。由於帛片經歷了兩千多年的疊壓，緊貼在一起的帛片上的内容相互滲印形成錯綜複雜的線條、方框和文字注記。經整理者拼復，這 32 張帛片可以排列成爲橫四、豎八片的邊長 96 釐米見方的正方形，可以看到還有一條用針線縫扎的寬約 5 毫米的折邊。拼復後的地圖正在圖幅中間，一張完整的地圖得以再現。1977 年，《古地圖：馬王堆漢墓帛書》由文物出版社出版，該書公佈了《地形圖》（參見圖 1）的照片和復原圖，並附有對帛書地圖研究的論文集。②

---

* 本文爲深圳職業技術學院校級科研項目“秩序與權威：秦漢帝國地方行政運作模式研究”（6022310007S）階段性成果。

① 湖南省博物館、湖南省文物考古研究所編著：《長沙馬王堆二、三號漢墓》第一卷《田野考古發掘報告》，北京：文物出版社，2004 年。

② 馬王堆漢墓整理小組編：《古地圖：馬王堆漢墓帛書》，北京：文物出版社，1977 年。

圖1　馬王堆三號墓出土《地形圖》

　　《地形圖》的方位爲上南下北，繪圖顏色有兩種，河流繪製爲青色，其餘内容用墨色繪成。該圖所繪區域大致爲今湖南、廣東兩省和廣西壯族自治區的一部分。全圖所繪地區可分爲主區和鄰區。主區範圍爲當時長沙國的南部地區，主區繪製的内容很詳細，既有自然地理要素山脈、河流，又有社會經濟要素居民點、道路等，基本上具備了地貌、水系、居民點、交通網等現代地形圖的四大基本要素。鄰區又可詳細分爲近鄰區和遠鄰區。近鄰區只繪縣城和道路，未繪鄉里和河流。①

　　《地形圖》中繪製的主體是水系，發掘報告稱這可能與該圖主要用於水道運輸和水道作

---

　　①　湖南省博物館、湖南省文物考古研究所編著：《長沙馬王堆二、三號漢墓》第一卷《田野考古發掘報告》，北京：文物出版社，2004年，第91~93頁。

戰有關。觀察圖 1 內容可知，除了水系，圖上繪製的山脈所占比例與水系大致相當，體現這一地區的地貌特徵。圖 1 共繪有 25 條河流，一級支流 14 條，二級支流 9 條，三級支流 2 條。其中有 11 條還注明了河名或河源。① 圖中以墨色實線繪製道路，也有部分是用虛線表示。地圖上的居民點多標注了行政級別。主要可分爲"縣"和"鄉里"兩級，縣級居民點以矩形方框內標注縣名來表示。地圖上現存的八個縣級地名又可分爲"縣"和"道"兩種，用墨色方框符號表示。《漢書》卷一九《百官公卿表上》："縣大率方百里，其民稠則減，稀則曠，鄉亭亦如之，皆秦制也。列侯所食縣曰國，皇太后、皇后、公主所食曰邑，有蠻夷曰道。"②在鄉里級居民點名稱之外，套以圓圈進行標示，圓圈符號的大小，或與居民點範圍的大小有關。圖上可以清晰辨認的鄉里居民點有 74 個，鄉里名稱後多綴有通名"里"，如"池里""邢里""桃里"等；另外還有地名尾碼爲"部""君""官"的特殊情況，例如"蛇君""雷君""不於君""□(雷?)君""侈部""牆部""壘部""犬官"等，③ 據"深君里"這一居民點的名稱，推測前面所列的地點或省略通名"里"。而"某君"或"某君里"的稱謂，或是以少數民族一個部落君長的稱謂作里名。從出土的秦漢律令可知鄉是地方上比較重要的行政機構，④ 但在《地形圖》上並沒有看到以"鄉"爲通名的地點。有學者認爲"部"應與"鄉"相當。⑤ 還有以"郘"爲通名的居民點(《箭道輿地圖》上通名爲"郘"的地點比較多)，懷疑與西北漢簡中的"部"功能類似，誠如是，也能夠説明這幅地圖製作的時代與當時的社會形勢密切相關。

二、《地形圖》的性質與繪製時間

《地形圖》上標明了山川、居民點、交通等重要信息，或能説明該圖的軍事功能。《管子》卷一〇《地圖》稱："凡兵主者，必先審知地圖。軒轅之險，濫車之水，名山、通谷、經川、陵陸、丘阜之所在，苴草、林木、蒲葦之所茂，道里之遠近，城郭之大小，名邑、廢邑、困殖之地，必盡知之。地形之出入相錯者，盡藏之。然後可以行軍襲邑，舉錯知先後，不失地利，此地圖之常也。"⑥《地形圖》所繪製的地區處於南方，地圖上的信息所反映

① 湖南省博物館、湖南省文物考古研究所編著：《長沙馬王堆二、三號漢墓》第一卷《田野考古發掘報告》，北京：文物出版社，2004 年，第 93 頁。

② 《漢書》，北京：中華書局，1962 年，第 742 頁。

③ 裘錫圭主編：《長沙馬王堆漢墓簡帛集成[陸]》，北京：中華書局，2014 年，第 111 頁。

④ 邢義田：《張家山漢簡〈二年律令〉讀記》，《燕京學報》2003 年第 15 期。

⑤ 張修桂：《馬王堆地形圖測繪特點研究》，《中國古代地圖集：戰國—元》，北京：文物出版社，1990 年，第 6 頁；亦見氏著《中國歷史地貌與古地圖研究》，北京：社會科學文獻出版社，2006 年，第 437~501 頁；傅舉有：《馬王堆漢墓出土的駐軍圖》，《中國古代地圖集：戰國—元》，北京：文物出版社，1990 年，第 10 頁；又見氏著《中國歷史暨文物考古研究》，長沙：嶽麓書社，1999 年，第 174 頁。

⑥ 黎翔鳳：《管子校注》，北京：中華書局，2004 年，第 529~530 頁。

出來的社會情況或與淮南王劉安所描述的相似。《漢書》卷六四《嚴助傳》，載淮南王劉安上書諫漢武帝伐南越時説："臣聞越非有城郭邑里也，處溪谷之間，篁竹之中，習於水鬭，便於用舟，地深昧而多水險，中國之人，不知其勢阻而入其地，雖百不當其一。得其地，不可郡縣也；攻之，不可暴取也。以地圖察其山川要塞，相去不過寸數，而間獨數百千里，阻險林叢。弗能盡者。視之若易，行之甚難。"①這説到南方山地地形的特點，即使站在高處，看到對面的山頭或目的地近在眼前，然想快速到達亦是不易，其間山路曲折，河流小溪貫穿其中，崎嶇坎坷障礙頗多。

與《地形圖》同出一枚有紀年的木牘，釋文爲："十二年二月乙巳朔戊辰，家丞奮移主藏郎中，移藏物一編，書到先質，具奏主藏君。"這枚木牘被命名爲《十二年木牘》，據此紀年可以認定馬王堆三號漢墓下葬的確切年代爲漢文帝初元十二年(前168年)。② 則地圖的繪製時間當在此之前。而該圖的繪製的上限，周世榮、龍福廷認爲在漢高祖十一年(前196年)以後。③ 曹學群認爲《地形圖》的繪製時間可能是在高帝五年(前202年)以後至高后七年(前181年)這段時期。④ 吳承園認爲西漢初年朝廷對這一地區進行勘測的條件並不成熟。《地形圖》繪製時間應與秦始皇征服南越，統一嶺南的過程有關，加上《地形圖》的範圍又縱橫跨越長沙、桂林、南海三郡，重視水系的描繪，因此認爲該地圖應是爲屠睢的樓船軍遠征南越而進行的軍事性質的地形測繪圖。理由是《地形圖》所繪北部的瀟水流域、南嶺、九嶷山及其附近較爲詳盡，而相鄰近地區的地理事物繪製得較爲簡略粗糙，南越地區各種地理要素更爲簡單，甚至都沒有比較完整的政區，更像是據按實地勘測和偵察的資料而繪製的樓船軍的進軍路線圖。吳氏認爲該圖的繪製時間應該是始皇帝三十三年(前214年)之前。⑤

三、《地形圖》上聚落的分佈及特徵

1.《地形圖》上的聚落分佈反映了該地的開發過程

《地形圖》上錯落繪製了大大小小的聚落，張修桂注意到了《地形圖》聚落分佈特點及

---

① 《漢書》，北京：中華書局，1962年，第2778頁。
② 馬王堆漢墓帛書整理小組：《長沙馬王堆三號漢墓出土地圖的整理》，《文物》1975年第2期；湖南省博物館、湖南省文物考古研究所編：《長沙馬王堆二、三號漢墓，田野考古發掘報告》，北京：文物出版社，2004年，第103頁。
③ 周世榮、龍福廷：《從"龍川長印"的出土再談漢初長沙國的南方邊界》，《考古》1997年第9期。
④ 曹學群：《論馬王堆古地圖的繪製年代》，湖南省博物館編：《馬王堆漢墓研究文集——1992年馬王堆漢墓國際學術討論會論文選》，長沙：湖南出版社，1994年，第175~182頁。
⑤ 吳承園：《馬王堆帛地圖考》，《地圖》1990年第1期。

原因。他説:

> 地形圖鄉里的分佈有一個十分奇特的現象,即幾乎所有的鄉里都是分佈在深水支流的兩岸,而深水主幹的兩岸,除深平附近的三個居民點之外,絶無鄉里設置。這究竟是什麼原因? 我認爲當與深水的洪水泛溢有密切關係。當時社會生産力比較低下,先民,尤其是這偏僻的山區先民,尚無能力抗禦洪水所帶來的災害。因此只能把鄉里設置在地勢較高的支流兩岸。這裏既可取水,又不致遭没頂之災。正因爲當時先民無法克服洪水氾濫之災,所以寧可放棄深水幹流兩岸肥沃的土地,而去開發土地顯然較爲瘠薄的支流域地區。結果就形成了深水幹流反而没有居民點的局面。聚落尚未下山,説明這種聚落還處在比較原始落後的狀態。①

張氏提出了《地形圖》上聚落的空間分佈不平衡的特點,認爲生産力低下是造成這種分佈狀態的主要原因。後張氏將這篇文章收入專著時對這種認識進行了修訂,認爲《地形圖》上鄉里聚落的性質和配置,反映了秦漢之際當地居民對這片土地的開發過程和移民動向。認爲這一地區在漢文帝初期時的發展狀態是東半部地區比西半部地區開發得成熟些;北半部地區比南半部地區開發得更成熟;東北部地區是開發最爲成熟的地區;西南部地區處於開發過程中或尚是未開墾的處女地。以上情況的産生,是由該地區的開發路線和開發的時間進程所決定的。②

從《地形圖》所繪的聚落結構數量、行政組織的名稱、性質和級別的變化與分佈狀態來看,其或許反映了較早時期這一地區的開發狀態,故而在這幅圖上的聚落分佈具有“比較原始落後的狀態”。而聚落的分佈狀態除了反映這一地區的開發狀態,更與當地的地形地貌是否適於人類居住相關。這種行政組織的名稱、性質和級別與分佈反映了在統一的社會制度下的新出現的行政組織形式與當地原住民聚落之間的狀態,亦即“新黔首”與新政府之間共存的空間形態。

2.《地形圖》上的聚落分佈反映了民族融合過程

《地形圖》標注的地名、水名共計 78 個。其中 10 號地名釋文作”深君里”③,我懷疑應

---

① 張修桂:《馬王堆地形圖測繪特點研究》,《中國古代地圖集:戰國—元》,北京:文物出版社,1990 年,第 6 頁。

② 張修桂:《中國歷史地貌與古地圖研究》,北京:社會科學文獻出版社,2006 年,第 468~469 頁。

③ 裘錫圭主編:《長沙馬王堆漢墓簡帛集成[陸]》,北京:中華書局,2014 年,第 110 頁。

讀作"深里君"。因爲在《箭道興地圖》中"周都尉軍""徐都尉軍""徐都尉別軍""司馬得軍"及一些里户數説明,如子里"三十户【今】毋【人】"、痊里"五十七户不反"等,這些地名由兩行書寫且文字較多,讀的順序爲先上下然後從右至左。10 號地名也應該按此順序讀作"深里君",與地名通名"君"字相同。而 10、13、39、46、61 號這五個地名又可能與當地少數民族有關。《後漢書》卷一《光武帝紀》載:"九真徼外蠻夷張遊率種人内屬,封爲歸漢里君。"①同書卷八六《南蠻西南夷列傳》載:"建武十二年,九真徼外蠻里張遊,率種人慕化内屬,封爲歸漢里君。"本注曰:"里,蠻之別號,今呼爲俚人。"②若如此,則這五個地名很可能就是蠻夷人的聚落在納入漢帝國行政系統後,保留了"君"名號,而行政級別實際上是一個里。又《地形圖》的製作和反映的内容時代較早,而《箭道興地圖》中又不見類似的"君"出現,是否意味着這些少數民族已經成爲在編的漢民或遷往他處,或逃回深山老林呢? 或許在深入分析《箭道興地圖》後,此圖所反映的這種社會現象,有利於對"編户齊民"的社會過程形成一個更全面的認識。

3.《地形圖》具有明顯的時代特徵

《地形圖》具有時代特徵。曹學群認爲該圖相對應位置上的山脈、河流、居民點等内容具有明顯的時代特徵,如《地形圖》把深水西邊的資水標記爲深水源,而深水較資水更長更寬,應作爲大深水的主源。而同出的另一幅地圖《箭道興地圖》,則糾正這一誤記;從注記内容看,《地形圖》上的居民點如蛇君、雷君、壘君、牖部,應爲漢王朝通過長沙國在湘南民族地區設置、利用少數民族首領統治其民衆的、相當於鄉里級的行政區劃名稱。但這些在《箭道興地圖》的相應位置上消失了,代之以"蛇障""蛇上""蛇下里"。蛇障應爲一個軍事要塞,而蛇上、蛇下里當由蛇君發展而來;從標注書體上看,《地形圖》的文字有的還殘存有秦篆的風格。如營浦的浦字,其偏旁"水"還寫作卌,而在《箭道興地圖》上已寫作"氵"旁;從聚落級別上看,《地形圖》九疑山東北方向有縣一級行政組織機構齕道,在《箭道興地圖》的相應位置上,只有齕障。《地形圖》鄉里級居民點有深平,而《箭道興地圖》上相應位置則爲四周築有方形城牆的"深平城"。③《長沙馬王堆二、三號漢墓,田野考古發掘報告》對曹學群的説法略有訂正:"《地形圖》上原齕道的相應位置,《駐軍圖》上在方框中標注爲'故官',應可理解爲原來的縣一級官署,齕障則標注在其北,並不在《地形圖》

---

① 《後漢書》,北京:中華書局,1965 年,第 60 頁。

② 《後漢書》,北京:中華書局,1965 年,第 2836 頁。

③ 曹學群:《論馬王堆古地圖的繪製年代》,湖南省博物館編:《馬王堆漢墓研究文集——1992 年馬王堆漢墓國際學術討論會論文選》,長沙:湖南出版社,1994 年,第 175~182 頁。

上乾道的原址。"①由此可見，隨着社會的發展，一些少數民族的聚落逐漸被納入漢帝國的行政組織，並且在名稱和規模上都有不小的變化，這些變化也改變了這一地區聚落的空間分佈狀態，同時反映了其變化過程對於空間形態的影響。

（林獻忠，深圳職業技術大學）

---

① 湖南省博物館、湖南省文物考古研究所編著：《長沙馬王堆二、三號漢墓》第一卷《田野考古發掘報告》，北京：文物出版社，2004 年，第 103 頁。

下編

先秦秦漢時期的國家與社會研究

從中心到周邊看二里頭、二里岡時期的城市聚落*

孫 卓

　　二里頭至二里岡時期(約前 1750—前 1300 年)可謂中原文化第一次向外大範圍整合和擴張的階段。伴隨着以中原爲中心的文化格局的形成，二里頭文化以及隨後的二里岡文化對周邊地區產生了廣泛且深度的影響。[1] 從目前考古發現來看，北至冀北、南抵長江、西達關中、東到魯西等廣大區域在這一時期都可見到中原二里頭、二里岡文化的影響因素。由此，周臨地區從龍山時代繁多的地方文化逐步納入中原文化系統之列。而在傳統歷史敘述的語境中，二里頭至二里岡時期又屬於華夏最初的兩個王朝——夏與商。對於中原文化的大範圍整合，學界多認爲其背後反映了夏商早期國家對於周邊地區的經略和控制。由此通過劃定中原文化的影響範圍，我們可以粗略地看到夏商王朝在邊疆地區經略的地理版圖。[2]

　　在中原文化影響的地理版圖中，城市爲這一時期文化擴張的重要中心和節點。[3] 二里頭文化和二里岡文化時期，無論在中原腹地抑或周邊地區出現了數座城市聚落。這些城市多見有大型的公共性建築、環壕或城垣等城市基礎設施、貴族墓葬和集中性的手工業作

---

* 本文爲國家社科基金青年項目"商代前期中原文化在南方地區的擴張與影響研究"(18CKG011)階段性成果。

　　[1]　以中原爲中心文化格局的形成已有多位學者做過深入的探討，目前多認爲形成的節點在二里頭時期。趙輝：《以中原爲中心的歷史趨勢的形成》，《文物》2000 年第 1 期。

　　[2]　目前學術界多將中原地區二里頭文化和二里岡文化的分佈範圍作爲夏和早商王朝的勢力範圍，並由不同時期中原文化分佈範圍的差異，可見中原王朝在周邊地區控制範圍的消長。王立新：《早商文化研究》，北京：高等教育出版社，第 123~148 頁；中國社會科學院考古研究所編著：《中國考古學·夏商卷》，北京：中國社會科學出版社，2003 年，第 91 頁。

　　[3]　劉莉、陳星燦：《城：夏商時期對自然資源的控制問題》，《東南文化》2000 年第 3 期；孫華：《商代前期的國家政體——從二里岡文化城址和宮室建築基址的角度》，《多維視角——商王朝與中國早期文明研究》，北京：科學出版社，2009 年。

坊；並分佈於二里頭、二里岡文化的核心地區，以及周邊中原文化影響下區域交通要道或區域中心。與此同時，在規模、遺存內涵等方面，這一時期的城市更是顯現了等級的分化。中原腹地的二里頭、鄭州商城、偃師商城等城市有着超大的規模；而在中心之外的，如東下馮、垣曲商城、盤龍城等城市佈局雖與中心城市相近，但規模則相對較小。由此，從中心到周邊不同等級的城市聚落，構成了這一時期中原文化層層對外擴張的圖景。

鑒於城市在早期國家社會中所扮演的重要角色，特別是在文化交流、人員來往、物資流通、經濟生產中往往處於中心樞紐的地位，本文望以從中心到周邊的視角，觀察二里頭至二里岡時期不同區域的城市聚落，並嘗試探討城市形成的背後所反映的早期中原王朝對外的經略歷程。本文使用的二里頭和二里岡時期，分別爲二里頭文化和二里岡文化代表的階段。若無特別説明，年代序列均按照《偃師二里頭：1959 年—1978 年考古發掘報告》中二里頭文化四期説和《鄭州商城：1953—1985 年考古發掘報告》中的二里岡文化四期説。①

一、二里頭時期的城市聚落

二里頭時期，包括二里頭文化及同時期密切關聯的下七垣文化、東下馮類型，② 已發現有多座城市或近於城市類性質的大型聚落。其中在中原腹地，二里頭遺址規模較大、處於中心性地位，雖未發現城垣等設施，但無疑屬於中心都邑類城市。鄰近二里頭以東，新鄭望京樓、滎陽大師姑、鄭州東趙、平頂山蒲城店等應爲規模較小的次級城市。此外，鞏義稍柴、登封南窪、滎陽西史村、新密新砦、登封王城崗則發現環壕設施、遺址規模較大，性質應與城市相近。而在周邊地區，黃河以北的輝縣孟莊發現有城垣，爲一座地方中心城市。同時，北部的夏縣東下馮、垣曲古城南關和南部的駐馬店楊莊則有環壕圍繞。

以下分別從中心性都邑聚落、中原腹地內的次級城市聚落和周邊地區城市聚落三個維度展開討論。

二里頭遺址爲二里頭時期規模最大、遺存內涵最爲豐富的都邑類城市，也是學界一般

---

①　中國社會科學院考古研究所編著：《偃師二里頭：1959 年—1978 年考古發掘報告》，北京：中國大百科全書出版社，1999 年，第 28~30 頁；河南省文物考古研究所編著：《鄭州商城：1953—1985 年考古發掘報告》，北京：文物出版社，2001 年，第 20~58 頁。

②　關於二里頭時期東下馮一類遺存的性質，目前學界尚有兩種不同的意見。一種觀點認爲屬於"二里頭文化東下馮類型"；另一種觀點則强調東下馮一類遺存的自身特徵，將其另立爲獨立的"東下馮文化"。不過無論以上哪一種觀點，東下馮一類遺存受到中原二里頭文化的深度影響這一現象則屬於共識。李伯謙：《東下馮類型的初步分析》，《中原文物》1981 年第 1 期；中國社會科學院考古研究所編著：《中國考古學·夏商卷》，北京：中國社會科學出版社，2003 年，第 91 頁；于孟洲：《東下馮文化與二里頭文化比較及相關問題研究》，《文物春秋》2004 年第 1 期。

所認為的夏代晚期的都城。整個遺址規模達 300 萬平方米，遠超同時期其他城市。① 目前根據多年的考古工作，特別是近年大範圍調查和勘探，二里頭遺址城市的基本佈局已日益明晰。② 在二里頭文化第一期，二里頭聚落就已超過了 100 萬平方米，成為區域性的中心聚落。與此同時，遺址中北部發現這一時期疑似取土所用的巨型坑，表明二里頭已開始出現大規模的建設活動。至二里頭文化第二期，二里頭城市進入鼎盛階段，相關遺存基本分佈於整個遺址。城市以井字形的道路系統為框架，中心大型宮殿類建築群、南部集中的手工業生產區、北部墓葬與祭祀區、東部的墓葬區分佈有序，顯現出二里頭城市這一時期自上而下嚴格的佈局規劃。③ 進入二里頭文化第三期，二里頭城市井字形的道路系統以及相對應的功能區繼續沿用。在井字形道路的中部、原宮殿類建築群所在開始出現宮城垣，並營建一號和二號兩座大型的宮殿類基址。④ 由此宮殿建築區形成宮城，與一般平民區或其他功能區相隔離。在北部和東部的貴族墓葬區，相關遺存也有所增加；而南部的手工業作坊也繼續擴大規模。這些線索都反映出城市內原有的規劃佈局得到了進一步強化。以井字形道路為特徵的二里頭城市佈局可見延續到二里頭文化第四期早段。而進入二里頭文化第四期晚段的最後階段，宮城和道路系統遭到了不同程度的破壞，原有的城市格局被打破。除了南部仍然延續的手工業作坊區外，城市特別是宮城呈現出了迅速衰落的態勢。最終進入二里岡文化之後，二里頭遺址轉變為一般性的聚落。

二里頭城市的佈局及其發展歷程顯現出了這一時期都邑類聚落有着自上而下嚴格的規劃。與此同時，這種佈局以宮城和大型夯土建築群為中心，周邊多分佈手工業作坊、中小貴族乃至平民的生活區。而宮城區的興起、消亡也引導着整個城市的興起和衰落。由此可見，在二里頭城市聚落，高等級貴族的政治、禮儀、生活等居於整個城市活動的中心。

進一步看到城市內部所反映出來的物質文化面貌。二里頭遺址發現有大量陶器、青銅器等物質遺存，而這些也構成了我們以往所認識的二里頭文化。城市居民日常使用一組以罐、扁足鼎、盆、刻槽盆、平底盆、大口尊等為代表的陶器群。這組陶器在城市發展的不同階段有着長期延續性的演變關係。而對於高等級貴族，除日常陶器之外還見有一組如

---

① 中國社會科學院考古研究所編著：《偃師二里頭：1959 年—1978 年考古發掘報告》，北京：中國大百科全書出版社，1999 年；中國社會科學院考古研究所編著：《二里頭(1999—2006)》，北京：文物出版社，2014 年。

② 許宏、陳國梁、趙海濤：《二里頭遺址聚落形態的初步考察》，《考古》2004 年第 11 期；許宏、劉莉：《關於二里頭遺址的省思》，《文物》2008 年第 1 期；趙海濤：《二里頭都邑聚落新識》，《考古》2020 年第 8 期。

③ 趙海濤：《二里頭都邑聚落新識》，《考古》2020 年第 8 期。

④ 中國社會科學院考古研究所編著：《偃師二里頭：1959 年—1978 年考古發掘報告》，北京：中國大百科全書出版社，1999 年，第 138~159 頁。

鬹、盉、爵等磨光、黑皮精緻的陶酒器，並多作爲隨葬品置於墓葬之中。此外，貴族的墓葬這一時期已出現有青銅爵、鼎，鑲嵌綠松石青銅牌飾，玉璋、戈、圭、刀、柄形器等。這類器物多帶有着禮儀性的含義，不僅材料多源於遠距離的運輸，更有着複雜的工藝流程，突顯出城市貴族財富上的積累和對於資源的掌控。而在周邊地區文化因素上，二里頭遺址還見有諸如鬲、侈口平底盆、平底橄欖形罐等下七垣文化因素和箟紋罐、甗等岳石文化因素。二里頭遺址還出土有雙耳罐、長柄的環首刀，被認爲來自北方或西北地方青銅文化的影響。① 不過鑒於目前考古工作所限，暫還未發現這些不同的文化因素在城内是否有聚集的現象②；但是從時代觀察，外來文化因素多集中在二里頭城市發展的晚期，即二里頭文化第三、四期③。

　　除二里頭遺址以外，中原腹地另見有新鄭望京樓④、滎陽大師姑⑤、鄭州東趙⑥、平頂山蒲城店⑦、鞏義稍柴⑧、登封南窪⑨、滎陽西史村⑩、新密新砦⑪、登封王城崗⑫等數座城市或類城市性質的大型聚落。這些遺址主要位於二里頭遺址以東地區。由於工作所限，目前這些城市内部的佈局並不是特別的清晰。新鄭望京樓、滎陽大師姑、平頂山蒲城

①　林沄：《早期北方系青銅器的幾個年代問題》，《内蒙古文物考古文集》第 1 輯，北京：中國大百科全書出版社，1994 年。

②　雖然目前二里頭遺址未發現大量外來文化因素集聚的現象，外來文化因素出土的單位也同時出土有大量典型的二里頭文化因素陶器。但是根據發掘報告，不少下七垣和岳石文化因素出自宫城和作坊區的IV、V區，可能在這些地點外來文化因素有比較集中的出現。中國社會科學院考古研究所編著：《偃師二里頭：1959 年—1978 年考古發掘報告》，北京：中國大百科全書出版社，1999 年，第 204、205、210、211、305、306、311~313 頁；中國社會科學院考古研究所編著：《二里頭（1999—2006）》，北京：文物出版社，2014 年，第 62、63、68、69 頁。

③　朱君孝、李清臨：《二里頭晚期外來陶器因素試析》，《考古學報》2007 年第 3 期。

④　鄭州市文物考古研究院編著：《新鄭望京樓：2010—2012 年田野考古發掘報告》，北京：科學出版社，2016 年。

⑤　鄭州市文物考古研究所編著：《鄭州大師姑（2002—2003）》，北京：科學出版社，2004 年。

⑥　張家強：《河南鄭州東趙遺址》，《中國重要考古發現（2014）》，北京：文物出版社，2015 年；鄭州市文物考古研究院、北京大學考古文博學院：《鄭州市高新區東趙遺址小城發掘簡報》，《考古》2021年第 5 期。

⑦　河南省文物考古研究所、平頂山市文物局：《河南平頂山蒲城店遺址發掘簡報》，《文物》2008 年第 5 期。

⑧　河南省文物考古研究所：《河南鞏縣稍柴遺址發掘報告》，《華夏考古》1993 年第 2 期。

⑨　鄭州大學歷史文化遺産保護研究中心編著：《登封南窪——2004—2006 田野考古報告》，北京：科學出版社，2014 年。

⑩　鄭州市博物館：《河南滎陽西史村遺址試掘簡報》，《文物資料叢刊》（5），北京：文物出版社，1981 年。

⑪　中國社會科學院考古研究所河南新砦隊、鄭州市文物考古研究院：《河南新密市新砦遺址東城牆發掘簡報》，《考古》2009 年第 2 期。

⑫　北京大學考古文博學院、河南省文物考古研究所編著：《登封王成崗考古發現與研究（2002—2005）》，鄭州：大象出版社，2007 年。

店、鄭州東趙等遺址發現環繞的城垣和壕溝，揭露出的城垣設施主要呈方形或不規則形態。以佈局較爲清晰的新鄭望京樓爲例，城市有着西南—東北方向、近方形的城垣，並在城垣之外設有外城壕，由此形成了內外兩重的城市格局；而在內城的西南角則有一處夯土臺基和"蓄水池"，可能屬於高等級貴族活動的場所。①

新鄭望京樓及中原腹地的其他城市，在城市佈局等方面與二里頭遺址均有着一定的差異。新鄭望京樓城垣爲西南—東北向、高等級夯土建築置於城市西南角；而二里頭宮城城垣和井字形道路均爲東南—西北向，宮殿等大型建築置於城市中心。此外，新鄭望京樓及同期中原腹地其他城市未發現如二里頭井字形的路網結構。② 這些城市內部的遺存均以普通居址爲主，亦未見有集中規劃的手工業作坊。中原腹地次級城市規模小於二里頭遺址，同時其城市形態和佈局表現出了與二里頭遺址不同的特徵。

相較於城市形態的差異，以上城市的文化面貌卻表現出了相當一致的特徵。陶器多見罐、鼎類炊器，表現爲典型的二里頭文化。而在二里頭文化偏晚階段，這些城市，特別是偏東部地區如新鄭望京樓等，則同樣發現有鬲、淺腹盆形的扁足鼎、腰飾附加堆紋的甗等下七垣文化和岳石文化因素，也與二里頭遺址的文化格局保持一致（參見表1）。只是比較二里頭遺址，中原腹地其他次級城市外來文化因素相對較少，陶器的文化面貌似乎更加單純。對於青銅器、玉器以及精緻磨光的陶酒器等一些珍貴的奢侈品而言，中原腹地其他次級城市出土數量均較少，多僅有一些小型的玉器等。目前僅新鄭望京樓採集到一件短足、長流尾的爵和圜底、鼓腹的斝，應該屬於二里頭文化晚期，爲目前所見這些城市唯一出土的青銅容禮器。③ 二里頭墓葬隨葬的綠松石鑲嵌器在周邊城市中也未發現。周邊城市與二里頭遺址日用陶器的一致性，體現出二里頭文化向外的強勢影響。但奢侈品在周邊城市與二里頭之間則分佈得極爲不平衡，顯現出兩者之間財富和等級上的巨大差異。

在中原文化影響更爲廣泛的區域內，二里頭時期於黃河以北和淮河流域另見有城市或類城市性質的大型聚落。二里頭西北、黃河以北的晉南地區發現東下馮④和垣曲

---

① 鄭州市文物考古研究院編著：《新鄭望京樓：2010—2012年田野考古發掘報告》，北京：科學出版社，2016年，第69頁。

② 值得注意的是，新鄭望京樓二里岡時期的城址在方形的城垣內發現有井字形的道路。這些道路遺跡並未發現有可供辨別年代的陶片。其中L3（道路3）位於G19底部。G19被認爲是在二里頭時期挖掘，但主要填埋爲二里岡時期的遺物。鑒於遺址二里頭和二里岡城市的佈局形態基本一致，因此不排除這些道路遺跡在二里頭時期就已經存在。鄭州市文物考古研究院編著：《新鄭望京樓：2010—2012年田野考古發掘報告》，北京：科學出版社，2016年，第412、413、420頁。

③ 新鄭縣文化館：《河南新鄭縣望京樓出土的銅器和玉器》，《考古》1981年第6期。

④ 中國社會科學院考古研究所、中國歷史博物館、山西省考古研究所編著：《夏縣東下馮》，北京：文物出版社，1988年。

古城南關①兩座有環壕設施的聚落，城市形態均略呈方形。兩個遺址未發現大型的宮殿類建築或貴族墓葬，主要遺跡爲小型的房址、灰坑等普通居民的生活遺存。東下馮遺址另見有利用環壕所挖掘的窑洞式房屋。② 這種房屋形態不見於以二里頭遺址爲代表的中原腹地，顯現出了地方文化色彩。位於二里頭遺址東北的輝縣孟莊，則發現有二里頭文化時期的城垣。③ 不過城市的整體佈局暫不清楚。而在中原腹地以南，位於淮河流域的駐馬店楊莊同樣發現有一段環壕，並在環壕周邊發現有灰坑、小型的房址等遺跡。④ 這些聚落都體現出了與二里頭遺址不同的佈局形態，甚至可能蘊含了不同的文化背景。

表 1　二里頭時期中心性都邑、中原腹地次級城市與周邊地區城市遺存內涵比較

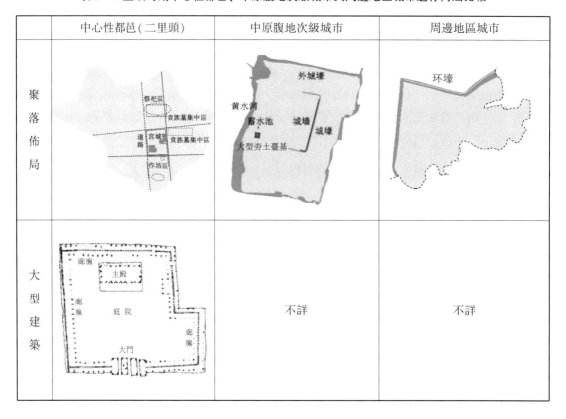

	中心性都邑(二里頭)	中原腹地次級城市	周邊地區城市
聚落佈局			
大型建築		不詳	不詳

① 中國歷史博物館考古部、山西省考古研究所、垣曲縣博物館編著：《垣曲商城(一)：1985 年—1986 年度勘察報告》，北京：科學出版社，1996 年；中國歷史博物館考古部、山西省考古研究所、垣曲縣博物館編著：《垣曲商城(二)：1988—2003 年度考古發掘報告》，北京：科學出版社，2014 年。

② 中國社會科學院考古研究所、中國歷史博物館、山西省考古研究所編著：《夏縣東下馮》，北京：文物出版社，1988 年，第 10、52~58 頁。

③ 河南省文物考古研究所編：《輝縣孟莊》，鄭州：中州古籍出版社，2003 年，第 180 頁。

④ 北京大學考古系、駐馬店市文物保護管理所編著：《駐馬店楊莊——中全新世淮河上游的文化遺存與環境信息》，北京：科學出版社，1998 年，第 11、92、93 頁。

	中心性都邑(二里頭)	中原腹地次級城市	周邊地區城市
二里頭文化因素			
其他地方文化因素			
奢侈品			

　　儘管在周邊地區這一時期的文化面貌受到二里頭文化的強勢影響，但是在這些城市中非二里頭文化的因素卻是顯而易見的。其中北部的垣曲古城南關、南部的駐馬店楊莊陶器群主體以二里頭文化因素爲主，但多有一些地方色彩。垣曲古城南關多見有三足甕、帶鋬斝等，駐馬店楊莊多球腹狀的捏口罐、平底的罐形鼎等，可列爲二里頭文化某一地方類

型。夏縣東下馮、輝縣孟莊則表現出以非二里頭文化因素爲主的特徵。夏縣東下馮二里頭時期的陶器群以帶鋬鬲、斝、甗、淺腹盆形鼎和蛋形甕爲主，少見代表二里頭文化特徵的罐形鼎。有學者將其劃出二里頭文化之外，另立爲東下馮文化。① 輝縣孟莊同時期的陶器則多見盆形鼎、鬲、平底罐等，這實際爲下七垣文化代表性的陶器器類。② 雖然這兩處遺址陶器仍多見二里頭文化的影響，但與典型二里頭文化的差異卻是主要的。同時在體現貴族禮儀或財富的奢侈品方面，周邊地區的城市均極少出現青銅器和玉器。

　　整體而言，從中心與周邊的比較觀察，二里頭時期的城市聚落呈現出這樣幾個特點。第一，中心都邑類的城市有着超大的規模，而中原腹地的次級城市和周邊地區城市均規模較小，甚至不少僅相當於二里頭遺址宮城區的規模。但是，中原腹地次級城市和周邊地區城市之間差異不大。第二，除二里頭遺址可見明確、有意識的佈局規劃之外，其他城市自上而下的佈局似乎體現得並不強烈。這同時反映在除二里頭遺址之外，中原腹地次級城市和周邊地區城市內部未見嚴格的功能分區，空間上以普通居民區爲主。除了城垣、環壕等設施之外，似乎這一時期其他地方城市與非城市在空間格局上並未有質的差別。第三，以二里頭爲代表的中心都邑城市，與中原腹地次級城市、周邊地區城市在形態和佈局上有着一定的差異，而後兩者諸多城市的形態也各不一致。二里頭都邑城市所形成的規劃佈局，似乎在這一時期並未對其他城市的營建產生廣泛的影響。第四，在各城市的文化面貌上，中原腹地的其他城市與二里頭遺址均保持了典型的二里頭文化特質，只是二里頭遺址有着更爲複雜的文化面貌。周邊地區城市則更多地表現出了地方文化特質，部分地點主流的陶器群甚至與二里頭文化有着明顯的差異。但如青銅器、玉器、綠松石鑲嵌器等奢侈品只集中在二里頭遺址，零星見於新鄭望京樓，未有廣泛的擴散。

二、二里岡時期的城市聚落

　　進入二里岡時期，伴隨着二里岡文化的進一步擴張，中原文化圈內的城市聚落數量亦有所增加。這一時期中原腹地以鄭州商城爲代表，形成一座超大規模的中心性都邑。同在中原腹地還可見偃師商城、新鄭望京樓、鄭州東趙、滎陽大師姑等次級城市。而周邊地區則興起了夏縣東下馮、垣曲商城、焦作府城、黃陂盤龍城、平陸糧宿等城市聚落。在此同樣從中心性都邑、中原腹地的次級城市和周邊地區城市三個維度展開討論。

---

① 于孟洲：《東下馮文化與二里頭文化比較及相關問題研究》，《文物春秋》2004 年第 1 期。
② 張應橋、徐昭峰：《試論輝縣孟莊二里頭文化時期城址的性質》，《中國歷史文物》2008 年第 1 期。

在二里頭城市衰落之後，鄭洛地區的文化中心向東轉移，隨之形成了鄭州商城這座超大規模的中心性都邑。鄭州商城面積達 2500 萬平方米①，城市規模和複雜的遺存内涵遠超這一時期其他城市，一般認爲屬於商代早期的中心都邑②。整個遺址居民的大規模活動最早可追溯到二里頭文化時期，並一直延續到二里岡文化時期。在二里頭到二里岡之間的過渡階段，遺址已出現有青銅器貴族墓葬、夯土建築，顯現出了聚落的一定等級。③ 從二里岡下層第二期開始，城市開始營建城垣，大型夯土建築群、手工業作坊和一般居民區分區佈局，城市進入鼎盛階段。這一時期鄭州商城發現有内外兩重城垣，内城垣大體呈方形，東北—西南向，外城則僅見南部和西部一部分，形態不甚規整。其中内城東北發現大量的夯土建築基址，甚至可能有圍牆等遺跡，無疑屬於城市最高等級的核心所在。最大一處夯土建築基址 C8F15，寬 13.6 米，長逾 65 米，同樣爲西北—東南向，其南另有多處同方向佈局的建築基址，形成一處規模較大的建築基址群。④ 在内城垣與外城垣之間則集中分佈有鑄銅、製骨、製陶等不同部門的手工業作坊，其間可能分佈有居民區和墓葬區。整個城市這種不同功能集中分區的佈局特點顯然不是城市自發演化的結果，而突出地反映了城市統治者自上而下對於城市的規劃意識。鄭州商城這種城市形態和内部格局可見延續到二里岡上層第一期。之後，在二里岡上層第二期，城垣和大型夯土建築被廢棄，地區的文化中心轉移到西北的小雙橋遺址。由此，鄭州商城中心都邑的地位逐步衰落，城市趨於廢棄的狀態。

筆者曾討論過鄭州商城城市佈局的演變，以及由此引起的城市内部文化格局的變遷。⑤ 從陶器等城市居民日常生活用器可見，鄭州商城主體一直延續以鬲、罐爲代表的炊器組合。這也是二里岡文化的典型代表。但無論是城市建設的初期還是城市鼎盛的階段，鄭州商城都可見一定量的外來文化因素，尤其是篦紋罐、腰飾附加堆紋的甗等岳石文化因素，與平襠類的鬲、印紋硬陶和原始瓷等南方長江流域的文化因素。其中平襠類的鬲、斝和印紋硬陶、原始瓷在長江流域的盤龍城遺址多見，與傳統的二里岡文化陶器不同。值得

① 此規模面積爲鄭州商城報告公佈的鄭州商城二里岡時期遺址的分佈範圍。河南省文物考古研究所編著：《鄭州商城：1953—1985 年考古發掘報告》，北京：文物出版社，2001 年，第 1 頁。

② 關於鄭州商城的性質，長期有"仲丁隞都"和"成湯亳都"兩種説法。近年隨着小雙橋和洹北商城的發現，以及中商文化的確立，目前學界更傾向認爲鄭州商城屬於商代前期商湯所都的亳都。安金槐：《試論鄭州商城遺址——隞都》，《文物》1961 年第 4、5 期；鄒衡：《鄭州商城即湯都亳説》，《文物》1978 年第 2 期。

③ 河南省文物考古研究所：《河南鄭州商城宫殿區夯土牆 1998 年的發掘》，《考古》2000 年第 2 期；河南省文物考古研究所：《鄭州商城新發現的幾座商墓》，《文物》2003 年第 4 期。

④ 侯衛東：《試論鄭州商城形成階段宫殿宗廟區的佈局》，《夏商周都邑與文化(一)》，北京：中國社會科學出版社，2014 年。

⑤ 孫卓：《鄭州商城與偃師商城城市發展進程的比較》，《考古》2018 年第 6 期。

注意的是，這類陶器較多地出現在鄭州商城南關外地點，或暗示出鄭州商城作爲中心都邑已存在不同外來人群在城市聚集居住的跡象。① 與此同時，鄭州商城另發現有大量的青銅器、玉器。除了這一時期通常所見的斝、爵、斝等青銅器之外，鄭州商城窖藏另發現如壺、尊、方鼎等一些體量較大、裝飾繁縟的青銅容器，展現出了城市貴族所擁有的財富和極高的社會等級。此外，鄭州商城另發現有大量的原始瓷和一些精緻化的陶器。原始瓷多隨葬在貴族墓葬中，或爲南方遠距離輸入的產品；而部分如簋、尊等陶器，腹部刻畫有獸面紋，陶器製作講究，顯然亦非普通居民日常所有。整個鄭州商城的物質遺存一方面顯現出了不同地區文化向城市的彙聚，另一方面大量的奢侈品則突顯了該城市聚落的中心性地位。

以鄭州商城爲中心，中原腹地同時期還見有偃師商城、新鄭望京樓、滎陽大師姑、登封王城崗等城市。不同於二里頭時期中原腹地的次級城市多位於二里頭遺址以東的區域，二里岡時期次級城市聚落則環繞着鄭州商城分佈。其中偃師商城規模較大，遺址面積190多萬平方米，發現有宮城、小城和外城垣。② 偃師商城通常被認爲屬於早商時期另一處都邑城市。③ 不過觀察目前所發現的遺址面積和遺存內涵，該遺址面積近於盤龍城、新鄭望京樓等商城，而與同期的鄭州商城規模差距較大；同時未發現大量高規格的青銅容禮器、大量的印紋硬陶和原始瓷，與新鄭望京樓等次級城市一致。因此，本文將偃師商城作爲等級次於鄭州商城(中心都邑)的城市展開討論。偃師商城城市實際經過了不同階段的改擴建，早期以宮城爲中心，外圍建有小城；之後在小城的北部和東部擴建大城，小城廢棄。整個城市的形態展現出了與鄭州商城的相近性：小城和宮城近方形，東北—西南向，擴建的大城則不甚規整；宮城內部見有多處大型的夯土建築群，同樣爲東北—西南向，主殿多居北，東、南、西三面圍有廊廡，形成大型的庭院佈局；在小城南部和小城以北與大城之間則可能存在鑄銅、製陶等手工業作坊區；而普通居民區主要位於內城與外城之間的區

---

① 袁廣闊：《關於"南關外期"文化的幾個問題》，《中原文物》2004 年第 4 期。

② 中國社會科學院考古研究所編著：《偃師商城(第一卷)》，北京：科學出版社，2013 年，第 137、138 頁；谷飛、曹慧奇：《2011—2014 年偃師商城宮城遺址復查工作的主要收穫》，《三代考古(六)》，北京：科學出版社，2015 年。

③ 關於偃師商城的性質目前仍爭論較大，曾有亳都說、桐宮說、軍事據點、陪都說或雙都說等不同說法。不過除軍事據點說之外，多數學者認爲偃師商城達到了都城的級別。鄒衡：《偃師商城即太甲桐宮說》，《北京大學學報》(哲學社會科學版)1984 年第 4 期；鄭傑祥：《關於偃師商城的年代和性質問題》，《中原文物》1984 年第 4 期；張國碩：《鄭州商城與偃師商城並爲亳都說》，《考古與文物》1996 年第 1 期；許順湛：《中國最早的"兩京制"——鄭亳與西亳》，《中原文物》1996 年第 1 期；袁廣闊：《鄭州商城與偃師商城關係的考古學觀察》，《鄭州大學學報》(哲學社會科學版)2004 年第 1 期。

域。新鄭望京樓城市形態同樣與此相近，内有西北—東南向、近方形的城垣，周邊有外城壕；内城中部偏南的位置營建大型夯土建築 F10，亦爲主殿居北、庭院式的佈局結構。①偃師商城和新鄭望京樓商城城市形態顯現出了較强的一致性，特別是從城垣形態和方向、中心大型建築佈局和結構等方面觀察，明顯可見延續着中心都邑——鄭州商城城市規劃的諸多要素而來。

而這些中原腹地次級城市的文化面貌，則同樣與鄭州商城二里岡文化保持着高度的一致。偃師商城和新鄭望京樓商城，二里岡時期主流的陶器，如鬲、罐、大口尊、盆等，甚至與鄭州地區相比難以觀察到明顯的區別。只是相對而言，這兩座城市中外來文化因素較少，缺乏來自長江流域的平襠類鬲、斝等陶器和岳石文化因素的腰飾附加堆紋甗、篦紋罐等，僅見如少量的印紋硬陶和原始瓷。較之於中心都邑，周邊次級城市文化面貌相對單純。這種文化格局在二里頭時期同樣可見，或許反映了次級聚落中人群結構的單一性。在奢侈品方面，偃師商城和新鄭望京樓仍可見一定數量的青銅容禮器和玉器。不過比較鄭州商城，無論是偃師商城還是新鄭望京樓商城出土的青銅器均以小型的觚、爵、斝等酒器爲主，缺少大型的尊、壺、方鼎等器類。這無疑仍顯現出了等級上的差異。

伴隨着二里岡文化的强勢擴張，在更爲廣闊的周邊地區這一階段還出現大量的城市聚落。在北部的晉南地區，以二里頭時期的垣曲古城南關、夏縣東下馮聚落爲基礎，出現了垣曲商城②和東下馮商城③。在東北部的太行山東南，同樣在原二里頭晚期聚落的基礎上出現了焦作府城商城。④而在南部的長江北岸，從二里頭文化晚期發展而來的盤龍城遺址進入城市的鼎盛階段。⑤以上城市多數從二里頭時期的城市聚落或一般性聚落發展而來，但在二里岡時期城市形態和佈局均發生了較大的改變。以保存較好的垣曲商城、盤龍城等爲例，其從早期的環壕聚落或一般性聚落，改建成方形的城垣。城垣方向多爲東北西南向，與上述鄭州商城内城、偃師商城和新鄭望京樓商城保持一致。在垣曲商城、府城商城和盤龍城中，城垣内中部或東北的位置則營建有大型的夯土建築，方向亦多爲東北西南

① 鄭州市文物考古研究院編著：《新鄭望京樓：2010—2012 年田野考古發掘報告》，北京：科學出版社，2016 年，第 422~423 頁。

② 中國歷史博物館考古部、山西省考古研究所、垣曲縣博物館編著：《垣曲商城（一）：1985 年—1986 年度勘察報告》，北京：科學出版社，1996 年；中國歷史博物館考古部、山西省考古研究所、垣曲縣博物館編著：《垣曲商城（二）：1988—2003 年度考古發掘報告》，北京：科學出版社，2014 年。

③ 中國社會科學院考古研究所、中國歷史博物館、山西省考古研究所編著：《夏縣東下馮》，北京：文物出版社，1988 年。

④ 袁廣闊、秦小麗、楊貴金：《河南焦作市府城遺址發掘簡報》，《華夏考古》2000 年第 2 期；袁廣闊、秦小麗：《河南焦作府城遺址發掘報告》，《考古學報》2000 年第 4 期。

⑤ 張昌平、孫卓：《盤龍城聚落佈局研究》，《考古學報》2017 年第 4 期。

向。垣曲商城和盤龍城大型建築基址群主殿均有兩座，呈南北排列，南部建築基址較小，北部建築基址較大，由此形成多重院落的佈局。此外，垣曲商城和府城商城在城垣內還發現有普通居民區、可能集中式的製陶、製石器的手工業作坊。盤龍城則在城垣以外的王家嘴、楊家灣、楊家嘴、樓子灣等地點分佈有居民區，在小嘴地點則發現有鑄銅手工業作坊區。由方形城垣、庭院式的大型建築基址、集中的手工業作坊可見，二里岡時期周邊地區的城市聚落在城市形態、佈局上，與中原腹地鄭州商城及其他次級城市保持着高度的一致。這些城市似乎就像鄭州商城縮小後的版本。

同樣進入二里岡時期，周邊地區城市的文化面貌也表現出了濃郁的二里岡文化特質。北部的垣曲商城、東下馮商城、府城商城等遺址主要的陶器類型均與鄭州商城陶器群保持一致，並且如鬲折沿、方唇、分襠的風格與鄭州商城同類器難以觀察到差別。南部的盤龍城遺址雖保留有更多的地方文化因素，陶質陶色多夾砂紅陶，大口缸數量衆多、類型龐雜，陶鬲和斝以聯襠、長錐足爲特徵，這些都是在中原腹地的鄭州商城難以看到的；不過，盤龍城基本的陶器器類仍不出中原二里岡文化的範疇，並且在不同時期均可見典型的二里岡文化陶器類型。① 比較而言，周邊地區城市仍會出現一些量周臨地方文化因素。垣曲商城和東下馮商城見有蛋形的三足甕、飾附加堆紋的大袋足鬲、顱式斝等，反映出與北部晉中地區的文化交流。② 南部的盤龍城遺址則見有束頸的鼓腹壺、帶鋬鬲等，被認爲受到來自澧水流域和長江下游地區的文化影響。③ 由此可見，這些二里岡文化下的周邊地區城市，與本地更爲廣泛的區域之間形成了文化上的聯繫。此外，這些城市均出土有一定數量的青銅器、玉器等奢侈品。尤其以盤龍城爲代表，貴族墓葬常隨葬鼎、觚、爵、斝等青銅容禮器，其出土青銅器的數量和類別甚至超過其他周邊地方城市。山西平陸前莊糧宿還發現大型的青銅方鼎、圓鼎等重器，該遺址據稱也發現了二里岡時期的城市。④

進入二里岡時期，這些城市的形態結構和內部反映的文化面貌又呈現出了新的一些特點（參見表 2）。第一，中心都邑類城市仍保持着超大的規模。比較而言，其他城市與其之間則顯現出了量級上的差距。不過，在非中心都邑城市內部，其規模和遺存內涵相互之間也顯現出了一定的差別。偃師商城、新鄭望京樓商城和盤龍城，其城市規模要遠

---

① 孫卓：《盤龍城遺址出土陶器演變初探》，《江漢考古》2017 年第 3 期。

② 蔣剛：《文化演進與互動：太行山兩翼夏商西周時期青銅文化研究》，北京：科學出版社，2017 年。

③ 陳賢一：《盤龍城商時期二里岡期墓葬陶器初探》，《中國考古學會第四次年會論文集》，北京：文物出版社，1983 年；陳樹祥：《從盤龍城商代出土物探析其文化內涵》，《盤龍城與長江文明國際學術研討會論文集》，北京：科學出版社，2016 年。

④ 衛斯：《山西平陸前莊方鼎的歷史歸屬與年代問題》，《中國歷史文物》2007 年第 2 期。

大於這一時期其他的中原腹地次級城市和周邊地區城市。同時這三座城市出土如青銅容禮器、原始瓷和印紋硬陶等奢侈品，也要遠多於同類型的其他城市。由此可見，二里岡時期非中心都邑的城市之內也見有等級上的差異。從中心到周邊，這些城市顯然並非劃爲簡單的兩級，而是可能存在較爲複雜的層級管理。第二，不僅中心都邑，中原腹地的次級城市和周邊地區城市都可見有意識的佈局規劃。這一時期的城市以方形、東北—西南向的城垣爲基本結構，城垣中部或東北設置大型的夯土建築群，[①] 之外分佈有集中式的手工業作坊。而從鄭州商城到周邊的新鄭望京樓商城，乃至更爲邊遠的垣曲商城、盤龍城商城，城垣的形態、大型建築的佈局等都有着極爲相近的特徵，彰顯出這一時期不同城市佈局上較強的一致性。第三，受二里岡文化的影響，這些城市文化面貌均表現出了濃郁的二里岡文化特徵。鄭州商城作爲中心都邑無疑文化面貌更爲複雜，且能見到較多的外來文化因素。相對而言中原腹地的次級城市，文化面貌更爲單純。而周邊城市則見有一定量周臨的地方文化因素，或反映出這些城市在對外聯繫和交往中的作用。第四，二里岡時期的城市都見有一定量的青銅容禮器、玉器、印紋硬陶和原始瓷、精緻化的陶器等貴族使用的奢侈品，突顯出這些城市在聚落中較高的社會等級。而中心都邑奢侈品出土的數量和類別更是超過其他城市，如方鼎、大型圓鼎、壺、尊等青銅重器，這在其他城市罕見。

表 2　二里岡時期中心性都邑、中原腹地次級城市和周邊地區城市讀存內涵的比較

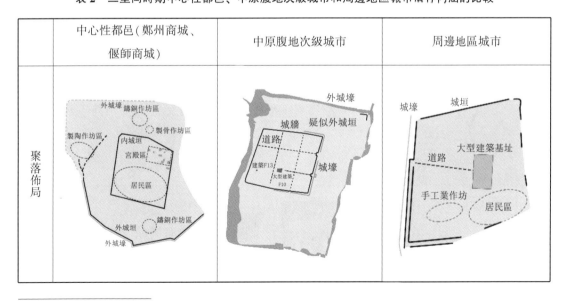

	中心性都邑（鄭州商城、偃師商城）	中原腹地次級城市	周邊地區城市
聚落佈局			

①　東北方向又常被認爲是商人在城市和建築佈局中偏愛的方向。楊錫璋：《殷人尊東北方位》，《慶祝蘇秉琦考古 55 年論文集》，北京：文物出版社，1989 年。

	中心性都邑（鄭州商城、偃師商城）	中原腹地次級城市	周邊地區城市
大型建築			
二里岡文化因素			
其他地方文化因素			
奢侈品			

三、相關問題的探討

從中原文化對外擴張的角度而言，二里頭和二里岡時期展現出了一脈相承的景觀。雖然中原文化面貌在前後兩個階段表現出了相當的差異，但二里岡文化在周邊地區的分佈態勢無疑是繼承二里頭文化發展而來的；而周邊廣大區域在兩個階段也都可見受中原文化影響。例如在北部地區，二里頭時期中原文化向晉南和晉中地區擴張，由此在垣曲古城南關形成了較爲典型的二里頭文化，並向北影響至東下馮一類遺存。二里岡時期則延續這一擴張態勢，並將晉中地區囊括至中原文化的範疇。而南部地區，二里頭文化向南的擴張主要爲二里頭文化第三期，並可見沿漢水而下到長江北岸的荆南寺遺址，以及過桐柏山影響到盤龍城。同樣在二里岡時期，中原文化似乎延續這兩條線路，並將其觸角進一步延伸至長江南岸。

而在這一大範圍中原文化擴張的背景下，周邊地區甚至不少聚落可見從二里頭時期延續發展到二里岡時期。以上討論的城邑聚落中，中原腹地如鄭州商城、新鄭望京樓，北部地區垣曲古城南關（垣曲商城）、夏縣東下馮、焦作府城，南部地區的盤龍城等遺址，均是從二里頭時期延續使用至二里岡時期。鄭州商城二里頭時期遺存屬於其所謂的"洛達廟期"，分佈於内城垣東北"宫殿區"一帶，相對年代從二里頭文化第二期至第四期。[1] 這一時期該遺址雖未見城垣或環壕，但出現有夯土牆、夯土建築跡象，聚落可能已有較高的等級。[2] 之後鄭州商城進入二里岡下層第一期，並在二里岡下層第二期營建城垣、大型建築基址、集中式的手工業作坊，聚落向都邑類的城市轉變。新鄭望京樓二里頭時期的遺存相當於二里頭文化第三、四期，二里岡時期的遺存則從二里岡下層第一期至上層第二期，兩個時期均屬於環繞城垣的城市聚落，並在城垣等設施的佈局上保持了延續性。[3] 夏縣東下馮遺址二里頭時期的遺存可對應二里頭文化第一期至第四期，屬於一處環壕聚落；二里岡

---

[1] 河南省文物考古研究所編著：《鄭州商城：1953—1985年考古發掘報告》，北京：文物出版社，2001年，第86~90頁；河南省文物考古研究所鄭州工作站：《鄭州化工三廠考古發掘簡報》，《中原文物》1994年第2期。

[2] 目前在鄭州商城宫城區發現多處夯土建築遺跡，年代被認爲屬於洛達廟晚期，而早於二里岡下層一期的C1H9階段。鄭州商城内城的營建亦可能早至二里頭時期。河南省文物考古研究所：《河南鄭州商城宫殿區夯土牆1998年的發掘》，《考古》2000年第2期；袁廣闊：《關於鄭州商城夯土基址的年代問題》，《中原文物考古研究》，鄭州：大象出版社，2003年；李伯謙：《對鄭州商城的再認識》，《文明探源與三代考古論集》，北京：文物出版社，2011年；侯衛東：《試論鄭州商城形成階段宫殿宗廟區的佈局》，《夏商周都邑與文化（一）》，北京：中國社會科學出版社，2014年。

[3] 鄭州市文物考古研究院編著：《新鄭望京樓：2010—2012年田野考古發掘報告》，北京：科學出版社，2016年，第69、70、385、386頁。

時期的遺存則延續從二里崗下層開始，並轉而形成了城垣環繞的城市聚落。① 垣曲古城南關二里頭時期的遺存主要集中在二里頭文化第三、四期，同樣爲一處環壕聚落；而二里崗時期遺存最早見於"二里崗下層早段"，並於"二里崗下層晚段"出現城垣和大型夯土建築基址。② 焦作府城二里頭時期的遺存以灰坑類遺跡爲主，年代被認爲屬於"二里頭文化的三期晚段到四期之間，應是輝衛文化晚期的一個發展階段"；二里崗時期遺存則出現於二里崗下層偏早，並大約同時出現城市聚落。③ 盤龍城最早階段的遺存被認爲屬於二里頭文化第二期④或二里頭文化第三期⑤，相關遺存集中於南城垣和王家嘴地點，反映爲一處普通聚落；之後遺址延續至二里崗階段，並於二里崗下層第二期前後形成城市聚落。⑥ 目前觀察，以上遺址在二里頭與二里崗時期一直延續使用，之間似乎並無斷層。部分城市，如新鄭望京樓、夏縣東下馮、垣曲故城南關等，在二里頭時期就營建有城市或類城市性質的聚落，之後在二里崗時期進行了進一步的改建或擴建；另一部分城市，如鄭州商城、府城商城、盤龍城等，則是從二里頭時期的普通聚落，發展爲二里崗時期的大型城市聚落。

二里頭與二里崗時期城市聚落延續性的使用引發出一個問題：作爲文化面貌差異的兩個階段，又常被認爲分屬夏商兩個王朝，兩個時期中原文化的擴張是否反映出不同的政治經略；而不同時期對於城市——居於地區中心地位的聚落，中原王朝在地方的經略又有着怎樣的表現。

從城市空間佈局的角度觀察，二里頭時期除二里頭遺址之外，其他城市目前還難以觀察到較爲嚴格的功能分化。以宮殿區和大型夯土建築基址爲中心，周邊呈現以集中式的手工業作坊、居民區、祭祀區爲代表的二里頭城市的佈局模式，並未見於中原腹地和周邊地區其他的城市或類城市之中。據此觀之，無論是城垣或環壕的營建、居民區的設立，二里

---

① 中國社會科學院考古研究所、中國歷史博物館、山西省考古研究所編著：《夏縣東下馮》，北京：文物出版社，1988 年，第 214、215 頁。

② 中國歷史博物館考古部、山西省考古研究所、垣曲縣博物館編著：《垣曲商城（一）：1985 年—1986 年度勘察報告》，北京：科學出版社，1996 年，第 274、278、283 頁；中國國家博物館田野考古研究中心、山西省考古研究所、垣曲縣博物館編著：《垣曲商城（二）：1988—2003 年度考古發掘報告》，北京：科學出版社，2014 年，第 648 頁。

③ 焦作府城二里崗下層的遺存以 H59 爲代表，出土陶器與鄭州商城 H17、H2 甲同類器相近，後者多被認爲屬於二里崗下層第二期。而根據發掘簡報，城址和大型夯土建築基址應略早於 H59。袁廣闊、秦小麗：《河南焦作府城遺址發掘報告》，《考古學報》2000 年第 4 期。

④ 湖北省文物考古研究所編著：《盤龍城——1963—1994 年考古發掘報告》，北京：文物出版社，2001 年，第 442 頁。

⑤ 李麗娜：《試析湖北盤龍城遺址第一至第三期文化遺存的年代和性質》，《江漢考古》2008 年第 1 期。

⑥ 湖北省文物考古研究所編著：《盤龍城——1963—1994 年考古發掘報告》，北京：文物出版社，2001 年，第 447、448 頁。

頭時期的諸城市均展現出了各異的特徵，難以觀察到相關的共性。特別是規範城市形態基本格局的，如城垣、環壕和道路等設施，其方位和形態在諸如二里頭、新鄭望京樓、夏縣東下馮、垣曲古城南關、駐馬店楊莊等，均表現出了不同的特徵。需要注意的是，垣曲古城南關、夏縣東下馮、駐馬店楊莊、平頂山蒲城店等遺址，根據目前發掘所獲，城垣或環壕所圍繞的區域內均以普通居址遺存爲主，似乎只是一處有着封閉防衛設施的大型聚落，而未表現出城市功能的內涵。

與此形成鮮明對比的是，進入二里岡時期，儘管部分城市延續二里頭時期聚落發展而來，但相關城市在空間佈局上均發生了較大的變動。其中鄭州商城二里岡時期的城垣和大型夯土建築下疊壓有所謂"洛達廟期"的夯土建築遺存。盤龍城南城垣下見有屬於二里頭時期的灰坑。垣曲商城二里頭時期的壕溝在二里岡時期亦被填平，變成道路。這些線索表明，二里岡時期的部分城市儘管在其二里頭時期聚落原址上建設，但並非簡單延續二里頭時期的聚落佈局，而是對原有聚落進行了大範圍的改建，甚至可能是推倒重建。饒有意味的是，以上城市的改建活動多集中在二里岡下層第二期前後。而通過這一階段的城市建設，二里岡時期的城市佈局，從中心都邑到周邊城市顯現出了大範圍一致的特點。這些城市以一種方形的城垣爲基本格局，內部出現大型的夯土建築基址群，不同部門的手工業作坊集中設置。城垣和大型建築多西北—東南向，大型建築還可見有着臺基柱網結構。無論是位於黃河中游的平原地區，還是北部黃土高原，抑或諸如南部盤龍城這類鄰河的紅土崗地，雖地理環境和景觀差異萬千，但這些城市除了大小規模的不同，其基本的格局都儘量保持同一特徵。在二里岡時期，鄭州商城面積規模最大，爲中心性的都邑城市；其他城市規模相應較小，但佈局結構與鄭州商城一致，由此在城市之間形成了類似等級化的分佈格局。

城市的空間佈局不僅由內部各種居民活動所形成，更從中受到政治權利、中央與地方關係等外部因素的影響。在羅馬帝國時期，羅馬殖民地的城市在空間佈局上就儘量模仿母地羅馬的城市規劃，甚至各地如鬥獸場、浴場等公共性建築，其佈局和結構都與羅馬保持一致。而羅馬帝國則通過城市向各地行省實現有效的管理和控制。[①] 儘管目前還很難說鄭州商城對於周邊地區是否存在類似的行政管理，但二里岡時期各地城市佈局的大範圍類同同樣可能表現出了與此相近的局面。從中央的鄭州商城到邊遠的地方城市，城市空間佈局的一致性表明各地有着相同的建城理念和規劃。而這種建城理念的傳播和最終的實施，無

---

①   Chris Gosden, *Archaeology and Colonialism*：*Cultural Contact from 5000 BC to the Present*, Cambridge：Cambridge University Press, 2004；Michael Dietler, *Archaeologies of Colonialism*：*Consumptions*, *Entanglement*, *and Violence in Ancient Mediterranean France*, Berkeley：University of California, 2010.

疑同樣需要自上而下、從中央到地方的一種强勢控制。如果説二里頭時期，城市形態的差異反映出這些城市之間可能比較鬆散的管控關係；但是一進入二里崗時期，我們看到城市之間一種層級更加分明、中央到地方控制更爲强化的管理方式。

　　二里頭與二里崗時期中央與地方城市關係的轉變，同樣在各城市的文化面貌中可窺見一二。二里頭時期以二里頭遺址爲中心，中原腹地和周邊地區城市多可見到二里頭文化的深度影響；但在部分城市之間，文化面貌的差異卻是顯著的。夏縣東下馮遺址多見帶鏨鬲、甗等非二里頭文化因素，甚至其文化性質是否歸屬於二里頭文化還存有爭論。此外，從青銅器等奢侈品角度觀察，這一時期青銅容器、玉器、綠松石器以及精緻化的陶器等集中在二里頭遺址，相反中原腹地和周邊地區其他城市幾乎不見相關遺物的出土。若將此類奢侈品的數量和類別作爲評判遺址等級的指標，目前二里頭時期二里頭遺址與其他城市之間似乎有着鴻溝般的差異，很難看到更爲複雜的等級分化。而在二里崗時期，各城市之間的文化面貌更爲趨近，以鬲、甗爲代表的二里崗文化特質廣泛出現於中原及周邊城市，並在其中占據着絶對主導。與此同時，周邊地區城市多見有不同地區的文化因素。盤龍城商時期遺存出現了澧水流域、長江下游不同地區的陶器類型；垣曲商城和東下馮商城也多見陝晉高原地區的文化影響。另一方面，有別於二里頭時期，二里崗時期城市多出土有一定數量的青銅器、玉器、印紋硬陶和原始瓷等奢侈品。並且，都邑性的鄭州商城青銅器和玉器數量較多，青銅器體量較大、造型複雜；其他城市青銅器、玉器類別和數量大幅少於鄭州商城；而一般性的聚落則多不見青銅器等奢侈品。由此從鄭州商城到同時期其他城市，再至一般性的聚落，奢侈品的數量和類型形成了等級化的差異。這種等級化差異的背後，指向不同城市在整個社會資源和財富分配上的層級分化，也表明從中心到周邊這些城市應處於一個自上而下資源配置的網絡之中。

　　儘管在中心與周邊聚落的分佈上，二里頭與二里崗時期呈現出了一脈相承的特點，表明這兩個階段中原王朝對外的擴張可能延續着相同的路線。然而，以上從城市佈局和文化面貌兩個方面觀察，二里頭與二里崗時期城市的發展卻表現出了不同的圖景。二里頭時期除中心性的都邑城市之外，其他城市似乎並未展現出過多統一性的規劃。文化面貌的差異性以及缺乏青銅器等禮儀性的奢侈品，也都暗示二里頭時期中心都邑對其他城市可能缺乏强力的控制。地方城市的建設可能更多出於當地社會或自然環境的考慮。二里崗時期各地城市則進行了大規模的改建，由此在不同地區形成了較爲統一的佈局。而在文化面貌基本一致的背景下，貴重的奢侈品在都邑和其他城市，城市和非城市之間形成了等級分化。在二里崗時期，城市的營建無疑受到了中央自上而下强力的控制。而通過城市，中原王朝的勢力又可進一步向地方延展。

　　二里頭至二里崗時期中原文化圈城市發展的進程，在隨後的小雙橋至殷墟時期進入停滯，乃至衰退的階段。至遲不晚於洹北花園莊時期，中原和周邊原有的城市聚落均已廢棄。由此在整個晚商時期，除中心都邑殷墟外，周邊地區城市的發展陷入一段長期的低潮。值得注意的是，二里岡時期的一系列城市都幾乎廢棄在二里岡上層第二期前後這一個時間段內。鄭州商城的廢棄，似乎引發了中原腹地和周邊地區其他城市的聯動反應。這從一個側面同樣體現出，二里岡時期城市的設置帶有着中央對地方強烈的控制意味。這些城市圍繞着中心都邑形成了一個緊密聯繫的網絡。伴隨着中心都邑的轉移或廢棄，受其控制的其他城市無疑會產生相應的變化。另一方面，由於二里岡時期的城市聚落在中央對地方的經略和控制中扮演着重要的作用，我們可以推想中商時期周邊地區大範圍城市的廢棄，實際昭示着原有那種中央對地方強力的控制方式的轉變。在晚商時期，儘管各地仍發現有典型的商代貴族墓葬，反映出商王朝在地方的經略；但是這些地點均未見到大型的聚落或城市。由此，從整個夏商時期觀察，城市的興廢不僅爲認識早期中國城市的發展提供了重要例證，其背後更體現出了中心與周邊區域政治關係的變遷歷程。

（孫卓，武漢大學歷史學院）

早期中國組織化水運的出現：
其社會與地理脉絡

雷晉豪著　李威霖　江瑞譯

一、引　言

本文更多關注古代中國對船隻的使用，而非船隻技術的演變。社會各階層有諸多使用水運工具的方式，但筆者在此關注的是，從晚商到戰國末期古代國家大規模使用船隻的歷史。其因各種目的而將水運工具制度化的方式，對於理解各國的政治史、軍事史和歷史地理有着重要意義。

從另一個角度看，組織化水運的發展也可以視作中國海運的"前史"。中國最早有記載的水運是通過内陸航道進行的，相當長的時間之後，史料中才出現海上航道的記載。本文的基本假設是，組織化的内陸水運爲中國歷史上海運的發展奠定了基礎，不僅因爲海上航道在史料中的出現晚於内陸航道，而且普遍認爲，海運需要更先進的造船、導航、航海技術以及關於風、洋流、潮汐、天文學和氣象學的知識。① 認識中國海運"前史"有助於揭示後世帝國時期中國海事活動的發展。

因此，本文有兩個目的。首要目標自然是闡明古代中國組織化水運產生的多重脉絡，這一方面與相關的政治史、軍事史以及歷史地理緊密聯繫。本文的另一目的，是向研究後代海洋史的史學家們作出呼籲。儘管馬克·布洛赫創造了著名的格言"起源的崇拜(The idol of origin)"②，以此告誡我們不要用起源來解釋其後的發展，本文仍然希望能夠通過闡明中國水運初始階段的結構性特質，來解釋中國歷史上河道與海路之交通與活動的一些總

① 孫光圻：《中國古代航海史》，北京：海洋出版社，2005年，第60~64頁。
② Marc Bloch, *The Historian's Craft*, New York：Vintage Books, 1953, pp. 29-35.

體趨勢和問題。

<h2>二、材料、定義和方法</h2>

所有的歷史研究都需要一定程度的概括，但若把中國作爲一個整體來追溯其歷史上水運的發展顯然也有些危險。某種概括化的傾向確實是可以理解的。儘管從中國最早的歷史開始，就存在各種有關水運的證據，但這些證據在時間和空間上通常是孤立的。由於學者們可資利用的證據有限，爲了追溯水運工具和水事活動的發展，很容易傾向於將它們聯繫起來。然而這種方法未免過度簡化了歷史，因爲它將特定於某個時間和地點的證據聯繫起來，而沒有在各自的脉絡中進行考察。

從表面上看，漢字的象形特點使其適於作爲視覺史料。例如，在研究古代中國船隻的發展時，學者們往往從甲骨文或金文中的船隻象形推斷其結構或相關活動，如"夕、𢆶（舟）""𠦪（凡）""𣪊（般）""𢍏（受）""𣎵（舥）""𦨶（艒）"，等等。① 然而，由於象形表意時不可避免地要進行抽象，且字型演變也有保守性，我們在使用象形文字作爲史料時應非常謹慎。象形最多只是對造字時某些現象或概念的模糊反映，不宜將其精確定位到某個時間和地點，并作爲史料。

此外，將中國傳世文獻中的器物發明傳説作爲證據也應被認爲是方法論的誤區。儘管疑古學派早已批判了古代聖王的歷史真實性，但仍有學者把船、槳、筏的發明歸功於黄帝或其他傳説人物，如伏羲、隧人等，對此筆者深表懷疑。②

同樣，在研究水運的早期歷史時，戰國甚至更晚形成的軼事文本對早期歷史的叙述

---

① 席龍飛：《中國古代的造船技術》，章巽主編：《中國航海科技史》，北京：海洋出版社，1991年，第16頁；楊升南：《商代的水上交通工具》，《殷都學刊》2006年第4期，第1~7頁；彭德清：《中國航海史》，北京：人民交通出版社，1988年，第11~14頁；王冠倬：《中國古船圖譜（修訂本）》，北京：生活·讀書·新知三聯書店，2011年，第29頁；孫光圻：《中國古代航海史》，北京：海洋出版社，2005年，第51~54頁；許進雄：《中國古代社會：文字與人類學的透視》，臺北："商務印書館"，2013年，第401~407頁；陳信雄：《宋元的遠洋貿易船》，《中國海洋發展史論文集（第二輯）》，臺北："中央研究院"，1987年，第2~3頁。也有學者認爲，商代甲骨文中的"凡"字證實了商代帆的使用。例如楊槱：《中國造船發展簡史》，中國造船工程學會編：《中國造船工程學會1962年年會論文集 第二分册 運輸船舶》，北京：國防工業出版社，1962年，第8頁。然而，仔細研究商代甲骨文"凡"的語境和字形，可發現該字本意爲"盤"。"𠦪"的形狀是一個盤子的側面投影，代表其圈足、盤體和手柄。在商代甲骨文中，"凡"也用作"風"的聲旁。没有證據表明其曾被用爲"船帆"之意。

② 彭德清：《中國航海史》，北京：人民交通出版社，1988年，第3~5頁。

也難以憑信。① 其中一個廣爲徵引的軼事是昭王在第二次南征時死於漢水。《史記正義》引《帝王世紀》與《水經注》記載，當地人誘騙昭王乘坐膠船，結果船在漢水中解體，昭王溺水身亡。從最近基於金文對昭王南征的研究來看，這個故事的真實性可以被否定。②

關於中國歷史上早期水運的研究，還有哪些可以考慮的史料呢？ 相較於從大約四千年前的埃及到羅馬時期豐富的關於早期船隻的證據，③ 有關中國早期水運的證據實在太少，很難追溯中國歷史上船隻和水運的起源與演變。考古發現的早期沉船不多，使我們不能實際地知曉早期船隻的模樣及其製造和使用方式，④ 關於古代中國水路運輸量的量化資料也付諸闕如。

幸運的是，目前的情況允許我們從另一個角度處理這個問題，亦即探討船隻被大規模地組織起來，并通過自然或人工水道長途航行的社會與地理脉絡。確切而言，本文考察的時段從晚商和西周時期開始并延續到戰國晚期。本文關注的區域是古代中國最重要的三大水系：黃河、長江和淮水流域。在國家構建和軍事競爭的過程中，這些地區的各個政權開發了最適合其地理條件的多元交通模式。因此，對交通模式的理解與古代中國的政治史和軍事史有着錯綜複雜的聯繫。

在此有必要對"水運"一詞作個界定。水運是指刻意採用自然或人工水道以進行的長途移動。渡河并非水運，因爲在這種情況下，水更多的是障礙而非移動媒介。筆者復將"水運"一詞限定於使用例如船或筏等水運工具的航行，而不包括原木漂流和河流冰面上的運輸。

此外，筆者關注的是組織化水運而非零星案例。由於缺乏數據，難以定量地判斷古代中國每個水運案例的組織化程度。但筆者關注的是國家因軍事、行政、禮儀或經濟等目的所自主進行的水運活動，蓋其必然有較具規模的組織化程度。

毋庸置疑，運輸系統在軍隊調動、領土控制、民政管理或長途貿易中發揮着至關重要的作用。作爲古代中國兩大長途運輸方式之一，水運是陸運的替代品或潛在競爭者。國家

---

① 對於故事文本的定義和討論，見 David Schaberg, Chinese History and Philosophy, in Andrew Feldherr and Grant Hardy eds., *The Oxford History of Historical Writing*, New York：Oxford University Press, 2011, pp. 394-413.

② 雷晉豪：《西周昭王南征的重建與分析》，《文史》2022 年第 3 輯。

③ Lionel Casson, *Ships and Seamanship in the Ancient World*, Princeton：Princeton University Press, 1986, pp. 11-22. Richard A. Gould, *Archaeology and the Social History of Ships*, Cambridge：Cambridge University Press, 2000, pp. 121-127.

④ 關於中國早期考古所見船隻的清單，見王冠倬：《中國古船圖譜（修訂本）》，北京：生活・讀書・新知三聯書店，2011 年，第 20~21 頁。

利用水運的方式取決於其地理、文化和軍事策略的差異。從這一角度看，理解水運在各地所發揮的不同作用，也有助於闡明不同地區的政治史和軍事史。

讀者也許會質疑爲何筆者將夏和早商排除在考察之外，其原因主要是缺乏可靠的史料。筆者希望本文所依據的史料具有可靠的年代和出處。因此，本文考察的時段始於晚商，終於戰國。我們使用的材料包括商代甲骨文、西周金文、傳世文獻、考古材料以及關於水運的視覺資料。

但在此仍有一個方法論問題有待解釋。歷史學家深知應該非常謹慎地對待默證。這種闕疑的態度是合理的。出土和傳世文獻往往只涵蓋古代中國文明的核心區域，而考古材料很大程度上取決於其保存狀況。我們總可以質疑説，看不見不等於不存在。然而，此觀點是一種滑坡謬論（slipper slope），它若發展到了極端，將使所有關於古代歷史的結論都失去立足點。但是，這不應妨礙我們根據目前掌握的證據而得出結論。

另外，在社會以及地域搏成的主要媒介是政治權力而非自由市場的時代，假定商、周和其他主要諸侯國的領域外幾乎不可能發現大規模的組織化水運，這或許更有其合理性。① 因此，筆者認爲，本文所依據的實證主義方法不僅方法論合理，而且也符合歷史背景。

三、商代晚期

晚商和西周時期的文明中心皆位於中國北方，因此我們可利用的文獻都來自此地區。儘管學者們早已發現水事活動的記載，但沒有一項能證明船隻曾被大規模用於長途運輸。相反，船隻的用途很有限，水道則更多的是障礙而非移動媒介。

我們從商代開始。

商代甲骨文中的"ᛣ"被釋爲"舟"。在其關於商朝交通的開創性研究中，于省吾指出"ᛣ""ᛣ"和"涉"三個動詞被用來修飾"ᛣ（舟）"字，他又揭示了它們在商代的用法。② 于省吾認爲"ᛣ"應釋爲"緯"，"ᛣᛣ"意爲"用索引舟"。在後來的著作中，于氏改變了觀點，釋"ᛣ"爲"率"，意爲"循"。因此，他將"ᛣᛣ"重新解釋爲"船在水中順流而行"。③

---

① 王德權：《古代中國體系的搏成》，《新史學》第 14 卷第 1 期，2003 年，第 143~201 頁。

② 于省吾：《殷代的交通工具和郵傳制度》，《東北人民大學人文科學學報》1955 年第 2 期，第 96~103 頁。

③ 于省吾：《甲骨文字釋林》，北京：商務印書館，2010 年，第 302~305 頁；楊升南：《商代的水上交通工具》，《殷都學刊》2006 年第 4 期，第 4 頁。

學界現在普遍認定"𠂤"應釋作"尋"。① 儘管關於該字的含義學界尚有不同看法，但相較於"循着"，筆者認爲將其理解爲"使用"更爲恰當。《左傳》記載"將尋師焉"和"日尋干戈"。② 杜預注："尋，用也。"因此，"尋舟"僅爲"使用船隻"之意。

"尋舟"一詞在商代甲骨文著録中曾出現過三次：

> ……丑卜，行貞，王其尋船于滴，③ 無災？《合集》24608
>
> 乙亥卜，行貞，王其尋舟于河，無災？《合集》24609
>
> 庚申卜，王其尋舟……二牢，兹用？《屯南》2296

其行程的規模和目的尚不明確。結合前兩則卜辭，楊升南認爲商王必沿滴水進入黃河。④ 然而，該觀點是以情境證據（circumstantial evidence）立論。我們尚不清楚這兩則卜辭是否存在關聯，也不知道這些船隻是否僅用作渡河、長途運輸、娛樂、祭祀河神或其他可能的目的。由於刻辭隱晦且缺失了關鍵性的上下文，這些問題都無法回答。

然而，從《屯南》2296可以清楚地看出，在河中行船蘊含風險，因此使用了犧牲。根據統計，甲骨文中很少提及使用船隻。大量甲骨文記載商王因各種原因而出行（大概使用馬車），⑤ 其中用船的記録不超過三次，且僅見於二期卜辭。在商王使用船隻之前獻祭了兩隻小牛，表明船運是需要安排的特殊事件。

《尚書·盤庚》記載商王朝因遷都安陽而渡河，其中出現了"涉"字。⑥ 商代甲骨文著録中也出現了一些"涉"字，其中包括渡過臨近安陽的河流，例如黃河和滴水。這些文獻未提及渡河的方法，或許是因爲太普通而不值一提。然而在古代中國，渡河不一定用船。相反，最普遍的渡河方式是涉水而過：

---

① 于省吾主編：《甲骨文字詁林》第2册，北京：中華書局，1996年，第970～974頁；李孝定：《甲骨文字集釋》第3卷，臺北："中央研究院"歷史語言研究所，1970年，第1031～1038頁。

② 楊伯峻編著：《春秋左傳注（修訂本）》，僖公五年、昭公元年，北京：中華書局，1990年，第304、1218頁。

③ "滴"指"漳水"，見楊樹達：《積微居甲文説·卜辭瑣記》，北京：科學出版社，1954年，第47頁。

④ 楊升南：《商代的水上交通工具》，《殷都學刊》2006年第4期，第4頁。

⑤ 見李學勤：《殷代地理簡論》，《李學勤早期文集》，石家莊：河北教育出版社，2008年，第157～277頁。

⑥ 屈萬里：《尚書集釋》，臺北：聯經出版社，1986年，第81～98頁。

匏有苦葉，濟有深涉。深則厲，淺則揭。①

因此，儘管甲骨文中有不少"涉"，我們仍不能確定其渡河方式以及是否使用了船隻。

只有一則例子明確提及船隻：

甲戌，臣涉舟，延□弗告。旬又五日丁亥，執。《合集》64 正

甲骨文中的"臣"含義不明，筆者不太傾向於將之理解爲官員。無論如何，此處關鍵在於，這是商代甲骨文唯一記載的以船渡河的例子。然而，這些船的性質尚不明確。我們不清楚這些船隻是否主要由政府提供，也不知道主要的渡口上是否有公共渡船。如果商業擺渡確實存在，或許該刻辭可以理解爲，官員們通過賄賂船夫"延□"而渡河。

宗廟禮儀中也使用了船隻。這一類例子較多，關鍵字"玟"可釋作"設"，意爲"陳列"②：

……玟舟自上甲……祖乙牛一，父丁……《合集》32389

丁卯貞，王令卓奠，玟舟。《合集》32850

……卓，王令……玟舟……《屯南》4052

儘管舉行這些儀式的場所不明，但第一則材料的確暗示它們發生在商王宗廟。船隻被用於某些儀式或其他正式場合，但細節不得而知。

另一個使用船隻的場合也可能與禮儀有關，其中涉及"再"字：

……貞，王令卓今秋……舟疊，乃奠。《合集》32854

……貞……令比……舟再……奠《屯南》866

"𢍰(奠)"的象形性質暗示酒被倒在地上祭神，因此它往往被理解爲奠祭儀式。"再"字也寫作"疊"，今文寫作"稱"，甲骨文中常見，應理解爲"舉"。③ 在禮儀的語境中，它可理解爲"進獻"，而在一般的語境中可理解爲"使用"，例如"舉兵"。

---

① 屈萬里：《詩經詮釋·匏有苦葉》，臺北：聯經出版社，1988 年，第 60 頁。

② 于省吾：《甲骨文字釋林》，北京：商務印書館，2010 年，第 307 頁。

③ 于省吾主編：《甲骨文字詁林》第 4 册，北京：中華書局，1996 年，第 3138～3139 頁。

顯然在這兩個例子中，人們在奠祭儀式上使用了船隻，但其原因却不得而知。

至此可見，晚商時期，船已用於渡河和某些儀式。[1] 但是，對於船隻的管理以及活動的規模和組織，上述甲骨文提供的綫索很少。我們不得不借助另一類記載來推測其管理機制。

商代甲骨文記載有"來舟""得舟"和"畀舟"，表明可通過進貢或交換獲得船隻。[2] 這些都是商獲得船隻的方式。

另一則刻辭提到爲商王製造"王舟"：

> 己巳卜，争貞，作王舟。《合集》13758 正

因此，除了通過進貢和交換獲得船隻，王室還爲商王製造船隻。然而，這些記載都没有提供關於這些船隻的數量、規模、組織的綫索。

尚有一些商代甲骨文中的"舟"字提供了有關船隻管理機制的信息(參見圖1)。楊升南根據金文提出，"尹舟"在商代金文中出現了 15 次，係指商代主管舟船的職官。[3] 若此，商王室必然擁有相當多的船隻。然而，此觀點的關鍵是將"尹"理解爲"官員"的通稱，并將"舟"視爲"船"。那麼，我們可以預期有其他將"尹"字冠於其監管項目(例如馬、車、檔案、土地等)之上的職官名稱。然而，事實恰恰相反。在"殷周金文暨青銅器資料庫"中檢索"尹"字，并未發現任何此類職官名稱。[4] 統計結果顯示"尹舟"不是官名，而是族名。

商王確實曾在一個場合中視察過船隻(省舟)，[5] 但其背景不明，無法確定他視察的是王室的船隻還是政府的公船，其視察的船隻數目也未被證實。

有兩則銘文記載商王命人"取舟"，[6] 但其背景和數量亦不明確。楊升南將其理解爲軍事目的，但其觀點是基於一系列未釋的文字，至多只備一説。[7]

---

[1]　還有一些零碎的證據需要討論。"出舟"一詞在商代甲骨文著録中出現了四次。"出"有多重含義，但商王曾連續兩天占卜"出舟"，暗示"出"可以解釋爲"派遣"或者"使用"，例如"出兵"。關於規模、數量、目的和背景的信息也付諸闕如。除了使用船隻這一事實，其餘不得其詳。另一則金文中，"執舟"二字單獨出現。由於缺乏語境，我們不能確定這裏的"舟"是人名還是船。没有證據表明這一記載與軍事行動有關。

[2]　《合集》795，11462 正，11460 甲正、乙正。"來"應理解爲贈送，正如"來牛""來馬"。

[3]　楊升南：《商代的水上交通工具》，《殷都學刊》2006 年第 4 期，第 3 頁。

[4]　殷周金文暨青銅器資料庫(http://www.ihp.sinica.edu.tw/~bronze/)。

[5]　《懷》1456。

[6]　《合集》655。

[7]　楊升南：《商代的水上交通工具》，《殷都學刊》2006 年第 4 期，第 5 頁。

圖1

楊氏還舉了兩個例子來論證船隻的軍事用途。① 其中一例是將"羌舟啟"理解爲"以羌率領的舟師爲軍隊前鋒"。"啟"確有"軍隊前鋒"之意，但從語法的角度講，將"羌舟"理解爲人名似乎更爲合適。即使原文是一個倒裝句，仍然可以將"舟"字理解爲族名，正如《國語》所記載的舟族。②

楊氏所舉的另一個例子包括三則銘文，均使用此種形式：

方其䑠(舣)于東？ （《合集》11467、11468、20619）

他將其未釋的"䑠"理解爲"以舟師侵犯"。

然而，此字異說尚多，故該觀點也只備一說。③ 筆者認爲，楊氏的觀點暴露了一個方法論問題，需要在此進一步闡述。

鑒於漢字的象形特點，當學者們遇到未釋古文字時，可能傾向於從象形表徵來解釋其含義。該方法的風險在於漢字系統的複雜性。要分辨一個漢字構件是義符還是聲符并不總是那麼容易。聲符有可能被誤作義符。此外，有些字也可能是假借字，與其象形本義無關。商代甲骨文是一種成熟的文字系統，含有很大比例的形聲字和假借字。④ 在這種情況下，僅以象形來推測未知的文字是有風險的。因此，筆者認爲，楊升南提出的關於商代組織化使用船隻的證據均無法得到證實。

至此，通過考察船隻出現的背景及其管理方式，可對商代晚期船隻的作用作一總結。

① 楊升南：《商代的水上交通工具》，《殷都學刊》2006年第4期，第5頁。
② "禿姓舟人"，見徐元誥：《國語集解·鄭語》，北京：中華書局，2002年，第467~468頁。
③ 郭沫若釋爲"般"，張秉權釋爲"服"。見楊升南：《商代的水上交通工具》，《殷都學刊》2006年第4期，第5頁。
④ 李孝定：《從六書的觀點看甲骨文字》，《南洋大學學報》1968年第2期，第84~106頁。亦載氏著《漢字的起源與演變論叢》，臺北：聯經出版社，1986年，第1~42頁。

儘管商王在黃河和滴水上使用過船隻，但其出行目的和船隻規模尚不清楚。可以確定的是，這一時期的船被用於渡河，但我們不知道它們是自備的還是商業性質的。船隻還出現於王室宗廟的奠祭儀式，但其使用原因和方式也不得而知。

關於商朝的船隻管理機制，我們僅知道商王室通過進貢、交換和自造等多種途徑獲取船隻。商王曾經親自視察了船隻至少一次。但是，我們同樣不知道王室船業的規模以及商王室使用船隻的數量和目的。我們僅能從統計基礎上判斷，與陸運相比，船運被認爲是罕見和危險的，需要提前舉行祭祀儀式。

總之，所有關於商代水運的規模和組織的證據都是不確定的。如果我們想尋找國家組織化水運的起源，答案肯定不是商代。

四、西周時期

西周時期的水運活動有了更多的證據。然而，詳盡搜羅有關水運的材料，可以發現西周時期船隻的使用相當有限，并沒有證據顯示通過水路進行商品或人員的長途運輸。

周人對船隻的使用確實有了一個新的發展。《詩經》記載，文王成婚時，周人建造了跨越渭河的浮橋：

> 文定厥祥，親迎于渭。造舟爲梁，不顯其光。[1]

李約瑟據此記載認爲，古代中國比希臘更早發明浮橋。[2]

船隻的類似用法見於一個稍晚時期的案例。《左傳》記載：

> 后子享晉侯，造舟于河，十里舍車，自雍及絳。歸取酬幣，終事八反。[3]

然而，建造浮橋應僅限於特殊情形。通常人們直接涉水或乘船渡河。

《詩經》保留了不少渡河的記載。儘管很難準確指出這些材料的時間和地點，但可以認爲其描述的場景大致反映了古代中國的日常生活。其中一則提及舟人招呼旅客的場景：

---

[1]　屈萬里：《詩經詮釋·大明》，臺北：聯經出版社，1988 年，第 455 頁。正如詩句"文王初載，天作之合"所説，此婚禮是在文王初年舉行的。

[2]　Joseph Needham, *Science and Civilisation in China*, Vol. 4, Part 3, Cambridge：Cambridge University Press，1971，pp. 159-160.

[3]　楊伯峻編著：《春秋左傳注(修訂本)》，昭公元年，北京：中華書局，1990 年，第 1214 頁。

> 招招舟子，人涉卬否。人涉卬否，卬須我友。①

這首詩暗示當時存在商業擺渡，但由於我們對西周時期的財政和經濟制度了解不足，很難知道這種服務是如何被支付的。

《大東》也可以佐證當時已有商業擺渡，該詩指責社會不公和舟人的貪腐。該詩内容可定於西周時期，其描述：

> 舟人之子，熊羆是裘。私人之子，百僚是試。②

這可以理解爲對舟人間貪腐的廣泛指責，因爲這項服務似乎被濫用，成爲巨額財富的來源。

有關政府提供的擺渡服務，《國語》有一個規範性的陳述值得注意。該文獻記載，春秋中期周王室的大臣單襄公訪問陳國時，指責陳國不能爲旅客提供渡河服務：

> 川無舟、梁，是廢先王之教也。③

筆者將"舟"和"梁"視爲兩個獨立的名詞。④ 另一種理解是將"舟梁"看作一詞，意爲浮橋。無論如何，單襄公將這項服務的起源歸於先王，蓋此傳統或始於西周。雖然由於缺乏獨立史料，我們不能證實其説法，也不清楚西周時期這種制度的實施程度，但他的話確實暗示擺渡服務并不總是可靠。

除了渡河，尚有證據顯示，西周時期的船隻曾於菶京用於儀式。麥尊記載：

> 王令辟邢侯出坏，侯于邢，若二月，侯見于宗周，亡尤。會王饗菶京，酌祀。若翌，在辟雍，王乘于舟，爲大禮。王射大龏，禽，侯乘于赤旂舟，從死，咸。《集成》06015⑤

---

① 屈萬里：《詩經詮釋·匏有苦葉》，臺北：聯經出版社，1988 年，第 60 頁。

② 屈萬里：《詩經詮釋·大東》，臺北：聯經出版社，1988 年，第 389 頁。

③ 徐元誥：《國語集解·周語中》，北京：中華書局，2002 年，第 66 頁。

④ 王引之亦將"舟""梁"讀爲二物，見王引之：《經義述聞》，北京：中華書局，2021 年，第 991 頁。

⑤ 筆者大體遵循殷周金文暨青銅器資料庫（http://app.sinica.edu.tw/bronze/qry_bronze.php.）提供的釋文，還參考了 Edward L. Shaughnessy 的研究。見 Edward L. Shaughnessy, Historical Geography and the Extent of the Earliest Chinese Kingdoms, *Asia Major*, 1989, 2(2), pp. 19-20.

麥尊可斷代於西周早期，最可能在康王時期。① “饗”的含義尚不清晰，但學界公認是指某種儀式。② 茶京的位置尚未得到考古證實，但肯定位於西周灃都、鎬都附近。③ 此地是辟雍之所在，而根據儒家注解，辟雍四面環水。④

麥尊證實了關於辟池的記載。其銘文顯示，康王乘舟舉行盛大的儀式。康王在船上射禽，邢侯乘另一艘帶紅旗的船跟隨。乘舟和在池中狩獵不應被視爲娛樂活動。相反，金文表明，乘舟是爲了舉行盛大的儀式，儀式中會進行某種射禮。⑤

伯唐父鼎提供了另一個在儀式中用船的例子⑥，該器爭議較多，大致斷代於西周早、中期⑦。由於銘文損毀嚴重，不可能準確釋讀，這裏只遵循最通行的釋文：

乙卯，王饗茶京。王辟舟，臨舟龍⑧，咸。伯唐父告備。王各，乘辟舟，臨白旂。

---

① Shaughnessy 將其斷代爲成王時期。見 Edward L. Shaughnessy, Historical Geography and the Extent of the Earliest Chinese Kingdoms, *Asia Major*, 1989, 2(2), p. 19. 馬承源將其斷代爲康王時期，見上海博物館商周青銅器銘文選編寫組：《商周青銅器銘文選（一）》，北京：文物出版社，1986 年，第 46~48 頁。筆者將麥尊年代定爲康王時期。麥尊屬於邢國官員麥所作的一組器物。其書法特徵表現在，筆畫和大小具有一定程度的規範化，但又保留了武王和成王時期的一些特點。另外，與矢令方彝等昭王時期器物的華麗風格不同，麥方彝的扉棱爲圓柱形。麥尊上的鳥紋未表現爲華冠長尾，這與昭王和穆王時期的風格有所不同。因此，筆者贊同將麥尊年代定爲康王時期。

② 劉雨提出了一個饒有趣味的觀點。在綜述前人關於“饗”的觀點的基礎上，劉雨將“饗”與它簋（《集成》04330）中的“統”禮聯繫起來，統禮是一種在父親去世後即舉行的祭祖禮。劉雨進而認爲西周金文中記載的饗禮都在其父新死不久。見劉雨：《西周金文中的祭祖禮》，《考古學報》1989 年第 4 期，第 502~503 頁。儘管將“饗”與“統”聯繫起來似乎符合音韵學，但其認爲所有饗禮器的年代都在器物所有者之父去世的次年，則缺乏年代學依據。

③ Li Feng, *Landscape and Power in Early China*: The Crisis and Fall of the Western Zhou, 1045-771 BC, Cambridge: Cambridge University Press, 2006, p. 56.

④ 陳夢家對關於大池或辟雍的傳世文獻和金文做了全面的搜集，見陳夢家：《西周銅器斷代》，北京：中華書局，2004 年，第 4 頁。

⑤ 這種在辟池中的禮儀性狩獵稱爲“水射禮”。關於西周金文中的射禮，見劉雨：《西周金文中的射禮》，《考古》1986 年第 12 期，第 1112~1120 頁。

⑥ 關於該器物的考古報告，見中國社會科學院考古研究所灃西發掘隊：《長安張家坡 M183 西周洞室墓發掘簡報》，《考古》1989 年第 6 期，第 524~529 頁；中國社會科學院考古研究所：《張家坡西周墓地》，北京：中國大百科全書出版社，1999 年，第 141 頁。

⑦ 基於其關於饗禮的觀點，劉雨將此器年代定爲穆王元年。見劉雨：《伯唐父鼎的銘文與時代》，《考古》1989 年第 6 期，第 742 頁。此斷年取決於其觀點的有效性，因此需要進一步審視。

⑧ 筆者此處遵循劉雨的解釋，認爲“舟龍”是供登船之用的湖邊高地。見劉雨：《伯唐父鼎的銘文與時代》，《考古》1989 年第 6 期，第 741 頁。與此相反，張政烺、劉恒、袁俊傑將“舟龍”理解爲“龍舟”，大概是周王的王船。見張政烺：《伯唐父鼎、孟員鼎、甗銘文釋文》，《考古》1989 年第 6 期，第 551 頁；劉恒：《也談伯唐父鼎銘文的釋讀——兼談殷代祭祀的一個問題》，《文博》1996 年第 6 期，第 29 頁；袁俊傑：《伯唐父鼎銘通釋補證》，《文物》2011 年第 6 期，第 39 頁。然而，在船上的第二輪儀式中，周王乘坐帶有白旗的船而非“龍舟”，此事實與該釋文矛盾。因此筆者遵循劉雨的理解。

用射絲、虎、貉、白鹿、白狼于辟池。咸。《新收》0698 ①

商和西周時期，王爲了多種典禮進行儀式性的狩獵，而辟池周邊的沼澤地正是這些犧牲的養殖中心。伯唐父鼎中所見的白色動物似乎也在西周宗教文化中具有象徵意義，這暗示它們并非野生動物，而是出於禮儀目的而人工養殖的。② 無論如何，與本文相關之處在於，周王在沼澤地進行禮儀性質的狩獵時必須使用船隻。這是西周時期船隻的另一種用途。

至於儀式中使用的船隻數量，依麥尊記載，周王和邢侯各乘坐一艘船，而伯唐父鼎僅提到了一艘船。并没有證據顯示大規模使用了船隻，且如"辟舟"之名所暗示，船隻的移動似乎僅限於辟池中。

王任命官員監管船隻。西周晚期的楚篡記載，王室任命楚：

司荼啚官、内師舟。《集成》04246

在西周金文中，"官"字經常指代"館"。③ 根據銘文，荼京的周圍有館舍。"内"即内部，與"啚"即邊緣相對，應當指安置在辟雍的船隻。另外，"師"作爲量詞表示"很多"。因此，"内師舟"指荼京内的衆多船隻。

我們可據此銘文推斷，至少在西周晚期，荼京有不少船隻，并可能停泊在辟雍。它們由周土任命的官員監管。

除了禮儀，辟雍内的船隻也可能用於娛樂。西周中期的井鼎記載：

王在荼京。辛卯，王漁于□池，呼井從漁。攸賜漁，對揚王休。《集成》02720

類似有關"漁"的記載也見於逋篡（《集成》04207）和老篡（《新收》1875）。所有的"漁"都在荼京進行，具體地點大概在辟池，則很可能用到了位於辟雍的船隻。

《穆天子傳》記載了用於娛樂的船隻。《穆天子傳》儘管本質上是歷史小説，④ 但仍保

---

① 學者們對許多細節理解不一，鑒於本文主旨，不必進一步探討。

② 朱琨：《略論商周時期射牲禮》，《中原文物》2012 年第 1 期，第 33～37 頁。

③ 見競卣（《集成》05425）、隫尊（《集成》05986）和鼸卣（《新收》1452）。

④ Michael Loewe ed., *Early Chinese Texts*: *A Bibliographical Guide*, Early China Special Monograph Series no. 2, Berkeley: The Society for the Study of Early China, the Institute of East Asian Studies, University of California, Berkeley, 1993, pp. 342-346. 釋者注：關於《穆天子傳》的成書年代與性質，較新研究參考雷晉豪：《〈穆天子傳〉"晉南"段的交通地理重建及相關問題》，《出土文獻》2021 年第 2 期。

存了西周時期的信息。根據此書，在許國之行中，穆王曾經在大沼中泛舟：

　　　　癸亥，天子乘鳥舟、龍舟浮于大沼。①

注家一般認爲大沼位於今許昌市。② "鳥舟"和"龍舟"可理解爲裝飾有鳥和龍圖案的船隻。《穆天子傳》接着提及穆王在之後幾天的活動，包括在洧水邊宴飲，在漸澤釣魚，在桑野食魚。③ 從文中可以清楚地看出，穆王用船進行娛樂活動。

　　除了這些例子，文獻中記載的西周時期的船隻少之又少。但是在總結之前，仍有另一種材料需要討論。

　　學者們經常基於商周王都發現的海貝以及它們在文獻中的記載，推測當時已有海事活動，海濱區域與王都之間也存在貿易往來（參見圖2）。④

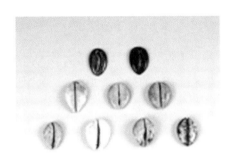

圖2　海貝，黃寶螺和金環寶螺

　　然而，這個觀點也尚未得到考古資料的證實。按：商周王都最常見的海貝是黃寶螺和金環寶螺，⑤ 其原始栖息地在熱帶或亞熱帶的潮間帶和潟湖，其採集比較容易。有鑒於

---

① 王貽樑、陳建敏校釋：《穆天子傳匯校集釋》卷五，上海：華東師範大學出版社，1994年，第258頁。

② 王貽樑、陳建敏校釋：《穆天子傳匯校集釋》卷五，上海：華東師範大學出版社，1994年，第259~260頁。

③ 王貽樑、陳建敏校釋：《穆天子傳匯校集釋》卷五，上海：華東師範大學出版社，1994年，第258頁。

④ 例如王冠倬：《中國古船圖譜（修訂本）》，北京：生活·讀書·新知三聯書店，2011年，第34~35頁；陳信雄：《宋元的遠洋貿易船》，《中國海洋發展史論文集（第二輯）》，臺北："中央研究院"，1987年，第3頁。

⑤ 趙善德：《商周時代的"貝貨"》，《文博》1988年第1期，第80~83頁。鍾伯生：《史語所藏殷墟海貝及其相關問題初探》，臺灣《"中央研究院"歷史語言研究所集刊》第64本第3分，1993年，第687~737頁。從文中可見史語所在安陽搶救發掘的商代海貝的全面考察。

此，這些海貝的存在不能作爲遠洋活動的證據。另一方面，它們在商周國都的出現也不足以證明當時有通過海路或河道所進行的貿易。儘管學者們對於古代中國海貝的來源和傳播途徑仍存在分歧①，但毋庸置疑的是，作爲一種輕巧的威望物資，它們可以輕易地經由陸路運輸②。因此，目前所見材料只能作爲文化交流的證據，而關於交流的實際方式仍有待探究。

總之，通過研究西周時期船隻的使用背景，可知一個突破是船隻被用以建造浮橋。據記載，公元前 11 世紀的周文王初年已出現了浮橋，這是人類歷史上有記載的最早的浮橋。

商業擺渡似乎也已經出現，儘管關於其運作和管理的證據很少。結合一些關於渡口和橋梁建設的規範性文本來看，似乎西周時期的渡口經常部署用於渡河的船隻。

另外，船隻也被用於禮儀。周王需遵守古老習俗，在儀式上象徵性地射殺犧牲。金文記載，周王曾經乘船對生活在苍京辟池邊的犧牲進行儀式性的狩獵。船隻的數量尚不明確，但"師舟"這一官名暗示其數量頗豐。除了禮儀背景，苍京的船隻也用於釣魚娛樂。

然而，沒有證據表明船隻被大規模用於長途運輸。西周時期船隻的功能比起晚商似乎沒有多大的發展，主要用於渡河、禮儀和娛樂。僅有的重要發展是以船搭建浮橋，不過這也與渡河密切相關。考慮到西周疆域遼闊，長途水路運輸的闕如是個需要解釋的現象。

五、西周時期水陸交通的比較

古代有兩種長途運輸方式：陸路和水路。西周採取前一種方式。

西周王朝立國時疆域迅速擴展，故建立一個覆蓋全國的交通網絡勢在必行。爲了滿足軍事、行政、經濟和禮儀等方面不斷增長的交通需求，周道這一全國性的交通網絡應運而生。周道連接王朝都城和主要諸侯國，且隨着王朝的領土擴張而擴大其涵蓋範圍，最終形成了從渭河流域出發經洛邑而進入今山東、河南、河北和湖北等省份的道路網絡，總計包括八條主幹道，鞏固了西周的領土控制。③

周道的修建與制度化的馬車運輸同步發展。馬車雖在商代晚期傳入中國，但在當時僅是貴族階層的奢侈品。克商之前，周人將馬車轉變爲組織化的戰爭機器，并在西周王朝建

---

① 關於海貝從原產地運輸到中國的可能路綫的概述和討論，見木下尚子：《從古代中國看琉球列島的寶貝》，《四川文物》2003 年第 1 期，第 29~34 頁。

② 如小臣謎簋(《集成》04238)銘文記載的那樣，將在山東沿海地區奪取的海貝當作戰利品。🉐鼎(《集成》02740)也保存了一則在對東夷的戰爭中奪取海貝的類似記載。

③ 對於周道的綜合復原，見雷晉豪：《周道：封建時代的官道》，北京：社會科學文獻出版社，2011 年，第 46~156 頁。

立後將其納入行政體系。精心修建的周道結合了當時世界最快的交通工具，成爲中國歷史上最早的"高速公路"。①

周道這一陸上交通網絡以西都灃、鎬和東都洛邑爲其軸心。②它們都不是主要的港口城市。②雖然周道有逢水之處，但沒有證據顯示其除了渡河以外還有水路。③

周道系統缺乏水運的原因之一可以解釋爲周人起源於中國西北地區，傳統上更熟悉陸路運輸。陸運占主導地位的華北是西周的基礎。因此，西周將陸地上最快的交通工具和標準化的道路系統結合起來，建立了有效的運輸體系，其規模和效率直到秦帝國修建馳道才被超越。

西周採用陸路進行長途運輸，這一現象也可歸咎於商和西周時期水路運輸相較於陸路運輸具有先天弱勢。

運輸學的學者提出了一個方案，用六個指標來評估不同交通方式的優劣：速度、載重、成本、可靠性（運輸的安全和穩定程度）、完整性（運輸網絡的地理覆蓋範圍）和頻率（一年中的可用時長）。④

基於此標準，在載重和成本方面，顯然水運通常優於陸運（馬車和牛車）。在頻率和可靠性方面，兩者相當。在適宜的條件下，水運甚至在速度方面優於馬車。⑤因此，西周時期水運的主要弱點在於地理覆蓋範圍不足。

古代中國的自然地理將天然水道分成三個獨立水系：黃河流域（包括濟水）、長江流域（包括漢水）和淮水流域，因此水運網絡具有天然的限制。這些水系各自獨立，自西向東流動。對於疆域遠遠超出一個流域的王朝來説，水運顯然不足以連接其各部分的領土。⑥

就單一流域內的交通而言，衆所周知，西周核心區所在的黃河流域在可靠性和頻率方面是三大水系中最差的。渭河流經西周都城區，是黃河的主要支流之一。但在中國歷史上，渭河航運以低落著稱。⑦顯然，西周王朝不可能利用渭河發展出系統化的船隻運用。

---

① 雷晉豪：《周道：封建時代的官道》，北京：社會科學文獻出版社，2011年，第46~156頁。

② 雷晉豪：《周道：封建時代的官道》，北京：社會科學文獻出版社，2011年，第157~162頁。

③ 雷晉豪：《周道：封建時代的官道》，北京：社會科學文獻出版社，2011年，第322~326頁。

④ Donald J. Bowersox, Pat J. Calabro, and George D. Wagenheim, *Introduction to Transportation*, New York：Macmillan, 1981, pp. 56-57.

⑤ 在現代以前，水運通常快於陸運，無論是步行還是騎馬。羅榮邦提供了一個有趣的對比，他在匯總了許多學者的研究後總結，從廣州到北京的1900英里路程，即使在清朝仍需要步行56天或騎馬32天。而在唐朝，從廣州航行1900英里到爪哇，即使是最落後的阿拉伯船隻，也只花22天。見 Lo Jung-pang, *China as a Sea Power 1127-1368*, Hong Kong：Hong Kong University Press, 2012, p. 25.

⑥ 雷晉豪：《周道：封建時代的官道》，北京：社會科學文獻出版社，2011年，第387~392頁。

⑦ 辛德勇：《長安城興起與發展的交通基礎——漢唐長安交通地理研究之四》，《古代交通與地理文獻研究》，北京：中華書局，1996年，第180~184頁。

從更長時段來看，歷史氣候研究表明，西周時期的年平均氣溫和降水量都有下降。① 在冬季，黃河通常會結冰。②《古本竹書紀年》中亦見漢水和長江結冰的記載。③ 這種氣候趨勢，大大降低了西周時期河道運輸的頻率。

此外，黃河的頻繁泛濫也阻礙了其下游聚落的發展。從《中國歷史地圖集》中可以看出，從新石器時代開始，直到戰國時期黃河下游河道開始築堤，黃河下游沒有發現任何大型聚落。④ 西周時期，重要的東方諸侯國大多位於地方水系附近。一部分沿着太行山東麓，另一部分聚集在山東地區。

在南土，諸侯國分散在淮水（汝水、潁水）和漢水的主要支流沿岸。⑤ 而淮水和長江主幹道周圍的地區是西周王朝無法控制的。在這種地理環境下，西周王朝自然不會將水路納入其交通網絡。我們也可以符合邏輯地推測，中國歷史上水運的興起，需待更有利的氣候條件和連接三大水系的運河建設。

毋庸置疑，只有强大的政治和軍事利益才會推動這種需要巨額國家投資的水利系統，而這些條件到了春秋時期才出現。順便提及，這一時期的氣候也發生了變化。⑥

六、春秋時期：南方的發展

華北平原以南年降水量高，又是水鄉澤國，這是中國歷史上最早的組織化水運出現的地理背景。

春秋時期，楚、吳、越三國間的軍事競爭十分激烈。爲了取得對敵優勢，這些國家利用該地區密集的天然水道，將船隻運用於軍事目的，首先是爲了運輸，其次用來作戰。⑦

① 竺可楨：《中國近五千年來氣候變遷的初步研究》，《考古學報》1972 年第 1 期，第 168~188 頁。

② 例如"士如歸妻，迨冰未泮"。屈萬里：《詩經詮釋·匏有苦葉》，臺北：聯經出版社，1988 年，第 60 頁。

③ "孝王七年……冬大雨雹，牛馬死，江、漢俱凍。"方詩銘、王修齡：《古本竹書紀年輯證·周紀》，上海：上海古籍出版社，1981 年，第 249 頁。

④ 譚其驤：《西漢以前的黃河下游河道》，《長水集》，北京：人民出版社，1987 年，第 56~62 頁。譚其驤主編：《中國歷史地圖集》第一册，北京：中國地圖出版社，1982 年，第 7~8 頁。

⑤ 譚其驤主編：《中國歷史地圖集》第一册，北京：中國地圖出版社，1982 年，第 15~16、17~18 頁。

⑥ 竺可楨：《中國近五千年來氣候變遷的初步研究》，《考古學報》1972 年第 1 期。

⑦ 楊泓：《水軍和戰船——中國古代軍事裝備札記之五》，《文物》1979 年第 3 期。羅榮邦總結了東周時期吳、越、楚三國之間水戰的文獻記錄，但仍缺乏更深入的歷史解釋和分析。其書中還存在一些對傳世文獻的誤解和未加批判的運用。參見 Lo Jung-pang, *China as a Sea Power 1127-1368*, Hong Kong：Hong Kong University Press, 2012, pp. 25-31.

後來，隨着其向北的擴張，吳國修建了運河，將原本孤立的水系連接起來，以便輸送軍隊到遥遠的北方。① 因此，華北水道的覆蓋範圍得以擴大。

雖然根據現有資料無法知曉南方各國水師的起源，② 但很明顯，公元前 570 年的吳楚"鳩兹之戰"是最早有記録的水戰：

> 楚子重伐吳，爲簡之師。克鳩兹，至于衡山。③

鳩兹靠近今蕪湖，是一個港口城市。其地理位置表明，楚國的水師可通過長江行軍。然而，目前尚不明確楚國的水師是僅用於運輸軍隊，還是也參與了水上作戰。

但是吳楚之間很快就發生了水戰。④ 公元前 538 年，兩國戰於朱方⑤，公元前 525 年，又戰於長岸，楚國奪取了吳王的王船"餘皇"⑥。顧棟高注意到吳、楚戰争史上的一個規律：

> 夫長江之險，吳、楚所共，而楚居上游……故吳、楚交兵數百戰，從水則楚常勝，而從陸則吳常勝。⑦

---

① 關於春秋時期吳、楚、越、齊、晉各國之間軍事競争的概況，參見 Olivia Milburn, *Cherishing Antiquity*, Cambridge：Harvard University Asia Center, 2013, pp. 50-115.

② 本文用"水師"一詞來形容中國古代國家的戰船和附屬軍隊。在現代以前的中國，水軍被稱爲"舟師""水師""習流"。有學者認爲中國的"海軍"是現代的，最早可以追溯至 19 世紀末，爲洋務運動的結果。此觀點最早見於《清史稿》："中國初無海軍，自道光年籌海防，始有購艦外洋以輔水軍之議。"參見《清史稿》卷一三六《海軍》，北京：中華書局，1977 年，第 4029 頁；戚其章：《中國海軍産生的時間問題》，《史學月刊》1983 年第 3 期，第 51~54 頁。前現代水軍和現代水軍力量在造船材料、導航技術、戰略戰術、動力來源和武器等方面存在着本質差異，但也没有必要否認古代水軍的存在。這有點像以 19 世紀發展起來的歐洲史學概念爲基礎，否定前現代中國的歷史。在本文中，凡是中國古代以船運兵或進行水戰的部隊，皆可視爲水師。

③ 楊伯峻編著：《春秋左傳注（修訂本）》，襄公三年，北京：中華書局，1990 年，第 925 頁。

④ 《越絶書》佚本記録了楚國水師的組織情況。它還提供了吳國水師各類戰船的詳細尺寸。參見李步嘉：《越絶書校釋》，北京：中華書局，2013 年，第 418~420 頁。亦可參考林華東：《吳越的舟楫與航海》，《廣西民族研究》1988 年第 3 期，第 75~76 頁。考慮到《越絶書》的記載真實性存疑，應該非常謹慎地對待這些信息。關於《越絶書》可靠性、真實性、成書年代的學術研究，參見 Michael Loewe ed., *Early Chinese Texts：A Bibliographical Guide*, Early China Special Monograph Series no. 2, Berkeley：The Society for the Study of Early China, the Institute of East Asian Studies, University of California, Berkeley, 1993, pp. 490-493.

⑤ 楊伯峻編著：《春秋左傳注（修訂本）》，昭公四年，北京：中華書局，1990 年，第 1253 頁。

⑥ 楊伯峻編著：《春秋左傳注（修訂本）》，昭公十七年，北京：中華書局，1990 年，第 1392 頁。

⑦ （清）顧棟高輯：《春秋大事表》，北京：中華書局，1993 年，第 544 頁。

雖然關於這一時期的楚國都城仍存在爭議，但可以肯定的是，楚都位於今湖北省境内，極有可能在宜城地區。① 在輪船發明之前，控制河流上游者占據軍事地理的戰略優勢，因爲他們的船隊在軍事行動中能够輕快地前進。②

顧棟高認爲，吳國發動的反攻大多針對淮水地區。但他忽略了所謂吳國採行的陸路戰爭實際上也是以淮水航運爲輔助的。公元前 508 年，吳國水師沿淮水挺進豫章。豫章的確切地望仍有爭議，但很可能位於淮水上游。③ 兩年後，在吳、楚的決定性戰役中，吳與其聯軍沿着淮水行進，再次到達豫章。《左傳》記載：

> 蔡侯、吳子、唐侯伐楚。舍舟于淮汭，自豫章與楚夾漢。④ 左司馬戌謂子常曰："子沿漢而與之上下，我悉方城外以毁其舟，還塞大隧、直轅、冥阨，子濟漢而伐之，我自後擊之，必大敗之。"⑤

此處清晰地描述了聯軍沿淮水向漢水東岸前進的場景。⑥

公元前 506 年的戰爭以聯軍攻占楚都而達到高潮。多虧秦國及時救援，楚國才得以幸存。但楚國花了數十年才從戰爭的破壞中復原。

擊敗楚國之後，吳國控制了長江和淮水。此時，吳國將注意力轉向了南邊的越國。公元前 496 年，吳國對越國的第一次征伐失敗，吳王闔閭負傷而亡。⑦ 公元前 484 年，吳、越戰爭再起，吳國在太湖的夫椒島上擊敗了越國。⑧

---

① 徐少華：《從南漳宜城出土的幾批蔡器談春秋楚郢都地望》，楚文化研究會編：《楚文化研究論集》第六集，武漢：湖北教育出版社，2004 年，第 157~166 頁。

② 關於中國歷史上的類似案例，參見傅樂成：《荆州與六朝政局》，《漢唐史論集》，臺北：聯經出版社，1977 年，第 93~115 頁。

③ 石泉：《從春秋吳師入郢之役看古代荆楚地理》，《石泉文集》，武漢：武漢大學出版社，2006 年，第 194~198 頁。

④ 譯者注：原文如此，新的斷句爲："舍舟于淮，入自豫章，與楚夾漢。"參見雷晉豪：《説"淮汭"與"豫章"：吳師入郢之役戰爭地理新探》，《歷史地理研究》2020 年第 1 期，第 71~72 頁。

⑤ 楊伯峻編著：《春秋左傳注(修訂本)》，定公四年，北京：中華書局，1990 年，第 1542~1543 頁。

⑥ 譯者注：在本文發表後更新有關於吳師入郢一役的戰爭地理研究，見雷晉豪：《説"淮汭"與"豫章"：吳師入郢之役戰爭地理新探》，《歷史地理研究》2020 年第 1 期，第 63~82 頁。

⑦ 楊伯峻編著：《春秋左傳注(修訂本)》，定公十四年，北京：中華書局，1990 年，第 1595~1596 頁。

⑧ 楊伯峻編著：《春秋左傳注(修訂本)》，哀公元年，北京：中華書局，1990 年，第 1605 頁。關於夫椒的地望，參見楊伯峻編著：《春秋左傳注(修訂本)》，哀公元年，北京：中華書局，1990 年，第 1605 頁；譚其驤主編：《中國歷史地圖集》第一册，北京：中國地圖出版社，1982 年，第 29~30 頁；蒙文通：《吳、越之舟師與水戰》，《越史叢考》，北京：人民出版社，1983 年，第 113~114 頁。

在確保了南綫的安全之後，吳國將注意力轉向了北方。史料顯示，吳國的影響力已存在於山東南部地區。公元前487年，吳國征伐魯國，攻占了武城。《左傳》記載：

> 吳伐我，子洩率，故道險，從武城。初，武城人或有因於吳竟田焉，拘鄫人之漚菅者，曰："何故使吾水滋？"及吳師至，拘者道之以伐武城，克之。①

顧棟高指出，吳國早已擁有沂州的部分土地。② 沂州與吳國之間最有可能的交通路綫是沂河——淮水北部的一條支流。

問題在於長江和淮水在地理上是被分隔開的。如果吳國的船隊要由水路北上，部分路段將不可避免地在東海上航行，③ 其風險高於内陸水道。幸運的是，長江下游和淮水之間爲沼澤地形，適合人工改造。因此，公元前486年，吳王夫差下令修建一條溝通長江和淮水的運河。該運河連接了長江一側的今揚州市和淮水一側的末口（今淮安市），後世稱之爲邗溝。④

公元前485年，吳國聯合魯國進攻齊國。將領徐承率吳國水師通過海路到達山東，但具體的路綫未被記録。此次嘗試以失敗告終。⑤

但是，即使吳國成功征服齊國，其對天然水道的依賴仍然限制着軍隊的調動。大概是因爲這次嘗試的失敗，公元前485年與前482年之間，吳王夫差下令修建了一條溝通淮水和黄河水系的運河。《國語》記載：

> 闕爲深溝，通于商、魯之間。北屬之沂，西屬之濟，以會晉公午于黄池。⑥

---

① 楊伯峻編著：《春秋左傳注（修訂本）》，哀公八年，北京：中華書局，1990年，第1648頁。

② （清）顧棟高輯：《春秋大事表》，北京：中華書局，1993年，第558頁。

③ 繞過海路的一種方式是通過淮河以北的支流游水航行。游水連接今漣水縣與連雲港市，《水經注》記載吳人曾爲躲避海浪而航行於游水。參見（後魏）酈道元注，（清末）楊守敬、熊會貞疏：《水經注疏》，南京：江蘇古籍出版社，1989年，第2569頁。

④ 楊伯峻編著：《春秋左傳注（修訂本）》，哀公九年，北京：中華書局，1990年，第1652頁。邗溝，又稱爲邗溟溝、韓江、穿過射陽湖（長江和淮河之間的一系列湖泊）。關於運河和原始湖泊的地形，參見（後魏）酈道元注，（清末）楊守敬、熊會貞疏：《水經注疏》，南京：江蘇古籍出版社，1989年，第2555~2556頁；亦見史念海：《中國的運河》，西安：陝西人民出版社，1988年，第22~29頁；陳橋驛：《水經注研究》，天津：天津古籍出版社，1985年，第232~233頁。

⑤ 楊伯峻編著：《春秋左傳注（修訂本）》，哀公十年，北京：中華書局，1990年，第1656頁。有學者從此事件中推斷齊國也擁有一支水師，參見王冠倬：《中國古船圖譜（修訂本）》，北京：生活·讀書·新知三聯書店，2011年，第46頁。但《左傳》并未明確記載戰鬥發生於海上還是陸地，因此不能證明齊國擁有水師。

⑥ 徐元誥：《國語集解·吳語》，北京：中華書局，2002年，第545頁。

這條運河後來被稱爲荷水，其利用山東西南部的沼澤地，溝通了淮水支流泗水與黃河支流濟水。① 如此，吳國的船隊可以通過内陸水道行進，② 從遥遠南方的國都進入古代中國文明的核心地帶。公元前 482 年，在濟水邊的黄池，吳王夫差終於在晉國使者面前確立了權威，成爲新的霸主。③

吳國從遥遠南方的一個邊緣國家迅速崛起爲五霸之一，對這一驚人現象的解釋衆説紛紜。但是，由於吳國通過一系列軍事勝利來獲得其地位，而水師參與了大部分行動，筆者認爲水運的軍事優勢可能是一個重要因素。由於北方各國此時尚未擁有水師，吳國完全控制了從長江流域到黄河流域的廣袤水網。水道使吳國得以持續有效地調動部隊，同時避開了黄河平原沿着陸路分佈的軍事力量。④ 這使其擁有較大的自由來調動軍隊，以獲取軍事優勢。

因而可以認爲，南方楚、吳、越等國激烈的軍事競争導致大規模水運興起於南方，而其在北方的出現則是由於吳國和晉國的激烈競争。北方各國遵循周道的傳統，通常使用馬車進行長途運輸。⑤ 在這樣的體系下，南方各國特别是吳國和越國被視爲邊陲。爲了克服地理上的劣勢，南方各國發展了基於水路的新交通網絡，以此在政治和軍事上挑戰北方，局勢因而全盤改變。⑥

---

① 史念海：《中國的運河》，西安：陝西人民出版社，1988 年，第 29~34 頁。

② 有一種觀點認爲，邗溝僅用於運輸物資，而水師仍走陸路。這一觀點可以追溯到杜預《左傳注》，胡渭《禹貢錐指》中亦有闡釋。胡渭注意到，隋朝時期，邗溝的深度不足以通行隋煬帝的船隊，他據此認爲，吳國的船隊也可能遇到類似的困難。參見（清）胡渭：《禹貢錐指》卷六，上海：上海古籍出版社，1996 年，第 195 頁。然而，鑒於有關吳國水師船隻尺寸的證據不足，該觀點難以坐實。目前尚不能確定其能否與隋煬帝的船隻相比。另外，由於吳國能够"闕爲深溝"，溝通濟河與沂河，他們也應當能使水師在邗溝中通航。

③ 楊伯峻編著：《春秋左傳注（修訂本）》，哀公十三年，北京：中華書局，1990 年，第 1677~1678 頁；徐元誥：《國語集解・吳語》，北京：中華書局，2002 年，第 548~553 頁；《史記》卷三一《吳太伯世家》、卷三九《晉世家》、卷四二《趙世家》，北京：中華書局，1959 年，第 1474、1685、1792 頁。這次會盟在金文中亦有記載，參見趙孟介壺（《集成》09678，09679）。關於此次盟會中稱霸的是晉國還是吳國，史料記載不一。《吳世家》《左傳》以爲晉先吳，而《國語》《晉世家》和《趙世家》則以爲吳先晉。童書業對史料進行了批判性的研究，并認爲一些史料偏袒了晉國。他認爲《國語》是關於這一問題最可信的史料。參見童書業：《黄池之會》，《春秋左傳研究》，上海：上海人民出版社，1980 年，第 114~116 頁。

④ 吳國若要通過陸路來挑戰晉國的霸權，有兩條路綫，一條經過宋國，另一條經過陳國和蔡國。然若如此，他們只能到達濟水南部，在最終正面挑戰晉國之前，仍須渡過濟水，面對另一道由曹、魏和鄭國組成的防綫。相較之下，水路則使吳國避開這些諸侯國，直達黄池。

⑤ 北方各國以戰車數量來衡量其軍力，因此便有了諸如"千乘之國"或"百乘之國"之辭。

⑥ 有證據顯示，中國北方存在組織化的水事活動。庚壺（《集成》09733）記載，齊國將領庚率領上百艘船與莒國作戰。但銘文殘缺嚴重，難以準確解讀其内容，目前還不清楚這些船是用來渡過壕溝還是運輸軍隊。鑒於莒國的位置，齊軍不太可能通過水路行軍。

七、戰國時期組織化水運的發展

吳國的霸權較爲短暫。就在夫差稱霸於黄池之時，越王勾踐攻其不備，從背後襲擊了吳國：

> 發習流二千人，教士四萬人，君子六千人，諸御千人，伐吳。吳師敗，遂殺吳太子。①

水師分爲三路。范蠡和舌庸各率一路，沿海岸綫迂回穿過淮水入海口，斷絕夫差的歸路。勾踐率領中軍渡過長江支流吳松江，洗劫了吳都。②

吳國遭受了敗軍的摧毁後一蹶不振。此後，越國聯合楚國，在與吳國的較量中占據上風。越國在經歷一系列的水戰後，最終於公元前 473 年吞併了吳國。③

越國取代吳國成爲新的霸主。公元前 468 年，勾踐憑藉强大的水師，將國都從會稽遷往山東沿海的琅邪，以此規避楚國對淮水下游地區的壓力，并保持其在北方的地緣政治影響。④ 直到秦始皇統一中國，越人仍控制着東海。⑤ 現在，我們必須把重點轉向吳國留給北方各國的遺産。

吳國的霸權雖然早已結束，但爲中國留下了寶貴的遺産。其軍事活動大幅增加了中國水網的完整性，爲北方各國的軍事水運奠定了基礎。

《古本竹書紀年》記載，約公元前 312 年，越王派出一支船隊裝載戰略物資前往魏國：

> 魏襄王七年……四月，越王使公師隅來獻乘舟，始罔及舟三百，箭五百萬，犀角、象齒焉。⑥

---

① 《史記》卷四一《越王勾踐世家》，北京：中華書局，1959 年，第 1744 頁。
② 徐元誥：《國語集解·吳語》，北京：中華書局，2002 年，第 545~546 頁。
③ 楊伯峻編著：《春秋左傳注（修訂本）》，哀公二十二年，北京：中華書局，1990 年，第 1719 頁。《左傳》僅描述吳越最後幾場戰爭的結果。《史記》和《國語》則保留了更多細節，但也有相當大的錯誤和矛盾。關於對史料記載的批判性研究，以及基於《吳越春秋》《越絕書》等區域性史料對最後幾場戰爭的復原，參見蒙文通：《吳、越之舟師與水戰》，《越史叢考》，北京：人民出版社，1983 年，第 116~120 頁。
④ 辛德勇：《越王勾踐徙都琅邪事析義》，《舊史輿地文録》，北京：中華書局，2013 年，第 1~78 頁。
⑤ 蒙文通：《吳、越之舟師與水戰》，《越史叢考》，北京：人民出版社，1983 年，第 110~111 頁。
⑥ 方詩銘、王修齡：《古本竹書紀年輯證·魏紀》，上海：上海古籍出版社，1981 年，第 148~149 頁。

這一援助背後的地緣政治是秦、楚、吳三國之間激烈的軍事競争。公元前 312 年左右，魏國在西綫敗於秦國，但向南方進攻楚國。由於楚國一直威脅着越國，所以越國支持魏國對抗楚國和秦國。①

運輸的路綫無從可考，但魏、越兩國的都城分別位於大梁和吳②，因此推測其可能與公元前 482 年夫差所採取路綫相似③。這表明，越國仍然控制着溝通長江、淮水和黄河的運河，并以此進行大規模的水運。

越國送給魏國的三百艘船和五百萬支箭表明，魏國的船具有軍事用途，雖然我們不知道它們是用於運輸還是水戰。若考慮另一類證據，則魏國可能將其用於後者。

戰國時期新興的表現藝術爲我們提供了中國北方水運興起的新證據。1935 年，考古學家在河南省山彪鎮發現了兩個"水陸攻戰紋鑒"。④ 兩個青銅鑒都鑲嵌紫色金屬作爲裝飾，反復描繪着陸戰、水戰、圍攻、狩獵、音樂表演和其他儀式的場景(參見圖 3)，其年代可定於戰國早期。⑤

最早的發掘者郭寶鈞將鑲嵌裝飾的圖像分爲七組，其中一組就是水戰的場景。從圖 3可以看到，水戰的雙方各有一艘雙層船，這也是中國歷史上最早記録的樓船。上層是戰鬥甲板，由船體上的柱子支撐。甲板上是手握長兵器的戰士、正在射箭的弓箭手以及位於船尾的鼓手。值得注意的是，矛的長度超過了人。

下層站着四名水手，各持一槳，划船時身體前傾。然而，不能只從表面上判斷水手和戰士的數量，因爲圖像是象徵而非寫實。下層的船尾有一個人在推船，船頭有人在水下戰鬥。兩軍的戰士以類似的方式排列，但他們的髮型明顯不同。

郭寶鈞發現，在兩鑒的七個戰鬥場面中，所有的戰鬥都可分爲兩方，其中一方蓄髮、戴幘巾，另一方爲短髮。他還注意到，短髮者均敗於蓄髮者。根據傳世文獻記載，吳越之

---

① 《史記》卷四四《魏世家》，北京：中華書局，1959 年，第 1848 頁。

② 越國的國都從琅邪遷往吳地的時間爲王翳三十三年，即公元前 376 年。參見《史記》卷四一《越王勾踐世家》集解，北京：中華書局，1959 年，第 1747 頁；楊寬：《戰國史料編年輯證》，上海：上海人民出版社，2001 年，第 248 頁。

③ 孟文鏞：《越國史稿》，北京：中國社會科學出版社，2010 年，第 305~306 頁。

④ 在山彪鎮發現的兩個鑲嵌有水陸攻戰圖的青銅鑒，參見郭寶鈞：《山彪鎮與琉璃閣》，北京：科學出版社，1959 年，第 18~23 頁。亦可參見史語所展品圖録製作小組編：《來自碧落與黄泉》，臺北："中央研究院"歷史語言研究所，2002 年，第 69 頁。

⑤ 高明：《略論汲縣山彪鎮一號墓的年代》，《考古》1962 年第 4 期，第 211~215 頁。陳昭容：《論山彪鎮一號墓出土周王段戈的作器者及時代》，《古今論衡》第 5 期，2000 年，第 30~44 頁。有一個青銅器有着類似設計，關於其圖像場景的解釋，參見 Jenny F. So, The Inlaid Bronzes of the Warring States Period, in Wen Fong ed., *The Great Bronze Age of China*, London：Thames and Hudson, 1980, p. 316.

圖3　水、陸戰場景

説明：圖片摘自郭寶鈞：《山彪鎮與琉璃閣》，北京：科學出版社，1959年，第21頁。

人具有短髮的特徵。郭寶鈞推測，這些圖像描繪了中原部族與吳越部族的戰鬥。① 由於這兩件器物是在山彪鎮科學發掘所得，蓄髮、戴幘巾的形象很可能代表魏國人。

值得注意的是，還有三種已公佈的青銅器裝飾有類似圖像。其中一件名爲“宴樂漁獵攻戰紋壺”，藏於北京故宮博物院。② 在其表面五花八門的鑲嵌裝飾中，水戰的場景在構圖和風格上與山彪鎮“水陸攻戰紋鑒”相似，僅有細微的差異。該場景中船上的人數更少，船有雙層船體，船尾的曲線更加明顯(參見圖4)。圖中描繪的雙層船體證明了這一時期造船技術的發展。還應注意的是，其中一名正在交戰的戰士被描繪爲短髮。該壺的來源尚不確定，唐復年將其與其他裝飾有類似圖像的器物相比較，并在此基礎上認爲其可能産自河南輝縣和汲縣一帶。③ 此外，有綫索表明，該壺在捐贈給故宮博物院之前，原本屬於一位私人收藏家，而其收藏的大部分青銅器都來自河南省。④ 因此，“宴樂漁獵攻戰紋壺”很可能最初來自魏國領地。

還有兩件北京保利藝術博物館所藏青銅壺(參見圖5)，與故宮博物院所藏青銅壺裝飾有相似的水戰圖像。⑤ 圖像中的船也有雙層船體，船尾的曲線更爲明顯。值得一提的是，短髮的戰士被打敗。此器物出處不詳，但學者們認爲其屬於晉系青銅器。⑥ 據報導，臨汾公安處追繳了侯馬市的千餘件被盜青銅器，其中有一件裝飾有水陸戰鬥場景。⑦ 該器物可

①　郭寶鈞：《山彪鎮與琉璃閣》，北京：科學出版社，1959年，第19~23頁。根據郭氏的解釋，劉弘和李克能認爲，蓄髮戴幘巾者爲楚國人。參見劉弘、李克能：《水陸攻戰紋臆釋》，《中原文物》1994年第2期，第97~100頁。但此觀點并無直接證據，僅可備一説。

②　唐復年：《戰國宴樂射獵攻戰紋壺》，《故宮博物院院刊》1983年第3期，第84~86頁。

③　唐復年：《戰國宴樂射獵攻戰紋壺》，《故宮博物院院刊》1983年第3期，第90頁。

④　蕭寒：《追回國寶宴樂漁獵攻戰紋青銅壺》，《龍門陣》2011年第5期，第14~21頁。

⑤　兩壺成對，名爲“嵌錯社會生活圖畫壺”，參見保利藝術博物館編：《保利藏金(續)》，廣州：嶺南美術博物館，2001年，第189~198頁。圖片摘録自第194~195頁。

⑥　保利藝術博物館編：《保利藏金(續)》，廣州：嶺南美術博物館，2001年，第197頁。

⑦　化十：《水陸攻戰紋銅方壺》，《文物季刊》1995年第1期，第18頁。

圖 4　盛宴和戰鬥場景

說明：圖片摘自故宮博物館編：《故宮青銅器》，北京：紫禁城出版社，1999 年，圖版 281。該圖經筆者裁剪和修改。

能來源於山西南部，即晉國的核心區。

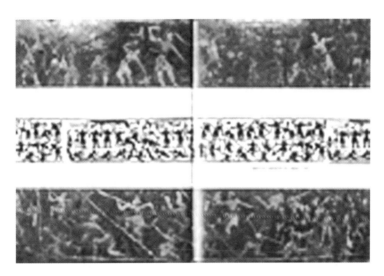

圖 5　鑲嵌的水戰場景

　　還有另一則證據將水戰圖像與晉系青銅器相聯繫。以上故宮博物院和保利藝術博物館所藏青銅壺裝飾有採桑圖，而採桑圖亦見於侯馬鑄銅遺址的陶範，該遺址爲春秋晚期至戰國早期晉國的官方鑄造廠（參見圖 6）。[1] 這間接地將水陸攻戰圖與同時期侯馬的裝飾傳統聯繫起來。

　　然而，除了郭寶鈞在山彪鎮發掘的青銅壺，還有另一個科學發掘的器物裝飾有類似圖像。1965 年，四川成都百花潭的一座墓葬中發現了這件銅壺。墓葬中的木製遺迹表明，墓

----

①　山西省考古研究所：《侯馬鑄銅遺址》，文物出版社，1993 年，第 205、441～444 頁，圖片摘録自圖版 126.1。

圖6　採桑圖

主葬於船棺之中，有48件隨葬品，其中包括宴樂銅壺。①

　　問題在於此壺是由本地生産，還是從中原傳入，此問題目前尚難定論。然而，應當注意的是，在藝術上，沒有内在證據表明此器物與四川本土文化有關。② 此外，正如發掘報告所指出的，同一墓葬中的隨葬品顯示出當地風格與中原風格的交融。在該墓所見兵器中，十一個戈不具有本地特徵，四個矛中有三個表現出當地特徵，而另一個明顯來自中原。在青銅器中，有兩個鍪、一個甑、兩個盒表現出當地風格，一個鼎和此壺更接近中原傳統。③ 值得注意的是，只有宴樂銅壺鑄造精緻，而其餘器物品質較爲粗糙。兩個鍪的形狀不像是輪製，鼎的接縫綫并不連續。在藝術方面，宴樂銅壺在墓葬中尤顯鶴立雞群，更有可能是外來的。

　　根據前文的分析，大部分證據表明，水陸攻戰圖屬於河南和山西南部的晉系青銅器。這一地區在戰國早期成爲魏國的領土。雖然該圖像不是叙事性的，但或可合理推測其反映了該地區水師的發展。因此，魏國青銅器中出現的水戰圖像可以作爲視覺證據補充《古本竹書紀年》的記載，即魏國從越國接收了三百艘船以用於軍事目的。

　　魏國水師與鴻溝在該地區的修建同步發展。《史記》記載：

　　　榮陽下引河東南爲鴻溝，以通宋、鄭、陳、蔡、曹、衛，與濟、汝、淮、泗

　　① 四川省博物館：《成都百花潭中學十號墓發掘記》，《文物》1976年第3期，第40~46頁。

　　② 成都還出土了一件帶有錯銀狩獵圖的青銅壺，杜恒援引此壺證明兩者都是當地製造的。參見杜恒：《試論百花潭嵌錯圖像銅壺》，《文物》1976年第3期，第47~50頁。由於不能排除兩者都是從外地傳入的可能性，這一觀點也不能坐實。另一個從成都出土的裝飾着狩獵圖的青銅壺，參見衛聚賢：《巴蜀文化附圖》，《説文月刊》第3卷第7期，1942年，第39、117頁。

　　③ 參見四川省博物館：《成都百花潭中學十號墓發掘記》，《文物》1976年第3期，第42頁。

會……此渠皆可行舟。①

根據史念海的研究，鴻溝這一大型水利系統建造於魏惠王時期（前 370—前 319 年）。鴻溝取源於黄河和濟水，流經平坦的華北平原，溝通了黄河與濟水、泗水、淮水。② 這一里程碑式的水利系統極大地改變了華北地區的交通地理面貌。③

除了鴻溝，《尚書・禹貢》篇也形成於戰國早期，其描述了一個理想化的、以水路爲主的進貢系統。雖然《禹貢》篇以傳説中夏朝的大禹命名，但該水路實際上主要以戰國時期的魏都大梁爲中心。史念海認爲，儘管這是一部理想化的作品，但其内容係以戰國早期（前 370—前 362 年）魏國的自然地理和政治地理爲基礎。④ 從這一方面看，《禹貢》反映了魏國的野心和其領地内水運的發展。

然而，史念海並没有注意到，鴻溝和《禹貢》的出現與魏國軍事化利用水運的時間相吻合。雖然没有證據明確地將兩者聯繫起來，但它們時間相近，表明國家有組織地使用水運可能是建造這一水利工程和創作這一文本背後的主要動機。

結合魏國與吳國或越國之間的水戰場景、《古本竹書紀年》中向魏國獻舟的記載以及鴻溝和《禹貢》的産生，我們可以推測，魏國發展其水師是爲了保護自己免遭南方各國通過水路的威脅。“衝擊—反應”模式似乎可以解釋北方地區組織化水運的發展。

從社會的角度看，水師的發展也可視爲戰國時期戰爭頻仍的結果。⑤ 爲了應對愈演愈烈的戰爭，越來越多的社會底層民衆被徵召入伍，步兵逐漸取代車兵成爲軍隊的主力。因此，大規模步兵的後勤和運輸成爲一個問題。或許水運在中國北方興起是因爲其在軍事運輸方面更加便捷。

可以肯定的是，修建鴻溝的意義超越了戰爭和政治，其重新塑造了古代中國的交通地理。戰國時期“天下之中”的轉移可以很好地説明這一點。

西周時期，“天下之中”位於洛邑。《史記》記載，周公因其優越的地理位置而營建了東都：

此天下之中，四方入貢道里均。⑥

---

① 《史記》卷二九《河渠書》，北京：中華書局，1959 年，第 1407 頁。

② 史念海：《論濟水和鴻溝》，《河山集（三）》，北京：人民出版社，1988 年，第 333~352 頁。

③ 例如，秦帝國覆滅之後，項羽和劉邦於公元前 203 年暫時媾和，以鴻溝爲界。

④ 史念海：《論〈禹貢〉的著作年代》，《河山集（二）》，北京：生活・讀書・新知三聯書店，1981 年，第 391~415 頁。

⑤ Mark Edward Lewis, *Sanctioned Violence in Early China*, Albany：State University of New York，1990，pp. 54-61.

⑥ 《史記》卷四《周本紀》，北京：中華書局，1959 年，第 133 頁。

宎尊稱之爲"中國"①，進一步證實了洛邑在西周時期作爲"天下之中"的地位。此地理定義的背景是洛邑地處已知世界的中心。筆者對周道路綫的復原也揭示了洛邑是周道系統的東部支點，闡明了其陸路交通網絡中心的地位。②

水運的興起不可避免地造就新的交通中心，"天下之中"從洛邑轉移至陶（今山東省菏澤市）。《史記》記載，著名商人陶朱公離開越國後：

> 止于陶，以爲此天下之中，交易有無之路通，爲生可以致富矣。③

陶是荷水旁的港口城市，而荷水是吳國爲了溝通濟水和泗水而於公元前485至前482年間開通的。濟水發源於黃河，泗水連接淮水，淮水又通過邗溝與長江相連，因此荷水也就溝通了古代中國三大水系。④ 周道系統隨着西周政治體制的崩潰而瓦解，戰國時期水運逐漸主導了長途運輸，作爲水運樞紐的陶因而取代了洛邑成爲新的"天下之中"。⑤

陶朱公的故事和陶以港口城市之姿興起，對理解戰國時期組織化運輸的性質亦具有啓示。在地區間貿易繁榮時期，船隻爲了商貿活動而被大規模地組織起來。然而，我們只能通過陶城的興起來想象北方商業交通的規模。水路貿易唯一的直接證據只有鄂君啓舟節（《集成》12113）。

該銘文表明，在公元前323年，鄂君啓的船隊可豁免關稅，其船隊有150艘船，分爲50艑，每艑有3艘船。銘文記載了一系列地名，在此不作引用。可以説，關於一些河流的名稱，學界仍然存在分歧，這些河流主要屬於長江中游，流經今湖南、湖北、安徽和河南地區，可能包括邗溝和山東南部的一些水道。⑥ 該銘文表明，在戰國時期，南方已有以商業爲目的的組織化水運活動。

除了中原和南方，戰國時期四川的組織化水運也有所發展。巴蜀併入秦國之後，成爲秦的水師基地。張儀曾提醒楚王，由於秦國控制長江上游，楚國在防禦秦國時處於

---

① 宎尊（《集成》06014）："余其宅兹中國。"

② 雷晉豪：《周道：封建時代的官道》，北京：社會科學文獻出版社，2011年，第157~158頁。

③ 《史記》卷四一《越王勾踐世家》，北京：中華書局，1959年，第1752頁。

④ 史念海：《釋〈史記·貨殖列傳〉所説的"陶爲天下之中"——兼論戰國時代的經濟都會》，《河山集（一）》，北京：生活·讀書·新知三聯書店，1963年，第110~130頁。

⑤ 雷晉豪：《周道：封建時代的官道》，北京：社會科學文獻出版社，2011年，第387~392頁。

⑥ 關於其水道地理的兩篇最重要的文章，爲譚其驤：《鄂君啓節銘文釋地》，《中華文史論叢》第2輯，北京：中華書局，1962年，第169~190頁；黃盛璋：《關於鄂君啓節交通路綫的復原問題》，《中華文史論叢》第5輯，北京：中華書局，1969年，第143~168頁。

劣勢：

> 秦西有巴蜀，方船積粟，起於汶山，循江而下，至郢三千餘里。舫船載卒，一舫
> 載五十人，與三月之糧，下水而浮，一日行三百餘里。里數雖多，不費馬汗之勞，不
> 至十日而距扞關。①

這個想象中的戰略應當有一些事實依據。據張儀介紹，一艘船能運載 50 人及其輜重。當
船隻順流而下——特別是經過長江三峽——時，② 它可以達到相當的速度，足以使軍隊調
動更加靈活。

可惜的是，雖然船運的規模很大，但遺留的考古痕迹却很少。中山王𤨙陵墓中的船隻
似乎是這一時期考古發現的唯一船隻。雖然没有證據説明各國的船隻設計是否有所不同，
但這并不妨礙我們將這些船視爲該時期船隻的大致參照。

根據考古報告，在中山王𤨙陵墓的船坑中發現了四艘船的碎片。船坑被分爲南北兩部
分。南部的坑裏有三艘木船的碎片、木槳和青銅配件。木製表面塗漆，支離破碎的船體内
有紡織品和皮革的遺迹。還發現了大量用於固定船體木板的鐵箍。③

北部坑裏埋着一艘巨大的木船，其形狀幾乎無法辨認。考古學家根據留在地面上的顏
色印記復原了船的外形，并確認這是曾塗在船體表面的塗料。北部坑的隨葬品多於南部
坑，説明這是中山工的王船。④

復原之後，船頭到船尾長 13.2 米，寬 2.2 米，中心高 0.78 米，船頭略上翹 0.73 米。
船的結構包括龍骨、肋骨和倉間隔板。⑤ 在甲板上發現了樂器，包括鈴、鼓和磬，表明這
艘船不是戰船或貨船，而是用於娛樂的王船。⑥

---

① （西漢）劉向集録，范祥雍箋證，范邦瑾協校：《戰國策箋證》卷一四《張儀爲秦破縱連横》，上
海：上海古籍出版社，2006 年，第 793~794 頁。

② 雖然我們不能計算其速度和通過三峽所需要的時間，但文獻證據表明，船隻在此處順流而下時
極其之快。李白所作的著名詩歌《下江陵》："朝辭白帝彩雲間，千里江陵一日還。"

③ 河北省文物研究所：《𤨙墓——戰國中山國國王之墓》，北京：文物出版社，1996 年，第 95~
100 頁。

④ 河北省文物研究所：《𤨙墓——戰國中山國國王之墓》，北京：文物出版社，1996 年，第 95、
330 頁。

⑤ 河北省文物研究所：《𤨙墓——戰國中山國國王之墓》，北京：文物出版社，1996 年，第 516~
525 頁。

⑥ 河北省文物研究所：《𤨙墓——戰國中山國國王之墓》，北京：文物出版社，1996 年，第 330
頁。關於該船技術特徵的討論，參見王志毅：《戰國游艇遺迹》，《中國造船》1981 年第 2 期，第 94~100
頁。

　　儘管這些船隻具有貴族性質，但這一發現仍然提供了一個參考例子，可以將其與其他形式描述的船隻比較。簡單的計算表明，由於劃槳時至少需要 1 米間隔，即使船體兩側各有一排水手，中山船最多也只能運載不到 20 人。因此，張儀所提及的可搭載 50 人的船隻，尺寸應當大得多。

　　此外，報告未提及中山船上有雙層船體或多層甲板，表明這些船的結構比"水陸攻戰圖"所繪船隻更加簡單。這樣一來，我們可以推測，戰國時期的戰船一定比中山國的船隻構造更複雜、尺寸更大。

　　最後需要説明的是，中山國發現的船隻可以認爲是中山文化華夏化的見證。① 考古學家在今靈壽市發現了中山國的三座王陵。葬於靈壽的三位國君分別爲桓公（前 405 年—？）、成公（？—前 328 年）和王𰇔（前 327—前 313 年）。

　　比較在王𰇔之前不久的王陵中的隨葬品，很明顯，這些隨葬品都不包括船。相反，馬車是這些墓葬及其同時代的貴族墓葬中最常見的隨葬品。②

　　這或許并非偶然。中山王室在族屬上爲鮮虞人，其爲春秋時期一個活躍在鄂爾多斯的部落。早期鮮虞墓葬中的物質文化顯示出其與北方草原游牧文化的密切聯繫，對春秋戰國時期物質文化的歷時性分析表明了其華夏化的趨勢。③ 但可以説，正是魏國在公元前 407—前 389 年對中山的占領推動了華夏文化向鮮虞人傳播，而王𰇔的統治期則見證了這一文化融合過程的高峰。④

　　雖然學者早已指出其華夏化的過程，但似乎沒有指出王陵中船隻的文化意蘊。如前所述，魏國是第一個致力於發展水師及相關運輸業的北方諸侯國。也許中山國的船文化是在其被占領時期由魏國傳入的。從這種文化背景來看，王陵的隨葬船隻也可以理解爲一種文化表現形式，證明中山王室華夏化的努力。

八、結　論

　　本文的基本假設是，內陸水運爲海路和海事活動的發展奠定了基礎。因此，筆者認爲

① 中山王𰇔於公元前 327—前 313 年在位。參見河北省文物研究所：《𰇔墓——戰國中山國國王之墓》北京：文物出版社，1996 年，第 533 頁。
② 河北省文物研究所：《戰國中山國靈壽城——1975—1993 年考古發掘報告》，北京：文物出版社，2005 年，第 119~205、242、245~246 頁。
③ 河北省文物研究所：《戰國中山國靈壽城——1975—1993 年考古發掘報告》，北京：文物出版社，2005 年，第 249~326、347 頁。
④ 河北省文物研究所：《𰇔墓——戰國中山國國王之墓》，北京：文物出版社，1996 年，第 541~547 頁。李學勤：《平山墓葬群與中山國的文化》，《文物》1979 年第 1 期，第 37~41 頁。

在研究中國海洋史時，亦應注意海事活動的"前史"。

關於航海活動的記載出現在吳國和越國之間，也有資料暗示春秋時期山東地區已有海上運輸。[①] 令人遺憾的是，很少有關於這些早期海上活動的物質證據。我們無法確定，用於河道與海上航行的船隻是否具有相同的結構。早期階段的海洋考古幾乎不存在。正由於早期國家組織的内陸水運發生於吳國、楚國和越國之間，而且吳國和越國留下了有關航海活動的最早的文獻記錄，我們或許可以假設，吳國和越國開發了中國東部沿海的海上航綫。然而，這一話題超出了本文的研究範圍。

只有社會文明達到一定高度，才能調動大量資源來建設和運行大規模的複雜運輸系統。就中國而言，有傳説將道路的建設歸功於夏朝。[②] 但直至西周王朝將其領土迅速擴張到空前的規模，長途運輸系統的建設才變得勢在必行。

作爲國家建設的基礎設施，運輸系統在領土控制和國家機器的運作中發揮着核心作用。在航空問世以前，長途運輸只有陸路和水路兩種方式。本文表明，儘管晚商和西周時期早已在許多場合使用了船隻，但目前的證據顯示，它們主要用於禮儀、渡河和娛樂目的。没有證據顯示這一時期組織化地使用船隻進行人員或商品的長途運輸。相反，兩個王朝都依賴陸路運輸來滿足交通需求。尤其是西周王朝建造了一個成熟的交通系統，將制度化使用的馬車與精心修築的高速公路相結合，形成了周道。周道是西周王朝賴以快速擴張和長期穩定的基礎建設，象徵着中國交通史上的第一個高峰。

分析西周時期水運和陸運的相對優勢，可知水運的主要弱點在於水道的覆蓋範圍不足。地形決定了河流分爲三個相對獨立的水系：黄河、淮水與長江水系。它們之間缺少聯繫，限制了在陸地上的覆蓋範圍。而來自西北乾旱地帶的周人，無意於建設水利工程以擴大水道的分佈。相反，他們致力於陸路運輸，建造了周道，支撐其將近三個世紀的統治。

根據這一解釋，我們研究發現，組織化水運發展於南方的楚、吳、越三國之間。南方的地理環境必定是一個影響因素，但水師的發展是一種刻意的決策，旨在突破華北地區的軍事弱點以取得戰略優勢。由於北方的軍事力量依賴車兵和陸路運輸網絡，筆者認爲，吳國爲水師修建運河的戰略，有助於避開中原主要的軍事據點，使其能够直接挑戰北方的霸權。從這一點出發，筆者用水運來解釋吳國爲何從遥遠的南方突然崛起成爲中國的新

---

① 楊伯峻編著：《春秋左傳注(修訂本)》，哀公十年，北京：中華書局，1990年，第1656頁。徐元誥：《國語集解·吳語》，北京：中華書局，2002年，第545~546頁。"道不行，乘桴浮于海。"朱熹：《四書章句集注·論語集注》卷三《公冶長》，北京：中華書局，1983年，第77頁。

② "芒芒禹迹，畫爲九州，經啓九道。"見楊伯峻編著：《春秋左傳注(修訂本)》，襄公四年，北京：中華書局，1990年，第938頁。"奕奕梁山，維禹甸之，有倬其道。"見屈萬里：《詩經詮釋》，韓奕，臺北：聯經出版社，1988年，第537頁。

霸主。

　　戰國初期，隨着北方人工水道的建成，該地區的水運開始興起。魏國是北方最早發展水師的諸侯國，其次是秦國和中山國。水運的發展與鴻溝的建設相同步，并在青銅藝術品和《禹貢》一類的文獻中留下印記。

　　似乎從一開始，水運在南北方所扮演的角色就有着質的差異。本文表明，組織化水運始於淮水和長江流域的南方各國。南方還率先探索了運河建設和中國東部沿海的海路。直到相當長的一段時間之後，黄河流域的各國才將水運制度化以應對軍事運輸的需求，而這種發展似乎可以用"衝擊—反應"模式來解釋。直到往後的秦、漢時期，南方的水運均超前於北方也就不足爲奇了。

　　原英文版刊載於 Ho, Clara Wing-chung, Ricardo K. S. Mak, Yue-him. Tam, *Voyages, Migration, and the Maritime World*：*On China's Global Historical Role*, Berlin/München/Boston：Walter De Gruyter GmbH, 2018, pp. 45~90. 收入本書時略有修訂。

　　（雷晉豪，香港教育大學文學及文化學系；李威霖，武漢大學歷史學院；江瑞，武漢大學歷史學院）

華夏文明視野下的越與揚越

尹弘兵

越是我國古代文獻中對長江以南地域居民的統稱，因其分佈於長江以南的廣大地區，族類衆多，故又稱爲百越。對於越史、越族和越文化的研究，是歷史學、考古學與民族學研究的重要領域，取得了一系列的重要成果。但所有這些研究，均需基於後世文獻記載來進行，即使是考古學上的越文化研究，亦需借助文獻才能將考古遺存與族群相聯繫，從而識別考古遺存、建構與族群相結合的越文化。但是，這些記載各族群的文獻，其形成年代必定較晚，因此在以這些文獻爲基礎進行族群、文化構建時，不免具有溯源研究的性質。但當資料及研究成果已積累到一定程度時，我們似可從源頭開始進行若干考察，這樣的考察或可排除某些後世的干擾或影響，從而得出某些更爲清晰的認識。

在"越"的族群與文化研究方面，從頭開始考察的話，我們首先可以明確，越的族群、歷史與文化，是華夏文獻中的敘述。由於華夏民族率先進入文明時代，發明並掌握了文字，因此中國歷史所有的文獻都是華夏文明的產物。當華夏民族發展出中原王朝之後，中原王朝將中原地區的華夏民族凝結成爲一個統一的政治實體，同時在中原的周邊地區，還生活着各種土著族群。在強大的中原王朝和優勢的中原文化之下，這些土著族群一般受中原王朝統治，但與中原王朝之間有複雜的關係，常受中原王朝的征伐，文化上雖與中原有別，但亦深受中原文化影響。這些中原周邊地區的土著族群，在文獻中一般稱爲蠻、夷、戎、狄，後世更加上方位概念，形成南蠻、東夷、西戎、北狄之類的稱呼。

因此中原王朝和中原中心形成之後，在地理上形成了中心對邊緣(或中原對周邊)的地理結構，在族群上形成了華夏與四夷的族群結構，在政治上形成了中原王朝統治四夷的政治結構，在文化上形成了中原文化與蠻夷文化的文化結構。也就是説，在中原周邊地區的各種土著族群，是在中原王朝的認知範圍之內的，這些土著族群雖與華夏有異，但亦有一定的同質性，無論在政治還是文化上，都是華夏世界的組成部分。

早期的中原王朝，統治範圍僅限於黃河中游地區，其影響所及的周邊地區，地理範圍亦是有限度的。但隨着中原王朝疆域的擴大，邊緣地區也在擴大，其對周邊各種土著族群的認識也在擴大。因此從中原王朝和華夏世界對南方地區及南方族群的認識過程出發來考察，我們對文獻記載中生活在中國南方的越或百越的認識，或許可以深化一步，得出若干稍深入的認識。

一、中原王朝與四夷

新石器時代，中國各主要文化區基本上是並列發展的，也大致同時進入文明時代，蘇秉琦稱之爲“滿天星斗”①。但經過龍山時代的發展後，長江中游地區的石家河文化和下游地區的良渚文化都遭遇了毀滅性的打擊：良渚文化滅亡了、石家河文化中斷了，黃河下游地區的山東龍山文化則出現了嚴重的倒退，②以致很多考古學者認爲夏商時期的岳石文化不是龍山文化的後繼者而是另一種文化。在華北、西北邊緣區，仰韶時代的農業文明也因環境的變化出現了嚴重的倒退，原來的農業聚落消失，代之而起者爲適應乾旱環境的遊牧社會與遊牧文明。③在周邊地區全面衰退的情形下，僅有中原地區的古代文化保持了延續性的發展，並發展出了強大的中原王朝與優勢的中原文化，由此形成了中原中心。在中原王朝出現之後，中國歷史開始以中原王朝爲主軸，中原周圍的土著族群在政治、社會、經濟、文化等各方面的發展水平遠低於中原王朝直接統治下的華夏族群，因此中原王朝不僅統治着核心區的華夏族群，同時也統治着生活在中原四周的土著族群（後世稱爲夷、蠻、戎、狄），形成了中原王朝對四夷族群的統治模式。

在這種模式中，蠻、夷、戎、狄等四夷雖與華夏有別，但與中原王朝之間存在密切的政治與文化聯繫，尤其是在南方。南方的土著族群，在文獻中一般稱爲“蠻”，“蠻”之一義，可能來源於“苗”，按南方遠古居民爲古三苗，“蠻”與“苗”二字爲陰陽對轉，古字同音同義，故徐旭生言：“古人有時叫它作蠻，有時叫它作苗，我們感覺不到這兩個名詞中間有什麼分別，所以綜括兩名詞，叫它作苗蠻。”④現在學術界一般認爲，新石器時代晚期長江中游地區的屈家嶺—石家河文化即是古三苗創造的文化遺存。

在南方地區，具體而言是長江中游地區，石家河文化之後發生的文化發展中斷，是長江中游地區古代文化與族群發展的重大事件。石家河文化晚期時，中原文化大舉南下，出

---

①　參蘇秉琦：《中國文明起源新探》，北京：生活·讀書·新知三聯書店，1999 年。

②　方輝：《岳石文化衰落原因蠡測》，《文史哲》2003 年第 3 期。

③　參王明珂：《華夏邊緣》，北京：社會科學文獻出版社，2006 年。

④　徐旭生：《中國古史的傳說時代》，北京：文物出版社，1985 年，第 24 頁。

現了以中原煤山文化爲主體、融合部分石家河文化因素形成的後石家河文化。①但後石家河文化在江漢地區並沒有得到持續發展，江漢地區的古代文化遭逢毀滅性打擊，文化發展鏈條在後石家河文化之後完全中斷，出現了巨大的文化斷層。在石河遺址群，石家河文化晚期之後（按當時所言之石家河文化晚期，現一般稱爲後石家河文化），當地文化衰微，直到西周時期才出現土城遺址，②而且土城遺址規模很小，遠不能與新石器時代規模巨大的石家河遺址群相比。類似情形也普遍出現在江漢地區：如天門笑城遺址，原爲新石器時代城址，廢棄後直到西周晚期才重新得到利用③；鍾祥六合遺址，西周文化遺存疊壓在石家河文化遺存之上④；孝感吳家墳遺址，打破龍山文化層的是東周墓葬⑤。江漢地區不僅普遍缺少夏商遺存，而且常見西周遺存直接疊壓在新石器遺存上，這意味着江漢地區曾發展到很高程度、已進入初期文明階段的人類社會在夏商時期完全消失了，江漢地區的史前文明受到毀滅性破壞並在其後數百年間出現文化斷層。⑥目前一般認爲，這一情形與古史傳説中的禹征三苗有關。

夏商時期的江漢地區在人文地理性質上因此發生了根本性變化。新石器時代，江漢地區是完整的人文地理空間，是獨立發展的區域主體與文化主體，但中原文化南下摧毀了江漢地區的原有文化系統後，江漢地區不再是獨立的區域主體、文化主體和政治主體，而是作爲中原文化和中原王朝的附屬或邊緣而存在。夏商時代的江漢地區在文化上是中原文化的邊緣組成部分，在政治上是中原王朝的附屬，其居民受中原王朝統治，但又因叛服無常受到中原王朝的征伐，文獻中常見中原王朝征伐南方的記載。⑦

因此從族群和地理認知的角度來説，在中原王朝對四夷的模式中，中原王朝對其周邊各族群是有清晰認知的。就南方而言，二里頭文化形成後大規模向南傳播，深刻影響了南方廣大地區，二里頭文化可能已直接控制了南陽盆地和江漢地區，雖然並沒有直接占領和控制長江和淮河以南地區，但深刻影響了南方廣大地區的新地域文化，並且直接參與了夏商時期部分南方地域文化的形成。⑧商代，商人在夏代經營南方的基礎上，沿着二里頭文

---

① 王勁：《後石家河文化定名的思考》，《江漢考古》2007 年第 1 期。
② 參見北京大學考古系等：《石家河遺址群調查報告》，《南方民族考古》第五輯，成都：四川科學技術出版社，1993 年，第 213~294 頁。
③ 見湖北省文物考古研究所、天門市博物館：《湖北天門笑城城址發掘報告》，《考古學報》2007 年第 4 期。
④ 參見荆州地區博物館、鍾祥縣博物館：《鍾祥六合遺址》，《江漢考古》1987 年第 2 期。
⑤ 參見孝感市博物館：《湖北孝感吳家墳遺址發掘》，《考古學報》1998 年第 3 期。
⑥ 參見魯西奇：《區域歷史地理研究：物件與方法——漢水流域的個案考察》，南寧：廣西人民出版社，2000 年，第 124~127 頁。
⑦ 劉玉堂：《夏商王朝對江漢地區的鎮撫》，《江漢考古》2001 年第 1 期。
⑧ 向桃初：《二里頭文化向南方的傳播》，《考古》2011 年第 10 期。

化的足跡南下，由豫東越過桐柏山，沿澴水、灄水等河流進入江、漢、湞交匯處，建立了盤龍城作爲經營南方的據點，在以盤龍城爲中心的鄂東北地區，形成盤龍城類型早商文化。中商時期，盤龍城類型商文化進一步向長江南岸的湘江、澧水下游，以及贛江下游發展，商人以盤龍城爲據點，商文化在長江中游地區進一步傳播，其影響達到高峰，長江中游大部分地區都可見商文化的影響。商文化由盤龍城向東發展至黃梅①，並進一步向長江以南發展，在東南方向發展到江西九江地區，江西瑞昌銅嶺、九江神墩等遺址應是伸入贛江下游的商文化據點②。在洞庭湖區，岳陽銅鼓山遺址揭示了商文化越過長江南進的情形，③學者認爲銅鼓山遺址爲盤龍城類型商文化向湘江流域推進的前哨據點。商文化進入岳陽地區後，似未再向南發展，但對湘江中上游地區曾産生過重大影響。沿長江西上，商勢力到達荊州荊南寺遺址，荊南寺遺址的文化面貌頗爲複雜，包含有中原夏商文化、本地新石器文化、來自三峽地區的文化，澧水流域青銅文化，及吴城文化因素等。④荊南寺遺址的各類文化因素都頗爲典型，是多種文化的交匯地帶，因此學者推測荊南寺遺址在當時似乎是一處自由貿易港之類的地點。⑤

中商時期，隨着商統治中心的北移和商朝的内亂，商在南方的據點盤龍城被放棄。⑥商勢力從長江沿岸北退至灄水上游，晚商時期中原文化控制的南界基本未過桐柏山和淮河沿線，但中原王朝通過地區貿易等新的經略模式將南方納入其資源管控的體系之内，而且中原王朝在南方留下了深刻的影響，南方土著文化在青銅鑄造、城市營建等方面模仿中原王朝的模式，從而進一步推動了南方地區在文化和政治上的中原化進程。⑦

由此可知，夏商時期中原王朝對長江中游地區的各種土著居民是有清晰認知的，雖然中商以前商勢力曾進入長江以南，但主要局限於長江沿線，因此夏商王朝所認識的土著居

---

① 黄梅意生寺遺址發現有堆積豐富的商文化遺存，見張昌平：《夏商時期中原與長江中游地區的文化聯繫》，《華夏考古》2006 年第 3 期。

② 江西省文物考古研究所銅嶺遺址發掘隊：《江西瑞昌銅嶺商周礦冶遺址第一期發掘簡報》，《江西文物》1990 年第 3 期；江西省文物工作隊、九江市博物館：《江西九江神墩遺址發掘簡報》，《江漢考古》1984 年第 4 期。

③ 湖南省文物考古研究所、岳陽市文物工作隊：《岳陽市郊銅鼓山商代遺址與東周墓發掘報告》，《湖南考古輯刊》第 5 集，長沙：《求索》雜誌社，1989 年。

④ 荆州博物館：《荆州荆南寺》，北京：文物出版社，2009 年。

⑤ 張昌平：《夏商時期中原與長江中游地區的文化聯繫》，《華夏考古》2006 年第 3 期。

⑥ 徐少華：《從盤龍城遺址看商文化在長江中游地區的發展》，《江漢考古》2003 年第 1 期。

⑦ 關於商勢力從南方的撤退及中原王朝對周邊地區的經略機制、控制模式，商勢力撤退後的南北文化關係、晚商時期南方地區的文化格局與中原王朝南方邊疆的形成等，見孫卓：《南土經略的轉折——商時期中原文化勢力從南方的消退》，北京：科學出版社，2020 年。又見於張昌平、孫卓：《略論秦統一中國的物質文化基礎——以長江流域爲視角》，何弩主編：《李下蹊華——慶祝李伯謙先生八十華誕論文集》，北京：科學出版社，2017 年。

民主要是在長江以北地區。這些夏商時期的南方土著居民，在文獻中主要是楚蠻族群。楚蠻是古三苗的後裔，三苗滅亡後在南方形成一個新的族群。①楚蠻之得名，或亦因其居於南方楚木叢生之地。夏商西周時期，楚蠻相當活躍，文獻中記載商湯、武丁及西周王朝均曾征伐荆蠻。

二、周人南下與南方族群

西周建立後，周人大力經營南方，從南陽盆地到隨棗走廊，周人封建了衆多的諸侯，其中既有周室宗親與姻親如曾、唐、鄂等國，亦有鄧、楚、穀等異姓諸侯，從而形成了周代的南土疆域，並在漢水、淮水之間形成了一個大的人文地理過渡地帶。周昭王時，周人發動了大規模的南征，爲西周經營南方的頂點，周勢力一度抵達長江北岸的魯臺山遺址，在此建立了"長子"國。周人經營南土並發動大規模南征的意圖，當是企圖恢復商人以盤龍城爲中心控制南方廣大地區的格局，但由於昭王南征失敗，盡喪六師於漢，周勢力放棄長江北岸的據點北撤到隨州地區，此後周人再未在南方發動大規模的行動，周之南土也基本局限於漢水東北。②

南土疆域形成後，大量西周諸侯進入江漢，使得江漢地區的政治、經濟與社會發展水平大爲提高，江漢地區北部在西周王朝的統治下被整合成爲西周的南土疆域，成爲西周王朝的基本區域。南土諸侯的進入，還引發了江漢土著族群的應激反應，江漢土著族群的社會、經濟與文化水平在南土諸侯的影響下得到了較大的提升。同時，由於南土諸侯的擠壓，土著族群南下開發自後石家河文化中斷後荒蕪近千年的江漢核心區。從西周中期起，江漢地區出現了一支新的地域性考古學文化，考古學者以襄陽真武山遺址命名爲真武山類遺存。真武山類遺存是周文化的一種地方變體，並保留了一些商代江漢地區土著文化因素，此類遺存發展到春秋中晚期時最終演變爲確定無疑的楚文化。③在空間分佈上，真武山類遺存的分佈範圍跨越漢水，從襄宜平原一直到荆沙地區，且具有越往南越晚的特點，這反映的正是江漢土著族群進入江漢核心區，自北向南開發自後石家河文化中斷後荒蕪千年的江漢平原核心區（原屈家嶺—石家河文化核心區），並爲春秋時期楚國在漢水以西地區的興起打下了基礎。

---

① 對於楚蠻族源的討論，可參張正明主編：《楚文化志》，武漢：湖北人民出版社，1988 年，第 5 頁；張正明：《楚史》，武漢：湖北教育出版社，1995 年，第 52 頁；伍新福：《荆蠻、楚人與苗族關係新探》，《求索》1988 年第 4 期；劉玉堂：《夏商王朝對江漢地區的鎮撫》，《江漢考古》2001 年第 1 期。

② 參尹弘兵：《地理學與考古學視野下的昭王南征》，《歷史研究》2015 年第 1 期。

③ 張昌平：《試論真武山一類遺存》，《江漢考古》1997 年第 1 期。

西周初年楚國初封時即在楚蠻之地，①西周晚期時，熊渠治下的楚國出現在江漢地區——"皆在江上楚蠻之地"。春秋時期，楚國在江漢地區大肆擴張，將江漢地區的各種土著居民及小國，還有周代的南土諸侯盡數征服，整合成爲統一的楚民族。由以上歷史可知，西周王朝及其分支楚國，其對江漢地區的土著民族是有清晰認識的，並將其稱爲楚蠻或荆蠻、蠻荆、荆楚等。不過，西周早期的南土並未超過漢水，西周中期以後隨着土著族群的南下才越過漢水，西周晚期時抵達長江北岸的荆沙地區，同時，楚國也出現在漢水中游以西以南地區，但楚勢力尚未抵達長江。也就是説，西周王朝和楚國，其在西周時期對長江中游地區土著居民的認識，基本局限於長江以北的楚蠻、百濮等族群，甚至尚未抵達長江沿岸，更談不上越過長江認識長江以南的土著族群——越人。

因此，周王朝及楚國對漢水西南地區及其土著居民的認識，是以真武山類遺存開發江漢核心區爲基礎的。隨着這些受周文化影響的江漢土著族群及隨後西周諸侯（楚國爲其中的主要成員）的南下，周王朝、中原諸侯及楚國開始認識漢水西南直至長江北岸的地區及其族群。由於江漢核心區自後石家河文化中斷後荒蕪幾達千年之久，因此當作爲中原王朝和中原文化邊緣組成的楚蠻族群一路南下並抵達長江北岸時，必然開始接觸漢水西南那些此前完全不在中原王朝視野内的南方土著族群，這些南方土著族群與楚蠻具有完全不同的性質。楚蠻、百濮等江漢土著族群雖是南方土著，但早已接受了中原文化，與華夏族群具有一定的同質性，雖與中原王朝關係複雜，但卻是在中原王朝視野範圍内的，在政治與文化上均屬於華夏世界的邊緣組成部分。當楚蠻及隨後的楚國越過漢水南下至長江北岸時，必然在長江以北沿岸地區接觸到此前完全没有認識的、完全不屬於中原文化系統的、與華夏世界完全異質的南方土著族群。我們已經知道，蠻、夷、戎、狄是在中原王朝視野範圍内的，廣義而言仍屬華夏世界，楚蠻的文化與政治屬性明確表明了這一點，但楚蠻和楚國在南下過程中接觸到更南方的、與華夏完全異質的南方土著族群時，他們又是如何認識並識別的？

《史記·楚世家》載楚成王即位後，"布德施惠，結舊好于諸侯。使人獻天子，天子賜胙，曰：'鎮爾南方夷越之亂，無侵中國。'於是楚地千里"②。這裏明確出現了"越"的概念，表明在中原王朝和楚國的視野中，這些比"蠻""夷"更南、完全不具有中原文化特性的南方土著族群的稱謂是"越"。魯西奇經系統研究後指出，"越"是我國古代華夏或楚人對長江以南地區居民的統稱，並非統一的民族或族群。③結合周代南土的建立過程及具有

---

①　何介鈞：《關於楚蠻和楚族族源的斷想》，楚文化研究會編：《楚文化研究論集》第三集，武漢：湖北人民出版社，1994年。

②　《史記》卷四〇《楚世家》，北京：中華書局，1982年，第1697頁。

③　魯西奇：《"越"與"百越"：歷史敘述中的中國南方"古族"》，《東吳歷史學報》第32期，2014年。

周文化性質的真武山類遺存的南下歷程，可以認爲，隨着楚國的崛起和楚蠻的逐漸華夏化，華夏世界對楚蠻以南的南方世界及其人群開始有了接觸和認知，這類人群與作爲中原文化和中原王朝邊緣組成的楚蠻族群完全不同，於是在包含楚國和楚蠻的廣義華夏世界中，這類此前完全没有認知、與華夏世界迴異的南方族群，被統稱爲"越"或"夷越"。

三、越 與 揚 越

越之族群，其分佈甚廣，來源複雜，内部各有種姓，故又稱百越。《漢書·地理志》顏師古注引臣瓚曰："自交阯至會稽七八千里，百越雜處，各有種姓。"[①]林惠祥更明確指出："百越所居之地甚廣，占中國東南及南方，如今之浙江、江西、福建、廣東、廣西、越南或至安徽、湖南諸省。"[②]百越雖主要居於長江以南，但由於夏商兩代江漢核心區頗爲荒涼，因此百越與南方華夏世界之間存在自然與人文的阻隔地帶，隨着楚蠻、楚國及南土諸侯重新開發江漢核心區，這一阻隔地帶逐漸消失，南方華夏世界向南發展並直抵長江，最初必然是從長江北岸開始接觸這類此前完全未知、與中原文化面貌迴異、被稱爲"夷越"或"越"的南方族群。

這類被中原族群從江北開始認知的南方族群，即揚越。揚越之名，始見於《戰國策·秦策》載蔡澤謂吳起："南攻楊越，北併陳蔡。"[③]《史記·范睢蔡澤列傳》則作："南收楊越，北併陳、蔡"，但《史記·吳起列傳》記爲"南平百越"。[④]春秋戰國時期的楚國，在東遷之前，其核心區在江漢之間，今湖北西部。故吳起所平之揚越，當爲百越中分佈在長江中游地區的部分。揚越之名，亦當與揚水有關。《吕氏春秋·恃君覽》："揚漢之南，百越之際"，高誘注："揚州、漢水之南。""越有百種。"[⑤]但劉玉堂認爲高注不妥，揚越與揚州（長江下游地區）當無涉，且揚州與漢水並列，文例、文意均不通，因此揚漢當指揚水與漢水，而高誘注"百越之際"爲"越有百種"亦不通，實爲望文生義，《吕氏春秋》原意當爲揚水、漢水以南，爲與百越交界地帶或百越北部邊緣地帶。[⑥]吳永章亦認爲百越生活的最北界可至漢水之南。[⑦]可見越的主體或絶大部分雖在長江以南，但先秦時期華夏世界卻是從

---

① 《漢書》卷二八下《地理志下》，北京：中華書局，1962 年，第 1669 頁。
② 林惠祥：《中國民族史》，北京：商務印書館，1993 年，第 111 頁。
③ 《戰國策》卷五《秦策三》"蔡澤見逐于趙"章，上海：上海古籍出版社，1985 年，第 216 頁。
④ 《史記》卷七九《范睢蔡澤列傳》、卷六五《孫子吳起列傳》，北京：中華書局，1982 年，第 2423、2168 頁。
⑤ 陳奇猷：《吕氏春秋新校釋》，上海：上海古籍出版社，2002 年，第 1331、1337 頁。
⑥ 劉玉堂：《楚國與揚越》，《楚學論叢》初輯，《江漢論壇》1990 年專刊，第 203、204 頁。
⑦ 吳永章：《楚與揚越、夷越、於越的關係》，《中南民族學院學報》1986 年專刊。

長江以北沿岸地區開始認識此類與中原完全異質的南方族群，因此"越"之分佈，當不限於長江以南，江北的漢水、揚水以南地區，正是"越"之最北端。而揚越之得名，亦當是因揚水之故。故《吕覽》所言"揚漢之南，百越之際"，當是指揚水和漢水爲百越分佈的北界，華夏世界與百越以揚、漢爲分界，劉玉堂所言當是。

揚越出現在歷史上，最早爲西周時期。《史記·楚世家》載熊渠在江上楚蠻之地拓地征伐："熊渠甚得江漢間民和，乃興兵伐庸、楊粤，至於鄂。"唐司馬貞《索隱》："有本作'楊雩'，音籥，地名也。今音越。譙周亦作'楊越'。"①是粤、越相通，楊粤即楊越，亦即揚越。熊渠活動的"江漢間"或"江上楚蠻之地"之"江漢""江上"，石泉、趙逵夫諸先生皆以爲指漢江或漢水。②類似情形亦見於其他河流，陳立柱曾指出，古語中大共名往往前置，早期的江其實是南方古語言中河流的共名，故《史記》中的"江淮"實爲"淮江"之倒語，即"淮河"之意。③可見《史記》此處的"江漢"，實爲"漢江"之倒語，故"江漢間"或"江上楚蠻之地"，非指長江與漢水，而是專指漢水，具體而言爲漢水幹流。西周時漢水下游猶是湖沼地帶，漢水上游的安康、漢中一帶則不可能爲楚國核心地區，則"江漢間""江上楚蠻之地"當指漢水中游兩岸地區。因此熊渠的活動地區"江上楚蠻之地"大抵爲漢水中游一帶。④可見熊渠所伐之楊粤，當爲位於漢水中下游地區的越人。近人羅香林早已主張："楚人略地，本循漢水順流而南，故先庸，後揚越，後至鄂。揚越界庸鄂之間，則其最早地望，當在漢水流域中部。"⑤或說"其地非漢水中游一帶莫屬"⑥。越人雖基本在長江以南，但部分越人分佈區至江北是可以想象的，因爲華夏世界正是從江北開始認識此類南方族群的，且"越"本爲華夏或楚人對非夏、楚系統的南方居民之統稱。

進一步申説，漢水中游地區原爲三苗系統所創造的屈家嶺—石家河文化核心區。三苗覆滅後，夏商兩代至西周早期均處於荒蕪狀態，從西周中期開始，在南土諸侯影響下發展水平大大提高的江漢土著民族開始南下開發漢水中游原屈家嶺—石家河文化核心區，這一

　　①　《史記》卷四〇《楚世家》，北京：中華書局，1982年，第1692頁。

　　②　參石泉：《古文獻中的"江"不是長江的專稱》，《文史》第6輯，北京：中華書局，1979年；收入氏著《古代荆楚地理新探》，武漢：武漢大學出版社，1988年；又收入唐曉峰、黄義軍編：《歷史地理學讀本》，北京：北京大學出版社，2006年。又參趙逵夫：《屈氏先世與句亶王熊伯庸》，《文史》第25輯，北京：中華書局，1985年；又見氏著《屈原與他的時代》，北京：人民文學出版社，2002年。

　　③　陳立柱：《楚淮古地三題》，《江漢考古》2010年第1期。

　　④　參石泉、徐德寬：《楚都丹陽地望新探》，《江漢論壇》1982年第3期，又載《古代荆楚地理新探》，武漢：武漢大學出版社，1988年；第190、191頁；段渝：《西周時代楚國疆域的幾個問題》，《中國史研究》1997年第4期；葉植：《試論楚熊渠稱王事所涉及到的歷史地望問題》，楚文化研究會編：《楚文化研究論集》第四集，鄭州：河南人民出版社，1994年。

　　⑤　羅香林：《越族源出於夏民族考》，《青年中國季刊》1卷3期，1940年。

　　⑥　羅香林：《中夏系統中之百越》，上海：獨立出版社，1943年，第106頁。

支土著民族在文化面貌上明顯與周文化有密切關係，是周文化的江漢類型。①因此西周中晚期開發漢水中游地區的居民是與西周王朝及南土諸侯有密切聯繫的，周人對這些江漢土著民族是有足夠認識的，無論從文化、族源還是政治關係上。西周中晚期由北向南開發漢水中游地區的江漢土著民族與中原王朝和南土諸侯有複雜關係，作爲中原王朝和中原文化邊緣、附屬的江漢土著族群，在文獻上稱爲楚蠻或荊蠻、蠻荊、荊楚。但當這些江漢土著族群開發漢水中游地區後進一步南下時，必然在長江北岸接觸到此前周人未能認識到的、更南方的、與周人所熟知具有中原文化性質的"南方"土著族群完全不同的另一類土著族群。此類超出周人認知的、位於楚蠻以南、具有完全不同文化面貌與來源的南方居民，魯西奇已指出華夏和楚人稱其爲"越"。自盤龍城廢棄後，中原王朝已完全失去了對此類南方土著族群的認識，周人也只是在西周早期一度將其勢力向南延伸至長江邊上的魯臺山遺址，但隨着昭王南征失敗，周勢力也退縮至淯水上游，從此遠離長江。這一類南方族群主要生活在長江以南，但周人和楚國必然是從長江以北沿岸地區開始認識這些與"楚蠻"迥異的南方族群，因此"越"的北界越過長江至漢水下游地區是完全可以成立的。而揚水作爲江漢之間的汉流，正在長江北岸，漢水中游地區的最南緣，進入漢水中下游地區的楚蠻及踵楚蠻之後南下的楚國，當是在揚水以南地區接觸到了此類與中原系統完全不同的南方族群，由此形成了對楚蠻以南的南方族群的認識，並將其稱爲"越"。

揚越之名大概由此而來，漢水中游地區南緣的揚水也由此成了"百越之際"，爲百越的最北界。隨着楚國逐步占有整個長江中游地區，於是楚國將其南境乃至所有南部土著居民均稱爲揚越，今湖北東南部的大冶銅綠山銅礦，其開採者，學者認爲即揚越先民②，另學者據考古學文化分析，鄂東地區的兩周時期考古學文化，具有明顯的古越族文化特徵③。而鄂東南一帶以鼎式鬲、刻槽足、長方形鏤孔豆、附耳甗爲特徵的商周時期考古學文化，具有鮮明的地方特色，自陽新大路鋪遺址發掘後被命名爲大路鋪文化，這支地方性文化具有長期的礦冶傳統，從新石器時代起即開始掌握採礦及金屬冶煉、鑄造技術。④大路鋪文化年代爲晚商至西周中期，主體年代爲西周中期，分佈集中於鄂東南地區，對外輻射相當有限，整體的文化影響力並不突出，楚文化興起後其文化傳統完全中斷，爲楚文化所取代。⑤大路鋪文化的年代範圍、分佈地區與礦冶傳統，正好與開採大冶銅綠山的古代居民

① 參張昌平：《試論真武山一類遺存》，《江漢考古》1997 年第 1 期。

② 張正明、劉玉堂：《大冶銅綠山古銅礦的國屬》，《楚史論叢》初集，武漢：湖北人民出版社，1984 年。

③ 劉玉堂：《論湖北境內古越族的若干問題》，《民族研究》1987 年第 2 期。

④ 湖北省文物考古研究所等：《陽新大路鋪》，北京：文物出版社，2013 年。

⑤ 羅運斌、陳斌、丁偉：《大路鋪文化土著因素的形成與傳播》，《江漢考古》2014 年第 6 期。

相對應。

到秦漢時期，揚越概念一路往南發展，由西周時用指漢水中游以南的土著族群、東周時用指楚國南境及其以南的土著族群，發展到秦漢時期用指嶺南地區的土著居民，故揚越又常與百越混用。吳永章亦主張：“揚越是指江漢流域往南經洞庭湖越五嶺直達南海這一廣闊地區的古代越人。”①

文獻中還有夷越的説法，夷越在楚國南方，與揚越方位大抵相同，於是學者認爲夷越即揚越②，吕思勉則謂：“自淮以北皆稱夷，自江以南則曰越”③。因楚蠻在文化上和政治上與中原王朝有密切聯繫，甚至本身就是作爲中原王朝附屬和邊緣而存在的，而楚蠻南下以後所接觸到的更南方的土著族群，其在中原話語系統中的稱呼顯然是“夷越”或“越”。

四、結　語

可見“越”應爲東周時期中原體系之外的南方土著居民，一般位於長江以南。但在長江中游地區，夏商時中原勢力是以漢水爲界的，至西周中期以後，受西周南土諸侯統治的江漢土著族群，開始南下開發漢水中下游地區，突破漢水這一夏商至西周早期的南北分界線進一步向南發展，直抵長江岸邊，開始接觸中原系統視野之外的南方土著居民。這類基本在中原視野之外的南方居民，在周、楚話語下稱爲“越”，而揚水作爲漢水以南的江漢間的一條汉流，在自然地理上可作爲漢水中游地區與下游地區之間的分界線，在人文地理上也成了“百越之際”。

而楚國從熊渠時起進入漢水中游地區，在“江漢間”或“江上楚蠻之地”開拓，因此與揚水以南、長江北岸的土著居民發生接觸，由於越人的社會發展水平較楚蠻、百濮等更低，因此揚越被楚人大量征服，成爲楚人征服的江漢土著民族中很重要的一部分，亦是楚人、楚民族的重要來源。而越文化也大量進入楚文化之中，在楚文化中留下了諸多印跡，如楚文化中有大量的越式鼎，其特徵是高足、平底，這種樣式的鼎，在戰國後期成爲楚式鼎的主流。

（尹弘兵，湖北省社會科學院楚文化研究所）

---

① 吳永章：《楚與揚越、夷越、於越的關係》，《中南民族學院學報》1986年專刊。
② 劉玉堂：《揚越與楚國》，《楚學論叢》初輯，《江漢論壇》1990年專刊，第210頁。
③ 吕思勉：《中國民族史》，北京：東方出版社，1996年，第233頁。

分權與集權——早期中國秦楚郡制的關係與比較

游逸飛

  傳統中國奠基於大一統的秦漢帝國，但大一統的秦漢帝國如何自先秦時期多元紛呈的列國政權脫穎而出？先秦列國政權曾經爲中國歷史的發展提供哪些可能性？這些議題的討論繞不開戰國七雄制度與文化的比較。由於傳世文獻與出土材料都比較豐富，秦與楚的比較是東周秦漢史研究的熱點①，甚至成爲學者比較秦與東方六國的骨幹②。即使不直接比較，秦與楚的研究往往也是學者進行宏觀思考時的背景。游逸飛《製造"地方政府"——戰國至漢初郡制新考》（簡稱《製造"地方政府"》）用了一章重建戰國楚國郡制，用了兩章復原從戰國到統一的秦之郡制；③ 然而限於材料與體例，該書並未展開秦楚郡制的比較研究。本文擬補該書之闕，嘗試利用有限的材料，對秦楚郡制進行一定程度的比較，從分權與集權的角度探索秦楚郡制背後的統治原理，進而思考楚秦兩大帝國的政體與社會結構異同，爲理解古代中國與世界提供一個新的思考方向。④

---

  ① 相關著作甚多，較具代表性者如卜憲群：《秦制、楚制與漢制》，《中國史研究》1995年第1期，第45~53頁；張正明：《秦與楚》，武漢：華中師範大學出版社，2007年。

  ② 參梁雲：《戰國時代的東西差別：考古學的視野》，北京：文物出版社，2008年。

  ③ 具體考證見游逸飛《製造"地方政府"——戰國至漢初郡制新考》，第一章《從軍區到地方政府——簡牘及金文所見戰國秦之郡制的演變》、第三章《戰國七雄的另一種類型——以包山簡所見楚國郡縣制爲例》、第五章《監察相司——三府分立的秦代郡制》（臺北：臺灣大學出版中心，2021，第27~53、93~134、195~238頁）。

  ④ 人對事物的認知，離不開比較。若無參照組，絕對數值的意義其實難以彰顯；大小多寡深淺高低等形容詞看似籠統片面，卻在生活中不可或缺。正因如此，廣義的加州學派高舉比較史學大旗，主張冠冕堂皇地運用歷史學分析裏的比較因素，藉此充分呈現比較分析的洞見，盡可能避免比較思維自然而然帶來的偏見，其《大分流》等成果引領學界潮流至今，值得參考。本文僅從郡制出發，自是以管窺天，不足以盡楚秦比較研究之萬一。不過郡制既是傳統中國政府組成的要素之一，也是王權控制社（轉下頁）

一、秦郡發展的兩次轉折：從軍區到地方政府，再從集權到分權

學界已注意到戰國秦國郡制並非鐵板一塊，而是有一演變的歷程；但因依據的史料並不全面，學界對演變歷程的具體内容仍衆説紛紜。事實上秦從戰國七雄走向統一天下的過程中，郡制有一根本變革，過去缺乏史料深究。

《製造"地方政府"》整理了2013年之前刊布的39件戰國秦國郡守在縣工師之上監鑄的有銘兵器，年代跨度爲秦惠文王後元五年(前320年)至秦王政二十二年(前225年)，反映戰國中晚期秦郡有權監督秦縣鑄兵器。加上傳世文獻裏秦與東方六國的戰争常見郡守徵兵打仗之例，② 戰國秦郡顯然具有相當程度的軍事權。然而戰國晚期的秦簡反映出秦郡當時尚無財政、人事、司法等基礎行政權力。綜合簡牘與金文可推斷，戰國早中期的秦郡尚未取得較完整的地方行政權，其性質更近於軍區。

雖然不像秦兵器上有明確紀年，但學界普遍同意睡虎地秦律是秦始皇統一六國前使用的法律，有些學者進而主張成文時代可以早至秦昭王晚期。③《秦律十八種·置吏律》簡

(接上頁)會的重要憑藉。以郡制爲切入點，也是楚秦比較研究不可或缺的一環。加州學派的成果可參考王國斌著，李伯重、連玲玲譯：《轉變的中國：歷史變遷與歐洲經驗》，南京：江蘇人民出版社，1998年；[美]彭慕蘭(Kenneth Pomeranz)著，邱澎生等譯：《大分流：中國、歐洲與現代世界經濟的形成》，臺北：巨流出版公司，2004年；托米·本特森(Tommy Bengtsson)、康文林(Cameron Campbell)、李中清(James Z. Lee)等著，李霞、李恭忠譯：《壓力下的生活：1700—1900年歐洲與亞洲的死亡率和生活水平》，北京：社會科學文獻出版社，2007年；[美]金世杰(Jack A. Goldstone)著，關永强譯：《爲什麼是歐洲？世界史視角下的西方崛起(1500—1850)》，杭州：浙江大學出版社，2010年；李伯重：《火槍與賬簿：早期經濟全球化時代的中國與東亞世界》，北京：生活·讀書·新知三聯書店，2017年；王國斌著，李立凡譯：《鑑往知來：中國與全球歷史變遷的模式與社會理論》，新竹：交通大學出版社，2019年。

① 參工藤元男：《秦の内史：主として睡虎地秦墓竹簡による》，《史學雜誌》第90卷第3期，1981年，第275~307頁；中譯本見徐世虹譯：《秦内史》，收入劉俊文主編：《日本中青年學者論中國史：上古秦漢卷》，上海：上海古籍出版社，1995年，第296~327頁；廣瀬薰雄、曹峰譯：《内史的改組與内史、治粟内史的形成》，收入氏著《睡虎地秦簡所見秦代國家與社會》，上海：上海古籍出版社，2010年，第18~49頁。江村治樹：《雲夢睡虎地出土秦律の性格をめぐって(法制史上の諸問題)》，《東洋史研究》第40卷第1期，1981年，第1~26頁；收入氏著《春秋戰國秦漢時代出土文字資料の研究》，東京：汲古書院，2000年，第677~705頁；中譯本見單印飛譯：《雲夢睡虎地出土秦律的性質》，收入楊振紅、鄔文玲編：《簡帛研究二〇一四》，桂林：廣西師範大學出版社，2014年，第326~342頁。陳長琦：《郡縣制確立時代論略》《戰國時代郡的嬗變》，收入氏著《戰國秦漢六朝史研究》，廣州：廣東人民出版社，2001年，第1~16、17~34頁。蘇輝：《秦三晉紀年兵器研究》，上海：上海古籍出版社，2013年，第194頁。

② 見楊寬：《戰國史》，臺北："商務印書館"，1997年，第229~230頁。

③ 參黄盛璋：《雲夢秦簡辨正》，收入氏著《歷史地理與考古論叢》，濟南：齊魯書社，1982年，第43頁。

157-158 有一條律文，是戰國秦國疆域僅設置十二個郡時所制定的，[1] 此時秦郡數目僅爲統一六國時的三分之一，郡制尚處於發展階段。該條律文規定縣、郡各自擁有人事權，而且將"十二郡"書寫在縣之後，反映此時戰國秦郡與縣不相隸屬，郡的行政層級不高於縣。[2]

相較於《置吏律》的"縣"書寫於"十二郡"之前，睡虎地秦簡《法律答問》簡 144 的"郡縣"連稱，反映戰國秦國郡縣制已從郡不轄縣發展到郡下轄縣；換言之，《法律答問》簡 144 的制定年代應比《置吏律》簡 157-158 更晚。事實上《法律答問》簡 144 的內容是《置吏律》簡 157-158 的補充規定，制定時代也應更晚。黃盛璋更指出《法律答問》的制定時代一般要晚於秦律。[3] 從詞彙、內容與文本性質等不同角度考察，均可證明戰國秦國郡縣制確實發生了從郡不轄縣到郡下轄縣的變遷。以此爲基礎，我們可重新解讀幾條異質性較强的郡制史料。

《法律答問》簡 95 是關於"郡守爲廷"的司法規定，全面考察前後文及"廷"在秦漢律令文書裏的意義後，可以確定"廷"指秦中央政府最高司法長官"廷尉"，因此"郡守爲廷"這條法律導致郡守在郡區裏取代廷尉的位置，處理來自都官及縣上訴的司法案件。換言之，在"郡守爲廷"這條法律制定前，早期秦郡並沒有權力管轄屬縣司法，全國都官及縣的司法事務均由早期廷尉處理。隨着疆域日大、郡縣日衆，廷尉逐漸難以負荷，秦國遂開始賦予郡守一定的司法權，使大多數都官及縣的司法事務在郡內即可處理，不必上呈到中央的廷尉。《法律答問》簡 95 既反映郡守擁有對疆域內的都官及縣的司法管轄權，是郡已轄縣的

---

① 根據歷史地理學者的最新考證，可將該條律文的成文年代限定在秦昭王三十五年(前 272 年)至秦昭王四十二年(前 265 年)或秦莊襄王元年(前 249 年)之間。參晏昌貴：《秦簡"十二郡"考》，收入北京大學中國古代史研究中心編：《輿地、考古與史學新說：李孝聰教授榮休紀念論文集》，北京：中華書局，2012 年，第 114~127 頁；李曉杰：《中國行政區劃通史·先秦卷》，上海：復旦大學出版社，2009 年，第 587 頁。

② 一般認爲時代晚至秦統一之際的嶽麓秦簡，其《置吏律》簡 220-221 前半部的內容與睡虎地《秦律十八種·置吏律》簡 157-158 幾乎一模一樣，僅將"十二郡"的"十二"刪除，反映"十二郡"的規定確實偏早，不適用於新置更多秦郡的時代，後來的秦法吏不得不刪除"十二"的數目，藉此擴大律文的適用範圍。至於這條嶽麓秦律的"縣"仍書寫於"郡"之前，似乎反映修訂的時間早於秦統一，則說明嶽麓秦律仍保存了一些時代較早的規定，不宜全盤視爲秦統一之際的法律。參陳松長：《嶽麓書院所藏秦簡綜述》，《文物》2009 年第 3 期，第 75~88 頁；陳松長主編：《嶽麓書院藏秦簡(肆)》，上海：上海辭書出版社，2015 年。缺少郡的地方行政如何運作？日本學者很早便主張睡虎地秦律最初制定時僅以內史爲對象，內史與縣的規定直到後來才被套用至郡與縣。當郡的地方行政功能尚未成熟時，內史可謂戰國秦國地方行政的主要樞紐。參江村治樹上文、藤田勝久：《中國古代の關中開發——戰國秦の郡縣制形成》，收入氏著《中國古代國家と郡縣社會》，東京：汲古書院，2005 年，第 37~73 頁；重近啟樹：《秦の內史をめぐる諸問題》，收入氏著《秦漢稅役體系の研究》，東京：汲古書院，1999 年，第 279~302 頁。

③ 參黃盛璋：《雲夢秦簡辨正》，收入氏著《歷史地理與考古論叢》，濟南：齊魯書社，1982 年，第 43 頁。

確切證明；又反映郡守司法權的取得來自中央的廷尉，晚於地方的縣與都官。

與《法律答問》簡 95 可相互印證的是嶽麓秦簡《爲獄等狀四種》案例十一：秦王政元年（前 246 年）南郡當陽縣的乞鞠覆審案，當陽縣雖位於南郡，遠離首都咸陽，其乞鞠案仍送至中央的廷尉府覆審，審理程序不見南郡官吏蹤影，反映南郡此時尚無覆審乞鞠的司法權力，“郡守爲廷”這條法律尚未制定。由此可知，秦郡郡守管轄屬縣司法的權力是秦王政即位後某年所賦予的。而反映郡不轄縣的“十二郡”律文制定於秦昭王晚期，秦昭王在位最後一年（五十六年，前 251 年）的五年後即《爲獄等狀四種》案例十一的秦王政元年，兩個時間點極爲相近，秦郡郡守管轄屬縣人事的權力很可能也是秦王政即位後某年所賦予的。

循此重新思考秦統一天下前六年、即秦王政二十年（前 227 年）頒佈的睡虎地秦簡《南郡守騰文書》的内容，① 學界過往皆從南郡郡守用秦法整頓楚地舊俗的脈絡加以理解，② 我們今天可進一步指出《南郡守騰文書》還反映出秦郡郡守擁有相應的司法權，如此方能用法律移風易俗。而法律要能真正落實，還須更多的權力配套、依傍，此時的秦郡郡守可能不只擁有相應的司法權，還可能擁有相應的人事權。換言之，秦王政元年至二十年之間，秦郡郡守對屬縣司法與人事的管轄權很可能都發生了從無到有的變遷。戰國末年秦國的郡制改革無疑是在秦王政時期完成，很可能是爲了統一戰爭所進行的準備工作。③

整體而言，戰國秦郡的權力大抵隨着軍事活動而擴張，將郡治鄰近諸縣逐一化爲郡轄屬縣，秦郡應是秦統一戰爭順利執行的重要推手。經歷漫長的戰國時期，秦郡的權力變得完整、集中而强大，戰國末年已從軍區發展爲在縣之上的地方政府。

然而擁有如此强大集權色彩的秦郡，並不存在於統一天下後的秦王朝。大一統的秦朝

---

① 《南郡守騰文書》即睡虎地秦簡《語書》的一部分。睡虎地秦簡整理小組所整理的《語書》共十四枚簡，其定名根據爲最後一枚簡的背面標題。整理小組又指出前八枚簡與後六枚簡原來似乎各爲一編，李學勤便將之分成《南郡守騰文書》和《語書》兩篇。近年陳侃理更主張後六枚簡實是《爲吏之道》的一部分，不應與前八枚簡編聯。換言之，後六枚簡與《爲吏之道》應合稱《語書》，前八枚簡則可參考李學勤的意見，改稱《南郡守騰文書》。參睡虎地秦墓竹簡整理小組編：《睡虎地秦墓竹簡》，北京：文物出版社，1990 年，釋文注釋第 13 頁；李學勤：《雲夢睡虎地秦簡概述》，收入氏著《簡帛佚籍與學術史》，南昌：江西教育出版社，2001 年，第 99~109 頁；陳侃理：《睡虎地秦簡“爲吏之道”應更名“語書”——兼談“語書”名義及秦簡中類似文獻的性質》，《出土文獻》第 6 輯，上海：中西書局，2015 年，第 246~257 頁。

② 參吳福助：《〈語書〉論考》，收入氏著《睡虎地秦簡論考》，臺北：文津出版社，1994 年，第 63~138 頁；臧知非：《周秦風俗的認同與衝突——秦始皇“匡飭異俗”探論》，《秦文化論叢》第 10 輯，西安：三秦出版社，2003 年，第 1~22 頁；中國政法大學中國法制史基礎史料研讀會：《睡虎地秦簡法律文書集釋（一）：〈語書〉（上）》，《中國古代法律文獻研究》第六輯，北京：社會科學文獻出版社，2012 年，第 171~193 頁；中國政法大學中國法制史基礎史料研讀會：《睡虎地秦簡法律文書集釋（一）：〈語書〉（下）》，《中國古代法律文獻研究》第七輯，北京：社會科學文獻出版社，2013 年，第 66~81 頁。

③ 秦王政元年至十年爲吕不韋執政時期，此後方爲嬴政親自掌權。秦郡改革究竟是從吕不韋執政時代就開始？抑或到嬴政掌權才開始？目前並無直接史料可供探討。

並未廢除郡制，但與戰國末年的秦郡恰恰相反，統一時期的秦郡呈現出十分強烈的分權現象。

《史記·秦始皇本紀》記載秦始皇二十六年"分天下以爲三十六郡，郡置守、尉、監。"①《製造"地方政府"》曾根據里耶秦簡與嶽麓秦簡，具體指出秦代郡守、郡尉、郡監御史各自開府，故稱"守府""尉府""監府"。秦代郡守獨攬財政權，郡尉獨攬人事權，郡監御史獨攬律令、地圖等特殊資訊的傳播權，秦郡三府分別獨占了其餘二府無法染指的重要權力，皆在郡之行政運作上扮演了不可或缺的一角，故可各自獨立行政，不相統屬，維持三府分立的鼎足之局。而秦郡之司法權由郡守與郡監御史分割（郡守負責讞獄、郡監御史負責舉劾），郡之日常軍事權由郡守與郡尉分割（郡守管理兵器、郡尉管理戍卒），戰時三府包括監府皆可帶兵作戰，在在體現了秦郡三府監察相司的行政精神。正因如此，秦郡屬縣須向郡守、郡尉甚至中央的内史上計，其上級長官不只一人，而單一郡府亦無法專權獨斷，全面控制屬縣。整體而言，秦郡没有單一獨大的長官，郡守、郡尉、郡監御史皆爲長官，行政呈現三頭馬車的分權型態。秦郡行政的特色爲守府、尉府、監府各自擁權、相互制衡，屬縣不僅要面對三位各自獨立的郡長吏，部分事務更須直接面對中央政府。秦代中央政府對地方不僅層層監察，② 同一行政科層之間亦加以分割，不使任何一個官吏、官署獨攬大權。

由於現有傳世文獻與出土文獻均只反映統一後秦郡的分權制衡情況，尚未見到史料反映統一前秦郡的分權制衡情况，目前似可推測統一前秦郡的分權性質尚不強烈。秦朝統一天下後，地方政制的分權性質發展趨於極端，自然有其行政理念的淵源。自商鞅變法以來，秦之行政便與法家思想有着千絲萬縷的聯繫。韓非已經注意到戰國晚期郡守與中央政府的關係並不合乎法家理念：

> 出軍命將太重，邊地任守太尊，專制擅命，徑爲而無所請者，可亡也。③

如果説七雄逐鹿的時代使邊地郡守"專制擅命"的現象得以發展，那麼統一天下後，秦中央

---

① 見《史記》卷六，北京：中華書局，1959 年，第 239~240 頁。

② 上文探討者多爲郡監察縣，嶽麓秦簡 1159 規定："江東江南郡吏四歲智（知）官留弗遣而弗趨追，與同罪。"則反映中央對郡的監察。見陳松長：《嶽麓書院藏秦簡中的郡名考略》，《湖南大學學報》（社會科學版）2009 年第 2 期，第 1~9 頁。

③ 見（清）王先慎著，鍾哲點校：《韓非子集解》卷五《亡徵》，北京：中華書局，1998 年，第 112 頁。《史記·六國年表》還記載秦昭襄王六年"蜀反，司馬錯往誅蜀守煇"。見《史記》卷一五，北京：中華書局，1959 年，第 736 頁。但據《秦本紀》與《樗里子甘茂列傳》的"蜀侯煇"，"蜀守煇"應爲"蜀侯煇"之誤。

政府對郡守專權的情況顯然不會坐視不管，設置郡監御史的目的很可能就是爲了監察郡守。《商君書·禁使》指出秦設置"監"官，是爲了讓官吏相互監察①，東漢、三國時人同樣如此理解秦制②。"監察相司"無疑是秦郡的行政理念，更是整個秦官僚制的關鍵理念，《製造"地方政府"》將其稱爲"法家式地方行政"。

秦既有的法家式地方行政得以發展與強化，進而導致秦郡從集權走向分權，秦政權從七國競逐走向天下一統無疑是重要緣由。但秦郡從集權走向分權的原因未必單一，秦政權從七國競逐走向天下一統的影響因素可能更加複雜。東方六國故地是多數秦郡的直接統治區域，秦郡從集權走向分權，會否也受到被統治者昔日地方政制的影響呢？限於史料，本文嘗試從楚地與秦郡的關係來探討此問題。

二、同樣分權制衡的戰國楚郡

湖北荆門包山楚墓隨葬近 200 枚司法文書簡，其明確紀年在楚懷王七年至十三年之間（前 322—前 316 年），足資呈現戰國中晚期楚國郡制的基本面貌。③

《左傳》記載楚國一縣長官稱"公"，包山楚簡裏的縣公握有司法、財政、軍事等職權，權力涉及各個重要領域，傳世文獻與出土文獻相契合。陳偉指出包山楚簡裏的"宛公"是兼任宛郡長官的宛縣縣公。④ 我受其啓發，進而主張出土及傳世文獻所見宛、新城、唐、新都等楚郡之例，均反映戰國楚郡的建置並非在縣之上設置另一個官署，而是賦予縣公管理、監督鄰近之縣的更大權力。如此一來郡制與縣制的結構便高度重疊，可謂"郡縣同構"，這應是楚國置郡的常態。鄭威曾經指出春秋時期陳、蔡、葉等楚國縣公曾兼領數縣，⑤ 此或爲楚國郡制的濫觴，反映楚國郡制脱胎於縣制，楚郡是舊政區的再發展，並非完全的新政區。戰國楚之郡制並不完備，是郡縣二級制的過渡階段。

---

① 見蔣禮鴻：《商君書錐指》卷五，北京：中華書局，1986 年，第 133 頁。

② 張守節《史記正義》引東漢《風俗通》，見《史記》卷六，北京：中華書局，1959 年，第 240 頁；《三國志》卷九《諸夏侯曹傳》，北京：中華書局，1959 年，第 296 頁。

③ 參湖北省荆沙鐵路考古隊編：《包山楚簡》，北京：文物出版社，1991 年。紅外線圖版見於武漢大學簡帛研究中心簡帛網的"中國古代簡帛字形、辭例數據庫"（http://www.bsm-whu.org/zxcl/）。釋文參考陳偉等：《楚地出土戰國簡册［十四種］》，北京：經濟科學出版社，2009 年；李守奎、賈連翔、馬楠：《包山楚墓文字全編》，上海：上海古籍出版社，2012 年；朱曉雪：《包山楚簡綜述》，福州：福建人民出版社，2013 年。下文引用包山楚簡，不再交代出處。

④ 參陳偉：《包山簡所見楚國的宛郡》，收入氏著《新出楚簡研讀》，武漢：武漢大學出版社，2010 年，第 1~7 頁。

⑤ 參鄭威：《從縣邑之縣到郡縣之縣：春秋戰國之際楚國縣制的演變》，《楚學論叢》第 2 輯，武漢：湖北人民出版社，2012 年，第 111~123 頁。

根據《製造“地方政府”》對包山楚簡裏郡縣職官的全面整理，見有 21 例公、8 例大夫、34 例尹、20 例司馬、12 例司敗等職官也都活躍於楚國郡縣之中，這些職官大抵都可以在西周金文裏見到，[1] 均爲周人的官爵稱謂。相較之下，楚地本土色彩濃烈的職官莫敖僅 14 例、連敖僅 4 例，遠少於周式官爵，可見楚國郡縣職官深受周制影響，是後進國家向先進政權的模仿。其中不少學者認爲作爲楚縣長官的“縣大夫”之稱，[2] 值得進一步探討。

“縣大夫”之稱在戰國楚璽與包山楚簡裏常見，然而包山楚簡所見的縣大夫僅 8 例，縣公卻達 20 例，顯然不宜簡單將縣大夫視爲楚縣長官。包山楚簡裏的縣大夫有兩個特色：兼具群體性與個人性，一縣可以有數個縣大夫，縣大夫也可以僅指某人；某人被稱爲縣大夫的同時，又可擔任其他官職。綜合這兩個特色，縣大夫的性質可謂呼之欲出——楚國特有的爵稱。事實上“大夫”本爲周爵，直至秦漢二十等爵制仍有大夫、官大夫、公大夫、五大夫等衍生自“大夫”之爵，[3] 戰國中晚期楚國亦有名爲大夫之爵，絕不奇怪。

包山楚簡裏還可見到縣大夫擁有管理户籍與經濟事務等日常行政的權力，爵與官混雜在同一行政體系之中，無怪乎學者過去均將縣大夫視爲職官。其實楚國屈原曾任三閭大夫，亦有其實際職權[4]，恰好可與年代重疊的包山楚簡互證[5]。爵位的行政職權源遠流長，西周金文常見周王命令有爵之貴族負責某些職掌，[6] 這應是官僚制尚未發展成熟的貴族政體的運作常態。本文的另一比較對象秦國，其爵位始終在軍政大事上扮演重要角色，直至商鞅變法後的戰國晚期，“庶長”之爵仍擁有在外征伐的軍權。相較之下，包山楚簡所見縣大夫職權限於日常行政，權力似不如秦庶長。然而正因包山楚簡裏的縣大夫揭示爵位具有日常行政的職權，我們得以推測秦庶長的征伐權應奠基於其日常行政的職權，而非戰

---

① 尹、司馬以及與司罰相當的司寇，均可見於張亞初、劉雨：《西周金文官制研究》，北京：中華書局，1986 年，第 12～14、24～25、55～57 頁。公與大夫是常見的周爵，不在《西周金文官制研究》一書的整理範圍內。本文關注的重點是地方政制，而非狹義的地方官制，故同時關注官與爵在地方政制裏發揮的作用。

② 參陳偉：《包山楚簡初探》，武漢：武漢大學出版社，1996 年，第 100 頁；顏世鉉：《包山楚簡地名研究》，臺北：臺灣大學中國文學研究所碩士學位論文，1997 年；文炳淳：《包山楚簡所見楚官制研究》，臺北：臺灣大學中國文學研究所碩士學位論文，1998 年。

③ 見張家山漢簡《二年律令》簡 310-312，參張家山二四七號漢墓竹簡整理小組編著：《張家山漢墓竹簡〔二四七號墓〕》，北京：文物出版社，2001 年；彭浩、陳偉、〔日〕工藤元男主編：《二年律令與奏讞書——張家山二四七號漢墓出土法律文獻釋讀》，上海：上海古籍出版社，2007 年。

④ 見於裴駰《史記集解》引《離騷序》，見《史記》卷八四，北京：中華書局，1959 年，第 2486 頁。

⑤ 或有人懷疑“三閭大夫”是官名。該職稱是官是爵，不易確定。但由此可見“縣大夫”是官是爵，亦不宜遽定。目前學界逕將“縣大夫”視爲官稱，並不妥當。

⑥ 如《靜簋》《柞鐘》，引自中國社會科學院考古研究所編：《殷周金文集成》，北京：中華書局，1984—1994 年，編號 4273、133。

争期間的特例。而包山楚簡未涉及對外戰争的記載，恐怕才是未見�大夫持有軍權的主因；事實上包山楚簡所見地方武官司馬的職權亦以財政爲主，未見軍權。戰國楚秦爵制的例子提醒我們：比較研究不宜只從表面觀察異同，必須盡可能進行更深層次的分析。

包山楚簡裏的司敗是探討楚國郡縣制特色的關鍵。據《左傳》杜預注："陳、楚名司寇爲司敗。"包山楚簡裏的"司敗"應與中原列國的司寇相當，職掌司法。然而杜預並未説明陳楚方言裏司寇爲何稱爲司敗？包山楚簡裏常見"阩門有敗"一詞，"阩門有敗"的"敗"可以理解爲懲罰，① 故"司敗"亦可讀爲"司罰"，其職掌爲司法，文從字順。②

根據包山楚簡，我們對司敗(罰)的職權可以得出若干認識，進而復原戰國中晚期楚國的司法體系：楚縣首長縣公擁有司法權，但中央左尹或郡級首長下達司法命令給楚縣，經常繞過縣公，直接下達給司敗(罰)等縣級司法官吏。楚縣首長的司法權並不完整，其司法事務至少有一部分由專業官僚直接處理，並向中央左尹或郡級首長負責。相較之下，楚國中央干預郡級司法的方式卻是責成鄰郡首長，似反映楚郡並未設置司敗(罰)，反映楚郡的行政功能尚不完備。楚縣司敗(罰)有獨立的司法權，直接受命於更上一層的機關，無疑有助於司敗(罰)權力的强化，其管轄範圍甚至及於縣公。透過在縣級政區普設司敗(罰)，縣公的權力受到縣司敗(罰)的制約，楚國中央政府藉此有效干預地方司法，反映楚國中央政府對地方的有效控制。當地方司敗(罰)執行司法權時，其身份儼然爲中央左尹的代表，而非地方首長的屬吏。③ 而包山楚簡裏楚縣向中央政府借貸黄金，亦繞過縣公，由楚縣司馬與中央左司馬負責，同樣值得進一步分析。

戰國楚郡長官由縣公兼任，郡不一定另外設置專門的官吏管理郡務，如此一來自然造成楚國某些縣公權力高漲的局面。④ 似有鑑於此，包山楚簡所見戰國楚之縣制的特色爲司法、財政等事務由司敗(罰)、司馬等專業官僚負責，楚國中央各部門的長官如左尹、左司

① 參裘錫圭：《釋戰國楚簡中的"旮"字》，收入氏著《裘錫圭學術文集 2：簡牘帛書卷》，上海：復旦大學出版社，2012 年，第 456~464 頁。

② 張伯元將"司敗"讀爲"司則"，"阩門有敗"讀爲"阩門有則"，然後將"則"理解爲法則，以疏通文義。此説與本文脈絡近似，但讀爲"則"似不如讀爲"罰"直接了當。參張伯元：《"司敗"考》，收入氏著《出土法律文獻叢考》，上海：上海人民出版社，2013 年，第 170~184 頁。

③ 《商君書·定分》"諸侯郡縣皆各爲置一法官"，反映在法家思想裏，地方長官與地方司法官吏有一定程度的分工。見蔣禮鴻：《商君書錐指》卷五，北京：中華書局，1986 年，第 143~144 頁。包山楚簡所見地方長官與司法官吏的關係，與《商君書》的理念近似，是否反映戰國晚期楚國政府也受到法家思想的影響？若然，或與戰國早期吴起變法不無關聯。吴起變法對戰國中晚期楚制的影響，參鄭威：《吴起變法前後楚國封君領地構成的變化》，《歷史研究》2012 年第 1 期，第 24~35 頁。

④ 楚國縣公的專權已見於春秋時期，兼任郡長官只是該現象的進一步發展。參平勢隆郎著，徐世虹譯：《楚王和縣君》，收入劉俊文編：《日本中青年學者論中國史：上古秦漢卷》，上海：上海古籍出版社，1995 年，第 212~245 頁。

馬等，可以直接責成司敗(罰)、司馬等地方專業官僚，中央與地方的行政關係近似於一張張分門別類的專業官僚網絡的套疊，在一定程度上制衡了地方首長的權力。戰國楚國中央政府並未完全依賴地方首長治理地方，楚國的郡縣長官不能干預所有行政事務，在地方上未能擁有最高、絕對的權力。楚國地方政制較近似令出多門，而非政歸於一。令大夫的行政權力亦適用於此框架。除了郡縣，鄭威還指出戰國晚期楚國封邑常被割裂，封君權力不復早期強大。[1] 無論郡縣或封建，戰國晚期楚國地方政制均偏重分權制衡，受到中央緊密控制。

上述包山楚簡反映的楚國郡制，其絕對年代落於楚懷王時期。此後秦楚屢次大戰，秦國步步進逼，打下了偌大楚地，設置黔中、南郡、南陽、泗水、薛郡、九江、洞庭、蒼梧、會稽等郡。對於楚國偏重分權的地方政制，秦國不會陌生。雖然此時秦郡正處於從軍區發展到地方政府的階段，是秦對外戰爭的有力工具，權力處於擴張期，不適宜於此時引進分權制衡的楚國郡制。但到了七國歸一、天下一統的秦朝時期，以戰國秦郡得天下，不能以戰國秦郡治天下，法家式地方行政理念醞釀新一波的改革，分權制衡的楚國郡制不無可能成為秦朝君臣斟酌參考的對象之一。秦郡從集權走向分權，法家式地方行政是其內因，分權制衡的楚國郡制可能是其外因。

三、秦、楚郡制背後的政體差異

雖然楚國郡制受到秦朝法家式地方行政的青睞，是因其分權制衡的特色。但分權制衡的楚國郡制，不一定能折射出楚國政府的中央集權性質，更不能反映楚國也存在法家式地方行政。

正如地方政府首長與專業官僚的職權分化，戰國楚國中央政府同樣存在令尹(宰相)與左尹、左司馬等專業官僚的分化；地方政府的分權制衡，完全可能在楚國中央政府重演，楚國中央政府也可能處於分權制衡的狀態，而非專制集權。[2] 隨葬於左尹墓葬裏的包山楚簡，只見中央左尹與左司馬負責專門事務，幾乎不見身份更高的楚王與令尹的蹤跡，此現象值得玩味。而東周楚墓所見的貴族制社會形態，似乎為分權制衡的楚國中央政體的存在提供了社會結構上的支持。

---

[1]　參鄭威：《吳起變法前後楚國封君領地構成的變化》，《歷史研究》2012 年第 1 期，第 24~35 頁。

[2]　朴俸柱從不同角度探討包山楚簡，得出"戰國楚的統制體制兼有極權性、向心性和分散性、離心性的兩種相對性質"的結論。此說雖不免籠統，但亦有助於我們留意體制的複雜情況，參朴俸柱：《戰國楚的地方統治體制——關於"'縣邑'支配體制"的試論之一部分》，《簡帛研究二〇〇二、二〇〇三》，桂林：廣西師範大學出版社，2005 年，第 13~23 頁。

　　西周政府是一種分權制衡的貴族制政體，與西周的貴族社會結構相適應。① 數十年來，考古學者發掘成千上萬的楚墓，揭示春秋戰國楚墓對周制看似僭越，實則繼承，東周楚國發展出一套楚王、封君、大夫、士層累相疊，級別多、區隔小的墓葬禮制。根據楚墓禮制，可見楚國社會具有強烈且嚴密的階級性，貴族階層的權力穩固而強大，顯然繼承了西周的貴族制社會特色。那麼楚國政府是否也繼承了周制，是分權制衡的貴族制政體呢？根據上述司馬、司敗（罰）等周官掌握强大權力，郡縣長官保留"公"的稱謂，令大夫之爵參與縣的行政等特徵看來，楚國地方政制受周制的影響不可謂小。曾侯乙墓的遣册反映曾國國君與楚王、楚國封君及大夫結合成一個關係緊密的貴族圈。而包山、望山、天星觀、葛陵等封君、大夫等級的楚墓極盡豪奢，墓主多半擔任左尹、縣公等重要官職，反映楚國貴族在政府裏把持重要職位，制約了楚王的權力。② 種種跡象顯示，東周楚國政府應當類似西周政府，也是分權制衡的貴族制政體，可謂脱胎於周制的"周式貴族制政體"。分權制衡的楚國郡制，很可能是楚國内部各大貴族權力相互制衡的産物，應視爲周式貴族制政體的特色。戰國楚國郡縣制可謂"周式郡縣制"，是西周春秋地方政制的再發展。正因如此，在其他戰國諸侯國史料不足的情況下，楚國郡縣制目前可視爲東方諸侯國郡縣制的代表。③

　　然而分權制衡的楚國郡制，並不反映楚國中央政府可以集中權力；反之，由於楚國中央政府同樣是周式貴族制政體的一環，因此其性質更可能也是分權制衡，政治權力由楚王與貴族共享，並不那麼中央集權。戰國楚國更近於貴族制國家，而非君主專制國家。④ 整個楚國從中央到地方没有一個人能夠享有完全的權力，楚王也無法遂行專制獨裁的君主集權制，法家式地方行政在楚國似未生根。

　　相反地，法家式地方行政得以在秦推行，應得益於秦人社會結構的支持。相較於楚貴族墓細密的階層序列，戰國秦國墓葬的特色是國君墓葬規模極大，與卿大夫、士乃至庶民

<hr>

　　① 參楊寬：《西周史》，臺北："商務印書館"，1999 年；李峰著，吳敏娜等譯：《西周的政體：中國早期的官僚制度和國家》，北京：生活・讀書・新知三聯書店，2010 年。

　　② 參郭德維：《楚系墓葬研究》，武漢：湖北教育出版社，1995 年；張長壽、殷瑋璋：《中國考古學：兩周卷》，北京：中國社會科學出版社，2004 年；丁蘭：《湖北地區楚墓分區研究》，北京：民族出版社，2006 年；徐静欣：《戰國、秦、西漢時期江陵墓葬研究》，臺北：政治大學歷史學研究所碩士學位論文，2007 年；羅泰（Lothar von Falkenhausen）著，吳長青、張莉、彭鵬等譯：《宗子維城：從考古材料的角度看公元前 1000 至前 250 年的中國社會》，上海：上海古籍出版社，2017 年。

　　③ 但包山楚簡的時代相對較早，戰國晚期楚國郡縣制的樣貌爲何？ 在東方是否仍有一樣的代表性？目前均只能存疑。

　　④ 參閻步克：《政體類型學視角中的"中國專制主義"問題》，《北京大學學報》（哲學社會科學版）2012 年第 6 期，第 28~40 頁。

階層的墓葬規模有着巨大鴻溝，秦國社會結構裏貴族扮演的角色弱化，秦國國君的地位明顯比楚國國君重要許多。① 除了墓葬，梁雲還根據禮器、都城、聚落等考古資料，指出楚等東方六國社會與秦之間的區别，反映秦國已在一定程度上揚棄了周人的貴族制社會，兩者的區别可能來自秦國的商鞅變法。② 秦始皇等秦國君王的專制獨裁，則體現秦同樣揚棄了分權制衡的貴族制政府。若將楚國稱爲周式貴族制政體，其郡縣制稱爲"周式郡縣制"；戰國秦國或可稱爲秦式君主專制政體，其郡縣或可稱爲"秦式郡縣制"。

分權制衡的戰國楚郡，是楚國的周式貴族制政體與社會結構下的產物。戰國秦郡雖然因戰爭等因素，從軍區發展爲地方政府，逐步集權，但這只是一時的，並不與秦式君主專制政體與社會結構相適應。因此憑藉天下一統的契機與分權制衡的楚國郡制之啓發，法家式地方行政理念在秦朝統一後大力推展，將秦郡改造爲三府分立的分權之制。楚郡與秦郡看似都是分權制衡的地方政制，其背後的政體與社會結構卻大相徑庭。著名的比較歷史學者艾森斯塔特曾提出：

> 在比較社會—歷史研究中即世界史研究中最迷人的問題，即制度模式與其大環境，特別是國際環境之間的關係。制度適應了一個環境，很可能在另一個環境裏，這種適應性就是障礙。③

早期中國楚郡與秦郡的例子顯示出制度與國際環境之間的關係高度複雜。分權制衡的楚郡既然適應於楚國的周式貴族制政體與社會，理論上便不能適應秦國的秦式君主專制政體與社會。然而秦朝的法家式地方行政卻能夠攫取楚郡的分權制衡形式，剥離楚郡的貴族制精神，改造戰國晚期走向集權的秦郡，使之適應於秦朝的君主專制環境，以三府分權的面貌重新活躍於世。透過楚郡與秦郡的比較，我們對秦法家在制度上的彈性與創意不能不驚嘆！而表面制度的異同不一定能直接反映背後政體、社會結構與思想的異同，制度與環境的複雜關係也值得我們省思再三。

進而言之，制度不僅有被動適應現實環境的一面，更有主動塑造現實環境的一面。秦滅楚等東方六國的政治現實，似乎不能不與秦國揚棄周式貴族制政體與社會，發展秦式君

---

① 參滕銘予：《秦文化：從封國到帝國的考古學觀察》，北京：學苑出版社，2003年。

② 參梁雲：《戰國時代的東西差别：考古學的視野》，北京：文物出版社，2008年。

③ 參[以]艾森斯塔特(S. N. Eisenstadt)：《序言：從世界及比較史的視角讀魏斐德文集》，收入[美]魏斐德(Jr. Frederic Wakeman)著，梁禾編：《講述中國歷史》，北京：東方出版社，2008年，第4頁。

主專制政體與社會有所關聯。僅以郡制爲例，在戰爭時期，專制君主賦予秦郡更多權力，顯然比分權制衡的楚郡，更能有效動員國力，易於取勝。在包山楚簡裏，中央下達到地方政府的命令有時屢遭擱置，① 地方政府之間産生財務糾紛，② 乃至戰國晚期楚國雖在東方稱雄，每遇秦軍卻屢戰屢敗等現象，或許都反映了分權制衡的楚郡，其軍政效率相對低落，無法有效應對高強度的國際競争。

　　如果説秦式君主專制政體與社會有助於秦國攻滅東方六國，那麼統一天下的秦朝短短不到二十年即亡，是否亦與秦式君主專制政體與社會的過度發展有關？此問題見仁見智。仍以郡制爲例，秦末漢初之際，三府分權的秦郡長官各自率兵作戰，史書所見的東海郡守慶、參川郡守李由、泗川郡守壯、泗川監平、南陽郡守吕齮、東郡尉等人並不能聯合起來，給予陳勝、項籍等起事軍有效打擊。③ 直到秦中央政府派遣章邯籌組以驪山徒爲基礎的特遣軍，秦軍橫掃六合的威武戰績才重現於世。然而章邯也因此遭受胡亥君臣的猜疑，上引戰國晚期韓非“出軍命將太重”的觀察同樣重現於世。集權的秦郡無法適應於承平時期，分權的秦郡無法適應於戰爭時期，秦郡的分權與集權，必須隨秦的和平與戰爭而調整。秦王政乃至秦始皇時期比較靈活地調整了秦郡的分權與集權，秦二世卻未能繼承其父，於平叛時期對郡制作出相應的調整。法家式地方行政將秦郡改造得過於極端，秦式君主專制政體與社會過於依賴君主，這些都是秦崩的原因之一。

四、結　語

　　綜上所述，早期中國郡制不僅可以探討分權與集權的行政理念，更可觀照背後不同的政體與社會，其研究意義超越了自身。而“秦式郡縣制”乃至“法家式地方行政”概念的提出，更有助於刺激我們思考兩千年來傳統中國地方行政的運作基於何種行政理念，究竟是“百代猶行秦法政”？抑或秦朝較爲純粹且趨於極端的地方政制在後世已有所削弱甚至改變？若從法家式地方行政的主要理念——監察相司——之有無立論：漢初廢除郡監御史，漢郡的相互監察功能有所削弱，或與黄老無爲的“道家式地方行政”有關；而文帝時授予虎符於郡守，此後郡守又掌握一定程度的地方政府人事權，郡守在西漢中期以後既無郡監御史的監察，又取得軍事與人事兩大權力，其專權的程度幾乎上比諸

---

　　① 　如簡 46、52、55 記載楚國中央左尹連下三道命令，越異之司敗（罰）仍舊未將大師償交出。
　　② 　如簡 129-130 記載楚國中央左司馬命期思少司馬償還枎地黄金之事。
　　③ 　見《史記》卷七、卷四八、卷八、卷五四，北京：中華書局，1959 年，第 297、1957、1954、351、2023 頁。

侯，與秦郡三府分立、監察相司的情況大相逕庭，漢郡的行政理念絕非"法家式地方行政"可以名之，或可稱之爲"儒家式地方行政"。① 漢代郡制的道、儒、法家式地方行政性質，值得我們進一步關注。

（游逸飛，臺灣中興大學歷史學系）

---

① 秦暉曾經提出"儒家吏治觀"與"法家吏治觀"的對應概念，並列舉兩者十餘種差異，其中"主信臣忠，用人不疑"與"以私制私，設事防事"的差異，與本文指出的漢郡"郡守專權"與秦郡"三府分立，監察相司"若合符契，值得深入探究。參秦暉：《西儒會融，解構"法道互補"——典籍與行爲中的文化史悖論及中國現代化之路》，收入氏著《傳統十論——本土社會的制度、文化及其變革》，上海：復旦大學出版社，2003 年，第 167～248 頁。

秦的疆域擴大和官制改革[*]

土口史記著　劉聰譯

一、前　言

　　統一秦的統治疆域大致分爲"中"和"郡"，分別由内史、郡守管理。這種區別，是秦經過戰國時代，將疆域向關中地區的外側擴大的結果。公元前 4 世紀以後，秦從他國奪取土地，將其納入自己的統治疆域，并以此爲郡增設官府。從魏國奪取的上郡、從楚國奪取的南郡等皆是如此。隨着郡的擴大，在此之前秦所擁有的統治疆域被稱爲"中"。秦的疆域擴大，即指"中"外側的郡的擴大。

　　雖然郡適用與"中"類似的官制，但兩者并不完全相同。例如，内史、郡守都是"中"、郡各自的行政長官，從這一點看是一樣的，但從更細緻的職務來看，就會發現有差異。從這些差異中，我們可以窺見秦隨着疆域的擴大而發生的官制變化的痕跡。這一問題以往主要是以内史爲對象進行探討，但在其他官職身上也可以發現同樣的官制改革過程。因此本文就秦朝的疆域擴大以及由此而來的官制改革問題，嘗試整理從出土文獻中得到的信息。《漢書·百官公卿表》等傳世文獻中的官制，基本上是統一以後情況的寫照，可以説是静止的畫面。與此相對，睡虎地秦簡、嶽麓秦簡、里耶秦簡、張家山漢簡等出土文獻，則更加動態地展現了戰國時代到西漢初期的、順應歷史發展的疆域統治體制的變遷。

　　在進入正文之前，首先對"中"和郡以及與其相關的術語進行説明。如前所述，秦的統治地域分爲"中"和郡。"中"指的是秦朝的傳統疆域也就是關中地區，隸屬於此的縣道被

---

　　* 本研究得到日本學術振興會(JSPS)科學研究費(JP22K00913)的資助。

稱爲“中縣道”，統轄“中縣道”的長官是內史。① 因此，這個地區也被稱爲“內史”。這種體制的形成一般被認爲是在戰國末期。② “中”的外側設有郡。秦在從他國奪取的土地上設置的上級行政單位就是郡。隸屬於此的縣道被稱爲“郡縣道”，行政長官爲郡守。③

關於這種體制的形成過程，先行研究大致如下所述。在秦的疆域還局限於關中地區的時代（公元前 4 世紀前半葉，大約到惠文王時期），由內史、中尉、廷尉等中央官員統轄這一地區的縣道（之後成爲“中縣道”）。④ 睡虎地秦簡的秦律反映了秦的疆域在僅限於關中地區時期的體制，郡在律文中極少出現，而且和“中”的對比也不明顯。之後，秦的疆域擴大，開始在關中外側增加郡，內史以及其他中央官員擁有的權限被轉移到郡守，由郡守統轄所屬縣道（“郡縣道”）。這樣一來，郡守就相當於“中”的內史，成爲郡的行政長官。⑤ 由此，在統一時期抄寫的嶽麓秦簡中，“中”和郡的對比就很明確了。⑥ 經過這一過程，郡守身上集中了各種權限。“中”的內史、廷尉等官職的職務，在郡由郡守承擔，這一結果使郡守成爲擁有多種權限的機關。⑦

但是，“中”、郡各自的內史、郡守并不是掌握所有的權限。⑧ 內史、郡守是行政長

① 森谷一樹：《「二年律令」にみえる內史について》，冨谷至編：《江陵張家山二四七號墓出土漢律令の研究 論考篇》，京都：朋友書店，2006 年，第 120 頁。另，“中縣道”見於《嶽麓秦簡（肆）》簡 24-25：“亡不仁邑里、官，毋以智（知）何人殹（也），中縣道官詣咸陽，郡〔縣〕道詣其郡都縣，皆毄（繫）城旦舂”等。關於嶽麓秦簡所見“中縣道”的初步整理，參閱歐揚：《嶽麓秦簡“毋奪田時令”探析》，《湖南大學學報》（社會科學版）2015 年第 3 期，第 26~28 頁。

② 渡邊英幸：《戰國秦の內史に關する覚書》，高村武幸等編：《周緣領域からみた秦漢帝國 2》，東京：六一書房，2019 年，第 22 頁。

③ 從現有的資料來看，“中縣道”“郡縣道”這一複合詞并未出現在睡虎地秦簡中，而是在嶽麓秦簡中首次出現。因此，這一複合詞可謂是在戰國末期到統一時期出現的。另外，雖然張家山漢簡中類似的詞語有《二年律令·津關令》簡 515 中的“關中縣道”，但大致上只表示爲“縣道”，區別“中”、郡的意識和嶽麓秦簡時期相比顯得薄弱。不過，這并不意味着張家山漢簡中看不到這種區別。如《二年律令》簡 445 中，可見中發弩、中司空，又見郡發弩、（郡）司空。另外，《津關令》簡 500-502 和 504-505 中可以看到“關中”和“關外”的對比，簡 509 可以看到內史、郡守的并列出現。

④ 重近啓樹：《秦漢稅役體系の研究》，東京：汲古書院，1999 年，第 293~295 頁。

⑤ 大櫛敦弘：《近年の內史研究から見る秦漢統一國家體制の形成》，《中國史學》第 24 號，2014 年；渡邊英幸：《戰國秦の「邦」と畿內》，《東洋史研究》第 77 卷第 3 號，2018 年。

⑥ 渡邊英幸：《戰國秦の內史に關する覚書》，高村武幸等編：《周緣領域からみた秦漢帝國 2》，東京：六一書房，2019 年，第 18 頁。

⑦ 森谷一樹：《「二年律令」にみえる內史について》，冨谷至編：《江陵張家山二四七號墓出土漢律令の研究 論考篇》，京都：朋友書店，2006 年，第 130 頁；張奇瑋：《邦、邦尉與秦郡縣制的發展》，《簡帛研究二〇二一春夏卷》，桂林：廣西師範大學出版社，2021 年，第 248 頁。

⑧ 中縣道所屬的上級官府并非只有內史，森谷一樹已率先指出這一點。森谷一樹：《「二年律令」にみえる內史について》，冨谷至編：《江陵張家山二四七號墓出土漢律令の研究 論考篇》，京都：朋友書店，2006 年，第 129~130 頁。

官，此外，在軍事、司法方面還設有其他官職。"中"設有中尉、廷尉，郡設有郡尉和執灋，來統轄縣道。縣道并非受唯一的上級政府統轄，而是受到多個上級政府統轄。① 實際上，這種統治體制對於無論是"中"、還是郡都是適合的。下面，將在上述先行研究成果的基礎上，就"中"、郡的主要官府的職務及其改革，分爲內史與郡守、廷尉與郡守、中尉與郡尉三部分進行論述。

二、內史與郡守：行政系統

關於內史的職務有很多研究，其中最新、最重要的是渡邊英幸的論述。據其所述，內史最初將秦的全部疆域作爲管區，但是惠文王時期(前 4 世紀末)以後，隨着關中地區的外側被設置了郡，在那些地區內史的職務被移交給了郡守，內史反而成了畿內爲管轄區域的行政官職。由此，形成了由內史管轄畿內("中")的縣道、郡守管轄郡的縣道這一體制。②

在秦統一前後的史料中，內史與郡守共同統轄文書行政的情形非常明顯。下引《里耶秦簡》8-657 中，琅邪郡的假守給內史、屬邦、郡守遞送文書。

> ☑亥朔辛丑，琅邪叚(假)【守】☐敢告內史、屬邦、郡守主：琅邪尉徙治即【默】☑
> 琅邪守四百卅四里，卒可令縣官有辟吏卒衣用，及卒有物故，當辟徵遝☑
> 告琅邪尉，毋告琅邪守。告琅邪守，固留費且輒卻，論吏當坐者。它如律令。敢
> ☐☑
> ☐一書。·以蒼梧尉印行事。/六月乙未，洞庭守禮謂縣嗇夫，聽書從事☐
> ☐軍吏在縣界中者，各告之。新武陵別四道以次傳別書，寫上洞庭
> 尉，皆勿留。/葆手。③

由於琅邪假守→洞庭郡守→遷陵縣這一傳遞路徑，這份文書最終送達到里耶秦簡的出土地洞庭郡遷陵縣廷。與此相對，中縣道的傳遞路徑應該是琅邪假守→內史→中縣道。在文書行政系統中，內史、郡守的區別是明確的。④

---

① 游逸飛：《製造"地方政府"——戰國至漢初郡制新考》，臺北：臺灣大學出版中心，2021 年，第 218 頁。

② 渡邊英幸：《戰國秦の內史に關する覚書》，高村武幸等編：《周緣領域からみた秦漢帝國 2》，東京：六一書房，2019 年，第 24~25 頁。

③ 陳偉主編，何有祖、魯家亮、凡國棟撰著：《里耶秦簡牘校釋(第一卷)》，武漢：武漢大學出版社，2012 年，第 193 頁。標點略有改動。

④ 渡邊英幸：《戰國秦の內史に關する覚書》，高村武幸等編：《周緣領域からみた秦漢帝國 2》，東京：六一書房，2019 年，第 22 頁。

同樣，漢初的《二年律令》簡 214-215 中也有"中"、郡的區别。

縣道官之計，各關屬所二千石官。其受恒秩氣（餼）稟（廩），及求財用委輸，郡關其守，中關 **214** 内史。受（授）爵及除人關於尉。都官自尉、内史以下毋（勿）治獄，獄無輕重關於正，郡關其守。**215**①

如"其受恒秩氣稟，及求財用委輸，郡關其守，中關内史"所述，縣道在領取定期的薪俸和糧食、申請轉移財物時，郡地區應向郡守、"中"則向内史發出請求。這就清楚地表明内史、郡守分别是"中"、郡的行政長官。

這裏需要注意的是"都官自尉、内史以下毋（勿）治獄，獄無輕重關於正，郡關其守"這一部分。我們認爲此文反映了在"中"作爲軍官的中尉以及作爲行政官的内史并不被授予司法權，司法權是集中在廷尉手中，即軍事、行政、司法的分管體制。下面對此進行説明。

該條文規定，"都官"中的尉（中尉）、内史以下的官職不得進行審判，必要時需向"正"或郡守報告。② 從這裏的"都官"和後面的"郡關其守"形成對比來看，"都官"顯然是指"中"的各個官府。也就是説，"中"的都官中需要進行審判時，一切要向正（廷尉正）報告，由廷尉府實施審判。由於在"中"的尉（中尉）、内史分别掌管軍事、行政，因此不將審判職能授予這些官府，而是交給廷尉負責。③ 也就是説，"中"的軍事、行政、司法權限被分别給了不同的官府。④ 另一方面，正如"郡關其守"所述，郡地區負責司法的是郡守。都官也經常被派到郡地區。這樣的都官也確實不由"中"的廷尉府，而是交由郡守府審判。可以説，這是對遠離"中"的都官的照顧。在郡的都官可以假定爲鹽官、鉄官等。⑤ 另外，可以推測郡尉也是一樣，雖然不是都官，但作爲負責軍事的官府，仍然不能在自己的官府進行審判，必須向郡守申報。綜上所述，對具體的都官事例和負責對其審判的官職整

---

① 彭浩、陳偉、[日]工藤元男主編：《二年律令與奏讞書——張家山二四七號漢墓出土法律文獻釋讀》，上海：上海古籍出版社，2007 年，第 174 頁。

② 反過來説，比尉、内史更高級的中央官吏即丞相、御史擁有審判職能。

③ "都官自尉、内史以下毋治獄"中的"尉"可以認爲是指中尉。在"中"作爲與内史并列的尉，雖然可以認爲有中尉、廷尉兩種，但很難認爲廷尉没有審判的權限。另外，如果解釋爲廷尉，因爲後文有"關於（廷尉）正"，那麽"廷尉不能進行審判，要向廷尉正報告"就前後矛盾了，所以這裏的"尉"并不是廷尉，視爲中尉更加妥當。再者，整理者早已指出，"正"即是廷尉正。參閲張家山二四七號漢墓竹簡整理小組編著：《張家山漢墓竹簡〔二四七號墓〕（釋文修訂本）》，北京：文物出版社，2006 年，第 37 頁。

④ 作爲最基層的審判機關的縣道理當兼備行政、司法權。但縣道在進行奏讞等時的對象，在"中"爲廷尉府，在"郡"爲郡守府（後述）。基於這一點，可以理解爲"中"的上級司法權集中在廷尉府手中。

⑤ 高村武幸：《漢代の地方官吏と地域社會》，東京：汲古書院，2008 年，第 253~255 頁。

理如表 1。

表 1

	都官的具體事例	負責都官審判的官職
"中"	中尉、内史等	廷尉
郡	鹽官、鉄官等	郡守

如前所述，郡守作爲郡的行政長官，正好相當於"中"的内史。但是，"中"、郡司法權的狀態不同。也就是説，内史没有司法權，郡守卻擁有司法權。① 可以説郡守兼任郡地區的行政長官和司法長官。漢初的這種體制，可以整理如表 2。需要注意的是，"中"的被分割給内史、廷尉的司法權，在郡中集中在郡守手裏。

表 2

	軍事	行政	司法
"中"	中尉	内史	廷尉
郡	郡尉	郡守	

　　應當注意的是，這畢竟是從二年律令中看到的漢初的體制，和統一的秦朝時代并不完全相同。在嶽麓秦簡中，縣道在司法上的上級機構主要是執灋。② 此後，執灋的司法權直到漢初都在郡守手中。這一點，通過《嶽麓秦簡（肆）》"獄屬所執灋"（簡 27）、《二年律令》"獄屬所二千石官"（簡 116、396）的比較可以得知。這意味着縣道在司法系統上的所屬單位，秦爲執灋、漢初爲二千石官（"中"爲廷尉，郡爲郡守）。③ 也就是説，郡守兼備行政、司法權限的體制，在秦朝尚未形成，行政、司法分别由郡守、執灋負責。④ 基於秦、漢初這樣的變化，可以推測行政、司法權集中於郡守的體制是西漢初期形成的比較新的體制。

　　關於秦、漢的差異點，下面所引《嶽麓秦簡（伍）》簡 155-158 也值得注意。

---

①　關於郡守的司法權，游逸飛有詳細的論述。游逸飛：《製造"地方政府"——戰國至漢初郡制新考》，臺北：臺灣大學出版中心，2021 年，第 202~212 頁。

②　土口史記：《嶽麓秦簡「執法」考》，《東方学報》（京都）第 92 册，2017 年，第 18~21 頁。

③　在統一秦朝的中縣道，司法上的上級官吏是廷尉還是執灋，不太清楚。雖然執灋應在"中"和郡都被設置，但在"中"執灋與廷尉如何分擔司法權不得而知。

④　關於執灋的司法權參閲土口史記：《秦代の御史と監御史》，《東洋史研究》第 80 卷第 3 號，2022 年，第 13~17 頁。

令曰：<u>都官治獄者，各治其官人之獄，毋治黔首獄</u>。其官人亡若有它論而得，其官在縣畍（界）中 **155** 而就近自告都官，都官聽，書其告，各移其縣。縣異遠都官旁縣者，移旁縣。其官人之獄有與黔首連者，移 **156** 黔首縣，黔首縣異遠其旁縣者，亦移旁縣，縣皆亟治論之。有不從令者，貲二甲└。其御史、丞相、執灋所下都 **157** 官，都官所治它官獄者治之。 ・廷卒甲二。 **158** ①

據此可知，秦代的都官有審判的權力（只不過都官能審判的僅限於本官府內的官吏）。這與前面提到的二年律令中，都官不能親自審判的規定完全不同。兩者相比較，可以窺見從統一秦到漢初，司法權從都官手中被剝奪，集中到廷尉、郡守手中的過程。

關於秦和漢初的差異，這裏僅止步於給出一些看法，更加詳細的討論之後再進行。到目前爲止論述的要點如下：

（1）如漢初的二年律令所示，“中”的行政、司法被内史、廷尉分管，而郡則由郡守一手負責。郡守就像這樣，有權力更加集中的傾向。這一點在過去也曾被指出。

（2）此爲漢初的體制，與秦自然不同。如嶽麓秦簡中秦設有執灋府所示，司法權并没有完全集中在郡守身上。而且秦的都官也被賦予司法權。因此，秦的郡守的權限相對較弱。反過來説，可以設想，在統一秦朝到漢初之間，郡地區的司法權開始向郡守集中。

郡地區的司法權的變化這一現象，將迫使“漢承秦制”這一認識得到部分糾正。這種變化甚至還暗示了，各種權限集中在郡守手中并不是郡創立之初就有的，而是循序漸進才有的這一可能性。話雖如此，想要詳細討論這一點的話，史料仍然不足。

三、廷尉和郡守：司法系統

在上一節已經涉及了司法權的若干内容，在本節我想直接對廷尉和郡守做出比較。“中”由廷尉直接監督縣道的司法，郡則由郡守承擔同樣的職能。關於這一點，我曾在另一文稿中作過簡單論述。② 在此我想加以補充修改，重新論述。

不用説秦和漢初實施審判的最基層機關就是縣道。但並非所有審判都是由縣道完結，也存在以奏讞、乞鞫等爲契機的重審情況。重審的順序，如下引史料所見，是縣道→二千

---

① 陳松長主編：《嶽麓書院藏秦簡（伍）》，上海：上海辭書出版社，2017 年，第 119～120 頁。

② 土口史記：《秦代的領域控制與官吏移動》，出土文獻與中國古代文明研究協同創新中心中國人民大學分中心編：《出土文獻的世界：第六屆出土文獻青年學者論壇論文集》，上海：中西書局，2018 年，第 89～91 頁。

石官→廷尉。

> 自今以來，縣道官獄疑者，各讞所屬二千石官，二千石官以其罪名當報之。所不
> 能決者，皆移廷尉，廷尉亦當報之。（《漢書·刑法志》所載高祖七年詔）

> 气（乞）鞫者各辭在所縣道，縣道官令、長、丞謹聽，書其气（乞）鞫，上獄屬所
> 二千石官，二千石官令都吏覆之。都吏所覆治，廷① 《二年律令》116②

奏讞、乞鞫的實例可以在張家山漢簡《奏讞書》和嶽麓秦簡《爲獄等狀四種》中找到。
森谷一樹早已注意到在《奏讞書》案例三中針對胡縣的奏讞，"十年八月庚申朔癸亥，大僕
不害行廷尉事，謂胡嗇夫"這一廷尉府的回答，指出胡縣并不是對郡守而是直接向中央的
廷尉府進行奏讞。這是因爲胡縣是隸屬於内史的縣道。而必須向郡守奏讞的是隸屬於内史
管區外，也就是郡的縣道。③

"中"的縣道不通過郡守，直接向廷尉奏讞，如此事例還能找到若干。《奏讞書》的案
例二十一記録了廷尉府重審杜縣"女子甲案"的經過：

> 今杜瀘女子甲夫公士丁疾死，喪棺在堂上，未葬，與丁母素夜喪，環棺而哭。甲
> 與男子 183 丙偕之棺後内中和奸。明旦，素告甲吏，吏捕得甲，疑甲罪。廷尉毄、正
> 始、監弘、廷史武等卅人議當 184 之。…… 185④

這是針對杜縣的女子甲的罪，杜縣向廷尉發起奏讞，廷尉毄等 30 名人員審理此案件的内
容。杜縣是隸屬於"中"的縣，這也可以看作廷尉對中縣道的案件進行重審的例子。

接下來是《奏讞書》的案例十七，記録了雍縣有一個被處黥城旦的叫講的人，不服判決
要求重審（乞鞫），廷尉進行重審這一事件。以下是廷尉府認爲雍縣對講的判決不當的結

---

　① 雖然本條文并不完整，但是籾山明推測，本簡之後緊接着的是"尉"字開頭的簡，案件應該是向
二千石官以及廷尉報告的。籾山明：《中國古代訴訟制度の研究》，京都：京都大學學術出版會，2006
年，第 105~106 頁。
　② 彭浩、陳偉、[日]工藤元男主編：《二年律令與奏讞書——張家山二四七號漢墓出土法律文獻
釋讀》，上海：上海古籍出版社，2007 年，第 139 頁。
　③ 森谷一樹：《「二年律令」にみえる内史について》，冨谷至編：《江陵張家山二四七號墓出土漢
律令の研究　論考篇》，京都：朋友書店，2006 年，第 129~130 頁。
　④ 這起案件發生的年代推定是在秦王政六年至二十七年之間。參閲彭浩、陳偉、[日]工藤元男主
編：《二年律令與奏讞書——張家山二四七號漢墓出土法律文獻釋讀》，上海：上海古籍出版社，2007
年，第 374~376 頁。

論，向講所居住的汧縣通報的部分。

> ·（秦王政）二年十月癸酉朔戊寅，廷尉兼謂汧嗇夫：雍城旦講气（乞）鞫曰：故樂人，居汧醴中，不盜牛，雍以講爲 **121** 盜，論黥爲城旦，不當。覆之，講不盜牛。……**122**①

上述的例子中，參與審判的官員只有縣和廷尉，不見郡守參與。那是因爲進行初審的縣道（杜、雍）都是屬於内史的縣道，也就是中縣道，森谷一樹指出的在這裏也完全適用。② 因爲中縣道原本就不屬於郡，不受郡守的監督，所以即使廷尉直接進行重審，在官制上也可以説是正常的。

還有一點需要注意的是，漢初以前的廷尉是二千石官。傳世文獻中廷尉爲“中二千石”（《漢書·百官公卿表》）。但從《二年律令·秩律》可知，漢初的廷尉是二千石官。因此，對中縣道的審判進行重審時，由作爲二千石官的廷尉直接負責，這與上面提到的《漢書·刑法志》“縣道官獄疑者，各讞所屬二千石官”以及《二年律令》116 簡“書其气（乞）鞫，上獄屬所二千石官”所示制度相符。

另外，對於郡縣道的奏讞，郡守府予以對應的明確事例，有嶽麓秦簡《爲獄等狀四種》案例一、案例二（都是秦王政二十五年）。這兩個均記載了由州陵縣的奏讞開始，南郡守府對此給予的答復。

> ·廿（二十）五 年 六月丙辰朔癸未，州陵守綰、丞越敢讞（讞）之：**1**……廿 五 年七月丙戌朔乙未，南郡叚（假）守賈報州陵守綰、丞越。**25**　《爲獄等狀四種》案例一
>
> 廿（二十）五年五月丁亥朔壬寅，州陵守綰、丞越敢讞（讞）之：**31**……廿（二十）五年六月丙辰朔己卯，南郡叚（假）守賈報州陵守綰、丞越。**40**　《爲獄等狀四種》案例二③

---

① 彭浩、陳偉、［日］工藤元男主編：《二年律令與奏讞書——張家山二四七號漢墓出土法律文獻釋讀》，上海：上海古籍出版社，2007 年，第 359~360 頁。

② 水間大輔從内史本來就没有審理案件的權限（前文引用的《二年律令》簡 215 “都官自尉、内史以下毋治獄”）這一制度上的觀點出發，解釋了廷尉對於隸屬内史的縣的案件進行重審的理由。水間大輔：《秦漢時期承擔覆獄的機關與官吏》，《簡帛》第 7 輯，上海：上海古籍出版社，2012 年，第 280 頁。

③ 朱漢民、陳松長主編：《嶽麓書院藏秦簡（叁）》，上海：上海辭書出版社，2013 年，第 95~103 頁、第 113~117 頁。

如上所述，中縣道受到廷尉、郡縣道受到郡守這樣的二千石官的司法監督。但是，也存在看似不符合的例外。《爲獄等狀四種》案例十一中，秦王政元年在當陽縣(隸屬南郡)有一個叫得之的人要求重審，直接接受廷尉的審理。但是也正如整理者指出的那樣，這裏看不到南郡守府的參與。①

得之气(乞)鞠(鞫)，廷覆之，以得之不審，毄(繋)得之 城旦 【……】172 ②

關於這裏的"廷覆之"，單單只説"廷"的話無法確定是廷尉府還是郡守府。③ 但是此案例另外還有"廷史賜等覆之"(簡175)這句話，由於廷史是作爲廷尉府屬官的廷尉史的簡稱，所以不得不推斷出這裏不是接受郡守而是接受廷尉的重審。關於這個問題，南玉泉從在奏讞和乞鞠中郡守府的作用不同這一角度進行説明。據其所述，在奏讞案件中郡守如果下達了明確的判決，那麼就没有必要向廷尉上訴；但凡在乞鞠案件中，都需要向廷尉上訴。在後者的情况下，由廷尉做出最終的判決，郡守只起到轉呈的作用。因此，在現存資料中，郡守府的參與部分被剪掉了。④ 由於史料的限制，乞鞠案件也有郡守府階段就結案的可能性，此案件中看不到南郡守的參與是因爲記載的省略或某種特别的原因。無論如何，只能將案例十一視爲特殊事例。

綜上，雖然存在部分未解決的問題，但可以確認當時的司法系統可以分爲兩部分。即在"中"的由廷尉直接監督縣道司法的"廷尉-中縣道"系統；在郡的由郡守先監督縣道司法，再由廷尉監督的"廷尉-郡守-郡縣道"系統。⑤

這種"中"、郡兩大司法系統並立的情况，應該是秦疆域擴大的歷史產物。廷尉直接監督縣道這一"中"的體制，反映了秦尚未設郡時期的制度。在關中地區外側設立郡後，廷

---

① 朱漢民、陳松長主編：《嶽麓書院藏秦簡(叁)》，上海：上海辭書出版社，2013年，第202頁。

② 朱漢民、陳松長主編：《嶽麓書院藏秦簡(叁)》，上海：上海辭書出版社，2013年，第196頁。

③ 宮宅潔：《秦漢時代の裁判制度——張家山漢簡〈奏讞書〉より見た》，《史林》81卷2號，1998年，第59頁。

④ 南玉泉：《秦漢的乞鞠與覆獄》，《上海師範大學學報》(哲學社會科學版)2017年第1期，第73~75頁。

⑤ 郭洪伯强調，廷尉、郡守之間是平級關係，郡守府并不受廷尉府的司法領導(郭洪伯：《"郡守爲廷"——秦漢時期的司法體系》，《第八届北京大學史學論壇論文集》，2012年，第9~13頁)。游逸飛也認爲廷尉全面成爲郡的司法上級，似要遲至西漢中期以後(游逸飛：《製造"地方政府"——戰國至漢初郡制新考》，臺北：臺灣大學出版中心，2021年，第67~68頁)。但是，張家山漢簡《奏讞書》的案例六到案例十三都提到了針對郡守府的奏讞的"廷報"(廷尉府的回答)，因此我認爲廣義上也可以説郡守府受到廷尉府的統轄。

尉司法權的一部分——對郡縣道審判的重審權限——轉移到了郡守。① 由於廷尉還肩負着統轄全境司法系統的職責，可以説郡縣道實際上受到郡守和廷尉的雙重監督。同時，在郡被設立以後的“中”，舊有的廷尉直接監督縣道司法的體制依然没有變化，因此才會存在上述那樣地域上司法系統的區别。

再者，在這裏除了郡守府之外，還必須考慮到執灋府的存在。如前所述，雖然執灋的司法權到漢初被郡守吸收，但具體的情況目前尚不明確。在此，我暫且只想指出，上述論述中説明的郡守府的職能在秦的某一時期被解讀成執灋府這一可能性。

四、中尉和郡尉：軍事系統

軍事系統的官制也可以進行“中”、郡的比較研究。漢初，“中”由中尉、郡由郡尉統轄各地區的軍官系統。森谷一樹早已指出，根據《二年律令·秩律》，漢初的中尉、郡尉各自擁有同樣的官制組織。② 舉一些明顯的例子，《二年律令·秩律》簡 468 中的“中司馬”和“郡司馬”，以及簡 445 中的“中發弩、中司空、輕車”和“郡發弩、（郡）司空、（郡）輕車”，都可以窺見中尉、郡尉各自的屬官是相同的。③ 此外，孫聞博也注意到中尉和郡尉的屬吏組織類似，兩者的俸禄基本上是同等的，在此基礎上，認爲中央和郡基本上没有上下級的區别，郡的制度是内史制度的平行擴大。④

以上到底只是漢初的官制，在形成之前有一定的歷史沿革。與此相關的重要資料是《里耶秦簡》8-461《更名扁書》。其中記載了幾處官名的變更，在這裏我想注意的是“郡邦

---

① 土口史記：《秦代的領域控制與官吏移動》，出土文獻與中國古代文明研究協同創新中心中國人民大學分中心編：《出土文獻的世界：第六届出土文獻青年學者論壇論文集》，上海：中西書局，2018 年，第 89~90 頁。

② 森谷一樹：《「二年律令」にみえる内史について》，冨谷至編：《江陵張家山二四七號墓出土漢律令の研究　論考篇》，京都：朋友書店，2006 年，131 頁。

③ 《二年律令》簡 468：“中司馬，郡司馬，騎司馬，中輕車司馬，備盜賊，關中司馬□□關司∅”
　《二年律令》簡 445：“中發弩、枸（勾）指發弩，中司空、輕車、郡發弩、司空、輕車，秩各八百石，有丞者三百石。‧卒長五百石。”
　彭浩、陳偉、［日］工藤元男主編：《二年律令與奏讞書——張家山二四七號漢墓出土法律文獻釋讀》，上海：上海古籍出版社，2007 年，第 291、262 頁。

④ 孫聞博：《秦漢「内史-諸郡」武官變遷考——軍事體制より日常行政體制への轉换を背景として》，宮宅潔編：《多民族社會的軍事統治——出土史料が語る中國古代》，京都：京都大學學術出版會，2018 年，第 194~198 頁。關於中尉、郡尉的屬官，也參閲張奇瑋：《邦、邦尉與秦郡縣制的發展》，《簡帛研究二〇二一春夏卷》，桂林：廣西師範大學出版社，2021 年，第 239~241 頁。

尉爲郡尉”“邦司馬爲郡司馬”這兩條。①

關於“郡邦尉爲郡尉”，對“郡邦尉”的解釋有多種説法，這裏遵循渡邊英幸的“將‘郡邦尉’改稱爲郡尉”這一解釋。② 我認爲相對於“中”所設的邦尉，郡設置了“郡邦尉”，其在統一時改名爲“郡尉”。關於“邦司馬爲郡司馬”，因爲是接在“郡邦尉”之後的條文，可以推測本來在開頭的“郡”在現存的 8-461 簡中被省略了。因此這一部分可以理解爲“郡邦司馬改稱爲郡司馬”。③

另一方面，没有冠上“郡”的“邦尉”雖然在《更名扁書》中没有被提及，但可認爲是嶽麓秦簡秦律令和二年律令中所見的“中尉”的前身。邦尉是秦中央設置的軍官，在傳世文獻《商君書·境内篇》等可見於“國尉”（國字是爲避劉邦的諱）。④

關於作爲中央官吏的邦尉的“邦”的意義，雖有作爲秦的畿内、作爲郡、作爲封國等説法。⑤ 但將“邦”理解爲基本上指代秦的全部統治疆域最爲妥當。⑥ 戰國中期以前，“邦”也就是秦的統治疆域僅限於關中地區，邦尉的轄區自然也就只有關中地區。之後，隨着外側郡的擴大，開始設置統轄郡縣道軍事的官職“郡邦尉”。同時，邦尉的管轄區域仍然是關中地區，擁有作爲中縣道上級軍官的性質。這並不是“邦”字意義發生了變化，而是秦的疆域整體擴大的結果，邦尉的轄區只不過是作爲秦疆域的一部分（“中”）而相對化了。也就是説，秦的疆域（郡）擴大後，邦尉的直接管轄區域并没有改變，而是被稱爲了“中”，同時官名也隨之在某個時期被改爲“中尉”。這樣一來，就形成了“中”、郡各自存在邦尉（中尉）、郡邦尉（郡尉）的體制。

這裏值得注意的是，作爲郡尉前身的“郡邦尉”的名稱。與統轄“中”的“邦尉”相對照

---

① 陳偉主編，何有祖、魯家亮、凡國棟撰著：《里耶秦簡牘校釋（第一卷）》，武漢：武漢大學出版社，2012 年，第 157 頁。

② 渡邊英幸：《里耶秦簡「更名扁書」試釋——統一秦の國制變革と避諱規定》，《古代文化》第 66 卷第 4 號，2016 年，第 7～9 頁。

③ 渡邊英幸：《里耶秦簡「更名扁書」試釋——統一秦の國制變革と避諱規定》，《古代文化》第 66 卷第 4 號，2016 年，第 9 頁；游逸飛：《製造“地方政府”——戰國至漢初郡制新考》，臺北：臺灣大學出版中心，2021 年，第 213 頁；高智敏：《由“邦”到“天下”——秦“邦”更名所見制度變革及其意義》，《中華文史論叢》2019 年第 2 期，第 260 頁。

④ 孫聞博：《秦漢軍制演變史稿》，北京：中國社會科學出版社，2016 年，第 59 頁。

⑤ 高智敏：《由“邦”到“天下”——秦“邦”更名所見制度變革及其意義》，《中華文史論叢》2019 年第 2 期，第 261～262 頁；張奇瑋：《邦、邦尉與秦郡縣制的發展》，《簡帛研究二〇二一春夏卷》，桂林：廣西師範大學出版社，2021 年，第 235～238 頁。

⑥ 渡邊英幸：《里耶秦簡「更名扁書」試釋——統一秦の國制變革と避諱規定》，《古代文化》第 66 卷第 4 號，2016 年，第 8 頁；渡邊英幸：《戰国秦の「邦」と畿内」》，《東洋史研究》第 77 卷第 3 號，2018 年，第 46～49 頁。

的話，邦尉和郡邦尉本來應該是上下直屬關係。高智敏已經注意到郡邦尉和邦尉的密切關係，並指出郡邦尉是邦尉派遣到郡的官員，具有中央外派性質。[①] 如此說來，郡邦尉本來應當理解爲"邦尉設置在郡的地方官署"，也就是類似"都官"的存在。[②]

但到了漢初，如下引《二年律令》簡 440-441 所示，中尉、郡尉爲同級的二千石官。

· 御史大夫，廷尉，内史，典客，中尉，車騎尉，大（太）僕，長信詹事，少府令，備塞都尉，郡守、尉，衛〈衛〉將軍，衛〈衛〉尉，漢中大夫令，漢郎中，奉常，秩各二千石。[③]

那麼，兩者是什麼時候成爲同一級別的呢？如果從史料中尋找這一點，最有可能的時間點應該是秦統一時的官名變更。

這樣理解的話，統一秦時把郡邦尉的"邦"字刪除改名爲"郡尉"，這不只是單純的官名變更，而是也包含了郡邦尉地位上升的舉措。[④] 我認爲，這次改名是改變了從屬於邦尉的郡邦尉的地位，使其與邦尉地位相同的官制改革。[⑤] 如此一來，作爲邦尉都官的郡邦尉，在統一秦朝之後變成了相對獨立的地方軍官。

但是即使在秦統一時，郡尉也不是完全獨立的地方官，在一定程度上仍然受到中尉的統轄。《嶽麓秦簡（肆）》簡 220-221 記載：

· 置吏律曰：縣、都官、郡免除吏及佐、羣官屬，以十二月朔日免除，盡三月

---

① 高智敏：《由"邦"到"天下"——秦"邦"更名所見制度變革及其意義》，《中華文史論叢》2019 年第 2 期，第 269 頁。

② 都官既有位於京師的中央官府之意，也有中央官府的地方辦事處之意。參閲高村武幸：《漢代の地方官吏と地域社會》，東京：汲古書院，2008 年，第 253~265 頁。

③ 彭浩、陳偉、〔日〕工藤元男主編：《二年律令與奏讞書——張家山二四七號漢墓出土法律文獻釋讀》，上海：上海古籍出版社，2007 年，第 258 頁。

④ 張奇瑋將《更名扁書》中所見的"郡邦尉→郡尉""邦司馬→郡司馬"這樣的改名理解爲"改邦爲郡"，但本文與此觀點不同，理解爲"刪除了郡官的'邦'字"。渡邊英幸將此解釋爲了"'邦'官的廢除"。參閲張奇瑋：《邦、邦尉與秦郡縣制的發展》，《簡帛研究二〇二一春夏卷》，桂林：廣西師範大學出版社，2021 年，第 241 頁；渡邊英幸：《里耶秦簡「更名扁書」試釋——統一秦の國制變革と避諱規定》，《古代文化》第 66 卷第 4 號，2016 年，第 7~9 頁。

⑤ 渡邊英幸指出，《更名扁書》中廢除"邦"的概念，是爲了表明秦與封建秩序的訣别，立志建立新的國家體制。渡邊英幸：《里耶秦簡「更名扁書」試釋——統一秦の國制變革と避諱規定》，《古代文化》第 66 卷第 4 號，2016 年，第 9 頁。對這一觀點大體上可以同意。但是，正如本文所指的那樣，統一秦郡的司法權集中於郡守、郡尉和中尉的同級化等，都可以發現強化郡的權限這一方向。封建秩序的廢除與强化郡的權限這兩個方向雖然不一定是矛盾的，但關於這兩個方向是如何整合推進的，還有很多未解之處。

而止之。其有死亡及故有缺者，**220** 爲補之，毋須時。郡免除書到中尉，雖後時，尉聽之」。……**221** ①

郡在任免下屬官吏時，需要向中尉提交"免除書"。雖然不清楚中尉是否有拒絶郡的人事安排的可能性，但中尉極有可能在監督郡尉的人事權。②

　　上面指出了戰國秦的郡邦尉原本是邦尉的都官，兩者是上下直屬關係這一可能性。這雖然還只是假說，但似乎也有支撐這一觀點的史料。就是前面提到的《二年律令·置吏律》簡214-215 的"郡關其守，中關内史。受（授）爵及除人關於尉"這一部分。前半部分的"郡關其守，中關内史"明確區分了"中"和郡。與此相對，後半部分的爵位的授予和官吏的任命應當向"尉"報告這一規定，就看不到"中"、郡的區別。如果簡 214、215 的編聯是正確的，那麼在連續的文章中出現這種前後差異的地方就值得注意。這裏的"尉"就應該具有中尉、郡尉的雙重含義。③ 假如這個"尉"僅僅是指中尉（邦尉），郡的縣道跳過郡尉向中尉報告是不現實的。果然還是應該選取在中縣道向中尉報告、在郡縣道向郡尉報告這一解釋。如此，與前半部分明確把内史、郡守和"中"、郡區分開來相對應，後半部分只使用"尉"這樣草率的表達，作爲律文給人留下了未經整理的印象。

　　但這不正是邦尉（中尉）與郡邦尉（郡尉）原本作爲"尉"而爲一體的證明嗎。也就是前述的統一以前的郡邦尉（郡尉）是從屬於邦尉（中尉）的都官（前引簡 215 中"都官自尉、内史以下毋治獄"也是旁證）。因此，在"邦尉-郡邦尉"系統中"尉"這樣的合併表現是可能的，殘存下來的就是上述二年律令的條文。秦統一時被改名爲"郡尉"以後，邦尉（中尉）、郡尉的區別理所當然應該在律文中明示，但統一之後沒隔多久的二年律令抄寫時并沒有反映其區別。結果就是，以"尉"這種記載來把"邦尉-郡邦尉"系統合併這樣的過去的用字習慣遺留了下來。

　　綜上所述，二年律令中與内史、郡守的區別相對，"尉"一併表達的理由，可以認爲是兩者曾經作爲"邦尉-郡邦尉"系統而爲一體。如果這一解釋成立的話，那麼還要注意的是，軍事系統中的"中"、郡的區別，和行政系統的區別（内史、郡守）相比，是較晚産生的這一可能性。前面引用的《二年律令·置吏律》明確區別記述了内史、郡守。這是因爲從行政

　　① 陳松長主編：《嶽麓書院藏秦簡（肆）》，上海：上海辭書出版社，2015 年，第 141 頁。
　　② 關於郡尉的人事權，請參閱楊振紅：《出土簡牘與秦漢社會（續編）》，桂林：廣西師範大學出版社，2015 年，第 104~112 頁；游逸飛：《製造"地方政府"——戰國至漢初郡制新考》，臺北：臺灣大學出版中心，2021 年，第 214~218 頁。
　　③ 游逸飛：《再論張家山漢簡〈二年律令·置吏律〉簡 213-215 的"尉"》，簡帛網（http://www.bsm.org.cn/? hanjian/5502.html），2010 年 9 月 20 日。

系統中出現内史、郡守的區別到制定律文，經過了足夠長的時間。另外，《里耶秦簡》8-461《更名扁書》中提及了郡邦尉的改名，但没有内史、郡守行政系統相關的官名的記載。①這大概也是因爲，内史、郡守的區別以及相關用語的整理，在統一之前很久就已經開始進行了，没有必要再記録下來。因此，可以推測從一開始内史、郡守之間就不存在類似"邦尉-郡邦尉"的上下直屬關係（例如，被稱爲"内史-郡内史"這樣的關係），或者即使存在也只不過是極短的一段時間。②

雖然是建立在多次推論基礎上的討論，但還是要在此總結下到目前爲止的要點：

（1）隨着戰國秦郡的擴大，行政系統方面，早期形成了内史、郡守的區別。但在軍事系統方面，郡邦尉作爲邦尉的都官被設立，直屬於邦尉的郡邦尉這種中央集權體制在一段時間内持續存在。

（2）秦統一以後，郡邦尉改稱郡尉。這意味着郡尉成了與邦尉（中尉）同級的、相對獨立的地方軍官。結果就是《二年律令·秩律》中兩者均爲二千石官。

（3）二年律令中存在不區分中尉、郡尉而統稱爲"尉"的條文。這可以視作過去邦尉、郡邦尉并不是中央、地方並立的不同官員，而是由上下直屬關係連接爲一體的"尉"的證明。③

綜上所述，對應"中"、郡之别的官制整備，行政系統和軍事系統并不是同時推進的，應該假定兩者有分别推進的可能性。

五、其　　他

至此，關於"中"、郡的官制，我們討論了内史—郡守、廷尉—郡守（執灋）、中尉—

① 渡邊英幸指出，《更名扁書》中根本没有與出土地遷陵縣無關的改名的記載（渡邊英幸：《里耶秦簡「更名扁書」試釋——統一秦の國制變革と避諱規定》，《古代文化》第 66 卷第 4 號，2016 年，第 9 頁）。但是也不能説郡守與遷陵縣無關，因此渡邊之説在這裏不合適。

② 游逸飛在强調早期秦郡的軍事性質的同時，指出郡守出現的時間可能比郡尉要晚。本文與此相反，認爲郡守從郡設置之初就作爲區别於早期内史的地方官而存在。另外，游逸飛把"邦＝縣"這一説法作爲論述的根據，我對此也不認同。游逸飛：《製造"地方政府"——戰國至漢初郡制新考》，臺北：臺灣大學出版中心，2021 年，第 213 頁。

③ 本文雖然只討論了官制，但圍繞郡尉的論點不止於此。例如郡尉擁有一部分的人事權。參閲楊振紅：《出土簡牘與秦漢社會（續編）》，桂林：廣西師範大學出版社，2015 年，第 104~112 頁；游逸飛：《製造"地方政府"——戰國至漢初郡制新考》，臺北：臺灣大學出版中心，2021 年，第 214~218 頁。此外，青銅兵器的製造監督在中央由相邦、丞相；在地方由郡守負責（森谷一樹：《「二年律令」にみえる内史について》，冨谷至編：《江陵張家山二四七號墓出土漢律令の研究　論考篇》，京都：朋友書店，2006 年，130 頁），郡尉并没有參與。關於中尉、郡尉更加具體的職務，還有進一步探討的必要。

郡尉的組合，但"中"、郡的分管不僅限於上述內容。《嶽麓秦簡（伍）》簡 123-126 中可以窺見御史以"中"、郡守、監御史以郡作爲管區的體制。

> ·令曰：吏有論轂（繫），二千石，治者輒言御史，御史遣御史與治者雜受印，在郡者，言郡守、郡監，守丞、尉丞與治 **123** 者雜受印，以治所縣官令若丞印封印，令卒史上御史。…… **124** ①

此條文是針對受到繫罪相當判決的官吏，對其官印回收的規定。如果對吏做出了判決，要向御史或者郡守、郡監報告。前半部分的"吏有論繫，二千石，治者輒言御史，御史遣御史與治者雜受印"體現了"中"的制度，這與接下來的"在郡者……"形成了鮮明對比。也就是説，官印回收案件的報告對象，在"中"爲御史；在郡爲郡守、郡監。② 由此可知，"中"的御史的部分職務，在郡地區由郡守、郡監負責。嶽麓秦簡中甚至還可以找到"中"—御史、郡—監御史這樣的分管。③

另外，太史與郡守的分管現象也已經被指出。④ 根據《二年律令·史律》，掌管史的培養和任命的官吏，在"中"爲太史（大史）、在郡爲郡守。⑤

六、結　語

"中"、郡這樣空間上區別的成立，以及統轄這些區域的官制演變這一論點，在研究戰

---

① 陳松長主編：《嶽麓書院藏秦簡（伍）》，上海：上海辭書出版社，2017 年，第 108~109 頁。

② 土口史記：《秦代の御史と監御史》，《東洋史研究》第 80 卷第 3 號，2022 年，第 3~6 頁。

③ 《嶽麓秦簡（伍）》簡 48-51（陳松長主編：《嶽麓書院藏秦簡（伍）》，上海：上海辭書出版社，2017 年，第 54~55 頁，標點略有改動）："·監御史下刻郡守 ∟，縣官已論，言夬（決）郡守。……而歲郡課，郡所移并筭，而以夬（決）具到御史者獄數率之，嬰筭多者爲殿。十郡取殿一郡 ∟，奇不盈十到六亦取一郡。☒亦各課縣 ∟，御史課中縣官，取殿數如郡。殿者，貲守、守丞、卒史、令、丞各二甲，而令獄史均新地"。從"御史課中縣官"可知，御史考核"中"的縣官。雖然簡存在斷裂的問題，但前面"亦各課縣"的主語有可能是和御史相當的郡官，也就是郡監御史。

④ 森谷一樹：《「二年律令」にみえる内史について》，冨谷至編：《江陵張家山二四七號墓出土漢律令の研究　論考篇》，京都：朋友書店，2006 年，第 128 頁；游逸飛：《製造"地方政府"——戰國至漢初郡制新考》，臺北：臺灣大學出版中心，2021 年，第 79~92 頁。

⑤ 《二年律令》簡 474："史、卜、祝學童學三歲，學佴將詣大（太）史、大（太）卜、大（太）祝，郡史學童詣其守，皆會八月朔日試之。"《二年律令》簡 481："□□，大（太）史官之；郡，郡守官之。卜，大（太）卜官之。史、人〈卜〉不足，乃除佐。"彭浩、陳偉、[日]工藤元男主編：《二年律令與奏讞書——張家山二四七號漢墓出土法律文獻釋讀》，上海：上海古籍出版社，2007 年，第 296、302 頁。

國至漢初的疆域統治時具有重要意義。本文從行政、司法、軍事方面論述了"中"、郡各自的上級官府。雖然相關的先行研究已經足夠豐富，但本文中涉及的郡守的司法權强化，以及郡尉地位上升等變化，可以説是迄今爲止都沒有被廣泛關注的論點。由此可以重新確定，統轄"中"、郡各自的官府的權限，絕不是一成不變的。①

戰國、秦、漢的疆域統治體制是一個不斷調整的過程。説到底郡是戰國中期以後出現的行政單位，管轄此區域的各個官府與"中"的各個官府相比是比較新的。因此，郡的各個官府的權限應該根據現實情況進行各種調整。這甚至有可能涉及"中"的各個官府權限的重新調整。綜上所述，"中"、郡的官制改革過程，反映了戰國、秦、漢統治疆域的發展。包括對改革發生的時期、原因的解釋，需要進一步的探究。

（土口史記，岡山大學學術研究院社會文化科學學域；劉聰，岡山大學大學院社會文化科學研究科）

---

① 郡設置最初時郡守的權限并不是完善的，其權限是隨着時代的發展而逐漸完善的，關於這一點本文雖然在細節上有異議，但游逸飛已指出。游逸飛：《製造"地方政府"——戰國至漢初郡制新考》，臺北：臺灣大學出版中心，2021 年，第 51~53 頁。關於其所指出的戰國秦"郡不轄縣"的問題，張奇瑋基於嶽麓秦簡的秦律令給出了不同的意見，其指出直至昭王時期已經形成了"以郡轄縣"的體制。張奇瑋：《邦、邦尉與秦郡縣制的發展》，《簡帛研究二〇二一春夏卷》，桂林：廣西師範大學出版社，2021 年，第 247 頁。

再論"視日"——以傳世文獻與秦漢行政文書爲線索[*]

海老根量介

自包山楚簡公佈以來，圍繞"視日"一詞，學界展開了熱烈的討論。後來該詞在其他楚簡中也多有出現。根據這些記載，學者們已經取得了各種突破。不過，由於"視日"一詞在訴訟文書、歷史故事等不同性質的材料中出現，其用法也不盡一致，導致學者間的意見有較大分歧。不僅如此，在筆者看來，各家之説似乎還没圓滿説明"視日"的所有用法。

下文將列舉楚簡及傳世文獻中的所見"視日"的用例，並簡單回顧以往研究的要點。在這些研究的基礎上，確定各個"視日"用例的含義，並試圖對"視日"的數種不同含義給予一個系統性的説明。其實，解開"視日"之謎的關鍵在於傳世文獻與秦漢行政文書。我們可以參照這些資料中的一些與"視日"用法相近的一些詞語來探討"視日"。

一

首先，列舉迄今公開的楚簡中所見"視日"的用例。①

(1)僕(僕)五币(師)宵倌之司敗若敢告視日。邵行之大夫盤阿夲(今)緊(執)僕(僕)之倌登康(號)、登昇(期)、登僕(僕)、登蟊而無古(故)。僕(僕)以告君王，君王誣(屬)僕(僕)於子左尹，子左尹誣(屬)之新佶(造)迕(卜)尹丹，命爲僕(僕)至(致)典。既皆至(致)典，僕(僕)又(有)典，邵行無典。新佶(造)迕(卜)尹不爲僕(僕)剚

---

   * 本文寫作得到日本學術振興會(JSPS)科學研究費補助金(18K12524)的支持。

   ①   此外，上博楚簡《吴命》第 7 號簡有"敢告矵日"，整理者讀爲"敢告視日"(參見馬承源主編：《上海博物館藏戰國楚竹書(七)》，上海：上海古籍出版社，2008 年，第 320 頁)。後來，清華簡中"矵"的字樣多次出現，我們才知道這個字應是"叚"。因此，本文不將此例歸爲"視日"的用例。

(斷)，鼉(僕)裝(勞)佰，頸(經)事牁(將)瀘(廢)。不慭新佸(造)迖(卜)尹，不敢不告視日。 包山楚簡 15-17

（2）秦競夫人之人訴(舒)慶坦尻(處)郤(陰)偑(侯)之東郢之里敢告於視日。郤(陰)人苛冒、赹卯以宋客盛公孵之哉(歲)斻(荆)屍(夷)之月癸巳之日，佥殺鼉(僕)之胜(兄)眍。鼉(僕)以諎告子郚(宛)公，子郚(宛)公命郡右司馬彭懌爲鼉(僕)笶(券)筶(志)，以舍(舍)佥(陰)之戢客佥(陰)偑(侯)之慶李百宜君，命爲鼉(僕)搏(捕)之，旻(得)苛冒，赹卯自殺。戢客百宜君既以至(致)命於子郚(宛)公，旻(得)苛冒，赹卯自殺。子郚(宛)公詎(屬)之於佥(陰)之戢客，囟(使)劃(斷)之。含(今)佥(陰)之戢客不爲亓(其)劃(斷)，而倚靫(執)鼉(僕)之胜(兄)綛，佥(陰)之正或(又)靫(執)鼉(僕)之父迣(逾)。苛冒、赹卯佥殺鼉(僕)之胜(兄)眍，佥(陰)人陳(陳)甦、陞(陳)旦、陞(陳)郔、陞(陳)卻、陞(陳)寵、連利皆智(知)亓(其)殺之。鼉(僕)不敢不告於視日。 包山楚簡 132-135

（3）以至(致)命於子左尹。鼉(僕)軍造言之："視日以郤(陰)人訴(舒)慶之告詎(屬)鼉(僕)，命速爲之劃(斷)。郤(陰)之正既爲之眔(盟)講(證)。慶逃，徎迖(解)岣(拘)，亓(其)余(餘)靫(執)，牁(將)至晉(時)而劃(斷)之。視日命一靫(執)事人至(致)命，以行古(故)龑(遺)上恆。鼉(僕)倚之以至(致)命。" 包山楚簡 137

（4）人李□敢告於視日。頿(夏)屍(夷)之月庚子之夕，覞(盗)殺鼉(僕)之胜(兄)李晉，鼉(僕)未智(知)亓(其)人。含(今)鼉(僕)敢之某……□與仔門之里人一寶告鼉(僕)，言胃(謂)，某壁與鼉(僕)胜(兄)之不□□□競柕(梁)而殺之，鼉(僕)不敢不告。 江陵磚瓦廠 M370 楚簡 3、1

（5）☒□□人李捭敢告於視日。頿(夏)屍(夷)之月庚子之夕，覞(盗)殺鼉(僕)之胜(兄)李晉，鼉(僕)未智(知)亓(其)人。含(今)鼉(僕)謢(察)☒ 江陵磚瓦廠 M370 楚簡 4+2 ①

（6）至閸。迖(卜)命(令)尹陞(陳)眚爲視日。告："鼉(僕)之母辱君王。不狀(幸)鼉(僕)之父之骨才(在)於此室之膌(階)下，鼉(僕)牁(將)埮(唥)亡老□□□，以鼉(僕)之不旻(得)并鼉(僕)之父母之骨，厶(私)自塼(祔)。"迖(卜)命(令)尹不爲之告。"君不爲鼉(僕)告，鼉(僕)牁(將)䛥(召)寇(寇)。"迖(卜)命(令)尹爲之告。〔王〕曰："虘(吾)不智(知)亓(其)尔墓(墓)。……" 上博楚簡《昭王毀室》2-5

（7）靵(范)戊曰："君王又(有)白玉三回(圍)而不戔(劗)，命爲君王戔(劗)之。

---

① 此拼接從陳偉：《楚國第二批司法簡芻議》，《簡帛研究》第 3 輯，南寧：廣西教育出版社，1998年，第 119 頁。

敢告於視日。"①王乃出而見之。 **上博楚簡《君人者何必安哉》甲本、乙本 1-2**

　　(8)鄰(葉)公子高之子見於命(令)尹子春。子春胃(謂)之曰:"君王竆(窮)亡人,命虐(吾)爲楚邦。忈(恐)不能,以辱鈇(斧)肻(質)。先大夫之風(諷)訐(諫)遺命,亦可以告我。"含(答)曰:"儓(僕)既旻(得)辱視日之廷,命求言以含(答),唯(雖)鈇(伏)於鈇(斧)肻(質),命勿之敢韋(違)。女(如)以儓(僕)之觀視日也,十又厽(三)亡儓(僕)。"命(令)尹曰:"先大夫訇(辭)命(令)尹,受司馬,緗(治)楚邦之正(政),黷(黔)頁(首)蠭(萬)民,莫不忻(欣)惪(喜),四海之内,莫弗聰(信)。子胃(謂)昜(陽)爲擊(賢)於先大夫,請昏(問)亓(其)古(故)。"含(答)曰:"亡儓(僕)之尚(掌)楚邦之正(政),迣(坐)晜(友)五人,立晜(友)七人,君王之所以命與所爲於楚邦,必内耦(評?)之於十晜(友)又三,皆亡(無)毘(留)安(焉)而行之。含(今)視日爲楚命(令)尹,迣(坐)晜(友)亡(無)一人,立晜(友)亡(無)一人,而邦正(政)不敗。儓(僕)以此胃(謂)視日十又厽(三)亡儓(僕)。"命(令)尹曰:"甚善。"安(焉)敓(樹)迣(坐)晜(友)三人,立晜(友)三人。 **上博楚簡《命》1-3、6-11**

此外,傳世文獻中也有"視日"的例子。如下:

　　(9)周文,陳之賢人也,嘗爲項燕軍視日,事春申君,自言習兵,陳王與之將軍印,西擊秦。(《史記·陳涉世家》)

<h2 style="text-align:center">二</h2>

　　接下來我們簡單回顧一下以往研究的情況。"視日"一詞在包山楚簡例(1)~(3)中首見。儘管這個詞最初被釋爲"見日",但是不少學者已經關注到這個詞,並就其含義展開了討論。包山楚簡整理組的考釋是"指左尹"②,陳煒湛先生贊成此說③。陳偉、賈繼東、周鳳五等先生則認爲"見日"就是楚王。④ 雖然各家之間有分歧,但一致認爲該詞是某個高位

①　此"視日"的"視"字在簡文中作"見",當係筆誤。復旦大學出土文獻與古文字研究中心研究生讀書會指出楚簡中有"視""見"相混的情況。參見《〈上博七·君人者何必安哉〉校讀》,《出土文獻與古文字研究》第3輯,上海:復旦大學出版社,2010年,第270頁。
②　湖北省荆沙鐵路考古隊:《包山楚簡》,北京:文物出版社,1991年,第41頁。
③　陳煒湛:《包山楚簡研究(七篇)》,《容庚先生百年誕辰紀念文集》,廣州:廣東人民出版社,1998年,第583頁。
④　陳偉:《包山楚司法簡131~139號考析》,《江漢考古》1994年第4期,第68頁;賈繼東:《包山楚墓簡文"見日"淺釋》,《江漢考古》1995年第4期,第54~55頁;周鳳五:《包山楚簡〈集箸〉〈集箸言〉析論》,中國文字編輯委員會編:《中國文字》新21期,臺北:藝文印書館,1996年,第38~39頁。

人物的代稱或尊稱。其後，裘錫圭先生指出"見日"當釋爲"視日"，並在傳世文獻中找到"視日"用例(9)，認爲包山楚簡和例(9)中所見的"視日"性質相類。① 不過，裘錫圭先生關於其性質没有展開討論。

此後例(4)、(5)公佈。一般認爲江陵磚瓦廠楚簡與包山楚簡一樣是跟司法有關的内容，其中的"視日"也應該具有類似性質。② 可惜江陵磚瓦廠楚簡中的有字簡僅4枚，且殘斷甚多，因而具體内容不明。

上博楚簡《昭王毀室》(6)的發現爲學界帶來突破口。例(6)中有"卜令尹陳眚爲視日"的記載，這裏的"視日"明顯不是楚王。范常喜先生聯繫該記載與包山楚簡中的相關内容，指出"視日"應是當時楚國人在審理案件時對案件主要負責人的一種通稱，相當於"主審官"。③ 陳偉先生則認爲"視日"是將"告"上呈楚王的人，與傳世文獻中的"當日""直日"類似。他還指出包山楚簡之所以記載訴狀直陳於"視日"，可能是爲了避免直言君王。④ 吳曉懿先生指出視日應當是一種官員輪值的職司，是由某官兼任"巡視"之職，不一定是常設的職官名稱。⑤ 其後上博楚簡《君人者何必安哉》(7)公佈，其中也能看到"視日"，其意思基本上能按照以往研究的成果來理解。

再次在學界引起震動是上博楚簡《命》(8)的公佈。這篇中的"視日"都指令尹子春。於是陳偉先生推斷道："'視日'似當是對於楚王以及高級官員的尊稱，具體所指因説話的場合而定。"他還將例(6)的斷句進行了調整，如："卜令尹陳眚爲視日告"，將這裏的"視日"也理解爲對楚王的尊稱。⑥ 王寧先生則認爲"視日"是流行在楚地的一種對人的尊稱或敬稱(不限於楚王以及高級官員，只要表示尊敬就可以稱之爲"視日")，相當於"足下""閣下"，並非官職名。⑦ 張峰先生綜合各家之説認爲："一般被稱爲'視日'的都是一方對另一方的尊重，可以認爲是對楚國固定官員的尊稱。而這種尊稱不一定就是他的級別、官位

---

① 裘錫圭：《甲骨文中的見與視》，臺灣師範大學國文學系、臺灣"中央研究院"歷史語言研究所編：《甲骨文發現一百周年學術研討會論文集》，臺北：文史哲出版社，1998年，第2頁。

② 參見陳偉：《楚國第二批司法簡芻議》，《簡帛研究》第3輯，南寧：廣西教育出版社，1998年。滕壬生、黃錫全：《江陵磚瓦廠M370楚墓竹簡》，《簡帛研究二〇〇一》，桂林：廣西師範大學出版社，2001年。

③ 范常喜：《戰國楚簡"視日"補議》，簡帛研究網，2005年3月1日。

④ 陳偉：《關於楚簡"視日"的新推測》，收錄於氏著《新出楚簡研讀》，武漢：武漢大學出版社，2010年，第189~190頁。

⑤ 吳曉懿：《〈上海博物館藏戰國楚竹書(四)〉所見官名輯證》，《簡帛》第5輯，上海：上海古籍出版社，2010年，第247頁。

⑥ 陳偉：《上博八〈命〉篇賸義》，簡帛網(http://www.bsm.org.cn/?chujian/5703.html)，2011年7月19日。

⑦ 王寧：《再説楚簡中的"視日"》，復旦大學出土文獻與古文字研究中心網站(http://www.fdgwz.org.cn/Web/Show/1622)，2011年8月20日。

確實高於另一方，完全是出於對對方的尊重，也可能是一種固定的程式用語。"①工藤元男先生指出，從例(6)、(7)可以知道"視日"是侍從楚王上呈文書的職務。而包山楚簡中的"視日"當指左尹，他收到訴狀之後將之上呈給楚王，其後下達王命、要求向下屬回報，這就是"視日"的職務内容。例(8)中的"視日"是令尹子春的尊稱，那應是包山楚簡中左尹在職任上被稱爲"視日"的史實映射。② 另外，梁睿成先生認爲"視日"本來是楚王身邊的傳達人、輪值人，後來這個詞在使用過程中延伸而指君王本人，就像"陛下"一詞從指天子身邊執事人而變成指代君王。③

我們可以總結以往研究的趨向如下：最初，根據包山楚簡中的記載，大部分學者將"視日"當做高位官員或者楚王的尊稱。在上博楚簡《昭王毀室》公佈以後，將"視日"視爲楚王身邊的當值人員的看法成了主流。而上博楚簡《命》的發現使得學者們在尊稱説和當值人員説之間搖摆。不過，在我看來，各家之説中似乎還没有能夠滿足例(1)~(8)所有"視日"用例的圓滿解釋。因此，我們需要在下一節就例(1)~(8)中所見各種"視日"重新探討。

三

首先討論例(6)的"視日"。如上所述，有學者將此文斷句爲"卜令尹陳眚爲視日告"，並將這個"視日"理解爲尊稱，此説恐怕難以成立。其一，從後文可知卜令尹最初拒絶把君子[例(6)開頭"至闈"以及王以外的對話的主語]的話轉達給楚王，後來因受到君子的脅迫才通報。因此，卜令尹登場時就稱"卜令尹陳眚爲視日告"顯然不合文意。其二，例(6)以外的諸例中，"視日"都在對話或者文書中出現，在敘述部分出現的用例只有例(6)。無論將"視日"當做楚王④還是君子⑤，對某人的尊稱似乎没必要在敘述部分出現。基於以上兩點，我們恐難將例(6)中的"視日"理解爲尊稱。⑥ 並且，例(6)明顯不是訴訟場合，把"視

①　張峰：《〈上博八〉考釋三則》，《哈爾濱師範大學社會科學學報》2011 年第 6 期，第 60 頁。
②　工藤元男：《「視日」再考》，新川登龜男編：《佛教文明と世俗秩序 國家、社會、聖地の形成》，東京：勉誠出版社，2015 年，第 464~468 頁。
③　梁睿成：《"視日"補説》，復旦大學出土文獻與古文字研究中心網站（http://www.fdgwz.org.cn/Web/Show/3075），2017 年 7 月 16 日。
④　陳偉：《上博八〈命〉篇賸義》，簡帛網（http://www.bsm.org.cn/? chujian/5703.html），2011 年 7 月 19 日。
⑤　王寧：《再説楚簡中的"視日"》，復旦大學出土文獻與古文字研究中心網站（http://www.fdgwz.org.cn/Web/Show/1622），2011 年 8 月 20 日。
⑥　其實尊稱有兩種。一種是對話中對對手表示敬意的稱呼，另一種是對第三者表示敬意的稱呼。前者的例子是"您"，這種尊稱只出現於對話，不會出現在敘述部分。與此不同，"陛下"作爲皇帝的尊稱無論是對話中還是敘述部分，無論指對話的對象還是第三者均可使用。如果例(6)的"視日"是前者，便不會在敘述部分出現，如果是後者，那麽就可以出現在敘述部分。但是從其他"視日"用例出現的場合來説，作爲尊稱的"視日"很可能不屬於後者，關於這點後詳。

日"當做"主審官"的看法也説不通。我們認爲,這個"視日"還是看作楚王身邊的傳達文書或言辭之人才符合文意。

那麽,我們應該如何理解剩下諸例? 首先看例(7)。范戊將自己的話告訴"視日",於是楚王通見了他。這個"視日"理解爲楚王身邊的傳達人没有什麽障礙。在有事上奏楚王時,先將文書或言辭提交給傳達人"視日",由"視日"將它轉呈楚王。因此"告於視日"實際上等於"告於楚王"。其實,"某敢告(於)視日。……不敢不告(於)視日/敢告(於)視日"的句式在例(1)、(2)、(4)、(5)、(7)中均有出現[例(7)没有前半部分的"某敢告(於)視日"],似乎是上呈文書或言辭時的固定程式。那麽,除了情況未詳的例(4)、(5)以外,例(1)、(2)的文書也能否理解爲向楚王上呈的文書呢?

我們看看例(1)。例(1)背面寫着如下文字:

左尹 17 背

十月甲申王詛(屬)。 16 背

五帀(師)宵倌之司敗告胃(謂),邵行之大夫咶(今)鞁(執)亓(其)倌人,新告(造)辻(卜)尹不爲亓(其)諆(察),不憖。 15 背

如陳偉先生所言,16 號簡背應是左尹官署所記的批轉訴狀的時間和人物,17 號簡背是王府將訴狀轉送左尹官署時的批文。① 據此我們可以知道五師宵倌司敗若先把訴狀投到楚王那裏,之後楚王託付給左尹。因此,例(1)中的"視日"應該是楚王身邊的傳達官員。

接着看例(2)。例(2)的背面也寫着一段文字。135 號簡背記載:

左尹以王命告湯(唐)公。奈(舒)慶告胃(謂):"苟冒、宣(桓)卯殺亓(其)牂(兄)昍。鄰(陰)之戠客敽(捕)。昜(得)冒,卯自殺。鄰(陰)之戠客或(又)鞁(執)筐(僕)之牂(兄)婭而舊(久)不爲劃(斷)。"君命速爲之劃(斷)。頸(夏)柰之月命一鞁(執)事人以至(致)命於郢。

例(2)是"視日"收到的訴狀内容,其背面則是左尹對這個訴狀的處理内容。左尹領受王命,指示唐公處理此案並及時回報。這裏對唐公直接下達命令的是左尹,但他的發令是在接受到楚王指示的背景下發出的。這麽看來,例(2)似乎也先被投到楚王那裏。因此,我們可以認爲例(1)和例(2)都是上呈楚王的文書。如此説來,"某敢告(於)視日。……不敢

---

① 陳偉:《包山楚簡初探》,武漢:武漢大學出版社,1996 年,第 30 頁。

不告(於)視日/敢告(於)視日"這樣的句式應該是向楚王上呈文書或言辭時的固定程式。

關於例(2)還有一點值得關注。例(2)背面的"左尹以王命告唐公",似乎可以理解爲"左尹將楚王的命令轉達給唐公"。我們既然知道"視日"的職務是侍從楚王負責上傳下達文書或言辭,那麼例(2)中左尹扮演的角色也很符合"視日"的職責。

例(3)的内容也支持這個可能性。包山楚簡 131-139 號簡均屬於同一個案件,① 例(2)是其開頭部分,例(3)是收到了左尹指示[即例(2)背面的内容]的唐公競軍向左尹回報的内容。其中"視日以陰人舒慶之告屬僕,命速爲之斷""視日命一執事人致命"分別與例(2)背面的"左尹以王命告唐公""君命速爲之斷"和"夏柰之月命一執事人以致命於郢"對應。因此,例(3)中"視日"應該指的是左尹。

工藤元男先生根據這些内容推斷左尹就是"視日",並認爲例(8)中令尹子春被稱爲"視日",就是反映了包山楚簡中左尹在職任上被叫做"視日"的史實。② 工藤先生似乎是站在《命》篇的内容並不是真正發生過的"史實"而只是個"作品"的前提上,認爲《命》篇的作者從包山楚簡那樣的司法文書中高官左尹被稱做"視日"的"史實"得到了靈感,於是編出令尹被尊稱爲"視日"的"作品"。這個意見確實值得傾聽,不過我們不必把例(8)中令尹被稱做"視日"當作虚構。我們或許可以這麼推測——令尹與左尹作爲楚王的側近密切關涉楚國政治,從事傳達、執行王命等工作,因而他們本身也被稱作"視日"。這個假設十分具有説服力,而且這樣的説明有利於解釋例(1)到(8)的所有"視日"用例。因此,我們暫且按照這個推測,以下探討它到底能否成立。

關於例(3)我們不能忽視兩點,這裏附帶説明一下。

第一,例(3)不是像例(1)和例(2)中的"敢告視日"那樣固定的程式。例(3)中指左尹的詞語除了"視日"還有"子左尹"。"以致命於子左尹"是記述唐公回報左尹的敘述部分。而"視日"則出現於唐公親口陳述具體回報内容。也就是説,這個"視日"應該是唐公直接稱呼左尹時使用的尊稱。這樣的"視日"用法就與例(8)令尹在對話中被稱呼爲"視日"相同。如此説來,雖然例(3)同例(1)、(2)均屬於舒慶案件,但是其中"視日"的用法卻不一樣,我們不該混爲一談。

第二,在例(8)中,儘管令尹被稱呼"視日",但是楚王没有登場,令尹和傳達文書等"視日"的職務也完全没有關係。因此,被尊稱爲"視日"的人未必承擔"視日"的職務。例(3)中左尹被尊稱爲"視日",而且他實際上也擔當"視日"。不過,嚴格來説,很難斷定左

---

① 下面我們將這一系列案件總稱"舒慶案件"。

② 工藤元男:《「視日」再考》,新川登龜男編:《佛教文明と世俗秩序 國家、社會、聖地の形成》,東京:勉誠出版社,2015 年,第 464~468 頁。

尹被叫作"視日",是因爲他擔當"視日",還只是出於偶然的一致。①

最後,我們總結以上討論的内容。楚簡中的"視日"有如下三種用法:

①楚王身邊負責傳達文書、言辭的官員:例(6);

②文書或口頭上奏楚王時的固定程式:例(1)、(2)、(7)〔+例(4)、(5)?〕;

③直接稱呼令尹、左尹等高官時的尊稱:例(3)、(8)。

四

接下來我們討論上述"視日"的三種不同用法間到底有什麽樣的關係。

上文中我們已經簡單解釋過"視日"用法①和用法②的關係。"視日"本來是楚王身邊傳達文書與言辭的官員(用法①),由此衍生了對楚王用文書或口頭上奏時的固定程式(用法②)。向楚王上呈文書時,首先把文書交給傳達官員"視日",之後"視日"將其呈於楚王。因此,對楚王上呈的文書中經常會使用貌似向"視日"提交文書一樣的句式。

之所以使用這種句式,是爲了回避直言楚王,這一點以往研究也早已指出。② 不過,不少學者認爲"視日"是對楚王的尊稱。嚴格來講這是不準確的。楚王的尊稱一般使用"君王"。"君王"一詞無論是直接稱呼楚王本人還是言及楚王時均可使用。③ 雖説"敢告於視日"實際上相當於"敢告於楚王",但是"視日"和楚王並不相同。"敢告於視日"這樣的固定程式與尊稱都是爲了表示對對手的敬意,只是兩者表達敬意的方法不同。前者是爲了避免直接上告楚王而通過採取"告訴楚王身邊傳達人"的句式來顯示敬意的一種表達技巧。後者則不同,"尊稱"本身已經是含有敬意的稱呼。此點我們不可忽視。④

梁睿成先生認爲"視日"本來是楚王身邊的傳達人、輪值人,後來這個詞在使用過程中逐漸延伸而指稱君王本人,就像"陛下"一詞從指天子身邊執事人而變成指代君王。⑤ 前面

---

① 擔當"視日"之人也未必被尊稱爲"視日"。例(6)中"視日"卜令尹被君子稱作"君"。此文中君子對卜令尹説道"君不爲僕告,僕將召寇"等,採取了威脅的態度,可能不太尊重卜令尹,因而没有稱他爲"視日"。看來是否稱呼某人"視日"的關鍵在於有無敬意。

② 陳偉:《關於楚簡"視日"的新推測》,收録於氏著《新出楚簡研讀》,武漢:武漢大學出版社,2010 年,第 190 頁。

③ 草野友子先生指出,楚簡和傳世文獻中楚王在敘述部分被記爲"王",而在對話中被臣下稱呼"君王",兩者有明顯的區分。參見《中國古代における王の呼稱——上博楚簡『鄭子家喪』を中心として》,《待兼山論叢》第 43 號,2009 年,第 25~32 頁。

④ 張峰先生根據例(1)中有"僕以告君王"的記載認爲"視日"似非指楚王。本文也贊成"視日"非指楚王這一點,不過張峰先生恐忽視了對楚王的稱呼"君王"與"敢告於視日"上表達技巧的差異。參見《〈上博八〉考釋三則》,《哈爾濱師範大學社會科學學報》2011 年第 6 期,第 60 頁。

⑤ 梁睿成:《"視日"補説》,復旦大學出土文獻與古文字研究中心網站(http://www.fdgwz.org.cn/Web/Show/3075),2017 年 7 月 16 日。

已經講過，本文不贊成"視日"指楚王本人的看法。但傳世文獻中"陛下"之類與"視日"用法相似的詞語還是值得研究的。

東漢蔡邕《獨斷》曰："陛下者，陛階也，所由升堂也。天子必有近臣，執兵陳於陛側以戒不虞。謂之陛下者，群臣與天子言，不敢指斥天子，故呼在陛下者而告之。因卑達尊之意也。上書亦如之。及群臣士庶相與言曰殿下、閣下、執事之屬皆此類也。"可見"陛下"的用法確實跟"視日"類似。不過兩者也有不同。"陛下"這個詞相對用法更廣泛，除了用於上奏時避免直言皇帝，還可以作爲對話中皇帝的尊稱。① 但是"視日"只用於向楚王上言時的固定程式，且不是楚王的尊稱。"視日"倒是有尊稱侍從楚王高官的用法，而"陛下"卻只對皇帝使用，臣下不可能被稱爲"陛下"。

本文認爲，更靠近"視日"用法的詞彙應該是"僕夫"與"執事"。先談"僕夫"。《左傳·襄公四年》有如下内容：

> 於虞人之箴曰："芒芒禹迹，畫爲九州。經啓九道，民有寢廟，獸有茂草。各有攸處，德用不擾。在帝夷羿，冒于原獸，忘其國恤，而思其麀牡。武不可重，用不恢于夏家。獸臣司原，敢告僕夫。"

這是虞人給周武王的箴言。杜預注："獸臣虞人告僕夫，不敢斥尊。"爲了避免直接斥責武王，採取了對武王身邊駕馭車馬之人説話的方式。"僕夫"這個詞不可能被用爲國君的尊稱，只在對國君上言時的固定程式中使用，此點與"視日"一致。可是"僕夫"好像也不適用於對於臣下的稱呼，這與"視日"不同。我們認爲更類似於"視日"的詞語就是"執事"。《禮記》中有如下記載：

> 君訃於他國之君，曰："寡君不禄，敢告於執事。"(《雜記上》)
> 諸侯出夫人，夫人比至于其國，以夫人之禮行。至，以夫人入。使者將命曰："寡君不敏，不能從而事社稷宗廟，使使臣某敢告於執事。"(《雜記下》)

可見"敢告於執事"是向國君傳送文書時的固定程式。這種表達方式在《左傳》所載的外交辭令中可多次看到。下面舉幾個例子。

---

① 譬如《史記·三王世家》開頭説："大司馬臣去病昧死再拜上疏皇帝陛下：陛下過聽，使臣去病待罪行間。……臣去病昧死再拜以聞皇帝陛下。"其中"昧死再拜上疏皇帝陛下""昧死再拜以聞皇帝陛下"是上奏時的固定程式，而另一個"陛下"是對皇帝的尊稱。

衛侯使鄔武子告于周曰："蒯瞶得罪于君父、君母，逋竄于晉。晉以王室之故，不棄兄弟，寘諸河上。天誘其衷，獲嗣守封焉，使下臣肸敢告執事。"（哀公十六年）

齊侯未入竟，展喜從之，曰："寡君聞君親舉玉趾，將辱於敝邑，使下臣犒執事。"（僖公二十六年）

"執事"本來是"辦事"或"辦事之人"的意思，指從事相關職務的當事人，有時泛指種種官員或群臣。比如説：

嗚呼，邦伯、師長、百執事之人。尚皆隱哉。（《尚書·盤庚下》）

鄭子家使執訊而與之書，以告趙宣子。曰："寡君即位三年，召蔡侯而與之事君。九月，蔡侯入于敝邑以行。敝邑以侯宣多之難，寡君是以不得與蔡侯偕。十一月，克減侯宣多，而隨蔡侯以朝于執事。十二年六月，歸生佐寡君之嫡夷，以請陳侯于楚而朝諸君。"（《左傳》文公十七年）

由此衍生，也有指特定官員尊稱的用法。《左傳》文公十二年：

秦伯使西乞術來聘，且言將伐晉。襄仲辭玉，曰："君不忘先君之好，照臨魯國，鎮撫其社稷，重之以大器，寡君敢辭玉。"對曰："不腆敝器，不足辭也。"主人三辭。賓客曰："寡君願徼福于周公、魯公以事君，不腆先君之敝器，使下臣致諸執事，以爲瑞節，要結好命，所以藉寡君之命，結二國之好，是以敢致之。"襄仲曰："不有君子，其能國乎。國無陋矣。"厚賄之。

這裏的"使下臣致諸執事"應是"我把玉奉送給魯君"的委婉説法，而西乞術實際上把玉交給了襄仲。因此，這個"執事"當指襄仲。另外，《左傳》襄公二十八年：

蔡侯之如晉也，鄭伯使游吉如楚。及漢，楚人還之，曰："宋之盟，君實親辱。今吾子來。寡君謂：'吾子姑還。吾將使馹奔問諸晉而以告。'"子大叔曰："宋之盟，君命將利小國而亦使安定其社稷，鎮撫其民人，以禮承天之休。此君之憲令而小國之望也。寡君是故使吉奉其皮幣，以歲之不易，聘於下執事。今執事有命曰：'女何與政令之有。必使而君棄而封守，跋涉山川，蒙犯霜露，以逞君心。'小國將君是望，敢不唯命是聽。無乃非盟載之言，以闕君德，而執事有不利焉，小國是懼。不然，其何勞之敢憚。"

有意思的是"下執事"與"執事"的用法。"聘於下執事"應該是游吉聘問楚王的婉詞。這裏採取聘問比"執事"更低位的"下執事"的句式，對楚王表示最高級的敬意。然而後面兩個"執事"則應是在漢水令游吉返回的楚國官員之尊稱。

如此，雖然"執事"的含義與用法很豐富，但是我們依然可以追索這些用法的發展過程。"執事"本來是"辦事"或"辦事之人"的意思，也可以泛指官員、群臣。由此發展，衍生出在對話中爲了表示敬意，避免直接稱呼對方的職位或名字而僅稱"執事"的用法。另外，外交辭令中"敢告於執事"等說法常常出現。這是將文書或言辭上呈侍從國君身邊的"執事"的句式，爲的是回避直言國君而對其表示敬意。並且，似乎沒有國君被尊稱爲"執事"的例子。這樣的"執事"，在各種用法和含義上與"視日"均十分相似。那麼，我們或許可以參考"執事"的含義和各種用法之間的關係來討論"視日"。

五

圍繞"視日"的具體含義，以往研究展開了各種各樣的解釋。陳偉先生懷疑"視日"與傳世文獻中負責向君主上通下達的"當日""直日"相關。他引用了《國語·晉語九》的以下例子：

> 趙簡子田于螻，史黯聞之，以犬待于門。簡子見之，曰："何爲?"曰："有所得犬，欲試之茲囿。"簡子曰："何爲不告?"對曰："君行臣不從，不順。主將適螻而麓不聞，臣敢煩當日。"簡子乃還。

韋昭注："當日，直日也。言主將之君囿，不煩麓以告君，臣亦不敢煩主之直日以自白也。"另外他引用了《禮記·文王世子》：

> 文王之爲世子，朝於王季日三，鷄初鳴而衣服，至於寢門外，問内豎之御者曰："今日安否何如?"

鄭玄注："内豎，小臣之屬，掌外内之通命者。御，如今小史直日矣。"他還指出"視日"之"視"大概是受視的意思，"爲視日"的含義與"當日""直日"略同。① 李零先生認爲包山楚

---

① 陳偉：《關於楚簡"視日"的新推測》，收録於氏著《新出楚簡研讀》，武漢：武漢大學出版社，2010年，第189~190頁。

簡中的"視日"是當值官員的代稱，並將它與秦漢曆表"質日"或"視日"聯繫起來，指出這些曆表是"給執事、視事的值班官員用，用來記録政事，用以考核政績"。① 吴曉懿先生認爲"視日"類似於"視事"，是由某官兼任"巡視"之職。②

本文也贊同"視日"與"視事"相關聯。至於秦漢曆表中的"質日"或"視日"與楚簡中的"視日"能否直接聯繫考慮，則需要謹慎討論。楚簡所見"視日"是楚國官職或職務的名稱，而"質日"或"視日"是秦漢時期下級官吏擁有的曆表，兩者的性質畢竟不大一樣。不過，秦漢"質日""視日"中記載了官吏出差等公務記録，那麽我們不得不承認，它們應該與"視事"相關。也就是説，雖然楚簡所見"視日"和秦漢"質日""視日"似乎是兩件不同的事情，但兩者都與"視事"相關，這一點是共通的。"視事"同"執事"一樣是意味着"擔當職務"之類的詞語。這裏的"事"指的是"職務"，"視""執"意味着"擔當"。而"當日""直日"的"日"是"當"和"直"的賓語，應該指"當值的日子"。"視日"似乎也是此類句法之詞——很可能有"當值履事"的含義。如果這個推測不誤，"視日"與"執事"類似，都是在楚王身邊（值班）處理種種工作的職務。

其實，除了"視日"和"執事"以外，向某人傳達文書時以他身邊辦事之人的稱謂作爲收信人的例子還有不少。例如以下秦漢行政文書中的例子。

　　☑得倉丞吉兼行丞事，敢告部都尉卒人。詔書，清塞下，謹候望，備燧火。虜即入，料度可備中。毋遠追爲虜所詐。書已前下。檄到，卒人遣尉、丞、司馬，數循行，嚴兵☐ 居延漢簡 12 · 1A
　　☑禁止行者，便戰鬭具，驅逐田牧畜産，毋令居部界中，警備毋爲虜所誑利。且課毋狀不憂者劾。尉、丞以下毋忽。如法律令。敢告卒人。／掾延年、書佐光、給事☐ 居延漢簡 12 · 1B

這是太守下達部都尉的檄文，③ 其開頭有"敢告部都尉卒人"，並以"敢告卒人"一句結束。關於這個程式，傳世文獻也有相關記載。《論衡·謝短》："兩郡移書曰敢告卒人，兩縣不言，何解?"黄暉《論衡校釋》："敢告卒人，蓋與左傳虞箴'敢告僕夫'、揚雄州箴'敢告在階'、'敢告執御'義同。不敢直言，但告其僕御耳。"④鷹取祐司先生引用上舉居延漢簡和

---

① 李零：《視日、日書和葉書——三種簡帛文獻的區別和定名》，《文物》2008 年第 12 期，第 74~75 頁。他認爲"視日"只是查看日子的意思。
② 吴曉懿：《〈上海博物館藏戰國楚竹書（四）〉所見官名輯證》，《簡帛》第 5 輯，上海：上海古籍出版社，2010 年，第 247 頁。
③ 該簡的釋文和文書性質從鷹取祐司：《秦漢官文書の基礎的研究》，東京：汲古書院，2015 年，第 111 頁。
④ 黄暉：《論衡校釋》，北京：中華書局，1990 年，第 572 頁。

《論衡》的例子指出，這種句式在發信人和收信人等級大致相同的下行文書中使用，之所以用"卒人"是因爲不敢直言對手而表示敬意。① 李迎春先生指出"敢告卒人"文書主要用於郡太守與郡都尉、農都尉、護田校尉、他郡太守等二千石級別官府間來往之公文。② 陶安先生也認爲"卒人"是郡長官一級的"脇付"。③ 值得注意的是，居延漢簡12·1A中"卒人"還作爲部都尉的尊稱使用。這種"卒人"的用法我們在秦代行政文書中也可以看到。里耶秦簡8-61+8-293+8-2012：

> ☑未朔己未，巴叚(假)守丞敢告洞庭守主：卒人可令縣論☑
>
> 卒人，卒人已論，它如令。敢告主。不疑手。·以江州印行事。

這是巴郡假守向洞庭郡守發送的文書，其中巴郡假守稱呼洞庭郡守爲"卒人"。至於"卒人"所指不太清楚，大概是在郡級長官身邊辦事的部下。④ 也就是説，不管"敢告卒人"是固定程式還是尊稱，其用意在於避免直言郡級長官而用其身邊的部下"卒人"來稱呼，這樣才可以表示對對方的敬意。

饒有興味的是，里耶秦簡中還有將"令史"指代縣長官的用例。例如里耶秦簡8-140：

> 六月甲午，臨沮丞禿敢告遷陵丞主：令史可以律令從事。敢告主。

可見，在臨沮縣丞對遷陵縣丞發送的文書裏，臨沮縣丞稱呼遷陵縣丞爲"令史"。如此"令史"的用法大概出現於縣級的平行文書。因爲令史直屬縣長官，負責縣廷的各種事務的官員，所以我們可以知道，這種"令史"的用法應該與"卒人"和郡級長官的關係一樣，即爲

---

① 鷹取祐司：《秦漢官文書の基礎的研究》，東京：汲古書院，2015年，第111~112頁。

② 李迎春：《論卒史一職的性質、來源與級別》，《簡牘學研究》第6輯，蘭州：甘肅人民出版社，2016年，第143~144頁。

③ 陶安あんど：《卒人に關する覺書》，中國古代簡牘の橫斷領域的研究HP[http://www.aa.tufs.ac.jp/users/Ejina/note/note 20(Hafner).html]，2016年10月12日。"脇付"是日語説法，意思是"寫在收信人名字旁邊表示敬意的詞語"。

④ 陳偉先生根據睡虎地秦簡《秦律十八種》179-180號簡的記載認爲"卒人"或許是秦郡長官在稱"守、泰(太)守"之前的稱述，這個説法作爲指稱郡級長官的文書用語一直保留到漢代。李迎春先生反對此説，認爲"卒人"與"卒史"相似，是郡守等二千石左右級別官員的屬史。陶安先生也推測"卒人"是在郡級長官左右的下屬。分別參見陳偉：《秦平行文書中的"令史"與"卒人"》，《古文字研究》第31輯，北京：中華書局，2016年，第446頁；李迎春：《論卒史一職的性質、來源與級別》，《簡牘學研究》第6輯，蘭州：甘肅人民出版社，2016年，第145~147頁；陶安あんど：《卒人に關する覺書》，中國古代簡牘の橫斷領域的研究HP[http://www.aa.tufs.ac.jp/users/Ejina/note/note 20(Hafner).html]，2016年10月12日。

了表示敬意而用縣長官身邊的"令史"來稱呼其長官。①

如此，秦漢行政文書中有用郡縣長官身邊處理郡縣廷實際工作的屬吏來稱長官的表述方式。傳世文獻中的"執事"也有時具有同樣性質——他們不僅侍奉國君，而且實際上參與國政。前文已述，"執事"有些時候還指供職朝廷的群臣。此外，《左傳》成公十三年：

> 夏，四月戊午，晉侯使呂相絶秦，曰："……敢盡布之執事，俾執事實圖利之。"

這是晉侯向秦公傳達的言辭，其中"敢盡布之執事"應是將言辭上呈秦公時的委婉措辭。有意思的是後面的"俾執事實圖利之"。按照這句話的意思，執事不僅將言辭轉達給秦公，而且將承擔處理言辭所提及内容的工作。據此我們或許可以推測，像卒史之於郡長官、令史之於縣長官、執事之於國君一樣，"視日"之於楚王也扮演着類似的角色——除了爲楚王上傳下達文書以外，還處理各種事務。

其實"視日"在楚簡中的角色也不限於文書的上傳下達。舒慶案件中左尹將王命轉告唐公和宛公，② 但他的職務好像超過了傳達文書的權限，近似於處理這個案件的負責人。以下就這一點進行確認。

實際上，我們很難判斷例(2)背面的内容都是王命還是僅限一部分。當然，我們不能否定左尹將王命原樣轉告唐公。不過我們不禁想到楚王只發出大概的指示，而具體政策由左尹來決定的可能性。比如真正的王命只有"君命速爲之斷"這一部分，而"夏柰之月命一執事人以致命於鄩"等具體的復命日期和方法由左尹設定。③ 另外，唐公復命的對象不是楚王而是左尹。如果左尹只是王命的傳達人，唐公至少形式上應該向楚王復命。這也似乎暗示着左尹才是將案件調查委託給唐公的當事人。

---

① 參見陳偉：《秦平行文書中的"令史"與"卒人"》，《古文字研究》第 31 輯，北京：中華書局，2016 年，第 443~445 頁；陶安あんど：《卒人に關する覺書》，中國古代簡牘の横斷領域的研究 HP〔http://www.aa.tufs.ac.jp/users/Ejina/note/note 20(Hafner).html〕，2016 年 10 月 12 日。

② 包山楚簡 135 號簡背："左尹以王命告湯(唐)公"，139 號簡背："左尹以王命告子郚(宛)公"。

③ 我們可以參考上博楚簡《王居》5、6、2、7 號簡的内容："亓(其)屈.(明日)，命(令)尹子春猒(厭?)。王𡥈(就)之曰：'夫彭徒罷(一)裝(勞)，爲虖(吾)誠(蔽?)之。'命(令)尹貪(答)：'命須亓(其)伒(盡?)。'王胃(謂)：'虖(吾)谷(欲)速。'乃許諾：'命須遂(後)必(蔽?)之。'王𡥈(蹙)命(令)尹：'少進於此……'命(令)尹許諾。乃命彭徒爲洛辻(卜)尹。"由於有不少疑難字，我們無法確定這些簡的詳細文意，其大概意思如下：楚王承認彭徒的貢獻，願意給他適當的職官，令尹則一直保持謹慎的態度，楚王再三説服令尹，最後令尹任命彭徒爲洛卜尹。文中楚王的指示都是"爲吾蔽(?)之""吾欲速""少進於此"這樣比較抽象的内容，而令尹通過與楚王的對話揣度他的意圖，最終由令尹任命彭徒具體的官職。我們可以發現例(2)背面的記述有與此類似的情況。上引《王居》編聯從陳劍：《〈上博(八)·王居〉復原》，復旦大學出土文獻與古文字研究中心網站(http://www.fdgwz.org.cn/Web/Show/1604)，2011 年 7 月 20 日。

　　包山楚簡 184 號簡有"八月辛未，𨟻(舒)綗"的記載。這支簡屬於《所諰》，意思是左尹將舒綗的案件委託給部下正嫢悆。舒綗是舒慶案件的相關人員，從日期來看"舒綗"無疑與舒慶案相聯。① 也就是説，擔當處理舒慶案件的人員分配由左尹決定。

　　總的來説，在舒慶案件中左尹的角色遠遠超出了王命傳達人的界限，而是在王命的名義下主動處理案件。因此，我們可以認爲左尹擔當的"視日"職務可能不限於傳達王命，還涉及處理文書内容本身。②

　　這樣的"視日"之職到底由誰來承擔呢？在例（6）中，卜令尹擔當"視日"。從官名來看，卜令尹似乎是卜官系統的最高職，應該算得上高官。③ 上文已經討論過，例（2）中左尹擔當"視日"，在例（8）中令尹被稱爲"視日"。④ 令尹、左尹、卜令尹都是楚國政治的樞紐官職。如此，"視日"很可能由楚國的中央高官來擔當。

　　這一點和"直日""當日"很不一樣。上文介紹了陳偉先生引用的傳世文獻中"直日""當日"的用例，這些職務大略由小吏擔當。雖然"直日""當日"與"視日"的職務内容很相似，但是"視日"的職務不限於文書和言辭的上傳下達，還關涉到下達的文書内容之處理。鑑於其職務的重要性，"視日"不像"直日""當日"那樣由小吏擔當，而是由高官來輪番承擔。

　　到這裏，我們便可以解釋"視日"的用法中①→③的發展過程了。即："視日"是楚王身邊辦理各種工作的職務。由於其職務的重要性，"視日"由令尹、左尹等中央官僚輪番承擔。由此發展，這些中央官僚和"視日"常常被同等看待，於是"視日"就演變成爲了令尹、左尹等中央高官的尊稱。

---

　　①　根據包山楚簡 136 號簡，陰司敗在夏夕癸丑向唐公報告。八月辛未是其 18 日後（兩個日子都屬於許綗之歲）。

　　②　工藤元男先生根據舒慶案件認爲"視日"有向王上呈下達訴狀，還有命令部下回報等權限（參見《「視日」再考》，新川登龜男編：《佛教文明と世俗秩序　國家、社會、聖地の形成》，東京：勉誠出版社，2015 年，第 466 頁）。

　　③　整理者懷疑卜令尹相當於傳世文獻中的"卜尹"。參見馬承源主編：《上海博物館藏戰國楚竹書（四）》，上海：上海古籍出版社，2004 年，第 184 頁。

　　④　上博楚簡《王居》1 號簡："王居穌(蘇)㻫之室。彭徒䎽(返)諿闆(關)至(致)命。邵昌爲之告。王未合(答)之。"其中邵昌將彭徒的復命轉告楚王，如陳偉先生在《上博八〈命〉篇賸義》指出，他的職務跟"視日"類似，他也許是"視日"。此外，包山楚簡 103 號簡："子司馬以王命命冀陵公䜌、宜昜(陽)司馬强貣(貸)邶(越)異之黄金"、129 號簡："左司馬适以王命命䘑〈𣪊(期)〉思盇(舍)鏒黄王之㬐(臠)一青犧之齌足金六匀(鈞)"，子司馬和左司馬也或許作爲"視日"傳達王命。不過，這個"某以王命命某"的句式在鄂君啟節中也可以看到，如："大攻(工)尹脽以王命命集尹恖(悼)糂、裁(織)尹逆、裁(織)敓(令)阢爲鄪(鄂)君啟之賡(府)賸(俈)盬(鑄)金節。"此大工尹似不是"視日"，只是根據王命執行自己的職責而已。畢竟這個句式與"左尹以王命告某"稍有不同，我們是否可以將子司馬和左司馬當作"視日"需謹慎考慮。

六

以上討論了楚簡所見"視日"的含義。最後,我們整理總結一下楚簡所見"視日"的三種含義以及其發展過程。

①侍從楚王,從事傳達和處理文書、言辭的職務:例(6);

②文書或口頭上奏楚王時的固定程式:例(1)、(2)、(7)(+(4)、(5)?);

③直接稱呼令尹、左尹等中央高官時的尊稱:例(3)、(8)。

"視日"本來是侍從於楚王身邊,從事傳達文書、處理案件等工作的職務(用法①)。當向楚王以文書或口頭方式奏報時,開頭和結尾必須採取"敢告於視日"這樣的固定程式。這是爲了避免直言楚王而向其顯示敬意的表達技巧,因而選擇了楚王身邊傳達文辭的"視日"作爲收信人(用法②)。這樣的"視日"之職由令尹、左尹、卜令尹等中央高官輪番承擔,於是"視日"衍變成了對中央高官直接稱呼時使用的尊稱(用法③)。

至於例(9),《集解》所引如淳的"視日時吉凶舉動之占也。司馬季主爲日者"恐怕是望文生義之語。這裏的"視日"也應該與楚簡所見"視日"相關,疑爲項燕軍中傳達文辭、處理事務等的工作。這樣看來"視日"不僅在楚王身邊而且在軍中也有設置,可惜更具體的情況已無從知曉。

本文以傳世文獻中的"執事"和秦漢行政文書中"卒人""令史"等用例爲線索討論了"視日"一詞的本義及其衍生義。"執事"的用法與"視日"極其類似,① 以"執事"爲參照,我們就能夠理解例(1)~(8)所有"視日"的例子。秦漢行政文書所見"卒人"和"令史"的用例雖然與"視日"使用的場合有些許不同,② 但其用法很有參考價值。包山楚簡也是一種行政文書,參照秦漢行政文書解讀其内容很有效。

本文整理了"視日"的各種用例,一定程度上闡明了"視日"的職務内容。不過,關於"視日"的職責還有很多問題有待研究。例如"視日"之職實際上與"誆"混淆不清。在例(1)中,五師宵倌之司敗若將案件上報"視日"後,楚王"誆"之於左尹。我們無法判斷這個"視

---

① "執事"是普通詞彙,其含義比"視日"廣泛得多。譬如"執事"有時候指"群臣","視日"就没有這個用法。"視日"只在對高官直接稱呼時使用,"執事"則可以直接用於稱呼對話的對象,也可以指第三者。"執事"甚至還可以指代自己,如《國語·越語下》:"范蠡曰:'君王已委制於執事之人矣。子往矣。無使執事之人得罪於子。'"

② "卒人"和"令史"一般出現於等級差不多的郡縣級長官之間傳達的下行或平行文書。而"視日"在上奏楚王或下級官員直接稱呼中央高官時使用,換句話說只出現於上行文書中或與上級的對話中。"卒人"和"令史"可以作爲郡縣級長官的尊稱使用,而"視日"不可以作爲楚王的尊稱,倒是演變成了擔當"視日"的中央高官的尊稱。

日"是不是左尹，就算兩者不同，受楚王委託，左尹接下來要做的事情，實際上與例(2)中左尹作爲"視日"所做的事情很可能無甚區別。而且，就舒慶案件左尹所做的種種——給部下分配案件、決定復命日期和方法等調查具項、接收復命等——都跟左尹的平常職務沒什麽兩樣。我們今後需要繼續檢討"視日"的職務和"詎"、承擔"視日"的高官的日常職務之間的關係。

（海老根量介，日本學習院大學文學部）

里耶秦簡所見秦縣倉官的基本職能
及其權力分割[*]

魯家亮

　　據里耶秦簡《遷陵吏志》(9-633)所載"官嗇夫十人"的記録①，學界推測秦遷陵縣的官署機構中曾經存在過"十官"，而"倉官"即爲其中之一②。衆所周知，倉是儲藏糧食的建築物，各級"倉官"則對其行管理之責。因此，早期學界對於倉的研究往往與糧食問題緊密結合③，其中比較有代表性的成果如蔡萬進先生的《秦國糧食經濟研究(增訂本)》④。1975年，睡虎地秦簡發現後⑤，學界注意到《倉律》《效律》《內史雜》等律文所記有關秦倉管理

---

　　* 本文寫作得到國家社會科學基金"冷門'絕學'和國別史等研究專項"項目"里耶秦簡所見秦代縣制研究"(19VJX007)和國家社會科學基金重大項目"雲夢睡虎地77號西漢墓出土簡牘整理與研究"(16ZDA115)資助。

　　① 《遷陵吏志》由2個殘片綴合而成，見里耶秦簡牘校釋小組：《新見里耶秦簡牘資料選校(一)》，簡帛網(http://www.bsm.org.cn/)，2014年9月1日；後刊《簡帛》第10輯，上海：上海古籍出版社，2015年，第178~179頁。里耶秦簡原整理者吸收綴合意見，將綴合後的簡牘編號爲9-633，圖版見湖南省文物考古研究所編著：《里耶秦簡(貳)》，北京：文物出版社，2017年，第84頁。釋文可參陳偉主編，魯家亮、何有祖、凡國棟撰著：《里耶秦簡牘校釋(第二卷)》，武漢：武漢大學出版社，2018年，第167~168頁。下文引用《里耶秦簡(貳)》所刊簡牘釋文，如無特別説明，皆出自《里耶秦簡牘校釋(第二卷)》，不再一一注出。

　　② 儘管對遷陵縣"十官"的具體認定存在出入，但倉官屬"十官"之一，諸家則無争議。見高村武幸：《里耶秦簡第八層出土簡牘の基礎的研究》，《三重大史學》第14，2014年，第36~37頁；單印飛：《略論秦代遷陵縣吏員設置》，《簡帛》第11輯，上海：上海古籍出版社，2015年，第98頁；水間大輔：《里耶秦簡〈遷陵吏志〉初探——通過與尹灣漢簡〈東海郡吏員簿〉的比較》，《簡帛》第12輯，上海：上海古籍出版社，2016年，第186頁；鄒水杰：《秦簡"有秩"新證》，《中國史研究》2017年第3期，第48頁；劉鵬：《也談簡牘所見秦的"田"與"田官"——兼論遷陵縣"十官"的構成》，《簡帛》第18輯，上海：上海古籍出版社，2018年，第73頁。

　　③ 相關成果梳理可以參看謝坤：《秦簡牘所見"倉"的研究》，武漢大學博士學位論文，2018年，第1~3頁。

　　④ 蔡萬進：《秦國糧食經濟研究(增訂本)》，鄭州：大象出版社，2009年。

　　⑤ 睡虎地秦墓竹簡整理小組編：《睡虎地秦墓竹簡》，北京：文物出版社，1990年。

的諸多細節①。2002 年，里耶秦簡出土之後②，我們更能了解到倉官實際運作的狀況，而嶽麓秦簡的《倉律》《内史雜律》《内史倉曹令》等律令也補充了更多的法律規定細節③。謝坤先生綜合這些新資料，對秦簡牘所見"倉"有較爲全面的討論，明確指出其研究的"倉"除指儲藏糧食的建築物外，還包括管理糧食、牲畜、徒隸、器具的機構——"倉官"。④ 劉鵬先生進一步指出秦縣倉的經營管理業務概括爲禾稼出入、糧芻借貸、禽畜飼養、器物管理、金錢收支、徒隸管理六類。⑤

而在另一方面，有關秦縣官署機構的研究成爲學界討論的熱點。在秦縣官、曹二分的格局逐漸廓清的基礎上⑥，官、曹之間的對應關係及其在行政運作中的互動問題等研究得以不斷深化⑦。在單個官署的研究之中，學界對遷陵縣"十官"大多有所涉及，如陳治國、

---

① 參王偉雄：《秦倉制研究》，新北：花木蘭文化出版社，2013 年，第 3~4 頁。

② 目前已經發表的原始資料，主要見湖南省文物考古研究所編著：《里耶秦簡(壹)》，北京：文物出版社，2012 年；湖南省文物考古研究所編著：《里耶秦簡(貳)》，北京：文物出版社，2017 年；里耶秦簡博物館、出土文獻與中國古代文明研究協同創新中心中國人民大學中心編著：《里耶秦簡博物館藏秦簡》，上海：中西書局，2016 年。

③ 陳松長主編：《嶽麓書院藏秦簡(肆)》，上海：上海辭書出版社，2015 年，第 122~125 頁；陳松長主編：《嶽麓書院藏秦簡(伍)》，上海：上海辭書出版社，2017 年，第 181~183 頁。

④ 謝坤：《秦簡牘所見"倉"的研究》，武漢大學博士學位論文，2018 年，第 1 頁。

⑤ 劉鵬：《簡牘所見秦代縣倉經營管理的業務》，《簡帛研究二〇一九春夏卷》，桂林：廣西師範大學出版社，2019 年，第 49~73 頁。

⑥ 仲山茂：《秦漢時代の"官"と"曹"——県の部局組織》，《東洋學報》第 82 卷第 4 號，2001 年，第 38~42 頁；青木俊介：《里耶秦簡に見える縣の部局組織について》，《中國出土資料研究》第 9 號，2005 年，第 103~111 頁；郭洪伯：《秦漢"稗官"考——秦漢基層機構的組織方式(其一)》，"第七届北京大學史學論壇"會議論文，2011 年 3 月 26 日；土口史記：《戰国・秦代の県——県廷と'官'の関係をめぐる一考察》，《史林》第 95 卷第 1 號，2012 年，第 5~37 頁；土口史記著，朱騰譯：《戰國、秦代的縣——以縣廷與"官"之關係爲中心的考察》，《法律史譯評》2013 年卷，北京：中國政法大學出版社，2014 年，第 1~27 頁；郭洪伯：《稗官與諸曹——秦漢基層機構的部門設置》，《簡帛研究二〇一三》，桂林：廣西師範大學出版社，2014 年，第 101~127 頁；孫聞博：《秦縣的列曹與諸官——從〈洪範五行傳〉一則佚文說起》，簡帛網(http://www.bsm.org.cn/)，2014 年 9 月 17 日；又載《簡帛》第 11 輯，上海：上海古籍出版社，2015 年，第 75~87 頁。該文的增訂本又收入里耶秦簡博物館、出土文獻與中國古代文明研究協同創新中心中國人民大學中心編著：《里耶秦簡博物館藏秦簡》，上海：中西書局，2016 年，第 244~261 頁。土口史記：《里耶秦簡にみる秦代縣下の官制構造》，《東洋史研究》第 73 卷第 4 號，2015 年，第 1~38 頁。

⑦ 高村武幸：《里耶秦簡第八層出土簡牘の基礎的研究》，《三重大史学》第 14，2014 年，第 61 頁；金鍾希：《秦代縣의曹조직과地方官制——里耶秦簡에나타난遷陵縣의토지재정운영을중심으로》(《秦代縣的曹組織與地方官制——以里耶秦簡中出現的遷陵縣土地與財政運營爲中心》)，《東洋史學研究》第 128 輯，2014 年，第 47~119 頁；黃浩波：《里耶秦簡牘所見"計"文書及相關問題研究》，《簡帛研究二〇一六春夏卷》，桂林：廣西師範大學出版社，2016 年，第 92~113 頁；黎明釗、唐俊峰：《里耶秦簡所見秦代縣官、曹組織的職能分野與行政互動——以計、課爲中心》，《簡帛》第 13 輯，上海：上海古籍出版社，2016 年，第 151~157 頁。

張立瑩二先生指出秦少內主管縣的財政收入與支出①；宋杰、鄒水杰等先生對司空設立與職責的討論②；王偉雄、謝坤等先生對倉的系統梳理③；王彥輝、陳偉、鄒水杰、李勉、晉文、劉鵬等先生關於"田""田官"的辨析④；陳偉先生對遷陵縣庫的個案考察⑤；孫聞博、晏昌貴、郭濤、藤田勝久、姚磊等先生及筆者對遷陵縣三鄉的分析⑥。與官、曹關係討論的熱烈相比，目前尚未發現對"十官"所涉各官署之間關係及其權力分配問題的專門分析。故此，本文擬從倉官的職能入手，嘗試對倉官與司空、田官、畜官、鄉官等的關係及其權力分配模式作一些初步的梳理，其不當之處，祈請諸位方家批評、指正。

一、倉官與司空對刑徒的共同管理

《漢書·百官公卿表》"宗正"條之下有"屬官有都司空令丞"，如淳注曰："律，司空主水及罪人"，顯示司空的職能與工程建設、刑徒管理密切相關。裘錫圭先生依據睡虎地秦簡歸納秦縣司空的主要任務，指出"一是主管縣里的土木工程等徭役""一是管理大量刑徒，讓他們從事勞役"⑦。于豪亮先生則指出"由於司空負責工程方面的工作，而秦人的徭

① 陳治國、張立瑩：《從新出簡牘再探秦漢的大內與少內》，《江漢考古》2010 年第 3 期，第 132~135 頁。

② 宋杰：《秦漢國家統治機構中的"司空"》，《歷史研究》2011 年第 4 期，第 15~22 頁；鄒水杰：《也論里耶秦簡之"司空"》，《南都學壇》(人文社會科學學報)2014 年第 5 期，第 1~7 頁。

③ 王偉雄：《秦倉制研究》，新北：花木蘭文化出版社，2013 年；謝坤：《秦簡牘所見"倉"的研究》，武漢大學博士學位論文，2018 年。

④ 王彥輝：《田嗇夫、田典考釋——對秦及漢初設置兩套基層管理機構的一點思考》，《東北師大學報》(哲學社會科學版)2010 年第 2 期，第 49~56 頁；陳偉：《里耶秦簡所見"田"與"田官"》，《中國典籍與文化》2013 年第 4 期，第 140~146 頁；鄒水杰：《再論秦簡中的田嗇夫及其屬吏》，《中南大學學報》(社會科學版)2014 年第 5 期，第 228~236 頁；李勉：《再論秦及漢初的"田"與"田部"》，《中國農史》2015 年第 3 期，第 45~55 頁；李勉、晉文：《里耶秦簡中的"田官"與"公田"》，《簡帛研究二〇一六春夏卷》，桂林：廣西師範大學出版社，2016 年，第 120~131 頁；劉鵬：《也談簡牘所見秦的"田"與"田官"——兼論遷陵縣"十官"的構成》，《簡帛》第 18 輯，上海：上海古籍出版社，2018 年，第 58~66 頁。

⑤ 陳偉：《關於秦遷陵縣"庫"的初步考察》，《簡帛》第 12 輯，上海：上海古籍出版社，2016 年，第 161~177 頁。

⑥ 孫聞博：《簡牘所見秦漢鄉政新探》，《簡帛》第 6 輯，上海：上海古籍出版社，2011 年，第 465~469 頁；晏昌貴、郭濤：《里耶簡牘所見秦遷陵縣鄉里考》，《簡帛》第 10 輯，上海：上海古籍出版社，2015 年，第 145~154 頁；藤田勝久：《里耶秦簡的交通資料與縣社會》，《簡帛》第 10 輯，上海：上海古籍出版社，2015 年，第 167~165 頁；姚磊：《里耶秦簡中鄉名的省稱與全稱現象——以遷陵縣所轄三鄉爲視點》，《出土文獻綜合研究集刊》第三輯，成都：巴蜀書社，2015 年，第 192~204 頁；拙著《里耶秦簡所見遷陵三鄉補論》，《國學學刊》2016 年第 4 期，第 35~46 頁。

⑦ 裘錫圭：《嗇夫初探》，氏著《裘錫圭學術文集 5：古代歷史、思想、民俗卷》，上海：復旦大學出版社，2012 年，第 68 頁。

役主要是從事城垣、廨宇等的修建，所以徭役由司空領導”，“秦律表明，有大批刑徒被分派在修建工程中服役，歸司空管轄；有的人並非罪犯，他們因爲種種原因欠了官府的債，無法償還，用服勞役的方式抵還債款，被分配在修建工程中服役，也歸司空管轄”。① 宋杰先生在總結秦漢縣道“司空”的職能時，亦指出其監管刑徒勞作、負責境内土木工程、水利及交通設施的修建維護，安排士卒徭役及“居貲贖責（債）者”的徵發，等等。② 總而言之，學界所概括的秦縣司空的職能基本與如淳注所云刑徒管理和工程建設這兩方面相關。

但司空並不管轄全部的刑徒。陶安先生就曾據睡虎地秦簡《秦律十八種·倉律》中大量關於隸臣妾的記載，推測隸臣妾可能由倉管理。③ 里耶秦簡陸續發表後，這個推測得到了證實。學者們在討論里耶秦簡所見“徒簿”的時候，發現了秦縣中的司空與倉官均是刑徒的管理機構，具體而言，倉官負責隸臣妾，司空負責其他刑徒，如城旦舂、鬼薪白粲，等等。④ 謝坤先生更是依據《嶽麓書院藏秦簡（伍）》所見律令指出秦中央和地方的倉官可能普遍使用和管理徒隸（主要是隸臣妾）。⑤ 除謝先生所舉律令資料外，里耶秦簡中的行政文書也清楚表明，當時的秦人對司空與倉官共同管理刑徒是有共識的。如 16-5、16-6 和 9-2283 這三份相關文書所見。⑥

　　廿七年二月丙子朔庚寅，洞庭守禮謂縣嗇夫、卒史嘉、叚（假）卒史穀、屬尉：令曰：“傳送委輸，必先【行】Ⅰ城旦舂、隸臣妾、居貲贖責（債）。急事不可留，乃興繇（徭）。”今洞庭兵輸内史，及巴、南郡、蒼梧【輸甲】Ⅱ兵，當傳者多。節（即）傳之，

---

　　① 于豪亮：《雲夢秦簡所見職官述略》，氏著《于豪亮學術論集》，上海：上海古籍出版社，2015年，第 9 頁。

　　② 宋杰：《秦漢國家統治機構中的“司空”》，《歷史研究》2011 年第 4 期，第 22 頁。

　　③ 陶安：《秦漢刑罰体系の研究》，東京：創文社，2009 年，第 54~59 頁。

　　④ 參高震寰：《從〈里耶秦簡（壹）〉“作徒簿”管窺秦代刑徒制度》，《出土文獻研究》第 12 輯，上海：中西書局，2013 年，第 132~143 頁；賈麗英：《里耶秦簡牘所見“徒隸”身份及監管官署》，《簡帛研究二〇一三》，桂林：廣西師範大學出版社，2014 年，第 68~81 頁；沈剛：《〈里耶秦簡（壹）〉所見作徒管理問題探討》，《史學月刊》2015 年第 2 期，第 22~29 頁；黃浩波：《里耶秦簡牘所見“計”文書及相關問題研究》，《簡帛研究二〇一六春夏卷》，桂林：廣西師範大學出版社，2016 年，第 92~106 頁。

　　⑤ 謝坤：《秦簡牘所見“倉”的研究》，武漢大學博士學位論文，2018 年，第 82 頁。

　　⑥ 有關這三份文書關係的最新討論，可參看馬增榮：《里耶秦簡 9-2283、[16-5] 和 [16-6] 三牘的反印文和疊壓關係》，簡帛網（http://www.bsm.org.cn/），2018 年 8 月 22 日；《秦代簡牘文書學的個案研究——里耶秦簡 9-2283、[16-5] 和 [16-6] 三牘的物質形態、文書構成和傳遞方式》，“中國簡帛學國際論壇 2018·通過簡牘材料看古代東亞史研究國際論壇” 會議論文，韓國濟州，2018 年 12 月 17—20 日；後載臺灣《“中央研究院”歷史語言研究所集刊》第 91 本第 3 分，2020 年，第 349~418 頁。張忠煒：《里耶 9-2289 號牘的反印文及相關問題》，《文匯報·文匯學人》第 390 期，2019 年 5 月 17 日。

必先悉行乘城卒、隸臣妾、城旦舂、鬼薪白粲、居貲贖責（債）、司寇、【隱】Ⅲ官踐更縣者。田時殹（也），不欲興黔首。嘉、穀、尉各謹案所部縣卒、徒隸、居貲贖責（債）、Ⅳ司寇、隱官踐更縣者薄（簿），有可令傳甲兵縣弗令傳之而興黔首，興黔首可省少弗省而多【興者】，Ⅴ輒劾移縣，縣丞以律令具論當坐者，言名、夬（決）泰守府。嘉、穀、尉在所縣上書嘉、穀、【尉】。Ⅵ令人日夜端行，它如律令。／壬辰，洞庭守禮重曰：新武陵別四道，以道次傳，別☑Ⅶ **9-2283**

到，輒相報。不報，追之。皆以郵、門亭行。新武陵言書到。／如手。☑Ⅰ

三月辛酉，遷陵丞歐敢告尉、告鄉、司空、倉主：聽書從事。尉別書都鄉、司【空，Ⅱ司空】傳倉，都鄉別啓陵、貳春，皆勿留脱。它如律令。即報西陽書到。／釦手。壬戌，Ⅲ隸臣尚行尉及旁。Ⅳ

三月丁巳水下七刻，隸臣移以來。／爽半。　　如手。Ⅴ **9-2283 背** ①

這三份文書涉及洞庭郡向其下轄各縣及相關機構下達的一份行政命令，強調"傳送委輸"之時，使用人力資源的次序。具體到洞庭郡，則是"輸兵"之時，"必先悉行乘城卒、隸臣妾、城旦舂、鬼薪白粲、居貲贖責（債）、司寇、【隱】官踐更縣者。田時殹（也），不欲興黔首"，這些優先使用或後備的人員，因分屬縣下不同部門管理，因此命令在遷陵縣內下達時，相應地也被傳遞到尉、鄉、司空和倉等相關機構。其中，乘城卒屬尉管理；隸臣妾屬倉管理；城旦舂、鬼薪白粲、居貲贖責（債）、司寇屬司空管理；黔首屬鄉管理。由此可見，郡、縣的吏員對這種人員所屬管轄機構應有十分清晰的認識。

而在縣下的各部門之中，司值於各官署中的群吏同樣也清楚明白司空與倉官對刑徒管理的分工。如：

卅一年十二月甲申朔朔日，田鼉敢言之：泰守書曰：爲作務Ⅰ產錢自給。今田未有作務產□徒，謁令倉、司空遣Ⅱ□□田。敢言之。Ⅲ **9-710**

【十二月】甲申朔乙酉，遷陵丞昌下【倉、司】空：丞遣。傳書。／狂手。／十二月乙酉水十一刻刻下二，隸臣□行倉。Ⅱ

十二月乙酉水十一刻刻下四，佐敬以來。／狂發。　　敬手。Ⅲ **9-710 背**

卅五年七月【戊子】朔壬辰，貳【春】□【敢】言之：賦羽有Ⅰ書。毋徒捕羽，謁令官丞□捕羽給賦。敢言Ⅱ之。／七月戊子朔丙申，遷陵守建下倉、司空：丞Ⅲ

---

① 今按：三份文書內容接近，此處僅引述 9-2283 號牘的釋文。

8-673+8-2002+9-1848+9-1897　遣。報之。傳書。/歜手。/丙申旦，隷妾孫行。Ⅰ

七月乙未日失(昳)【時，東】成小上造□以來。　　如意手。Ⅱ 8-673 背+8-2002

背+9-1848 背+9-1897 背

上述兩份文書性質相近，9-710 是田䣓因"田未有作務産□徒"，而上報縣廷要求向田派遣徒以完成"作務産錢以自給"的任務；8-673+8-2002+9-1848+9-1897 則是貳春鄉因"毋徒捕羽"，完成不了"羽賦"的任務，而要求縣廷派遣人員協助捕羽的請求。兩份文書的核心均是因爲人力不足而導致任務無法完成，縣廷的處理方式則是向倉、司空下達命令，要求他們"亟遣"，其中倉在司空之前，説明可能要求優先使用倉管理的隷臣妾去完成上述任務。有趣的是，在田䣓上報文書的時候，也明確提出要求"倉""司空"派遣人員，其優先次序與縣的處理方式一致，説明以田䣓爲代表的這些縣下屬機構的吏員與其上級對這些事務的處理原則是有共識的。這或許説明，當時各級吏員對司空與倉共管刑徒，乃至各自管理刑徒的使用範圍或次序均有共識，並非遷陵一縣的特殊現象。而在 9-1048+9-2288 這份文書中，則顯示出了另外一種使用刑徒的次序，如：

廿七年十一月戊申朔甲戌，庫守東敢言之：前言組用幾(機)，令司 Ⅰ 空爲。司空言徒毋能爲組幾(機)者。今歲莫(暮)幾(機)不成，謁令倉爲，Ⅱ □□徒。騰尉。謁報。敢言之。Ⅲ 9-1408+9-2288

十一月乙亥，遷陵守丞敦狐告倉：以律令從事。報之。/莫邪手。/日入，走篠 Ⅰ行。Ⅱ

甲戌水下五亥(刻)，佐朱以來。/莫邪半。　　朱手。Ⅲ 9-1408 背+9-2288 背

庫因爲組機製造的問題，向縣廷提出人員的要求，縣廷要求司空管轄的徒去完成，司空沒有徒可以承擔組機的製造任務，再轉而向倉提出要求，倉的答復不得而知，但是該文書揭示出在不清楚事務所需人員具體要求時，刑徒的使用次序可能依據的是先司空後倉的原則，司空與倉派遣管轄刑徒的次序或許與刑徒們所需具體從事的工作有關。

我們在里耶秦簡中也發現了同時涉及司空與倉兩個部門管轄刑徒出現事務交叉的例子，如：

城旦瑣以三月乙酉有遷。今隷妾益行書守府，因之令益治邸【代】Ⅰ 處。謁令倉、司空薄(簿)瑣以三月乙酉不治邸。敢言之。/五月丙子Ⅱ 朔甲午，遷陵守丞色告倉、

司空主，以律令從事，傳書。/圂手。Ⅲ 8-904+8-1343 ①

在這份文書中，城旦瑣原來的任務安排應是治邸，但因三月乙酉日有遷，導致這天不能去治邸。而隸妾益這天恰好承擔的是行書守府的工作，因此主管之人順道又安排隸妾益代替城旦瑣治邸。因爲城旦瑣屬司空、隸妾益屬倉，故而需要同時在倉、司空的簿上進行修改，相關的事務也需要同時告知倉和司空。

倉與司空的考課有時也在一起進行，如：

廿八年遷陵隸臣妾及黔首居貲贖責（債）作官府課。AⅠ

已計廿七年餘隸臣妾百一十六人。AⅡ

廿八年新·入卅五人。AⅢ

·凡百五十一人，其廿八死、亡。·黔道〈首〉居貲贖責（債）作官卅八人，其一人死。AⅣ

·泰凡百八十九人，死、亡。·衛（率）之，六人六十三分人五而死、亡一人。B7-304

令拔、丞昌、守丞膻之、倉武、令史上、上逐除，倉佐尚、司空長、史郎當坐。7-304 背 ②

這是秦始皇二十八年全年遷陵縣對於"隸臣妾及黔首居貲贖責（債）作官府"的一份考課結果，除主管全縣事務的令拔、丞昌、守丞膻之及對應的諸曹令史外，涉及的主要機構就是倉和司空，其中隸臣妾屬倉管轄、黔首居貲贖責（債）屬司空管轄。因爲兩類人員中均出現死或亡的情況，所以兩個機構中相應的具體負責人"倉佐尚、司空長、史郎"需要坐罪。

倉與司空共同管理刑徒的這種緊密關係還體現在倉曹與司空曹的文書處理之中。如8-480 所見"司空曹計録"中有"器計"與"徒計"的名目，而8-481 中所見"倉曹計録"屬於倉官

① 簡文的綴合及釋文見陳偉主編，何有祖、魯家亮、凡國棟撰著：《里耶秦簡牘校釋（第一卷）》，武漢：武漢大學出版社，2012 年，第 246 頁。下文引用《里耶秦簡（壹）》所刊簡牘釋文，如無特別説明，皆出自《里耶秦簡牘校釋（第一卷）》，不再一一注出。

② 釋文及斷句方式參里耶秦簡博物館、出土文獻與中國古代文明研究協同創新中心中國人民大學中心編著：《里耶秦簡博物館藏秦簡》，上海：中西書局，2016 年，第 164 頁；謝坤：《里耶秦簡牘校讀札記（六則）》，《出土文獻研究》第 16 輯，上海：中西書局，2017 年，第 143～144 頁。本文略有改動。此外，劉自穩先生對該簡的斷句和理解有不同意見，見劉自穩：《里耶秦簡 7-304 簡文解析——兼及秦遷陵縣徒隸人數問題》，《簡帛研究二〇一七春夏卷》，桂林：廣西師範大學出版社，2017 年，第 151～157 頁，可參看。

而名目相同者也爲"器計"與"徒計",① 兩個官署"器計"的具體内涵是否一致目前難有定論,但是"徒計"的具體内容應存在差異當無疑問。不過這種差異不妨碍兩者在文書處理之時合併在一起歸類,笥牌中常見如下表述:

司空、Ⅰ【倉】曹期Ⅱ 8-496

倉、司空已事。 9-199

倉曹、司空已事。　　　謏。　　　五月。 9-335

卅四年廷倉、司空曹當計。Ⅰ

司空司空司空。Ⅱ 9-520+9-792

卅二年十月Ⅰ以來廷倉、Ⅱ司空曹已Ⅲ笥。Ⅳ 9-1131

司空曹、Ⅰ倉曹期Ⅱ會式令□。Ⅲ 9-2311

儘管兩者分屬不同的曹,但將内容相關的文書合併在一處歸類,顯然極有可能與倉官、司空皆管理刑徒的職能相關。更爲有趣的是,我們在 9-2314 這份文書中還發現遷陵司空反復追問的事務,在遷陵守丞有向閬中丞主移送時,多次被要求閬中縣主倉來開啓。②

卅三年五月己巳己巳,司空守冣敢言之:未報,謁追。敢言之。/敬Ⅰ手。/六月庚子朔壬子,遷陵守丞有敢告閬中丞主:移。Ⅱ爲報,署主倉發。敢告主。/横手。/六月甲寅日入,守府卯行。Ⅲ 9-2314

卅四年十二月丁酉朔壬寅,司空守沈敢言之:與此二追,未報,謁追。敢言之。/沈手。Ⅰ

正月丁卯朔壬辰,遷陵守丞巸敢告閬中丞主:追,報,署主倉發。敢告主。/Ⅱ壬手。/正月甲午日入,守府卯行。Ⅲ

六月丙午日入,佐敬以來。/横發。/十二月乙巳日入,佐沈以來。/壬發。Ⅳ 9-2314 背

遷陵司空反復追問的事務具體内容不詳,但從與閬中倉曹相涉來看,推測這一事務最可能與刑徒相涉。

---

① 倉曹的這份計録涉及倉官、畜官和田官,可參看高村武幸:《里耶秦簡第八層出土簡牘的基礎的研究》,《三重大史学》第 14,2014 年,第 61 頁。

② "主倉"實際是指負責倉曹事務的令史,參鄔水杰:《簡牘所見秦代縣廷令史與諸曹關係考》,《簡帛研究二〇一六春夏卷》,桂林:廣西師範大學出版社,2016 年,第 132～146 頁。

總而言之，秦縣的刑徒管理之權被劃分到兩個官署機構之中，司空與倉官因分攤了刑徒管理的職責，而產生了十分密切的聯繫。司空掌管工程，因當時工程多用刑徒，後逐漸成爲主管刑徒的官名。① 如此理解無誤，則司空的刑徒管理之責實際是工程營建這一職能發展的結果。倉官的刑徒管理職能與司空類似，究竟是因爲糧食管理這一職能的實際需要發展的結果？還是通過分攤司空管理刑徒職能而獲得？抑或兩種因素均存在於倉官管理刑徒職能出現的原因之中？這是一個值得進一步討論的問題。

二、倉官糧食管理職能的分割

糧食管理是倉官最主要的職能之一，具體而言包括糧食的存儲、運輸、發放及相關事務等，學界對此已有相當充分的討論。②

1. "續食"文書所見倉的職能

里耶秦簡中有兩類材料與倉的糧食管理職能密切相關。一類是"續食"文書，如 5-1、8-50＋8-422、8-110＋8-669、8-169＋8-233＋8-407＋8-416＋8-1185、8-1517、9-1114、9-1886等。③ 其中 8-50＋8-422、8-110＋8-669、8-169＋8-233＋8-407＋8-416＋8-1185、8-1517 等簡是遷陵縣下轄人員外出他縣的續食文書，謝坤先生將其歸納爲"外出給食程序"的代表，並指出這一過程至少包括"本地糧食機構提出稟食需求""本地縣廷照會外地縣廷""外地縣鄉接收與批轉外地糧食機構""外地糧食機構稟食"等關鍵環節，④ 9-1886 殘缺嚴重，或也屬於此種類型。而在總結"本地稟食程序"時，謝坤先生指出其應包括三個環節，即發放之前的準備、具體發放(包含"開倉""量穀""記録""封倉"四個關鍵步驟)、發放後對文書的處理。⑤ 兩相比較，其實"外出給食程序"只是在文書準備的環節多了一些手續，這是因爲不同縣下的機構不能直接進行文書行政，而是要通過各自所屬縣來轉達所致，就倉官處理稟食事務而言，其實並無本質區別。

與之相對，5-1 則是零陽獄佐、士吏來遷陵的續食文書，可與 8-1517 所見遷陵下轄人員外出他縣的續食文書相互參看。而 9-1114 的情況較爲特殊：

① 睡虎地秦墓竹簡整理小組編：《睡虎地秦墓竹簡》，北京：文物出版社，1990 年，釋文注釋第 48頁。

② 相關學術史的梳理見謝坤：《秦簡牘所見"倉"的研究》，武漢大學博士學位論文，2018 年，第3~6、9~10 頁；謝坤先生也對與之有關的問題有詳細的討論，主要見氏著《秦簡牘所見"倉"的研究》，武漢大學博士學位論文，2018 年，第 1~3 章，不再贅述。

③ 鄔文玲先生對前五份文書有詳細的分析，見氏著《里耶秦簡所見"續食"簡牘及其文書構成》，《簡牘學研究》第五輯，蘭州：甘肅人民出版社，2014 年，第 1~8 頁。

④ 謝坤：《秦簡牘所見"倉"的研究》，武漢大學博士學位論文，2018 年，第 44~47 頁。

⑤ 謝坤：《秦簡牘所見"倉"的研究》，武漢大學博士學位論文，2018 年，第 38~44 頁。

廿六年十一月甲申朔戊子，鄢將奔命尉沮敢告貳春鄉主：移計Ⅰ二牒，署公叚（假）于牒。食皆盡戊子，可受痳續食。病有瘳，遣從□。Ⅱ敢告主。十一月己丑，貳春鄉後敢言之：寫上，謁令倉以從吏（事）。敢言Ⅲ之。／尚手。Ⅳ 9-1114

十一月壬辰，遷陵守丞成告倉：以律令從事。／丞手。Ⅰ

即走筭行。Ⅱ 9-1114背

該文書其實也與外來人員在遷陵的續食有關，秦始皇二十六年十一月戊子日，鄢將奔命尉沮向貳春鄉主報告了其原有糧食可能在"戊子"這天食盡，因此請求在痳舍續食，① 這或許與續食人員的傷病有關。鄢將奔命尉沮的報告對象是貳春鄉主，説明其原有糧食的發放可能是在貳春鄉完成的，② 貳春鄉通過縣廷向倉官轉達這一請求，倉官只是參與續食文書的處理，似乎並不直接參與具體的發放糧食的工作，後續的糧食發放可能是由痳舍完成的。

2. "稟食簡"所見倉的職能

"續食"文書所見外來人員在遷陵縣續食事務的具體實現，則與遷陵本地的糧食發放有關，這是遷陵縣倉官最主要的職能之一，里耶秦簡中另外一類與倉有關的資料——"稟食簡"——大量反映了這一情況。③ 在對"稟食簡"的研究中，沈剛、趙岩等先生就敏鋭地注

---

① 今按：簡文中的"痳"或爲養病之所或爲傷員安置的居所。見黄浩波：《〈里耶秦簡（貳）〉讀札》，簡帛網（http://www.bsm.org.cn/），2018 年 5 月 15 日；楊先雲：《秦簡所見"痳"及"痳舍"初探》，簡帛網（http://www.bsm.org.cn/），2018 年 5 月 16 日；陳偉主編，魯家亮、何有祖、凡國棟撰著：《里耶秦簡牘校釋（第二卷）》，武漢：武漢大學出版社，2018 年，第 123 頁。

② 痳舍、諸鄉均可作爲稟食機構，參謝坤：《秦簡牘所見"倉"的研究》，武漢大學博士學位論文，2018 年，第 33~34 頁。後文也將論及貳春鄉作爲離鄉，對離倉負有實際的管理職責。又，黄浩波先生提示向貳春鄉報告的原因，也可能是鄢將奔命尉的部隊在貳春鄉部署之故。

③ 有關稟食簡及其相關問題的研究，可參看馬怡：《簡牘時代的倉廩圖：糧倉、量器與簡牘——從漢晉畫像所見糧食出納場景説起》，《中國社會科學院歷史研究所學刊》第七集，北京：商務印書館，2011 年，第 163~198 頁；陳偉：《里耶秦簡所見秦代行政與算術》，簡帛網（http://www.bsm.org.cn/），2014 年 2 月 4 日；沈剛：《〈里耶秦簡〉（壹）所見廩給問題》，《吉林大學古籍研究所建所 30 周年紀念論文集》，上海：上海古籍出版社，2014 年，第 133~144 頁；平曉婧、蔡萬進：《里耶秦簡所見秦的出糧方式》，《魯東大學學報》（哲學社會科學版）2015 年第 4 期，第 78~81、96 頁；黄浩波：《〈里耶秦簡（壹）〉所見稟食記録》，《簡帛》第 11 輯，上海：上海古籍出版社，2015 年，第 117~139 頁；吳方浪、吳方基：《簡牘所見秦代地方稟食標準考論》，《農業考古》2015 年第 1 期，第 181~185 頁；趙岩：《〈里耶秦簡（貳）〉"出糧券"校讀》，簡帛網（http://www.bsm.org.cn/），2018 年 5 月 26 日；宮宅潔：《出稟與出貸——里耶秦簡所見戍卒的糧食方法制度》，《簡帛》第 17 輯，上海：上海古籍出版社，2018 年，第 123~131 頁；代國璽：《秦漢的糧食計量體系與居民口糧數量》，臺灣《"中央研究院"歷史語言研究所集刊》第 89 本第 1 分，2018 年，第 119~164 頁；謝坤：《秦簡牘所見"倉"的研究》，武漢大學博士學位論文，2018 年，第二章。

意到，這些"稟食簡"所記録的糧食發放機構並非只有倉①，謝坤對其加以總結，指出除倉外，司空、田官、鄉、尉、癃舍等機構均有稟食的職能②。這就出現了其他官署機構分割倉官糧食管理職能的情況，我們借用謝坤先生所總結的"本地稟食程序"的環節和步驟，將其他官署對倉官糧食管理職能分割的具體情況總結如表 1 所見：

表 1

	準備	發放過程③						總結	
	文書製作	開倉	量穀	運輸	發放	記録	封倉	文書製作	匯總
倉	倉	倉	倉		倉	倉	倉	倉	倉
司空	司空	倉	倉	倉	司空	司空	倉	司空	倉
尉	尉	倉	倉	倉	尉	尉	倉	尉	倉
癃舍	癃舍	倉	倉	倉	癃舍	癃舍	倉	癃舍	倉
田官	田官	田官	田官		田官	田官	田官	田官	倉
都鄉	都鄉	倉	倉	倉	都鄉	都鄉	倉	都鄉	倉
貳春	貳春	貳春	貳春		貳春	貳春	貳春	貳春	倉
啓陵	啓陵	啓陵	啓陵		啓陵	啓陵	啓陵	啓陵	倉

如表 1 所見，倉官在"本地稟食"事務中，幾乎全程參與了所有環節，是倉官具有糧食管理職能最直接的體現。其他機構在準備階段和總結階段，均通過文書作爲相應"稟食"事務的開始或終結，④ 向縣廷、倉官加以匯報，而倉官通過對文書的審核、監管、匯總，也起到了總覽全縣糧食管理事務的職責。如前文所云，倉官糧食管理職能的被分割、被讓渡到其他機構，實際主要發生在"糧食發放過程"這一環節，依據具體的情況，

---

① 沈剛：《〈里耶秦簡〉（壹）所見廩給問題》，《吉林大學古籍研究所建所 30 周年紀念論文集》，上海：上海古籍出版社，2014 年，第 138 頁；趙岩：《里耶秦簡所見秦遷陵縣糧食收支初探》，《史學月刊》2016 年第 8 期，第 37 頁。

② 謝坤：《秦簡牘所見"倉"的研究》，武漢大學博士學位論文，2018 年，第 34 頁。

③ 今按：謝坤先生總結的發放過程包含"開倉、量穀、記録、封倉"四個關鍵步驟，我們進一步將其細分爲六個，新增了"運輸"這一環節，並將原有的"量穀"拆分爲"量穀"和"發放"兩個環節。另外需要注意的是，上述六個環節並非有嚴格的先後次序，具體到不同的機構，次序會有所調整，如"封倉"環節在倉官稟食時，可列在最後，而在司空、都鄉等稟食時，就會調整至"量穀"之後，"運輸"之前。

④ 如 8-1566 號牘所見，田官上報的"日食"文書，即是準備環節"本地稟食"事務開始文書的代表；而類似 8-35 所見"凡八石"的記載，則可能是總結環節"本地稟食"事務終結文書的例證。黃浩波先生對部分文書的製作和形成有討論，參黃浩波：《里耶秦簡牘所見"計"文書及相關問題研究》，《簡帛研究二〇一六春夏卷》，桂林：廣西師範大學出版社，2016 年，第 107～110 頁。

又可分爲兩種類型：

第一，部分分割、讓渡型。此種類型以司空、尉、痁舍、都鄉等爲代表，這些機構的一個共同點在於，他們可能和倉官共用了某些具體的糧倉。我們看到，這些機構在“發放”和“記錄”這兩個環節取代了倉官，成了具體事務的主要執行機構，而“開倉”“量穀”“運輸”“封倉”等環節依然由倉官執行。如以下兩例所見：

> 粟米十石。　　卅五年八月丁巳朔丁丑，倉兹付司空守俱。8-452+8-596
> 粟米十二石二斗少半斗。　　卅五年八月丁巳朔辛酉，倉守擇付司空守俱□。8-1544

在同一個月内，倉連續向司空輸送了兩批粟米，總數超過22石。由此可見，“運輸”這個環節依然是以倉官作爲主導方來進行的，司空需要依靠倉官所管轄糧倉的供給，才能進行正常的糧食發放事務，並不能完全擺脱倉官的管控。

第二，完全分割、讓渡型。此種類型以兩個離鄉——貳春和啓陵——爲代表，我們可以看到整個發放過程的所有環節，都由這些機構自己主導，而不受倉官的管控。這或許是因爲他們的糧食來源與離倉的設立有關，8-1525記載了倉官負責向啓陵的離倉大量輸送糧食的記録。睡虎地秦簡所見秦律中有不少關於離倉的律文：

> 入禾倉，萬石一積而比黎之爲户。縣嗇夫若丞及倉、鄉相雜以印之，而遺倉嗇夫及離邑倉佐主稟者各一户以氣（餼），自封印，皆輒出，餘之索而更爲發户。《秦律十八種·倉律》21-22
> 畜雞離倉。① 用犬者，畜犬期足。豬、雞之息子不用者，買（賣）之，别計其錢。《秦律十八種·倉律》63
> 入禾，萬石一積而比黎之爲户，及籍之曰：“某廥禾若干石，倉嗇夫某、佐某、史某、稟人某。”是縣入之，縣嗇夫若丞及倉、鄉相雜以封印之，而遺倉嗇夫及離邑倉佐主稟者各一户，以氣（餼）人。其出禾，有（又）書其出者，如入禾然。嗇夫免而效，效者見其封及隥（題）以效之，勿度縣，唯倉所自封印是度縣。終歲而爲出凡曰：“某廥出禾若干石，其餘禾若干石。”《效律》27-31
> 官嗇夫貲二甲，令、丞貲一甲；官嗇夫貲一甲，令、丞貲一盾。其吏主者坐以

---

① 陳偉先生將“離倉”屬下讀，參陳偉：《睡虎地秦簡法律文獻校讀》，《中國古代法律文獻研究》第九輯，北京：社會科學文獻出版社，2015年，第15頁。

貨、詝如官嗇夫。其它冗吏、令史掾計者，<u>及都倉、庫、田、亭嗇夫坐其離官屬於鄉</u><u>者，如令、丞</u>。《效律》51-53

據上述律文，離鄉之中設有離倉，這些離邑的倉還有倉佐參與管理。里耶秦簡 9-50 號牘所見文書涉及離倉的管理細節：

> 卅四年二月丙申朔己亥，貳春鄉守平敢言之：廷令平代鄉茲守貳春鄉，今茲下之廷Ⅰ而不屬平以倉粟米。問之，有（又）不告平以其數。即封倉以私印去。茲繇（徭）使未智（知）Ⅱ遠近，而倉封以私印，所用備盜賊糧盡在倉中。節（即）盜賊發，吏不敢Ⅲ蜀（獨）發倉，毋以智（知）粟米備不備，有恐乏追者糧食。節（即）茲復環（還）之官，可殹（也）；Ⅳ 9-50 不環（還），謁遣令史與平雜料之。謁報，署□發。敢言之。Ⅰ
> 二月甲辰日中時，典鞘以來。／壬發。　　平手。Ⅱ 9-50 背 ①

文書清楚表明，對於設立在貳春鄉的離倉，無論是原鄉嗇夫茲，還是接替茲的鄉守平均有管理職責(具體爲開、封倉)，這與倉官管理其他糧倉的情況相似。換言之，在離倉的管理權問題上，離鄉(嗇夫或守)分擔了倉官的管理職責，由此衍生出離鄉對糧食發放過程中各個壞節的全面主導，倉官只擔負連帶責任。

在完全讓渡型中，還有一個特例，就是田官。田官因爲參與糧食的生產，所以能夠直接實現本機構內稟食的糧食供給：

> 卅年二月己丑朔壬寅，田官守敬敢言【之】☑ Ⅰ
> 官田自食薄（簿），謁言泰守府副☑ Ⅱ
> 之。☑ Ⅲ 8-672
> 壬寅旦，史逐以來。／尚半。☑ 8-672 背 ②

---

① 關於這份文書的解讀，可參張春龍：《秦朝遷陵縣社會狀況漫談——〈里耶秦簡(貳)〉選讀》，"第六屆出土文獻青年學者論壇"論文，北京：中國人民大學，2017 年；謝坤：《秦簡牘所見"倉"的研究》，武漢大學博士學位論文，2018 年，第 25~28 頁。

② 黃浩波先生據 8-1566 號簡也曾指出田官呈報此文書並非爲請求調撥糧食，而更有可能只是爲了存檔，表明文書所列徒在甲辰日已經由田官出稟，見黃浩波：《〈里耶秦簡(壹)〉所見稟食記錄》，《簡帛》第 11 輯，上海：上海古籍出版社，2015 年，第 131 頁。

謝坤先生就指出"田官所儲存的糧食，應當有一部分是留作稟食使用的"①。慕容浩先生則認爲田官設有專門管理的倉。② 我們推測，這些倉的設置位置可能與田官具體農業生產的位置有關，從某種意義上說，田官管理的糧倉也是一種離倉。同樣的，田官對這些糧倉的開啓、封閉、糧食的運輸均有管理之責。倉官的相關職能也完全讓渡給了田官。

綜上所述，倉官的糧食管理職能在具體的行政運作之中，在不同程度上被分割給了其他官署機構。"續食"文書所見是倉官職能在不同地域的郡縣之間的讓渡；縣内，倉官向以司空、尉、癈舍、都鄉等爲代表機構讓渡了部分糧食管理職能；通過離倉的設立，倉官糧食管理權向離鄉、田官實現了完全讓渡。這些對倉官糧食管理權加以分割情況的出現，顯然是具體行政時對地域空間因素考量的結果，其背後則是行政效率、成本核算反復平衡、動態調整後的一種結果。秦漢律令中不少内容都是基於相似的背景而制定的，如：

· 尉卒律曰：里自卅户以上置典、老各一人，不盈卅户以下，便利，令與其旁里共典、老；其不便者，予之典而勿予老。嶽麓秦簡肆《尉卒律》142-143 ③

· 令曰：縣官□□官(？)作徒隸及徒隸免復屬官作□□徒隸者自一以上及居隱除者，黔首居☒及諸作官府者，皆日勞薄(簿)之，上其廷，廷日校案次編，月盡爲取(最)，固臧(藏)，令可案殹(也)。不從令，丞、令、令史、官嗇夫、吏主者，貲各一甲。稗官去其廷過廿里到百里者，日薄(簿)之，而月壹上廷，恒會朔日。過百里者，上居所縣廷，縣廷案之，薄(簿)有不以實者而弗得，坐如其稗官令。嶽麓秦簡伍《内史倉曹令甲卅》251-254 ④

十里置一郵。南郡江水以南，至索(索)南界，廿里一郵。張家山漢簡《二年律令·行書律》265-267

一郵郵十二室，長安廣郵廿四室，敬(警)事郵十八室。有物故、去，輒代者有其田宅。有息，户勿減。令郵人行制書、急書，復，勿令爲它事。畏害及近邊不可置郵者，令門亭卒、捕盜行之。北地、上、隴西，卅里一郵；地險陝不可置郵者，得進退就便處。郵各具席，設井磨。吏有縣官事而無僕者，郵爲炊；有僕者，段(假)器，皆給水漿。張家山漢簡《二年律令·行書律》265-267 ⑤

---

① 謝坤：《秦簡牘所見"倉"的研究》，武漢大學博士學位論文，2018 年，第 37 頁。
② 慕容浩：《秦漢糧食儲運制度研究》，中國人民大學博士學位論文，2014 年，第 78~80 頁。
③ 陳松長主編：《嶽麓書院藏秦簡(肆)》，上海：上海辭書出版社，2015 年，第 115 頁。
④ 陳松長主編：《嶽麓書院藏秦簡(伍)》，上海：上海辭書出版社，2017 年，第 181~182 頁。
⑤ 釋文見彭浩、陳偉、[日]工藤元男主編：《二年律令與奏讞書——張家山二四七號漢墓出土法律文獻釋讀》，上海：上海古籍出版社，2007 年，第 198~199 頁。

秦《尉卒律》所見相鄰之里共"典、老"的規定、《內史倉曹令甲卅》所見依據距離不同，上報文書的要求不同的規定、漢律中因地理狀況不同郵的設立間隔的差異，無不反映出地域空間因素在具體行政中的重要性，其給固定的制度帶來諸多的額外變數。

倉官因地理因素而出現的糧食管理權的被分割，與前揭司空與倉官因具體事務產生的對刑徒管理權的分割，明顯是基於兩種不同因素考量而形成的權力分配模式。這兩種模式在倉官與畜官的權力分配中均有體現。

三、倉官與畜官的關係

畜官作爲遷陵縣"十官"之一，諸家也無異議。① 但無論是法律文獻還是行政文書，有關"畜官"的記載並不多。睡虎地秦簡《秦律雜抄》簡 31 記録了一條《牛羊課》：

> 牛大牝十，其六毋(無)子，貲嗇夫、佐各一盾。·羊牝十，其四毋(無)子，貲嗇夫、佐各一盾。·牛羊課。

整理者認爲"嗇夫"是指畜養牛羊機構的負責人。② 裘錫圭先生指出此處的嗇夫"泛指各種主管牧養牛羊的嗇夫，估計縣也會有這類管畜牧的嗇夫"③。單印飛先生進一步補充說這個管理畜牧的嗇夫就應該是里耶秦簡所見的畜官嗇夫。④ 此外，單先生利用有限的資料還討論了"畜官"被納入"十官"的原因，並指出"畜官"負責管理官府的公有"牲畜"，這些公有"牲畜"還包含豬、犬、雞等。⑤ 這個判斷不盡準確，以里耶秦簡所見畜官實際管理的公有"牲畜"只包括馬、牛和羊，如：

> 卅年十二月乙卯，畜【官守丙】作徒薄(簿)。ＡＩ

① 參劉鵬：《也談簡牘所見秦的"田"與"田官"——兼論遷陵縣"十官"的構成》，《簡帛》第 18 輯，上海：上海古籍出版社，2018 年，第 73 頁。

② 睡虎地秦墓竹簡整理小組編：《睡虎地秦墓竹簡》，北京：文物出版社，1990 年，釋文注釋第 87 頁。

③ 裘錫圭：《嗇夫初探》，氏著《裘錫圭學術文集 5：古代歷史、思想、民俗卷》，上海：復旦大學出版社，2012 年，第 78 頁。

④ 單印飛：《略論秦代遷陵縣吏員設置》，《簡帛》第 11 輯，上海：上海古籍出版社，2015 年，第 98 頁。

⑤ 單印飛：《略論秦代遷陵縣吏員設置》，《簡帛》第 11 輯，上海：上海古籍出版社，2015 年，第 96~98 頁。

受司空居貲一人。AⅡ

受倉隸妾三人。AⅢ

小隸臣一人。BⅠ

凡六人。BⅡ

【一人】牧馬武陵：獲。BⅢ

一人牧牛：敬。CⅠ

一人牧羊：□。CⅡ

一日爲連武陵薄(簿)：沮。CⅢ

一人病：燕。DⅠ

一人取菅：宛。DⅡ　8-199+8-688+8-1017+9-1895

十二月乙卯，畜官守丙敢言之：上。敢言之。/□手。☒Ⅰ

十二月乙卯水十一刻刻下一，佐貳以來。□半。☒Ⅱ 8-199 背+8-688 背+9-1895 背

在這份畜官的作徒簿中，作徒放牧的對象只有馬、牛和羊。更能説明問題的是 8-481"倉曹計録"中所見的屬於畜官的馬、牛和羊三計；相應地，8-490+8-501 所見"畜官課志"儘管有八課，但涉及牲畜增減的考課名目也只與馬、牛和羊這三種牲畜有關。

畜官課志：AⅠ

徒隸牧畜死負、剝賣課，AⅡ

徒隸牧畜畜死不請課，AⅢ

馬産子課，AⅣ

畜牛死亡課，BⅠ

畜牛産子課，BⅡ

畜羊死亡課，BⅢ

畜羊産子課。BⅣ

·凡八課。BⅤ　8-490+8-501

單先生所云公有"牲畜"還應包含豬、犬、雞這三種牲畜的增減考課名目則見於 8-495 的"倉課志"之中，除此以外，"倉課志"所提及的"畜鴈"也屬於類似的名目。

倉課志：AⅠ

畜彘雞狗産子課，AⅡ

畜彘雞狗死亡課，AⅢ

徒隸死亡課，AⅣ

徒隸産子課，AⅤ

作務産錢課，BⅠ

徒隸行繇(徭)課，BⅡ

畜鴈死亡課，BⅢ

畜鴈産子課。BⅣ

・凡☑ C8-495 ①

結合前引睡虎地秦簡《秦律十八種・倉律》63 號簡來看，畜官並非負責全縣所有公有"牲畜"管理的機構，它實際只負責馬、牛、羊此類大型的以草料爲主要食物來源的牲畜管理。而倉官則負責豬、犬、雞、鴈等小型的以糧食作爲食物來源之一的牲畜管理。② 畜官和倉官，在公有牲畜的管理職能上出現了權力的分割，這種分割的方式與前文所見司空與倉官對刑徒管理權的分割方式如出一轍。倉官擁有糧倉的管理權，是其獲得牲畜管理權的重要基礎。此外，謝坤先生還注意到諸鄉也畜養豬、犬、雞等小型牲畜：

都鄉畜志☑ AⅠ

牡彘一。☑ AⅡ

牡犬四。③ ☑ AⅢ

□☑ BⅠ

□☑ BⅡ 8-2491

貳春鄉畜員：AⅠ

牝彘一。AⅡ

豬一。AⅢ

羧一。AⅣ

---

① 謝坤先生提出 8-150+8-495 的綴合方案，可參看謝坤：《里耶秦簡牘綴合八組》，《文獻》2018 年第 3 期，第 68 頁。

② 參中國政法大學中國法制史基礎史料研讀會：《睡虎地秦簡法律文書集釋(三)：〈秦律十八種〉(〈倉律〉)》，《中國古代法律文獻研究》第八輯，北京：社會科學文獻出版社，2014 年，第 87 頁。

③ "犬"字從趙岩先生改釋，見趙岩：《里耶秦簡劄記(十二則)》，簡帛網(http://www.bsm.org.cn/)，2013 年 11 月 19 日。

牝犬一。BⅠ

牡犬一。BⅡ

雌雞五。BⅢ

雄雞一。BⅣ　10-4①

因此，他懷疑秦代的畜官和縣屬諸官在飼養牲畜方面，很可能存在一定的分工。② 謝坤先生的這個看法很有道理。進一步來說，貳春鄉的鄉官可以畜養豬、犬、雞等小型牲畜，③可能和它們對離倉的直接管理密切相關。離鄉從倉官那裏獲得離倉管理權的同時，也使得他們擁有了倉官從畜官處獲得的一部分牲畜的管理責任。

但需要警惕的是，都鄉也畜養小型牲畜，8-561所見還有少内向倉移交“牝豚”的記録。是否還有其他機構也畜養小型牲畜？據我們推測，至少都鄉是没有具體的糧倉可以管轄的，那麽這些機構畜養小型牲畜的目的或作用是什麽？或如謝坤先生所云，其有減少資源浪費、加强機構安全、提供食物來源以及增加機構收入等因素的考慮。④

四、小　　結

綜上所述，我們通過分析秦縣倉官在刑徒和糧食管理這兩方面的職能，討論了倉官與其他諸官的關係，尤其是他們如何進行權力分配的問題，從而展示出秦縣下諸官的複雜關係。

實際上，類似這種將某一類事務管理權分散到不同部門的情況非常多，除前揭倉官與司空共享刑徒管理之權、倉官與畜官分割“六畜”管理之權外，我們也注意到司空管理船、而庫管理車，⑤ 這是對水陸交通工具管理權的分割。前揭16-5、16-6和9-2283所見尉管轄

---

① 釋文見里耶秦簡牘校釋小組：《新見里耶秦簡牘資料選校(一)》，《簡帛》第10輯，上海：上海古籍出版社，2015年，第180頁。

② 謝坤：《秦簡牘所見“倉”的研究》，武漢大學博士學位論文，2018年，第136頁。

③ 睡虎地77號漢墓中有一批券及相關文書，涉及當時官府飼養和使用豬、狗、雞等“小畜”的具體情況。從已刊簡文來看，遲至西漢縣下諸鄉依然畜養小型動物，而倉是縣内諸官飼養小畜的計劃、管理和調控中心，也負責出賣小畜錢的收納。相關文書的釋文和討論，見熊北生、陳偉、蔡丹：《湖北雲夢睡虎地77號西漢墓出土簡牘概述》，《文物》2018年第3期，第44~45頁；陳偉、熊北生：《睡虎地漢簡中的券與相關文書》，《文物》2019年第12期，第53~62頁。

④ 謝坤：《秦簡牘所見“倉”的研究》，武漢大學博士學位論文，2018年，第136~140頁。

⑤ 司空與船隻管理的問題，可參考楊延霞、王君：《秦代船及船官的考察——以里耶秦簡爲視窗》，《魯東大學學報》(哲學社會科學版)2014年第1期，第78頁；庫與車輛管理的討論，可參看陳偉：《關於秦遷陵縣“庫”的初步考察》，《簡帛》第12輯，上海：上海古籍出版社，2016年，第165~166頁。

乘城卒、倉管轄隸臣妾、司空管轄城旦舂、鬼薪白粲、居貲贖責(債);鄉管轄黔首,則展示的是上述四個機構對全縣主要人力資源管轄權的分割。秦代律令中還有"實官"的記録,據嶽麓秦簡《内史雜律》的記載,① 實官包括倉、庫、廥(又稱芻稾廥),② 三者之所以能被稱爲實官,是因爲倉所管糧食、庫所管車和甲兵等作戰物資、③ 廥所管草料均是最基礎的生産、生活的物質資料,實官包含上述三者體現的也是三個機構對全縣主要物質資料管轄權的分割。通過這類分割,各機構可以實現分工協作,提高行政運轉的效率。

這些分割在各個部門之中的權力,又在縣廷得以匯總、集中。具體而言,縣的諸曹通過監管、匯總、上計、考課等方式對分散在各個機構的管轄權加以集中,這充分體現在諸曹令史處理的文書之中,如諸官的"課志"和諸曹的"計録"。沈剛先生認爲"計""課"分野明顯,"計"是對現有國家資財或固定資産的統計,强調的是對機構的考核,屬於一定時期財産的静態總結;而"課"是對現有國家資財增減情況的記録,並以此爲依據對具體的負責人員(或職官)進行考核,屬於一種動態的監督。④ 此説可從,據 8-454 所見縣下各機構上交至金布的匯總材料更能充分説明曹對分散於諸官管轄權的集中控制。⑤

> 課上金布副。A Ⅰ
>
> 麥課。A Ⅱ
>
> 作務。A Ⅲ
>
> 疇竹。A Ⅳ
>
> 池課。A Ⅴ
>
> 園栗。B Ⅰ
>
> 采鐵。B Ⅱ
>
> 市課。B Ⅲ
>
> 作務徒死亡。B Ⅳ
>
> 所不能自給而求輸。B Ⅴ
>
> 縣官有買用錢。/鑄段(鍛)。C Ⅰ

---

① 陳松長主編:《嶽麓書院藏秦簡(肆)》,上海:上海辭書出版社,2015 年,第 124、126 頁。

② 陳偉:《嶽麓秦簡肆校商(貳)》,簡帛網(http://www.bsm.org.cn/),2016 年 3 月 28 日。

③ 裘錫圭:《嗇夫初探》,氏著《裘錫圭學術文集 5:古代歷史、思想、民俗卷》,上海:復旦大學出版社,2012 年,第 70 頁。

④ 沈剛:《〈里耶秦簡〉【壹】中的"課"與"計"——兼談戰國秦漢時期考績制度的流變》,《魯東大學學報》(哲學社會科學版)2013 年第 1 期,第 64~69 頁。

⑤ 沈剛:《〈里耶秦簡〉【壹】中的"課"與"計"——兼談戰國秦漢時期考績制度的流變》,《魯東大學學報》(哲學社會科學版)2013 年第 1 期,第 68 頁。

竹箭。C Ⅱ

水火所敗亡。／園課。采金。C Ⅲ

貲、贖、責(債)毋不收課。C Ⅳ　8-454

吳方基、黎明釗、唐俊峰等先生對這份文書所涉諸課的機構作有推測，涉及少内、司空、庫、田官、鄉等多個機構。① 正可證明沈先生之説。

各類物資、人員的管轄權在縣内不同機構中被分割，又通過縣廷加以集中。在權力的分合之際，秦縣的行政運作實現了一種較爲高效的模式，而這類模式通過律令、吏員在帝國全境得以推廣，進而構成帝國龐大行政機器運作的一個個有效組成部分。

附記： 小文曾在 2019 年 8 月 14—17 日，中興大學主辦的"第八屆出土文獻青年學者國際論壇"上宣讀。後以"里耶秦簡所見秦縣倉官的基本職能"爲題，刊於《古典學研究》第十輯，上海：華東師範大學出版社，2022 年。寫作時，得到謝坤先生、黃浩波先生的幫助和指正，又蒙王林森同學通讀，特致謝忱。

（魯家亮，武漢大學簡帛研究中心、"古文字與中華文明傳承發展工程"協同攻關創新平臺）

---

① 吳方基：《論秦代金布的隸屬及其性質》，《古代文明》2015 年第 2 期，第 61 ~ 62 頁；黎明釗、唐俊峰：《里耶秦簡所見秦代縣官、曹組織的職能分野與行政互動——以計、課爲中心》，《簡帛》第 13 輯，上海：上海古籍出版社，2016 年，第 152 頁。

出土簡牘所見秦代倉、廥的設置與管理[*]

謝　坤

我國古代，貯藏糧草常用到倉、廥、廩、囷、窖、京、庾等設施，其中倉和廥是較爲常見的兩種類型。據秦簡牘可知，秦代的倉和廥不僅是儲糧設施，它們同時也是管理糧食的"實官"，是秦帝國倉儲系統中的重要組成部分。對於秦代的倉、廥設置與管理，康大鵬[①]、蔡萬進[②]、李孔懷[③]等先生曾利用睡虎地秦律的規定，分別對秦代的倉儲體系、糧倉類型、管理制度等問題展開過研究，取得了很多突破。然限於史料不足，諸如倉廥性質、倉廥的功能區分、倉官位置、糧倉實際存儲量、鄉倉管理等許多細節尚難以考索。下文試結合里耶秦簡、嶽麓秦簡等新近公佈的簡牘材料，對上述問題予以討論，以期盡可能地呈現秦代倉、廥設置與管理的具體面貌。

一、秦簡牘所見的倉與廥

倉和廥，是我國古代兩種常見的儲藏設施，二者常見於典籍。比如，《管子·度地》云"當冬三月"時，利以"平度量，正權衡，虛牢獄，實廥倉"。[④] 又，《史記·平準書》云："其明年，山東被水菑，民多饑乏。於是天子遣使者虛郡國倉廥以振貧民。"[⑤]兩則記錄均將倉、廥並列，指儲藏糧食的糧倉。不過，根據秦簡牘的相關記載來看，倉和廥不僅是指儲藏糧草的建築，也是管理糧草的機構，且二者的主要功能有所不同。作爲倉儲機構的

---

* 本文爲國家社會科學基金青年項目"出土簡牘所見秦漢倉儲制度研究"（20CZS014）成果之一，本文原發表於《中國農史》2019 年第 3 期。

① 康大鵬：《雲夢簡中所見的秦國倉廩制度》，《北大史學》第 2 輯，北京：北京大學出版社，1994年，第 28～44 頁。

② 蔡萬進：《從雲夢秦簡看秦國糧倉的建築與設置》，《中州學刊》1996 年第 2 期。

③ 李孔懷：《秦代的糧倉管理制度》，《上海師範大學學報》（哲學社會科學版）1990 年第 1 期。

④ 黎翔鳳撰，梁運華整理：《管子校注》，北京：中華書局 2004 年，第 1063 頁。

⑤ 《史記》卷三〇《平準書》。

“倉”，不僅設置有儲藏物資的倉房，同時還有相關人員住宿的房舍、圍牆、稱量器具等基礎設施。

(一) 倉和庫均屬“實官”

睡虎地秦簡中多次出現“實官”一詞：

> 實官佐、史被免、徙，官嗇夫必與去者效代者。節(即)官嗇夫免而效，不備，代者【與】居吏坐之。故吏弗效，新吏居之未盈歲，去者與居吏坐之，新吏弗坐；其盈歲，雖弗效，新吏與居吏坐之，去者弗坐，它如律。《秦律十八種·效》162-163 ①
>
> 有實官縣料者，各有衡石羸(纍)、斗甬(桶)期躒。計其官，毋叚(假)百姓。不用者，正之如用者。《秦律十八種·內史雜》194
>
> 有實官高其垣牆。它垣屬焉者，獨高其置芻廥及倉茅蓋者。令人勿紤(近)舍。非其官人殹(也)，毋敢舍焉。善宿衛，閉門輒靡其旁火，慎守唯敬(儆)。有不從令而亡、有敗、失火，官吏有重辠(罪)，大嗇夫、丞任之。《秦律十八種·內史雜》195-196
>
> 實官戶關不致，容指若抉，廷行事貲一甲。《法律答問》149
>
> 實官戶扇不致，禾稼能出，廷行事貲一甲。《法律答問》150

簡文中的“實官”，多被視作儲藏糧食的官府。比如，整理者注“實，《國語·晉語》注：‘穀也’”，又語譯作“貯藏穀物官府”。② 蔡萬進先生對“實官”的性質及設置亦有分析，他指出，在內史機構之下，設置於各縣的糧食行政管理部門是“實官”。“實官”也確實與糧食管理有關。《國語·晉語》注：“實，穀也。”在所有有關“實官”的法律條文中，也充分表明“實官”乃是一儲藏糧食的官府。……實官是隸屬各縣的地方糧食行政管理部門，在它所轄諸鄉往往還設有“離官屬於鄉者”，參與糧倉管理，負責糧食的入倉、出倉和發放。③

上揭諸例，“實官”主要在物資管理規定中出現。而作爲管理糧食的主要機構，倉屬於律文所言的“實官”，應當沒有疑問。另外，第三例是關於“實官”加高牆垣，這一要求同

---

① 陳偉主編，彭浩、劉樂賢等：《秦簡牘合集：釋文注釋修訂本(壹、貳)》，武漢：武漢大學出版社，2016年，第127頁。如無特別説明，下文所引睡虎地秦簡釋文皆出自該書，不另注。

② 睡虎地秦墓竹簡整理小組編：《睡虎地秦墓竹簡》，北京：文物出版社，1990年，釋文注釋第57頁。

③ 蔡萬進：《雲夢秦簡中所見秦的糧倉管理制度》，《華北水利水電學院學報》(社科版)1999年第4期；後收入《秦國糧食經濟研究(增訂本)》，鄭州：大象出版社，2009年，第56~58頁。

樣適用於"置芻廥及倉茅蓋者"。可見，"芻廥"亦與"實官"有密切關聯。

嶽麓秦簡《內史雜律》的公佈之後，倉、廥與"實官"的關係變得更爲明晰。相關律文作：

> 內史雜律曰：芻稾廥、倉、庫實官積，垣高毋下丈四尺，它牆（牆）財（裁）爲候，晦令人宿，候二人。備火，財（裁）爲【池】正□水官中，不可爲池者財（裁）爲池官旁。169-170
>
> 內史雜律曰：黔首室、侍（寺）舍有與廥、倉、庫實官補屬者，絕之，毋下六丈。它垣屬焉者，獨高其侍（置），不從律者，貲二甲。175-176①

整理者注曰："實官，貯藏穀物的官府。《睡虎地秦簡·內史雜律》有'有實官高其垣牆'。"②可見嶽麓整理者沿用了睡簡整理者中對"實官"的理解。陳偉老師在調整簡文斷讀的基礎上，進一步指出：廥、倉、庫應均屬實官；秦人"實官"之名，似乎是基於"實"指財貨這一比較廣義的意涵。③這些分析，指出了秦代倉、廥、庫與"實官"的具體關係。再回看睡虎地秦簡中的幾條"實官"律文，如果將"實官"視爲廥、倉、庫等機構，則簡文較容易理解。比如，第三例中提到"置芻廥及倉茅蓋者"也要加高牆垣，正與"實官高其垣牆"的要求相符合。

還需要注意的是，律文將"廥"與"倉""庫"並列，可見秦代的"廥"當是與"倉""庫"相當的場所。那麼，"倉"與"廥"之間的功能應當有所區分。

(二)倉與廥的功能區分

關於倉與廥的功能區分，典籍已有辨析。比如，《説文》有云"倉，穀藏也""廥，芻稾之藏"。可見，"倉"一般儲藏的是穀物，而"廥"儲藏的多是芻稾。不過，在實際使用時"廥"亦可儲藏糧食。比如《廣雅·釋宮》有云"廥，倉也"，這裏的"廥"則是指儲糧之所。

秦簡牘中有不少關於倉和廥的記載，據此可見秦代倉、廥在儲藏糧草方面的區別：

> (1)入禾稼、芻稾，輒爲廥籍，上內史。·芻稾各萬石一積，咸陽二萬一積，其

---

① 兩例中的"它""池""官"等字的釋讀及斷句，從陳偉先生意見。陳偉：《里耶秦簡所見遷陵縣的"庫"》，《秦簡牘校讀及所見制度考察》，武漢：武漢大學出版社，2017年，第141~142頁。

② 陳松長主編：《嶽麓書院藏秦簡(肆)》，上海：上海辭書出版社，2015年，第168頁。

③ 陳偉：《里耶秦簡所見遷陵縣的"庫"》，《秦簡牘校讀及所見制度考察》，武漢：武漢大學出版社，2017年，第142~143頁。

出入、增積及效如禾。《秦律十八種·倉律》28

　　（2）禾、芻稾積索（索）出日，上贏不備縣廷。出之未索（索）而已備者，言縣廷，廷令長吏雜封其__廥__，與出之，輒上數廷；其少，欲一縣之，可殹（也）。廥才（在）都邑，當□□□□□□□者與雜出之。《秦律十八種·倉律》29-30

　　（3）入禾倉，萬石一積而比黎之。__爲户__，縣嗇夫若丞及倉、鄉相雜以印之，而遺倉嗇夫及離邑倉佐主稟者各一户以氣（餼），自封印，皆輒出，__餘之__，索而更爲發户。《秦律十八種·倉律》21-22①

　　（4）入禾，萬石一積而比黎之。爲户，及籍之曰：“__某廥禾若干石，倉嗇夫某、__ __佐某、史某、稟人某。__”是縣入之，縣嗇夫若丞及倉、鄉相雜以封印之，而遺倉嗇夫及離邑倉佐主稟者各一户，以氣（餼）人。其出禾，有（又）書其出者，如入禾然。嗇夫免而效，效者見其封及堤（題）以效之，勿度縣，唯倉所自封印是度縣。終歲而爲出凡曰：“某廥出禾若干石，其餘禾若干石。”《效律》27-31

　　（5）__禾、芻稾積廥__，有贏、不備而匿弗謁，及者（諸）移贏以賞（償）不備，羣它物當負賞（償）而僞出之以彼賞（償），皆與盜同灋（法）。《秦律十八種·效》174-175

　　（6）有實官高其垣牆。它垣屬焉者，獨高其置__芻廥__及倉茅蓋者。令人勿斳（近）舍。非其官人殹（也），毋敢舍焉。善宿衛，閉門輒靡其旁火，慎守唯敬（儆）。有不從令而亡、有敗、失火，官吏有重辠（罪），大嗇夫、丞任之。《秦律十八種·内史雜》195-196

　　上揭律文主要是管理倉、廥的相關規定。例（1）中提到“入禾稼、芻稾，輒爲廥籍”，可見“廥籍”對應的物資包括“禾稼、芻稾”。例（2）是關於出“禾、芻稾”的程序，其中有“言縣廷，廷令長吏雜封其廥”，可見此處的廥也是對應“禾、芻稾”的。例（3）中有“入禾倉”，可見倉能儲禾。例（4）中有“某廥禾若干石”，可見此處的廥用來儲禾，這與糧倉的功能相近，另外，該簡與例（3）内容相近，二者能夠對讀。對比可知，倉大概包括多個廥，一積即一廥。例（5）與例（6）分別有“禾、芻稾積廥”“置芻廥”，可見廥不僅可以儲藏芻稾，也可以儲禾。綜合來看，上揭律文顯示：倉專門儲藏禾，廥則可以儲藏禾和芻稾。此與《説文》所記倉、廥的區別，是基本一致的。

　　里耶秦簡中也有不少關於倉、廥的文書，它們亦能反映“倉”“廥”儲藏物資的具體情況。我們可以看兩個例子：

---

　　①　簡文中“爲户”下讀以及“餘之”上讀，從陳偉先生意見。陳偉：《雲夢睡虎地秦簡〈秦律十八種〉校讀（五則）》，《秦簡牘校讀及所見制度考察》，武漢：武漢大學出版社，2017年，第232~234頁。

径廥粟米三石七斗少半升。　　·卅一年十二月甲申，倉妃、史感、稟人窯出稟

冗作大女戲十月、十一月、十二月食。　I

令史犴視平。感手。　II　8-1239+8-1334

粟米六十四石。卅五年七月戊子朔丙辰，倉守擇受啓陵鄉☐　8-257+8-937+1078　①

第一例是倉的稟食文書，其使用的粟米來自"径廥"，可見"廥"實際使用時可以被用來儲藏糧食，這屬於睡虎地秦律中"禾"積於廥的情況。第二例是倉守接收啓陵鄉粟米的記載，儘管簡文沒有提到糧食的來源，但由於交付的糧食數量較大（64 石），且負責者是倉守，可見這些粟米很可能來源於官倉。據這兩條記錄可知：倉中進出的可以是粟米，而廥也可以儲糧。至於儲藏"芻稾"的設施，里耶簡中暫未見到直接記載，頗疑其是貯藏於專門存放糧草的"芻稾廥"中。

對於"廥"與"倉"儲藏内容的區别，學者亦有論述。比如，王偉雄先生認爲：

> 倉、廥與囷、窖、廩等皆爲狹義之倉（貯存糧食的建築物）。倉與廥最大的不同處在於：在秦簡律文中凡芻稾或禾、芻稾一同進出皆爲廥所藏，絶不是倉（貯存糧食的建築物）所藏，倉（貯存糧食的建築物）只在存禾（各種糧食作物）時被提及，如"長吏相雜以入禾倉及發，見屒之粟積，義積之，勿令敗""倉（漏）㱾（朽）禾粟，及積禾粟而敗之"。故本文認爲廥是存放飼養牲畜的糧倉，存放禾、芻稾等飼料；而倉爲存放糧食作物而不貯存芻稾，這是倉、廥最大的差别。②

王先生指出"倉爲存放糧食作物而不貯存芻稾"，是可信的。不過，他認爲"廥是存放飼養牲畜的糧倉，存放禾、芻稾等飼料"，則尚有可商之處。根據里耶 8-1239+8-1334 號簡來看，"径廥"中就曾儲藏有大量的糧食（粟米），而這些糧食可以發放給吏員、刑徒、戌卒等各類人員。也就是説，秦代的"廥"也儲藏供人食用的糧食，而不僅只存放"禾、芻稾等飼料"以飼養牲畜。從此角度來看，秦代的"廥"和"倉"在儲糧的功能方面又頗爲相類。

另外，倉與廥儲藏糧食與芻稾的分工，或亦體現在兩類物資的貯藏形態上。比如，陝西靖邊郝灘漢畫像中有"禾積"和"稾積"的畫像，則展示了"禾"與"芻稾"堆積的不同形態

---

① 該簡綴合及釋文，詳見拙文《〈里耶秦簡（壹）〉綴合（二）》，簡帛網（http://www.bsm.org.cn/），2016 年 5 月 23 日。

② 王偉雄：《秦倉制研究》，臺北：花木蘭出版社，2013 年，第 21 頁。

（參見圖1）：

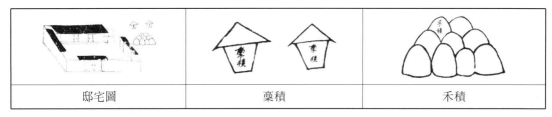

| 邸宅圖 | 稾積 | 禾積 |

圖1　陝西郝灘漢墓畫像（摹本）①

需要補充的是，在"禾積"和"稾積"的畫像右側還有一幅驅牛耕種的圖像。結合來見，這些堆積反映的當是糧食、芻稾收穫之後的貯藏情況。而據圖1可知，禾（穀物）與稾（芻稾）的貯藏形態有別。禾，使用圓形的設施，且相互毗鄰設置；芻稾則使用屋脊形的設施，且採用"一積爲一廥"的方式。

同時，該圖1中物資堆積的特徵，或有助於理解睡虎地秦簡中有關"積"的規定。比如，睡虎地秦律中經常出現"粟積""禾、芻稾積""萬石一積"等詞，這些應當是指糧食存放的堆積形態，而"增積""義積之""歲異積之"則反映了對堆積物資的處置。具體來看，睡虎地秦簡《秦律十八種·倉律》簡21有"入禾倉，萬石一積而比黎之"的規定，而簡文中的"比黎"一詞，頗難索解。② 今據畫像中禾集中、並列堆積的情況來看，簡文所記或與畫像中糧食的儲藏有相似之處。比，有"並列""並排"之意。《廣韻·質韻》"比，比次。"又，《書·牧誓》："稱爾戈，比爾干，立爾矛。"黎，有"衆""衆多"意。《詩·大雅·桑柔》"民靡有黎，具禍以燼"，王引之述聞"黎者，衆也，多也"。若然，則"萬石一積而比黎之"或可理解爲將糧食堆積物集中、並列安置。

二、遷陵縣倉、廥的設置

秦代曾建立了比較完善、系統的倉儲體系。這一體系，至少包括了設在中央的太倉和

---

① 楊元章主編：《定邊館藏文物》，銀川：陽光出版社，2016年，第5頁。

② 對於該詞，學者有不同理解。如整理者注作："或作芘莉、芘籬、藜芘。《集韻》：'莉，草名。一曰芘莉。織荆障。'荆笆或籬笆。"詳見睡虎地秦墓竹簡整理小組編：《睡虎地秦墓竹簡》，北京：文物出版社，1990年，釋文注釋第26頁；冨谷至先生認爲，"比黎"應是排列的意思。詳見冨谷至撰，楊振紅譯：《從額濟納河流域的食糧配給論漢代穀倉制度》，《簡帛研究譯叢》第二輯，長沙：湖南出版社，1998年，第232頁；陳偉老師指出，"比黎"似當讀作"仳離"。仳離之，是説讓倉房之間保持距離。這大概出於通風、防火等方面的考慮。詳見陳偉：《雲夢睡虎地秦簡〈秦律十八種〉校讀（五則）》，《簡帛》第8輯，上海：上海古籍出版社，2013年，第346~347頁。

設在地方的縣倉、鄉倉，① 它們共同構成了秦帝國龐大的倉儲網絡。里耶秦簡所見的秦遷陵縣，是秦王政二十五年才納入帝國版圖的一個邊遠小縣，考察該縣中倉廥的設置、使用等問題，是了解秦帝國的倉儲管理制度的絕佳視角。下面試略作討論：

(一) 倉、廥的設置

前文提到，在里耶秦簡中，秦遷陵縣用來儲藏糧食的設施有倉和廥。然而稱"倉"者，多指倉官(機構名)，例外者如9-50號簡中有設於貳春鄉的倉(下文將有論述)；廥，在里耶簡中頗爲常見，並且廥多有名稱。比如，在秦始皇二十六年至三十一年期間出現的廥至少有四處，它們分別是徑廥、乙廥、丙廥、西廥。②

若將這四個廥的出現時間、出稟機構、簡號等信息匯總，可得表1：

表 1 《里耶秦簡》所見"廥"

廥名	使用機構	簡號(按時間先後排序)
西廥	倉	8-1452③、9-2543④、9-3079
乙廥	司空	8-1647
丙廥	倉	8-1690、8-821、8-1545
	啓陵鄉	8-1590
徑廥	倉	8-56、8-1739、9-85+9-1493、9-13、8-766、8-1081、8-1239+8-1334、8-1257、9-726+9-1033、8-764、9-813+9-1122、9-440+9-595、8-800+9-110、8-2249、8-1321+8-1324+8-1328⑤、9-592
	司空	8-212+8-426+8-1632、8-474+8-2075、8-762
	田官	9-762、9-901+9-902+9-960+9-1575、9-763+9-775、8-1014+9-934、9-1117+9-1194、9-174+9-908、8-2246、9-41、8-1574+8-1787、8-216+8-351+8-525⑥

---

① 關於秦的倉儲體系是否包括"郡倉"一環，目前仍有爭議，此從康大鵬先生意見。詳見康大鵬：《雲夢簡中所見的秦國倉廩制度》，《北大史學》第 2 輯，北京：北京大學出版社，1994 年，第 28~44 頁。

② 《里耶秦簡牘校釋(第一卷)》(第 42 頁)指出"秦遷陵縣有徑廥、丙廥、乙廥、西廥等倉廥"；葉山先生則懷疑"西廥"可能是"丙廥"之誤。詳見[加]葉山：《解讀里耶秦簡——秦代地方行政制度》，《簡帛》第 8 輯，上海：上海古籍出版社，2013 年，第 108 頁。今按：核對字形，"西廥"所釋當可從。

③ 湖南省文物考古所：《里耶秦簡(壹)》，北京：文物出版社，2012 年。如無特別說明，下文所用里耶秦簡第五、第七、第八層的簡文，皆引自該書，不另注。

④ 湖南省文物考古所：《里耶秦簡(貳)》，北京：文物出版社，2017 年。如無特別說明，下文所用里耶秦簡第九層的簡文，皆引自該書，不另注。

⑤ 三枚簡的綴合，詳見拙文《〈里耶秦簡(壹)〉綴合(一)》，簡帛網(http://www.bsm.org.cn/)，2016 年 5 月 16 日。

⑥ 《里耶秦簡牘校釋第一卷》(第 116 頁)綴合了 8-216+8-351；趙燊然等先生補綴了第 8-525 號簡，詳見趙燊然、李若飛、平曉婧、蔡萬進：《里耶秦簡綴合與釋文補正八則》，《魯東大學學報》(哲學社會科學版)2015 年第 2 期。

　　據表1，四處廥的出現頻次、出現時間以及使用物件，均呈現不同特點。（1）以出現次數來看：現有材料中最常出現的是"徑廥"，出現29次；"丙廥"次之，出現4次；"西廥"出現3次；"乙廥"出現次數最少，僅1次。這説明，在秦遷陵縣所在轄區内，"徑廥"曾是秦始皇三十一年中最常使用的一個糧倉。（2）從出現的時間來看："西廥"出現時間最早，爲秦始皇二十六年十二月（簡8-1452）；"乙廥"次之，出現在秦始皇三十年六月（簡8-1647）；"丙廥"出現稍晚，在秦始皇二十九年三月（簡8-1690）和三十一年十月、十二月都有出現。這説明，"丙廥"應當主要存在於二十九年至三十一年之間的時間段内，而"乙廥"和"丙廥"應當至少在秦始皇三十年間並存過一段時間；"徑廥"出現的時間比較集中，全部在秦始皇三十一年，而且出現的月份集中在該年的七月之前。[1] 也就是説，"丙廥"和"徑廥"曾在三十一年十月至十二月這段時間内曾並存過一段時間。（3）從幾個"廥"所對應的出稟機構來看：使用"西廥"稟食的機構是"倉"；從"乙廥"出稟的機構是"司空"；"丙廥"和"徑廥"則對應多個出稟機構。其中，使用"丙廥"稟食的機構包括"倉"和"啓陵鄉"；在"徑廥"稟食的機構是"倉""司空"和"田官"。由於這些機構可以使用廥中的糧食，可見對於廥它們應當具有一定的管理和許可權。前文還提到，睡虎地《效律》中有"縣嗇夫若丞及倉、鄉相雜以封印之，而遣倉嗇夫及離邑倉佐主稟者各一户，以氣（餼）人"的規定，而里耶秦簡中多個機構共同使用"廥"中糧食的情況，或可視爲該律的具體執行。

　　另外，幾處"廥"的名稱分別是"徑""乙""丙""西"，此或是按某些順序或特點命名。[2] 比如"乙廥""丙廥"應當是按天干對倉進行編號，"徑廥""西廥"則可能是按所處位置命名。[3] 由於"廥"在里耶簡中主要用來儲藏糧食，因此"廥"是遷陵縣中一種重要的糧倉形式。並且，對儲糧之倉、廥的管理，應當是由倉官負責。

---

　　① 游逸飛、陳弘音先生已注意到此現象。他們指出，徑廥是最常見的糧倉名，而（徑廥稟食文書）均爲秦始皇三十一年的稟食文書，徑廥在當時必有一定的特殊性，或爲臨時特設之糧倉，故在此前不曾出現，於三十一年被大量書寫，於其後消聲匿跡。游逸飛、陳弘音：《里耶秦簡博物館藏第九層簡牘釋文校釋》，簡帛網（http://www.bsm.org.cn/），2013年12月22日。

　　② 葉山先生指出，"令人驚訝的是，在目前所發表的材料之中没有見到'甲廥'。另外一種可能性是，因爲在支出糧食記録的簡上没有提到穀倉的名字，而這些支出記録來自'甲廥'"。詳見［加］葉山：《解讀里耶秦簡——秦代地方行政制度》，《簡帛》第8輯，上海：上海古籍出版社2013年，第108頁。

　　③ 類似記録還見於其他統計文書，比如里耶簡有"丑筍"（8-1777+8-1868）、"筍甲"（8-1536）、"甲筍"（8-1201）等。又，第8-1514號簡記："廿九年四月甲子朔辛巳，庫守悍敢言之：御史令曰：各弟（第）官徒丁【郪】……勮者爲甲，次爲乙，次爲丙，各以其事勮（劇）易次之。令曰各以□……上。今牒書當令者三牒，署弟（第）上。敢言之。"該簡中的"署第"，即要求對上呈的文書分别編號，而"勮者爲甲，次爲乙，次爲丙"應當就是按順序編號的實例。

（二）倉官的位置

遷陵縣倉官所在的位置，是一個值得重視的問題。據學者研究，秦代縣廷與下屬諸官之間存在一個"空間性距離"。① 而根據倉官與縣廷文書傳遞的時間，考察其與縣廷之間的距離是一個可行的方法。對此，學者已有很好的考證。比如，沈剛先生詳細梳理了縣級檔案文書的處理周期，指出司空、尉等縣直屬機構和都鄉的文書多當天送達，而之所以能夠當天送達是因爲直屬機構與縣廷相距不遠，而都鄉則是縣治所在地。② 唐俊峰先生對里耶簡中縣廷機構內外文書傳遞的時間進行了系統梳理，並計算出 8-1452、8-1490+8-1518 兩份文書所載倉傳遞到縣廷的時間分別使用了 5 天和 1 天。③ 陳偉老師曾對文書自"庫"傳遞至縣廷的時間進行了分析，指出其中有半日（8-1069+8-1434+8-1520）、一日（8-1510）、二日內（8-1514）的區別，如果以用時最短的 8-1069+8-1434+8-1520 來看，庫與縣廷的距離應該不是太遠。④

還值得注意的是，吳方基先生利用各官文書傳遞的時間以及秦漢時期行書中的速度，進一步推測各官與縣廷之間的距離。他説：

> 根據文書的發/到時間，可大致推算出官與縣廷之間的距離。如 8-1490+8-1518 號簡"六月甲午（26 日）"由倉官發出，"六月乙未（27 日）水下六刻"到達縣廷，用時大約 1 日，可推知兩者距離大致在 160 里。根據簡牘記載，同一官發往縣廷的文書，其抵達時間有不一致的情況。如庫官行書縣廷，多則 2 日，少則 1/4 日，以最短時間計算，庫官距縣廷約 40 里。……少內離縣廷很近，路程推測約 10 里。……田官距離縣廷約 80 里。畜官行書縣廷約半天，距離約爲 80 里。……遷陵縣各"官"與縣廷距離遠近不一，大致分佈在以縣廷爲中心、方圓 160 里左右的空間之內。⑤

---

① ［日］青木俊介：《里耶秦簡に見える縣の部局組織について》，《中國出土資料研究》第 9 號，2015 年，第 106~109 頁。

② 沈剛：《秦代縣級檔案文書的處理周期——以遷陵縣爲中心》，《出土文獻研究》第 15 輯，上海：中西書局，2016 年，第 128~129 頁。

③ 唐俊峰：《秦代遷陵縣行政信息傳遞效率初探》，中國簡帛學國際論壇 2016·"簡牘與戰國秦漢歷史"會議論文，中國香港，2016 年，第 165~166 頁。

④ 陳偉：《里耶秦簡所見遷陵縣的"庫"》，《秦簡牘校讀及所見制度考察》，武漢：武漢大學出版社 2017 年，第 143 頁。

⑤ 吳方基：《秦代縣屬"曹""官"的分佈與運行》，《中國社會科學報》，2018 年 1 月 15 日，第 5 版。

吳方基先生結合文書傳遞時間與傳遞速度來計算各官距離的方法，是很好的嘗試。不過，對文書傳遞的時間的選取，需要遵循一個基本原則：以兩地傳遞耗時最短者，才能作爲考慮的標準。在已公佈的里耶秦簡中，8-1490+8-1518 號簡由倉傳遞至縣廷的文書約耗時 1 天，但此並非用時最短者。也就是説，遷陵縣倉與縣廷的距離，其實還可以進一步縮小。

我們注意到，《里耶秦簡(壹)》中還有一份由倉上呈縣廷的文書，其釋文作：

> 卅一年五月壬子朔辛巳，將捕爰叚(假)倉兹敢Ⅰ言之：上五月作徒薄及冣(最)
> 卅牒。敢言Ⅱ之。Ⅲ 8-1559
> 五月辛巳旦，佐居以來。氣發。居手。 8-1559 背①

該簡是"將捕爰叚(假)倉兹"向縣廷呈報作徒薄及最文書的記録，從傳遞路線來看，此當是由倉傳遞至縣廷。根據簡文中的發文(五月壬子朔辛巳)和收文記録(五月辛巳旦)來看，該文書在當天"旦"時便到達縣廷。換言之，由倉傳遞至縣廷的整個傳遞過程當不超過兩個時辰。因此頗疑，倉官距離縣廷是在二十里以內。

嶽麓秦簡《内史倉曹令》中有稗官上呈徒薄的内容，其中關於里程的規定或可爲我們的意見提供佐證：

> 稗官去其廷過廿里到百里者，日薄(簿)之，而月壹上廷，恒會朔日。過百里者，
> 上居所縣廷，縣廷案之，薄(簿)有不以實者而弗得，坐如其稗官令。内史倉曹令甲卅
> 253-254 ②

令文中的"皆日算薄(簿)之""廷日校案次編，月盡爲冣(最)"記録的是勞作簿的形成過程，這與 8-1559 簡中上呈作徒薄及最的主題相符。另外，令文還根據距離縣廷的遠近，規定了上呈簿籍的頻次和時間。其中，若稗官距離縣廷的距離在二十里至一百里的範圍內，則按日記録，在每月朔日上呈一次。過一百里時，則向所駐之縣縣官報告。令文没有單獨提及距離在二十里以內的處理辦法，但考慮到距離較近的因素，縣官的簿籍可能是按

---

① "將捕爰叚(假)倉兹"，原作"將捕爰、叚(假)倉兹"，今從陳偉老師改讀。詳見陳偉：《里耶秦簡所見秦代行政與算術》，簡帛網(http://www.bsm.org.cn/)，2014 年 2 月 4 日；後收入《秦簡牘校讀及所見制度考察》，武漢大學出版社 2017 年，第 159 頁。
② 陳松長主編：《嶽麓書院藏秦簡(伍)》，上海：上海辭書出版社 2017 年，第 181~182 頁。

日記録、當天上報。① 8-1559 簡中上報縣廷的時間是當月 30 日，其與令文規定在朔日上報不符(距縣廷"二十里至一百里"的情況)，説明倉官的設置或許是距離縣廷較近，屬於律文没有提及的距離在二十里以内的情況。若然，此可佐證我們對遷陵縣倉官位置的猜測。

(三)糧食存儲情況蠡測

關於縣倉的儲糧標準，睡虎地秦簡《秦律十八種·倉律》簡21云"入禾倉，萬石一積而比黎之"，即要求縣倉要按照"萬石一積"的標準貯藏糧食。另外，嶽麓秦簡中有兩道有關"倉"的算題，亦涉及秦代官倉的儲量：

> 【倉廣】二丈五尺，問衺幾可(何)容禾萬石？曰：衺卅丈。術(術)曰：以廣乘高法，即曰，禾石居十二尺，萬石，十二萬尺爲積(實)，(實)如法得衺一尺，其以求高及廣皆如此。**175-176**
>
> 倉廣五丈，衺七丈，童高二丈，今粟在中，盈與童平，粟一石居二尺七寸，問倉積尺及容粟各幾可(何)？曰：積尺七萬尺，容粟二萬五千九百廿五石廿七分石廿五。述(術)曰：廣衺相乘，有(又)以高乘之，即尺。以二尺 **177-178** ②

這兩道題當是以秦代糧倉的現實儲存狀況爲原型的，它們反映的是秦代倉儲的真實面貌。③ 通過對兩道算題的分析，可知秦代糧倉儲粟的一般標準是"粟一石居二尺七寸"。另外，根據兩則算題的描述，兩座倉(下文分别稱 A 倉、B 倉)，具備"廣""衺""童""高"

---

① 比如，第 8-1069+8-1434+8-1520 號簡是庫武在"卅二年五月庚子"(25 日)上呈縣廷的作徒薄(簿)，就在當天徒簿送達縣廷。另外，黄浩波先生曾據 8-815、8-1559 等簡指出，里耶簡中"各部門日作徒簿彙編成爲月作徒簿的時間在當月末，並且在晦日呈報縣廷"。黄浩波：《里耶秦簡牘所見"計"文書及相關問題研究》，《簡帛研究二〇一六春夏卷》，桂林：廣西師範大學出版社，2016 年，第 110 頁。

② 朱漢民、陳松長主編：《嶽麓書院藏秦簡(貳)》，上海：上海辭書出版社，2011 年，第 126~127 頁。

③ 裘錫圭先生曾指出，"《九章算術》算題裏假設的情況，的確是漢代實際情況的反映"(裘錫圭：《裘錫圭學術文集 2：簡牘帛書卷》，上海：復旦大學出版社，2012 年，第 63 頁)；宋傑先生也曾指出，中國古代傳統數學具有實用性很强的鮮明特點，因此在算術的很多經典著作裏保留着清晰的社會背景(見宋傑：《〈九章算術〉與漢代社會經濟》，北京：首都師範大學出版社，1994 年，前言第 5 頁)。彭浩先生亦認爲，張家山漢簡《算數書》各種算題偏重於實際應用，不僅要滿足於解決民間經濟生活提出的種種問題，同時還要滿足政府在日常管理工作中對數學知識的需求。因此書中所選算題幾乎包括當時經濟生活的各個方面，爲解決各種問題提供實例(見彭浩：《張家山漢簡〈算數書〉注釋》，北京：科學出版社，2010 年，第 26 頁)。幾位先生的判斷是有道理的，而據此來看，嶽麓秦簡《數》所載算題應當也是秦代社會的真實反映。

"容積"等幾個要素，可見其應當爲建造在地面之上的方形糧倉。通過算題，可以得出兩座倉的具體資料是：

A 倉：寬 2 丈 5 尺（約 5.75 米），長 40 丈（約 92 米），容積爲 10000 石。

B 倉：寬 5 丈（約 11.5 米），長 7 丈（約 16.1 米），容積爲 $25925\frac{25}{27}$ 石。

巧合的是，在考古發掘的西漢京師倉遺址中，曾發現有多處大小不等的倉址，其中第 6 號倉址南北寬 10.45 米，東西長 15.35 米，分兩室。[①] 此數據與嶽麓秦簡算題所見的 B 倉寬約 11.5 米，長約 16.1 米的資料非常接近。由此可見，嶽麓《數》中的算題應當是有現實依據的。另外，算題中兩處倉的儲糧數均達到萬石以上，B 倉更是超過二萬五千石，可見二者應非普通百姓所使用的糧倉。根據睡虎地秦簡《倉律》的記載，秦代一般縣倉的儲糧數爲"萬石一積"（21 號簡），秦舊都櫟陽爲"二萬石一積"，首都咸陽達到"十萬石一積"（26 號簡）。因此，兩道算題記録的理應是秦代官倉的真實儲糧情況。尤其是第一道算題，或是以縣倉爲原型，其可作爲秦代縣倉儲糧"萬石一積"的直接證據。

然而在實際情況中，各地的縣倉能否嚴格按照此標準執行，尚有待進一步考證。具體來說，里耶秦簡中有不少關於糧食的資料，這些資料是考察秦遷陵縣倉儲糧情況的重要材料。

(1) 遷陵卅五年狼（墾）田輿五十二頃九十五畝，税田四頃□□ Ⅰ

户百五十二，租六百七十七石。衛（率）之，畝一石五； Ⅱ

户嬰四石四斗五升，奇不衛（率）六斗。Ⅲ 8-1519

啟田九頃十畝，租九十七石六斗。A Ⅰ

都田十七頃五十一畝，租二百卅一石。A Ⅱ

貳田廿六頃卅四畝，租三百卅九石三。A Ⅲ

凡田七十頃卅二畝。·租凡九百一十。A Ⅳ

六百七十七石。B 8-1519 背

(2) 卅四年七月甲子朔癸酉，啟陵鄉守意敢言之：廷下倉守慶書 Ⅰ 言令佐贛載粟啟陵鄉。今已載粟六十二石，爲付券一上。Ⅱ 謁令倉守。敢言之。·七月甲子朔乙亥，遷陵守丞肥告倉 Ⅲ 主：下券，以律令從事。/壬手。/七月乙亥旦，守府印行。

① 陝西省考古研究所編著：《西漢京師倉》，北京：文物出版社，1990 年，第 27 頁。

Ⅳ 8-1525

（3）粟米八百五十二石八斗。　　其九十石八斗少半□ 8-929

（4）粟米千五百九十四石四斗☑ 8-1332

（5）☑□沅陵輸遷陵粟二千石書。 8-1618

（6）□年八月丙戌朔甲寅，倉守妃敢言之：乃八月庚子言：疏書卅一年真見Ⅰ禾稼牘北（背）上。·今復益出不定，更疏書牘北（背）上，謁除庚子書。敢Ⅱ【言】之。

Ⅲ 9-700+9-1888

　　☑□卅一年真見Ⅰ

　　☑禾稼千六百五十六石八斗少□Ⅱ

　　☑甲寅□下七□□□□□。　　感手。Ⅲ 9-700 背+9-1888 背 ①

（7）☑□未備千一百五十四石四斗☑ 9-63

　　例（1）記錄的是遷陵縣在秦始皇三十五年墾田與徵稅的情況，其中所記“租凡九百一十”當是該年中所收田稅的總數，這也是倉中貯糧的重要來源。例（2）中提到，啓陵鄉曾向倉或倉指定的地方輸送 62 石粟。考慮到該簡的時間是七月，且該簡所記“已載粟六十二石”，與簡 8-1519 所云“租九十七石六斗”的差距不算太大。因此，頗疑這條記錄是啓陵鄉在收穫糧食之後，轉交部分租稅的文書，而這些糧食最終會儲存到縣倉中。例（3）中的資料達到 800 多石，且該簡的簡首塗黑，可見其是統計某個時期倉中糧食的資料。例（4）中的粟米數接近 1600 石，數量頗大。該簡右側有刻齒，當屬於“左券”，爲接收糧食的記錄。② 例（5）則是沅陵縣向遷陵縣輸送 2000 石粟的記錄，此與例（4）類似，均反映了由外地向遷陵縣輸糧的情況。例（6）是遷陵倉守向縣廷上報現存“禾稼”數量的文書，“禾稼千六百五十六石八斗少□”應當是遷陵縣倉現餘儲藏的禾稼總數。結合來看，遷陵縣糧食的年收入應當主要由租稅和轉運構成，其中本地租稅有 900 餘石，而由外地輸轉可多達 2000 石。

　　然而，根據趙岩先生的推算，秦遷陵縣官吏滿員時一年需食稻 2400 餘石，所轄刑徒一年需供給口糧粟米 5000 餘石。③ 依此計算，遷陵縣每年消耗的糧食至少在 7000 石以上。那麼，如果遷陵縣能夠供給這些人口的正常消耗，則縣境之內所有糧倉的儲糧總數應當不

---

① 兩枚的簡綴合及釋文，從里耶秦簡牘校釋小組：《〈里耶秦簡（貳）〉綴合補（一）》，簡帛網（http://www.bsm.org.cn/），2018 年 5 月 15 日。

② 張馳：《里耶秦簡券類文書的幾個問題》，《簡帛研究二〇一六秋冬卷》，桂林：廣西師範大學出版社，第 134 頁。

③ 趙岩：《里耶秦簡所見秦遷陵縣糧食收支初探》，《史學月刊》2016 年第 8 期。

低於該數。不過，由前文討論的資料來看，頗疑遷陵縣境内糧倉的儲糧總數不超過五千石，這距離睡虎地《倉律》"萬石一積"的要求還有不小的差距。也就是説，某些年份中遷陵縣本地所産的糧食仍很大程度上難以自給，並需要依靠外縣轉輸才能滿足日常的消耗。① 例(7)中出現"未備千一百五十四石四斗"，大概是當時遷陵縣糧食不足的反映。如果情況大致不誤，則 8-1332、8-1618 等簡中出現由外縣向遷陵縣輸粟的記録，便容易理解了。

三、秦"鄉倉"的設置與管理

關於鄉倉的設置與管理情況，里耶第 9-50 號簡中有如下相關記載：

> 卅四年二月丙申朔己亥，貳春鄉守平敢言之：廷令平代鄉兹守貳春鄉，今兹下之
> 廷而不盡□以倉粟＝(粟米)。問之，有(又)不告平以其數，即封倉以私印。今兹繇使
> 未 歸 。遠逃而倉封以私印，所用備盜賊糧盡在倉中。節(即)盜賊發，吏不敢蜀(獨)
> 發倉，毋以智粟＝(粟米)備不備，有恐乏追者糧食，節兹復環之官可缺 9-50
> 不環。謁遣令史與平襦杉之。謁報，署户發。敢言之。
> 二月甲辰日中時， 典 龂以來。／壬發。 平 手 。 9-50 背 ②

對於該簡，張先生有比較詳細的説明。他説："平代兹爲貳春鄉守，而兹以私印封存倉儲糧食且不告知存糧數量，兹遠行服徭役未歸，影響防備盜賊、維護治安等工作的開展，表明前後任鄉官工作移交的不徹底或者兩者間缺乏信任，也可能是前任對繼任的故意爲難。盜賊未發而預爲謀劃，指出事情的嚴重性，新鄉官的這道文書寫得言簡意賅，極是精彩。"③

細繹簡文，這條記載對於探討秦代鄉倉的設置與管理等問題，亦有重要價值。試分析

---

① 里耶 8-454 號簡有"所不能自給而求輸"的記載，可見遷陵縣的糧食很可能無法自給，繼而才需要由外縣調入。另需説明的是，由於材料的局限，目前所能看到的遷陵縣儲糧的信息還比較有限，因此遷陵縣當地儲糧，是否遵循秦律所規定"萬石一積"的標準，仍有待更多材料的檢驗。

② 簡背的"襦杉"，黃浩波先生改釋"雜診"。黃浩波：《〈里耶秦簡(貳)〉讀劄》，簡帛網(http://www.bsm.org.cn/)，2018 年 5 月 15 日。"今兹下之廷而不盡□以倉粟＝(粟米)"一句，所缺釋文字可能是"告"。下文還出現"有(又)不告平以其數"，可爲佐證。

③ 張春龍：《秦朝遷陵縣社會狀況漫談——〈里耶秦簡(貳)〉選讀》，"第六屆出土文獻青年學者論壇"論文，北京：中國人民大學，2017 年，第 1~2 頁。

如下：

（一）鄉倉的設置

秦代曾在縣、鄉兩級分別設置糧倉。縣倉一般設置在都鄉（稱"都倉"），離鄉所設的倉稱"離邑倉"。睡虎地秦簡《秦律十八種·倉律》21-22 號簡"入禾倉，萬石一積而比黎之。爲户，縣嗇夫若丞及倉、鄉相雜以印之，而遣倉嗇夫及離邑倉佐主稟者各一户以氣（餼），自封印，皆輒出、餘之，索而更爲發户"的規定，説明秦統一前曾在離鄉設置倉，並且離邑倉的管理者稱倉佐。

9-50 號簡的出現，可以確認當時的貳春鄉亦曾設有官倉，該倉的性質是離邑倉，而貳春鄉嗇夫對該倉具有一定的管理權。不過，根據王勇先生的研究，鄉倉雖然是由鄉嗇夫監管，但"鄉嗇夫没有出貸糧食的權力，倉也會按期派佐官前往核算離倉糧食支出"①。這樣來看，鄉倉雖是單獨設置，但其實也需要接受縣倉的調配和監管。

（二）鄉倉的管理

關於秦代鄉倉的管理，以往的研究多依靠出土秦律令展開。里耶第 9-50 號簡，則爲考察秦代鄉倉管理提供了鮮活的實例。通過該簡，可以看到秦代對鄉倉管理過程中的兩個細節。

第一，鄉官職務的交接，應當包含糧倉的相關信息。9-50 號簡中提到鄉兹徭使在外時"不盡□告以倉粟米""有（又）不告平以其數"，即不告訴"平"倉中糧食的種類數量。對此，睡虎地秦律中有相關規定：

> 實官佐、史被免、徙，官嗇夫必與去者效代者。節（即）官嗇夫免而效，不備，代者【與】居吏坐之。故吏弗效，新吏居之未盈歲，去者與居吏坐之，新吏弗坐；其盈歲，雖弗效，新吏與居吏坐之，去者弗坐，它如律。《秦律十八種·效》162-163
>
> 倉嗇夫及佐、史，其有免去者，新倉嗇夫、新佐、史主厫者、必以厫籍度之。其有所疑，謁縣嗇夫，縣嗇夫令人復度及與雜出之。禾贏，入之；而以律論不備者。禾、芻稾積厫，有贏不備，而匿弗謁，及者（諸）移贏以賞（償）不備，羣它物當負賞（償）而僞出之以彼賞（償），皆與盜同灋（法）。大嗇夫、丞智（知）而弗辠（罪），以平辠（罪）人律論之，有（又）與主厫者共賞（償）不備。《效律》32-36

---

① 王勇：《里耶秦簡所見秦遷陵縣糧食支出機構的權責》，《中國農史》2018 年第 4 期。

在兩條律文中，均規定了在實官之吏員交接工作時，需要核驗相關物資。如果出現贏不備的情況，需判定責任歸屬，並據此對相關人員進行處罰。顯然，9-50 號簡中的貳春鄉守茲對設置在貳春鄉的倉具有管理權，他有責任將倉的具體情況告知繼任者。正是由於"茲"並未如此做，因此"平"在開展工作時感到爲難，只能選擇上報請求上級處理。當然，張春龍先生所言"前後任鄉官工作移交的不徹底或者兩者間缺乏信任，也可能是前任對繼任的故意爲難"，也是一種可能。

第二，鄉倉亦有完善的封印制度。據秦律，糧倉在每次發放完之後還要加蓋封印(封隄制度)。① 如睡虎地秦簡《秦律十八種·倉律》21-23 記：

> 入禾倉，萬石一積而比黎之。爲户，縣嗇夫若丞及倉、鄉相雜以印之，而遣倉嗇夫及離邑倉佐主稟者各一户以氣(餼)，自封印，皆輒出、餘之，索而更爲發户。嗇夫免，效者發，見雜封者，以隄(題)效之，而復雜封之，勿度縣，唯倉自封印者是度縣。出禾，非入者是出之，令度之，度之當隄(題)，令出之。其不備，出者負之。

這條律文很好地展現了封閉倉門以及封印糧倉的情形。其中，封印又分爲"雜封"(多人封倉)和"自封"(單人封倉)兩種情況。開啓倉門時，亦需要分別對待。當倉爲"雜封"時，需要核對封題是否完好，如然才可以開倉發放。當倉是"自封印"時，還需要稱量所藏穀物是否準確後才能發放。

9-50 號簡還提到茲"封倉以私印"，致使"即盜賊發，吏不敢獨發倉，毋以智粟米備不備"。"茲"的這一行爲，與秦律封印倉的要求相悖。首先，根據《倉律》，禾在入倉後，倉門需要由縣嗇夫(或縣丞)、倉嗇夫、鄉嗇夫三人雜封，"茲"在此時只封以私印，顯然不符合規定。其次，律文還要求入倉的人員參與出倉(包括"茲")，如不參與則要稱量之後才能發放(非入者是出之，令度之，度之當題，令出之)。在 9-50 號簡中，曾經參與入倉的"茲"此時並不在場，因此"吏不敢獨發倉"。並且，守官"平"又無從得知倉中糧食的數量(不告平以其數)，開倉之後亦不能核對倉中糧食是否準確。於是，"平"對無法開倉的問題感到困惑，並請示上級如何處理。

四、餘　　論

如前所述，秦代的倉和廥不僅是儲藏物資的建築，同時它們還是管理物資的專門機

---

① 蔡萬進：《雲夢秦簡中所見秦的糧倉管理制度》，《華北水利水電學院學報》(社科版)1999 年第 4 期。

構。以里耶秦簡所反映的秦遷陵縣來看，秦代的縣、鄉均設有倉廥，並且呈現出一定的規律。其中，縣倉一般設在都鄉之中（距離縣廷二十里的範圍内），離鄉一般就近使用縣倉，如距離較遠則單設離邑倉。這些散佈在縣鄉境内的倉廥，構成了帝國基層倉儲系統的主體。並且，處在縣鄉核心位置的倉廥，作爲基本生活物資的集散中心，承擔着糧食出入、加工、分配等重要職能。這種内容分明、功能完備的倉儲體系，是維繫秦帝國運行的經濟命脈，並在秦帝國的崛起、統一過程中發揮了重要作用。秦之後世，歷代所採取的糧食管理制度和諸多倉儲制度，有不少是沿用秦制，或是在此基礎上的繼承和發展。這説明了，秦代的倉儲管理制度也對後世産生了較爲深遠的影響。

至於倉和廥的分別設置，也顯示了秦代倉與廥的功能區分。首先，在儲藏物資的類型方面：倉主要儲藏糧食，廥則可以儲藏糧食和芻稾。根據睡虎地《效律》，倉官應管理有多個廥，且一積即一廥。其次，在儲藏形態方面：倉一般包括多個倉房，並採取某種特定的建築形態，廥則未必如此。陝西靖邊郝灘漢畫像中的"禾積"和"稾積"畫像，展示了"禾"與"芻稾"堆積的不同面貌。其中所描繪的"稾積"，可能類似芻稾廥堆積的面貌。至於某地的倉、廥的最終儲藏形態，還是要受到當地自然條件、社會習俗等因素的影響。

還值得一提的是，倉儲作爲社會經濟活動的重要環節，它還能反映特定歷史時期中的一些社會問題。比如，里耶第9-50號簡有秦遷陵縣貳春鄉倉儲藏"備盜賊糧"的相關記載。那麽，這些簡文則透露出一個重要信息，即秦代的倉儲類型應當包括日常儲備和戰略儲備兩大類。而且，"備盜賊倉"的出現，也反映了當時秦遷陵縣依然存在一些不穩定因素，一些潛在勢力或盜賊仍然在積蓄力量，對地方統治構成威脅。事實上，遷陵縣作爲秦王政二十五年才置縣的秦新地，必定暗藏着諸多的反秦力量，"備盜賊倉"的出現也正與此社會背景相符。

（謝坤，江南大學人文學院）

馬王堆帛書散見農事資料選釋*

高一致　白傳華

馬王堆帛書除《相馬經》等資料外，在《天文氣象雜占》《陰陽五行》等篇目中也零散分佈着部分農事資料。① 在研習學界已有成果基礎上，我們形成了一些相關的考釋札記，今選取其中六條陳述於下，請教大家。

一

　　不出五日，大雨。34　《天文氣象雜占》第 1 列

帛書中本條占文所配圖即圖 1。劉樂賢先生推測，這裏繪製的圖像可能是船。《開元占經》卷九十二"天鏡占"："黑雲氣如浮船，雨。"所載或與帛書此條相關。② 洪德榮先生認爲，所繪圖像的右側有類似獸足的模樣，圖像應非船形，而可能是類似龍的生物，並引《開元占經》卷九四《風雲氣》"日上下有黑雲氣，如蛟龍者，必有風雨"，《武備志》卷一六一"氣之風雨"條"雲如龍形，其國大水，人流亡"，《乙巳占·吉凶氣象占》"有雲狀如龍行，國大水流亡"等爲證。③ 此圖構圖完整、無殘缺，所繪之物首尾皆無，但有軀幹和向上的兩足（或前後兩足各自並立的四足），非船

圖 1

之狀。我們同意洪先生之説，疑圖中所表現的是龍的形象。

---

　　* 本文寫作得到國家社科基金後期資助一般項目"簡帛農事資料分類匯釋疏證"（21FZSB024）資助。

　　① 裘錫圭主編：《長沙馬王堆漢墓簡帛集成》，北京：中華書局，2014 年。本文所引帛書釋文、各篇篇名以及編號皆出自此書，不另外説明；書中意見隨文出注，以《集成》簡稱之。

　　② 劉樂賢：《馬王堆天文書考釋》，廣州：中山大學出版社，2004 年，第 106 頁。

　　③ 洪德榮：《馬王堆漢墓帛書〈天文氣象雜占〉零識》，《簡帛研究二〇一六秋冬卷》，桂林：廣西師範大學出版社，2017 年。

龍在古時被認爲是興風起雨的神異靈物。《左傳》桓公五年云："凡祀，啟蟄而郊，龍見而雩。""龍見而雩"是指每年蒼龍七宿出現時就要行雩禮，以祈雨，求風調雨順、五穀豐熟。① 桓譚《新論》卷下"離事第十一"闡釋以"土龍"求雨之法："求雨所以爲土龍何也？曰：龍見者，輒有風雨興起，以迎送之，故緣其象類而爲之。"②王充《論衡·亂龍篇》指出："董仲舒申《春秋》之雩，設土龍以招雨，其意以雲龍相致。《易》曰：'雲從龍，風從虎。'以類求之，故設土龍，陰陽從類，雲雨自至。"③可以看出，古人觀念中龍的意象與降雨是能夠對應、構成關聯的。但帛圖中形象何以爲龍，這則是需要我們作出解釋的。

作爲傳說中的神物，龍善於隱介藏形，遊行於雲霄，非常神秘，所以後世有"神龍見首不見尾"之說。帛圖中正是不見首尾的動物形象，這與古人對於龍的認識是相符的。其實這種所謂"龍"的形象在傳世文獻中有不少記載，而且這種形象也可能是真實存在的，因爲古人缺乏現代氣象知識而將自然界中一些無法解釋的氣旋活動理解爲"龍"。④ 例如，唐代張籍《雲童行》："雲童童，白龍之尾垂江中。"南宋葉夢得《避暑錄話》："五六月之間，每雷起雲簇，忽然而作，類不過移時，謂之過雲，雨雖三二里間亦不同，或濃雲中見若尾墜地蜿蜒屈伸者，亦止雨其一方，謂之龍掛。"這些都是古人將龍捲風等形成的積雨雲描繪成"言之鑿鑿"的龍的形態或活動。

《天文氣象雜占》中所描繪雲氣種類多，其中第 1 列 14 號"越云（雲）"所配圖即圖 2，劉樂賢先生和《集成》先後依據傳世文獻記載以及馬王堆三號漢墓中"神人乘龍"圖中龍的形象來確定"越云（雲）"的配圖是龍形。⑤ 有學者對於 14 號和 34 號這兩個龍的形象，提出質疑"既然圖二已經確定爲龍形，然圖二與圖一形狀不類，所以圖一的雲氣是否爲龍形，有待進一步研究"⑥。我們認爲，這兩幅帛圖都是龍的形象，但是二

圖 2

① 參看楊伯峻編著：《春秋左傳注》，北京：中華書局，1981 年，第 107 頁。

② （漢）桓譚撰，朱謙之校輯：《新輯本桓譚新論》，北京：中華書局，2009 年，第 46~47 頁。

③ （漢）王充撰，黃暉校釋：《論衡校釋》，北京：中華書局，1990 年，第 693~694 頁。

④ 參看張之傑：《從歷代氣象文獻看龍與龍捲風的關連》，《中華科技史學會學刊》第 22 期，2017 年。

⑤ 劉樂賢：《馬王堆天文書考釋》，廣州：中山大學出版社，2004 年，第 102 頁；裘錫圭主編：《長沙馬王堆漢墓簡帛集成［肆］》，北京：中華書局，2014 年，第 249 頁。

⑥ 魯普平：《馬王堆簡帛字詞校補》，華東師範大學博士學位論文，2018 年，第 195 頁。

者性質不同。14 號圖是描繪越地之雲的形態，同篇中還有楚雲、趙雲、燕雲、秦雲等被描繪成不同奇異形態的十三國雲，此類多用於占兵事；34 號圖則是描繪古人眼中龍捲風或由龍捲風等形成的積雨雲等特殊的雲氣形態，這種形態古人視之爲龍，並以最傳神和抽象的手法反映在帛畫中，就是不見首尾的神獸形象，用於占雨。兩幅圖之間不衝突，在古人眼中也不會被混淆，這應該就是它們可以在《天文氣象雜占》同時出現的原因。

帛圖占文是說，若出現這類龍形的雲氣，不出五日就會有大雨。此類以龍形雲氣占驗晴雨之法一直在後世流行。除洪德榮先生所列舉例子外，《農政全書》卷十一農事"占候"篇亦有類似記載："龍下便雨，主晴。凡見黑龍下，主無雨。縱有亦不多。白龍下，雨多。……龍下頻，主旱。"①可參。

二

邵鄭渡剛白〈日〉垣（暈），不出三日，風。剢（刺）日垣（暈），雨。**9**《天文氣象雜占》後半幅末段第 4 列

"邵鄭渡剛白垣"，顧鐵符先生疑"邵鄭"讀爲"敘隋"。《周禮‧春官‧眡祲》："眡祲掌十煇之法……八曰敘，九曰隋。"鄭眾注："敘者，雲氣次序如山在日上也。隋者，升氣也。"剛，解爲強。白垣，疑即白暈。《開元占經》卷八引《孝經內記》："日有白圍之，是謂之日白暈"，又云"凡日月旁有異氣：抱、珥、強、帶、虹、蜺、背、璚、纓、紐、格、履之屬，三日內有大風，二日內有大雨，災解不占"。② 劉樂賢先生指出，"白垣"也可能爲"日垣"之訛。③《集成》認爲，顧說"敘隋"之"隋"即虹。渡，不知何意。垣，通"暈"。"垣"古音爲元部匣紐，"暈"古音爲文部匣紐，二字聲紐同，韻部亦相近。從顧說所引傳世占書看，"強"或即"強、帶"一類雲氣。"強"或通"襁"，背負嬰兒的布帶或者布兜，或即《開元占經》所謂"日負"。"強日暈"，與《開元占經》卷八《日占》所載"日暈而負"條可相參看。根據此條後半句的"日垣（暈）"，"白"字是"日"字之訛的可能性比較大。"邵鄭渡剛白〈日〉垣（暈）"意思可能是虹一類雲氣截斷日暈。④

諸家之說對理解此條占文很有益處，顧說訓釋"邵鄭"作"敘隋"、劉說以"白"爲"日"

---

① （明）徐光啟撰，石聲漢校注：《農政全書校注》，上海：上海古籍出版社，1979 年，第 273 頁。

② 顧鐵符：《馬王堆帛書〈天文氣象雜占〉》，收入其著《夕陽芻稿——歷史考古論述匯編》，北京：紫禁城出版社，1988 年。

③ 劉樂賢：《馬王堆天文書考釋》，廣州：中山大學出版社，2004 年，第 146~147 頁。

④ 裘錫圭主編：《長沙馬王堆漢墓簡帛集成［肆］》，北京：中華書局，2014 年，第 281 頁。

之訛，皆可從。《集成》從顧説解"剛"爲强，又指出"强"通"襁"，認爲"强(襁)日暈"即"日負"，我們有些不同看法。從後文"刾(刺)日垣(暈)"來看，"渡剛"與"刾(刺)"似乎都是描述"敍隋"這種雲氣對日暈的干擾影響，而不應該將"剛"與"白〈日〉垣(暈)"組合起來視作一個新的日暈天象。文中"刾(刺)"，顧鐵符先生引《靈臺秘苑·占例》注云"刺者在旁，光芒刺之"①；劉樂賢先生訓作穿刺，《開元占經》卷六"日刺"引《孝經雌雄圖》："日刺者，爲有氣刺日中也"②。"渡剛"與"刺"當性質相同，也是敍隋的某種活動。

渡，有通過江河義。《説文·水部》："渡，濟也。"《易林·坎之大有》："乘船渡濟，載水逢火。"引申之有越過、橫過義，與"凌"義近。《吕氏春秋·論威》："雖有江河之險，則凌之。"高誘注："凌，越也。"剛，可解爲强，有强力、强勢義。《詩·小雅·北山》："旅力方剛，經營四方。"《論語·季氏》："血氣方剛，戒之在鬬。""剛强"同義連言，也有侵凌之義。《淮南子·時則訓》："行柔惠，止剛强。"高誘注："剛强，侵陵人不循軌度者，禁止之也。"頗疑"渡剛"類似於天文占書中所謂"凌犯"之意。"邻(敍)鄭(隋)渡剛白〈日〉垣(暈)"句或是説敍隋這種雲氣渡越過日暈，這和"刾(刺)日垣(暈)"是兩種不同的呈現形態。

三

·日日星星皆出，大雨、大星也。18《天文氣象雜占》後半幅末段第4列

"日""星"二字後皆有＝符號，最初整理者和顧鐵符先生讀作"日日星星"③。劉樂賢先生懷疑，重文符號係抄寫時誤添，帛書或以日、星同出爲占；又指出此句也可讀爲"日星(晴)，日、星皆出"。《開元占經》卷七十六"星晝見一"引甘氏説，提到"星與日並出"，可參看④。《集成》從劉先生前一説，並就"大雨、大星也"句云，傳世星占文獻中有"星晝見"之占，如《開元占經》卷七十六"雜星占"引甘氏曰"星與月並出，名曰女嫁星，與日爭光，武且弱，文且强，女子爲主而昌；在邑爲喪，野爲兵"，等等。多爲主權削弱、后宫

① 顧鐵符：《馬王堆帛書〈天文氣象雜占〉》，收入其著《夕陽芻稿——歷史考古論述匯編》，北京：紫禁城出版社，1988年。

② 劉樂賢：《馬王堆天文書考釋》，廣州：中山大學出版社，2004年，第148頁。

③ 國家文物局古文獻研究室：《西漢帛書〈天文氣象雜占〉釋文》，《中國文物》第1期，北京：文物出版社，1979年；顧鐵符：《馬王堆帛書〈天文氣象雜占〉》，收入其著《夕陽芻稿——歷史考古論述匯編》，北京：紫禁城出版社，1988年。

④ 劉樂賢：《馬王堆天文書考釋》，廣州：中山大學出版社，2004年，第153頁。

或大臣篡权之象。與帛書此條所載不同，存疑待考。①

關於"日""星"後的重文符，我們認爲，劉先生後一説更爲合適，因爲將這句讀作"日星（晴），日、星皆出"文意暢通，就不應輕易把重文符號看作抄寫時誤添。後文"大雨、大星也"句中"星"亦可讀作"晴"。《詩·鄘風·定之方中》"星言夙駕"，陸德明釋文引《韓詩》云："星，晴也。"《説文·日部》"晏，大清也"，段玉裁注："漢《天文志》曰：'日餔時天星晏。'星，即今之晴字。""星"讀作"晴"之例，亦數見於北大漢簡《雨書》。據此理解，占文可讀作"日星（晴），日、星皆出，大雨、大星（晴）也"，它是説天晴時日、星同出的天象出現就預示着未來會有大雨或者大晴的天氣。大雨、大晴似乎都屬於極端天氣。大雨，即暴雨。《左傳》隱公九年："三月癸酉，大雨，震電。"《史記·陳涉世家》："會天大雨，道不通。"大晴，或類似於後世所謂"暴晴"，指暴日無雲的晴天，這種天氣持續容易導致乾旱災害。從性質來看，本條占文似乎是單純以"日、星皆出"的天象來占驗天氣之晴雨，並非如後世占書所載"多爲主权削弱、後宮或大臣篡权之象"，不必思之過甚。

四

雨市（師）吉日□　☑矛（昴）、畢有得，以寅祈雨市（師）得雨。兇（凶）日子、寅、申☑　8 上　□□8 下　《陰陽五行》甲篇"諸神吉凶"

"有得"前二字，《集成》釋作"矛（昴）、畢"，但所謂"矛"字僅存殘筆作 ，難辨其形體。畢，二十八星宿之一。依據"諸神吉凶"篇其他條的大致體例即依次列舉吉日、吉星、凶日三項，這裏"畢"應爲雨師吉星。關於雨師的身份，傳世文獻所記載的説法很多。《周禮·春官·大宗伯》"以槱燎祀司中、司命、飌師、雨師"，鄭玄注："雨師，畢也。"②《楚辭·天問》"蓱號起雨，何以興之"③，謂雨師名蓱號。《風俗通義·祀典》引《春秋左氏傳》云："'共工之子爲玄冥師'，'鄭大夫子産襘於玄冥'，雨師也。"④其中，玄冥爲北方之神、太陰之神，亦主水之神，⑤ 明確以其爲雨師之説晚於以畢宿和蓱號爲雨師之説。值得

---

① 裘錫圭主編：《長沙馬王堆漢墓簡帛集成［肆］》，北京：中華書局，2014 年，第 285 頁。
② （清）孫詒讓撰，王文錦、陳玉霞點校：《周禮正義》，北京：中華書局，1987 年，第 1297 頁。
③ （宋）洪興祖撰，白化文等點校：《楚辭補注》，北京：中華書局，1983 年，第 101~102 頁。
④ （漢）應劭撰，王利器校注：《風俗通義校注》，北京：中華書局，1981 年，第 365 頁。
⑤ 《左傳》昭公十八年："襘火於玄冥、回禄。"杜預注："玄冥，水神。"劉向《九歎·遠遊》："就顓頊而陳詞兮，考玄冥於空桑。"王逸注："玄冥，太陰之神。"《漢書·揚雄傳上》："帝將惟田於靈之囿，開北垠，受不周之制，以終始顓頊、玄冥之統。"顏師古注引應劭曰："顓頊、玄冥，皆北方之神，主殺戮也。"

注意的是，《漢書·郊祀志上》言祠二十八宿和風伯雨師，顔師古注：
"風伯，飛廉也。雨師，屏翳也，一曰屏號。而說者乃謂風伯箕星也，
雨師畢星也。此志既言二十八宿，又有風伯、雨師，則知非箕、畢
也。"[1]帛書此條中也出現了《郊祀志》中畢宿與雨師同現的情況。如依
顔師古之說，這種情況下"雨師"非畢宿，則帛文中所指或即荓號（或
屏翳）。馬王堆帛書出土於故楚之地，其中若以荓號爲雨師與《楚辭》
所載相合，也是合理的。

　　從"以寅祈雨市（師）得雨"可知，帛書中以寅日爲祈雨良日。傳世
文獻中祭祀雨師之日爲丑日。《風俗通義·祀典》云："丑之神爲雨師，
故以乙丑日祀雨師於東北，土勝水爲火相也。"[2]《續漢書·祭祀志下》
謂縣邑常"以己丑日祠雨師於丑地，用羊豕"[3]。此外，《春秋繁露》還
記載了春、夏、季夏、秋、冬分別配以甲乙、丙丁、戊己、庚辛、壬
癸日進行求雨之術，並總結當中爲"土龍"之法道："四時皆以水日爲
龍，必取潔土爲之結蓋，龍成而發之。四時皆以庚子之日，令吏民夫
婦皆偶處。凡求雨之大體，丈夫欲藏匿而居，女子欲和而樂也。"[4]
《類編曆法通書大全》卷一"前朝公規"謂："雨師、雷師立夏後申日祭
於西南郊。"[5]以上皆不言寅日。帛書所載寅日似乎是傳世文獻所未見
的祈雨良日。不過，元代《類編曆法通書大全》所載内容時代較晚，而
《春秋繁露》"四時皆以水日爲龍"祈雨與《風俗通義》《續漢書·祭祀志
下》所記祭祀雨師之性質有別，可以看作兩種不同的儀式。《風俗通
義》以丑之神爲雨師、祭祀於東北，《續漢書·祭祀志下》祭祀雨師於

圖 3

丑地，然而東方和丑地二者是統一的，在式盤之中，丑位和寅位之間就是東北方。寅位
與丑位相近，寅日則爲丑日後一日，也就是說帛文中"以寅祈雨市（師）得雨"，似乎仍是
與"丑之神爲雨師"的理論相關聯。從帛書來看，若以丑日祭祀雨師，其下一日寅日向雨師
祈雨，二事相別以待，或許也是可能的。

　　所謂"兊日子寅申"，《集成》將其接於"以寅祈雨市（師）得雨"句後，應是以爲它即雨

①　《漢書》卷二五上，北京：中華書局，1962 年，第 1208 頁。
②　（漢）應劭撰，王利器校注：《風俗通義校注》，北京：中華書局，1981 年，第 366 頁。
③　《後漢書》志第九《祭祀志下》，北京：中華書局，1965 年，第 3204 頁。
④　（清）蘇輿撰，鍾哲點校：《春秋繁露義證》，北京：中華書局，1992 年，第 426～437 頁。
⑤　（明）熊宗立編纂：《類編曆法通書大全》，《四庫全書存目叢書·子部》六八冊，濟南：齊魯書
社，1997 年，第 117 頁。

師凶日。類似的雨師凶日，睡虎地秦簡《日書》甲種簡 149 背載"雨市（師）以辛未死"①，《類編曆法通書大全》卷八"祭祀祈福"云"祈雨吉日：忌甲子，風伯死日"②，可參。從帛書圖版（圖 3）看，"以寅祈雨市得雨"句後已完全斷裂，未能與"兇日子寅申"句相連，且前者以寅爲祈雨良日，後者則視寅爲"凶日"，它們內涵是相衝突的。將二者簡文連讀，頗爲可疑，恐怕"兇日子寅申"不屬於雨師這條的內容，而應另有歸屬。

五

　　馬君之吉日乙丑、□□☑亥、丑、酉、辛丑、丁丑、癸亥；吉星角、埂（亢）、房☑　26 上　《陰陽五行》甲篇"諸神吉凶"

　　馬君，應即馬神。傳世文獻中記載有馬祖、先牧、馬社、馬步等多種神祇。《爾雅·釋天》："既伯既禱，馬祭也。"郭璞注："伯，祭馬祖也。將用馬力，必先祭其先。"《周禮·夏官·校人》："春祭馬祖，執駒。夏祭先牧，頒馬，攻特。秋祭馬社，臧僕。冬祭馬步，獻馬，講馭夫。"鄭玄注："馬祖，天駟也"，"先牧，始養馬者"，"馬社，始乘馬者"，"馬步，神爲災害馬者"。孫詒讓正義："牧地及十二閑之中，蓋皆爲置社，以祭后土，而以始制乘馬之人配食焉，謂之馬社也。"③另外，睡虎地秦簡《日書》甲種"馬禖"篇及肩水金關漢簡73EJT11：5 中皆以"主君"稱謂馬神，④ 記載向主君祭祀禱祝可祈求馬匹健壯。帛書此條中"馬君"或即這類"主君"。從後文來看，房宿爲馬君吉星之一。房，又名天駟、馬祖。《爾雅·釋天》："天駟，房也。"郭璞注："龍爲天馬，故房四星，謂之天駟。"《史記·天官書》："房爲府，曰天駟。"張守節正義："房星，君之位亦主左驂，亦主良馬，故爲駟。王者恆祠之，是馬祖也。"⑤房宿即馬祖，那麼帛文中的"馬君"與"馬祖"同見，這種情況類似上一則中雨師與畢宿一同出現。因此，文中"馬君"或許不應指代馬祖房宿。若依《周禮·夏官·校人》所祭馬神，似乎以"馬君"指代先牧爲勝。

---

　　① 陳偉主編：《秦簡牘合集（壹）·睡虎地 11 號秦墓竹簡》，武漢：武漢大學出版社，2014 年，第 503 頁。

　　② （明）熊宗立編纂：《類編曆法通書大全》，《四庫全書存目叢書·子部》六八冊，濟南：齊魯書社，1997 年，第 187 頁。

　　③ （清）孫詒讓撰，王文錦、陳玉霞點校：《周禮正義》，北京：中華書局，1987 年，第 2615~2616頁。

　　④ 陳偉主編：《秦簡牘合集（壹）·睡虎地 11 號秦墓竹簡》，武漢：武漢大學出版社，2014 年，第 507 頁；甘肅簡牘保護研究中心等編：《肩水金關漢簡（貳）》上冊，上海：中西書局，2012 年，第 2 頁。

　　⑤ 《史記》卷二七，北京：中華書局，2014 年，第 1546~1547 頁。

審看帛書圖版（圖4），“亥丑酉”句與之前帛書完全斷碎分離，《集成》將其隔空與“馬君之吉日”這列對應。若此對應不誤，“亥”前天干缺失，“丑、酉”或承前省，因“馬君之吉日”已見五丑之乙丑、辛丑、丁丑，尚不見己丑、癸丑，故“亥、丑、酉”三地支前的天干或爲己、癸。且後文已見“癸亥”，知此天干應爲己。

“吉星”句後所存星名，皆屬二十八宿中的東方七宿，即《史記·天官書》所載“東方蒼龍”七宿。房即馬祖，前文已述。角，又名辰角。《國語·周語中》“辰角見而雨畢”，韋昭注：“辰角，大辰，蒼龍之角。”埂（亢），《說文·亢部》：“亢，人頸也。”一般認爲亢宿可擬爲蒼龍之頸。① 馬和龍在古人觀念裏關係特殊，有馬大爲龍之説。《周禮·夏官·廋人》謂“馬八尺以上爲龍”②，王嘉《拾遺記》載“周穆王巡行天下，馭八龍之駿”③，皆可參。東方蒼龍七宿之角、亢、房爲馬君吉星，或皆因龍馬之間的密切關聯。因此，《集成》將“馬君之吉日”這一列與“亥、丑、酉”列對應，從上下文内容來看是合理的。

六

　　◿□；兇（凶）日丁卯、酉、丑、亥、未、巳、戊子、辰、寅◿ 41上 ◿□。【·】黍吉日◿【兇（凶）日】。【·枲（麻）吉】日戊□◿□丑。枲（麻）兇（凶）日乙丑、戊辰。 41下 【·□吉日】：◿胃（胃）、矛（昴）；兇（凶）日亥、丙寅。·稻吉日丙□□； 42上 ◿亥、巳。我〈菽（菽）〉吉星去（虛）、東辟（壁）、必（畢）；兇（凶）日甲子、丙寅。 42下 《陰陽五行》甲篇“諸神吉凶”

　　從“諸神吉凶”篇體例來看，本段是按照穀物的次序分別列舉其吉日、吉星、凶日。《集成》認爲，這部分是講衆穀神的吉凶。帛書穀神名殘存“黍”“枲（麻）”“稻”“我〈菽（菽）〉”四種，原文似當作“五穀”或“六穀”，

圖4

---

　　① 丁繇孫：《中國古代天文曆法基礎知識》，天津：天津古籍出版社，1989年，第60頁。

　　② （清）孫詒讓撰，王文錦、陳玉霞點校：《周禮正義》，北京：中華書局，1987年，第2629頁。

　　③ 王根林、黃益元、曹光甫點校：《漢魏六朝筆記小說大觀》，上海：上海古籍出版社，1999年，第509頁。

以"五穀"可能性最大，但也不排除更多穀神名的可能。① 對比秦漢簡牘《日書》"五種忌"等内容，② 本段似乎也可能是講穀物自身的吉凶宜忌等，而非穀神之吉凶日。所謂"吉日"類似於良日，"凶日"也就是"忌日"或"龍日"一類。至於"吉星"，由於帛書殘損嚴重，本段中僅存兩組吉星，即胃、昴二宿爲一組，所屬穀物不明；虚、壁、畢三宿爲一組，屬於菽之吉星。是否本段中每種穀物都配有專門對應的吉星，從殘存文字來看，恐怕並非這樣。例如，41 行下"麻凶日"之前殘存的文字内容爲干支日，而此干支日爲吉日或凶日之一，不可能爲吉星。換言之，本段可能就没有列舉麻的吉星。吉星之於具體作物，或許是可爲這種穀物專門向星宿祭祀禱祝，使穀物獲得豐産、無災殃等。

　　帛書本段内容由 A、B、C 三個殘片組成(圖 5)。C 片 42 行下的"亥、巳"二字前的帛片殘損，其後至"我吉星"三字前存在大片空距，且未見墨痕。這裏"亥、巳"二字歸屬有兩

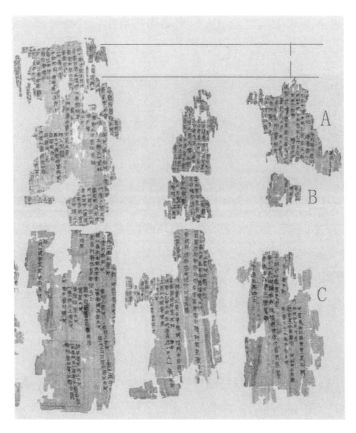

圖 5

　　① 　裘錫圭主編：《長沙馬王堆漢墓簡帛集成［伍］》，北京：中華書局，2014 年，第 83 頁。
　　② 　參看高一致：《秦漢簡帛農事資料分類匯釋及相關問題研究》，武漢大學博士學位論文，2017年，第 28~29 頁。

種可能：其一，它們屬於菽前面的作物稻的凶日；其二，屬於菽本身的吉日干支。從"亥、巳"二字後的空距來看，它遠大於帛書中用來區分同一作物的吉日、凶日等內容的間距，因而應該將其看作區分作物與作物之用。據此，42 行上的"亥、巳"二字很可能就是屬於前面所記載稻的凶日。也就是說，本段中作物菽並未列舉其吉日。

42 行上所謂"·□吉日"，乃《集成》擬補。審看帛書圖版(圖 6)，41 行下文字書迄後尚有大量空距，可知其不連讀 42 行上的文字。對比周邊相對完整帛書的上部朱絲欄位置(參見圖 5)，可推知 42 行上所謂"脂"字之上的容字數在 5~6 字。考慮到帛書此處已書有"脂(胃)""矛(昴)"二宿，這裏至少可在胃宿前補出"·□吉星"或"吉星"。在這種情況下，42 行上似乎再無充足容字空間補出所謂"·□吉日"等內容。如果這種穀物僅列舉了吉星＋凶日，則正好與後文"我〈戚(菽)〉吉星"接"兇(凶)日"體例相同。從整體來看，本段的 A、B、C 三殘片中 A、B 片在復原時擺放位置過於靠上，造成了前面陳述的一些問題，所以應該將二者適度下移。

另外，41 行下所謂"黍吉日"之"日"圖版作，此構件是"日"無疑，但其寫法較帛書中獨體"日"字更扁平，它中間一橫距離上下兩筆的間距很小，且右下部尚能看到殘存墨跡。這與本段中其他五個明確的"日"字、、、、，是有差異的。我們懷疑"黍吉"後一字實爲"星"，目前所存的構件即"星"字上部之"日"，右下部墨跡應是"星"字下部之"生"的殘筆。

41
下

圖 6

（高一致，湖北省文物考古研究院；白傳華，華中師範大學楚學研究所）

"第九届出土文獻青年學者國際論壇暨先秦秦漢荆楚地區的空間整合學術工作坊"綜述

李成霖

2021 年 3 月 20 日至 21 日，"第九届出土文獻青年學者國際論壇暨先秦秦漢荆楚地區的空間整合學術工作坊"在綫上成功舉辦。本次論壇與工作坊由武漢大學歷史學院暨長江文明考古研究院所屬科研機構簡帛研究中心、歷史地理研究所以及武漢大學人文社會科學研究院主導組建的"新資料與先秦秦漢荆楚地區的空間整合"青年學者學術團隊聯合主辦，共設置六場報告和一場工作坊，來自中國、日本、韓國、美國等國二十餘所高校和科研機構的三十餘位青年學者與會。兹將會議研討内容簡述如下。

文字的釋讀是利用出土文獻的基礎與關鍵，論壇中有不少關注古文字的文章發表，或考釋出土文獻中的疑難字詞，或在此基礎上進一步闡發相關問題，新見迭出。蘇建洲《荆州唐維寺 M126 卜筮祭禱簡釋文補正》針對唐維寺 M126 卜筮祭禱簡整理者所作的釋文提出補正，并改釋了其中的一些古文字。蔣魯敬《試説戰國楚簡中的"𢧵"字》認爲，荆州望山橋 M1 和龍會河北岸墓地 M324 出土的戰國楚簡中，從泉從戈的"𢧵"字，就是從泉從聿的"肅"字的異體，并分析了相關簡文的内容。羅小華《曾侯乙墓簡中的𠬪》認爲曾侯乙墓簡中的"𗾆"應該分析爲"從刀，冃聲"，可隸定爲"𠬪"，讀爲"冒"，可能是記録帶矛車𩰚的專字。劉洪濤《晉系文字中的"𣎴"》指出，根據晉系文字所謂"柔"作"𠬸"字的聲符等，可知其讀音是"矛"，而不是"柔"，因此其字應分析爲從"木""矛"聲，是"𣎴"字的異體。李春桃《徐厘尹鼎銘文補釋》將徐厘尹鼎銘文中的𗾆與曾侯臧編鐘銘文中的𗾆釋爲"沃"，并討論了徐厘尹鼎銘文中的"穀"，認同曹錦炎、李零兩先生把"穀"訓作養育的觀點。凡國棟《曾侯乙墓出土車𩰚的自名》認爲曾侯乙墓出土車𩰚銘文中作爲器物自名的字應該隸定作"鈦"，從金太聲，讀作"𩰚"，是器物的自名。包山楚簡、天星觀楚簡中的"鈦""鈇"是"鈦"字的不同形體，同樣表示的是車𩰚。曾侯乙墓簡册中的"鐽"字，在字形與讀音上都與"鈦"存在緊密的聯繫，指向的器物也應是車𩰚。田成方《論"嬭加"》認爲嬭加編鐘銘文中的"元子"并非指長子、首子,而是嬭加在介紹身份時候的自稱,"元"有善、好的意思。并在此基礎上補釋了編鐘銘文,討論了嬭加身份及相關銅器的年代、性質等問題。

簡牘歷來是出土文獻研究的重點,除了利用簡牘進行的專題研究外,與會學者們還從簡牘的形制、書寫、年代、功用、銷毁、與傳世文獻的對讀等方面對簡牘本身進行探討,反映了當前簡帛學研究的細化與深入。武致知《略談清華簡歷史故事叙事的物質屬性》討論清華簡《晉文公入於晉》故事中分段標識符號的具體功能和使用方法,從而比較如清華簡《子犯子餘》標識符號的使用,進一步闡明了戰國時期出土歷史故事文獻標識符號的使用意義。肖芸曉《抄工與學者:試論清華簡書手的職與能》考察了清華簡的形制、書寫等方面的特徵與書手之間的關係,認爲清華簡的書手們不僅在文字上掌控大量常用字的正字規範,更在形制上決定竹書的外觀安排。對於戰國書手來説,書寫竹書的工作介乎抄工與學者之間,不應將書手一概視爲毫無主觀能動性、機械謄抄的工匠。土口史記《篇題木牘試探——從簡牘素材論角度的考察》從簡牘素材論的角度考察了篇題木牘的特性和史料價值等問題,認爲篇題木牘是現實世界中使用的資料,記載篇題一覽時使用木牘而非竹簡書册是爲了使整部書籍的篇題和構成一目了然,避免由錯簡、脱簡等引起的排列混亂問題。馬增榮《簡牘時代的文字銷毁與廢棄》結合傳世文獻、出土簡牘和考古資料,以及參考比較史材料,整理了數種在簡牘時代文字銷毁或廢棄的脉絡。曹方向《試論龍崗秦簡的隸書字形和年代》對比龍崗秦簡與睡虎地秦簡的文字,認爲前者的文字演化比較劇烈,部分偏旁跟秦篆寫法距離很遠,這一現象有時間和地域文化兩方面的原因,即龍崗秦簡牘書寫的時間晚於睡虎地11號墓秦簡,抄寫者原本是雲夢古城的楚人,他并不熟悉秦篆的規範寫法。鄥可晶《北大漢簡〈儒家説叢〉第一章與〈晏子春秋〉等文獻對讀拾遺》通過文獻對讀,力圖還原傳世文獻原貌,推測《晏子春秋》"孤其根而美枝葉"本作"孤根荄而美枝葉","愚者""不肖者"兩句習語的最初面貌應是"愚者自慧(或'自智'),不肖者自賢",《晏子春秋》《儒家説叢》根據立説需要而對此習語進行了改動。

出土文獻中豐富的律令信息也是與會學者們關注的一個重點。王捷《論先秦的訴訟擔保——以出土司法文書爲主》通過分析金文訟辭所見的"誓"、包山楚簡司法文書所見的"受"、清華簡(玖)"成人"篇,以及《周禮》《管子》《墨子》等傳世文獻,指出先秦的訴訟制度史料記載中儘管無"訴訟擔保"之名,但是已經有了實質性的"訴訟擔保"實例,當時"誓""受"就内涵訴訟擔保之能,也有以罰金形式出現的保證金、自願接受某種刑罰爲擔保方式等方面内容。陳侃理《"棄市"新解——兼談漢晉間死刑的變遷》依據傳世文獻與益陽兔子山秦牘等出土文獻,提出秦漢時期的棄市爲割頸處死,在此基礎上概括出魏晉時期死刑的變化,即"棄市改絞、斬首入律、腰斬出刑",認爲秦漢魏晉的死刑等級劃分尤其注重身體的完整程度,與同時期的歐洲有明顯差異。廣瀬薰雄《嶽麓簡"治獄受財枉事"令試析》分析并復原了嶽麓書院藏秦簡(伍)和(陸)中的“治獄受財枉事”令，并認爲至少嶽麓秦簡(陸)本不是國家正式發布的法令文書，而是“法律書”，其分段應該是這部法律書的編者爲了閱讀的方便做的，不一定準確地反映制定者的意圖。何有祖《里耶秦簡一枚訊獄簡的解讀——從調整 8-691 號簡閱讀順序談起》調整了里耶 8-691 號簡的閱讀順序，并對其内容進行了解讀，認爲其可能是“具獄”文書的一部分，但未提及犯人之名，也無相應的題署，其實際面貌尚待進一步研究。

出土文獻形式多樣，内容廣博，涉及古代國家和社會的方方面面，本次論壇中，亦有學者探討出土文獻中的曆法、行政、葬俗、數術等問題，既體現了出土文獻内容的多元化與多樣性，也反映出青年學者們在此基礎上不斷拓展的廣闊學術空間。李志芳、程少軒《胡家草場曆簡的重要價值》指出胡家草場墓地 M12 出土的曆、日至簡應該是漢文帝後元年間據新訂曆法方案微調朔策小餘後推得的曆表。據《曆》篇所列干支，可以推算出西漢顓頊曆行用的最後一段時間，即漢文帝後元改曆至漢武帝太初改曆的曆法小餘數據，從而揭示出這批簡的重要價值。海老根量介《再論“視日”——以傳世文獻與秦漢行政文書爲綫索》整理了“視日”的各種用例，明確了“視日”的三種含義及其發展過程，并以傳世文獻中的“執事”和秦漢行政文書中“卒人”“令史”等用例爲綫索討論了“視日”一詞的本義及其衍生義。田天《漢晉隨葬品清單與隨葬錢幣功能初探》爬梳漢晉隨葬品清單中的貨幣記録，厘清其名實對應，探索這一時期隨葬錢幣功能的變化及其原因，并在此基礎上重新梳理漢晉隨葬錢幣葬俗的發展脉絡，兼及“冥錢”概念的辨析。高一致《説馬王堆帛書〈相馬經〉中的“焦”》認爲馬王堆帛書《相馬經》中的“焦”與穴位無關，而是馬目肌肉上如同絲縷的褶皺紋理，是良馬的特徵。

出土文獻特别是簡牘中蘊含着大量的歷史地理信息，其中涉及荆楚地區的尤爲豐富。基於此，本次會議專門設置了“先秦秦漢荆楚地區的空間整合學術工作坊”，關注出土文獻中特别是荆楚地區的歷史地理問題。游逸飛《戰國楚國的“郊縣”與“邊縣”》主張楚文字所見“郊縣”即“在郊之縣”，指位於楚都郢之“郊”的“縣”，應圍繞在郢都周圍，可視爲楚國的王畿。“郊縣”以外的縣可稱爲“邊縣”。郢都、郊縣與邊縣三者共同組成了楚國疆域的三層同心圓結構。作者還分析了包山楚簡和曾姬無卹壺銘文鐘的“郊縣”，指出戰國楚國漾陵縣可能經歷了從“邊縣”到“郊縣”的變遷。郭濤《秦洞庭郡治辨正》辨析了以往關於洞庭郡治所的觀點，特别指出遷徙説的核心依據洞庭郡文書“以某縣印行事”，僅能説明當時是由各縣的長官代理洞庭郡守之職，而不能説明這些縣是郡治所在。作者進一步提出，洞庭郡存在郡守(郡監)與郡尉分駐的格局，郡守和郡監開府於臨沅縣，郡尉駐地在新武陵縣，洞庭郡的首縣爲臨沅縣。孫聞博《秦漢縣下治安官吏考——以校長、士吏、游徼爲中心》考察了秦漢時期校長、廷士吏、游徼、部賊捕掾等縣下治安官吏，指出其設置及發展反映了秦漢地方政府的治理方式變動。凌文超《孫吳臨湘侯國鄉里的族居形態》根據長沙走馬樓三國吳簡中遺存較好的鄉里户口名簿籍指出，孫吳嘉禾年間臨湘侯國無論是都邑之鄉里，還是四野之鄉里，編户民都不存在聚族里居的形態，甚至鄉也不存在聚族而居的形態，其鄉里的族居形態是"多姓均勢雜居"。但這只是庶民的族居形態，可能因各種地域性和時代性因素而具有特殊性。馬孟龍《西漢初年隴西、北地、上郡治所考——以張家山漢簡〈秩律〉所見各縣等第爲中心》梳理傳世文獻和出土文獻，指出漢代郡治之縣在同郡屬縣中秩級最高，從而依據張家山漢簡《二年律令·秩律》載録的各郡轄縣秩級，指出西漢初年隴西郡治所爲上邽縣、上郡治所爲高奴縣、北地郡治所爲彭陽縣。並進一步限定了西漢初年漢中、河東、河内三郡治所。周波《張家山漢簡〈二年律令·秩律〉地名补釋及其相關問題研究》在竹簡拼綴、文字考釋等基礎上，整理與復原了《二年律令·秩律》所載上郡、隴西郡屬縣，並進一步認爲秦置上郡、隴西郡後，便以"高奴""上邽"分別爲兩郡郡治，其後漢初又承秦之舊。以"膚施"爲上郡郡治，以"狄道"爲隴西郡郡治，或許要晚到武帝元朔二年北擊匈奴收河南地之時。黄浩波《居延漢簡所見鄣候與塞尉的籍貫及相關問題》考察居延漢簡所見鄣候與塞尉的籍貫，發現邊郡軍政系統亦如内郡民政系統有官吏任職的籍貫限制。在邊郡軍政系統中，二百石是籍貫限制的一個界限，二百石以上的長吏由外郡人擔任，二百石以下的屬吏由本郡人擔任。

在爲期兩天緊湊而充實的議程中，與會青年學者們立足出土文獻，緊貼學術前沿，發表了一系列精彩的論文和觀點，并進行了廣泛而深入的交流討論。本次論壇與工作坊的成功舉辦，爲從事出土文獻研究的青年學者提供了交流聯繫、切磋提升的平臺，擴大了武漢大學各主辦單位與青年學者學術團隊的影響，反映且進一步推動了出土文獻以及荆楚歷史與地理等學術領域的蓬勃發展。

（李咸霖，武漢大學歷史學院）

後　記

2019 年 9 月，在武漢大學人文社科研究院和歷史學院的大力支持下，我們集合了一批學術興趣集中於荆楚歷史、考古與出土文獻的青年學者，組建了"新資料與先秦秦漢荆楚地區的空間整合"青年學者學術團隊。團隊成員來自五湖四海，校内的有歷史學院的鄭威、魯家亮、薛夢瀟、Rens Krijgsman(武致知，後轉聘清華大學)、孫卓、單思偉，時在傳統文化研究中心任職的高一致等；以及湖北省文物考古研究所(院)的凡國棟、華中師範大學的郭濤、鄭州大學的田成方、臺灣中興大學的游逸飛；此外還有日本岡山大學的土口史記、東京大學的海老根量介(後轉聘學習院大學)等多位境外特邀學者給予支持。2020 年，歷史學院新入職且研究領域較爲一致的黄浩波、鄒秋實、李龍俊三位同事加入團隊，更加密切了我們之間的學術聯繫。

2021 年 3 月 20 日至 21 日，團隊線上舉辦"第九屆出土文獻青年學者國際論壇暨先秦秦漢荆楚地區的空間整合學術工作坊"。來自中國、日本、韓國、美國等國二十餘所高校和科研機構的三十餘位青年學者參與了主持、發表和討論。與會青年學者們立足出土文獻，緊貼學術前沿，發表了一系列精彩的論文和觀點，各場次均吸引了百名以上聽衆參與。論壇特別設置了"先秦秦漢荆楚地區的空間整合學術工作坊"，關注出土文獻中尤其是荆楚地區的歷史地理問題。學者們圍繞楚國的地域空間結構、郡治、屬縣，以及古代地方社會的族居形態、政府治理與官吏任職等問題進行了充分的交流與討論，對認識和研究先秦秦漢荆楚地區乃至古代南方的空間整合等問題都頗具意義。

論壇結束後，我們以論壇發表爲基礎，擬定了"新資料研究""先秦秦漢荆楚歷史地理研究""先秦秦漢時期的國家與社會研究"三大主題，並向相關領域青年學者約稿，得到了師友們的廣泛支持。同時，依託"古文字與中華文明傳承發展工程"協同攻關創新平臺武漢大學簡帛研究中心，申請獲批了"古文字與中華文明傳承發展工程"規劃項目"新資料與先秦秦漢荆楚地區的空間整合研究"，爲該文集的編校整理提供了保障。博士生李威霖、周超等在書稿校對中也提供了不少幫助。對各位師友的鼎力支持，我們銘感在心。

編者

2023 年 9 月